U0617796

本書是國家社會科學基金項目成果
（項目編號：09BZW018）

簡帛書籍敘録

于茀◎著

社會科學文獻出版社
SOCIAL SCIENCES ACADEMIC PRESS (CHINA)

于　茀

文學博士，哈爾濱師範大學文學院教授、博士生導師、出土文獻與古代學術研究中心主任、龍江學者特聘教授、享受國務院政府特殊津貼專家。從事出土文獻、古典文獻學及文藝學研究。承擔國家社科基金、黑龍江省社科基金等各級各類科研課題多項，出版《金石簡帛詩經研究》等學術著作五部，在《文物》《復旦學報》《古籍整理研究學刊》等學術期刊發表《新蔡葛陵楚墓竹簡中的繇辭》《楚簡〈周易〉革卦“改日”考釋》《阜陽漢簡〈詩經 · 二子乘舟〉被忽視的異文》等學術論文四十餘篇，曾獲第十二次黑龍江省社會科學優秀科研成果一等獎、第六届國家圖書獎提名獎、第八届全國優秀青年讀物獎一等獎等獎項。論文《寫本學視域下安大簡〈詩經〉的幾個問題》入選《2023 年度中國十大學術熱點》一書。

目　録

凡　例

一、本書以 20 世紀以來至 2023 年 12 月出土並已正式公布的戰國秦漢簡帛書籍爲叙録對象。

二、本叙録以經史子集四部分類法進行分類。四部内的分類没有完全按照《四庫全書》的分類方法和原則，是因爲其存在一定的偏失。

考慮到先秦學術史的實際情況，本叙録將墨家從雜家中析出，獨立爲一類；增設陰陽家類。《四庫全書》子部有藝術類，本叙録增設工藝類。

子部内各類順序也没有依照《四庫全書》之例，而是按照儒、道、陰陽、法、墨、雜、兵、醫、天文算法、工藝、數術、小説之序排列。數術類内部分類與排序没有按照《四庫全書》，而是大體依照《漢書・藝文志》。

三、部類内大體上以書籍寫作時間先後爲序，無法判定時間先後次序的，大致以出土時間先後爲序。

四、著録及研究文獻按時間先後順序排列。研究文獻以簡帛綴合、編聯及探討文獻性質方面爲主，限於篇幅，研究文獻不能一一列出。

五、對内容性質學界尚有争議的書籍，其部類劃分或以己意斷之，或取學界一家之説，未必爲確論，僅爲叙録之便而已。

六、徵引簡帛文獻採取寬式釋文，儘量以通行字寫出。

經　部

易　類

一　秦簡《歸藏》

秦簡《歸藏》，1993年出土於湖北省江陵縣荆州鎮郢北村王家臺十五號秦墓。發掘報告稱之爲“易占”，[①] 發掘報告發表後，王明欽等學者陸續指出王家臺秦簡易占應是《歸藏》，[②] 於是這批“易占”簡便被學界稱爲秦簡《歸藏》。“王家臺秦簡《歸藏》編號者一百六十四支，未編號的殘簡二百三十支，共計三百九十四支，總字數約四千餘字。由於殘缺過甚，至今尚未拼出一支整簡，順序也難以排定。在這批竹簡中，共有七十組卦畫，其中十六組相同，除去相同數，不同的卦畫有五十四種。卦畫皆以一表示陽爻，以∧表示陰爻。卦名有七十六個，其中重複者二十三個，實際卦名五十三個。此外，卦辭也有一部分重複。竹簡有兩種，一種寬而薄，而另一種窄而厚。因此，我們推測，這批《歸藏》有兩種抄本。秦簡《歸藏》的卦畫皆可與今本《周易》對應起來。”[③]

秦簡《歸藏》抄寫格式爲先抄寫卦畫，接下來爲卦名和卦辭，現已發

① 荆州地區博物館：《江陵王家臺15號秦墓》，《文物》，1995年第1期。

② 參見王明欽：《試論〈歸藏〉的幾個問題》，古方等編《一劍集》，第101—103頁；連劭名：《江陵王家臺秦簡與〈歸藏〉》，《江漢考古》，1996年第4期；廖名春：《王家臺秦簡〈歸藏〉管窺》，《周易研究》，2001年第2期；李家浩：《王家臺秦簡“易占”爲〈歸藏〉考》，《傳統文化與現代化》，1997年第1期。（本書脚注中出現的著作出版信息已在各條目“著録”“研究”兩欄及文後參考文獻中有説明，不再寫出，以避繁冗。）

③ 王明欽：《王家臺秦墓竹簡概述》，艾蘭、邢文編《新出簡帛研究：新出簡帛國際學術研討會文集》，第29—30頁。

表的部分未發現爻辭。卦畫也是六畫卦，與今本《周易》六十四别卦的卦畫可一一對應。

秦簡《歸藏》卦名與今本有同有異。王明欽釋文卦名有：寡、天目、肫、訟、師、比、少督、履、柰、否、同人、右、大過、亦、困、井、鼒、豐、大過、臨、灌、卒、復、毋亡、矅、散、節、渙、損、咸、恒我、罜、兑、麗、勞、陵、介、歸妹、漸、晋、明夷、鲞、遂、亦、夜、筮、中絕[①]、大壯。[②]

秦簡《歸藏》卦辭的文例與今本《周易》、上博楚簡《周易》及馬王堆帛書《周易》都不相同。在已經公布的卦辭中，絶大多數卦名後有“曰”字，“曰”字之後絶大多數是“昔者某某卜”，例如，“節曰昔者武王卜伐殷而攴（枚）占老耂，老耂占之曰吉”；衹有二卦没有“曰”字，衹有三卦没有“昔者某某卜”，如“毋亡出入湯湯室安處而壬安藏毋亡”。[③]

秦簡《歸藏》多與傳世文獻中的《歸藏》佚文相合，因此，很多學者認爲秦簡《歸藏》證明了傳世文獻的《歸藏》不是後人僞造的，也證明《歸藏》確實存在。但是，秦簡《歸藏》的出土並不能解決關於《歸藏》的所有疑問。

《周禮·春官·太卜》：“太卜掌三易之法：一曰《連山》，二曰《歸藏》，三曰《周易》。”[④]但是，《漢書·藝文志》並没有著録《歸藏》，漢人桓譚《新論》却云：“《易》，一曰《連山》，二曰《歸藏》，三曰《周易》。《連山》八萬言，《歸藏》四千三百言。夏《易》煩而殷《易》簡，《連山》藏於蘭臺，《歸藏》藏於太卜。”[⑤]《隋書·經籍志》云：“《歸藏》十三卷，晋太尉參軍薛貞注。”[⑥]易類《小序》有云：“《歸藏》，漢初已亡，案晋《中經》有之，唯載卜筮，不似聖人之旨。以本卦尚存，故取貫於《周易》之

① 絕，王明欽《王家臺秦墓竹簡概述》分卦釋文作此形，附表中作“訑”。

② 參見王明欽：《王家臺秦墓竹簡概述》，艾蘭、邢文編《新出簡帛研究：新出簡帛國際學術研討會文集》，第30—32頁。

③ 王明欽：《王家臺秦墓竹簡概述》，艾蘭、邢文編《新出簡帛研究：新出簡帛國際學術研討會文集》，第30—32頁。

④（漢）鄭玄注，（唐）賈公彦疏《宋本周禮疏》（八），第42—44頁。

⑤（漢）桓譚撰，朱謙之校輯《新輯本桓譚新論》，第38頁。

⑥（唐）魏徵等撰《隋書》，第4册，第909頁。

首，以備殷易之缺。”[①]

《崇文總目》易類著録《歸藏》三卷，釋云：“晉太尉參軍薛正注。《隋書》有十二篇，今但存《初經》《齊母》《本蓍》三篇，文多闕亂，不可詳解。”[②] 其易類原叙云：“周之末世，夏商之易已亡，漢初雖有《歸藏》，已非古經，今書三篇莫可究矣。”[③]

馬端臨云：“《連山》《歸藏》乃夏商之易，本在《周易》之前，然《歸藏》，《漢志》無之，《連山》，《隋志》無之，蓋二書至晉隋間始出，而《連山》出於劉炫僞作，《北史》明言之。度《歸藏》之爲書，亦此類爾。”[④]

皮錫瑞云：“桓譚《新論》曰：‘《連山》八萬言，《歸藏》四千三百言。’不應夏易數倍於殷，疑皆出於依託。《連山》劉炫僞作，《北史》明言之，《歸藏》雖出隋唐以前，亦非可信爲古書。”[⑤]

鄭樵曾提出：“《歸藏》，唐有司馬膺注十三卷，今亦亡。隋有薛貞注十三卷，今所存者，《初經》《齊母》《本蓍》，三篇而已。言占筮事，其辭質，其義古。後學以其不文，則疑而棄之，往往《連山》所以亡者復過於此矣，獨不知後之人能爲此文乎。”[⑥]

秦簡《歸藏》的出土，衹能證明傳世文獻中的《歸藏》佚文不是後人僞造，却不能證明《歸藏》爲殷易，甚至，恰好證明傳世文獻中的《歸藏》佚文，以及秦簡《歸藏》不是殷易，或者不是殷易原貌。因爲秦簡《歸藏》中也有武王、穆王卜卦，甚至還有“平公”“宋君”。要麽《歸藏》本來就不是殷易，要麽《歸藏》是殷易，而傳世文獻中的《歸藏》佚文及秦簡《歸藏》已不是殷易原貌。

馬國翰認爲：“殷易而載武王枚占、穆王筮卦，蓋周太卜掌其法者，推

① （唐）魏徵等撰《隋書》，第 4 册，第 913 頁。
② （宋）王堯臣等編次《崇文總目》，《叢書集成初編》，第 1 頁。
③ （宋）王堯臣等編次《崇文總目》，《叢書集成初編》，第 5—6 頁。
④ （宋）馬端臨：《文獻通考》，第 5226 頁。
⑤ （清）皮錫瑞：《經學通論》，第 7 頁。
⑥ （宋）鄭樵撰，王樹民點校《通志二十略》，第 1449 頁。

記占驗之事附入篇中，其文非漢以後人所能作也。”[①] 今觀秦簡《歸藏》，涉及武王、穆王卜卦的易卦分别爲節卦和師卦，卦辭分别爲：“節曰昔者武王卜伐殷而支占老耆老耆占之曰吉”“師曰昔者穆天子卜出師而支占□□□▨▨龍降於天而□▨▨遠飛而中天蒼▨”。從這兩卦的書寫格式來看，在卦畫之後緊承卦辭，“武王卜伐殷”和“穆天子卜出師”都是卦辭主體部分，並非如馬國翰所云武王穆王卜卦的内容是附入篇中的。

著録

1. 荆州地區博物館：《江陵王家臺 15 號秦墓》，《文物》，1995 年第 1 期。

2. 王明欽：《王家臺秦墓竹簡概述》，《新出簡帛研究：新出簡帛國際學術研討會文集》，文物出版社，2004 年 12 月第 1 版。

研究

1. 王明欽：《試論〈歸藏〉的幾個問題》，古方等編《一劍集》，中國婦女出版社，1996 年 11 月第 1 版。

2. 連劭名：《江陵王家臺秦簡與〈歸藏〉》，《江漢考古》，1996 年第 4 期。

3. 李家浩：《王家臺秦簡“易占”爲〈歸藏〉考》，《傳統文化與現代化》，1997 年第 1 期。

4. 廖名春：《王家臺秦簡〈歸藏〉管窺》，《周易研究》，2001 年第 2 期。

5. 王輝：《王家臺秦簡〈歸藏〉校釋（28 則）》，《江漢考古》，2003 年第 1 期。

二　上博楚簡《周易》

1994 年 5 月上海博物館從香港購回一批竹簡，殘簡、完簡共計一千二百餘支。當年秋冬之際，上海博物館的香港友人出資購得一批竹簡，盛情捐贈給上海博物館，此批竹簡共計四百九十七支。這批竹簡的特徵及現狀與上批相同，並可綴合，當爲同墓所出。經測年實驗室採用科學手段測年，竹簡年代當爲戰國晚期。通過與郭店簡對比，上博認爲竹簡當爲楚國遷郢以前貴族墓葬的隨葬品。[②]《周易》是其中一種。

① （清）馬國翰：《玉函山房輯佚書》，第 32 頁。

② 參見馬承源主編《上海博物館藏戰國楚竹書》（一），前言，第 2 頁。

上博楚簡《周易》完整簡簡長四十四釐米，寬零點六釐米，厚零點一二釐米左右，共存完、殘簡五十八枚，總計一千八百零六字，内容涉及今本《周易》的蒙、需、訟、師、比、大有、謙、豫、隨、蠱、復、无妄、大畜、頤、咸、恒、遯、睽、蹇、解、夬、姤、萃、困、井、革、艮、漸、豐、旅、涣、小過、既濟、未濟共計三十四卦，尚存有二十五個卦畫，在有的卦名與卦辭之間及卦辭結尾處還有幾種特殊符號。[①]

上博楚簡《周易》每卦由卦畫、卦名、卦辭、爻辭組成。卦畫是由兩個三畫卦組成的六畫卦，兩個三畫卦之間留有明顯的間隔。卦畫由一和八組成，與帛書《周易》及阜陽漢簡《周易》相同，當是陰、陽爻，與在甲骨、青銅器、竹簡上發現的數字卦不同。爻辭由爻題和文字組成，爻題由代表爻性的九六及代表爻位的初二三四五上組成，與今本《周易》相同。

與今本相校，異文不是很多，但是，有些異文很重要。訟卦初六爻辭“不出御事”，今本作“不永所事”；謙卦上六爻辭“征邦”，今本作“征邑國”；豫卦九四爻辭“猷”，今本作“由”；隨卦六三爻辭“隨求有得”，今本作“隨有求得”；隨卦上六爻辭“係而敏之，從乃巂之”，今本作“拘係之，乃從維之”；无妄卦辭“非復”，今本作“匪正”；无妄卦六二爻辭“不耕而穫”，今本作“不耕穫”；无妄卦六二爻辭“不畜”，“畜”今本作“菑”；无妄卦九五爻辭“勿藥有菜”，“菜”今本作“喜”；大畜卦九三爻辭“良馬由”，“由”今本作“逐”；頤卦初九爻辭“觀我微頤”，“微”今本作“朵”；頤卦六四爻辭“其猷攸攸”，今本作“其欲逐逐”；欽卦，“欽”今本作“咸”；恒卦上六爻辭“叡恒”，今本作“振恒”；訐卦，“訐”今本作“蹇”，九五爻辭“大訐不來”，今本作“大蹇朋來”；解卦九四爻辭“解其拇”，“其”今本作“而”；夬卦九三爻辭“遇雨如雺有礪”，“如雺”今本作“若濡”，“礪”今本作“慍”；夬卦九四爻辭“其行緀疋”，“緀疋”今本作“次且”；夬卦九四爻辭“喪羊”，今本作“牽羊”；夬卦九四爻辭“聞言不終”，“終”今本作“信”；夬卦九五

① 參見馬承源主編《上海博物館藏戰國楚竹書》（三），第136—260頁。

爻辭“莧苂”,“苂”今本作“陸”[①];夬卦上六爻辭“中有凶”,“中”今本作“終”;姤卦九二爻辭“橐有魚”,“橐”今本作“包”;姤卦九五爻辭“有憂自天”,“憂”今本作“隕”;革卦六二爻辭“改日乃革之”,“改”今本作“巳”;艮卦六二爻辭“艮其足”,“足”今本作“腓”;漸卦初六爻辭“有言不終”,“不終”[②]今本作“无咎”;漸卦六二爻辭“鴻漸于阪”,“阪”今本作“磐”;漸卦九三爻辭“婦孕而”,“而”今本作“不”;豐卦九三爻辭“豐其芾”,“芾”今本作“沛”;豐卦上六爻辭“豐其芾”,“芾”今本作“屋”;旅卦初六爻辭“旅羸羸”,“羸羸”今本作“瑣瑣”;旅卦初六爻辭“取愳”,“愳”今本作“災”;涣卦卦辭“王叚于廟”,今本作“王假有廟”;涣卦九二爻辭“涣走其凥”,今本作“涣奔其機”;涣卦六四爻辭“涣其丘”,“其”今本作“有”;涣卦九五爻辭“涣其大號”,今本作“涣汗其大號”;涣卦九五爻辭“涣其凥”,今本作“涣王居”。

楚簡《周易》的卦畫是由陰、陽爻兩種符號構成,不同於此前在甲骨、青銅器及戰國楚簡上見到的數字卦,這説明由陰、陽爻兩種符號構成的卦畫起源是很早的,楚簡《周易》對於探討卦畫的起源與演變具有重要意義。

楚簡《周易》爻辭由爻題和文字組成。爻題在楚簡《周易》中出現,具有重要意義。由於傳世文獻《左傳》《國語》記載的易占實例都没有出現爻題,都是以某卦之某卦來表示筮遇某卦某爻,因此,學界長期以來一直認爲爻題産生比較晚,在《左傳》《國語》時代還没有産生。馬王堆帛書《周易》出現爻題,進而有學者認爲爻題可能晚到漢代纔出現。楚簡《周易》出現爻題,證明爻題應該是與爻辭文字部分同時産生的。

楚簡《周易》爻題中表示爻性的衹有九六,説明這是一部筮書,而非實占記録。因爲按照《繫辭》中筮法,實占不會衹有九六兩個數。

《漢書·藝文志·六藝略》云:“《易經》十二篇,施、孟、梁丘三

① 《説文》:“坴,菌坴,地蕈。叢生田中。从屮六聲。”徐鍇《説文解字繫傳》云:“從屮者象三菌叢生也。《易·夬》卦曰‘莧陸夬夬’,陸即坴也,與莧皆爲柔脆之物,坴字從此。”今觀竹書字作“苂”,與“坴”相近,可見小徐所言不虛。竹書字作“苂”即《説文》“坴”,當是正字,而今本“陸”是借字。

② 整理者釋文考釋時誤作“亡咎”,見《上海博物館藏戰國楚竹書》(三),第204頁。

家。”[①] 所謂十二篇是統言經、傳而言，經分爲上、下篇，傳七種共十篇。楚簡《周易》現存部分，衹有經的部分，没有傳的部分，這與帛書《周易》有經有傳不同。楚簡《周易》是目前發現的最早版本的《周易》，與帛書《周易》區别較大，不屬同一傳本體系，與今本對照，可以發現二者較爲接近，當屬同一傳本體系。

著録

1. 馬承源主編《上海博物館藏戰國楚竹書》（三），上海古籍出版社，2003 年 12 月第 1 版。

研究

1. 林忠軍：《從戰國楚簡看通行〈周易〉版本的價值》，《周易研究》，2004 年第 3 期。

2. 李尚信：《楚竹書〈周易〉中的特殊符號與卦序問題》，《周易研究》，2004 年第 3 期。

3. 張桂光：《楚竹書〈周易〉卦序略議》，《古文字論集》，中華書局，2004 年 10 月第 1 版。

4. 李零：《讀上博楚簡〈周易〉》，《中國歷史文物》，2006 年第 4 期。

5. 陳劍：《上博竹書〈周易〉異文選釋（六則）》，《文史》，2006 年第 4 輯。

三　清華楚簡《别卦》

清華大學 2008 年接受校友捐贈入藏一批竹簡，經鑒定爲戰國簡。[②] 這批竹簡包括多種古佚書，《别卦》是其中一篇。《别卦》題名爲整理者所加，存竹簡七支，簡長十六釐米，簡寬一點一釐米，右側有兩處契口，應有兩道編繩。竹簡内容爲卦畫和卦名，每簡頂頭書寫，自上而下，依次爲卦畫、卦名。每支竹簡上書寫七個卦畫和七個卦名，且每支竹簡上的七個卦畫都相同。七支竹簡上的卦名分别是：啚（否）、敓（遯）、頢（履）、訟、同人、亡孟、繇（繫）、大筥、僕（剥）、勴（損）、悳（蒙）、

① （漢）班固撰，（唐）顔師古注《漢書》，第 6 册，第 1703 頁。

② 參見李學勤主編《清華大學藏戰國竹簡》（壹），前言，第 2 頁。

蘩（賁）、頤（頤）、敂（蠱）、大簸、介（豫）、少沚、歸妹、繵（解）、鄷（豐）、恒、泰、謙、譅（臨）、帀（師）、亡巳、逽（復）、拦（升）、佊（夬）、卒（萃）、鈙（咸）、困、惑（革）、悬（隨）、大沚、小又、譖（晉）、遊（旅）、僚（睽）、遠（濟）、嫢（噬）、鼑（鼎）、小篙、觀、蘠（漸）、中、悆（涣）、嗹（散）、萘（益），[①]總計四十九卦。

竹簡上的卦畫爲三畫卦，第一支竹簡上的卦畫爲☰，第二支竹簡上的卦畫爲☶，第三支竹簡上的卦畫爲☳，第四支竹簡上的卦畫爲☷，第五支竹簡上的卦畫爲☱，第六支竹簡上的卦畫爲☲，第七支竹簡上的卦畫爲☴，這七個三畫卦依次爲乾、艮、震、坤、兑、離、巽。從每支簡上的易卦來看，這七個三畫卦應是這些易卦的上卦，而下卦均都省略未寫。從這七支竹簡上的卦名可以看出，每支簡上易卦的下卦排列是有規律的，每支簡上的易卦的下卦從上到下依次都是乾、坤、艮、兑、坎、離、震、巽，而每支竹簡上的三畫經卦都隱含了一個相對應的六畫别卦，比如三畫乾卦，就隱含六畫乾卦。如此，每支竹簡上就是八個别卦，七支竹簡總計五十六個别卦，按照六十四卦之數計算，缺了八卦，以此推斷，應該是缺失一支竹簡。從上揭七個三畫卦來看，缺少的這支竹簡上的上卦應當是坎卦，缺少的八個别卦從上到下依次爲需、比、蹇、節、坎、既濟、屯、井。

《别卦》下卦乾、坤、艮、兑、坎、離、震、巽的次序與馬王堆帛書《周易》一致，也是父母六子的次序。可見，馬王堆帛書《周易》的卦序在戰國時期就已存在。整理者據此把《别卦》的上卦也按照馬王堆帛書《周易》上卦次序排列，即乾、艮、坎、震、坤、兑、離、巽。

《别卦》的一個重要價值在於證明了傳世文獻《説卦傳》是有相應的《周易》經文依託的，並不是脱離經文的易理建構。

著録

1. 李學勤主編《清華大學藏戰國竹簡》（肆），中西書局，2013 年 12 月第 1 版。

---

① 參見李學勤主編《清華大學藏戰國竹簡》（肆），第 128—130 頁。

研究

1. 李學勤:《〈歸藏〉與清華簡〈筮法〉〈别卦〉》,《吉林大學社會科學學報》,2014年第1期。

2. 李學勤:《〈筮法〉〈别卦〉與〈算表〉》,《中國文化報》,2014年1月14日。

四 帛書《周易》

帛書《周易》1973年12月出土於湖南長沙馬王堆三號漢墓。1972年至1974年發掘的三座馬王堆西漢墓葬，是西漢初期長沙國丞相利蒼的家庭墓地，除二號墓衹在墓道發現一枚竹簡外，一號和三號墓都出土大量帛書帛畫和簡牘，其中一號墓出土三百一十二枚竹簡（遣策），十九枚麻袋上的竹牌、四十九枚竹笥上的簽牌及一幅T型帛畫；三號墓漆書盒内出土五十餘種帛書，醫簡二百枚，此外，還有隨葬的四百一十枚竹簡（遣策）木牘，五十二枚竹笥上的簽牌及三幅帛畫（T型帛畫、車馬儀仗圖、行樂圖）。馬王堆漢墓帛書，共計十萬餘字，五十餘種，分别抄寫在寬四十八釐米的整幅帛和寬二十四釐米的半幅帛上，出土時已嚴重破損。馬王堆漢墓帛書簡牘是用篆書、隸書和界於篆隸之間的草隸寫成。《周易》和其他帛書放置於“東邊箱的五十七號長方形漆奩的下層”[①]。

“馬王堆三號墓的發現，使我們第一次獲知古代帛書的樣式，因而是極爲可貴的。馬王堆帛書的高度有兩種：一種四十八釐米左右，一種二十四釐米左右，即分别用整幅和半幅的帛横放直寫。出土時，整幅的摺疊成長方形，半幅的捲在二三釐米寬的竹、木條上，同放在一個漆盒内。書寫之前，有的先在帛上用朱砂或墨畫好寬七八毫米的界格，整幅的每行六七十字，半幅的每行三十餘字。這和簡册的制度實際是一致的。”[②]因爲《周易》是經，所以“用整幅的帛書寫”。[③]

① 參見湖南省博物館、中國科學院考古研究所:《長沙馬王堆二、三號漢墓發掘簡報》,《文物》,1974年第7期，第42—43頁。

② 中國科學院考古研究所、湖南省博物館寫作小組:《馬王堆二、三號漢墓發掘的主要收穫》,《考古》,1975年第1期，第48頁。

③ 參見中國科學院考古研究所、湖南省博物館寫作小組:《馬王堆二、三號漢墓發掘的主要收穫》,《考古》,1975年第1期，第50頁。

帛書《周易》包括經和傳兩部分。經的部分由六十四卦的卦畫、卦名、卦辭、爻辭構成；傳的部分包括《繫辭》和五篇佚書。

經的部分原無篇題，于豪亮、張政烺都命名爲《六十四卦》。[①] 實際上，就是《周易》經的部分，共有九十三行（1—93 行），每卦的卦畫書寫於最頂端，向下依次爲卦名、卦辭、爻題、爻辭。帛書《周易》的卦畫由━和八兩種符號構成，爲六畫卦，每個六畫卦由兩個三畫卦組成，兩個三畫卦之間留有明顯的空隙。六十四卦卦名依次爲：鍵（乾）、婦（否）、掾（遯）、禮（履）、訟、同人、无孟（无妄）、狗（姤）、根（艮）、泰蓄（大畜）、剝（剥）、損、蒙、蘩（賁）、頤、箇（蠱）、習贛（坎）、襦（需）、比、蹇（蹇）、節、既濟、屯、井、辰（震）、泰壯（大壯）、餘（豫）、少過（小過）、歸妹、解、豐、恒、川（坤）、泰、嗛（謙）、林（臨）、師、明夷、復、登（升）、奪（兑）、夬、卒（萃）、欽（咸）、困、勒（革）、隋（隨）、泰過（大過）、羅（離）、大有、溍（晉）、旅、乖（睽）、未濟、筮嗑（噬嗑）、鼎、筭（巽）、少蓺（小畜）、觀、漸、中復（中孚）、涣、家人、益。六十四卦的卦序與今本不同，上卦的次序是乾、艮、坎、震、坤、兑、離、巽，下卦的次序是乾、坤、艮、兑、坎、離、震、巽。上卦的次序是乾父領三子，坤母領三女。下卦的次序則是父母六子，這與《説卦傳》的“父母六子”有淵源，不同的是，《説卦傳》“六子”的次序是長、中、少，而這裏的次序是少、中、長。上條所述清華楚簡《别卦》含七支竹簡，[②] 每支書寫八個易卦，其下卦次序與馬王堆帛書《周易》一致，可見，帛書《周易》卦序並不是漢代人排列的，先秦早已有之。

帛書易傳共有六篇，分别是《二三子問》《繫辭》《衷》《要》《繆和》《昭力》。《二三子問》篇題爲整理者所加，與六十四卦抄寫在同一卷上，其他五篇同抄寫在一卷上，《繫辭》篇題殘泐，《衷》《要》《繆和》和《昭力》是原有篇題，其中《衷》整理者所加篇題爲《易之義》，後來發現原

① 參見于豪亮:《帛書〈周易〉》,《文物》, 1984 年第 3 期，第 15 頁；張政烺:《馬王堆帛書〈周易〉經傳校讀》, 第 45 頁。

② 參見李學勤主編《清華大學藏戰國竹簡》(肆), 第 130 頁。

有篇題爲《衷》。

《二三子問》接在六十四卦之後，共三十六行（94—129 行）。篇題爲整理者所加，其内容爲孔子回答弟子有關《周易》的提問，涉及乾、坤、謙、豫、恒、蹇、艮、豐等卦。

帛書《繫辭》的釋文有陳松長、張政烺、于豪亮、廖名春四家，四家釋文有一定差別，最大的差別是于豪亮釋文把《易之義》歸入《繫辭》作爲《繫辭》的最後一部分。[①] 帛書《繫辭》與今本相校，差别較小，衹是少了部分内容。

《易之義》(《衷》) 抄寫在《繫辭》之後，部分内容見於今本《説卦》和《繫辭》，强調陰陽、剛柔等易學範疇和思想。見於今本《説卦》前三章的内容，與今本最大的區别有兩個，一個是今本"水火不相射"，《易之義》爲"火水相射"；一個是所謂先天八卦的次序不同，今本《説卦》爲乾、坤、艮、兑、震、巽、坎、離，《易之義》爲乾、坤、艮、兑、坎、離、震、巽，這正好與帛書六十四卦下卦次序一致。

《要》篇尾署篇題，計字數爲"千六百卌八"。部分内容見於今本《繫辭》，除此之外，重要者有孔子解釋自己爲何老而好易、孔子闡釋損益之道等内容。

《繆和》篇由繆和與先生的問對組成，主要内容是闡釋卦爻辭，涉及涣、困、謙、豐、屯、蒙、中孚、歸妹、復、訟、恒、坤、比、益、睽、明夷、觀諸卦。

《昭力》篇由昭力與先生的問對組成，主要内容也是闡釋卦爻辭，涉及師、大畜、比、泰、乾諸卦。

《繆和》《昭力》兩篇先生的回答以"子曰"領起，關於篇中的先生爲何人，學界有不同意見，一種意見認爲是傳易的經師，一種意見認爲是孔子，還有一種意見認爲不知爲何人。

帛書《周易》的發現具有重要的學術價值。第一，關於易經。古有《連山》《歸藏》《周易》三易之説。然而，在馬王堆帛書本發現之前，我

① 參見于豪亮:《帛書〈周易〉》,《文物》，1984 年第 3 期；又，《于豪亮著作二種 · 馬王堆帛書〈周易〉釋文校注》，第 125—127 頁。

們從來没有見到一個與今本差别較大的本子，我們對於不同於今本的卦序，比如京房的八宫卦序、孟喜卦氣卦序，以及宋代的伏羲卦序，並不以爲是《周易》的主流，而今本卦序與《序卦》一致，因此會認爲今本卦序是主流。但是，帛書《周易》的卦序與《説卦》有密切關係，這爲學界研究《説卦》的思想及易經的不同學派體系提供了新的材料。第二，關於易傳。今本有易傳七種十篇即所謂十翼，從漢代開始，這七種易傳逐漸取得經的地位。司馬遷説過："先人有言：'自周公卒五百歲而有孔子。孔子卒後至於今五百歲，有能紹明世，正易傳，繼《春秋》，本《詩》《書》《禮》《樂》之際？'意在斯乎！意在斯乎！小子何敢讓焉。"[①] 司馬遷的"正易傳"已不可考，但從司馬遷立志要正易傳來看，在司馬遷的時代，易傳應該有較多門派。帛書易傳除了《繫辭》，其餘五篇並不見於傳世文獻，也不見於《漢書・藝文志》，但是，這五種易傳確隨經文一同抄録，一同下葬，可見它的重要性。帛書易傳使人們得知七種十篇之外，還有非常重要的易傳存在。第三，關於孔子與易傳。今本七種十篇易傳的作者，司馬遷認爲是孔子，從宋代歐陽修開始提出異議，認爲易傳非孔子所作，一直到今天，學界基本上否認了司馬遷關於易傳爲孔子所作的觀點。但是，帛書易傳的出土，使我們看到了孔子和《周易》之間的密切關係。《二三子問》記載的是孔子與弟子關於《易經》的問對，其他各篇也有多處記載了孔子論易的話語，甚至記載了孔子解釋自己爲何老而好易，以及自己與史巫的不同。這爲我們研究孔子與《周易》之間關係問題提供了新的材料，彌足珍貴。第四，關於楚地易學。帛書《周易》經傳出土於楚國故地，使人們再次意識到楚地易學的發達，以及楚地在易學承傳中的重要地位。

著録

1. 張政烺：《馬王堆帛書〈周易〉經傳校讀》，中華書局，2008年4月第1版。

2. 張政烺：《馬王堆帛書〈周易・繫辭〉校讀》，《張政烺論易叢稿》，中華書局，2010年12月第1版。又，《道家文化研究》（第三輯），上海古籍出版社，1993年8月第1版。

① （漢）司馬遷《太史公自序》，《史記》，第10册，第3296頁。

3. 于豪亮:《帛書〈周易〉》,《文物》, 1984 年第 3 期。又,《于豪亮著作二種・馬王堆帛書〈周易〉釋文校注》, 上海古籍出版社, 2013 年 12 月第 1 版。

4. 陳松長:《帛書〈繫辭〉釋文》,《道家文化研究》(第三輯), 上海古籍出版社, 1993 年 8 月第 1 版。

5. 陳松長、廖名春:《帛書〈二三子問〉〈易之義〉〈要〉釋文》,《道家文化研究》(第三輯), 上海古籍出版社, 1993 年 8 月第 1 版。

6. 廖名春:《帛書〈二三子〉釋文》,《國際易學研究》(第一輯), 華夏出版社, 1995 年 1 月第 1 版。

7. 傅舉有、陳松長編著《馬王堆漢墓文物》, 湖南出版社, 1992 年第 1 版。

8. 廖名春:《帛書〈要〉釋文》,《國際易學研究》(第一輯), 華夏出版社, 1995 年 1 月第 1 版。

9. 廖名春:《馬王堆漢墓帛書〈周易〉釋文》,《續修四庫全書》(第一册), 上海古籍出版社, 2002 年 3 月第 1 版。

10. 裘錫圭主編《長沙馬王堆漢墓簡帛集成》(壹)、(叁), 中華書局, 2014 年 6 月第 1 版。

研究

1. 張政烺:《帛書〈六十四卦〉跋》,《文物》, 1984 年第 3 期。

2. 劉大鈞:《帛〈易〉初探》,《文史哲》, 1985 年第 4 期。

3. 陳鼓應:《馬王堆出土帛書〈繫辭〉爲現存最早的道家傳本》,《哲學研究》, 1993 年第 2 期。

4. 李學勤:《帛書〈周易〉的幾點研究》,《文物》, 1994 年第 1 期。

5. 梁韋弦:《帛書〈周易〉三題——釋"鍵川""設卦觀馬""禁民爲非曰義"》,《古籍整理研究學刊》, 1996 年第 1 期。

6. 邢文:《帛書〈周易〉的成書分析》,《傳統文化與現代化》, 1996 年第 3 期。

7. 邢文:《論帛書〈周易〉的篇名與結構》,《考古》, 1998 年第 2 期。

8. 裘錫圭:《帛書〈要〉篇釋文校記》,《道家文化研究》(第十八輯), 三聯書店, 2000 年 8 月第 1 版。

9. 葛志毅:《帛書〈周易〉"火水相射"小議》,《管子學刊》, 2003 年第 1 期。

10. 郭彧:《帛書〈周易〉以史解經芻議》,《周易研究》, 2007 年第 5 期。

11. 李尚信:《帛書〈周易〉卦序與宇宙論》,《中國哲學史》, 2009 年第 1 期。

五 阜陽漢簡《周易》

阜陽漢簡《周易》, 1977 年出土於安徽阜陽雙古堆西漢汝陰侯夏侯竈墓。一同出土的還有《蒼頡篇》《詩經》《刑德》等文獻。[①]“阜陽《周易》爲竹質,殘破特甚,且字跡也較它簡模糊。保存最長的簡寬零點五釐米,長十五點五釐米,存二十三字。其餘均長短不一,存字多少不等。從殘簡排比,可以推知其書寫格式爲每一卦的卦畫寫在簡的上端,下空一個字格間距再寫卦名,然後書寫卦辭、卜辭,再寫爻題、爻辭和卜辭。爻題前均有圓墨點間隔。卦辭、爻辭和卜辭之間没有明顯的區分,僅在卜問事項前加一個卜字以示分别;也有卜問數事,每事前加一個卜字,也有直書筮占結果,不加卜字的。”[②]“共整理出七百五十二片,計三千一百十九字,其中屬經文的有一千一百十字;屬卜辭的二千零九字。經文部分有卦畫五個(大有、林、賁、大過、離),卦名、爻題、卦辭、爻辭等内容。與現今通行本對勘,存有卦、爻辭的二百二十一片,分别屬於五十二個卦:乾、坤、肫、蒙、需、訟、師、比、小畜、履、泰、否、同人、大有、豫、隋、蠱、林、觀、筮閘、賁、僕、復、无亡、大畜、頤、大過、習坎、離、咸、椽、大壯、明夷、家人、睽、蹇、解、損、夬、萃、登、困、井、革、鼎、艮、歸妹、旅、節、中孚、小過、未濟。”[③]由於竹簡殘損嚴重,卦序已難以恢復。卦畫爲六畫卦,由一和八兩種符號組成的兩個三畫卦構成,兩個三畫卦之間留有一定空隙。一和八兩種符號應該分别代表陽爻和陰爻。

重要異文:蒙卦“老婦吉”,今本作“納婦吉”;師卦上六“啓邦”,今本作“開國”;同人卦九四“乘高唐”,今本作“乘其墉”;豫卦六三

① 參見安徽省文物工作隊、阜陽地區博物館、阜陽縣文化局:《阜陽雙古堆西漢汝陰侯墓發掘簡報》,《文物》, 1978 年第 8 期。

② 韓自强:《阜陽漢簡〈周易〉研究》, 第 46 頁。

③ 韓自强:《阜陽漢簡〈周易〉研究》, 第 45 頁。

“歌豫”，今本作“盱豫”；隨卦上六“支山”，今本作“西山”；頤卦六五“不經”，今本作“拂經”。

阜陽漢簡《周易》與今本的最大區别是在卦爻辭後面附有卜辭。依照甲骨卜辭文例，卜辭的主體部分應包括前辭、命辭和占辭。以此觀之，阜陽漢簡《周易》中的卜辭，有命辭，也當有占辭，尚未發現有前辭。從竹簡書寫格式及内容來看，阜陽漢簡《周易》與包山楚簡、新蔡楚簡中的卜辭不同，不應是實占記録，而應是占書。占卜卦師把經常遇到的占卜事項及在筮遇某卦某爻時的斷占結果抄録在相應卦爻辭之下，以備實占時參看。因此，可以看出，阜陽漢簡《周易》與帛書《周易》旨趣不同，阜陽漢簡《周易》旨趣在於筮占，而帛書《周易》在於易理。

著録

1. 胡平生:《阜陽漢簡〈周易〉概述》,《簡帛研究》(第三輯)，廣西教育出版社，1998年12月第1版。

2. 韓自強:《阜陽漢簡〈周易〉研究》，上海古籍出版社，2004年7月第1版。

研究

1. 黄儒宣:《阜陽漢簡〈周易〉卜辭試探》,《周易研究》，2008年第5期。

2. 鄔可晶:《讀阜陽漢簡〈周易〉釋文小記》,《周易研究》，2010年第5期。

書 類

一 清華楚簡《尹至》

《尹至》是清華大學2008年入藏的戰國竹簡中的一篇。“本篇竹簡共五支，簡長四十五釐米，三道編。滿簡書寫二十九至三十二字。原無篇題，現據篇首‘惟尹自夏徂亳，逯至在湯’句試擬。”[①] 這五支竹簡背面有簡序編號，總計一百五十三個字，重文符號兩個，合文符號一個，漫漶不清一字。

① 李學勤主編《清華大學藏戰國竹簡》(壹)，第127頁。

簡文記述伊尹自夏至商，向商湯陳説夏君的暴政，由此給民衆帶來的疾苦，“以及天現異象時民衆的意願趨向，湯和伊尹盟誓，征伐不服，終於滅夏”。[①]

有學者認爲《尹至》可能就是百篇《尚書》中的《疑至》。[②]就現有材料來看，我們還不能確定清華簡《尹至》就是百篇《尚書》中的《疑至》。不過，《尹至》的表達方式及風格，甚至有的語詞都與《尚書》相似。比如，“湯曰格”，《書·湯誓》有“王曰格”，《書·盤庚上》有“王若曰格”；“余及汝皆亡”，《書·湯誓》有“時日曷喪，予及汝皆亡”；“越今旬日”，《書·召誥》有“越六日乙未”“越三日戊申”；“其如台”，《書·湯誓》有“夏罪其如台”，《書·盤庚上》有“卜稽曰其如台”，《書·高宗肜日》有“其如台”，《書·西伯戡黎》有“今王其如台”；“兹乃”，《書·酒誥》有“兹乃允惟王正事之臣”，《書·立政》有“兹乃三宅無義民”“兹乃俾乂國”。就文體特徵、叙述方式來看也與《尚書》極爲相似。

《孟子·告子下》：“五就湯，五就桀者，伊尹也。”趙岐注：“伊尹爲湯見貢於桀，不用，而歸湯。湯復貢之，如是者五。”[③]《史記·殷本紀》：“湯舉任以國政。伊尹去湯適夏。即醜有夏，復歸于亳。”[④]《書序》作：“伊尹去亳適夏，即醜有夏，復歸于亳。”[⑤]

《尹至》對於我們研究夏末商初史事及伊尹這個歷史人物具有重要價值，對於研究古文《尚書》及同期史書形態也具有非常重要的價值。

著録

李學勤主編《清華大學藏戰國竹簡》（壹），中西書局，2010年12月第1版。

研究

1. 李學勤：《清華簡九篇綜述》，《文物》，2010年第5期。

---

① 參見李學勤主編《清華大學藏戰國竹簡》（壹），第128頁。

② 參見朱曉海：《〈尹至〉可能是百篇〈尚書〉中前所未見的一篇》，復旦大學出土文獻與古文字研究中心網站，2010年6月17日。

③ （清）阮元校刻《十三經注疏》，第5999頁。

④ （漢）司馬遷撰《史記》，第1册，第94頁。

⑤ （清）阮元校刻《十三經注疏》，第335頁。

2. 廖名春:《清華簡與〈尚書〉研究》,《文史哲》, 2010 年第 6 期。

3. 沈建華:《清華楚簡〈尹至〉釋文試解》,《中國史研究》, 2011 年第 1 期。

4. 李學勤:《清華簡與〈尚書〉〈逸周書〉的研究》,《史學史研究》, 2011 年第 2 期。

5. 劉光勝:《清華簡與先秦〈書〉經傳流》,《史學集刊》, 2012 年第 1 期。

二 清華楚簡《尹誥》

《尹誥》是清華大學 2008 年入藏的戰國竹簡中的一篇。"本篇竹簡共四支，簡長四十五釐米，三道編。滿簡書寫三十一至三十四字。原無篇題，此係據《禮記》與郭店簡、上博簡《緇衣》所引確定。簡背有次序編號。文字保存較好，惟第四簡上端首字缺損一半。"①

整理者認爲:"《尹誥》爲《尚書》中的一篇，或稱《咸有一德》。據《書・堯典》孔穎達《正義》所述，西漢景帝末（或説武帝時）曲阜孔壁發現的古文《尚書》即有此篇，稱《咸有一德》。《史記・殷本紀》和今傳孔傳本《尚書》及《尚書序》，也都稱《咸有一德》。簡文與孔傳本《咸有一德》全然不同，東晉梅賾所獻的孔傳本確如宋以來學者所考，係後世僞作。《殷本紀》云'伊尹作《咸有一德》'，事在湯踐天子位後，介於《湯誥》《明居》之間，而孔傳本及《書序》則以爲太甲時，列於《太甲》三篇之下，與《殷本紀》不合。按司馬遷曾問學於孔安國，孔安國親見孔壁《尚書》，所説自屬可信。現在簡文所叙，很清楚時在湯世，僞《咸有一德》的謬誤明顯。"②

簡文《尹誥》刊布後，學界展開熱烈討論。有學者支持整理者的意見，如廖名春認爲:"清華大學藏簡《尹誥》篇是失傳了的《咸有一德》，但不是古文《尚書》中的《咸有一德》，非常重要，其内容目前可以基本疏通。由其内容來看，其中已經有建立在'君權天授''天人合一'基礎上的民本思想，這是孟子思想的源頭。從其内容上也可以説明清華簡《尹

① 李學勤主編《清華大學藏戰國竹簡》(壹), 第 132 頁。

② 李學勤主編《清華大學藏戰國竹簡》(壹), 第 132 頁。

誥》篇不僞，其史料價值非常珍貴，古文《尚書》中的《咸有一德》則確係僞書。”①

也有學者反對整理者的意見。虞萬里認爲：“清華簡《尹誥》之公布，因其文字與《古文尚書·咸有一德》全然不同，似乎爲《古文尚書》逸十六篇的僞作找到了鐵證。但仔細比對《尹誥》和《咸有一德》兩篇，文字雖不同，文意却有很大的關聯性。不可想象魏晉間一位没有見到過《尹誥》的人能够根據‘惟尹躬及湯咸有壹德’一句敷衍發揮出一篇與先秦古文《尹誥》暗合的文字。從秦漢間經師闡發經典大義的‘傳體’形式去認識，《咸有一德》很可能是孔安國闡述《尹誥》經旨之傳文，由孔氏或其弟子完善記録後上送秘府。逮及曹魏立古文博士，尋訪《古文尚書》逸篇，始整理秘府舊簡。由於没有經文可供校正，所整理的篇章不免有錯簡與殘缺，文字不免有訛誤，但它的書寫簡式却仍與劉向所校中古文《尚書》每簡二十餘字相當，顯露出兩者的歷史關聯。《咸有一德》性質和來源的確定，爲筆者《古文尚書》二次整理説提供了一個極具典型的實例，從而也爲探索《古文尚書》來源和形成開鑿出一綫曙光。”②

楊善群認爲：“清華簡《尹誥》的發現，是《尚書》學史上一件有重大意義的事。然而清華簡整理者謂《尹誥》‘或稱《咸有一德》’，把兩篇不相干的篇名説成同一篇文字，從而把古文《尚書·咸有一德》指爲‘僞作’。這是違背《尚書》一篇一名的通則的。西漢司馬遷和東漢鄭玄由於未見古文《尚書》的全貌，作出不符史實的叙述和注釋，我們今天再不應該重複這樣的錯誤。通過對清華簡《尹誥》和古文《咸有一德》篇名、時代和體例的辨析，《咸有一德》在考訂歷史事實、校讎古文獻和研究商大臣伊尹道德風範等方面具有珍貴價值。希望清華簡整理者能擺脱疑古時代‘定讞’的陰影，吸收《尚書》學研究的最新成果。”③

姜廣輝等學者對清華簡《尹誥》提出五項質疑：“（一）與傳世本

① 廖名春：《清華簡〈尹誥〉研究》，《史學史研究》，2011 年第 2 期，第 110 頁。

② 虞萬里：《由清華簡〈尹誥〉論〈古文尚書·咸有一德〉之性質》，《史林》，2012 年第 2 期，第 32 頁。

③ 楊善群：《清華簡〈尹誥〉引發古文〈尚書〉真僞之争》，《學習與探索》，2012 年第 9 期，第 141 頁。

《禮記·緇衣》所引《尹誥》文義不合太甚;(二)稱呼混亂;(三)敘事内容與《尚書·湯誓》互相衝突;(四)"金玉"連用不應出於夏商之際;(五)與傳世文獻多有雷同,且夾雜後世語言。"①

黄懷信認爲:"清華簡《尹誥》首句'惟尹既及湯咸有一德',《尚書·咸有一德》及《禮記·緇衣》和郭店楚簡《緇衣》所引《尹誥》均作'惟尹躬暨湯咸有一德'。該句在《咸有一德》爲全篇核心,前後文邏輯嚴密,具有原創性。而簡書《尹誥》則既去'躬'字,又衍'及'字,且衹獨立一句,與下文没有邏輯聯繫,應是取用。所以《咸有一德》當不晚於簡書所出之公元前305±30年,不可能是魏晉之人僞造。如此,則《古文尚書》(不必全部)之時代,當不晚於清華簡。"②

今本《禮記·緇衣》引《尹誥》兩次,分别爲"惟尹躬及湯咸有壹德"和"惟尹躬天見于西邑夏,自周有終,相亦惟終"。郭店簡《緇衣》引一次《尹誥》,爲"惟尹允及湯,咸有一德"。清華簡《尹誥》開篇有"惟尹既及湯咸有一德,尹念天之敗西邑夏",簡本"咸有一德"句與今本《緇衣》所引基本一致,但"尹念天之敗西邑夏"句與今本《緇衣》有一定區别,不過,今本"惟尹躬天見于西邑夏"下鄭玄注云"見"或爲"敗",這與簡本作"敗"合。而"念"從心今聲,"今"與"躬"古音相同(一爲侵部,一爲冬部,冬部戰國後從侵部分離),可見,"尹躬天見于西邑夏"與簡文"尹念天之敗西邑夏"之間是有關聯的。但是,"惟尹躬天見于西邑夏"也見於晚書《太甲上》,這使情況變得複雜起來,看來晚書中一些文句還是有來源的。《咸有一德》與《尹誥》是否爲同一篇仍然是一個不能確定的問題,而簡文中有兩句與今本《緇衣》所引《尹誥》相同或相近,即使不能斷定簡文就是《尹誥》,也不難看出簡文與《尹誥》一類《尚書》篇章之間的關聯。因此,這篇簡文與清華簡涉及《尚書》篇章的各篇一樣,對於研究《尚書》佚篇、今本古文《尚書》的真僞及相關

① 姜廣輝、付贊:《清華簡〈尹誥〉獻疑》,《湖南大學學報》(社會科學版),2014年第5期,第109頁。

② 黄懷信:《由清華簡〈尹誥〉看〈古文尚書〉》,《魯東大學學報》(哲學社會科學版),2012年第6期,第66頁。

尚書學問題具有非常重要的價值。

著録

李學勤主編《清華大學藏戰國竹簡》(壹),中西書局,2010年12月第1版。

研究

1. 廖名春:《清華簡〈尹誥〉研究》,《史學史研究》,2011年第2期。

2. 虞萬里:《由清華簡〈尹誥〉論〈古文尚書·咸有一德〉之性質》,《史林》,2012年第2期。

3. 黄懷信:《由清華簡〈尹誥〉看〈古文尚書〉》,《魯東大學學報》(哲學社會科學版),2012年第6期。

4. 楊善群:《清華簡〈尹誥〉引發古文〈尚書〉真僞之争》,《學習與探索》,2012年第9期。

5. 姜廣輝、付贊:《清華簡〈尹誥〉獻疑》,《湖南大學學報》(社會科學版),2014年第5期。

三　清華楚簡《程寤》

《程寤》是清華大學2008年入藏的戰國竹簡中的一篇。“本篇竹簡共九支,三道編,簡長四十五釐米,保存完好。全篇原無篇題,亦無次序編號。按《藝文類聚》《太平御覽》等傳世文獻曾有引用《逸周書·程寤》篇的若干文句,將其與本篇簡文的内容相對照,可知本篇簡文即久已失傳的《程寤》篇。”①

李學勤先生認爲:“清華簡《程寤》曾有傳本在《漢書·藝文志》所録《周書》中,但久已亡佚。”②

《漢書·藝文志》著録“《周書》七十一篇”,班固自注“周史記”。顔師古注云:“劉向云‘周時誥誓號令也,蓋孔子所論百篇之餘也。’今之存

① 李學勤主編《清華大學藏戰國竹簡》(壹),第135頁。

② 李學勤:《〈程寤〉〈保訓〉“日不足”等語的讀釋》,《清華大學學報》(哲學社會科學版),2011年第2期,第51頁。

者四十五篇矣。”[①]

《逸周書》就是《漢書·藝文志》著録的《周書》七十一篇,《逸周書》之稱或始於郭璞《爾雅注》。《逸周書》歷史上曾被誤認爲是《汲冢周書》,甚至《隋書·經籍志》《新唐書·藝文志》也持此論。《四庫全書總目》做了精審的考證:“舊本題曰《汲冢周書》。考隋《經籍志》、唐《藝文志》,俱稱此書以晉太康二年得於魏安釐王冢中。則汲冢之説其來已久。然《晉書》武帝紀及荀勖、束皙傳,載汲郡人不準所得竹書七十五篇,具有篇名,無所謂《周書》。杜預《春秋集解後序》,載汲冢諸書亦不列《周書》之目,是《周書》不出汲冢也。考《漢書·藝文志》先有《周書》七十一篇,今本比班固所紀惟少一篇。陳振孫《書録解題》稱凡七十篇,《叙》一篇在其末。京口刊本,始以《序》散入諸篇,則篇數仍七十有一,與《漢志》合。司馬遷紀武王克商事,亦與此書相應。許慎作《説文》,引《周書》‘大翰若翬雉’,又引《周書》‘豲有爪而不敢以撅’。馬融注《論語》,引《周書·月令》。鄭玄注《周禮》,引《周書·王會》,注《儀禮》,引《周書·比黨州閭》,皆在汲冢前,知爲漢代相傳之舊。郭璞注《爾雅》,稱《逸周書》。李善《文選注》所引,亦稱《逸周書》,知晉及唐初舊本尚不題‘汲冢’。其相沿稱爲‘汲冢’者,殆以梁任昉得竹簡漆書,不能辨識,以示劉顯,顯識爲孔子删書之餘。其時《南史》未出,流傳不審,遂誤合汲冢、竹簡爲一事,而修《隋志》者誤采之耶。鄭元祐作《大戴禮後序》,稱‘《文王官人》篇與《汲冢周書·官人解》相出入,《汲冢書》出於晉太康中,未審何由相似’云云。殊失之不考。《文獻通考》所引李燾跋及劉克莊《後村詩話》,皆以爲漢時本有此書,其後稍隱,賴汲冢竹簡出,乃得復顯。是又心知其非而巧爲調停之説。惟舊本載嘉定十五年丁黼跋,反復考證,確以爲不出汲冢。斯定論矣。其書載有太子晉事,則當成於靈王以後。所云文王受命稱王,武王、周公私計東伐,俘馘殷遺,暴殄原獸,輦括寶玉,動至億萬,三發下車,懸紂首太白,又用之南郊,皆古人必無之事。陳振孫以爲戰國後人所爲,似非無見。然《左

① (漢)班固撰,(唐)顔師古注《漢書》,第6册,第1706頁。

傳》引《周志》‘勇則犯上，不登于明堂’；又引《書》‘慎始而敬終，終乃不困’；又引《書》‘居安思危’；又稱‘周作《九刑》’。其文皆在今《書》中，則春秋時已有之。特戰國以後又輾轉附益，故其言駁雜耳。究厥本始，終爲三代之遺文，不可廢也。近代所行之本，皆闕《程寤》《秦陰》《九政》《九開》《劉法》《文開》《保開》《八繁》《箕子》《耆德》《月令》十一篇，餘亦文多佚脱。今考《史記・楚世家》引《周書》‘欲起無先’,《主父偃傳》引《周書》‘安危在出令，存亡在所用’,《貨殖傳》引《周書》‘農不出則乏其食，工不出則乏其事，商不出則三寶絶，虞不出則財匱少’;《漢書》引《周書》‘無爲創首，將受其咎’，又引《周書》‘天予不取，反受其咎’;《唐六典》引《周書》‘湯放桀，大會諸侯，取天子之璽，置天子之座’，今本皆無之。蓋皆所佚十一篇之文也。觀李燾所跋，已有‘脱爛難讀’之語，則宋本已然矣。”①

清華簡《程寤》與古文《尚書》的《尹誥》等佚篇在一起被發現，證明《周書》本來就和《尚書》是同一類文獻，看來，真是孔子編輯《尚書》纔將之排除在外的。儘管如此，在《漢書・藝文志》中,《周書》仍然入六藝書類，得以與《書》經並列，但是在《隋書・經籍志》中入史部雜史類，在《四庫全書》中,《逸周書》入史部别史類，不僅不與《書》經並列，也未得與史部正史並列。《漢書・藝文志》春秋類小序云:“古之王者世有史官，君舉必書，所以慎言行，昭法式也。左史記言，右史記事，事爲《春秋》，言爲《尚書》，帝王靡不同之。”②《逸周書》(《周書》),亦當是史官奉命之作，非個人作品，雖然爲孔子編《書》之餘，於《四庫全書》而言，即使不得入經部，也應該入史部正史類。

著録

李學勤主編《清華大學藏戰國竹簡》(壹)，中西書局，2010年12月第1版。

研究

1. 李學勤:《〈程寤〉〈保訓〉“日不足”等語的讀釋》,《清華大學學報》(哲學社會

① (清)紀昀等:《欽定四庫全書總目》，四庫全書整理所整理，第687頁。

② (漢)班固撰,(唐)顔師古注《漢書》，第6册，第1715頁。

科學版），2011 年第 2 期。

2. 黄懷信：《清華簡〈程寤〉解讀》，《魯東大學學報》（哲學社會科學版），2011 年第 4 期。

3. 陳穎飛：《清華簡〈程寤〉〈保訓〉文王紀年探研》，《中國文化研究》，2012 年第 1 期。

4. 劉國忠：《清華簡〈程寤〉與“文王受命”》，《文史知識》，2012 年第 5 期。

5. 劉光勝：《真實的歷史，還是不斷衍生的傳説——對清華簡文王受命的再考察》，《社會科學輯刊》，2012 年第 5 期。

6. 申超：《清華簡〈程寤〉主旨試探》，《管子學刊》，2013 年第 1 期。

7. 李凱：《説清華簡〈程寤〉“攻於商神”》，《雲南社會科學》，2014 年第 5 期。

四　清華楚簡《保訓》

《保訓》是清華大學 2008 年入藏的戰國竹簡中的一篇。“全篇共有十一支簡，完簡長二十八點五釐米，編痕上下兩道。簡文頂頭書寫，簡尾大都留一個字距的空白。每支簡二十二至二十四字。其中第二支簡上半殘失約十一字。”[①] 原無篇題，亦無次序編號。現篇題爲整理者所擬加。

清華大學出土文獻研究與保護中心在《文物》2009 年第 6 期上刊發了《保訓》釋文，從此拉開了學界討論的序幕。討論主要涉及兩方面問題，一是《保訓》的性質，二是《保訓》簡文内“中”這個語詞如何解釋。當然，也有討論其真僞的。

關於《保訓》内容的性質，李學勤先生認爲：“《保訓》篇是周文王臨終時對其太子發即武王所作的遺言。”[②] 關於《保訓》的文體性質及相關問題，黄懷信認爲：“清華簡《保訓》篇爲周文王遺訓，不僅文風體式與《逸周書》記文王諸篇極爲相似，而且詞語也有與之相同或類似者，説明二者文獻性質相同、時代相當。《逸周書》諸篇既爲删《書》之餘，則《保訓》亦當爲古《書》中之一篇。清華簡尚有更多前所未見的《尚書》佚篇，則

① 李學勤主編《清華大學藏戰國竹簡》（壹），第 142 頁。

② 李學勤：《論清華簡〈保訓〉的幾個問題》，《文物》，2009 年第 6 期，第 76 頁。

含《保訓》在内的清華簡《尚書》，自當爲未經删削之古《書》之一部分。《保訓》部分文字有可能出於實録，但全文或經後人改寫潤飾。改寫潤飾的時代，應在春秋早中期。篇内言‘中’之事可與‘僞古文’《大禹謨》《君陳》《君牙》諸篇相印證，證明其關於文王有寶訓的記載當屬可信，同時也説明‘僞古文’諸篇不可能爲魏晉人所僞造。”[①]

關於簡文内“中”這個語詞如何解釋，討論最多，説法也很多。目前有中道説、地中説、訴訟文書説、旂旗説、民衆説、軍隊説、心靈説、最高權力説、中壇説、中嶽説、天數易數説等。[②]比較衆説，當以“中道説”文獻依據最爲充分。

另外，簡文中的“道”字，整理者原釋爲“追”，讀爲“歸”，[③]學術界多從之。這正是爲什麽有學者將“中”釋爲“訴訟文書”“旂旗”等實物的原因。因爲“中道”是思想觀念，無法歸還。李學勤先生也曾對“歸中”如何解釋感到困惑，他指出：“上甲微怎樣‘假中’‘歸中’於河，不太容易理解。看下文説‘微志弗忘，傳貽子孫，至於成唐（湯）’，‘中’仍是指思想觀念而言。由此可見，‘中’的觀念，或稱中道，是《保訓》全篇的中心。”[④]不過，後來李學勤先生對“道”字重新做了釋讀，他將“道”字釋爲“師”字，並進一步對相關文句也做了新的釋義：“‘昔微假中於河’，是説上甲微因其父王亥被有易害死，依藉河伯戰勝有易。‘假’在這裏是憑藉、依靠的意思，‘假中於河’即憑靠河伯能秉持中道，公正行事，終能使有易服罪。‘乃道（師）中於河’，是説上甲微從河伯那裏傳習了中道。‘師’字意爲學習效法，如《尚書・益稷》‘師汝昌言’。這樣，我們便可以確定《保訓》所説文王傳的寶訓確是中道，與《論語・堯曰》《禮記・中庸》等儒家文獻有一定聯繫，也正是後世儒學

---

① 黄懷信：《清華簡〈保訓〉篇的性質、時代及真僞》，中國歷史文獻研究會編《歷史文獻研究》（總第29輯），第133—136頁。

② 參見曹峰：《〈保訓〉的“中”即“公平公正”之理念説——兼論“三降之德”》，《清華簡研究》（第一輯），第110頁。

③ 參見清華大學出土文獻研究與保護中心：《清華大學藏戰國竹簡〈保訓〉釋文》，《文物》，2009年第6期。又，李學勤主編《清華大學藏戰國竹簡》（壹），第143頁。

④ 李學勤：《論清華簡〈保訓〉的幾個問題》，《文物》，2009年第6期，第78頁。

道統説的濫觴。”[①]

著録

1. 李學勤主編《清華大學藏戰國竹簡》(壹)，中西書局，2010年12月第1版。

2. 清華大學出土文獻研究與保護中心:《清華大學藏戰國竹簡〈保訓〉釋文》,《文物》，2009年第6期。

研究

1. 李學勤:《清華簡〈保訓〉釋讀補正》,《中國史研究》，2009年第3期。

2. 趙平安:《關於〈保訓〉“中”的幾點意見》,《中國史研究》，2009年第3期。

3. 李學勤:《論清華簡〈保訓〉的幾個問題》,《文物》，2009年第6期。

4. 黄懷信:《清華簡〈保訓〉篇的性質、時代及真僞》，中國歷史文獻研究會編《歷史文獻研究》(總第29輯)，華東師範大學出版社，2010年9月第1版。

5. 曹峰:《〈保訓〉的“中”即“公平公正”之理念説——兼論“三降之德”》,《清華簡研究》(第一輯)，中西書局，2012年12月第1版。

6. 李學勤:《重説〈保訓〉》,《深圳大學學報》(人文社會科學版)，2014年第1期。

五　清華楚簡《耆夜》

《耆夜》是清華大學2008年入藏的戰國竹簡中的一篇文獻。“《耆夜》簡共十四支，簡長四十五釐米，其中四支有殘缺。每簡正面字數二十七至三十一字不等，背面都有次序編號。第十四支簡背有‘郘夜’二字，係篇題。”[②]

《耆夜》整理者認爲:“‘郘’古書作‘黎’或‘耆’等，‘夜’通‘舍’或‘祇’。簡文講述武王八年伐黎大勝之後，在文王太室舉行飲至典禮，武王君臣飲酒作歌的情事。‘郘夜’就是伐黎後舍爵飲酒的意思，正是簡文内容的概括。其中周公作歌一終曰《蟋蟀》，與《詩·蟋蟀》有密切關係，可以對比研究，彌足珍貴。”[③]

① 李學勤:《重説〈保訓〉》,《深圳大學學報》(人文社會科學版)，2014年第1期，第54頁。

② 李學勤主編《清華大學藏戰國竹簡》(壹)，第149頁。

③ 李學勤主編《清華大學藏戰國竹簡》(壹)，第149頁。

簡文刊布後，學者們發表了各種意見，展開討論，主要集中在如下幾個問題上：其一，是文王戡黎還是武王戡黎；其二，耆是否就是黎；其三，簡文《蟋蟀》與《詩·蟋蟀》究竟是什麽關係。

當然，也有學者認爲《耆夜》是僞作。除此之外，有的學者對文本的文體屬性提出不同意見，指出："清華簡《耆夜》公布後，學者大多不懷疑它記事的真實性，實則它祇是戰國時期楚地士人虛擬的一篇詩教之文。《耆夜》作者利用並誤解了當時有關傳説和文獻資料，杜撰了武王伐黎、周公作《蟋蟀》等歷史情節，藉以增加詩教的力量。故其不可視作史官實録，否則徒增先周史研究之混亂。"①

簡文記載武王八年伐郘，獲得大勝，返還後在文王太室舉行飲至典禮。《左傳·桓公二年》："凡公行，告于宗廟；反行，飲至、舍爵、策勳焉。禮也。"② 雖然《儀禮》並無飲至禮的明確記載，但從《左傳》等典籍及相關銅器銘文仍然可知飲至禮的主要儀程，飲至禮主要包括告廟、飲至、策勛等各項活動。簡文接下來在交代了參加此次飲至禮的人員之後，記述了武王、周公酬客作歌之事，並没有記載此次飲至禮的全部過程和各項儀程。有學者認爲簡文記載的飲至禮不合周代禮制，恐怕是由把簡文所記述的内容當成飲至禮的全部造成的。

從簡文的文字量來看，有四分之三是用在記述作歌上的。武王酬畢公，作歌一終曰《樂樂旨酒》，武王酬周公，作歌一終曰《輶乘》，周公酬畢公，作歌一終曰《贔贔》，周公酬王，作祝誦一終曰《明明上帝》。最後，又描寫了周公秉爵未飲，有蟋蟀降於堂上，周公有感而發，作歌一終曰《蟋蟀》。武王與周公所作之"歌"在語言形式上與《詩經》相似，而《詩經》本身就是入樂歌唱的，因此，可以把武王及周公所作的"歌"看作詩。簡文一字不漏地記載了這五首詩，可以看出，簡文的記述重點在"作歌"上，换言之，簡文記述的重點是飲至禮上的酬賓過程中的"作歌"的盛況，而在西周禮樂是一體的，"作歌"的盛況正是禮的盛況，由此可以窺見西周禮樂文明之一斑。但從内容上看，簡文與記言記事的《尚書》

---

① 杜勇：《從清華簡〈耆夜〉看古書的形成》，《中原文化研究》，2013年第6期，第18頁。

② （晉）杜預撰，（唐）陸德明音釋《宋本春秋經傳集解》（一），第179頁。

不類，還有，簡文開篇云“武王八年”，前面並沒有《尚書》及金文中常見的“惟”字。由此可見，簡文的體裁、文體同傳世《尚書》文本並不完全相同，但本篇文獻還是應該被定性爲書類文獻，本篇書類文獻的發現，有助於我們認識書類文獻體式的多樣性。

著録

李學勤主編《清華大學藏戰國竹簡》(壹)，中西書局，2010年12月第1版。

研究

1. 李學勤:《論清華簡〈耆夜〉的〈蟋蟀〉詩》,《中國文化》，2011年第1期。

2. 黄懷信:《清華簡〈耆夜〉句解》,《文物》，2012年第1期。

3. 陳良武:《“清華簡”〈耆夜〉與〈西伯戡黎〉》,《蘭臺世界》，2012年第27期。

4. 劉光勝:《〈耆夜〉中的周代飲至禮》,《中國社會科學報》，2013年7月3日。

5. 杜勇:《從清華簡〈耆夜〉看古書的形成》,《中原文化研究》，2013年第6期。

6. 馬智全:《飲至禮輯考》,《簡牘學研究》(第五輯)，甘肅人民出版社，2014年8月第1版。

六　清華楚簡《周武王有疾周公所自以代王之志》

《周武王有疾周公所自以代王之志》是清華大學2008年入藏的戰國竹簡中的一篇。“本篇竹簡計十四支，三道編，完簡長四十五釐米。其中第八支與第十支簡的上端均有部分缺失，各約損失三至四字。簡背有次序編號，書於竹節處。第十四支簡背下端有篇題‘周武王有疾周公所自以代王之志’。”①

整理者認爲:“全篇簡文與《尚書》的《金縢》大致相合，當係《金縢》篇的戰國寫本。簡文不用‘金縢’作爲篇題，疑抄寫者没有見過《書序》。《金縢》篇見於西漢初年伏生所傳的今文《尚書》，但自西漢以來，學者對其理解頗多歧異。本篇簡文的内容與傳世今本《金縢》篇有一些重要的不同，如記載周武王係在‘既克殷三年’後生病，與今本作‘二年’

① 李學勤主編《清華大學藏戰國竹簡》(壹)，第157頁。

不同；簡文中没有今本《金縢》篇中涉及占卜的文句；周公居東爲三年而非今本中的二年，等等。”[①] 本篇簡文刊布後，學者多以《金縢》稱之。

黄懷信認爲：“對讀清華簡《金縢》與今本《尚書·金縢》，可知簡書總體上較今本晚出。簡書對原作有節略、壓縮與改寫，今本則更多地保留了原始面貌。但簡書又不全本於今本，今本也有增有脱，不是原始之作。説明古書流傳，傳抄者多可改易增删文字，乃至移動句子，改變句式。這種現象，對於重新認識《古文尚書》當有幫助。”[②]

程浩認爲：“清華簡《金縢》雖是戰國抄本，但與傳世之《尚書·金縢》差異並不大，應該有着共同的‘祖本’。通過對兩本的細緻比對，我們發現二者的差異基本屬於文獻流傳過程中自然損傷的範疇。傳本《金縢》對‘祖本’作了增删並存在一定程度的誤讀，簡本則有所删節且脱漏了一支簡。從簡文對人物的稱謂以及簡書上不規律的墨點來看，簡本入土前可能是一種流行於楚地用於貴族書教的教材。”[③]

劉國忠認爲：“結合清華簡《金縢》篇來考察傳世本《金縢》，可以對傳世本《金縢》篇的文本有許多新認識：首先，《金縢》篇是先秦時期一篇真正的《尚書》，並非出自後世的僞造，宋代以來一些學者對它的懷疑被證明是不正確的；其次，《金縢》篇的叙述清晰，内容完整，不存在一些學者所説的錯簡問題；第三，《金縢》篇全篇應是同時完成，不存在有些段落出自後人增附的問題；第四，《金縢》篇在先秦時期還有其他的篇名存在，證明《書序》的問題非常複雜，有可能在戰國中期存在不同傳本的《金縢》文本，或者是當時還没有出現《書序》；第五，傳世本《金縢》的文本存在一些不足，並與清華簡《金縢》篇存在一些重要的異文，二者應該相互結合，纔能更好地揭示《金縢》篇的原貌。”[④]

---

① 李學勤主編《清華大學藏戰國竹簡》（壹），第157頁。

② 黄懷信：《清華簡〈金縢〉校讀》，《古籍整理研究學刊》，2011年第3期，第25頁。

③ 程浩：《清華簡〈金縢〉性質與成篇辨證》，《上海交通大學學報》（哲學社會科學版），2013年第4期，第88頁。

④ 劉國忠：《從清華簡〈金縢〉看傳世本〈金縢〉的文本問題》，《清華大學學報》（哲學社會科學版），2011年第4期，第43頁。

楊振紅認爲:“將新出清華簡《金縢》與傳世本及其他文獻進行比較,可證成王即位時已爲少年,‘襁褓説’不能成立;周公‘居東’爲‘避居’而非‘東征’。漢代古文《尚書》較之今文《尚書》,更接近原初的《尚書》本。孔子没有删訂過《尚書》,也没有作過《書序》。清華簡《金縢》以‘志’爲名,表明公元前300年前後,《尚書》尚未成書。清華簡本《金縢》所記周公事迹最爲素樸,應是較早記載周公歷史的史籍。今傳本《尚書》應不是漢代的《古文尚書》本,或根據今文説改造過。《史記·魯周公世家》材料來源蕪雜,其關於周公歷史事迹的記載存在諸多錯亂之處。簡本《金縢》與《史記》關於周公歷史記載的差異,反映了周初特别是周公歷史在戰國至秦漢時期不斷層累疊加的事實。”[①]

彭裕商認爲:“傳世本《尚書》應是出自可信度較高的原典。……清華簡《金縢》用楚文字抄寫,應爲楚地的抄本,其文本經過後人改寫,流傳範圍不廣,不爲後世所傳承,也未見有其他典籍稱述或引用,這些都不能與傳世本相比,其可信度不如傳世本也是合乎情理的。……清華簡本《金縢》的紀年及所記内容與相關史實不合,記事體例又不符合古人的原則,馮時認爲清華簡《金縢》非《尚書》原典,是合乎實情的。而傳世本《金縢》源自先秦時期,列於學官,流傳範圍廣,爲後世所傳承,其記事體例合於古人的原則,紀年也與相關載籍及古文字材料相合,應該是可靠的本子,不應輕易否定。雖然清華簡《金縢》不如傳世本可信,但也有其學術價值。首先,它爲學人提供了不見流傳的楚地抄本,拓寬了學術視野,使學人得知,在傳世本之外,戰國時期還有一些經過改寫的其他文本在一定地域範圍内流傳,學術的流變是多樣化的。”[②]

另外,杜勇認爲:“《鴟鴞》是《詩經·豳風》中的一首詩,其作者歷史上都説是周公。近世學者對此表示懷疑,然無確鑿證據。近來清華簡《金縢》的發現,證明《鴟鴞》實非周公所作,而是他東征歸來,以此詩遺獻成王,略近賦詩言志。用意在於消除君臣間的誤解,表明自己公忠爲

① 楊振紅:《從清華簡〈金縢〉看〈尚書〉的傳流及周公歷史記載的演變》,《中國史研究》,2012年第3期,第47頁。

② 彭裕商:《〈尚書·金縢〉新研》,《歷史研究》,2012年第6期,第162頁。

國的心迹，體現出一種高超的政治藝術。”①

簡本與今本比較，内容上互有異同。於古樸而言，二本互有之，但今本語詞總體上比簡本古樸，存有更多古義。不過，今本有的地方稍嫌繁複。從語言風格來看，簡本《金縢》與清華簡《赤鵠之集於湯之屋》有相似之處，有戰國語言痕迹，典籍在承傳過程中的變異由此可見一斑。

還有一個重要問題值得注意，簡文原有篇題爲“周武王有疾周公所自以代王之志”，不僅與今本《金縢》不同，而且有一個帶有文體色彩的“志”字。在今本《尚書》中，有典、謨、訓、誥、誓、命等文體，没有“志”這一文體。先秦典籍在流傳過程中有“同篇異名”現象，本篇就應該是這種情况。但是，命名者以“志”爲其命名，反映出命名者對文獻性質的理解，恐怕並不是將之當作《尚書》看待的。當然，命名者對本篇簡文體裁的看法並不等於簡文原本體裁性質。

著録

李學勤主編《清華大學藏戰國竹簡》(壹)，中西書局，2010 年 12 月第 1 版。

研究

1. 黄懷信:《清華簡〈金縢〉校讀》,《古籍整理研究學刊》，2011 年第 3 期。

2. 劉國忠:《從清華簡〈金縢〉看傳世本〈金縢〉的文本問題》,《清華大學學報》(哲學社會科學版)，2011 年第 4 期。

3. 楊振紅:《從清華簡〈金縢〉看〈尚書〉的傳流及周公歷史記載的演變》,《中國史研究》，2012 年第 3 期。

4. 彭裕商:《〈尚書·金縢〉新研》,《歷史研究》，2012 年第 6 期。

5. 杜勇:《從清華簡〈金縢〉看周公與〈鴟鴞〉的關係》,《理論與現代化》，2013 年第 3 期。

6. 程浩:《清華簡〈金縢〉性質與成篇辨證》,《上海交通大學學報》(哲學社會科學版)，2013 年第 4 期。

---

① 杜勇:《從清華簡〈金縢〉看周公與〈鴟鴞〉的關係》,《理論與現代化》，2013 年第 3 期，第 56 頁。

七 清華楚簡《皇門》

《皇門》是清華大學2008年入藏的戰國竹簡中的一篇。“本篇竹簡凡十三支，簡長四十四點四釐米左右，三道編。滿簡三十九至四十二字不等。原無篇題，由於内容與今本《逸周書·皇門》大體相符，故定名《皇門》。簡背有次序編號。字迹清晰，書寫工整，僅第十簡上端缺二字。”①

整理説明云：“簡本《皇門》‘公若曰’之‘公’，今本作‘周公’，據内容判斷，簡本所指亦爲周公。簡本記載周公訓誡群臣望族要以史爲鑒，獻言薦賢，助王治國，同時抨擊了某些人陽奉陰違、背公向私的行爲，是不可多得的周初政治文獻。簡本爲戰國寫本，但所用語詞多與《尚書》中的《周書》諸篇及周初金文相似，如謙稱周爲‘小邦’（今本避漢高祖諱作‘小國’）等皆爲周初慣用語，知其所本當爲西周文獻。簡本《皇門》與今本相比有許多歧異，尤爲明顯者如集會所在地之‘荅（庫）門’，今本作‘左閎門’。周制天子五門，庫門外皋門内爲外朝所在，周公組織之集會在此進行甚合理。今本《皇門》訛誤衍脱現象多見，文義晦澀難解；簡本相對而言文通字順，顯然優於今本，可用以澄清今本的許多錯誤。”②

關於簡文中的“公”，整理者認爲是周公，學界没有異議。但是，對於本篇的成書時間及主旨思想却有不同看法。

簡本與今本相校異文較多，如今本“左閎門”，簡本作“荅門”；今本“下邑小國”，簡本作“寡邑小邦”，等等。

關於篇題問題，整理者依據簡文内容與今本《逸周書·皇門》大體相符，故定名《皇門》。天子路寢左門稱皇門，簡文作“荅門”，朱鳳瀚認爲“荅”，從古得聲，與“皇”音近，可以讀爲“皇”，因此，本篇簡文仍然可以從今本名爲《皇門》。③

從内容來看，簡本《皇門》與今本《逸周書·皇門》，互有異同，但今本脱訛較多，簡本相對來説文通義順，明顯優於今本。

① 李學勤主編《清華大學藏戰國竹簡》（壹），第163頁。

② 李學勤主編《清華大學藏戰國竹簡》（壹），第163頁。

③ 參見朱鳳瀚：《讀清華楚簡〈皇門〉》，《清華簡研究》（第一輯），第184頁。

從版本來看，簡本爲戰國中後期抄本，未必就是文本原貌，從西周到戰國經歷了一個較長時間的流傳，文獻流傳中受到諸如不同傳人及傳本、不同地域、不同抄手、不同抄寫目的等等因素的影響，簡本與原本相比，自然也會發生變異，但是，由於簡本抄寫時間距離原本形成時間相對較近，因此，自然會更接近原本。

著録

李學勤主編《清華大學藏戰國竹簡》(壹)，中西書局，2010 年 12 月第 1 版。

研究

1. 李學勤:《清華簡與〈尚書〉〈逸周書〉的研究》,《史學史研究》，2011 年第 2 期。

2. 李均明:《清華簡〈皇門〉之君臣觀》,《中國史研究》，2011 年第 1 期。

3. 朱鳳瀚:《讀清華楚簡〈皇門〉》,《清華簡研究》(第一輯)，中西書局，2012 年 12 月第 1 版。

4. 王志平:《清華簡〈皇門〉異文與周代的朝儀制度》,《清華簡研究》(第一輯)，中西書局，2012 年 12 月第 1 版。

5. 王連龍:《清華簡〈皇門〉篇“耇門”解》,《考古與文物》，2012 年第 4 期。

八　清華楚簡《祭公之顧命》

《祭公之顧命》是清華大學 2008 年入藏的戰國竹簡中的一篇。“《祭公》簡共二十一支，簡長四十四點四釐米，三道編。每支簡文字約二十三至三十二字不等。無次序編號。原有篇題五字《𧦦(祭)公之賟(顧)命》，記於第二十一簡正面下端。除第二、三、四簡上下端稍有殘裂，第十九簡略呈模糊外，全篇保存良好，文字可辨。”[①]

本篇共二十一支簡，簡背有次序編號，整理者在“説明”文字中説“無次序編號”，當是疏誤。

本篇簡文内容與今本《逸周書·祭公》基本相合，整理者認爲本篇簡

① 李學勤主編《清華大學藏戰國竹簡》(壹)，第 173 頁。

文是今本《逸周書·祭公》的祖本。[①]

今本簡本相校，今本存在較多脱訛，簡本明顯優於今本。不過，不能據此斷定簡本就是今本的祖本。先秦典籍的承傳較爲複雜，在印刷術發明前，典籍的流傳靠的是抄本，而抄本與抄本之間由於各種因素的影響，會有一定差别，這已被上博簡《緇衣》與郭店簡《緇衣》的差别所證實。本篇簡本衹是戰國中後期抄本，而《逸周書·祭公》這篇文獻西周穆王時成篇，流傳到戰國不知有多少種抄本，因此，根本無法斷定簡本就是今本的祖本。

至於今本與簡本的優劣，尚有不同意見。整理者説明云："本篇是今傳世《逸周書》所收《祭公》的祖本，以簡文與今本相互對照，今本的大量訛誤衍脱，都涣然冰釋。"[②]顯然，整理者認爲簡本優於今本。但是，黄懷信認爲："對校清華簡《祭公》與《逸周書·祭公》，以及《禮記·緇衣》和郭店簡《緇衣》所引《祭公之顧命》，可以發現：該篇整體上以《逸周書》之文爲優，但清華簡也有勝出者；二《緇衣》所引雖有衍文與訛誤，但亦有可取之處，四者互補，可以較好地恢復《祭公》原文的本來面目。"[③]

實際上，就典籍而言，並非出土的就全部優於今本，比如帛書《易經》就有很多文字不如今本古老。這是研究出土文獻必須注意的事情。其實，優劣都是相對的，出土文獻與傳世本，往往互有優劣，很難明確孰優孰劣，作爲不同抄本可以互補。簡本的另一個重要價值是記載了畢䱷、井利和毛班三公之名，爲今本所無，井利和毛班見於《穆天子傳》和《今本竹書紀年》。

著録

李學勤主編《清華大學藏戰國竹簡》(壹)，中西書局，2010年12月第1版。

研究

1. 沈建華:《清華楚簡〈祭公之顧命〉中的三公與西周世卿制度》,《中華文史論

---

① 李學勤主編《清華大學藏戰國竹簡》(壹)，第173頁。
② 李學勤主編《清華大學藏戰國竹簡》(壹)，第173頁。
③ 黄懷信:《清華簡〈祭公〉篇校釋》,《清華簡研究》(第一輯)，第228頁。

叢》，2010 年第 4 期。

2. 陳穎飛：《清華簡祭公與西周祭氏》，《江漢考古》，2012 年第 1 期。

3. 黄懷信：《清華簡〈祭公〉篇校釋》，《清華簡研究》（第一輯），中西書局，2012 年 12 月第 1 版。

4. 夏含夷：《先秦時代“書”之傳授——以清華簡〈祭公之顧命〉爲例》，《清華簡研究》（第一輯），中西書局，2012 年 12 月第 1 版。

九　清華楚簡《説命》

《説命》是清華大學 2008 年入藏的戰國竹簡中的一篇。“《説命》簡長四十五釐米，共有三篇，由同一書手寫成。每一篇最後一支簡簡背都有篇題《傅説之命》，現據内容次第分别題爲《説命上》《説命中》和《説命下》。《説命上》有簡七支，《説命中》也有七支，《説命下》則有十支，但缺失了第一支簡，現僅存九支。”[①] 每支竹簡背面有次序編號。

簡文開篇云：“惟殷王賜説于天，庸爲失仲使人。王命厥百工向，以貨徇求説于邑人。惟弼人得説于傅巖。”這與《書序》所云“高宗夢得説，使百工營求諸野，得諸傅巖，作《説命》三篇”正合。因此，整理者遵照《書序》將本篇簡文命名爲《説命》，而没有使用簡文原有篇題《傅説之命》。

今本《古文尚書》有《説命》三篇，與簡文對照，今本除了從先秦典籍引文中輯録的文句，其餘與簡文都不相同，可見，今本確係僞書。

簡本《説命》價值巨大。第一，證明《書序》來自先秦。《漢書・藝文志》認爲《書序》是孔子作的，後人多有懷疑。現在看來，《書序》與簡本《説命》内容相合，雖然不能證明就是孔子所作，但至少可以證明《書序》確實是先秦作篇。第二，過去有説法認爲僞古文《尚書》將一篇《説命》析爲三篇，以湊篇數。今觀簡本《説命》確實是三篇，湊數之説不攻自破。第三，證實了殷高宗與傅説明君賢相的史事。傅説的故事見

① 李學勤主編《清華大學藏戰國竹簡》（叁），第 121 頁。

於先秦多種典籍，如《孟子·告子下》云“傅説舉于版築之間”[①]、《韓非子·難言》云“傅説轉鬻”[②]等等，但皆語焉不詳。而孔傳本《説命》雖然詳細，却是僞書，不可信。簡本《説命》三篇對傅説史事記載詳細，爲研究這段歷史提供了詳實的新史料。

同時，簡本《説命》提醒我們，僞《古文尚書》是不能當作史料來使用的，以僞《古文尚書》作爲文獻依據所作的研究，所得出的結論是靠不住的。

簡本《説命》作爲戰國間的一種抄本，却較多保存了來自武丁時代的語言習慣。“《説命上》簡文載有商王武丁時卜辭，卜辭采用對貞的格式及其措辭習慣等多與殷墟卜辭用例相合，證明《説命》真正是包含着商代以下很難擬作的内涵。《説命》和傳世的《盤庚》等篇的價值應該可以相提並論。”[③]

著録

李學勤主編《清華大學藏戰國竹簡》（叁），中西書局，2012年12月第1版。

研究

1. 李學勤：《論清華簡〈説命〉中的卜辭》，《華夏文化論壇》，2012年第2期。

2. 廖名春、趙晶：《清華簡〈説命（上）〉考釋》，《史學史研究》，2013年第2期。

3. 杜勇：《從清華簡〈説命〉看古書的反思》，《天津師範大學學報》（社會科學版），2013年第4期。

4. 程浩：《清華簡〈説命〉研究三題》，《古代文明》，2014年第3期。

十　清華楚簡《厚父》

《厚父》是清華大學2008年入藏的竹簡中的一篇。“《厚父》共十三支簡。簡長約四十四釐米，寬約零點六釐米。第一支簡上下兩端殘缺，其他各支皆爲完簡。簡背標有序號，依次爲‘一’至‘十三’，今缺序號

① （宋）朱熹集注《宋本孟子集注》（四），第191—192頁。

② （清）王先慎集解，姜俊俊校點《韓非子》，第26頁。

③ 李學勤：《論清華簡〈説命〉中的卜辭》，《華夏文化論壇》，2012年第2期，第273頁。

‘一’。最後一支背面有‘厚父’二字，係篇題。”[①]

清華簡《厚父》全篇記載的是厚父與“王”的對話。由於該篇文獻中有一段文字與《孟子》引《書》文字相似，因此該篇文獻的原整理者認爲《厚父》是《尚書》的逸篇。

從文體上看，該篇爲對話體，應該屬於《尚書》記言類作品。

著録

李學勤主編《清華大學藏戰國竹簡》(伍)，中西書局，2015年4月第1版。

研究

1. 趙平安:《〈厚父〉的性質及其藴含的夏代歷史文化》,《文物》, 2014年第12期。

2. 程浩:《清華簡〈厚父〉“周書”説》,《出土文獻》(第五輯)，中西書局，2014年10月第1版。

3. 李學勤:《清華簡〈厚父〉與〈孟子〉引〈書〉》,《深圳大學學報》(人文社會科學版)，2015年第3期。

4. 郭永秉:《論清華簡〈厚父〉應爲〈夏書〉之一篇》,《出土文獻》(第七輯)，中西書局，2015年10月第1版。

5. 寧鎮疆:《清華簡〈厚父〉“天降下民”句的觀念源流與豳公盨銘文再釋——兼説先秦“民本”思想的起源問題》,《出土文獻》(第七輯)，中西書局，2015年10月第1版。

6. 王輝:《清華簡〈厚父〉屬性及時代背景新認識——從“之匿王乃渴失其命”的斷句釋讀説起》,《史學集刊》, 2019年第4期。

十一　清華楚簡《封許之命》

《封許之命》是清華大學2008年入藏的戰國竹簡中的一篇。本篇文獻“原由九支簡構成，簡長約四十四釐米，寬約零點六五釐米，簡背有簡序編號。現第一、四兩簡缺失，第三、七、八、九四簡上端也有不同程度殘損。在第九簡背下部寫有篇題‘封許之命’”[②]。

① 李學勤主編《清華大學藏戰國竹簡》(伍)，第109頁。
② 李學勤主編《清華大學藏戰國竹簡》(伍)，第117頁。

《封許之命》是一篇封建許國的命書，時間當在西周初年。從文例格式來看，這篇命書與周代青銅器銘文所見命書的文例格式基本相同。本篇命書的主要内容是，開篇首先回顧受封人吕丁輔佐文王、制定刑法、董理治國謀略以及輔佐武王伐滅商紂等方面的功績，接下來記述册命吕丁爲許侯，並向許侯提出明確要求，要求許侯要好好地爲朝廷出謀劃策，虔誠地體恤王家，並要大治四方而不自居，以助周王。接下來詳細列出所賜各種寶物及禮器的明細。在本篇命文的最後又向許侯提出誡勉："嗚呼，丁，戒哉！余既監于殷之不若，稚童兹憂，靡念非常，汝亦惟淑章尔慮，祇敬尔猷，以永厚周邦，勿廢朕命，經嗣世享。"

整理者認爲清華簡《封許之命》是《尚書》的逸篇。從清華簡《封許之命》的語言面貌來看，其文辭古奥，且文中語詞與傳世本《尚書》多有相合，因此可以斷定其爲《尚書》類文獻。從文體上看，《封許之命》屬於《尚書》的命體。

著録

李學勤主編《清華大學藏戰國竹簡》(伍)，中西書局，2015年4月第1版。

研究

1. 程浩:《〈封許之命〉與册命"書"》,《中國典籍與文化》，2016年第1期。

2. 邵蓓:《〈封許之命〉與西周外服體系》,《歷史研究》，2019年第2期。

3. 賈連翔:《〈封許之命〉綴補及相關問題探研》,《出土文獻》，2020年第3期。

4. 李冠蘭:《清華簡〈封許之命〉年代再議——兼及〈書〉類文獻在兩周的整編與流傳》,《學術研究》，2020年第7期。

十二　清華楚簡《命訓》

《命訓》是清華大學2008年入藏的戰國竹簡中的一篇。"《命訓》共有十五支簡，三道編，全篇各簡均有不同程度的殘損，其中第一、二、三、七、九、十二、十四、十五諸簡的文字也有一些損毁。估計完簡的長度約爲四十九釐米。除了最後一支簡，每支簡的簡背均有次序編號，書於竹節處，今缺序號'四'，序號'十四'殘。全篇原無篇題，因其内容與《逸周書》的《命訓》篇大致相合，當係《命訓》篇的戰國寫本，今徑以‘命訓’命名本篇。”①

清華簡《命訓》全篇主旨是關於天命的訓教。本篇文獻提出命在天，一個人要想得到福祉要靠德行，上天是按照人的德行來降福罰禍的。這篇文獻就是按照這樣一個邏輯來對人進行“天命”的訓教。

清華簡《命訓》應該是《逸周書·命訓》的戰國楚人寫本。本篇文獻的發現對於證明《逸周書》的真僞及傳世本的校勘都具有重要意義。

著録

李學勤主編《清華大學藏戰國竹簡》(伍)，中西書局，2015年4月第1版。

研究

1. 劉國忠:《清華簡〈命訓〉初探》,《深圳大學學報》(人文社會科學版)，2015年第3期。

2. 趙平安:《釋清華簡〈命訓〉中的“耕”字》,《深圳大學學報》(人文社會科學版)，2015年第3期。

3. 夏含夷:《清華五〈命訓〉簡傳本異文考》,《古文字研究》(第三十一輯)，中華書局，2016年10月第1版。

4. 梁濤:《清華簡〈命訓〉“大命”“小命”釋疑——兼論〈逸周書〉“三訓”的成書及學派歸屬》,《哲學動態》，2021年第4期。

5. 劉光勝:《清華簡〈命訓〉的成書時代及思想史意義》,《出土文獻綜合研究集刊》(第十三輯)，巴蜀書社，2021年6月第1版。

十三　清華楚簡《攝命》

《攝命》是清華大學2008年入藏的戰國竹簡中的一篇。《攝命》共有三十二支簡，簡長約四十五釐米，寬約零點六釐米，三道編繩，第三、二十五、二十九簡略有殘缺，其餘基本完整。簡背有次序編號，編號書寫在簡背中部竹節處，全篇原無篇題，現篇題爲整理者所擬。②

① 李學勤主編《清華大學藏戰國竹簡》(伍)，第124頁。

② 參見李學勤主編《清華大學藏戰國竹簡》(捌)，第109頁。

清華簡《攝命》全篇主體部分爲周天子册命"攝"的命辭，文句與《周書》及西周中晚期銅器銘文同類文獻相似。根據文中内容推測，本篇文獻中的周天子可能是孝王辟方，册命對象"攝"可能是懿王太子夷王燮。本篇屬於書類文獻，對於研究西周史具有重要價值。

著録

李學勤主編《清華大學藏戰國竹簡》(捌)，中西書局，2018年11月第1版。

研究

1. 李學勤:《清華簡〈攝命〉篇"粦"字質疑》,《文物》，2018年第9期。

2. 馬楠:《清華簡〈攝命〉初讀》,《文物》，2018年第9期。

3. 陳劍:《試爲西周金文和清華簡〈攝命〉所謂"粦"字進一解》,《出土文獻》(第十三輯)，中西書局，2018年10月第1版。

4. 賈連翔:《"攝命"即〈書序〉"臩命""冏命"説》,《清華大學學報》(哲學社會科學版)，2018年第5期。

5. 李學勤:《談清華簡〈攝命〉篇體例》,《清華大學學報》(哲學社會科學版)，2018年第5期。

6. 程浩:《清華簡〈攝命〉的性質與結構》,《清華大學學報》(哲學社會科學版)，2018年第5期。

7. 夏含夷:《清華簡〈攝命〉與牧簋、冉盨對讀》,《青銅器與金文》(第五輯)，上海古籍出版社，2020年12月第1版。

8. 單育辰:《清華簡八〈攝命〉釋文商榷》,《出土文獻綜合研究集刊》(第十三輯)，巴蜀書社，2021年6月第1版。

9. 黄德寬:《清華簡〈攝命〉篇"劼侄毖攝"訓釋的再討論》,《中國語文》，2022年第4期。

十四　清華楚簡《成人》

《成人》是清華大學2008年入藏的戰國竹簡中的一篇。"本篇凡三十簡，簡長約四十五點二釐米，寬約零點七釐米，三道編繩。滿簡書寫二十七至三十三字。文字保存基本完好，僅簡一〇末字殘半。簡上未見編號，簡背有刻畫痕迹，其中簡一至簡一九的劃痕呈倒序排列，比較特别。”[①] 本篇原無篇題，現篇題爲整理者所擬。

清華簡《成人》全篇主體部分記述了成人對典獄刑法等方面的論説。本篇屬於書類文獻，對於研究周代吕國歷史具有重要價值。

著録

黄德寬主編《清華大學藏戰國竹簡》(玖)，中西書局，2019 年 11 月第 1 版。

研究

1. 賈連翔:《清華簡〈成人〉及有關先秦法律制度》,《文物》，2019 年第 9 期。

2. 李鋭:《清華簡第九册〈成人〉篇爲〈尚書〉類文獻説》,《史學史研究》，2020 年第 2 期。

3. 劉信芳:《清華簡（九）〈成人〉釋讀與研究》,《出土文獻綜合研究集刊》，2021 年第 2 期。

十五　清華楚簡《廼命一》

《廼命一》是清華大學 2008 年入藏的戰國竹簡中的一篇。“本篇凡十二簡，簡一至簡五上端有殘缺。簡長約四十四點六釐米，寬約零點六釐米，竹簡下端有編號。原無篇題，取篇首二字名篇。”[②]

清華簡《廼命一》全篇主要内容爲王誡命群臣忠君勤事，謹慎言語，勿强取豪奪，以保其室家。本篇屬於書類文獻，對於研究周代歷史及書類文獻文體形態具有重要價值。

著録

黄德寬主編《清華大學藏戰國竹簡》(玖)，中西書局，2019 年 11 月第 1 版。

研究

1. 李松儒:《清華簡〈廼命〉的書寫、製作與編聯》,《出土文獻》，2020 年第 1 期。

2. 何家興:《清華簡〈廼命〉〈四告〉與諸梁鐘合證及其他》,《出土文獻》，2022

① 黄德寬主編《清華大學藏戰國竹簡》(玖)，第 153 頁。
② 黄德寬主編《清華大學藏戰國竹簡》(玖)，第 170 頁。

年第 2 期。

十六　清華楚簡《迺命二》

《迺命二》是清華大學 2008 年入藏的戰國竹簡中的一篇。“本篇凡十六簡，簡九、簡一五有殘缺。簡長約四十四點六釐米，寬約零點六釐米，竹簡下端有編號。原無篇題，取篇首二字名篇。”[①]

清華簡《迺命二》全篇主要内容爲誡訓同宗子弟要勠力同心、相守相保、忠君勤事、慎密言語，勿强取豪奪，以保其室家。本篇屬於書類文獻，對於研究周代歷史及書類文獻文體形態具有較爲重要的價值。

著録

黄德寬主編《清華大學藏戰國竹簡》(玖)，中西書局，2019 年 11 月第 1 版。

研究

1. 李松儒:《清華簡〈迺命〉的書寫、製作與編聯》,《出土文獻》, 2020 年第 1 期。

2. 何家興:《清華簡〈迺命〉〈四告〉與諸梁鐘合證及其他》,《出土文獻》, 2022 年第 2 期。

十七　清華楚簡《四告》

《四告》是清華大學 2008 年入藏的戰國竹簡中的一篇。“本篇凡五十簡，簡長約四十五點七釐米，寬約零點六釐米，三道編繩。簡背有連續編號。”[②] 原無篇題，現篇題爲整理者擬定。

清華簡《四告》根據内容可以分爲四組：第一簡至第十四簡爲一組，第十六簡至第二十四簡爲一組，第二十六簡至第三十七簡爲一組，第三十八簡至第五十簡爲一組，第十五簡及第二十五簡爲空白簡。這四組簡内容各自獨立，是四篇告辭。第一篇是周公旦對臯繇的告辭，第二篇是伯禽父的告辭，第三篇是周穆王滿爲太子時的告辭，第四篇是召伯虎

① 黄德寬主編《清華大學藏戰國竹簡》(玖)，第 175 頁。

② 黄德寬主編《清華大學藏戰國竹簡》(拾)，第 109 頁。

對北方尸的告辭。

本篇屬於書類文獻，對於研究周代歷史及書類文獻文體形態具有較爲重要的價值。

著録

黄德寬主編《清華大學藏戰國竹簡》（拾），中西書局，2020年11月第1版。

研究

1. 馬楠:《〈尚書・立政〉與〈四告〉周公之告》,《出土文獻》，2020年第3期。

2. 程浩:《清華簡〈四告〉的性質與結構》,《出土文獻》，2020年第3期。

3. 黄德寬:《清華簡〈四告〉疑難字詞二考》,《出土文獻》，2020年第3期。

4. 趙平安:《清華簡〈四告〉的文本形態及其意義》,《文物》，2020年第9期。

5. 陳劍:《簡談清華簡〈四告〉與金文的"祜福"——附釋唐侯諸器的"佩（賵）"字》,《出土文獻綜合研究集刊》（第十三輯），巴蜀書社，2021年6月第1版。

6. 侯乃峰:《清華簡〈四告〉篇字詞箋釋》,《出土文獻綜合研究集刊》（第十三輯），巴蜀書社，2021年6月第1版。

7. 何家興:《清華簡〈迺命〉〈四告〉與諸梁鐘合證及其他》,《出土文獻》，2022年第2期。

十八　上博楚簡《成王既邦》

《成王既邦》是上海博物館1994年5月從香港購回的一批竹簡中的一篇。本篇存完、殘簡十六支，其中完簡二支，簡長約四十五釐米，兩端平齊，三道編繩，契口位於竹簡右側，上契口距頂端約一點四釐米，上契口與中契口間距約二十二釐米，中契口與下契口間距約二十一釐米，下契口距尾端約一點四釐米，竹黄面書寫文字，上下留白，文字書寫在第一道編繩與第三道編繩之間，總計三百一十九字，其中合文一、重文三。原無篇題，現篇題爲整理者所加。[①]

本篇簡文刊布後，關於本篇的編聯問題，多有學者提出不同意見，推

① 參見馬承源主編《上海博物館藏戰國楚竹書》（八），第169頁。

進了對本篇的研究。本篇文體與《逸周書》有相類之處。本篇簡文記述的是成王向周公請教“潔身自修”之事。本篇簡文對於研究周公攝政等周初史事及西周治國理念等問題具有重要意義。

著録

馬承源主編《上海博物館藏戰國楚竹書》(八),上海古籍出版社,2011年5月第1版。

研究

1. 復旦吉大古文字專業研究生聯合讀書會:《上博八〈成王既邦〉校讀》,復旦大學出土文獻與古文字研究中心網站,2011年7月17日。

2. 曹方向:《上博八〈成王既邦〉札記》,簡帛網,2011年7月18日。

3. 曲冰:《從戰國楚簡看“周公攝政無紀年”——兼談上博八〈成王既邦〉簡1釋讀》,《學術交流》,2013年第11期。

附:懸泉漢簡《尚書》釋文殘簡

1990年10月至1992年底,甘肅省文物考古研究所會同敦煌市博物館對懸泉置遺址進行正式發掘,出土大批漢簡,經整理正式編號者一萬八千餘枚,[①]其中編號Ⅱ90DXT0114①:19簡内容與《尚書》有關。

該簡木質,上殘,殘存部分長十二釐米,寬一釐米,厚零點二釐米。[②]簡文殘存“女爲我虞願治地之山澤田野草木鳥獸”[③]數字,所記應爲《尚書·舜典》“汝爲朕虞”一語的釋文。

著録

甘肅簡牘博物館等編《懸泉漢簡》(叁),中西書局,2023年5月第1版。

① 參見甘肅簡牘博物館等編《懸泉漢簡》(壹),前言,第2頁。

② 參見甘肅簡牘博物館等編《懸泉漢簡》(叁),第584頁。

③ 釋文參見甘肅簡牘博物館等編《懸泉漢簡》(叁),第50頁。

詩　類

一　上博楚簡逸詩

上海博物館1994年5月從香港購回一批竹簡，其中有逸詩兩篇，無篇名，整理者分别命名爲《交交鳴鶩》和《多薪》。①

《交交鳴鶩》現存四支殘簡，第一支簡上下端皆殘，長二十四點七釐米，存二十一字；第二支簡上端殘，下端完整，長二十三點一釐米，存二十二字，其中重文一；第三支簡上端殘，下端完整，長二十七釐米，存二十五字，其中重文一；第四支簡上端殘，下端完整，長二十五點八釐米，存二十六字，其中重文一。從現存部分來看，這首詩應爲三章，每章十句。由於簡文詩篇採用複沓藝術手法，因此，可以將缺字補出，但仍有三個字無法通過複沓手法的篇章規律補出。現將補字後的釋文迻録如下（□表示無法補出的字）：

交交鳴鶩，集于中梁。愷俤君子，若玉若英。君子相好，以自爲長。愷豫是好，惟心是□。間關㤅司，皆華皆英。

交交鳴鶩，集于中渚。愷俤君子，若豹若虎。君子相好，以自爲□。愷豫是好，惟心是奠。間關㤅司，皆上皆下。

交交鳴鶩，集于中澫。愷俤君子，若□若貝。君子相好，以自爲慧。愷豫是好，惟心是萬。間關㤅司，皆少皆大。

簡文刊布後，有學者對其中三個缺字做了補字，但終難以斷定原字爲何字。

《多薪》僅存兩支殘簡，共四十四字，其中重文八。第一支簡上端殘，下端大致完整，長二十點三釐米，存二十三字，其中重文四；第二支簡上端殘，下端完整，長二十三釐米，存二十一字，其中重文四。由於殘缺嚴

① 馬承源主編《上海博物館藏戰國楚竹書》（四），第173頁。

重，已很難斷定原詩有幾章，每章有幾句。現將釋文迻録如下：

第一支殘簡：兄及弟淇，鲜我二人。多薪多薪，莫奴（如）雚葦。多人多人，莫奴（如）兄

第二支殘簡：莫奴（如）同生。多薪多薪，莫奴（如）松杍。多人多人，莫奴（如）同父母。

兩篇逸詩從用詞、複沓手法等方面來看，與《詩經》極爲相似。司馬遷《史記·孔子世家》云："古者《詩》三千餘篇，及至孔子，去其重，取可施於禮義，上采契后稷，中述殷周之盛，至幽厲之缺，始於衽席，故曰'《關雎》之亂以爲《風》始，《鹿鳴》爲《小雅》始，《文王》爲《大雅》始，《清廟》爲《頌》始'。三百五篇孔子皆弦歌之，以求合韶武雅頌之音。禮樂自此可得而述，以備王道，成六藝。"①兩周之際，詩是否有三千餘篇，已無從稽考，但是，在《詩經》之外確實有詩存在，是不争的事實。不管是孔子編定了《詩經》，還是其他人編定了《詩經》，《詩經》肯定是經過編輯而成的，《詩經》並不是一部詩歌總集，而是選集。

著録

馬承源主編《上海博物館藏戰國楚竹書》（四），上海古籍出版社，2004 年 12 月第 1 版。

研究

1. 廖名春：《楚簡〈逸詩·交交鳴烏〉補釋》，《中國文化研究》，2005 年第 1 期。

2. 廖名春：《楚簡"逸詩"〈多薪〉補釋》，《文史哲》，2006 年第 2 期。

3. 蔡根祥：《上博（四）逸詩〈多薪〉再論》，《傳統中國研究集刊》（第六輯），上海人民出版社，2009 年 6 月第 1 版。

4. 曹建國：《楚簡逸詩〈交交鳴鴬〉考論》，《考古與文物》，2010 年第 5 期。

5. 常佩雨：《上博簡逸詩〈多薪〉考論》，《河南師範大學學報》（哲學社會科學

① （漢）司馬遷撰《史記》，第 6 册，第 1936—1937 頁。

版），2012 年第 1 期。

二　清華楚簡《耆夜》中的佚詩

清華簡《耆夜》中有詩五篇，作者是武王和周公。其中武王作《樂樂旨酒》和《輶乘》，周公作《贔贔》《明明上帝》和《蟋蟀》。[①] 現迻録如下：

《樂樂旨酒》：樂樂旨酒，宴以二公。紝仁兄弟，庶民和同。方臧方武，穆穆克邦。嘉爵速飲，後爵乃從。

《輶乘》：輶乘既飭，人備余不胄。虡士奮甲，繄民之秀。方臧方武，克燮仇讎。嘉爵速飲，後爵乃復。

《贔贔》：贔贔戎備，臧武赳赳。毖情謀猷，裕德乃救。王有旨酒，我憂以贬。既醉又侑，明日勿稻。

《明明上帝》：明明上帝，臨下之光。丕顯來格，歆煐禋明。於▨[②] 月有盈缺，歲有歇行。作兹祝誦，萬壽亡疆。

《蟋蟀》：蟋蟀在堂，役車其行。今夫君子，不喜不樂。夫日□□，□□□忘。毋已大樂，則終以康。康樂而毋荒，是惟良士之方方。蟋蟀在席，歲矞云莫。今夫君子，不喜不樂。日月其邁，從朝及夕。毋已大康，則終以祚。康樂而毋荒，是惟良士之懼懼。蟋蟀在舒，歲矞云□。□□□□，□□□□，□□□□□□□，□□□□。毋已大康，則終以懼。康樂而毋荒，是惟良士之懼懼。

這五首詩衹有《蟋蟀》與今本《詩經・唐風・蟋蟀》有文句上的相同，其餘四首詩不見於傳世文獻，爲佚詩。簡文《蟋蟀》是否就是今本唐風《蟋蟀》，目前學術界還有不同看法。李學勤先生認爲："粗看起來，兩篇《蟋蟀》似乎相近，仔細分析，兩者實有較顯著的差異。"[③] 誠如李學勤

① 參見李學勤主編《清華大學藏戰國竹簡》(壹)，第 149—150 頁。

② ▨，表示竹簡殘斷，無法確知所缺字數。□，表示竹簡殘斷後的缺字，並可以確知所缺字數。

③ 李學勤：《論清華簡〈耆夜〉的〈蟋蟀〉詩》，《中國文化》，2011 年第 1 期，第 7 頁。

先生所説，周公所作《蟋蟀》與《詩經・蟋蟀》確實有顯著差異，但是，二者之間又有顯著的關聯。兩篇《蟋蟀》間相同相似的詩句，是什麽原因造成的，目前學界有不同看法。有學者認爲，簡文《蟋蟀》是戰國時期人的仿作，假託於周公；有學者認爲，簡文中周公所作《蟋蟀》爲原創，《唐風・蟋蟀》是在原創基礎上，經過改寫潤色而成；還有學者認爲，周公所作是使用了唐地的民歌素材，因此，纔與《唐風・蟋蟀》有相同相似的詩句。

這五首詩是飲至酬賓當場"作歌"，我們絲毫不懷疑武王周公的才思，但是，現場作歌，使用"套語"當是通例。兩篇《蟋蟀》也許本無直接關聯，衹是都使用了相同相近的套語而已。這相同相近的套語恐怕是在一個相對較長的時間裏形成的，並廣泛流傳。正如落葉知秋、望月思鄉一樣，蟋蟀應是當時觸發人們作詩的主要物象之一。因此，冠以《蟋蟀》之名的詩，應不止這兩篇，蟋蟀是《詩經》中的重要意象，也出現在未以《蟋蟀》冠名的詩篇中。

簡文的五首詩爲武王和周公所作，爲什麽没能編入《詩經》呢？是孔子或其他編輯《詩經》的人没有看到這五首詩，還是其他原因，已無法得知。但這却是一個值得探討的問題。

這五首詩的形式及篇章結構，甚至題材内容都與《詩經》相似，應當是西周時期的作品，可見，在《詩經》之外，兩周之際，詩的數量應當是很多的。

孔子云"周監于二代，郁郁乎文哉，吾從周"[①]，《耆夜》記載了酬賓作詩的盛況，證明了孔子所嚮往的强盛的西周禮樂文明確實是存在的。

在一場飲至酬賓的飲酒宴席上，僅武王和周公就作詩五篇，不僅反映出武王周公的文化修養，也反映出"詩"在西周的盛行。通過這篇文獻，我們可以看到西周王公的精神世界。

著録

李學勤主編《清華大學藏戰國竹簡》(壹)，中西書局，2010年12月第1版。

① (宋)朱熹集注:《宋本論語集注》(一)，第115頁。

研究

1. 劉成群:《清華簡〈耆夜〉與尊隆文、武、周公——兼論戰國楚地之〈詩〉學》《東嶽論叢》, 2010 年第 6 期。

2. 曹建國:《論清華簡中的〈蟋蟀〉》,《江漢考古》, 2011 年第 2 期。

3. 吴新勇:《清華簡〈蟋蟀〉及其所見周公無逸思想》,《史學月刊》, 2012 年第 4 期。

4. 賈海生、錢建芳:《周公所作〈蟋蟀〉因何被編入〈詩經・唐風〉中》,《中國典籍與文化》, 2013 年第 4 期。

5. 梅顯懋、于婷婷:《論兩〈蟋蟀〉源流關係及其作者問題》,《遼寧師範大學學報》(社會科學版), 2013 年第 4 期。

6. 陳民鎮:《〈蟋蟀〉之"志"及其詩學闡釋——兼論清華簡〈耆夜〉周公作〈蟋蟀〉本事》,《中國詩歌研究》(第九輯), 社會科學文獻出版社, 2013 年 9 月第 1 版。

7. 黄懷信:《清華簡〈蟋蟀〉與今本〈蟋蟀〉對比研究》,《詩經研究叢刊》(第二十三輯), 學苑出版社, 2013 年 11 月第 1 版。

8. 李均明:《〈蟋蟀〉詩主旨辨——由清華簡"不喜不樂"談起》,《紹興文理學院學報》(哲學社會科學版), 2014 年第 1 期。

9. 李鋭:《清華簡〈耆夜〉續探》,《中原文化研究》, 2014 年第 2 期。

三　清華楚簡《周公之琴舞》

竹書《周公之琴舞》是清華大學 2008 年入藏的戰國竹簡中的一篇, "共十七支簡, 其中除十五號簡殘缺了近半, 其他都保存完好。篇尾留白, 有結尾符號。簡背有編號。篇題'周公之琴舞'寫在首簡背面上端, 字迹清晰"①。

簡文記載周公和成王所作詩篇。簡文云:"周公作多士敬(儆)怭(毖), 琴舞九絉(卒)。""成王作敬(儆)怭(毖), 琴舞九絉(卒)。"簡文云九絉(卒), 一卒就是一個樂章, 由啓和亂兩部分組成。周公所作多士儆毖九卒, 簡文衹録第一部分, 也就是首章, 且没有"亂"的部分。

① 李學勤主編《清華大學藏戰國竹簡》(叁), 第 132 頁。

元内啓曰：無悔享君，罔墜其考，享惟慆帀，考惟型帀。

成王名下録詩九篇，每篇有啓有亂。

元内啓曰：敬之敬之，天惟顯帀，文非易帀。毋曰高高在上，陟降其事，卑監在兹。亂曰：訖我夙夜不逸，儆之，日就月將，教其光明。弼寺其有肩，示告余顯德之行。

周公所作多士儆毖詩篇不見於傳世文獻，爲佚詩。成王名下九篇詩，首篇是今本《詩經·周頌》的《敬之》，其餘八篇不見於傳世文獻，皆爲佚詩。

簡文《敬之》與今本《敬之》相校，大致相同，但仍有文句上的差異。二者之間的差異是耐人尋味的，其間反映出古籍流傳中的很多問題。就兩篇《敬之》來看，恐怕不是用抄寫訛誤就可以解釋二者間文句上差異的。口述承傳中的變異恐怕是造成二者文本差異的主要原因，可以推想，《敬之》恐怕不止這兩個傳本，簡文即使是戰國間的傳本，恐怕也未必就是原本，而僅僅是戰國間的一種傳本而已，所以，對待出土文獻要有平和的心態。

簡文録詩共十篇，其中周公名下一篇，成王名下九篇。但是，簡文明言“周公作多士儆毖，琴舞九卒”，爲什麼衹收録一篇呢？對此李學勤先生認爲，簡文原先應該有十八篇詩，周公、成王各作九篇，但是，在流傳過程中已有八篇佚失。簡文中成王名下的九篇也並不都是成王所作，其中“再啓”“四啓”“八啓”“九啓”從口吻及内容來看，實爲周公所作，其餘爲成王所作。這樣，加上周公名下一篇，簡文所録周公詩五篇，成王詩也是五篇。簡文現在的結構，是經過組織編排而成。[①]

簡文每篇樂詩由啓和亂組成，這與傳世文獻的記載相合，對於研究周代樂詩及禮樂制度具有重要意義。

---

① 參見李學勤：《論清華簡〈周公之琴舞〉的結構》，《深圳大學學報》（人文社會科學版），2013年第1期，第58—59頁。

另外，整理者的斷句“周公作多士敬（儆）怭（毖），琴舞九絉（卒）”“成王作敬（儆）怭（毖），琴舞九絉（卒）”應調整爲“周公作多士敬（儆）怭（毖）琴舞九絉（卒）”“成王作敬（儆）怭（毖）琴舞九絉（卒）”。

著録

李學勤主編《清華大學藏戰國竹簡》（叁），中西書局，2012年12月第1版。

研究

1. 李守奎:《清華簡〈周公之琴舞〉與周頌》,《文物》，2012年第8期。

2. 李學勤:《論清華簡〈周公之琴舞〉的結構》,《深圳大學學報》（人文社會科學版），2013年第1期。

3. 廖名春:《清華簡〈周公之琴舞〉與〈周頌·敬之〉篇對比研究》,《深圳大學學報》（人文社會科學版），2013年第6期。

4. 姚小鷗、楊曉麗:《〈周公之琴舞·孝享〉篇研究》,《中州學刊》，2013年第7期。

5. 趙敏俐:《〈周公之琴舞〉的組成、命名及表演方式蠡測》,《文藝研究》，2013年第8期。

6. 李學勤:《再讀清華簡〈周公之琴舞〉》,《紹興文理學院學報》（哲學社會科學版），2014年第1期。

7. 徐正英、馬芳:《清華簡〈周公之琴舞〉組詩的身份確認及其詩學史意義》,《復旦學報》（社會科學版），2014年第1期。

8. 李守奎:《先秦文獻中的琴瑟與〈周公之琴舞〉的成文時代》,《吉林大學社會科學學報》，2014年第1期。

9. 蔡先金:《清華簡〈周公之琴舞〉的文本與樂章》,《西北師大學報》（社會科學版），2014年第4期。

10. 方建軍:《論清華簡“琴舞九絉”及“啓、亂”》,《音樂研究》，2014年第4期。

11. 姚小鷗、孟祥笑:《試論清華簡〈周公之琴舞〉的文本性質》,《文藝研究》，2014年第6期。

四 清華楚簡佚詩《芮良夫毖》

竹書《芮良夫毖》是清華大學2008年入藏的戰國竹簡中的一篇，“簡長四十四點七釐米，共二十八支簡，滿簡書寫三十字左右。第一支簡簡背原有篇題‘周公之頌志’，但有明顯刮削痕迹”[①]。簡背有次序編號，其中有十四支簡殘斷，拼接後還有七支簡殘缺。整理者根據簡文内容命名爲《芮良夫毖》。

簡文開篇説“周邦驟有禍，寇戎方晉，厥辟御事，各營其身，恒争于富，莫治庶難，莫恤邦之不寧，芮良夫乃作訟（毖）再終”，接下來是“毖”的内容，核心是對衆臣的勸誡。

關於這篇簡文的文獻性質，學界有不同看法。趙平安認爲：“《芮良夫訟》應屬於《尚書》類文獻。和一般《周書》類文獻不同的是，《芮良夫訟》所述芮良夫的勸誡之言是以詩歌形式出現的。但這並不影響對它的性質判斷。……今存《尚書》共五十八篇……《尚書序》分爲‘典、謨、訓、誥、誓、命’六種體式，孔穎達《堯典正義》分爲十種，即典、謨、貢、歌、誓、誥、訓、命、征、範。無論六種還是十種，都没有訟，訟應是一種新見的《尚書》體式。《尚書》中一些表示體式的字，如‘誓’‘誥’‘訓’‘命’等，和‘訟’一樣，都是名動同形的。訟從言必聲，很可能是這種形式的專字。”[②]姚小鷗認爲,《芮良夫毖》“當屬《詩經》類文獻。依據《毛詩序》分‘大序’‘小序’推理,《芮良夫毖》前之‘序’可稱爲‘小序’，爲先秦《詩序》之遺存。而對比‘小序’再考《芮良夫毖》正文,可確認其中有《詩經》諸篇常見之筆法”[③]。陳鵬宇認爲,《芮良夫毖》既有詩的風格，又有散文的風格，雖也押韻，但散文的特點更加突出，是獻詩制度下芮良夫呈進的一篇規諫作品，這種規諫的體裁叫作“訟”。[④]

---

① 李學勤主編《清華大學藏戰國竹簡》(叁)，中西書局，2012年12月第1版，第144頁。

② 趙平安:《〈芮良夫訟〉初讀》,《文物》，2012年第8期，第78頁。

③ 姚小鷗:《〈清華大學藏戰國竹簡・芮良夫毖・小序〉研究》,《中州學刊》，2014年第5期，第145頁。

④ 參見陳鵬宇:《清華簡〈芮良夫毖〉套語成分分析》,《深圳大學學報》(人文社會科學版)，2014年第2期，第62—70頁。

簡文開篇陳説芮良夫作毖的背景，與毛詩序一類文字相似。不過，簡文結尾還有“吾用作諮（毖）再終，以寓命達聖（聽）”句，説明自己作“毖”的目的。

《耆夜》云“作歌一終”“作祝誦一終”，“一終”是指一篇音樂或一篇音樂的一個樂章。《芮良夫毖》簡文云“芮良夫乃作諮（毖）再終”，應該指一篇音樂的兩個樂章。因此，本篇簡文的文體應屬於詩類文獻。

著録

李學勤主編《清華大學藏戰國竹簡》(叁)，中西書局，2012 年 12 月第 1 版。

研究

1. 趙平安:《〈芮良夫諮〉初讀》,《文物》，2012 年第 8 期。

2. 馬楠:《〈芮良夫毖〉與文獻相類文句分析及補釋》,《深圳大學學報》(人文社會科學版)，2013 年第 1 期。

3. 李守奎:《清華簡中的詩與〈詩〉學新視野》,《中國高校社會科學》，2013 年第 6 期。

4. 方建軍:《清華簡“作歌一終”等語解義》,《中國音樂學》，2014 年第 2 期。

5. 陳鵬宇:《清華簡〈芮良夫毖〉套語成分分析》,《深圳大學學報》(人文社會科學版)，2014 年第 2 期 。

6. 姚小鷗:《〈清華大學藏戰國竹簡・芮良夫毖・小序〉研究》,《中州學刊》，2014 年第 5 期。

五　安大簡《詩經》

安徽大學 2015 年初入藏一批竹簡，經鑒定時代爲戰國早中期。這批竹簡包含多種珍貴文獻,《詩經》是其中一種。“《詩經》簡完簡長四十八點五釐米、寬零點六釐米，三道編繩，每簡二十七至三十八字不等。簡背有劃痕，簡首尾留白，簡面下端有編號，自‘一’始，最後一個編號爲‘百十七’”[①]，現存簡九十三支，缺失二十四支。

① 黃德寬、徐在國主編《安徽大學藏戰國竹簡》(一)，前言，第 1 頁。

安大簡《詩經》現存竹簡抄寫的是國風，涉及周南、召南、秦、矦、鄘、魏等六國。安大簡《詩經》與今本毛詩相較，並没有太多異文，衹是國風次序有很大差異。除了周南、召南排在第一、第二，其餘各國與今本毛詩差别很大，且出現了不見於傳世文獻的"矦風"之名，這對於研究《詩經》在戰國時期的文本形態及詩學體系具有重要意義。

著録

黄德寬、徐在國主編《安徽大學藏戰國竹簡》(一)，中西書局，2019年8月第1版。

研究

1. 姚小鷗:《安大簡〈詩經·葛覃〉篇"穫"字的訓釋問題》,《中州學刊》，2018年第2期。

2. 夏大兆:《安大簡〈詩經〉"侯六"考》,《貴州師範大學學報》(社會科學版)，2018年第4期。

3. 杜澤遜:《安大簡〈詩經·關雎〉"要翟"説》,《中國典籍與文化》，2020年第1期。

4. 程燕:《安大簡〈詩經〉用韻研究》,《漢字漢語研究》，2020年第2期。

5. 馬銀琴:《安大簡〈詩經〉文本性質蠡測》,《中國文化研究》，2020年第3期。

6. 徐在國:《談安大簡〈詩經〉中的一些文字現象》,《中國文字學報》(第十一輯)，商務印書館，2021年4月第1版。

六　阜陽漢簡《詩經》

阜陽漢簡《詩經》，1977年出土於安徽阜陽雙古堆西漢汝陰侯夏侯竈墓。一同出土的有《蒼頡篇》《周易》《刑德》等文獻。[①]"《詩經》殘簡尚存長短不一的簡片一百七十餘條。經與今本《毛詩》對照，知有《國風》《小雅》兩種。《國風》有《周南》《召南》《邶》《鄘》《衛》《王》《鄭》《齊》《魏》《唐》《秦》《陳》《曹》《豳》等殘片，衹有《檜風》未見，計

① 參見安徽省文物工作隊、阜陽地區博物館、阜陽縣文化局:《阜陽雙古堆西漢汝陰侯墓發掘簡報》,《文物》，1978年第8期。

有殘詩（有的僅存篇名）六十五首。《小雅》則僅存《鹿鳴之什》中的四首詩的殘句。……原簡爲竹質，因殘破嚴重，其形制規格有待進一步研究。現存最長的是《伐木》中的一條，爲二二釐米，存二十四字。從殘簡看，每篇詩後都標明此右某篇若干字。‘此’字上方有墨色■號；《國風》每國詩之後又標明右方某國。‘右’字上方也有墨色的■號。此類文字均未與詩句上下相連屬者，當時應單獨佔一支簡。考察簡文文字之書風、書法特點，這些簡可能不是一人一時所寫成。”[①]

與今本《毛詩》相校，主要異文有：S001“我馬屠誒”，“屠”今本《毛詩》作“瘏”，“誒”今本《毛詩》作“矣”；S002“南有朻木”，“朻”今本《毛詩》作“樛”；S004“于畤”，“畤”今本《毛詩》作“沚”；S006“宗室牖下”，“牖”今本《毛詩》作“牖”；S014“印其離，在南山之下。何斯韋斯”，“印”今本《毛詩》作“殷”，“離”今本《毛詩》作“靁”，“韋”今本《毛詩》作“違”；S49、S50“茍”[②]，今本《毛詩》作“汎”；等等。

《漢書·藝文志》云：“漢興，魯申公爲詩訓故，而齊轅固、燕韓生皆爲之傳。或取《春秋》，采雜説，咸非其本義。與不得已，魯最爲近之。三家皆列學官。又有毛公之學，自謂子夏所傳，而河間獻王好之，未得立。”[③]漢代傳詩有魯、齊、韓、毛四家。有學者認爲阜陽漢簡《詩經》“不屬於魯、齊、韓、毛四家，是否與《元王詩》有關也無從考證，我們衹好推想它可能是未被《漢志》著録而流傳於民間的另外一家”[④]。

主張阜陽漢簡《詩經》不屬於四家詩，是依據其與四家詩文字上的差異，這看上去似乎有一定道理。但是，近年來，出土文獻不斷增加，特别是有傳世本參照的簡帛佚籍也發現了多種，將簡帛本與傳世本對比，可以

---

① 胡平生、韓自强：《阜陽漢簡詩經研究》，第 1 頁。

② 此字整理者釋爲“苞”。按，此字應釋爲“茍”，讀爲“汎”。今本《毛詩》此字作“汎”，清代學者朱駿聲早已指出，《毛詩》此處的“汎”字是“汛”字之訛誤。阜陽漢簡此字作“茍”，讀爲“汛”，恰好證明了朱駿聲的推斷是正確的。因此，此處異文如能被確認，對於《詩經》文本及相關研究無疑具有重要價值。參見拙著《金石簡帛詩經研究》，北京大學出版社，2004 年；又，拙文《阜陽漢簡〈詩經·二子乘舟〉被忽視的異文》，《古籍整理研究學刊》2014 年第 5 期。

③ （漢）班固撰，（唐）顔師古注《漢書》，第 6 册，第 1708 頁。

④ 胡平生、韓自强：《阜陽漢簡〈詩經〉簡論》，《文物》，1984 年第 8 期，第 17 頁。

發現文獻的傳承是極其複雜的，不能僅依據文字上的一些差異就斷定它的傳本體系。文獻傳承過程中，造成文獻文本發生變異的因素有很多，也很複雜，不限於傳承體系這一種因素，比如用字習慣的地域性等因素都可以使文獻發生變異，即使是同一傳承體系，也會如此。

著録

阜陽漢簡整理組:《阜陽漢簡〈詩經〉》,《文物》，1984 年第 8 期。

研究

1. 胡平生、韓自强:《阜陽漢簡〈詩經〉簡論》,《文物》，1984 年第 8 期。

2. 孫斌來:《阜陽漢簡〈詩經〉的傳本及抄寫年代》,《古籍整理研究學刊》，1985 年第 4 期。

3. 許廷桂:《阜陽漢簡〈詩經〉校釋劄記》,《文學遺産》，1987 年第 6 期。

4. 胡平生、韓自强:《阜陽漢簡詩經研究》，上海古籍出版社，1988 年 5 月第 1 版。

5. 許志剛:《阜陽漢簡與漢初詩經學》,《詩經研究叢刊》(第十九輯)，學苑出版社, 2011 年 9 月第 1 版。

6. 周朋升:《阜陽漢簡〈詩經〉用字習慣考察》,《學術交流》，2013 年第 5 期。

七　上博楚簡《孔子詩論》

《孔子詩論》是上海博物館 1994 年 5 月從香港購回的一批竹簡中的一篇。“本篇完、殘者共二十九支。較完整的簡右側有淺斜的編綫契口，每簡共三處，契口上偶而還殘存編綫殘痕。文字匀稱秀美，在契口處間距稍寬。各簡字數多少各有差異，滿簡約爲五十四或五十七字。在本篇整理出的二十九支簡中，完整者僅一簡，長五十五點五釐米；凡長度在五十釐米以上者五簡，四十釐米以上者八簡，餘簡殘損較多，統計全數約一千零六字。簡上下皆圓端。”[①] 在殘存的竹簡中未發現篇題，整理者根據内容命名爲《孔子詩論》。

簡文從内容上可以分爲兩類。第一類是分别總論頌、大雅、小雅和邦

① 馬承源主編《上海博物館藏戰國楚竹書》(一)，第 121 頁。

風，第二類是論某幾篇詩或某一篇詩。在書寫格式上值得注意的是，書寫第一類内容的竹簡共有三道編繩，上下留白，具體留白位置是第一道編繩之上和第三道編繩之下。留白的作用應該是將之與其他簡相區分，並指示其在内容上的特别與重要。

孔子論《詩》，並不拘泥於《詩》的本事本義，甚至脱離《詩》的本事本義，闡發《詩》的義理，這與傳世文獻《論語》所記孔子論《詩》方式是一致的，並且與帛書《易傳》孔子論《易》的方式也是一致的。可見，孔子在《詩》《易》的義理化進程中的作用。

《孔子詩論》被發現，證明《詩序》一類文獻是有淵源的，而且起源也是比較早的。

《孔子詩論》中，風雅頌的順序與今本毛詩不同，是按頌雅風的次序出現的。還有一個重要的區别，今本《毛詩》的國風，《孔子詩論》作“邦風”，今本的“國風”當是漢代避劉邦諱而改，原本應是“邦風”。這個發現很重要，解決了一直困擾學界的一個問題，即“國”與“民歌”的矛盾。周代“國”更多的時候是指“城”，“邦”用來指稱國家，如此“國風”就不是一般的民歌，而是城邑裏的詩歌。“邦風”之稱與民歌之説相符。

著録

馬承源主編《上海博物館藏戰國楚竹書》(一)，上海古籍出版社，2001年11月第1版。

研究

1. 李學勤:《〈詩論〉簡的編聯與復原》,《中國哲學史》，2002年第1期。

2. 廖名春:《上海博物館藏詩論簡校釋》,《中國哲學史》，2002年第1期。

3. 姚小鷗:《〈孔子詩論〉與先秦詩學》,《文藝研究》，2002年第2期。

4. 晁福林:《從王權觀念變化看上博簡〈詩論〉的作者及時代》,《中國社會科學》，2002年第6期。

5. 黄懷信:《詩本義與〈詩論〉〈詩序〉——以〈關雎〉篇爲例看〈詩論〉〈詩序〉作者》,《齊魯學刊》，2003年第6期。

6. 于茀:《從〈詩論〉看〈關雎〉古義及分章》,《光明日報》，2004年2月25日。

7. 于茀:《上海博物館藏戰國楚簡詩論與〈詩經〉古義》,《學習與探索》, 2005 年第 2 期。

8. 曹峰:《"色"與"禮"的關係——〈孔子詩論〉、馬王堆帛書〈五行〉〈孟子·告子下〉之比較》,《孔子研究》, 2006 年第 6 期。

9. 林素英:《從〈孔子詩論〉到〈詩序〉的詩教思想發展——以〈皇矣〉〈大明〉〈文王〉爲例》,《古籍整理研究學刊》, 2009 年第 6 期。

禮　類

一　清華楚簡《大夫食禮》

《大夫食禮》是清華大學 2008 年入藏的戰國竹簡中的一篇。本篇文獻由"經"和"記"構成。"經"存竹簡五十一支,"記"存竹簡十四支,簡長大約四十六釐米,寬大約零點六釐米,三道編繩,"經"和"記"竹簡分别編號。本篇文獻内容基本完整,"經"第九、十、十四、十六、十七簡部分殘缺,"記"第二、三簡有殘缺。"經"和"記"簡文原皆無篇題,整理者根據簡文内容分别擬定爲《大夫食禮》和《大夫食禮記》。①

本篇文獻内容是大夫食禮的行禮儀節,其文本形態與《儀禮》相合,亦由"經"和"附經之記"構成。其實,依照《儀禮》之例,可以將此篇文獻的"經"與"記"統稱爲《大夫食禮》。

本篇文獻屬於三禮文獻中的禮經文獻,其性質與傳世《儀禮》相同,其成書當在戰國以前,爲禮古經範疇。本篇文獻對於研究禮古經及其文獻形態等問題具有重要價值。

著録

黄德寬主編《清華大學藏戰國竹簡》(拾叁),中西書局,2023 年 11 月第 1 版。

研究

馬楠:《清華簡〈大夫食禮〉略説》,《中國史研究動態》, 2023 年第 5 期。

---

① 黄德寬主編《清華大學藏戰國竹簡》(拾叁),第 127 頁。

二　郭店楚簡《緇衣》

郭店楚簡《緇衣》1993年10月出土於湖北荆門郭店一號戰國楚墓。此墓雖被多次盗掘，但仍然幸存竹簡八百餘支，其中有少部分無字簡，有字簡七百三十支，大部分完整，形制不盡相同，長度上大致可以分爲三十二點五釐米左右、二十六點五釐米至三十點六釐米、十五釐米至十七點五釐米三類，形狀上有兩頭平齊和兩頭梯形兩類，經整理其中有《老子》《緇衣》等典籍，以及多種古佚書。[①]“本篇竹簡共四十七枚。竹簡兩端均修削成梯形，簡長三二點五釐米。編綫兩道，編綫間距爲一二點八至一三釐米。本篇簡文的内容與《禮記》的《緇衣》篇大體相合，二者應是同一篇書的不同傳本。簡本無今本的第一及第十六兩章，第一章爲今本之第二章，‘緇衣’一詞即在此章中。今本第一章想是在《緇衣》定名後添加上去的。簡本與今本的章序有很大不同，文字也有不少出入，簡本應較今本所據之本原始。從各章在意義上的聯繫看，簡本章序多較今本合理。今據《禮記・緇衣》擬加篇題。”[②]

《禮記》的成書時間和諸篇撰作年代過去多有争論，有一些學者持“晚成説”，甚至有學者從一些篇章的用字及語法證明《禮記》是漢人的作品。現在，從郭店簡《緇衣》來看，其用字及句法與今本有一定差異，而這種差異是流傳中各種因素導致的文本形態的變異。今本是經漢人整理傳授下來的本子，在某些文句上留有漢代語言特點是正常的，不能據此斷言是漢人的作品。如郭店簡《緇衣》第三章“君不疑其臣，臣不惑于君”，今本作“君不疑于其臣，而臣不惑于其君矣”，顯然，今本雖增益了四字，但文義没有變化。從增益這四個字的詞性及作用來看，應該與口述承傳方式有關，與抄寫承傳方式應該没有什麽太大關係。在雕版印刷術發明前，文本形態是很難固化的，郭店簡《緇衣》正好證明了這一點。這非常重要，對於我們重新認識文本形態特徵與文本斷代之間的關係問題具有重要意義。

《漢書・藝文志》六藝略禮類著録“記百三十一篇”，自注云“七十子

① 参見荆門市博物館編《郭店楚墓竹簡》，前言，第1頁。

② 荆門市博物館編《郭店楚墓竹簡》，第129頁。

後學者所記也”[①]，沈約云：“漢初典章滅絶，諸儒捃拾溝渠牆壁之間，得片簡遺文，與禮事相關者，即編次以爲禮，皆非聖人之言。《月令》取《呂氏春秋》，《中庸》《表記》《防記》《緇衣》，皆取《子思子》，《樂記》取《公孫尼子》，《檀弓》殘雜，又非方幅典誥之事也。”[②]陸德明在《經典釋文·序録·注解傳述人》中云：“《禮記》者，本孔子門徒共撰所聞以爲此記，後人通儒各有損益，故《中庸》是子思伋所作，《緇衣》是公孫尼子所制。”[③]在《經典釋文·禮記音義》中引劉瓛之説，以《緇衣》爲“公孫尼子所作”[④]。《緇衣》的作者究竟是子思，還是公孫尼子，很難考證，但是，《緇衣》爲先秦舊章是可以確定的。

著録

荆門市博物館編《郭店楚墓竹簡》，文物出版社，1998年5月第1版。

研究

1. 湖北省荆門市博物館：《荆門郭店一號楚墓》，《文物》，1997年第7期。

2. 羅運環：《論郭店一號楚墓所出漆耳杯文及墓主和竹簡的年代》，《考古》，2000年第1期。

3. 周建忠：《荆門郭店一號楚墓墓主考論——兼論屈原生平研究》，《歷史研究》，2000年第5期。

4. 虞萬里：《上博簡、郭店簡〈緇衣〉與傳本合校補證（上）》，《史林》，2002年第2期。

5. 虞萬里：《上博簡、郭店簡〈緇衣〉與傳本合校補證（中）》，《史林》，2003年第3期。

6. 王平：《上博簡、郭店簡和今本〈緇衣〉文獻結構差異》，《漢語史研究集刊》（第六輯），巴蜀書社，2003年11月第1版。

7. 駢慧娟：《從三種〈緇衣〉看先秦文獻的傳播》，《上海師範大學學報》（哲學社

---

① （漢）班固撰，（唐）顔師古注《漢書》，第6册，第1709頁。
② （唐）魏徵等撰《隋書》，第2册，第288頁。
③ （唐）陸德明：《經典釋文》，第43頁。
④ （唐）陸德明：《經典釋文》，第830頁。

會科學版），2003年第4期。

8. 虞萬里：《上博簡、郭店簡〈緇衣〉與傳本合校補證（下）》，《史林》，2004年第1期。

9. 陳戍國、延瑞芳：《先秦至西漢〈禮記·緇衣〉學術溯源》，《衡陽師範學院學報》，2011年第2期。

10. 廖群：《楚簡〈緇衣〉、子思子與引〈詩〉證説》，《中國文化研究》，2012年第1期。

11. 周泉根：《原〈緇衣〉古本初步》，《文學遺産》，2012年第5期。

12. 史傑鵬：《從郭店和上博簡〈緇衣〉的幾條簡文談今本〈緇衣〉的形成》，《傳統中國研究集刊》（第九、十合輯），上海人民出版社，2012年3月第1版。

三　上博楚簡《緇衣》

上博楚簡《緇衣》是上海博物館1994年5月從香港購回的一批竹簡中的一篇。該篇存簡二十四支，共計九百七十八字，其中重文十、合文八。完整簡長五十四點三釐米，寬零點七釐米，三道編繩，竹簡兩端修整，呈梯形狀，簡文未發現篇題。①

上博楚簡《緇衣》與郭店楚簡《緇衣》相校，兩本内容、章序及所引《詩》《書》基本相同。衹是由於抄寫者不同，一些字的習慣寫法不同。兩個簡本《緇衣》在文字上的差異，再次很好地説明了在雕版印刷術發明前文獻在傳承過程中受到抄寫等因素的影響是很大的。

著録

馬承源主編《上海博物館藏戰國楚竹書》（一），上海古籍出版社，2001年11月第1版。

研究

1. 李學勤：《論上海博物館所藏的一支〈緇衣〉簡》，《齊魯學刊》，1999年第2期。

2. 臧克和：《上海博物館藏〈戰國楚竹書·緇衣〉所引〈尚書〉文字考——兼釋

---

① 參見馬承源主編《上海博物館藏戰國楚竹書》（一），第171頁。

〈戰國楚竹書·緇衣〉有關的幾個字》,《古籍整理研究學刊》, 2003 年第 1 期。

3. 王平:《上海博物館藏〈戰國楚竹書·緇衣〉引〈詩〉異文考》,《華東師範大學學報》(哲學社會科學版), 2003 年第 4 期。

4. 馮勝君:《郭店簡與上博簡〈緇衣〉對比研究叢劄(一)》,《江漢考古》, 2004 年第 4 期。

5. 晁福林:《“君民同構”: 孔子政治哲學的一個重要命題——上博簡和郭店簡〈緇衣〉篇的啓示》,《哲學研究》, 2012 年第 10 期。

四　上博楚簡《民之父母》

《民之父母》是上海博物館 1994 年 5 月從香港購回的一批竹簡中的一篇。本篇共十四簡，總計三百九十七字，其中重文三、合文六。每簡書寫三十四字左右，上下留白，三道編繩，第一道編繩上留白二點二釐米，第三道編繩下留白二點五釐米，第一道編繩與第二道編繩間距約二十點六釐米，第二道編繩與第三道編繩間距爲二十點九釐米，篇尾有墨鈎。[①] 本篇原無篇題，現篇題爲整理者所加。

本篇簡文記述的内容是子夏向孔子請教“五至”“三無”等五個問題。相關内容見於傳世文獻《禮記·孔子閒居》和《孔子家語·論禮》，但有多處不同。本篇簡文對於研究《禮記》一書内容來源及《孔子家語》的真僞具有重要價值。

著録

馬承源主編《上海博物館藏戰國楚竹書》(二), 上海古籍出版社, 2002 年 12 月第 1 版。

研究

1. 方旭東:《二重證據法研究思想史之一例——上博簡〈民之父母〉篇論析》,《學術月刊》, 2004 年第 1 期。

2. 李家浩:《戰國竹簡〈民之父母〉中的“才辯”》,《北京大學學報》(哲學社會科

①　參見馬承源主編《上海博物館藏戰國楚竹書》(二), 第 151 頁。

學版），2004 年第 2 期。

3. 姚小鷗、鄭永扣：《論上海楚簡〈民之父母〉的“五至”説》，《哲學研究》，2004 年第 4 期。

4. 徐少華：《楚竹書〈民之父母〉思想源流探論》，《中國哲學史》，2005 年第 4 期。

5. 廖名春、張岩：《從上博簡〈民之父母〉“五至”説論〈孔子家語·論禮〉的真僞》，《湖南大學學報》（社會科學版），2005 年第 5 期。

6. 高華平：《楚簡文獻與先秦的文藝發生論——從〈上海博物館藏戰國楚竹書〉（二）〈民之父母〉篇中的“五至”説起》，《文藝理論研究》，2006 年第 2 期。

7. 歐陽禎人：《論〈民之父母〉的政治哲學内涵》，《孔子研究》，2007 年第 1 期。

五　上博楚簡《昔者君老》

《昔者君老》是上海博物館 1994 年 5 月從香港購回的一批竹簡中的一篇。本篇簡文現存竹簡四支，三支完整，一支殘斷，存一百五十八字。竹簡上下齊平，上端留白，有三道編繩，編繩處有右契口，第一編繩距簡上端約一點二釐米；第三編繩距簡下端約一釐米；第一編繩距第二編繩約二十一釐米；第二編繩距第三編繩亦爲二十一釐米。本篇原無篇題，現篇題爲整理者所加。[①]

本篇簡文所存四支簡，雖然無法連讀，却有内在聯繫。所記内容與《禮記·文王世子》篇的“世子法”有密切關聯，對於研究《禮記》一書内容來源具有重要意義。

著録

馬承源主編《上海博物館藏戰國楚竹書》（二），上海古籍出版社，2002 年 12 月第 1 版。

研究

1. 季旭昇：《上博二小議（四）：〈昔者君老〉中的“母弟送退”及君老禮》，簡帛研究網，2003 年 6 月 16 日。

---

① 參見馬承源主編《上海博物館藏戰國楚竹書》（二），第 241 頁。

2. 何有祖:《上博簡〈昔者君老〉偶得》，簡帛研究網，2003 年 8 月 7 日。

3. 彭浩:《〈昔者君老〉與“世子法”》,《文物》，2004 年第 5 期。

4. 趙炳清:《〈昔者君老〉與楚國的太子教育》，簡帛研究網，2005 年 4 月 30 日。

5. 馬衛東:《〈昔者君老〉對認識〈保訓〉的幾點啓示》，簡帛研究網，2010 年 1 月 10 日。

六　上博楚簡《天子建州》

《天子建州》是上海博物館 1994 年 5 月從香港購回的一批竹簡中的一篇。本篇存甲、乙本，未發現篇題，篇題爲整理者所加。“甲本完整，共有簡十三支，其中九支簡首略有殘損，缺佚一～二字，可據乙本補足，全篇文字共四〇七字（計合文）。完簡長度約爲四十六釐米，每簡書寫一般爲三十二字，略有上下。乙本存簡十一支（全篇亦應爲十三支），完簡長度爲四十三點五釐米，每簡書寫字數不等，一般在三十五字左右，個别最少爲二十五字，最多爲三十八字（不計合文）。全篇最後一部分缺佚（根據甲本，缺四十二字）。書法前緊密，後疏朗，未及甲本工整，書體亦不同於甲本，顯然爲另一書手所抄。”①

簡文刊布後，學者們在原整理者釋讀基礎上，對簡文部分文字重新做了釋讀。學者們新的釋讀有的補原釋之缺，有的正原釋之誤，對深入研究簡文内容具有重要意義。比如裘錫圭先生認爲，第三支簡的“禮者義之兄”,“義”當讀爲“儀”，第八支簡的“天子欽氣”,“欽”當讀爲“歆”。②

簡文内容爲儒家禮記類文獻。簡文有分章符號，按照分章符號，簡文可分爲兩章。一章内按照文義或符號又分爲幾節。章節之間文義並不連貫，與大、小戴《禮記》文例相似。簡文全篇涉及國家行政區劃建制及相關禮制、饗禮等，有的見於今本《禮記》和《大戴禮記》，有的不見於傳世文獻，對於研究先秦禮制具有重要學術價值。簡文的文例對於研究先秦禮記類文獻的體例也具有重要價值。

---

① 馬承源主編《上海博物館藏戰國楚竹書》（六），第 309 頁。

② 裘錫圭:《〈天子建州〉（甲本）小札》，簡帛網，2007 年 7 月 16 日。

著録

馬承源主編《上海博物館藏戰國楚竹書》(六),上海古籍出版社,2007年7月第1版。

研究

1. 裘錫圭:《〈天子建州〉(甲本)小札》,簡帛網,2007年7月16日。

2. 楊澤生:《上博藏簡〈天子建州〉中有關言語的禁忌禮俗》,《文化遺産》,2009年第4期。

3. 曹建墩:《上博簡〈天子建州〉與周代的饗禮》,《孔子研究》,2012年第3期。

4. 侯乃峰:《〈天子建州〉禮學字詞疏證三則》,《古籍研究》(總第57—58卷),安徽大學出版社,2013年1月第1版。

5. 曹峰:《上博簡〈天子建州〉"文陰而武陽"章新詮》,《中華文史論叢》,2013年第3期。

6. 曹建墩:《上博竹書〈天子建州〉"禮者義之兄"章的禮學闡釋》,《孔子研究》,2014年第3期。

七　上博楚簡《武王踐阼》

《武王踐阼》是上海博物館1994年5月從香港購回的一批竹簡中的一篇。本篇未發現篇題,内容見於今本《大戴禮記·武王踐阼》,因此,整理者命名爲《武王踐阼》。"本篇存十五簡,竹簡設上、中、下三道編繩,契口淺斜,位於竹簡右側。簡長四十一點六至四十三點七釐米不等,各簡自上契口以上皆殘,中契口距頂端爲十八點一至二十點三釐米,中契口與下契口間距爲二十點四至二十一點三釐米,下契口至尾端爲二點五至二點七釐米。各簡字數二十八字至三十八字不等,總存四百九十一字,其中重文八字,單面書寫,皆書於竹黄,字體工整,字距稍寬。篇末有墨鈎,以示本文結束。"①

簡本《武王踐阼》與今本《武王踐阼》相校,有較多異文。如第一簡"意微喪",今本作"意亦忽";第三、四簡"怠勝義則喪義勝怠則長",今

① 馬承源主編《上海博物館藏戰國楚竹書》(七),第149頁。

本作"敬勝怠者强怠勝敬者亡";第六簡"民之反側亦不可志",今本作"一反一側,亦不可以忘"。這些異文對於校正今本具有重要價值。簡文第十一簡至第十五簡的内容不見於今本。第十簡與第十一簡之間有缺失。

《漢書·藝文志》著録"太公二百三十七篇"①,簡文提到太公《丹書》,可見,太公《丹書》確實有很早的來源。簡本《武王踐阼》對於研究太公著述具有重要價值。

著録

馬承源主編《上海博物館藏戰國楚竹書》(七),上海古籍出版社,2008年12月第1版。

研究

1. 楊朝明:《從〈武王踐阼〉説到早期兵文化研究》,《管子學刊》,2005年第3期。

2. 劉秋瑞:《再論〈武王踐阼〉是兩個版本》,《古籍研究》(總第55—56期),安徽大學出版社,2010年3月第1版。

3. 劉洪濤:《〈武王踐阼〉校讀舉例》,《中國典籍與文化》,2011年第1期。

4. 張玉金:《〈大戴禮記·武王踐阼〉新證》,《華南師範大學學報》(社會科學版),2012年第2期。

5. 徐海東、李明曉:《〈上博七·武王踐阼〉與〈大戴禮記〉》,《古籍整理研究學刊》,2012年第6期。

八 上博楚簡《内豊》

《内豊》是上海博物館1994年5月從香港購回的一批竹簡中的一篇。本篇"現存完殘簡共十支,其中完簡四支,全長四十四點二釐米;由二支斷簡接綴而成的整簡三支,全長亦爲四十四點二釐米;僅存上半段的殘簡一支;僅存下半段的殘簡一支;存上、下段但中段有欿失的一支。整簡的編綫爲上、中、下三編,第一編綫距頭端一點二至一點四釐米,第三編綫距尾端零點八至一點一釐米;第一編綫與第二編綫,第二編綫與第三編綫

① (漢)班固撰,(唐)顔師古注《漢書》,第6册,第1729頁。

的間距均爲二十一釐米"[①]。本篇原有篇題《内豊》，書寫在第一簡背面。

本篇簡文内容與《大戴禮記》"曾子十篇"有關，因此，本篇文獻對於研究《大戴禮記》特别是曾子著作具有重要價值。

著録

馬承源主編《上海博物館藏戰國楚竹書》(四)，上海古籍出版社，2004年12月第1版。

研究

1. 張磊:《上海博物館竹書〈内禮〉與〈大戴禮記〉"曾子十篇"》,《管子學刊》，2007年第1期。

2. 曲冰:《試論上博四〈内禮〉中的"五祀"與簡文的釋讀》,《古籍整理研究學刊》，2009年第2期。

3. 陳衛星:《"内禮"還是"大禮"——〈上博楚竹書(四)·内禮〉篇題考辨》,《華夏考古》，2009年第3期。

4. 羅新慧:《上博楚簡〈内禮〉與〈曾子〉十篇》,《齊魯學刊》，2009年第4期。

5. 徐蕾:《讀上博藏楚竹書〈内禮〉篇劄記》,《時代文學(雙月上半月)》，2009年第4期。

6. 梁静:《上博楚簡〈内禮〉研究》,《文獻》，2012年第4期。

九　帛書《喪服圖》

帛書《喪服圖》，1973年出土於馬王堆三號漢墓，絹質，出土時已經殘缺。高四十八點四釐米，寬二十六點二釐米，上面爲大華蓋，寬十八點五釐米，高三點六釐米。[②]"内容大致可分如下四個部分:(一)大華蓋：此圖上部中央繪一巨大的傘狀華蓋，寬十八點五釐米，高三點六釐米。大華蓋先用淡墨綫勾繪輪廓，再在蓋面内填紅色，其右半部分稍殘。(二)文字：大華蓋之下左右兩邊各書一段文字，其中右邊的兩豎行文字字體相對

① 馬承源主編《上海博物館藏戰國楚竹書》(四)，第219頁。

② 曹學群:《馬王堆漢墓〈喪服圖〉簡論》,《湖南考古輯刊》(第六集)，第226頁。又參見裘錫圭主編《長沙馬王堆漢墓簡帛集成》(叁)，第163頁。

較大，篆體，内容爲：‘三年喪屬服]廿五月而畢’。左邊文字共四竪行，隸書，但帶濃厚的篆體風格，内容爲：‘行其年者父斬衰十三月而畢]祖父、伯父、昆－弟＝之子－孫]姑、姊、妹、女子＝皆齊衰九月而畢]箸大功者皆七月；小功、轖皆如箸’。（三）方塊表格：大華蓋及兩段文字之下，爲由横竪各六行小方塊組成的、整體近似菱形的表格，方塊之間連以墨綫。其中左邊兩竪行方塊先用墨綫勾繪方框，再内充紅色，其餘四竪行方塊均爲黑色。連接方塊的墨綫，有的已漫滅不清，表格中間竪行方塊的下半部分，已朽蝕無存。方塊邊長在一點七至二釐米之間。（四）小華蓋：在方塊表格下面的中部，用墨綫繪有一小華蓋狀圖案，今僅存其左半部分，殘寬約三釐米。”① 復旦大學重新整理時在復原圖中增補了三個方塊，使該圖變爲六行六列。②

關於本圖所言喪服制，學界有不同看法，有的學者認爲是墓主人家族喪制，有學者認爲反映的是秦漢時期的喪制，未有定論，但以圖文形式記載喪制確實是很珍貴的文獻材料。

著録

1. 傅舉有、陳松長編著《馬王堆漢墓文物》，湖南出版社，1992 年第 1 版。

2. 曹學群：《馬王堆漢墓〈喪服圖〉簡論》，《湖南考古輯刊》（第六集），1994 年 4 月。

3. 裘錫圭主編《長沙馬王堆漢墓簡帛集成》（壹）、（叁），中華書局，2014 年 6 月第 1 版。

研究

1. 曹學群：《馬王堆漢墓〈喪服圖〉簡論》，《湖南考古輯刊》（第六集），1994 年 4 月。

2. 范志軍、賈雪嵐：《馬王堆漢墓〈喪服圖〉再認識》，《中原文物》，2006 年第 3 期。

3. 范志軍：《漢代帛畫和畫像石中所見喪服圖與行喪圖》，《文博》，2006 年第 3 期。

---

① 曹學群：《馬王堆漢墓〈喪服圖〉簡論》，《湖南考古輯刊》（第六集），第 226—227 頁。又參見裘錫圭主編《長沙馬王堆漢墓簡帛集成》（叁），第 163 頁。

② 參見裘錫圭主編《長沙馬王堆漢墓簡帛集成》（叁），第 163 頁。

4. 于兵:《馬王堆漢墓帛畫〈喪服圖〉用途新探》,《湖南省博物館館刊》(第八輯),嶽麓書社,2012年3月第1版。

十 武威漢簡《儀禮》

漢簡《儀禮》,1959年7月出土於甘肅武威磨咀子六號漢墓男屍棺蓋的前端。[①]《儀禮》簡包含三部分,整理者稱爲甲、乙、丙本。甲本是《儀禮》七篇,爲木簡;乙本是一篇《服傳》,它和甲本的《服傳》是相同的抄本,但木簡稍短而狹,字小而緊密;丙本是竹簡寫的《喪服》經。甲本木簡應爲四百二十二支,缺失二十四支,實存三百九十八支;乙本木簡三十七支,丙本竹簡三十四支,皆完整不缺。甲、乙、丙本四百六十九支簡,除丙本三十四支爲竹簡,其餘都是木簡。甲、乙、丙三本總計九篇,共存字二萬七千四百餘字,較之熹平石經七經殘存八千數百字,多了將近兩萬字。[②]

甲本《儀禮》七篇分别爲《士相見之禮》《服傳》《特牲》《少牢》《有司》《燕禮》《泰射》。今本《儀禮》共十七篇,分别爲《士冠禮》《士昏禮》《士相見禮》《鄉飲酒禮》《鄉射禮》《燕禮》《大射》《聘禮》《公食大夫禮》《覲禮》《喪服》《士喪禮》《既夕禮》《士虞禮》《特牲饋食禮》《少牢饋食禮》《有司》。

簡本《士相見之禮》爲木簡,共十六支,完整無缺簡。在第二支簡背面題"士相見之禮",當是篇題,第一支簡背面題"第三",當是篇次。簡本與今本相校,大致相同,小有出入,今本比簡本多出兩句。簡本全篇存字九百三十九字(不含篇題及頁數字),殘缺十四字,應有九百五十三字。本篇簡文雖短,但分章甚詳,此與漢代章句之學有關。[③]

甲本《服傳》爲木簡,現存五十七支,缺失三支,分别是第五支、第九支和第三十四支。第一支簡背面題"第八",當是篇次,第二支簡背面

① 甘肅省博物館:《甘肅武威磨咀子6號漢墓》,《考古》,1960年第5期,第10頁;甘肅省博物館:《甘肅武威磨咀子漢墓發掘》,《考古》,1960年第9期,第15頁。

② 甘肅省博物館:《武威漢簡在學術上的貢獻》,《考古》,1960年第8期,第29頁。

③ 甘肅省博物館、中國科學院考古研究所編著《武威漢簡》,第154頁。

題“服傳”，當爲篇題。簡文與今本《喪服》相校，傳文大略相同，而經、記大有刪削。今本“傳曰”凡九十見，爲此本所無。[①]

簡本《特牲》爲木簡，現存四十九簡，缺失四簡，分别爲第十八、二十、二十一、二十二支簡。第一支簡背面題“第十”，當爲篇次，第二支簡背面題“特牲”，當是篇題，尾簡記字三千四百四十字。簡本與今本相校，簡本經、記與今本稍有出入，簡本有錯字、脱字，但是，亦有可以補正今本之處。[②]

簡本《少牢》爲木簡，現存四十五支，缺失第二十四、四十六支簡。第一支簡背面題“第十一”，當爲篇次，第二支簡背面題“少牢”，當爲篇題。第四十二支簡至第四十七支簡另編簡號一至六，當是另一書手所抄。末簡記字數“凡二千九百五十四字”。[③]

簡本《有司》爲木簡，現存七十四支，缺失五支，分别爲第四十六、五十一、六十三、六十七、七十八支簡。第一支簡背面題“第十二”，當爲篇次，第二支簡背面題“有司”，當爲篇題。第四十五支簡殘損較重，其餘較完整。各簡標有簡號。此篇文字與今本較爲接近。末簡記字數“凡四千八百字”。簡本文字雖有遺脱訛誤之處，但是，可以用來補正今本之處不乏其例。本篇書寫時的錯字用塗改法處理，與削改之例不同。[④]

簡本《燕禮》爲木簡，現存五十一支，缺失第十一、十三支簡。第一支簡背面題“燕禮第十三”，與其他各篇題篇名和篇次書於兩簡背面不同。此篇損毀較嚴重。第四十七支簡末端記字數“凡三千六十六字”，此當是經文字數。第五十三支簡即末簡記字數“記三百三文”，此乃記文字數。此篇文字較近於今本。由簡本用字來看，當是今文本。[⑤]

簡本《泰射》爲木簡，現存一百零六支，缺失八支，分别爲第七、十八、三十二、四十三、四十七、六十七、七十九、九十一支簡。前三支簡有殘損，其他大部分完好。第一支簡背面題“第十四”，當是篇次，第

---

① 甘肅省博物館、中國科學院考古研究所編著《武威漢簡》，第 161 頁。

② 甘肅省博物館、中國科學院考古研究所編著《武威漢簡》，第 165 頁。

③ 甘肅省博物館、中國科學院考古研究所編著《武威漢簡》，第 170 頁。

④ 甘肅省博物館、中國科學院考古研究所編著《武威漢簡》，第 176 頁。

⑤ 甘肅省博物館、中國科學院考古研究所編著《武威漢簡》，第 181—182 頁。

二支簡背面題“泰射”，當是篇題。末簡記字數“凡六千八百五十八字”，與今本賈疏所記六千八百九十字最爲接近。簡本與今本相校，在用字和文句方面都有差異。[①]

乙本《服傳》爲木簡，現存三十七支，無缺簡。第一支簡背面題“第八”，當是篇次，此篇次與甲本同；第二支簡背面題“服傳”，當是篇題，此篇題與甲本同。乙本《服傳》木簡窄而長，故字小如米。乙本與甲本大致相同，當是同一本子的不同抄本。[②]

丙本《喪服》爲竹簡，共三十四支。篇題“喪服”題於第一支簡簡首，此與其他各篇題於第二支簡背面不同。末簡記字數“凡千四百七十二”。此本爲單經本，與今本相校，文字稍有差異，今本所有經文、記文多見於此本，與甲本乙本於經文、記文多有删節不同。

整理者認爲：“此丙本經文雖大同于今本，亦有顯著與今本相異者三事：今本‘牡麻絰’‘絰帶’‘族曾祖父母’爲丙本所無，前二者爲甲、乙所無而後者整條爲甲、乙本所删除者。甲、乙本爲屬于慶氏家法之本，則此丙本亦同一師法也。其所以異于今本者，後者爲鄭玄打亂師法家法、混合今文古文之本，而此本則西漢時代諸家共祖之后氏禮經也。”[③]

但是，僅僅根據簡本《儀禮》的一些用字等情况斷言其屬於某家之學和某种傳本，恐怕未必可信。原因是，第一，漢代《儀禮》之學究竟有幾家，已不可考，但是未必衹有《漢書·藝文志》所云后氏及戴氏、慶氏之學；[④]第二，雕版印刷術發明前，古書的抄本情况非常複雜，影響抄本形態的因素有很多，即使同出一家之學，抄手的用字習慣，以及地域、時代等因素，也會導致文本之間的差異。

簡本《儀禮》作爲漢代抄本，對於禮學、經學、版本學、文字學、音韻學等方面都具有重要價值，出土後學界展開了很多研究，取得了較多成

---

① 甘肅省博物館、中國科學院考古研究所編著《武威漢簡》，第189頁。

② 甘肅省博物館、中國科學院考古研究所編著《武威漢簡》，第192頁。

③ 甘肅省博物館、中國科學院考古研究所編著《武威漢簡》，第194頁。

④《漢書·藝文志》著録：“禮古經五十六卷，經十七篇。后氏、戴氏。”於類序云：“漢興，魯高堂生傳士禮十七篇。訖孝宣世，后倉最明。戴德、戴聖、慶普皆其弟子，三家立於學官。”

果。近年來，戰國秦漢文獻不斷出土，簡本《儀禮》研究有了更多參照，未來可以結合戰國秦漢出土文獻，對簡本《儀禮》展開新的研究，可以預期會取得更多成果。

著録

1. 甘肅省博物館、中國科學院考古研究所編著《武威漢簡》，文物出版社，1964年9月第1版。

2. 甘肅省博物館、中國科學院考古研究所編著《武威漢簡》，中華書局，2005年9月第1版。（中華書局版係據文物出版社版重新印刷）

研究

1. 甘肅省博物館：《甘肅武威磨咀子6號漢墓》，《考古》，1960年第5期。

2. 甘肅省博物館：《武威漢簡在學術上的貢獻》，《考古》，1960年第8期。

3. 甘肅省博物館：《甘肅武威磨咀子漢墓發掘》，《考古》，1960年第9期。

4. 陳邦懷：《讀武威漢簡》，《考古》，1965年第11期。

5. 張光裕：《儀禮兼用今古文不始於鄭玄考》，《書目季刊》（第2卷第1期），1967年9月。

6. 沈文倬：《漢簡〈士相見禮〉今古文雜錯並用説》，《杭州大學學報》，1984年增刊。

7. 沈文倬：《漢簡〈服傳〉考》（上）、（下），分見《文史》（第二十四、二十五輯），中華書局，1985年4月第1版、1985年10月第1版。

8. 沈文倬：《禮漢簡異文釋》，《文史》（第三十三至三十六輯），中華書局，1990年10月第1版、1992年5月第1版、1992年6月第1版、1992年8月第1版。

9. 高明：《據武威漢簡談鄭注〈儀禮〉今古文》，《傳統文化與現代化》，1996年第1期。

10. 陳榮傑：《〈武威漢簡·儀禮〉釋文校勘九則》，《考古》，2009年第4期。

11. 楊天宇：《從漢簡本〈儀禮〉看〈儀禮〉在漢代的傳本》，《史林》，2009年第4期。

12. 顧濤：《武威漢簡〈儀禮〉諸家校釋斠補》，《傳統中國研究集刊》（第七輯），上海人民出版社，2010年3月第1版。

春秋類

一　上博楚簡《柬大王泊旱》

《柬大王泊旱》是上海博物館1994年5月從香港購回的一批竹簡中的一篇。"本篇共二十三簡，總六百零一字，其中合文三、重文五。由於這部份竹簡搶救歸來時，保存在原出土的泥方中，後在上海博物館實驗室中剥離、脱水。因此，竹簡現狀十分完好。竹簡兩端平齊，長二十四釐米，寬零點六釐米，厚零點一二釐米左右，兩道編綫。上契口距頂端七點五釐米，上契口與下契口間距約九釐米，下契口距尾端七點五釐米，契口位於竹簡右側。竹簡首尾都不留白，滿簡書寫，每簡書寫字數在二十四至二十七字之間。整篇有四個墨釘，分别見於第八、第十六、第二十一、第二十二簡。竹青面留白，竹黄面書寫文字。字體舒展，工而不苟，字距相近。"①原無篇題，現篇題爲整理者所加。

本篇簡文，中間當有缺簡，有難以通讀之處。另外，簡文難釋詞句較多，比如"泊""殺祭"等語詞的釋讀學界分歧較大。

簡文中的"柬大王"，即"簡大王"，也就是"楚簡王"。簡文記叙的事件是楚國大旱，楚簡王親自祈雨，叙述情節複雜，涉及楚國宗教、制度、思想文化諸多方面，對於研究楚國宗教、制度、思想文化及歷史具有重要價值。由於典籍對於楚簡王的記載甚少，因此，本篇簡文對於瞭解楚簡王其人也有重要價值。本篇文獻屬於楚國春秋類文獻，當是楚國檮杌類史書中的一篇。

著録

馬承源主編《上海博物館藏戰國楚竹書》(四)，上海古籍出版社，2004年12月第1版。

① 馬承源主編《上海博物館藏戰國楚竹書》(四)，第193頁。

研究

1. 陳劍:《上博竹書〈昭王與龔之脽〉和〈柬大王泊旱〉讀後記》,簡帛研究網,2005年2月15日。

2. 陳斯鵬:《〈柬大王泊旱〉編聯補議》,簡帛研究網，2005年3月10日。

3. 周鳳五:《上博四〈柬大王泊旱〉重探》,《簡帛》(第一輯)，上海古籍出版社,2006年10月第1版。

4. 張桂光:《〈柬大王泊旱〉編聯與釋讀略説》,《古文字研究》(第二十六輯),中華書局,2006年11月第1版。

5. 陳偉:《〈簡大王泊旱〉新研》,《簡帛》(第二輯),上海古籍出版社,2007年11月第1版。

6. 葉國良:《〈柬大王泊旱〉詮解》,《簡帛》(第二輯),上海古籍出版社,2007年11月第1版。

7. 季旭昇:《〈柬大王泊旱〉解題》,簡帛研究網,2007年2月3日。

8. 劉信芳:《上博藏竹書〈柬大王泊旱〉聖人諸梁考》,《中國史研究》,2007年第4期。

9. 王準:《上博四〈柬大王泊旱〉中的祈雨巫術及相關問題》,《江漢論壇》,2008年第5期。

10. 來國龍:《〈柬大王泊旱〉的叙事結構與宗教背景——兼釋“殺祭”》,簡帛網,2012年7月6日。

二　上博楚簡《姑成家父》

《姑成家父》是上海博物館1994年5月從香港購回的一批竹簡中的一篇。“全篇現存完、殘簡共十支。其中完簡六支,長四十四點二釐米。殘簡四支:上僅缺一字的基本完簡一支;前約四個字部位殘缺的簡一支;僅存下半段的殘簡一支;僅存上半段的殘簡一支。整簡的編繩爲上、中、下三編。第一編繩距頂端零點八至一釐米,第三編繩距尾端零點八至一點一釐米;第一編繩與第二編繩,第二編繩與第三編繩的間距均爲二十一釐米左右。全篇四百六十六字,其中重文八,合文二,合文的重文一。”[①] 本篇未發現篇題，現篇題爲整理者所加。

簡文“姑成家父”就是文獻中的“苦成叔”，也就是“三郤”之一的郤犫。簡文記述晉國三郤之事，從“苦成家父見惡於厲公”寫起，一直寫到“三郤”被殺，厲公被欒書所弑爲止。簡文所記史事，大多見於傳世文獻，但是，簡文對於“三郤”特別是郤犫的態度是正面的，與《國語》《左傳》等傳世文獻皆爲負面評價相異。本篇文獻當是晉國“乘”類文獻的楚國寫本。

著録

馬承源主編《上海博物館藏戰國楚竹書》(五)，上海古籍出版社，2005 年 12 月第 1 版。

研究

1. 周鳳五:《上博簡〈姑成家父〉重編新釋》,《臺大中文學報》(第二十五期)，2006 年。

2. 季旭昇:《上博五芻議(下)》，簡帛網，2006 年 2 月 18 日。

3. 沈培:《上博簡〈姑成家父〉一個編聯組位置的調整》，簡帛網，2006 年 2 月 22 日。

4. 劉洪濤:《上博簡〈姑成家父〉重讀》，簡帛網，2007 年 3 月 27 日。

5. 黄人二:《上博藏簡第五册姑城家父試釋》,《考古學報》，2012 年第 2 期。

6. 黄國輝:《上博簡〈姑成家父〉補釋》,《史學史研究》，2013 年第 3 期。

三　上博楚簡《昭王毁室》

《昭王毁室》是上海博物館 1994 年 5 月從香港購回的一批竹簡中的一篇。本篇與《昭王與龔之脽》編爲一編。兩篇文獻共存十支簡，其中《昭王毁室》占將近五簡，共一百九十六字，“均單面書寫於竹黄，字體工整，字距劃一。簡上下皆平頭，簡設三道編綫，皆右契口。自頂端至第一契口之距爲一點二釐米，第一契口至第二契口之距爲二十點五釐米，第二契口

---

① 馬承源主編《上海博物館藏戰國楚竹書》(五)，第 239 頁。

至第三契口之距爲二十一釐米，第三契口至底端之距爲一點二釐米。完簡長四十三點七至四十四點二釐米不等”[①]。本篇未發現篇題，現篇題爲整理者所加。

簡文叙述楚昭王新室建成，將舉行落成典禮，有一人穿喪服至此，言其父屍骨在新室階下，欲合葬其父母，楚昭王知道後令人拆毁新室。其事不見於傳世文獻，簡文涉及古禮諸多方面，如宫室、喪葬等，以及楚昭王之爲人，是非常珍貴的文獻，對於研究楚國歷史文化具有重要價值。

簡文個别語詞的釋讀，如對“視日”的釋讀，以及個别語句的斷句，學界還有不同意見，仍須進一步研究。本篇文獻應當是楚國春秋類史書文獻。

著録

馬承源主編《上海博物館藏戰國楚竹書》(四)，上海古籍出版社，2004年12月第1版。

研究

1. 鄒濬智:《〈上海博物館藏戰國楚竹書(四)·昭王毁室〉校注》,《東方人文學誌》(第4卷第3期)，2005年9月。

2. 陳偉:《〈昭王毁室〉等三篇竹書的幾個問題》,《出土文獻研究》(第七輯)，上海古籍出版社，2005年11月第1版。

3. 陳劍:《釋上博竹書〈昭王毁室〉的“幸”字》，簡帛網，2005年12月16日。

4. 蔣德平:《〈上博四·昭王毁室〉補釋一則》,《中國文字研究》(第七輯)，廣西教育出版社，2006年9月第1版。

5. 張崇禮:《讀上博四〈昭王毁室〉劄記》，簡帛網，2007年4月21日。

6.〔日〕大西克也:《試釋上博楚簡〈昭王毁室〉中的“刑𠚤”》，簡帛研究網，2008年2月8日。

7. 黄人二:《上博藏簡〈昭王毁室〉試釋》,《考古學報》，2008年第4期。

① 馬承源主編《上海博物館藏戰國楚竹書》(四)，第181頁。

四　上博楚簡《昭王與龔之脽》

《昭王與龔之脽》是上海博物館1994年5月從香港購回的一批竹簡中的一篇。本篇與《昭王毁室》編爲一編。兩篇文獻共存十支簡，其中《昭王與龔之脽》占五簡零三個字，共一百九十二字，“均單面書寫於竹黄，字體工整，字距劃一。簡上下皆平頭，簡設三道編綫，皆右契口。自頂端至第一契口之距爲一點二釐米，第一契口至第二契口之距爲二十點五釐米，第二契口至第三契口之距爲二十一釐米，第三契口至底端之距爲一點二釐米。完簡長四十三點七至四十四點二釐米不等”[①]。本篇未發現篇題，現篇題爲整理者所加。

簡文叙述楚昭王前往逃珤這個地方，龔之脽爲之駕車，穿着單薄的衣裳，大尹看到了，便禀告了楚昭王。楚昭王召見龔之脽並捨給他一領袍子。龔之脽披上了這領袍子。等到從逃珤返回，楚昭王命令龔之脽不許見他，大尹聽説後，向楚昭王爲之申辯，楚昭王説，上天降禍於楚邦，吴國攻打楚國，連吴王都到了郢都，楚國忠臣暴骨於野，我還没有撫恤，忠臣之子與我同車，我捨與他袍子，想讓國人都看到我撫恤之心。

簡文通過以上故事，目的是讚揚楚昭王之德。簡文對於瞭解楚昭王其人，又增添了一則生動材料。

當然，關於簡文内容的理解目前學界尚有争議。比如，對於“逃珤”等關鍵語詞的理解，尚未有一致意見。本篇文獻應當是楚國春秋類史書文獻。

著録

馬承源主編《上海博物館藏戰國楚竹書》(四)，上海古籍出版社，2004年12月第1版。

研究

1. 陳劍:《上博竹書〈昭王與龔之脽〉和〈柬大王泊旱〉讀後記》，簡帛研究網，2005年2月15日。

① 馬承源主編《上海博物館藏戰國楚竹書》(四)，第181頁。

2. 秦樺林:《楚簡〈昭王與龔之脽〉補釋》, Confucius2000 網, 2005 年 2 月 24 日。

3. 張崇禮:《讀上博四〈昭王與龔之脽〉劄記》, 簡帛網, 2007 年 5 月 1 日。

4. 單育辰:《佔畢隨録之六》, 簡帛網, 2008 年 8 月 5 日。

5. 〔日〕大西克也:《上博楚簡 (四)"龔之隼 (從肉)"的"隼 (從肉)"字怎麼讀?》, 簡帛網, 2008 年 9 月 6 日。

6. 單育辰:《〈昭王與龔之脾〉的再研究》,《全國楚簡帛書法藝術研討會暨作品展論文集》, 湖北人民出版社, 2009 年 7 月第 1 版。

7. 黄人二:《讀上博藏簡第四册昭王與龔之準書後》,《傳統中國研究集刊》(第八輯), 上海人民出版社, 2011 年 4 月第 1 版。

8. 陳劍:《關於〈昭王與龔之脾〉的"定冬"》, 復旦大學出土文獻與古文字研究中心網站, 2011 年 11 月 18 日。

五 上博楚簡《競公瘧》

《競公瘧》是上海博物館 1994 年 5 月從香港購回的一批竹簡中的一篇。"本篇原題'競公瘧', 篇題位於第二簡上段背部。本篇殘存十三簡, 總四百八十九字, 其中合文二、重文一。根據竹簡現狀分析, 本篇竹簡在流傳過程中曾被折成上、中、下三段, 上、中段都是約長二十釐米左右, 在整理中没有發現有下段殘簡。上、中段殘簡, 能綴合者十例, 分别爲第一、二、三、四、七、八、九、十、十二、十三簡。竹簡寬零點六釐米, 厚零點一二釐米左右, 根據綴合後的形制推斷, 完整竹簡兩端平齊, 原長應約五十五釐米, 三道編繩。第一契口距頂端八點四釐米, 第一契口與第二契口間距約十九釐米, 第二契口與第三契口間距約十九釐米, 第三契口距尾端約八點四釐米, 契口位於竹簡右側。下段殘簡約十五釐米左右, 都已流失。本篇滿簡書寫, 每簡書寫字數約五十五字。"①

本篇中的競公就是傳世文獻中的齊景公。簡文記述齊景公有疾, 逾歲不癒, 引起朝内大臣不同反應。寵臣梁丘據等向齊景公進言, 説是祝史之

① 馬承源主編《上海博物館藏戰國楚竹書》(六), 第 159 頁。

責，並求援於高子、國子、晏子，呼籲速殺祝史。晏子直言以諫，陳説齊國當前寵臣爲非，民不聊生，罪不在祝史。最後説服齊景公，祝史幸而得免。簡文所記内容見於《左傳・昭公二十年》，《晏子春秋》外篇的《景公有疾梁丘據裔款請誅祝史晏子諫》、内篇諫上《景公病久不愈欲誅祝史以謝晏子諫》等傳世文獻，彼此詳略或有不同。

《漢書・藝文志》諸子略儒家類著録《晏子》八篇。這八篇是經劉向整理定稿的，劉向作有《晏子敘録》，後世有學者懷疑其爲僞書，然而，銀雀山漢墓出土《晏子》，存十六章，與今本相合。本篇簡文所記晏子諫齊景公故事，亦與今本《晏子》相合，僞書之説當不攻自破。本篇簡文對於研究《晏子》一書的成書時間及流傳等具有重要價值。

著録

馬承源主編《上海博物館藏戰國楚竹書》（六），上海古籍出版社，2007年7月第1版。

研究

1. 凡國棟：《上博六〈景公瘧〉劄記》，簡帛網，2007年7月17日。

2. 何有祖：《〈景公瘧〉劄記四則》，簡帛網，2007年7月27日。

3. 范常喜：《〈上博六・競公瘧〉簡9“勿”字補議》，簡帛網，2007年7月29日。

4. 沈培：《〈上博（六）・競公瘧〉“正”字小議》，簡帛網，2007年7月31日。

5. 陳惠玲：《上博六〈競公瘧〉釋“疥”及“旬又五公乃出見折”》，簡帛網，2007年10月23日。

6. 張崇禮：《釋〈景公瘧〉的“製蔑耑折”》，復旦大學出土文獻與古文字研究中心網站，2008年2月18日。

7. 梁静：《〈上博六・景公瘧〉重編新釋與版本對比》，《中國歷史文物》，2010年第1期。

8. 辛德勇：《由上海博物館藏竹書〈景公瘧〉補釋陸梁地問題》，《歷史地理》（第二十七輯），上海人民出版社，2013年6月第1版。

9. 袁青：《上博簡〈景公瘧〉探析》，《光明日報》，2013年10月28日。

六 上博楚簡《莊王既成》

《莊王既成》是上海博物館 1994 年 5 月從香港購回的一批竹簡中的一篇。本篇與《申公臣靈王》合爲一編，兩篇文獻共九支簡，“本篇共四簡，簡長三十三點一至三十三點八釐米，寬零點六釐米，厚零點一二釐米，皆爲完簡。竹簡上下設兩道編繩，契口位於竹簡右側，上契口距頂端八點九至九點五釐米，上契口至下契口十五釐米，下契口距尾端九點二至九點三釐米。滿簡書寫，首尾不留白，前三簡各書二十六字，最後一簡有十一字，第一簡背有篇題四字，共九十三字。書於竹黄，字體工整，字距相近”①。

本篇文獻自題篇題“莊王既成”，開篇首句爲“莊王既成亡射”，篇尾有墨鈎，此篇當是一篇完整文獻。簡文記述楚莊王鑄成大鐘後，向沈尹子莖詢問可以保有多長時間，沈尹子莖回答説可以保有四五世。楚莊王又問沈尹子莖，如果是保有四五世，那麽將來是從陸路被運走，還是從水路被運走，沈尹子莖回答説是水路。簡文記述的故事很有趣味，但也反映出楚莊王篤信預卜，以及沈尹子莖的預卜本領。沈尹子莖見於《吕氏春秋》等傳世文獻，本篇簡文增加了我們對於沈尹子莖的瞭解，對於研究楚莊王及沈尹子莖，都是一篇重要文獻。本篇文獻應當是楚國春秋類史書文獻。

著録

馬承源主編《上海博物館藏戰國楚竹書》(六)，上海古籍出版社，2007 年 7 月第 1 版。

研究

1. 李學勤:《讀上博簡〈莊王既成〉兩章筆記》，Confucius2000 網站，2007 年 7 月 16 日。

2. 田成方:《從新出文字材料論楚沈尹氏之族屬源流》，《江漢考古》，2008 年第 2 期。

3. 李佳興:《上博六〈莊王既成〉的“醓尹子桱”》，簡帛研究網，2008 年 8 月 20 日。

① 馬承源主編《上海博物館藏戰國楚竹書》(六)，第 239 頁。

4. 陳偉:《上博楚竹書〈莊王既成〉初讀》,《古文字研究》(第二十七輯),中華書局,2008年9月第1版。

5. 王寧:《上博六〈莊王既成〉中“酖”字詳解》,簡帛網,2009年10月30日。

6. 高佑仁:《〈莊王既成〉二題》,復旦大學出土文獻與古文字研究中心網站,2009年12月12日。

7. 劉信芳、陳治軍:《竹書〈莊王既成〉與〈邦家處位〉對讀》,簡帛網,2018年12月12日。

七　上博楚簡《申公臣靈王》

《申公臣靈王》是上海博物館1994年5月從香港購回的一批竹簡中的一篇。本篇與《莊王既成》合爲一編,兩篇文獻共九支簡,“本篇共六簡,首句接在《莊王既成》篇末,墨釘之後。簡長爲三十三點七至三十三點九釐米、寬零點六釐米、厚零點一二釐米。竹簡上下設兩道編繩,契口位於竹簡右側,上契口距頂端九點三至九點四釐米,上契口至下契口十五釐米,下契口距尾端九點三至九點五釐米。書寫首尾不留白,每簡有十一至二十五字不等,其中重文一,書於竹黄,字體工整,字距相等”①。本篇原無篇題,現篇題爲整理者所加。

簡文記述析述之戰,申(陳)公俘獲鄭將皇頡,王子圍與陳公争奪皇頡,陳公與之争奪。後來,王子圍立爲王(即楚靈王),陳公見楚靈王,楚靈王問陳公:“忘夫析述之下乎?”陳公説,臣不知道您將當國君,臣如果知道您將當國君,臣或許會把皇頡送給您。楚靈王説,我是和你開玩笑,你忘了我方纔説的話吧,今日陳公服侍我,一定要保持與我争奪的心態。陳公説,我是君王臣,君王免我死,我何敢有與君王争奪之心。

簡文所記事件見於《左傳·襄公二十六年》和《左傳·昭公八年》,互有異同。簡文爲我們瞭解這一事件提供了新的材料,非常珍貴。本篇文獻應當是楚國春秋類史書文獻。

① 馬承源主編《上海博物館藏戰國楚竹書》(六),第240頁。

著録

馬承源主編《上海博物館藏戰國楚竹書》(六),上海古籍出版社,2007年7月第1版。

研究

1. 陳偉:《讀〈上博六〉條記》,簡帛網,2007年7月9日。

2. 李學勤:《讀上博簡〈莊王既成〉兩章筆記》,Confucius2000 網站,2007年7月16日。

3. 徐少華:《楚竹書〈申公臣靈王〉與〈平王與王子木〉兩篇補論》,《江漢考古》,2009年第4期。

4.〔日〕海老根量介:《上博簡〈申公臣靈王〉簡論——通過與〈左傳〉比較》,復旦大學出土文獻與古文字研究中心網站,2012年7月1日。

5. 湯志彪:《上博(六)〈申公臣靈王〉疏解及其性質和意義》,《東北師大學報》(哲學社會科學版),2013年第5期。

八 上博楚簡《平王問鄭壽》

《平王問鄭壽》是上海博物館1994年5月從香港購回的一批竹簡中的一篇。"本篇共七簡。簡長三十三至三十三點二釐米,寬零點六釐米,厚零點一二釐米。竹簡上下有兩道編繩,契口位於竹簡右側,上契口距頂端九點五釐米,上契口至下契口十五釐米,下契口至尾端八點五至八點七釐米。滿簡書寫,首尾不留白,每簡字數在九至二十八字不等,共一百七十三字,其中重文四,皆書於竹黄。字體工整,字距統一。"① 本篇原無篇題,現篇題爲整理者所加。目前,學界對於本篇簡文的綴合還有不同意見。

簡文所記事件大致是:楚平王問鄭壽,楚國災禍不斷,應該怎樣辦。鄭壽回答説,毁掉新都,殺死左尹宛和少師無忌。楚平王説,不能。鄭壽説,如不能,楚王和楚邦恐怕都要有災難,於是稱病不朝。明年,楚平王又見到鄭壽。楚平王問鄭壽,去年你説我和楚邦都要有難,可是,到現在

① 馬承源主編《上海博物館藏戰國楚竹書》(六),第255頁。

我還是好好的。鄭壽回答説，您已經改變了很多。楚平王説，我已幸免，後來的人怎樣。鄭壽回答説不知道。這個故事不見於傳世文獻，因此，簡文對於楚國歷史研究具有重要意義。簡文叙事簡潔，通篇爲對話體，文體特徵突出。通過人物語言，刻畫出兩個人物的性格，筆法相當嫻熟。簡文對於研究先秦叙事文體發展具有重要意義。本篇文獻應當是楚國春秋類史書文獻。

著録

馬承源主編《上海博物館藏戰國楚竹書》(六)，上海古籍出版社，2007年7月第1版。

研究

1. 凡國棟:《〈上博六〉楚平王逸篇初讀》，簡帛網，2007年7月9日。

2. 陳偉:《讀〈上博六〉條記》，簡帛網，2007年7月9日。

3. 沈培:《〈上博(六)〉中〈平王問鄭壽〉和〈平王與王子木〉應是連續抄寫的兩篇》，簡帛網，2007年7月12日。

4. 何有祖:《〈平王問鄭壽〉末簡歸屬問題探論》，簡帛網，2007年7月13日。

5. 郭永秉:《讀〈平王問鄭壽〉篇小記二則》，簡帛網，2007年8月30日。

6. 郭永秉:《釋上博楚簡〈平王問鄭壽〉的“訊”字》，《古文字研究》(第二十七輯)，中華書局，2008年9月第1版。

7. 〔日〕大西克也:《上博六平王兩篇故事中的幾個問題》，復旦大學出土文獻與古文字研究中心網站，2010年4月21日。

8. 顔世鉉:《〈上博竹書(六)·平王問鄭壽〉“禍敗因童於楚邦”解》，簡帛網，2012年3月16日。

9. 趙苑夙:《〈平王問鄭壽〉考釋三則》，復旦大學出土文獻與古文字研究中心網站，2012年5月12日。

九　上博楚簡《平王與王子木》

《平王與王子木》是上海博物館1994年5月從香港購回的一批竹簡中的一篇。“簡長三十三釐米，寬零點六釐米，厚零點一二釐米。竹簡上下設兩道編繩，契口位於竹簡右側，上契口距頂端九點五釐米，上契口至下契口十五釐米，下契口距尾端八點五釐米。簡文書寫首尾不留白，每簡字數在二十二至二十七字不等，共一百十七字，皆書於竹黄，字體工整，字距較統一。"[①] 本篇原無篇題，現篇題爲整理者所加。

簡文刊布後，學界對整理者的編聯提出不同意見，對五支簡的簡序做了調整，把第五支簡調到第二簡後，下接原第二、三、四簡。沈培先生又將《上博八》的《志書乃言》的末簡與本篇編聯，並作爲本篇的末簡，[②] 已得到學界認可。

簡文記述楚平王命王子木到城父去，路遇城公𩆜於疇，王子木向城公詢問這是什麽，城公回答説是疇。王子木又問，疇是做什麽的。城公回答説是種麻的。王子木又問，麻是做什麽的。城公回答説是做衣服的。然後城公起身嚴肅地説，從前先君莊王河雍之行，知道醯菜不酸，是由裝醯菜的瓮蓋子不嚴所致，今王子不知麻，王子不得做楚國之君，又不得做楚國之臣。

本篇簡文所記王子木居城父一事見於《左傳·昭公十九年》。本篇所記故事與《説苑·辨物》相近，也見於阜陽漢簡《春秋事語》。本篇簡文不僅對於楚國歷史研究具有重要意義，而且對於研究《説苑》的文獻來源及性質也具有重要意義。本篇文獻應當是楚國春秋類史書文獻。

著録

馬承源主編《上海博物館藏戰國楚竹書》(六)，上海古籍出版社，2007 年 7 月第 1 版。

研究

1. 沈培:《〈上博(六)〉中〈平王問鄭壽〉和〈平王與王子木〉應是連續抄寫的兩篇》，簡帛網，2007 年 7 月 12 日。

2. 何有祖:《〈平王問鄭壽〉末簡歸屬問題探論》，簡帛網，2007 年 7 月 13 日。

---

① 馬承源主編《上海博物館藏戰國楚竹書》(六)，第 267 頁。

② 沈培:《〈上博(六)〉和〈上博(八)〉竹簡相互編聯之一例》，復旦大學出土文獻與古文字研究中心網站，2011 年 7 月 17 日。

3. 陳偉:《〈王子木蹠城父〉校讀》，簡帛網，2007 年 7 月 20 日。

4. 單育辰:《佔畢隨録》，簡帛網，2007 年 7 月 27 日。

5. 徐少華:《楚竹書〈申公臣靈王〉與〈平王與王子木〉兩篇補論》,《江漢考古》，2009 年第 4 期。

6. 沈培:《〈上博（六）〉和〈上博（八）〉竹簡相互編聯之一例》，復旦大學出土文獻與古文字研究中心網站，2011 年 7 月 17 日。

7. 趙苑夙:《〈説苑〉"王子建出守於城父"一段之異文觀察》，簡帛網，2012 年 9 月 5 日。

十　上博楚簡《鄭子家喪》

《鄭子家喪》是上海博物館 1994 年 5 月從香港購回的一批竹簡中的一篇。"本篇共十四簡，凡甲、乙兩本，各七簡，内容完全相同，唯行次略異。甲本完整，各簡上下端平齊，長三十三點一至三十三點二釐米，寬零點六釐米，厚零點一二釐米。簡上下設兩道編繩，契口位於竹簡右側。滿簡書寫，各簡書寫字數在三十一至三十六字不等。本篇甲本共二百三十五字，其中合文三字，皆書於竹黄，字體工整，字距緊密。乙本數簡殘損，長三十四釐米至四十七點五釐米不等，寬零點六釐米，厚零點一二釐米。簡上下設兩道編繩，右側契口極淺。滿簡書寫，字距疏朗。書體與甲本不同，顯然不是同一抄手。本篇乙本現存二百十四字，其中合文三字，各簡書寫字數在二十八至三十四字不等。經與甲本校對，全篇缺二十字，又多一字，漏二字。原數應與甲本相合，爲二百三十五字。"[①] 本篇原無篇題，現篇題爲整理者所加。

簡文記述鄭國大夫子家去世，楚莊王以其弑君爲由出兵鄭國，圍鄭三月，後晉國出兵救鄭，楚師與晉軍戰於兩棠，大敗晉軍。簡文所記事件見於《左傳》宣公四年、十年和《史記・鄭世家》《説苑・立節》《説苑・復恩》《吕氏春秋・至忠》《新書・新醒》《新序・雜事》等傳世文獻。關於本篇簡文的體裁與文獻性質，有學者認爲其即是《漢書・藝文志》所著録

① 馬承源主編《上海博物館藏戰國楚竹書》(七)，第 171 頁。

的《鐸氏微》之一章，取《左傳》而改略之，反映了楚人的史觀。[①]本篇簡文的叙事立場與《左傳》等史書不同，爲我們探討先秦史書的叙事立場問題提供了新的材料。本篇文獻應當是楚國春秋類史書文獻。

著録

馬承源主編《上海博物館藏戰國楚竹書》(七)，上海古籍出版社，2008年12月第1版。

研究

1. 復旦大學出土文獻與古文字研究中心研究生讀書會:《〈上博七·鄭子家喪〉校讀》，復旦大學出土文獻與古文字研究中心網站，2008年12月31日。

2. 郝士宏:《讀〈鄭子家喪〉小記》，復旦大學出土文獻與古文字研究中心網站，2009年1月3日。

3. 陳偉:《〈鄭子家喪〉通釋》，簡帛網，2009年1月10日。

4. 李天虹:《〈鄭子家喪〉補釋》，《江漢考古》，2009年第3期。

5. 楊澤生:《上博簡〈鄭子家喪〉之"利木"試解》，《中山大學學報》(社會科學版)，2009年第6期。

6. 蔣文:《由〈鄭子家喪〉看〈左傳〉的一處注文》，《學語文》，2010年第1期。

7. 馮時:《〈鄭子家喪〉與〈鐸氏微〉》，《考古》，2012年第2期。

十一　上博楚簡《君人者何必安哉》

《君人者何必安哉》是上海博物館1994年5月從香港購回的一批竹簡中的一篇。"本篇竹書出於保存較爲完好的泥方中，在流傳與實驗室處理過程中，保存了原竹簡的基本面貌。本篇竹書有甲、乙兩本，内容基本一致。甲本完整，共九簡，簡長在三十三點二至三十三點九釐米之間，簡寬零點六釐米，厚零點一二釐米左右。簡兩端平頭，兩道編繩。第一契口距頂端約八點六釐米，第一契口與第二契口間距約十六點八釐米，第二契口距尾端八點五釐米，契口位於竹簡右側。滿簡書寫，各簡字數在二十四至

① 參見馮時:《〈鄭子家喪〉與〈鐸氏微〉》，《考古》，2012年第2期，第76頁。

三十一字之間。竹黄面書寫文字，竹青面留白。篇中無句讀，篇末有墨節‘■’，示文章結束。總二百四十一字，其中合文四。乙本完整，共九簡，簡長在三十三點五至三十三點七釐米之間，簡寬零點六釐米，厚零點一二釐米左右。簡兩端平頭，兩道編繩。第一契口距頂端約九點一釐米，第一契口與第二契口間距約十六點四釐米，第二契口距尾端八點二釐米，契口位於竹簡右側。滿簡書寫，各簡字數在二十六至三十一字之間。竹黄面書寫文字，竹青面留白。篇中無句讀，篇末有墨節‘■’，示文章結束。墨節之後有一個黑底白文‘乙’字，這種現象頗爲少見，如後世白文印稿，其意義還有待於進一步考證。總二百三十七字，其中合文三。”[①]本篇原無篇題，現篇題爲整理者所加。

本篇簡文爲對話體，由范戊與楚昭王的對話構成。關於本篇簡文的内容，目前學界尚有不同解讀，甚至是完全相反的解讀。有學者認爲是在講楚昭王的三種高尚品德，有學者認爲是在講楚昭王的三個缺點。這是由對幾個關鍵語詞的不同解釋造成的。例如，“白玉三回而不戔”句中的“回”“戔”二字如何釋讀，學界分歧較大。本篇簡文的文字釋讀仍然是目前研究的重點。

著録

馬承源主編《上海博物館藏戰國楚竹書》(七)，上海古籍出版社，2008年12月第1版。

研究

1. 何有祖:《上博七〈君人者何必安哉〉校讀》，簡帛網，2008年12月31日。

2. 陳偉:《〈君人者何必安哉〉初讀》，簡帛網，2008年12月31日。

3. 復旦大學出土文獻與古文字研究中心研究生讀書會:《〈上博七·君人者何必安哉〉校讀》，復旦大學出土文獻與古文字研究中心網站，2008年12月31日。

4. 孟蓬生:《〈君人者何必安哉〉賸義掇拾》，復旦大學出土文獻與古文字研究中心網站，2009年1月4日。

---

① 馬承源主編《上海博物館藏戰國楚竹書》(七)，第191頁。

5. 張崇禮:《〈君人者何必安哉〉釋讀》，復旦大學出土文獻與古文字研究中心網站，2009 年 1 月 13 日。

6. 李天虹:《〈君人者何必安哉〉補説》，簡帛網，2009 年 1 月 21 日。

7. 黄人二:《上博七〈君人者何必安哉〉試釋》,《故宫博物院院刊》，2009 年第 6 期。

8. 田河:《〈君人者何必安哉〉補議》,《河西學院學報》，2011 年第 1 期。

9. 宋華强:《上博竹書（七）劄記二則》,《中國國家博物館館刊》，2011 年第 12 期。

十二　上博楚簡《吴命》

《吴命》是上海博物館 1994 年 5 月從香港購回的一批竹簡中的一篇。本篇現存簡九支，其中第九簡爲完簡，其餘皆爲殘簡。全篇共存三百七十五字。完簡長約五十二釐米，每簡書寫字數爲六十四字至六十六字，書法工整秀麗。三道編繩。簡端至第一契口約爲十點六釐米，第一契口至第二契口約爲十六點五釐米，第二契口至第三契口約爲十六點七釐米。《吴命》爲原有篇題，書於第三簡背面。[①]

由於本篇竹簡殘損較重，難以通讀。簡文刊布後，有學者提出新的編聯意見，重新綴聯竹簡的次序爲簡一、三、二、七、九、八、五、四、六（序號爲原整理者序號）。[②] 簡文内容涉及吴楚争雄及吴王派人告勞周天子等事件。關於文獻體裁與性質，學界尚存不同意見，整理者認爲是《國語・吴語》的佚篇，[③] 也有學者認爲《吴命》是吴使告勞周天子之辭。[④]

本篇簡文内容可能涉及《左傳・哀公十年》所記楚子期伐陳及吴延州來季子救陳之事。有學者認爲簡文内容即《左傳》哀公十年所記之事，其時吴國爲楚侵陳而出兵救陳並與楚國使臣交涉，事後並向周王彙

① 參見馬承源主編《上海博物館藏戰國楚竹書》（七），第 303 頁。

② 參見王暉:《楚竹書〈吴命〉綴連編排新考》,《中原文化研究》，2013 年第 2 期，第 60 頁。

③ 參見馬承源主編《上海博物館藏戰國楚竹書》（七），第 303 頁。

④ 參見王青:《"命"與"語"：上博簡〈吴命〉補釋——兼論"命"的文體問題》,《史學集刊》，2013 年第 4 期，第 47 頁。

報邀功。[①]

本篇文獻應該屬於吴國春秋類史書文獻。

著録

馬承源主編《上海博物館藏戰國楚竹書》(七),上海古籍出版社,2008年12月第1版。

研究

1. 復旦大學出土文獻與古文字研究中心研究生讀書會:《〈上博七·吴命〉校讀》,復旦大學出土文獻與古文字研究中心網站,2008年12月30日。

2. 何有祖:《〈吴命〉小劄》,簡帛網,2009年1月2日。

3. 尹黸普:《也談〈上博七·吴命〉》,《知識經濟》,2009年第10期。

4. 侯乃峰:《上博藏竹書〈吴命〉"先王姑姝大𦣞"考辨》,《中國史研究》,2010年第3期。

5. 凌宇:《楚竹書〈上博七·吴命〉相關問題二則》,《社會科學論壇》,2010年第20期。

6. 王青:《春秋後期吴楚争霸的一個焦點——從上博簡〈吴命〉看"州來之争"》,《江漢論壇》,2011年第2期。

7. 王暉:《楚竹書〈吴命〉主旨與春秋晚期争霸格局研究》,《人文雜志》,2012年第3期。

8. 王暉:《楚竹書〈吴命〉綴連編排新考》,《中原文化研究》,2013年第2期。

9. 王青:《"命"與"語":上博簡〈吴命〉補釋——兼論"命"的文體問題》,《史學集刊》,2013年第4期。

十三　上博楚簡《鮑叔牙與隰朋之諫》

《鮑叔牙與隰朋之諫》是上海博物館1994年5月從香港購回的一批竹簡中的一篇。與本篇一同公布的還有一篇名爲《競建内之》的文獻。簡文刊布後,學界提出不同意見。陳劍、李學勤等學者認爲,這兩篇文獻應

---

① 參見王暉:《楚竹書〈吴命〉綴連編排新考》,《中原文化研究》,2013年第2期,第60頁。

該是可以編聯在一起的一篇文獻，並分別做了編聯，[①] 於是，學界大多數學者接受了這一意見，將兩篇文獻合爲一篇，篇題爲《鮑叔牙與隰朋之諫》，篇題題寫在單獨一支簡的竹黄面，很是特别。雖然學者們將《鮑叔牙與隰朋之諫》與《競建内之》合爲一篇時的編聯並不相同，但基本可以通讀。兩篇合爲一篇後，共存簡十九支，共存六百八十七字。[②]

簡文所記爲齊國發生日食，齊桓公向鮑叔牙與隰朋詢問日食的徵象，以及如何禱祝避免災禍，鮑叔牙與隰朋勸諫桓公從善遠禍。

簡文刊布後，有學者將簡文内容與《孟子》及《管子》相關内容對讀，對於瞭解簡文内容多有幫助。但是，關於簡文所記史事，李學勤先生從日食角度進行考證，發現時間與歷史上實際發生的日食不合，因此認爲簡文内容有託古性質，不可全信。[③] 這再次涉及出土先秦佚書的體裁與文體問題。文體問題關涉文獻的性質，需要辨别。本篇應該是齊國春秋類史書文獻。

著録

馬承源主編《上海博物館藏戰國楚竹書》(五)，上海古籍出版社，2005 年 12 月第 1 版。

研究

1. 陳劍:《談談〈上博(五)〉的竹簡分篇、拼合與編聯問題》，簡帛網，2006 年 2 月 19 日。

2. 陳偉:《〈競建内之〉〈鮑叔牙與隰朋之諫〉零識》，簡帛網，2006 年 2 月 22 日。

3. 張富海:《上博簡五〈鮑叔牙與隰朋之諫〉補釋》，《北方論叢》，2006 年第 4 期。

4. 董珊:《阮校〈孟子〉與〈鮑〉簡對讀》，簡帛網，2006 年 4 月 2 日。

5. 彭浩:《試説“畞纆短，田纆長，百粮箽”》，簡帛網，2006 年 4 月 2 日。

6. 陳偉:《也説〈鮑叔牙與隰朋之諫〉與〈管子·霸形〉的對讀》，簡帛網，2006 年 4 月 2 日。

---

① 參見陳劍:《談談〈上博(五)〉的竹簡分篇、拼合與編聯問題》，簡帛網，2006 年 2 月 19 日；李學勤:《試釋楚簡〈鮑叔牙與隰朋之諫〉》，《文物》，2006 年第 9 期，第 90 頁。
② 馬承源主編《上海博物館藏戰國楚竹書》(五)，第 165、181 頁。
③ 李學勤:《試釋楚簡〈鮑叔牙與隰朋之諫〉》，《文物》，2006 年第 9 期，第 95 頁。

7. 李學勤:《試釋楚簡〈鮑叔牙與隰朋之諫〉》,《文物》,2006年第9期。

8. 魯家亮:《〈鮑叔牙與隰朋之諫〉與〈管子·戒〉對讀札記》,《華中科技大學學報》(社會科學版),2007年第3期。

9. 林志鵬:《楚竹書〈鮑叔牙與隰朋之諫〉補釋》,簡帛網,2007年7月13日。

10. 郭麗:《鮑叔牙事迹考——從上博簡(五)〈鮑叔牙與隰朋之諫〉談起》,《管子學刊》,2008年第4期。

11. 高婧聰:《從上博簡〈競建内之〉所引商史事看經學在戰國時期的傳承》,《管子學刊》,2010年第1期。

12. 袁瑩:《釋上博簡〈鮑叔牙與隰朋之諫〉中的地名"範"》,《中國國家博物館館刊》,2014年第9期。

十四 上博楚簡《命》

《命》是上海博物館1994年5月從香港購回的一批竹簡中的一篇。本篇存簡十一支,皆完整,簡長三十三點一至三十三點四釐米,兩端平齊,兩道編繩,契口位於竹簡右側,上契口距頂端約九點五釐米,上契口與下契口間距約十五釐米,下契口距尾端八點六至八點九釐米,竹黄面書寫文字,上下不留白,總計二百七十四字,其中合文四、重文二。篇題書寫在第十一簡背面中部。[①]

本篇簡文記楚國事。篇題所謂的"命",是指令尹子春接受楚惠王的任命治理楚國,並規勸楚王要善待各種人,要既高明又有賢德。[②]

本篇文獻應該屬於楚國史書類文獻。

著録

馬承源主編《上海博物館藏戰國楚竹書》(八),上海古籍出版社,2011年5月第1版。

研究

1. 復旦吉大古文字專業研究生聯合讀書會:《上博八〈命〉校讀》,復旦大學出土

① 馬承源主編《上海博物館藏戰國楚竹書》(八),第191頁。

② 馬承源主編《上海博物館藏戰國楚竹書》(八),第191頁。

文獻與古文字研究中心網站，2011 年 7 月 17 日。

2. 陳偉:《上博八〈命〉篇賸義》，簡帛網，2011 年 7 月 19 日。

3. 張崇禮:《〈上博八·命〉文字考釋》，復旦大學出土文獻與古文字研究中心網站，2012 年 6 月 2 日。

4. 范常喜:《上博八〈命〉3 號簡釋字一則》，簡帛網，2013 年 6 月 23 日。

十五　上博楚簡《王居》

《王居》是上海博物館 1994 年 5 月從香港購回的一批竹簡中的一篇。本篇整理者整理出七支簡，並稱簡文首尾完整，篇章中間部分缺失。簡長三十三點一至三十三點二釐米，兩端平齊，兩道編繩，契口位於竹簡右側，上契口距頂端九點三至九點六釐米，上契口與下契口間距十四點八至十五釐米，下契口距尾端八點七至八點八釐米，竹黄面書寫文字，上下不留白，篇題書寫在第一簡背面上部。①

本篇簡文刊布後，學界對其編聯提出不同意見，如復旦吉大古文字專業研究生聯合讀書會指出《王居》與《志書乃言》可能應合併爲一篇，陳劍先生在各家基礎上將該篇復原，其復原拼接方案是:《王居》中除去第三、四簡後所餘下的竹簡，加上《志書乃言》除去第八簡後的全篇，和《命》中被剔出的第四、五兩簡，即構成《王居》全篇。《志書乃言》篇則不存在了，這個篇名應予以取消。復原後《王居》篇竹簡基本全存，一共十四支簡，僅其末簡即原編爲《王居》第七簡的上端殘去八字左右。②

本篇簡文記楚國君臣事，全篇所記事情的起因是觀無畏對楚王説了彭徒的壞話，而文章的主體部分則是楚王對觀無畏的教訓。③

本篇應該是楚國春秋類史書文獻。

① 參見馬承源主編《上海博物館藏戰國楚竹書》(八)，第 205 頁。

② 參見陳劍:《〈上博(八)·王居〉復原》，復旦大學出土文獻與古文字研究中心網站，2011 年 7 月 20 日。

③ 參見陳劍:《〈上博(八)·王居〉復原》，復旦大學出土文獻與古文字研究中心網站，2011 年 7 月 20 日。

著録

馬承源主編《上海博物館藏戰國楚竹書》(八),上海古籍出版社,2011年5月第1版。

研究

1. 復旦吉大古文字專業研究生聯合讀書會:《上博八〈王居〉〈志書乃言〉校讀》,復旦大學出土文獻與古文字研究中心網站,2011年7月17日。

2. 陳劍:《〈上博(八)·王居〉復原》,復旦大學出土文獻與古文字研究中心網站,2011年7月20日。

3. 王寧:《上博八〈王居〉釋譯》,簡帛網,2011年8月21日。

4. 陳偉:《上博楚竹書〈王居〉編連再探》,簡帛網,2011年10月17日。

十六　上博楚簡《成王爲城濮之行》

《成王爲城濮之行》是上海博物館1994年5月從香港購回的一批竹簡中的一篇。本篇整理者整理出九支簡,分爲甲、乙本,甲本五簡,乙本四簡,並稱簡文起首完整,篇章結尾部分缺失。簡長三十三點一至三十三點三釐米,兩端平齊,兩道編繩,契口位於竹簡右側,上契口距頂端約九釐米,上契口與下契口間距約十六點二釐米,下契口距尾端約八點一釐米,竹黄面書寫文字,上下不留白。本篇原無篇題,現篇題爲整理者所加。①

本篇簡文刊布後,學界對整理者的編聯提出不同意見,多數學者認爲本篇簡文不應分爲甲、乙本,甲乙本應是同一本,並將之打亂重新編聯。但是,各家就如何編聯還有不同意見,比如曹方向的編聯次序是:甲1+甲2+甲3+乙1+乙2+甲4+乙3上+乙4+甲5;②王寧的編聯次序是:甲1+甲2+甲3+乙1+乙2+甲4+甲5+乙3上+乙4。③

本篇簡文的内容是關於成濮之役的,相關記載見於《左傳》僖公二十七、二十八年。本篇簡文對於研究楚國相關史事具有重要意義。

本篇應該是楚國春秋類史書文獻。

---

① 馬承源主編《上海博物館藏戰國楚竹書》(九),第143—147頁。

② 曹方向:《上博九〈成王爲城濮之行〉通釋》,簡帛網,2013年1月7日。

③ 王寧:《上博九〈成王爲成僕之行〉釋文校讀》,簡帛網,2013年1月10日。

著録

馬承源主編《上海博物館藏戰國楚竹書》(九)，上海古籍出版社，2012年12月第1版。

研究

1. 陳偉:《〈成王爲城濮之行〉初讀》，簡帛網，2013年1月5日。

2. 蘇建洲:《初讀〈上博九〉劄記(一)》，簡帛網，2013年1月6日。

3. 曹方向:《上博九〈成王爲城濮之行〉通釋》，簡帛網，2013年1月7日。

4. 孫合肥:《讀上博九〈成王爲城濮之行〉劄記》，簡帛網，2013年1月8日。

5. 王寧:《上博九〈成王爲成僕之行〉釋文校讀》，簡帛網，2013年1月10日。

6. 季旭昇古文字讀書會:《上博九〈成王爲城濮之行〉集釋》，復旦大學出土文獻與古文字研究中心網站，2013年1月27日。

7. 陳劍:《〈成王爲城濮之行〉的"受"字和"縠菟餘"》，復旦大學出土文獻與古文字研究中心網站，2013年10月21日。

十七　上博楚簡《靈王遂申》

《靈王遂申》是上海博物館1994年5月從香港購回的一批竹簡中的一篇。本篇存完簡五支，簡長約三十三點三釐米，兩端平齊，兩道編繩，契口位於竹簡右側，上契口距頂端約九點五釐米，上契口與下契口間距約十五釐米，下契口距尾端約八點八釐米，竹黄面書寫文字，上下不留白，總計一百六十七字。本篇原無篇題，現篇題爲整理者所加。[①]

整理者認爲本篇内容是楚靈王要滅申國，故而將本篇命名爲《靈王遂申》。但是，簡文刊布後，學界有不同意見，認爲本篇内容與楚靈王没有太大關係，而記述的是申成公父子之事。本篇簡文尚有多個難解之處，需進一步研究。本篇命名也很不妥。本篇應該是楚國春秋類史書文獻。

著録

馬承源主編《上海博物館藏戰國楚竹書》(九)，上海古籍出版社，2012年12月第1版。

① 參見馬承源主編《上海博物館藏戰國楚竹書》(九)，第157頁。

研究

1. 曹方向:《上博九〈靈王遂申〉通釋》，簡帛網，2013年1月6日。

2. 高榮鴻:《〈上博九·靈王遂申〉2號簡“澫”字試讀》，簡帛網，2013年1月10日。

3. 清華大學出土文獻讀書會:《〈上博九·靈王遂申〉研讀》，清華大學出土文獻研究與保護中心網站，2013年4月1日。

4. 蘇建洲:《上博九〈靈王遂申〉釋讀與研究》，《出土文獻》(第五輯)，中西書局，2014年10月第1版。

十八　上博楚簡《陳公治兵》

《陳公治兵》是上海博物館1994年5月從香港購回的一批竹簡中的一篇。本篇整理者整理出二十支簡，完整簡九支，簡長四十四釐米，兩端平齊，三道編繩，契口位於竹簡右側，第一契口距頂端約一點三釐米，第一契口與第二契口間距約二十點七釐米，第二契口與第三契口間距約二十點七釐米，第三契口距尾端約一點三釐米，簡文書寫在竹黄面第一契口與第三契口之間，存五百一十九字。本篇原無篇題，現篇題爲整理者所加。①

本篇簡文的内容，整理者認爲是楚平王命陳公整頓士卒之楚國史事。簡文刊布後，有學者以爲本篇涉及兵法及軍禮。②本篇應該是楚國春秋類史書文獻。

著録

馬承源主編《上海博物館藏戰國楚竹書》(九)，上海古籍出版社，2012年12月第1版。

研究

1. 張崇禮:《讀上博九〈陳公治兵〉劄記》，復旦大學出土文獻與古文字研究中心網站，2013年1月29日。

---

① 參見馬承源主編《上海博物館藏戰國楚竹書》(九)，第167頁。

② 參見曹建墩《上博簡(九)〈陳公治兵〉初步研究》，《黄河文明與可持續發展》(第8輯)，第90頁。

2. 曹建敦:《上博簡〈陳公治兵〉研讀劄記(一)》,復旦大學出土文獻與古文字研究中心網站,2013 年 4 月 3 日。

3. 曹建敦:《上博簡(九)〈陳公治兵〉研讀劄記(二)》,復旦大學出土文獻與古文字研究中心網站,2013 年 4 月 23 日。

4. 曹建墩:《上博簡(九)〈陳公治兵〉初步研究》,《黄河文明與可持續發展》(第 8 輯),河南大學出版社,2014 年 3 月第 1 版。

十九　上博楚簡《邦人不稱》

《邦人不稱》是上海博物館 1994 年 5 月從香港購回的一批竹簡中的一篇。本篇存十三支簡,其中有六支完簡,完簡長三十三釐米,寬零點六釐米,厚零點一二釐米左右,兩端平齊,兩道編繩,契口位於竹簡右側,上契口距頂端約九點四釐米,上契口與下契口間距約十五釐米,下契口距尾端約八點六釐米,竹黄面書寫文字,上下不留白,存三百五十八字。本篇原無篇題,現篇題爲整理者所加。①

本篇簡文記述楚國老臣百貞敢於爲國承擔責任、不爲名利的高尚品行。本篇記楚國史事,豐富了楚國史料。本篇應該是楚國春秋類史書文獻。

著録

馬承源主編《上海博物館藏戰國楚竹書》(九),上海古籍出版社,2012 年 12 月第 1 版。

研究

1. 黄澤鈞:《上博九〈邦人不稱〉簡 11+12+10 補證》,簡帛網,2014 年 1 月 2 日。

2. 李松儒:《談上博九〈邦人不稱〉的歸篇與拼合編聯》,《簡帛》(第九輯),上海古籍出版社,2014 年 10 月第 1 版。

二十　清華楚簡《鄭武夫人規孺子》

《鄭武夫人規孺子》是清華大學藏戰國楚簡中的一篇。本篇文獻現存

① 參見馬承源主編《上海博物館藏戰國楚竹書》(九),第 239 頁。

竹簡十八支，竹簡保存良好，字迹清晰。完整簡長四十五釐米，寬零點六釐米，三道編繩，簡背有三道劃痕，未見編號和篇題，現篇題爲整理者所擬定。[①]

《鄭武夫人規孺子》全篇所記歷史事件的時間背景是春秋初葉鄭武公去世到下葬前後，主要包括三部分内容：首先是鄭武夫人武姜等人對嗣君莊公的規誡及莊公的表態，武姜規勸莊公要汲取先君武公的治國經驗，守喪期間要讓權於大夫老臣；第二部分是邊父規勸諸大夫慎辦先君之葬；第三部分是邊父受遣向沉默不言的嗣君莊公表達大臣們的擔憂及莊公的回答。全篇爲對話體，應該是鄭國史官對當時歷史事件的記録，應當屬於鄭國的春秋類史書。

著録

李學勤主編《清華大學藏戰國竹簡》(陸)，中西書局，2016年4月第1版。

研究

1. 李守奎:《〈鄭武夫人規孺子〉中的喪禮用語與相關的禮制問題》,《中國史研究》,2016年第1期。

2. 晁福林:《談清華簡〈鄭武夫人規孺子〉的史料價值》,《清華大學學報》(哲學社會科學版),2017年第3期。

3. 賈連翔:《清華簡〈鄭武夫人規孺子〉篇的再編連與復原》,《文獻》,2018年第3期。

4. 沈培:《清華簡〈鄭武夫人規孺子〉校讀五則》,《漢字漢語研究》,2018年第4期。

二十一　清華楚簡《鄭文公問太伯》

《鄭文公問太伯》是清華大學藏戰國楚簡中的一篇。本篇文獻有甲、乙兩本，内容基本相同，是同一抄手據不同底本抄寫的。甲本現存竹簡十四支，乙本存簡十一支。簡長四十五釐米，寬零點六釐米，三道編繩，

① 參見李學勤主編《清華大學藏戰國竹簡》(陸)，第103頁。

未見編號和篇題，現篇題爲整理者所擬定。[①]

楚簡《鄭文公問太伯》全篇記述了鄭國子人成子死後太伯執政，太伯病重，鄭文公前來探問，太伯告誡鄭文公之事。本篇文獻所記史事多可與《左傳》《國語》相印證，具有較高的史料價值。當屬鄭國春秋類文獻。

著録

李學勤主編《清華大學藏戰國竹簡》(陸)，中西書局，2016年4月第1版。

研究

1. 馬楠:《清華簡〈鄭文公問太伯〉與鄭國早期史事》,《文物》，2016年第3期。

2. 劉光:《清華簡〈鄭文公問太伯〉所見鄭國初年史事研究》,《山西檔案》，2016年第6期。

3. 夏含夷:《〈鄭文公問太伯〉與中國古代文獻抄寫的問題》,《簡帛》(第十四輯)，上海古籍出版社，2017年5月第1版。

二十二　清華楚簡《子儀》

《子儀》是清華大學藏戰國楚簡中的一篇。本篇文獻現存竹簡二十支，簡長四十一點五至四十一點七釐米，寬零點六釐米，未見編號和篇題，現篇題爲整理者所擬定。[②]

楚簡《子儀》記述秦晉殽之戰後，秦穆公爲與楚修好，主動送歸楚子儀之事。簡文詳細記述了送歸的細節，特别是對秦穆公與子儀臨别前對話有詳細記載，對研究殽之戰後秦楚關係具有重要價值。本篇應該是秦國的春秋類史書文獻。

著録

李學勤主編《清華大學藏戰國竹簡》(陸)，中西書局，2016年4月第1版。

研究

1. 羅運環、丁妮:《清華簡〈子儀〉篇發微》,《出土文獻》(第十二輯)，中西書

① 參見李學勤主編《清華大學藏戰國竹簡》(陸)，第118頁。
② 參見李學勤主編《清華大學藏戰國竹簡》(陸)，第127頁。

局，2018年4月第1版。

2. 馬楠:《清華簡〈子儀〉相關史事與簡文編連釋讀》,《簡帛》(第二十輯)，上海古籍出版社，2020年5月第1版。

3. 范常喜:《清華簡〈子儀〉所記“大蒐”事考析》,《出土文獻》，2020年第4期。

二十三　清華楚簡《子犯子餘》

《子犯子餘》是清華大學藏戰國楚簡中的一篇。本篇文獻現存竹簡十五支，簡長約四十五釐米，寬零點五釐米，三道編繩，未見竹簡編號，篇題《子犯子餘》書寫在第一簡背面。[①]

楚簡《子犯子餘》全篇記述了重耳流亡到秦國時子犯、子餘回復秦穆公的詰難，以及秦穆公、重耳分别問政於蹇叔之事。

本篇文獻以記言爲主，體式與《國語》相類，當是晉國史書類文獻。

著録

李學勤主編《清華大學藏戰國竹簡》(柒)，中西書局，2017年4月第1版。

研究

1. 陳穎飛:《論清華簡〈子犯子餘〉的幾個問題》,《文物》，2017年第6期。

2. 段雅麗、王化平:《清華簡〈子犯子餘〉與〈孟子〉“民心”“天命”思想比較》,《宜賓學院學報》，2018年第2期。

3. 范常喜:《清華七〈子犯子餘〉“餡梏”試解》,《中國文字學報》(第九輯)，商務印書館，2018年12月第1版。

4. 張峰:《清華七〈子犯子餘〉所載紂之事與古書對讀二則》,《古籍整理研究學刊》，2019年第1期。

二十四　清華楚簡《晉文公入於晉》

《晉文公入於晉》是清華大學藏戰國楚簡中的一篇。本篇文獻現存竹簡八支，簡長約四十五釐米，寬零點五釐米，三道編繩，未見竹簡編號和

---

① 參見李學勤主編《清華大學藏戰國竹簡》(柒)，第91頁。

篇題，現篇題爲整理者所擬定。[①]

楚簡《晉文公入於晉》全篇記述了重耳結束流亡返回晉國，整頓内政、董理刑獄、豐潔祭祀、務稼修洫、增設武備，城濮一戰而霸等史事。本篇應是晉國春秋類史書文獻。

著録

李學勤主編《清華大學藏戰國竹簡》(柒)，中西書局，2017年4月第1版。

研究

1. 洪德榮:《〈清華簡（七）· 晉文公入於晉〉中的軍旗考論》,《殷都學刊》，2021年第1期。

2. 馬楠:《〈晉文公入於晉〉述略》,《文物》，2017年第3期。

二十五　清華楚簡《趙簡子》

《趙簡子》是清華大學藏戰國楚簡中的一篇。本篇文獻現存竹簡十一支，簡長約四十一點六釐米，寬零點六釐米，三道編繩，除第四、十一簡有殘缺，其餘竹簡基本完整。未見竹簡編號和篇題，現篇題爲整理者所擬定。[②]

楚簡《趙簡子》全篇分爲兩部分，前爲范獻子對趙簡子的進諫，其内容反映了范獻子與趙簡子之間的微妙關係。後爲趙簡子與成鱄的問答，闡述了儉、奢與禮及國家治理之間的關係。該寫本對於研究春秋晚期歷史及思想具有一定價值。[③] 本篇應該是晉國語類史書文獻。

著録

李學勤主編《清華大學藏戰國竹簡》(柒)，中西書局，2017年4月第1版。

研究

1. 趙平安、石小力:《成鱄及其與趙簡子的問對——清華簡〈趙簡子〉初探》,《文物》，2017年第3期。

---

① 參見李學勤主編《清華大學藏戰國竹簡》(柒)，第100頁。

② 參見李學勤主編《清華大學藏戰國竹簡》(柒)，第106頁。

③ 李學勤主編《清華大學藏戰國竹簡》(柒)，第106頁。

2. 侯乃峰:《清華簡七〈趙簡子〉篇從黽之字試釋》,《古文字研究》(第三十二輯), 中華書局, 2018 年 8 月第 1 版。

3. 李松儒:《清華七〈子犯子餘〉與〈趙簡子〉等篇字迹研究》,《出土文獻》(第十五輯), 中西書局, 2019 年 10 月第 1 版。

4. 張少筠、代生:《清華簡〈趙簡子〉初探》,《簡帛研究》(二〇二一·春夏卷), 廣西師範大學出版社, 2021 年 6 月第 1 版。

二十六　清華楚簡《越公其事》

《越公其事》是清華大學藏戰國楚簡中的一篇。本篇文獻現存竹簡七十五支，簡長約四十一點六釐米，寬零點五釐米，簡背有劃痕，三道編繩，滿簡書寫三十一至三十三字，簡文略有殘缺。未見竹簡編號。整理者認爲篇尾與正文相連的“越公其事”四字爲本篇原有篇題。[①] 竹簡刊布後，有學者提出不同意見，認爲“越公其事”四字應爲正文，而非篇題。[②]

楚簡《越公其事》與《國語·吴語》及《國語·越語》密切相關，其内容記述的也是以勾踐滅吴爲主題的歷史故事，在叙事結構上與《國語·吴語》及《國語·越語》基本相同，但在叙事細節及叙事立場上三者還是存在諸多區别。從語言及叙事立場來看，本篇文獻當是越國的春秋類史書文獻。

著録

李學勤主編《清華大學藏戰國竹簡》(柒), 中西書局, 2017 年 4 月第 1 版。

研究

1. 李守奎:《越公其事與句踐滅吴的歷史事實及故事流傳》,《文物》, 2017 年第 6 期。

2. 王輝:《説“越公其事”非篇題及其釋讀》,《出土文獻》(第十一輯), 中西書局, 2017 年 10 月第 1 版。

3. 石小力:《清華簡〈越公其事〉與〈國語〉合證》,《文獻》, 2018 年第 3 期。

---

① 李學勤主編《清華大學藏戰國竹簡》(柒), 第 112 頁。

② 王輝:《説“越公其事”非篇題及其釋讀》,《出土文獻》(第十一輯), 第 239 頁。

孝經類

一 肩水金關漢簡《孝經》

1972 年至 1973 年甘肅省文物部門在額濟納河流域肩水金關遺址發現一批漢代簡牘，現被稱爲肩水金關漢簡。在這批漢簡中有多支與《孝經》相關的簡牘，其中編號 73EJT14:42、73EJC:37、72EJC:176、72EJC:179、72EJC:180 簡當是《孝經》經文簡；[①] 編號 73EJT31:42、73EJT31:44+T30:55、73EJT31:86、73EJT31:101、73EJT31:102、73EJT31:104、73EJT31:141 等簡文字與《孝經》相關，[②] 有學者認爲當是經文解説簡。原簡現藏於甘肅簡牘博物館。

著録

1. 甘肅簡牘保護研究中心編《肩水金關漢簡》(貳)，中西書局，2012 年 12 月第 1 版。

2. 甘肅簡牘保護研究中心編《肩水金關漢簡》(叁)，中西書局，2013 年 12 月第 1 版。

3. 甘肅簡牘保護研究中心編《肩水金關漢簡》(伍)，中西書局，2016 年 8 月第 1 版。

研究

1. 黄浩波:《肩水金關漢簡所見〈孝經〉經文與解説》,《中國經學》(第二十五輯)，廣西師範大學出版社，2019 年 12 月第 1 版。

2. 劉樂賢:《王莽“戒子孫”書考索——也談金關漢簡中一種與〈孝經〉有關的文獻》,《出土文獻》(第九輯)，中西書局，2016 年 10 月第 1 版。

---

① 參見甘肅簡牘保護研究中心編《肩水金關漢簡》(貳)，上册，第 13 頁；甘肅簡牘保護研究中心編《肩水金關漢簡》(伍)，上册，第 179、193 頁。

② 參見甘肅簡牘保護研究中心編《肩水金關漢簡》(叁)，上册，第 215、221、223、224、227 頁。

3. 劉嬌:《漢簡所見〈孝經〉之傳注或解説初探》,《出土文獻》(第六輯),中西書局,2015年4月第1版。

二　地灣漢簡《孝經》

1986年甘肅省文物考古研究所對地灣遺址進行了二次發掘,出土漢簡七百多枚,其中86EDHT:17號簡或爲《孝經》殘簡。該簡木質,殘長二十一點五釐米,寬一點五釐米,厚零點二釐米,上及左下殘。該簡正反兩面書寫。正面殘存“長守富也高而不危所以長守貴富貴”等字,與《孝經·諸侯章》文字有相合之處。①

著録

甘肅簡牘博物館等編《地灣漢簡》,中西書局,2017年12月第1版。

研究

魏振龍:《〈地灣漢簡〉所見“孝經”殘簡試解》,《敦煌研究》,2020年第4期。

三　玉門關漢簡《孝經》

1998年10月敦煌市博物館爲配合對小方盤城(玉門關)遺址的加固維修,對其周圍進行了小範圍發掘,出土漢簡三百餘枚,②其中編號98DYC:4簡簡文爲“仲尼居曾子侍子曰先王有”,其下字迹漫漶,尚存“大守”二字。此簡木質,下部殘,殘存部分長十七點五釐米,寬一釐米。該簡所記内容或爲《孝經》首章的文字,不過,該簡不似編册書簡,或爲習字簡。③原簡現藏敦煌博物館。

著録

張德芳、石明秀主編《玉門關漢簡》,中西書局,2019年11月第1版。

---

① 參見甘肅簡牘博物館等編《地灣漢簡》,第56頁。
② 張德芳、石明秀主編《玉門關漢簡》,前言,第1頁。
③ 張德芳、石明秀主編《玉門關漢簡》,第53頁。

四　烏程漢簡《孝經》

2009 年 3 月下旬，浙江省湖州市在舊城改造施工中出土一批漢簡，因出土地點湖州秦漢時稱爲烏程，因此這批漢簡被命名爲烏程漢簡。這批漢簡爲木質，多爲木牘，包括官府文書、書信、醫藥、古書等内容，《孝經》是其中一種。[①]

254 號簡正反兩面殘存《孝經》文字，正面抄寫的是仲尼居、子曰愛、在上不、非先王等章題，皆以章首三字爲題；反面殘存的是第十二章的内容，最後記有“十八章”，應是本篇寫本的章數。[②] 本寫本應是十八章本《孝經》。本篇寫本對於研究漢代《孝經》版本及流傳等問題具有重要意義。

著録

曹錦炎等主編《烏程漢簡》，上海書畫出版社，2022 年 10 月第 1 版。

四書類

一　安大楚簡《仲尼曰》

《仲尼曰》是安徽大學 2015 年初入藏的一批竹簡中的一篇。“本篇共有十三支簡，保存完整。簡長四十三釐米、寬零點六釐米。兩道編繩。頂格書寫，不留空白。簡一至七背有編號。”[③] 原無篇題，現篇題爲整理者所擬定。

安大簡《仲尼曰》現存竹簡抄寫的是孔子語録，部分内容見於《論語》《禮記》及《大戴禮記》等傳世文獻。本篇文獻對於研究孔子思想及《論語》一書的形態與傳播具有重要意義。

---

① 曹錦炎等主編《烏程漢簡・烏程漢簡概述》，第 1 頁。

② 曹錦炎等主編《烏程漢簡》，第 276 頁。

③ 黄德寬、徐在國主編《安徽大學藏戰國竹簡》（二），第 43 頁。

著録

黄德寬、徐在國主編《安徽大學藏戰國竹簡》(二), 中西書局, 2022 年 4 月第 1 版。

研究

抱小:《據安大簡〈仲尼曰〉校〈論語〉一則》, 復旦大學出土文獻與古文字研究中心網站, 2022 年 8 月 31 日。

二　定州漢簡《論語》

定州漢簡《論語》1973 年出土於西漢中山懷王劉脩墓。該墓位於定州城關西南的八角廊村。一同出土的竹簡中還有《文子》《太公》《六安王朝五鳳二年正月起居記》《日書・占卜》《保傅傳》《哀公問五義》《儒家者言》等文獻。[①]《論語》簡共有六百二十多枚, 殘簡居多, 完簡長十六點二釐米, 寬零點七釐米, 滿簡書寫十九至二十一字, 三道素絲編。整理者釋文共録七千五百七十六字, 不足今本的二分之一。各篇殘損程度不同, 其中《學而》篇衹存二十字,《衛靈公》篇存字最多, 達六百九十四字。[②]

定州漢簡《論語》雖然殘損較嚴重, 但它是公元前 55 年以前的本子,[③] 因此, 具有重要價值。《漢書・藝文志》著録《論語》凡十二家, 其中《古論語》二十一篇,《齊論語》二十二篇,《魯論語》二十篇, 並且詳細記載了《齊論》《魯論》的承傳。[④] 定州漢簡《論語》屬於漢代何種傳本, 學界有不同看法, 分别有《齊論》説[⑤]、《魯論》説[⑥] 及《古論》説[⑦], 還有學者認爲, 定州漢墓竹簡《論語》已經超出了傳統已知漢代三論的範

① 定縣漢墓竹簡整理組:《定縣 40 號漢墓出土竹簡簡介》,《文物》, 1981 年第 8 期。

② 《定州漢墓竹簡〈論語〉介紹》, 河北省文物研究所定州漢墓竹簡整理小組編《定州漢墓竹簡論語》, 第 1 頁。

③ 《定州漢墓竹簡〈論語〉介紹》, 河北省文物研究所定州漢墓竹簡整理小組編《定州漢墓竹簡論語》, 第 1 頁。

④ (漢) 班固撰, (唐) 顔師古注《漢書》, 第 6 册, 第 1717 頁。

⑤ 李學勤:《簡帛佚籍與學術史》, 第 391 頁。

⑥ 《定州漢墓竹簡〈論語〉介紹》, 河北省文物研究所定州漢墓竹簡整理小組編《定州漢墓竹簡論語》, 第 4 頁。

⑦ 《四部要籍注疏叢刊・論語》, 前言, 第 4 頁。

圍，屬漢初今文隸書《論語》。[①]

從文本來看，簡本《論語》在分章及文字方面與今本多有不同。在分章上，如《堯曰》今本爲三章，而簡本則分爲二章；在文字上，現在較爲通行的阮刻《十三經注疏》本的《學而》篇“貧而樂”句，“樂”下無“道”字，而傳世本中的黄侃本、高麗本、日本足利本等諸本作“貧而樂道”，簡本“樂”下無“道”字。案，鄭注《論語》“樂”下也無“道”字，與簡本相同，這或説明二者之間存在某種關聯。

目前，學者們多從文字的異同來判斷簡本《論語》的傳本系統，這在理論上説當然是没有問題的。但是，從目前看到的簡帛文獻來看，文獻在流傳過程中的情況是較爲複雜的，影響文本的因素有很多，比如方言、抄手的用字習慣等都可能影響文本形態。因此，對於簡本《論語》的傳本屬性還不好輕易斷言。不過，不管它屬於哪一個傳本系統，它的一些異文對於《論語》研究都具有重要價值。

著録

河北省文物研究所定州漢墓竹簡整理小組編《定州漢墓竹簡論語》，文物出版社，1997年7月第1版。

研究

1. 劉來成：《定州西漢中山懷王墓竹簡〈論語〉選校注》，《文物》，1997年第5期。

2. 李學勤：《八角廊漢簡儒書小議》，《簡帛佚籍與學術史》，江西教育出版社，2001年4月第1版。

3. 單承彬：《定州漢墓竹簡本〈論語〉性質考辨》，《孔子研究》，2002年第2期。

4. 陳東：《關於定州漢墓竹簡〈論語〉的幾個問題》，《孔子研究》，2003年第2期。

5. 孫欽善：《〈定州漢墓竹簡《論語》〉校勘指瑕》，《文獻》，2007年第2期。

6. 鄭春汛：《從〈定州漢墓竹簡論語〉的性質看漢初〈論語〉面貌》，《重慶社會科學》，2007年第5期。

---

① 陳東：《關於定州漢墓竹簡〈論語〉的幾個問題》，《孔子研究》，2003年第2期，第4頁。

三　肩水金關漢簡《論語》

1973年在額濟納河流域肩水金關遺址出土編號爲73EJT9:58、73EJT14:7、73EJT15:20、73EJT22:6、73EJT24:104、73EJT24:802、73EJT24:833、73EJT31:75、73EJT31:77、73EJT31:139、73EJH1:58、72EJC:181、73EJC:608等簡爲《論語》簡或與《論語》相關，涉及今本《論語》的《雍也》《泰伯》《衛靈公》《陽貨》以及齊《論語》的《知道》等章。原簡現藏於甘肅簡牘博物館。

著録

1. 甘肅簡牘保護研究中心等編《肩水金關漢簡》(壹)，中西書局，2011年8月第1版。

2. 甘肅簡牘保護研究中心等編《肩水金關漢簡》(貳)，中西書局，2012年12月第1版。

3. 甘肅簡牘博物館等編《肩水金關漢簡》(叁)，中西書局，2013年12月第1版。

4. 甘肅簡牘博物館等編《肩水金關漢簡》(伍)，中西書局，2016年8月第1版。

研究

王楚寧、張予正、張楚蒙:《肩水金關漢簡〈齊論語〉研究》,《文化遺産與公衆考古》(第四輯)，2017年10月。

附：懸泉漢簡《論語》類散簡

1990年出土於懸泉置遺址的漢簡中Ⅱ90DXT0114⑤:71號簡所記内容與《論語》相似。

該簡木質，完整，長二十三點四釐米，寬一釐米，厚零點二釐米。[①]該簡存“之逃責惡衣謂之不肖善衣謂之不適士居固有不憂貧者乎孔子曰本子來”[②]數字，其内容及語言風格與《論語》相類，特附録在《論語》類之後。

---

① 參見甘肅簡牘博物館等編《懸泉漢簡》(叁)，第608頁。

② 釋文參見甘肅簡牘博物館等編《懸泉漢簡》(叁)，第255頁。

又，王符《潛夫論·交際》有“好服謂之奢僭，惡衣謂之困厄，徐行謂之飢餒，疾行謂之逃責”[①]數句。

著録

甘肅簡牘博物館等編《懸泉漢簡》(叁)，中西書局，2023年5月第1版。

樂　類

一　上博楚簡《采風曲目》

《采風曲目》是上海博物館1994年5月從香港購回的一批竹簡中的一篇。本篇僅存六支簡，殘損嚴重。第一簡上端殘，下端完整，長四十六點八釐米，存三十五字。第二簡由兩段殘簡綴合而成，共存三十一字。第三簡長五十六點一釐米，上端殘，下端完整，存三十四字。第四簡長四十六點五釐米，上端殘，下端完整，存三十四字。第五簡長五十四點五釐米，上端殘，下端完整，存十字。第六簡長四十六點五釐米，上端殘，下端完整，存五字。[②]未發現篇題，現篇題爲整理者所加。

簡文内容是列於宫、商、徵、羽四個聲名下的歌曲的篇目，除了《碩人》見於《詩經》，其他篇目不見於傳世文獻，如《子奴思我》《喪之末》《匹共月》《野又葛》《出門以東》《君壽》《將美人》《毋過吾門》《不寅之媑》《要丘》《奚言不從》《豊又酉》《高木》《牧人》《竈亡》《城上生之葦》《道之遠爾》《良人亡不宜也》《弁也遺玦》《輾轉之實》《其翱也》《鷺羽之白也》《子之賤奴》《北野人》《咎比》《王音深浴》《嘉賓慆喜》《思之》《兹信然》等。

本篇簡文殘存曲目三十多個，殘缺未見的不知有多少，僅這殘存部分數量已是很大，可見當時楚地音樂之繁盛，音樂文學之繁榮。簡文中的五聲之名對於音樂史研究具有重要意義。需要指出的是，本篇是殘篇，五聲

① (漢)王符著，(清)汪繼培箋、彭鐸校正《潛夫論箋校正》，第335頁。
② 參見馬承源主編《上海博物館藏戰國楚竹書》(四)，第161—170頁。

之名衹見四個，所以不能斷言楚地音樂爲“四基音”。

著録

馬承源主編《上海博物館藏戰國楚竹書》(四)，上海古籍出版社，2004 年 12 月第 1 版。

研究

1. 陳文革:《解讀戰國楚簡〈采風曲目〉》,《星海音樂學院學報》，2006 年第 4 期。

2. 季旭昇:《〈采風曲目〉釋讀》(摘要)，簡帛網，2006 年 12 月 5 日。

3. 曹建國:《上博簡〈采風曲目〉試探》,《簡帛》(第二輯)，上海古籍出版社，2007 年 11 月第 1 版。

4. 方建軍:《楚簡〈采風曲目〉釋義》,《音樂藝術(上海音樂學院學報)》，2010 年第 2 期。

5. 蔡先金、吴程程:《上海博物館楚簡〈采風曲目〉與〈詩經〉學案》,《合肥學院學報》(社會科學版)，2013 年第 6 期。

二　清華楚簡《五音圖》

《五音圖》是清華大學 2008 年入藏的戰國竹簡中的一篇。本篇文獻簡長十九點三釐米，寬零點五釐米，兩道編繩。本篇無簡序編號，簡背無劃痕，簡序根據簡文内容編排。原簡應有三十七支，現存簡三十五支，其中第九、十九簡缺失，第二、三、五、六、十二、十六、十七、二十簡有部分殘損。本篇文獻原無篇題，現篇題爲整理者根據簡文内容所擬定。[①]

本篇文獻由圖文構成。圖中央繪有一個五角星，在五角星每個角的延伸綫上排列書寫五音音階名，從而構成一幅圖文結合的“五音圖”，故整理者以此名篇。其上角對應宫組音名，其他四角分别對應商、角、徵、羽各組，按逆時針方向依次分布。五角星圖形由“宫—徵”“徵—商”“商—羽”“羽—角”“角—宫”五條連綫構成。

本篇文獻所記五音圖的性質及用途還有待深入研究。就目前來看，出

① 黄德寬主編《清華大學藏戰國竹簡》(拾叁)，第 127 頁。

土先秦文獻中樂類文獻還是比較少的，因此，本篇文獻對於研究先秦音樂學具有重要價值。

著録

黄德寬主編《清華大學藏戰國竹簡》（拾叁），中西書局，2023 年 11 月第 1 版。

研究

賈連翔:《清華簡〈五音圖〉〈樂風〉兩種古樂書初探》,《中國史研究動態》，2023 年第 5 期。

三　清華楚簡《樂風》

《樂風》是清華大學 2008 年入藏的戰國竹簡中的一篇。本篇文獻簡長九點九釐米，寬零點五釐米，是目前所見最短的戰國竹簡。竹簡設有兩道編繩，完簡滿簡書寫八字，書寫整飭。本篇無簡序編號，簡背有劃痕，簡序根據簡背劃痕及簡文内容排定。原簡應有十四支，現存簡十二支，其中第八、十三簡已缺失，第九、十簡有殘損。本篇文獻原無篇題，現篇題爲整理者根據簡文内容所擬定。①

本篇文獻可以分爲兩部分。前五簡爲第一部分，竹簡完整，所記内容爲音名，其末寫有“樂風”二字，應是題記，下留空白，因此整理者以之名篇。從内容性質上看這部分内容應該是樂譜。後九支簡殘缺比較嚴重，所記内容應該與前面樂譜有關，其内容性質尚待進一步研究。

著録

黄德寬主編《清華大學藏戰國竹簡》（拾叁），中西書局，2023 年 11 月第 1 版。

研究

賈連翔:《清華簡〈五音圖〉〈樂風〉兩種古樂書初探》,《中國史研究動態》，2023 年第 5 期。

① 黄德寬主編《清華大學藏戰國竹簡》（拾叁），第 127 頁。

小學類

一　敦煌漢簡《蒼頡篇》

20世紀初，斯坦因進行第二次中亞考古，在敦煌漢代長城烽燧遺址發現一批漢文簡牘，其中有《蒼頡篇》《急就篇》等小學書籍。《蒼頡篇》，存竹質完簡一支，木質殘簡三支，共四支簡，編號1836、1850、2098、2129，[①]存字四十一個，其中一字僅存偏旁。[②]英國國家圖書館藏斯坦因所獲未刊漢文簡牘中還有一些《蒼頡篇》的殘片。[③]

新中國成立後所獲敦煌漢簡中也有《蒼頡篇》殘簡，主要有1977年在玉門市花海柴墩子南墩烽燧遺址採集到的漢代簡牘中1451、1459A、1459B、1460A、1460B、1461A、1461B、1462、1463等號簡，主要書寫的是《蒼頡篇》首章及書人名姓章，都是習字簡。[④]還有1979年9月在敦煌馬圈灣烽燧遺址發掘到的249B、562A、639A、639B、639C、639D、844號簡，書寫的主要也是書人名姓章及《蒼頡篇》首章等内容。[⑤]

《蒼頡篇》爲古代童蒙識字書，《漢書・藝文志》著録《蒼頡》一篇，注云："上七章，秦丞相李斯作；《爰歷》六章，車府令趙高作；《博學》七章，太史令胡母敬作。"[⑥]《漢書・藝文志》云："漢興，閭里書師合《蒼頡》《爰歷》《博學》三篇，斷六十字以爲一章，凡五十五章，并爲《蒼頡篇》。"[⑦]依照《漢書・藝文志》，《蒼頡篇》有兩個版本系統，一個是秦丞相李斯所作的七章本，一個是漢代合《蒼頡》《爰歷》《博學》三篇爲一

① 爲《敦煌漢簡》編號。

② 羅振玉、王國維：《流沙墜簡》，第76頁。

③ 汪濤、胡平生、吴芳思主編《英國國家圖書館藏斯坦因所獲未刊漢文簡牘》，圖版貳伍、柒伍。

④ 甘肅省文物考古研究所編《敦煌漢簡》（上），圖版壹叁叁；（下），第274—275頁。

⑤ 參見甘肅省文物考古研究所編《敦煌漢簡》（上），圖版貳柒、伍柒、壹叁捌、捌拾；（下），第229、240、243、251頁。

⑥ （漢）班固撰，（唐）顔師古注《漢書》，第6册，第1719頁。

⑦ （漢）班固撰，（唐）顔師古注《漢書》，第6册，第1721頁。

篇本，即六十字爲一章的五十五章本。目前所見漢簡《蒼頡篇》當都是漢代五十五章本。《蒼頡篇》在宋代以後就亡佚了，這是《蒼頡篇》亡佚六七百年來的首次發現。國内學者羅振玉、王國維的《流沙墜簡》，以及王國維的《重輯蒼頡篇》對斯坦因第二次中亞考古時所獲敦煌漢簡字書做了收録，並進行了研究。斯坦因第二次中亞考古時所獲敦煌漢簡《蒼頡篇》雖然僅存四十一字，但文句相屬，對於研究《蒼頡篇》的篇章結構及文本形態具有重要意義。羅振玉、王國維的研究，至少弄清楚了三個問題，一是《蒼頡篇》四字爲句，二是有韻可尋，三是首句爲“蒼頡作書”，故以“蒼頡”兩字名篇。

著録

1. 羅振玉、王國維：《流沙墜簡》，中華書局，1993年9月第1版。

2. 王國維：《重輯蒼頡篇》，《王國維遺書》（第四册），上海書店出版社，1983年9月第1版。

3. 甘肅省文物考古研究所編《敦煌漢簡》，中華書局，1991年6月第1版。

4. 吴礽驤等釋校《敦煌漢簡釋文》，甘肅人民出版社，1991年1月第1版。

5. 中國簡牘集成編輯委員會主編《中國簡牘集成·甘肅省卷》（第三、四册），敦煌文藝出版社，2001年6月第1版。

6. 汪濤、胡平生、吴芳思主編《英國國家圖書館藏斯坦因所獲未刊漢文簡牘》，上海辭書出版社，2007年12月第1版。

研究

1. 羅振玉、王國維：《流沙墜簡》，中華書局，1993年9月第1版。

2. 王國維：《重輯蒼頡篇》，《王國維遺書》（第四册），上海書店出版社，1983年9月第1版。

3. 胡平生、韓自强：《〈蒼頡篇〉的初步研究》，《文物》，1983年第2期。

4. 劉婉玲：《出土〈蒼頡篇〉文本整理及字表》，吉林大學碩士學位論文，2018年4月。

5. 抱小：《斯坦因所獲敦煌漢簡〈蒼頡篇〉釋字一則》，復旦大學出土文獻與古文字研究中心網站，2019年4月10日。

二　居延漢簡《蒼頡篇》

1930年西北科學考察團在額濟納河流域發現一批漢代簡牘，稱爲居延漢簡，其中有《蒼頡篇》《急就篇》殘簡，原簡現藏於臺北中研院歷史語言研究所。

居延漢簡《蒼頡篇》主要有9.1、85.21、97.8、125.38、167.4、185.20、233.47、260.18等號簡，現尚殘存一百餘字，其中有《蒼頡篇》首章等内容。①

著録

1. 勞榦:《居延漢簡考釋（釋文之部）》，商務印書館，1949年11月初版。

2. 勞榦:《居延漢簡（圖版之部）》，臺北中研院歷史語言研究所，1957年3月初版。

3. 中國社會科學院考古研究所編《居延漢簡（甲乙編）》，中華書局，1980年7月第1版。

4. 中國簡牘集成編輯委員會編《中國簡牘集成·甘肅省 内蒙古自治區卷（居延漢簡）》（第五、六、七册），敦煌文藝出版社，2001年6月第1版。

研究

1. 勞榦:《居延漢簡（考釋之部）》，臺北中研院歷史語言研究所，1960年4月初版。

2. 謝桂華等:《居延漢簡釋文合校》，文物出版社，1987年1月第1版。

3. 簡牘整理小組:《居延漢簡補編》，臺北中研院歷史語言研究所，1998年5月。

三　居延新簡《蒼頡篇》

1972年至1974年甘肅省居延考古隊對居延漢代烽燧甲渠候官（破城子）、甲渠塞第四隧、肩水金關三處遺址進行發掘，獲得大批漢簡，稱爲居延新簡。其中在甲渠候官（破城子）遺址發掘清理中，發現《蒼頡

---

① 均爲原簡號。參見中國社會科學院考古研究所編《居延漢簡（甲乙編）》，上册，乙圖版柒-9.1、乙圖版柒肆-85.21、甲圖版伍肆-557、甲圖版陸壹-700、乙圖版壹貳零-167.4、乙圖版壹叁肆-185.20、乙圖版壹玖貳-260.18；下册，第6、63、69、87、114、126、163、184頁。

篇》殘簡，主要有 EPT50.1、EPT50.134、EPT56.27、EPT56.40、EPT56.181 等號簡，尚殘存一百五十多字，其中有保存基本完整的《蒼頡篇》首章。[①]

著録

1. 甘肅省文物考古研究所、甘肅省博物館、文化部古文獻研究室、中國社會科學院歷史研究所編《居延新簡——甲渠候官與第四燧》，文物出版社，1990 年 7 月第 1 版。

2. 甘肅省文物考古研究所、甘肅省博物館、文化部古文獻研究室、中國社會科學院歷史研究所編《居延新簡——甲渠候官》，中華書局，1994 年 12 月第 1 版。

3. 中國簡牘集成編輯委員會編《中國簡牘集成 · 甘肅省 內蒙古自治區卷（居延新簡）》（第十、十一册），敦煌文藝出版社，2001 年 6 月第 1 版。

研究

孫淑霞：《出土〈蒼頡篇〉概述》，簡帛網，2013 年 11 月 8 日。

四　阜陽漢簡《蒼頡篇》

阜陽漢簡《蒼頡篇》1977 年出土於安徽阜陽雙古堆西漢汝陰侯夏侯竈墓。[②] 阜陽漢簡“《蒼頡篇》係竹簡，繫以三道編繩，兩道編繩之間距離爲十一點三釐米左右，現存最長的一條簡尚有十八點六釐米，估計原簡當在二十五釐米左右。阜陽漢簡《蒼頡篇》包括《蒼頡》《爰歷》《博學》三篇，四字爲句，有韻可尋”[③]，總計殘存五百四十一字。

阜陽漢簡《蒼頡篇》中包括《蒼頡》《爰歷》《博學》三篇，是《漢書 · 藝文志》所著録的合《蒼頡》《爰歷》《博學》三篇爲一篇的漢代五十五章本，不是秦代七章本。《漢書 · 藝文志》著録最早字書爲《史籀》篇，爲先秦作品，七章本《蒼頡篇》爲秦代作品，是非常早的字書。然

① 參見甘肅省文物考古研究所等編《居延新簡——甲渠候官》（上），第 64、68、134、135、139 頁。

② 安徽省文物工作隊、阜陽地區博物館、阜陽縣文化局：《阜陽雙古堆西漢汝陰侯墓發掘簡報》，《文物》，1978 年第 8 期。

③ 文物局古文獻研究室、安徽省阜陽地區博物館阜陽漢簡整理組：《阜陽漢簡〈蒼頡篇〉》，《文物》，1983 年第 2 期，第 24 頁。

而，宋代以後《蒼頡篇》亡佚了。阜陽漢簡《蒼頡篇》雖然是漢代五十五章本，但是對於《蒼頡篇》的研究，甚至對於中國古代字書的研究，都具有重要意義。

著録

文物局古文獻研究室、安徽省阜陽地區博物館阜陽漢簡整理組:《阜陽漢簡〈蒼頡篇〉》,《文物》, 1983年第2期。

研究

1. 胡平生、韓自强:《〈蒼頡篇〉的初步研究》,《文物》, 1983年第2期。

2. 張標:《阜陽出土〈蒼頡篇〉的若干問題》,《河北師範大學學報》(社會科學版), 1990年第4期。

3. 張傳官:《據北大漢簡拼綴、編排、釋讀阜陽漢簡〈蒼頡篇〉》,《出土文獻》(第八輯), 中西書局, 2016年4月第1版。

五　尼雅漢文木簡《蒼頡篇》

尼雅漢文木簡《蒼頡篇》, 1993年10月在尼雅遺址出土。當時中日尼雅聯合考古隊中方成員林永健等人採集到兩支木簡，後經王樾先生考證，釋讀出其中一支簡爲《蒼頡篇》的内容，稱其爲“尼雅漢文木簡《蒼頡篇》”。該簡殘存部分長十五點四釐米，寬一點零八釐米，厚零點三釐米，殘存“谿谷阪險丘陵故舊長緩肆延涣”十三字，木簡背面上端也存有三字，但字迹模糊。[①] 尼雅漢文木簡《蒼頡篇》是目前爲止第一次在新疆地區發現漢代小學字書，具有重要價值。原簡現藏於新疆文物考古研究所。

著録

1. 林永健等編《夢幻尼雅》，民族出版社，1995年4月第1版。

2. 王炳華:《精絶春秋：尼雅考古大發現》，浙江文藝出版社，2003年4月第1版。

---

① 參見王樾:《略説尼雅發現的“蒼頡篇”漢簡》,《西域研究》, 1998年第4期，第55頁；林永健等編《夢幻尼雅》，第99頁；王炳華:《精絶春秋：尼雅考古大發現》，第91頁。

研究

1. 王樾:《略説尼雅發現的“蒼頡篇”漢簡》,《西域研究》, 1998 年第 4 期。

2. 孫淑霞:《出土〈蒼頡篇〉概述》, 簡帛網, 2013 年 11 月 8 日。

六　肩水金關漢簡《蒼頡篇》

1973 年在額濟納河流域肩水金關遺址出土漢簡中 73EJT6:111A 號簡爲《蒼頡篇》殘簡, 簡文殘存“教蒼頡作”四字。① 原簡現藏於甘肅簡牘博物館。

著録

甘肅簡牘保護研究中心等編《肩水金關漢簡》(壹), 中西書局, 2011 年 8 月第 1 版。

七　北大漢簡《蒼頡篇》

2009 年 1 月北京大學接受捐贈獲得一批從海外歸來的西漢竹簡, 總計三千三百四十六個編號, 完整簡一千六百多支, 内容極爲豐富, 幾乎涵蓋了《漢書·藝文志》的各大門類,《蒼頡篇》就是其中之一。②

北大漢簡《蒼頡篇》存簡八十二支, 整簡(含綴合簡)六十九支, 殘簡十三支, 完簡長三十點二至三十點四釐米, 寬零點九至一釐米, 上、中、下三道編繩, 存字約一千三百二十五個(含標題字十九個), 殘字十一個, 絶大多數字迹清晰, 字體有漢隸特徵, 但仍近於秦隸, 整簡可書寫正文二十字, 每章都以開頭二字爲章題, 並由右向左書寫於前兩簡正面頂端, 每章末均標明章字數, 按韻編聯, 四字爲句, 兩句一韻。③

著録

1. 朱鳳瀚:《北大漢簡〈蒼頡篇〉概述》,《文物》, 2011 年第 6 期。

---

① 參見甘肅簡牘保護研究中心等編《肩水金關漢簡》(壹), 第 141 頁。

② 參見北京大學出土文獻研究所編《北京大學藏西漢竹書》(貳), 前言, 第 1 頁。

③ 參見朱鳳瀚:《北大漢簡〈蒼頡篇〉概述》,《文物》, 2011 年第 6 期, 第 57 頁; 北京大學出土文獻研究所編《北京大學藏西漢竹書》(壹), 第 67 頁。

2. 北京大學出土文獻研究所編《北京大學藏西漢竹書》(壹)，上海古籍出版社，2015年9月第1版，

研究

1. 朱鳳瀚:《北大漢簡〈蒼頡篇〉概述》,《文物》，2011年第6期。

2. 蔡偉:《讀北大漢簡〈蒼頡篇〉劄記》，復旦大學出土文獻與古文字研究中心網站，2011年7月9日。

3. 白軍鵬:《讀北大簡〈蒼頡篇〉札記》,《簡帛研究》(二〇一六·春夏卷)，廣西師範大學出版社，2016年6月第1版。

八　水泉子漢簡改寫本《蒼頡篇》

水泉子漢簡改寫本《蒼頡篇》2008年出土於甘肅永昌水泉子漢墓。存殘簡一百三十五枚，爲木簡，長十九至二十釐米，三道編繩，單行書寫，存近一千字。[①]

水泉子漢簡《蒼頡篇》是《蒼頡篇》的改寫本，其改寫主要是把原本的四言一句改爲七言一句，在每句後面加上三言，因此，可以把水泉子漢簡《蒼頡篇》稱爲改寫本《蒼頡篇》。這種改寫本《蒼頡篇》還是首次發現，對於研究《蒼頡篇》在漢代的流傳及形態演變具有重要價值。

著録

1. 甘肅省文物考古研究所:《甘肅永昌水泉子漢墓發報簡報》,《文物》，2009年第10期。

2. 張存良、吴葒:《水泉子漢簡初識》,《文物》，2009年第10期。

3. 張存良:《水泉子漢簡七言本〈蒼頡篇〉蠡測》，中國文化遺産研究院編《出土文獻研究》(第九輯)，中華書局，2010年1月第1版。

研究

1. 復旦大學出土文獻與古文字研究中心讀書會:《讀水泉子簡〈蒼頡篇〉札記》,

---

① 參見張存良:《水泉子漢簡〈蒼頡篇〉整理與研究》，博士學位論文，蘭州大學，2015年4月。

復旦大學出土文獻與古文字研究中心網站，2009 年 11 月 11 日。

2.《水泉子漢簡〈蒼頡篇〉討論記録》，復旦大學出土文獻與古文字研究中心網站，2010 年 1 月 17 日。

3. 胡平生:《讀水泉子漢簡七言本〈蒼頡篇〉》，復旦大學出土文獻與古文字研究中心網站，2010 年 1 月 21 日。

4. 張存良:《水泉子漢簡〈蒼頡篇〉整理與研究》，博士學位論文，蘭州大學，2015 年 4 月。

5. 抱小:《説水泉子漢簡〈蒼頡篇〉之“疾偷廷”》，復旦大學出土文獻與古文字研究中心網站，2016 年 1 月 1 日。

6. 張傳官:《水泉子漢簡〈蒼頡篇〉拼合五則》，復旦大學出土文獻與古文字研究中心網站，2020 年 1 月 11 日。

九　懸泉漢簡《蒼頡篇》

1990 年出土於懸泉置遺址的漢簡中 I90DXT0109S：40[①]、I90DXT 0210 ①：32B、II90DXT0111 ①：203B[②] 等號簡爲《蒼頡篇》殘簡，所存均爲首章首句殘簡。

著録

1. 甘肅簡牘博物館等編《懸泉漢簡》(壹)，中西書局，2019 年 11 月第 1 版。

2. 甘肅簡牘博物館等編《懸泉漢簡》(貳)，中西書局，2020 年 12 月第 1 版。

十　額濟納漢簡《蒼頡篇》

1999 年至 2002 年内蒙古自治區文物考古研究所在内蒙古額濟納旗漢代烽燧遺址進行考古調查發掘，共採獲 500 餘枚漢代簡牘，其中 2000ES7SF1:123+2000ES7SF1:124 號簡爲《蒼頡篇》殘簡。簡文僅存首章“蒼頡作書以教後嗣幼子承詔”十二字。[③] 原簡現藏於内蒙古自治區文物考古研究所。

---

① 甘肅簡牘博物館等編《懸泉漢簡》(壹)，第 24 頁。

② 甘肅簡牘博物館等編《懸泉漢簡》(貳)，第 29、153 頁。

③ 魏堅主編《額濟納漢簡》，第 174 頁。

著録

魏堅主編《額濟納漢簡》，廣西師範大學出版社，2005年3月第1版。

研究

孫家洲主編《額濟納漢簡釋文校本》，文物出版社，2007年10月第1版。

十一　烏程漢簡《蒼頡篇》

烏程漢簡《蒼頡篇》，是2009年3月下旬浙江省湖州市舊城改造施工中出土漢簡中的一種。[①]

編號256—259簡正反兩面殘存《蒼頡篇》文字，256號簡正面殘存"蒼頡作書"等字，各簡又抄寫了《蒼頡篇》以外的文句，且字句多有反復書寫的情況，當是習字簡。[②]

著録

曹錦炎等編《烏程漢簡》，上海書畫出版社，2022年10月第1版。

十二　敦煌漢簡《急就篇》

20世紀初斯坦因第二次和第三次中亞考古時在敦煌漢代長城烽燧遺址發現大批漢簡，其中有《急就篇》殘簡，總計有十二支簡。其中，第二次發現的有1816、1972AB、1991、2130、2135AB、2172、2181、2185、2193、2234號簡，第三次發現的有2245和2356ABC號簡。[③]羅振玉、王國維《流沙墜簡》著録其中的1816、1972、1991、2130、2135、2185號簡。[④]1979年發現的敦煌漢簡中有一支《急就篇》殘簡，編爲28號。[⑤]

---

① 曹錦炎等主編《烏程漢簡·烏程漢簡概述》，第1頁。

② 曹錦炎等主編《烏程漢簡》，第278—285頁。

③ 爲《敦煌漢簡》編號。參見甘肅省文物考古研究所編《敦煌漢簡》（上），圖版壹伍貳、壹捌貳、壹陸壹、壹陸柒、壹陸陸、壹柒肆、壹陸捌、壹柒捌；（下），第289、296、297、303、304、305、306、307、312頁。

④ 羅振玉、王國維：《流沙墜簡》，第13—15、78—79頁。本篇寫本之外還有一支兒童習字本簡，現存文字十四個。羅振玉未將此習字簡録入《急就篇》正文，王國維《校松江本急就篇》將此簡録入正文。

⑤ 參見甘肅省文物考古研究所編《敦煌漢簡》（上），圖版貳；（下），第222頁。

《漢書·藝文志》著録《急就》一篇。《急就篇》是漢代兒童識字課本，首句爲"急就奇觚與衆異"，"急就"就是"速成"的意思，敦煌漢簡《急就篇》是寫在木觚上的，正與《急就篇》首句所言"奇觚"相合。

著録

1. 羅振玉、王國維:《流沙墜簡》，中華書局，1993 年 9 月第 1 版。

2. 王國維:《校松江本急就篇》,《王國維遺書》(第四册)，上海書店出版社，1983 年 9 月第 1 版。

3. 甘肅省文物考古研究所編《敦煌漢簡》，中華書局，1991 年 6 月第 1 版。

4. 吴礽驤等釋校《敦煌漢簡釋文》，甘肅人民出版社，1991 年 1 月第 1 版。

5. 中國簡牘集成編輯委員會編《中國簡牘集成·甘肅省卷上》(第三册)，敦煌文藝出版社，2001 年 6 月第 1 版。

研究

1. 羅振玉、王國維:《流沙墜簡·小學術數方技書考釋》，中華書局，1993 年 9 月第 1 版。

2. 王國維:《校松江本急就篇序》,《王國維遺書》(第四册)，上海書店出版社，1983 年 9 月第 1 版。

3. 沈元:《〈急就篇〉研究》,《歷史研究》，1962 年第 3 期。

4. 張傳官:《試論〈急就篇〉的新證研究》,《復旦學報》(社會科學版)，2012 年第 3 期。

5. 孫聞博:《〈急就篇〉用字新證》，簡帛網，2014 年 5 月 23 日。

十三　居延漢簡《急就篇》

居延漢簡《急就篇》是西北科學考察團 1930 年在額濟納河流域發現的，本次發現的《急就篇》殘簡共五枚，[①] 後綴合爲三支，編號爲

① 參見中國社會科學院考古研究所編《居延漢簡(甲乙編)》，上册，乙圖版壹貳貳 -169.1AB+561.26AB、甲圖版壹叁零 -1726AB、甲圖版壹叁壹 -1734AB，下册，第 115、225 頁；簡牘整理小組編《居延漢簡》(貳)，第 169 頁，169.1A+561.26A+169.2A、169.1B+561.26B+169.2B；簡牘整理小組編《居延漢簡》(肆)，第 36 頁，336.14，第 37 頁，336.34。

169.1AB+561.26AB+169.2AB、336.14AB、336.34AB。原簡現藏於臺北中研院歷史語言研究所。

著録

1. 勞榦:《居延漢簡考釋(釋文之部)》，商務印書館，1949年11月初版。

2. 勞榦:《居延漢簡(圖版之部)》，臺北中研院歷史語言研究所，1957年3月初版。

3. 中國社會科學院考古研究所編《居延漢簡(甲乙編)》，中華書局，1980年7月第1版。

4. 中國簡牘集成編輯委員會編《中國簡牘集成·甘肅省 内蒙古自治區卷(居延漢簡)》(第六、七册)，敦煌文藝出版社，2001年6月第1版。

5. 簡牘整理小組編《居延漢簡》(貳)，臺北中研院歷史語言研究所，2015年12月初版。

6. 簡牘整理小組編《居延漢簡》(肆)，臺北中研院歷史語言研究所，2017年11月初版。

研究

1. 勞榦:《居延漢簡(考釋之部)》，臺北中研院歷史語言研究所，1960年4月初版。

2. 謝桂華等:《居延漢簡釋文合校》，文物出版社，1987年1月第1版。

十四　居延新簡《急就篇》

居延新簡《急就篇》1974年出土於居延甲渠候官遺址。居延新簡《急就篇》現存殘簡牘二十三枚，編號爲EPT5.14、EPT6.90、EPT6.91、EPT31.23、EPT48.48、EPT48.49、EPT48.54、EPT48.78、EPT48.101、EPT48.115、EPT48.152、EPT48.154 、EPT49.39、EPT49.50、EPT49.80、EPF19.1、EPF19.2、EPF22.721、EPF22.724、EPF22.725、EPF22.728、EPF22.731、EPF22.741。綴合後爲二十一支。[①]其中《急就篇》首章抄寫

① 參見甘肅省文物考古研究所等編《居延新簡——甲渠候官》(上)，第7、18、34、56、57、58、59、60、62、63、209、232頁;(下)，第16、35、69、109、110、113、114、117、122、123、125、480、481、562、563頁。

在一件木牘（編號 EPT5:14）上，木牘長十八釐米，寬二點一釐米，簡文正面兩行書寫，反面存一行。居延新簡《急就篇》的發現，對研究《急就篇》的版本及流傳等問題具有重要價值。原簡現藏甘肅簡牘博物館。

著録

1. 甘肅省文物考古研究所、甘肅省博物館、文化部古文獻研究室、中國社會科學院歷史研究所編《居延新簡——甲渠候官與第四燧》，文物出版社，1990 年 7 月第 1 版。

2. 甘肅省文物考古研究所、甘肅省博物館、文化部古文獻研究室、中國社會科學院歷史研究所編《居延新簡——甲渠候官》，中華書局，1994 年 12 月第 1 版。

3. 中國簡牘集成編輯委員會編《中國簡牘集成・甘肅省 内蒙古自治區卷（居延新簡）》（第九、十、十二册），敦煌文藝出版社，2001 年 6 月第 1 版。

研究

張傳官：《〈急就篇〉新證》，中西書局，2022 年 6 月第 1 版。

十五　肩水金關漢簡《急就篇》

1973 年在額濟納河流域肩水金關遺址發現的一批漢代簡牘，現被稱爲肩水金關漢簡。隨同本批漢簡一起公布的還有 1972 年在肩水金關、居延大灣、居延查科爾貼、居延地灣、居延布肯托尼等地採集的簡牘，其中在居延查科爾貼採集的編號 72ECC:3、72ECC:5A、72ECC:6A、72ECC:17、72ECC:19 簡爲《急就篇》殘簡，這幾支簡實際上並不是起首所説的肩水金關漢簡，爲簡便起見，本敘録仍稱爲肩水金關漢簡。[①] 原簡現藏於甘肅簡牘博物館。

著録

甘肅簡牘博物館等編《肩水金關漢簡》（伍），中西書局，2016 年 8 月第 1 版。

研究

張傳官：《〈肩水金關漢簡（伍）〉所見〈急就篇〉殘簡輯校》，復旦大學出土文獻

① 參見甘肅簡牘博物館等編《肩水金關漢簡》（伍），第 258、259、262 頁。

與古文字研究中心網，2016 年 8 月 26 日。

十六　烏程漢簡《急就篇》

烏程漢簡《急就篇》，是 2009 年 3 月下旬浙江省湖州市舊城改造施工中出土漢簡中的一種。[①]

編號 260 簡殘存“急就奇觚”四字，爲《急就篇》首句前四字。[②]

著録

曹錦炎等編《烏程漢簡》，上海書畫出版社，2022 年 10 月第 1 版。

十七　懸泉漢簡《字書》

1990 年出土於懸泉置遺址的漢簡中 Ⅱ90DXT0114 ④ : 272、Ⅱ90DXT0114S : 221 號簡爲字書簡。

Ⅱ90DXT0114 ④ : 272 號簡，竹質，上、下、右殘，殘存部分長十三點四釐米，寬零點七釐米，厚零點三釐米。[③] 該竹簡殘存“也康者安也弘者大也合者洽也”[④] 數字，當是字書殘簡。

Ⅱ90DXT0114S : 221 號簡（削衣），殘存“霜露也·菑者害□”[⑤] 諸字，亦當是字書殘簡。

著録

甘肅簡牘博物館等編《懸泉漢簡》（叁），中西書局，2023 年 5 月第 1 版。

---

① 曹錦炎等主編《烏程漢簡 · 烏程漢簡概述》，第 1 頁。

② 曹錦炎等主編《烏程漢簡》，第 286 頁。

③ 甘肅簡牘博物館等編《懸泉漢簡》（叁），第 605 頁。

④ 釋文參見甘肅簡牘博物館等編《懸泉漢簡》（叁），第 221 頁。

⑤ 釋文參見甘肅簡牘博物館等編《懸泉漢簡》（叁），第 284 頁。

史　部

編年類

一　清華楚簡《繫年》

《繫年》是清華大學 2008 年入藏的一批戰國竹簡中的一篇。《繫年》共一百三十八支簡，簡長四十四點六至四十五釐米，簡背有編號，内容與《竹書紀年》近似，因此，整理者命名爲《繫年》。[①]

清華簡《繫年》記事從周初武王克商開始，一直到楚悼王、肅王之世。記述内容涵蓋周王朝及主要諸侯國，所記内容，有很多可補傳世文獻之不足。

關於《繫年》的文體性質，學界尚有不同意見。大致有如下幾種看法：第一種認爲體裁接近《竹書紀年》；[②] 第二種認爲體例與“志”最爲接近，將其歸入“故志”的大範疇；[③] 第三種認爲是一部具有紀事本末體性質的早期史著；[④] 第四種認爲其體裁與《春秋》《竹書紀年》等編年體史書不同，似從《左傳》一類文獻改編而成，疑與《鐸氏微》相關；[⑤] 第五種

---

① 李學勤主編《清華大學藏戰國竹簡》（貳），第 135 頁。

② 李學勤：《清華簡〈繫年〉及有關古史問題》，《文物》，2011 年第 3 期，第 70 頁。李學勤：《由清華簡〈繫年〉論〈紀年〉的體例》，《深圳大學學報》（人文社會科學版），2012 年第 2 期，第 42 頁。

③ 陳民鎮：《〈繫年〉“故志”説——清華簡〈繫年〉性質及撰作背景芻議》，《邯鄲學院學報》，2012 年第 2 期，第 49 頁。

④ 許兆昌、齊丹丹：《試論清華簡〈繫年〉的編纂特點》，《古代文明》，2012 年第 2 期，第 60 頁。

⑤ 陳偉：《清華大學藏竹書〈繫年〉的文獻學考察》，《史林》，2013 年第 1 期，第 43 頁。

認爲與《左傳》或紀事本末體相比，《繫年》更接近於《春秋事語》，它的性質與汲冢竹書中的“國語”三篇相近；[①]第六種認爲《繫年》兼採各國史料，尤以晉楚兩國史料爲主，重新編纂，創紀事本末體，兼具國别體特徵。[②]

關於《繫年》的文體或體裁問題，有進一步研究的必要。文體性質直接決定文獻性質。史書的體裁問題，對於研究相關史學問題具有重要意義。

著録

李學勤主編《清華大學藏戰國竹簡》(貳)，中西書局，2011年12月第1版。

研究

1. 李學勤:《清華簡〈繫年〉及有關古史問題》,《文物》，2011年第3期。

2. 李學勤:《由清華簡〈繫年〉論〈紀年〉的體例》,《深圳大學學報》(人文社會科學版)，2012年第2期。

3. 侯文學、李明麗:《清華簡〈繫年〉的叙事體例、核心與理念》,《華夏文化論壇》，2012年第2期。

4. 陳民鎮:《〈繫年〉“故志”説——清華簡〈繫年〉性質及撰作背景芻議》,《邯鄲學院學報》，2012年第2期。

5. 許兆昌、齊丹丹:《試論清華簡〈繫年〉的編纂特點》,《古代文明》，2012年第2期。

6. 廖名春:《清華簡〈繫年〉管窺》,《深圳大學學報》(人文社會科學版)，2012年第3期。

7. 陳偉:《清華大學藏竹書〈繫年〉的文獻學考察》,《史林》，2013年第1期。

8. 劉全志:《論清華簡〈繫年〉的性質》,《中原文物》，2013年第6期。

9. 許兆昌:《試論清華簡〈繫年〉的人文史觀》,《吉林師範大學學報》(人文社會科學版)，2014年第6期。

---

① 劉全志:《論清華簡〈繫年〉的性質》,《中原文物》，2013年第6期，第43頁。

② 侯文學、李明麗:《清華簡〈繫年〉的叙事體例、核心與理念》,《華夏文化論壇》，2012年第2期，第286頁。

二 睡虎地秦簡《編年記》

睡虎地秦簡《編年記》，1975 年 12 月出土於雲夢睡虎地十一號秦墓。同墓還出土有《語書》、《秦律十八種》、《效律》、《秦律雜抄》、《法律答問》、《封診式》、《爲吏之道》、《日書》甲種乙種等文獻。[①]《編年記》原無篇題，整理者最初命名爲《大事記》，後來又改爲《編年記》。本篇存竹簡五十三支，發現於墓主頭下。竹簡原捲成一卷，整理者根據清理時所繪位置圖和簡文内容重排復原。簡文逐年記述秦昭王元年（公元前 306 年）到始皇三十年（公元前 217 年）統一全國的戰爭過程等大事。[②]“簡文中的年號，在昭王（《史記》作昭襄王）、孝文王、莊王（《史記》作莊襄王）後面，是‘今元年’，這是指秦王政（始皇）元年，表明了簡文寫作的年代。原簡分上下兩欄書寫，上欄是昭王元年至五十三年，下欄是昭王五十四年，至始皇三十年。從字體來看，從昭王元年到秦王政（始皇）十一年的大事，大約是一次寫成的；這一段内關於喜及其家事的記載，和秦王政（始皇）十二年以後的簡文，字迹較粗，可能是後來續補的結果。”[③]

關於《編年記》的性質，學界有不同意見。整理者認爲，“有些像後世的年譜”[④]。也有學者認爲，《編年記》“應當爲墓主平日閲讀的一種歷史讀物。至於其中的私家記事及秦王政（始皇）十一年以後的時事新聞，當爲墓主標注，以備遺忘，類似後世的‘記事珠’之類。因此，《編年記》不能算成喜的私家歷史著述，而是當時通行歷史讀物的留存”[⑤]。

《編年記》的體裁及性質還有待進一步討論，但簡文所記史事的時間與《史記》很多是一致的，但也有相差一年或更長一些的，有的記載比《史記》詳細。因此，《編年記》對於研究相關歷史是很重要的文獻。

① 睡虎地秦墓竹簡整理小組編《睡虎地秦墓竹簡》（八開精装本），出版説明，第 1 頁。
② 參見季勳:《雲夢睡虎地秦簡概述》，《文物》，1976 年第 5 期，第 2 頁。
③ 睡虎地秦墓竹簡整理小組編《睡虎地秦墓竹簡》（八開精装本），釋文第 3 頁。
④ 睡虎地秦墓竹簡整理小組編《睡虎地秦墓竹簡》（八開精装本），釋文第 3 頁。
⑤ 曹旅寧:《睡虎地秦簡〈編年記〉性質探測》，《史學月刊》，2010 年第 2 期，第 29 頁。

著録

1. 雲夢秦墓竹簡整理小組:《雲夢秦簡釋文(一)》,《文物》,1976年第6期。

2. 睡虎地秦墓竹簡整理小組編《睡虎地秦墓竹簡》(八開綫裝本),文物出版社,1977年9月第1版。

3. 睡虎地秦墓竹簡整理小組編《睡虎地秦墓竹簡》(32開平裝本),文物出版社,1978年11月第1版。

4. 睡虎地秦墓竹簡整理小組編《睡虎地秦墓竹簡》(八開精裝本),文物出版社,1990年9月第1版。

研究

1. 季勳:《雲夢睡虎地秦簡概述》,《文物》,1976年第5期。

2. 黄盛璋:《雲夢秦簡〈編年記〉初步研究》,《考古學報》,1977年第1期。

3. 商慶夫:《睡虎地秦簡〈編年記〉的作者及其思想傾向》,《文史哲》,1980年第4期。

4. 謝巍:《睡虎地秦簡〈編年記〉爲年譜説》,《江漢論壇》,1983年第5期。

5. 楊劍虹:《睡虎地秦簡〈編年記〉作者及其政治態度——兼與陳直、商慶夫同志商榷》,《江漢考古》,1984年第3期。

6. 商慶夫:《再論秦簡〈編年記〉作者的思想傾向》,《文史哲》,1987年第6期。

7. 楊劍虹:《秦簡〈語書〉窺測——兼論〈編年記〉作者不是楚人》,《江漢考古》,1992年第4期。

8. 劉向明:《試釋睡虎地秦簡〈編年記〉所載"喜□安陸□史"》,《江西社會科學》,2004年第3期。

9. 曹旅寧:《睡虎地秦簡〈編年記〉性質探測》,《史學月刊》,2010年第2期。

三　阜陽漢簡《年表》

阜陽漢簡《年表》,1977年出土於安徽阜陽雙古堆西漢汝陰侯夏侯竈墓。[①] 所謂《年表》是夏侯竈墓出土的二百片左右寫有王、公、侯、

① 安徽省文物工作隊、阜陽地區博物館、阜陽縣文化局:《阜陽雙古堆西漢汝陰侯墓發掘簡報》,《文物》,1978年第8期。

伯紀年的竹簡殘片，整理者命名爲《年表》。竹簡殘損嚴重，最長的一片祇有九點五釐米，大多數殘片不足五釐米，已完全不可能恢復簡册的原貌。[①]

《年表》殘片寫有始皇帝、悼襄王、熊亹九、釐侯、厲公卅四等等紀年文字。經整理者分析，《年表》二百片左右殘片應包括兩種性質不完全相同的簡册，各自編排體例不同，整理者稱之爲甲種《年表》和乙種《年表》。甲種《年表》，“年經國緯，橫填事實，其編排體例，大約與《史記》之《十二諸侯年表》及《六國年表》相仿佛”[②]。乙種《年表》，“一欄之内排列兩位君王，謚號、年數之間，無任何標誌隔斷，我們理解應是同一諸侯國的兩代國君，記其各自的在位年數。……顯然，乙種《年表》與甲種《年表》編排方法是不同的，它很像是那種祇記君王實際在位的譜諜”[③]。

另外，《年表》殘簡上出現的東周、西周、今王、今公等等都需要進一步研究。

阜陽漢簡《年表》殘破太甚，影響了它的學術價值，但是，它的出土，使我們看到這種見於《史記》的紀年體裁，在漢代是比較成熟多見的體裁形式。

著録

胡平生:《阜陽漢簡〈年表〉整理札記》,《文物研究》(第七輯)，黄山書社，1991年12月第1版。又,《胡平生簡牘文物論集》，蘭臺出版社，2000年3月初版。

研究

胡平生:《阜陽漢簡〈年表〉整理札記》,《文物研究》(第七輯)，黄山書社，1991年12月第1版。

① 參見胡平生《阜陽漢簡〈年表〉整理札記》,《文物研究》(第七輯)，又收入《胡平生簡牘文物論集》。

② 胡平生:《阜陽漢簡〈年表〉整理札記》,《文物研究》(第七輯)，第395頁。

③ 胡平生:《阜陽漢簡〈年表〉整理札記》,《文物研究》(第七輯)，第397頁。

别史雜史類

一　清華楚簡《楚居》

《楚居》是清華大學2008年入藏的一批戰國竹簡中的一篇。《楚居》題名爲整理者所加。“本篇竹簡凡十六支，其中有四支下部分别殘去三至四字，其他簡文皆完整，無缺簡。簡長四十七點五釐米左右。完簡上書寫三十七至四十八字不等。書寫工整，是典型的楚文字。”①

本篇簡文記述自季連開始一直到楚悼王共計二十三位楚公、楚王的居處及遷徙，並涉及楚公楚王的求偶過程、配偶相貌、分娩方式，以及都城改造、都城改名、遷徙原因等諸多楚國史事，内容極爲豐富。

關於本篇文獻的性質，學界還有不同看法。第一種看法多將本篇與《世本・居篇》相對照，認爲二者在文本結構上具有相似性，並進而認爲本篇文獻是一篇歷史文獻，衹是所記史事與傳世文獻諸如《世本》《史記・楚世家》相關記載互有異同，並包含了一定的古史傳説成分。第二種看法認爲:“《楚居》還不能簡單地看作就是記述歷史事實的歷史，甚至也不能看作是以當時的史觀力圖辯證、澄清歷史事實的歷史著述。……《楚居》是一篇政治性很强的歷史文本，其内容應是楚國某些政治力量所想要陳述的當時的社會關係。這樣的文本不能不經文獻批評，就當作爲信史來看待。”②

著録

李學勤主編《清華大學藏戰國竹簡》(壹)，中西書局，2010年12月第1版。

研究

1. 李學勤:《論清華簡〈楚居〉中的古史傳説》,《中國史研究》，2011年第1期。

---

① 李學勤主編《清華大學藏戰國竹簡》(壹)，第180頁。

② 來國龍:《清華簡〈楚居〉所見楚國的公族與世系——兼論〈楚居〉文本的性質》，簡帛網，2011年12月3日。

2. 李守奎:《根據〈楚居〉解讀史書中熊渠至熊延世序之混亂》,《中國史研究》,2011 年第 1 期。

3. 李學勤:《清華簡〈楚居〉與楚徙鄩郢》,《江漢考古》,2011 年第 2 期。

4. 趙平安:《〈楚居〉的性質、作者及寫作年代》,《清華大學學報》(哲學社會科學版),2011 年第 4 期。

5. 王偉:《清華簡〈楚居〉地名札記(二則)》,復旦大學出土文獻與古文字研究中心網站,2011 年 4 月 28 日。

6. 來國龍:《清華簡〈楚居〉所見楚國的公族與世系——兼論〈楚居〉文本的性質》,簡帛網,2011 年 12 月 3 日。

7. 黄靈庚:《清華戰國竹簡〈楚居〉箋疏》,《中華文史論叢》,2012 年第 1 期。

8. 于文哲:《清華簡〈楚居〉中的山與神》,《中國文化研究》,2013 年第 3 期。

9. 謝維揚:《〈楚居〉中季連年代問題小議》,《社會科學》,2013 年第 4 期。

二 上博楚簡《融師有成氏》

《融師有成氏》是上海博物館 1994 年 5 月從香港購回的一批竹簡中的一篇。本篇與另一篇文獻《鬼神之明》編爲一編,簡文開頭首句與《鬼神之明》的結尾寫在同一支簡上,以篇章符號相分隔。“本篇現存簡四支,二支基本完整,二支爲殘簡。文章起首完整,前三簡文義可以銜接,全篇已殘去下半部分。完簡長度約五十三釐米,中有三道編綫痕迹。全篇共存一百二十二字。”[①] 本篇未發現篇題,現篇題爲整理者所加。

簡文記述了祝融之師有成氏在相貌、生理等方面與衆不同,祝融以其爲師,簡文還涉及蚩尤、商湯等人物,但由於竹簡殘缺,全篇文義已很難瞭解。現存簡文也有多處較難釋讀,因此,簡文的正確釋讀仍然是目前研究的重點。另外,關於本篇簡文的體裁性質,有學者認爲是一篇神話文獻,但未有定論,尚須進一步研究。因本篇記述上古人物與史事,兹著録於史部别史雜史類。

① 馬承源主編《上海博物館藏戰國楚竹書》(五),第 308 頁。

著録

馬承源主編《上海博物館藏戰國楚竹書》(五),上海古籍出版社,2005 年 12 月第 1 版。

研究

1. 廖名春:《讀〈上博五・融師有成氏〉篇劄記四則》,簡帛研究網,2006 年 2 月 20 日。

2. 劉釗:《〈上博五・融師有成氏〉"耽淫念惟"解》,簡帛網,2007 年 7 月 25 日。

3. 禤健聰:《戰國竹書〈融師有成〉校釋》,《廣東教育學院學報》,2008 年第 4 期。

4. 連劭名:《楚竹書〈融師有成〉新證》,《古文字研究》(第二十八輯),中華書局,2010 年 10 月第 1 版。

5. 黄傑:《上博五〈融師有成氏〉文本疏解及用韻、編連問題補説》,簡帛網,2011 年 10 月 19 日。

三　雲夢鄭家湖墓木觚《賤臣筡西問秦王》

《賤臣筡西問秦王》2021 年在雲夢鄭家湖 M274 墓出土。該墓爲戰國晚期秦文化墓葬。本篇文獻抄寫在一件木觚上。"木觚由一截圓木縱剖而成,長三十三點六、寬三點六、厚一點七釐米。總體上分爲兩面,兩面各均匀分爲七行以書寫文字。半圓形面修削出七個棱面,修治較爲精緻;剖分面則是平面,類同於牘。觚文自半圓形面右行書起,至平面第六行結束,第七行留白,抄寫前顯然經過精心布局。"①

本篇文獻全文約七百字,全篇首尾連貫完整,所記爲筡與秦王的對話,内容主要是筡游説秦王寢兵立義。本篇文獻爲戰國晚期秦國策問類文獻,對於研究戰國晚期秦國歷史及策問類文獻具有重要價值。

① 李天虹、熊佳輝、蔡丹、羅運兵:《湖北雲夢鄭家湖墓地 M274 出土"賤臣筡西問秦王"觚》,《文物》,2022 年第 3 期,第 64 頁。又參見湖北省文物考古研究院、雲夢縣博物館:《湖北雲夢縣鄭家湖墓地 2021 年發掘簡報》,《文物》,2022 年第 2 期,第 3 頁。

著録

1. 湖北省文物考古研究院、雲夢縣博物館:《湖北雲夢縣鄭家湖墓地 2021 年發掘簡報》,《文物》, 2022 年第 2 期。

2. 李天虹、熊佳輝、蔡丹、羅運兵:《湖北雲夢鄭家湖墓地 M274 出土“賤臣筡西問秦王”觚》,《文物》, 2022 年第 3 期。

研究

李天虹、熊佳輝、蔡丹、羅運兵:《湖北雲夢鄭家湖墓地 M274 出土“賤臣筡西問秦王”觚》,《文物》, 2022 年第 3 期。

四　帛書《春秋事語》

帛書《春秋事語》, 1973 年出土於湖南長沙馬王堆三號漢墓。“帛書《春秋事語》, 帛廣約二十三釐米, 長約七十四釐米, 横幅直界烏絲欄, 墨書, 存九十七行。卷首殘破, 不知缺少幾行。後部的帛比較完整, 没有尾題, 剩有空白, 似未寫完。原來捲在一塊約三釐米寬的木片上, 約十二三周, 出土時帛質腐朽, 已分裂成大小不等的二百來片碎片。由於水漬, 捲在木片上面的部分, 字迹多滲透到後面的帛上。同時又由於木片的壓力, 捲在木片下面的部分則多自上而下、自内而外反滲透到前幅。這些印痕是今天復原的重要依據, 再參照漬污霉蝕的痕迹, 帛書整理小組完成了殘片的綴合工作。”[①]“據書法由篆變隸, 書中不避邦字諱, 抄寫的年代當在漢初甚或更早。全書分十六章, 每章均提行另起。原書無名, 今據内容定爲《春秋事語》, 並以首句作爲章名, 以清眉目。”[②]

帛書《春秋事語》存十六章, 每章記一事, 互不連貫。所記爲春秋時期事件,“記事十分簡略, 而每章必記述一些言論, 所占字數要比記事多得多, 内容既有意見, 也有評論, 使人一望而知這本書的重點不在講事實而在記言論。這在春秋時期的書籍中是一種固定的體裁, 稱爲‘語’”[③]。所記事

① 張政烺:《〈春秋事語〉解題》,《文物》, 1977 年第 1 期, 第 36 頁。

② 馬王堆漢墓帛書整理小組:《馬王堆漢墓出土帛書〈春秋事語〉釋文》,《文物》, 1977 年第 1 期。

③ 張政烺:《〈春秋事語〉解題》,《文物》, 1977 年第 1 期, 第 36 頁。

件多數見於《春秋》三傳、《國語》和一些子書。

關於帛書《春秋事語》的性質，學界有不同意見。張政烺先生認爲當是兒童教科書一類書籍。[①]裘錫圭先生認爲很可能是《鐸氏微》一類的書，唐蘭先生則認爲"它不是《左傳》系統而爲另一本古書"，懷疑是《漢書·藝文志》中的《公孫固》。[②]李學勤先生則認爲："《春秋事語》一書實爲早期《左傳》學的正宗作品。其本於《左傳》而兼及《穀梁》，頗似荀子學風，荀子又久居楚地，與帛書出於長沙相合，其爲荀子一系學者所作是不無可能的。"[③]還有學者認爲帛書《春秋事語》極有可能是古本《國語》的一種選本。[④]也有學者認爲："帛書《春秋事語》很可能既非簡化《左傳》而成的《左傳》系統古書，也非《左傳》成書所參考的底本，而應是一種頗受《左傳》影響的'語'類古佚書。雖然帛書《春秋事語》形式特徵與《國語》接近，但帛書《春秋事語》是《國語》選本的有關推測尚缺乏充分依據。"[⑤]

關於帛書《春秋事語》的性質，目前學界並沒有一致的意見。但是，其價值是不可低估的。就史事而言，《燕大夫章》不見於其他文獻，對於研究燕國歷史是很珍貴的文獻；由於帛書《春秋事語》抄寫時間在秦末漢初，對於古文字及古音韻研究具有重要價值；《魯桓公與文姜會齊侯于樂章》部分文字見於《管子·大匡篇》，有的文字可校正今本《管子》之誤，等等。

著録

1. 馬王堆漢墓帛書整理小組：《馬王堆漢墓出土帛書〈春秋事語〉釋文》，《文物》，1977年第1期。

2. 馬王堆漢墓帛書整理小組編《馬王堆漢墓帛書》（叁），文物出版社，1983年10月第1版。

---

① 張政烺：《〈春秋事語〉解題》，《文物》，1977年第1期，第36—37頁。

② 《座談長沙馬王堆漢墓帛書》，《文物》，1974年第9期，第51頁。

③ 李學勤：《帛書〈春秋事語〉與〈左傳〉的傳流》，《古籍整理研究學刊》，1989年第4期，第6頁。

④ 參見劉偉：《馬王堆帛書〈春秋事語〉性質論略》，《古代文明》，2010年第2期，第56頁。

⑤ 趙争：《馬王堆帛書〈春秋事語〉性質再議——兼與劉偉先生商榷》，《古代文明》，2011年第1期，第56頁。

3. 裘錫圭主編《長沙馬王堆漢墓簡帛集成》(壹)、(叁), 中華書局, 2014年6月第1版。

研究

1.《座談長沙馬王堆漢墓帛書》,《文物》, 1974年第9期。

2. 張政烺:《〈春秋事語〉解題》,《文物》, 1977年第1期。

3. 徐仁甫:《馬王堆漢墓帛書〈春秋事語〉和〈左傳〉的事、語對比研究——談〈左傳〉的成書時代和作者》,《社會科學戰綫》, 1978年第4期。

4. 李學勤:《帛書〈春秋事語〉與〈左傳〉的傳流》,《古籍整理研究學刊》, 1989年第4期。

5. 駢宇騫:《帛書〈春秋事語〉與〈管子〉》,《文獻》, 1992年第2期。

6. 吴榮曾:《讀帛書本〈春秋事語〉》,《文物》, 1998年第2期。

7. 羅新慧:《馬王堆漢墓帛書〈春秋事語〉與〈左傳〉——兼論戰國時期的史學觀念》,《史學史研究》, 2009年第4期。

8. 劉偉:《馬王堆帛書〈春秋事語〉性質論略》,《古代文明》, 2010年第2期。

9. 趙争:《馬王堆帛書〈春秋事語〉性質再議——兼與劉偉先生商榷》,《古代文明》, 2011年第1期。

五　帛書《戰國縱横家書》

帛書《戰國縱横家書》出土於馬王堆三號漢墓。[①] 本帛書寬約二十三釐米，長約一百九十二釐米，共三百二十五行，有三種風格的筆迹，可能不是一人書寫，每行抄寫三四十字不等，帛書基本完整，最後留有空帛。本篇帛書原無篇題，現篇題爲整理者所加。

帛書字體爲古隸，避邦字諱。全書可分爲二十七章，章之間有分章符號●，不提行，其中有十一章見於《史記》《戰國策》，其餘十六章爲佚書。全書大致由三部分組成，第一章至第十四章爲第一部分，其中除了第十三章，内容都與蘇秦有關，其中第五章的内容見於《史記》和《戰國

① 湖南省博物館:《長沙馬王堆漢墓簡帛出土與整理情況回顧》, 裘錫圭主編《長沙馬王堆漢墓簡帛集成》(壹), 第3頁。

策》，第四章中的一部分内容見於《戰國策》；第十五章至第十九章爲第二部分，其中僅第十七章見於《戰國策》；第二十章至第二十七章爲第三部分，其中第二十五章、第二十六章、第二十七章不見於傳世文獻。[①]

帛書刊布後，學界進行較多研究，其中對蘇秦史料的斟酌辨別尤其引人注意。這涉及本篇帛書性質的界定。

著録

1. 馬王堆漢墓帛書整理小組編《馬王堆漢墓帛書》（叁），文物出版社，1983 年 10 月第 1 版。

2. 裘錫圭主編《長沙馬王堆漢墓簡帛集成》（壹）、（叁），中華書局，2014 年 6 月第 1 版。

研究

1. 馬雍：《再論〈戰國縱横家書〉第四篇及其有關的年代問題——答曾鳴同志》，《文物》，1978 年第 12 期。

2. 姚福申：《對劉向編校工作的再認識——〈戰國策〉與〈戰國縱横家書〉比較研究》，《復旦學報》（社會科學版），1987 年第 6 期。

3. 車新亭：《〈戰國縱横家書〉與蘇秦史料辨正》，《北京師範大學學報》，1990 年第 3 期。

4. 趙生群：《〈戰國縱横家書〉所載"蘇秦事迹"不可信》，《浙江師範大學學報》（社會科學版），2007 年第 1 期。

5. 裘錫圭：《〈戰國策〉"觸讋説趙太后"章中的錯字》，《語文學習》，2010 年第 9 期。

六　阜陽漢簡《春秋事語》

阜陽漢簡《春秋事語》，1977 年出土於安徽阜陽雙古堆西漢汝陰侯夏侯竈墓。一同出土的還有《蒼頡篇》《周易》《詩經》《刑德》等文獻。《春秋事語》由兩部分組成，一部分爲章題，寫在木牘上，相當於書籍的目

① 參見裘錫圭主編《長沙馬王堆漢墓簡帛集成》（叁），第 201 頁。

録，另一部分是每一篇章的文本，寫在竹簡上。寫有章題的木牘整理者編號爲二號木牘，“是阜陽西漢汝陰侯墓出土的三件木牘中，比較殘破的一件，經拼接後得知與一號木牘《儒家者言》相似。木牘長二十三釐米，寬五點五釐米，正背兩面各分上、中、下三排，由右至左書寫章題。正面上排僅存章題五行；中排存九行；下排存九行。背面上排和下排漫漶不清，僅各存兩行；中排存七行，另外還有難以拼接的殘片，兩面保存七行，總計存有四十個章題，其中有十四行存字太少，尚未找到出處。另在竹簡裏找到同類性質的竹簡近百條”[①]。抄寫相關内容的竹簡存一百多支殘簡，竹簡殘損嚴重，大多難以綴合，這些章題及内容多數見於《説苑》《新序》《左傳》等典籍。

著録

韓自强：《阜陽漢簡〈周易〉研究》，上海古籍出版社，2004 年 7 月第 1 版。

研究

1. 白於藍：《阜陽漢簡〈春秋事語〉校讀二記》，《華夏考古》，2014 年第 2 期。

2. 韓自强：《二號木牘〈春秋事語〉章題及相關竹簡釋文考證》，《阜陽漢簡〈周易〉研究》，上海古籍出版社，2004 年 7 月第 1 版。

詔令奏議類

一　嶽麓秦簡《秦始皇禁伐湘山樹木詔》

嶽麓秦簡《秦始皇禁伐湘山樹木詔》，是 2007 年 12 月湖南大學嶽麓書院入藏的一批秦簡中的一件詔書，該詔書抄寫在 056—058 號簡上。簡文爲：“●廿六年四月己卯，丞相臣狀、臣綰受制相（湘）山上：‘自吾以天下已并，親撫晦（海）内，南至蒼梧，凌涉洞庭之水，登相（湘）山、屏山，其樹木野美，望駱翠山以南，樹木□見亦美，其皆禁勿伐。’臣狀、臣綰請：‘其禁樹木盡如禁苑樹木，而令蒼梧謹明爲駱翠山以南所封刊。臣

① 韓自强：《阜陽漢簡〈周易〉研究》，第 184 頁。

敢請。’制曰：‘可。’●廿七。”[①]

著録

陳松長主編《嶽麓書院藏秦簡》(伍)，上海辭書出版社，2017年12月第1版。

研究

1. 孫家洲：《史籍失載的秦始皇荆楚故地的一次出巡及其詔書析證——嶽麓書院藏秦簡〈秦始皇禁伐湘山樹木詔〉新解》，《中國史研究》，2021年第4期。

2. 胡平生：《史遷不采〈秦記〉始皇詔書説——也説嶽麓秦簡〈秦始皇禁伐湘山樹木詔〉》，《簡帛》(第二十五輯)，上海古籍出版社，2022年11月第1版。

二　肩水金關漢簡《漢文帝九年詔書》

肩水金關漢簡《漢文帝九年詔書》，1973年在額濟納河流域肩水金關遺址出土，編號爲73EJT37 : 1573，簡文殘存“樂府卿言齋□後殿中□□以不行……迫時入行親以爲□常諸侯王謁拜正月朝賀及上計飭鐘張虡從樂人及興卒制曰可孝文皇帝七年九月乙未下”數字。[②]

該詔書殘損較多，關於詔書内容，學界尚有不同意見，或認爲與朝儀有關，或認爲與樂府之事有關。孝文皇帝是漢文帝的謚號，可見該詔書應是後世所抄寫。

著録

甘肅簡牘博物館等編《肩水金關漢簡》(肆)，中西書局，2015年11月第1版。

研究

1. 裴永亮：《肩水金關漢簡中漢文帝時期樂府詔書考證》，《簡帛研究》(二〇一八春夏卷)，廣西師範大學出版社，2018年6月第1版。

2. 張英梅：《漢文帝七年〈朝儀〉詔書補考——以〈肩水金關漢簡〉(四)所見簡牘爲依據》，《敦煌研究》，2019年第3期。

---

① 陳松長主編《嶽麓書院藏秦簡》(伍)，第57—58頁。

② 甘肅簡牘博物館等編《肩水金關漢簡》(肆)，上册，第244頁。

三 敦煌玉門花海木觚《詔書》

玉門花海木觚《詔書》，1977 年出土於敦煌玉門花海漢代烽燧遺址，編號 1448，該詔書抄寫在一件七面棱形觚上，斷面趨近圓形，長三十七釐米。該木觚上抄寫文字二百一十二個，分爲前後兩部分。其中，前半部爲某詔書的一部分，一百三十三字。①

該詔書是某位皇帝病危臨終給太子的遺詔，向太子提出要"善禺（遇）百姓，賦斂以理，存賢近聖"等希望與要求。有觀點認爲該詔書是漢武帝後元二年（公元前 87 年）二月臨終遺詔之一。②

該詔書抄寫在一號木觚上，該木觚應是習字木觚。

著録

1. 嘉峪關市文物保管所：《玉門花海漢代烽燧遺址出土的簡牘》，甘肅省文物工作隊、甘肅省博物館編《漢簡研究文集》，甘肅人民出版社，1984 年 9 月第 1 版。

2. 李均明、何雙全編《散見簡牘合輯》，文物出版社，1990 年 7 月第 1 版。

3. 甘肅省文物考古研究所編《敦煌漢簡》，中華書局，1991 年 6 月第 1 版。

4. 吴礽驤等釋校《敦煌漢簡釋文》，甘肅人民出版社，1991 年 1 月第 1 版。

5. 中國簡牘集成編輯委員會編《中國簡牘集成·甘肅省卷下》（第四册），敦煌文藝出版社，2001 年 6 月第 1 版。

研究

1. 嘉峪關市文物保管所：《玉門花海漢代烽燧遺址出土的簡牘》，甘肅省文物工作隊、甘肅省博物館編《漢簡研究文集》，甘肅人民出版社，1984 年 9 月第 1 版。

2. 劉釗：《漢簡所見官文書研究》，博士學位論文，吉林大學，2015 年 6 月。

四 居延漢簡《元康五年詔書》

居延漢簡《元康五年詔書》，1930 年西北科學考察團在額濟納河流

---

① 嘉峪關市文物保管所：《玉門花海漢代烽燧遺址出土的簡牘》，甘肅省文物工作隊、甘肅省博物館編《漢簡研究文集》，第 16 頁。

② 嘉峪關市文物保管所：《玉門花海漢代烽燧遺址出土的簡牘》，甘肅省文物工作隊、甘肅省博物館編《漢簡研究文集》，第 18 頁；甘肅省文物考古研究所編《敦煌漢簡》，下册，第 247 頁；吴礽驤等釋校《敦煌漢簡釋文》，第 150 頁。

域A33（地灣）漢代遺址出土，共有八支簡，編號分别是5.10、10.27、10.29、10.30、10.31、10.32、10.33、332.26。①

居延漢簡《元康五年詔書》由日本學者大庭脩復原，排定簡序爲10.27、5.10、332.26、10.33、10.30、10.32、10.29、10.31。該詔書由三部分構成：第一簡至第二簡爲第一部分，是御史大夫丙吉的奏文；第三簡爲第二部分，是皇帝的准奏批復，爲該詔書的制書文本；第四簡至第八簡爲第三部分，是詔書下達時各級所附下行令文。②

該詔書的内容是，元康五年（公元前61年），御史大夫丙吉上書奏請該年五月二日壬子日夏至宜寢兵、抒井、更水火、進鳴雞，皇帝准奏。該詔書又被稱爲元康五年寢兵詔書。

著録

1. 勞榦：《居延漢簡考釋（釋文之部）》，商務印書館，1949年11月初版。

2. 勞榦：《居延漢簡（圖版之部）》，臺北中研院歷史語言研究所，1957年3月初版。

3. 中國社會科學院考古研究所編《居延漢簡（甲乙編）》，中華書局，1980年7月第1版。

4. 中國簡牘集成編輯委員會編《中國簡牘集成·甘肅省 内蒙古自治區卷（居延漢簡）》（第五册），敦煌文藝出版社，2001年6月第1版。

5. 簡牘整理小組編《居延漢簡》（壹），臺北中研院歷史語言研究所，2014年12月初版。

6. 簡牘整理小組編《居延漢簡》（肆），臺北中研院歷史語言研究所，2017年11月初版。

研究

1. 勞榦：《居延漢簡（考釋之部）》，臺北中研院歷史語言研究所，1960年4月初版。

2.〔日〕大庭脩著，姜鎮慶譯《居延出土的詔書册與詔書斷簡》，中國社會科學

---

① 中國社會科學院考古研究所編《居延漢簡（甲乙編）》，下册，第3、7、222頁。

② 參見〔日〕大庭脩著，姜鎮慶譯《居延出土的詔書册與詔書斷簡》，中國社會科學院歷史研究所戰國秦漢史研究室編《簡牘研究譯叢》（第二輯），第2—11頁。

院歷史研究所戰國秦漢史研究室編《簡牘研究譯叢》(第二輯),中國社會科學出版社,1987年5月第1版。

五　海昏侯墓木牘《國除詔書》

海昏侯墓木牘《國除詔書》,出土於海昏侯劉賀墓主椁室西室最西側的漆盒内,共計十枚木牘,較爲完整,完整木牘長約二十三釐米,寬約三釐米,牘背下端有序號,存二、三、六、七、九、十一、十二、十九、廿四,另有一枚木牘背面上端存"侯家"二字。[①]

海昏侯墓木牘《國除詔書》,闡述了海昏侯被除國的原因,對於研究相關歷史具有重要意義。

著録

楊博:《西漢海昏侯劉賀墓出土〈海昏侯國除詔書〉》,《文物》,2021年第12期。

研究

1. 楊博:《西漢海昏侯劉賀墓出土〈海昏侯國除詔書〉》,《文物》,2021年第12期。

2. 張建文、曹驥:《南昌海昏侯劉賀墓出土〈海昏侯國除詔書〉復原研究》,《江漢考古》,2023年第5期。

六　武威磨咀子漢簡《王杖詔書令》册

武威漢簡《王杖詔書令》册,非考古發掘所得,是1981年武威地區新華鄉纏山大隊社員挖土時發現的。經調查,與《王杖十簡》同出土於武威磨咀子漢墓,具體出土情況不明。該册木簡存簡二十六枚,每簡背面有簡序編號,從"第一"至"廿七",第"十五"缺失,可見原簡册應該有二十七支簡。簡長二十三點二至二十三點七釐米,寬零點九至一點一釐米。漢隸書寫,字迹清晰。三道編繩,編繩處有契口。[②]

《王杖詔書令》册由有關尊敬長老、撫恤鰥寡、撫恤孤獨、撫恤殘疾、

① 楊博:《西漢海昏侯劉賀墓出土〈海昏侯國除詔書〉》,《文物》,2021年第12期,第61頁。

② 李均明、何雙全編《散見簡牘合輯》,第15頁。

高年賜杖、處決毆辱受杖者及年七十杖王杖等的五份詔書組成，末簡署“右王杖詔書令”。[①]

《王杖詔書令》册所記内容，對於漢代養老制度及相關問題研究具有重要意義。

著録

李均明、何雙全編《散見簡牘合輯》，文物出版社，1990年7月第1版。

研究

1. 郝樹聲:《武威“王杖”簡新考》,《簡牘學研究》(第四輯)，甘肅人民出版社，2004年12月第1版。

2. 韓高年:《武威“王杖”簡册的文本性質與文體功能》,《西北師大學報》(社會科學版)，2022年第6期。

七　武威漢簡《王杖十簡》

武威漢簡《王杖十簡》，1959年秋[②]出土於甘肅武威磨咀子十八號漢墓棺蓋鳩杖一端。[③]十簡長度皆爲二十三點二至二十三點三釐米，即漢之一尺，爲尺牘。每簡文字分上下兩段，據第四簡測量，全長二十三點二釐米，寬一釐米，簡端至第一段文字末字約十一釐米，簡端至第二段文字首字約十一點五釐米，兩段文字之間相距零點五釐米，第一段之上及第二段之下各空一點五釐米。編繩三道，第一編繩在“制”字下，第二編繩在中間空格處，第三編繩在簡尾。第十簡“王杖”二字上尚殘存細麻繩一小段。各簡容字不等，最多者如第二簡爲三十七字。出土時十簡已散亂，整理者據文義做出編聯，並將十簡分爲四部分:“第一簡爲第二簡至第九簡兩文件之序目，故列于最前。第二簡、第三簡爲第一文件，是建始二年養老受王杖之制書。第四簡至第九簡爲第二文件，包括本二年養老受王杖之制

① 李均明、何雙全編《散見簡牘合輯》，第15—18頁。

② 《武威漢簡》第140頁所述《王杖十簡》出土時間爲1957秋,《甘肅武威磨咀子漢墓發掘》所述出土時間爲1959年9月10日至11月底。1957秋當是1959秋之誤。

③ 參見甘肅省博物館:《甘肅武威磨咀子漢墓發掘》,《考古》，1960年第9期，第22頁；甘肅省博物館、中國科學院考古研究所編著《武威漢簡》，第140頁。

書及河平元年辱老處刑之判決例。第十簡記幼伯受王杖事。此四部分皆有關于王杖授受之律令”，應爲一册，隨葬時應繫在杖端。[①]

武威漢簡《王杖十簡》内容由兩份向高年頒授王杖的詔書及辱老處刑的判決案例構成。

目前學界對武威漢簡《王杖十簡》簡序分歧較大。現按照《武威漢簡》一書所排定的簡號，將學界影響較大的簡序排法分述如下：

《武威漢簡》：一、二、三、四、五、六、七、八、九、十。[②]

中國科學院考古研究所編輯室：二、三、四、五、六、七、八、九、十、一。[③]

陳直：二、三、四、五、六、七、八、九、一、十。[④]

郭沫若：十、一、四、五、六、七、八、九、二、三。[⑤]

武伯綸：二、三、一、四、五、六、七、八、九、十。[⑥]

李均明、何雙全：四、五、六、七、八、九、二、三、十、一。[⑦]

目前學界對《王杖十簡》的文本性質有不同意見。一種意見認爲，《王杖十簡》是頒授王杖詔書與辱老處刑判決例的私人合抄本，不是同册詔書；另一種意見認爲，《王杖十簡》應是一册頒授王杖詔書，由兩份詔書組成，其中的辱老處刑判決例是詔書隨文所舉反面案例。

武威漢簡《王杖十簡》所記向高年頒授王杖詔書，對於漢代養老制度及相關問題研究具有重要意義。

著録

1. 甘肅省博物館：《甘肅武威磨咀子漢墓發掘》，《考古》，1960 年第 9 期。

---

① 甘肅省博物館、中國科學院考古研究所編著《武威漢簡》，第 140—141 頁。

② 甘肅省博物館、中國科學院考古研究所編著《武威漢簡》，第 140 頁。

③ 考古研究所編輯室：《武威磨咀子漢墓出土王杖十簡釋文》，《考古》，1960 年第 9 期，第 29 頁。又，甘肅省博物館《甘肅武威磨咀子漢墓發掘》與《武威磨咀子漢墓出土王杖十簡釋文》簡序相同。

④ 陳直：《甘肅武威磨咀子漢墓出土王杖十簡通考》，《考古》，1961 年第 3 期，第 160—162 頁。

⑤ 郭沫若：《武威“王杖十簡”商兑》，《考古學報》，1965 年第 2 期，第 1—2 頁。

⑥ 武伯綸：《關于馬鐙問題及武威漢代鳩杖詔令木簡》，《考古》，1961 年第 3 期，第 164 頁。

⑦ 李均明、何雙全編《散見簡牘合輯》，第 3—4 頁。

2. 考古研究所編輯室:《武威磨咀子漢墓出土王杖十簡釋文》,《考古》, 1960 年第 9 期。

3. 甘肅省博物館、中國科學院考古研究所編著《武威漢簡》, 文物出版社, 1964 年 9 月第 1 版。

4. 甘肅省博物館、中國科學院考古研究所編著《武威漢簡》, 中華書局, 2005 年 9 月第 1 版。

研究

1. 陳直:《甘肅武威磨咀子漢墓出土王杖十簡通考》,《考古》, 1961 年第 3 期。

2. 武伯綸:《關于馬鐙問題及武威漢代鳩杖詔令木簡》,《考古》, 1961 年第 3 期。

3. 禮堂:《王杖十簡補釋》,《考古》, 1961 年第 5 期。

4. 郭沫若:《武威"王杖十簡"商兑》,《考古學報》, 1965 年第 2 期。

5. 李均明、何雙全編《散見簡牘合輯》, 文物出版社, 1990 年 7 月第 1 版。

6. 郝樹聲:《武威"王杖"簡新考》,《簡牘學研究》(第四輯), 甘肅人民出版社, 2004 年 12 月第 1 版。

7. 白於藍:《〈王杖十簡〉"本二年"、"山東復"考》,《中國文字研究》(第十九輯), 上海書店出版社, 2014 年 2 月第 1 版。

八　武威旱灘坡漢簡《王杖簡册》

武威旱灘坡漢簡《王杖簡册》, 1989 年 8 月出土於武威柏樹鄉下五畦大隊旱灘坡漢墓。該墓出土木簡十六枚, 其中第一號和第十一號簡内容爲高年受王杖詔書。第一號簡, 長二十釐米, 寬一釐米, 下端略殘, 存簡文三十, 内容爲年七十以上優待詔令; 第十一號簡, 長十四釐米, 寬一點一釐米, 下殘, 存簡文十九字, 内容爲毆辱受杖者處刑案例。①

武威旱灘坡漢簡《王杖簡册》, 與上揭《王杖十簡》、《王杖詔書令》册内容相似, 對於漢代養老制度及相關問題研究同樣具有重要意義

著録

鍾長發:《甘肅武威旱灘坡東漢墓》,《文物》, 1993 年第 10 期。

---

① 鍾長發:《甘肅武威旱灘坡東漢墓》,《文物》, 1993 年第 10 期, 第 28—31 頁。

研究

1. 李均明、劉軍:《武威旱灘坡出土漢簡考述——兼論“挈令”》,《文物》, 1993年第10期。

2. 王彬:《王杖詔令與東漢時期的武威社會》,《中國史研究》, 2022年第3期。

3. 韓高年:《武威“王杖”簡册的文本性質與文體功能》,《西北師大學報》(社會科學版), 2022年第6期。

九 肩水金關漢簡《永始三年詔書》

肩水金關漢簡《永始三年詔書》, 1973年在額濟納河流域肩水金關遺址出土, 共十六支簡, 編號爲73EJF1:1、73EJF1:2、73EJF1:3、73EJF1:4、73EJF1:5、73EJF1:6、73EJF1:7、73EJF1:8、73EJF1:9、73EJF1:10、73EJF1:11、73EJF1:12、73EJF1:13、73EJF1:14、73EJF1:15、73EJF1:16。①

該詔書殘損較多, 詔書内容大致是朝廷救災之事。

著録

1. 甘肅省文物工作隊居延簡整理組:《居延簡〈永始三年詔書〉册釋文》,《敦煌學輯刊》, 1984年第2期。

2. 甘肅簡牘博物館等編《肩水金關漢簡》(肆), 中西書局, 2015年11月第1版。

研究

1. 伍德煦:《新發現的一份西漢詔書——〈永始三年詔書簡册〉考釋和有關問題》,《西北師大學報》(社會科學版), 1983年第4期。

2.〔日〕大庭脩著, 姜鎮慶譯《論肩水金關出土的〈永始三年詔書〉簡册》,《敦煌學輯刊》, 1984年第2期。

十 甘谷漢簡《延熹二年詔書》

漢簡《延熹二年詔書》, 1971年出土於甘肅省甘谷縣渭陽鄉十字道大

---

① 甘肅簡牘博物館等編《肩水金關漢簡》(肆), 上册, 第276—277頁。

隊劉家屲東漢墓。簡多殘斷，整理綴合後共二十三枚。完簡僅八枚，簡長二十三釐米，寬二點六釐米。簡爲松木材質，三道編繩，字體爲漢隸，簡背有簡序編號"第一"至"第廿三"。[①]

該詔書由奏書、准奏詔書及行下文構成。第一至第二十一簡，是延熹元年宗正府卿劉柜上優復宗室事的奏書。該奏書體例較爲特殊。延熹元年（158 年）十二月十二日，宗正府卿劉柜向漢桓帝劉志上優復皇族宗室奏書，劉柜在奏書中引蜀郡太守"稙"的"書言"及故宗正卿劉宣上書中所陳述的皇族宗室優復特權被侵犯的具體事例，並指出每個事例依照建武七年（31 年）以來朝廷各種優復宗室詔書，宗室成員應該擁有的具體優復特權。延熹二年，漢桓帝准其所奏，頒詔於天下。第二十二、二十三簡是延熹二年四月十二日、十三日涼州刺史"陟"及漢陽郡太守"濟"，按制逐級下移詔書，並要求下屬各級官吏按照詔書覈實所部宗室皇族優復特權被侵犯的事實，並依照此詔書予以改正。[②]

該詔書對於研究東漢社會現狀、皇族與地方豪紳的利益衝突及詔書體例等問題具有重要意義。

著録

1. 張學正:《甘谷漢簡考釋》，甘肅省文物工作隊、甘肅省博物館編《漢簡研究文集》，甘肅人民出版社，1984 年 9 月第 1 版。

2. 李均明、何雙全編《散見簡牘合輯》，文物出版社，1990 年 7 月第 1 版。

3. 中國簡牘集成編輯委員會編《中國簡牘集成·甘肅省卷下》(第四册)，敦煌文藝出版社，2001 年 6 月第 1 版。

研究

張學正:《甘谷漢簡考釋》，甘肅省文物工作隊、甘肅省博物館編《漢簡研究文集》，甘肅人民出版社，1984 年 9 月第 1 版。

---

① 李均明、何雙全編《散見簡牘合輯》，第 5—8 頁。

② 參見張學正:《甘谷漢簡考釋》，甘肅省文物工作隊、甘肅省博物館編《漢簡研究文集》，第 86 頁。

十一 額濟納漢簡《始建國二年詔書》

額濟納漢簡《始建國二年詔書》，2000年在内蒙古額濟納旗漢代烽燧遺址第九隧F4房址出土，共計十二簡，編號爲2000ES9SF4:1、2000ES9SF4:2、2000ES9SF4:3、2000ES9SF4:4、2000ES9SF4:5、2000ES9SF4:6、2000ES9SF4:7、2000ES9SF4:8、2000ES9SF4:9、2000ES9SF4:10、2000ES9SF4:11、2000ES9SF4:12。①

該詔書内容涉及新莽調整與匈奴關係之事。

著録

魏堅主編《額濟納漢簡》，廣西師範大學出版社，2005年3月第1版。

研究

孫家洲主編《額濟納漢簡釋文校本》，文物出版社，2007年10月第1版。

十二 敦煌漢簡詔書散簡

敦煌漢簡詔書散簡，主要有179、219、220、221、222、481、492、619、782、1108AB、1262、1300、1355、1580、1592、1595、1667、1671、1676、1690、1700、1728、1743、1745、1761+1785、1751、1755AB、1780、1798、1882、1883、1884、1885、2053、2142、2143、2376等號簡，因殘缺嚴重，不單獨著録。

著録

1. 甘肅省文物考古研究所編《敦煌漢簡》，中華書局，1991年6月第1版。

2. 吴礽驤等釋校《敦煌漢簡釋文》，甘肅人民出版社，1991年1月第1版。

3. 中國簡牘集成編輯委員會編《中國簡牘集成·甘肅省卷上》（第三册），敦煌文藝出版社，2001年6月第1版。

① 參見魏堅主編《額濟納漢簡》，第228—238頁；孫家洲主編《額濟納漢簡釋文校本》，第82—85頁。

十三　居延漢簡詔書散簡

居延漢簡詔書散簡，主要有 18.5、27.5、53.1AB、65.18、67.40、76.9、82.3、157.24AB、160.15、174.13、179.9、203.22、206.5、214.33A、231.74、240.2+240.22、254.10、261.15AB、267.19、279.25、311.229、495.9、503.17+503.8、505.3 等號簡，因殘缺嚴重，不單獨著録。

著録

1. 勞榦:《居延漢簡考釋（釋文之部）》，商務印書館，1949 年 11 月初版。

2. 勞榦:《居延漢簡（圖版之部）》，臺北中研院歷史語言研究所，1957 年 3 月初版。

3. 中國社會科學院考古研究所編《居延漢簡（甲乙編）》，中華書局，1980 年 7 月第 1 版。

十四　居延新簡詔書散簡

居延新簡詔書散簡，主要有 EPT5:191、EPT48:56、EPT49:32、EPT50:32、EPT50:48、EPT50:190、EPT51:15、EPT51:389、EPT51:480、EPT52:96、EPT52:104、EPT52:142、EPT52:413、EPT52:490、EPT53:66A、EPT53:70AB、EPT54:5、EPT56:300、EPT58:80、EPT59:115、EPT59:160、EPT59:293、EPT59:536、EPT59:551、EPT65:301、EPF22:63AB、EPF22:64AB、EPF22:65、EPF22:67、EPF22:68、EPF22:69、EPF22:452、EPS4T2:59A、EPS4T2:85 等號簡，因殘缺嚴重，不單獨著録。

著録

1. 甘肅省文物考古研究所、甘肅省博物館、文化部古文獻研究室、中國社會科學院歷史研究所編《居延新簡——甲渠候官與第四燧》，文物出版社，1990 年 7 月第 1 版。

2. 甘肅省文物考古研究所、甘肅省博物館、文化部古文獻研究室、中國社會科學院歷史研究所編《居延新簡——甲渠候官》，中華書局，1994 年 12 月第 1 版。

3. 中國簡牘集成編輯委員會編《中國簡牘集成·甘肅省 内蒙古自治區卷（居延新簡）》（第九至十二册），敦煌文藝出版社，2001 年 6 月第 1 版。

十五　肩水金關漢簡詔書散簡

肩水金關漢簡詔書散簡，主要有73EJT10:114、73EJT22:20、73EJT23:696、73EJT23:725、73EJT23:767、73EJT24:40、73EJT26:1A、73EJT27:55、73EJT29:34、73EJT30:68、73EJT30:163、73EJT30:202、73EJT31:64等號簡，因殘缺嚴重，不單獨著録。

著録

1. 甘肅簡牘保護研究中心等編《肩水金關漢簡》(壹)，中西書局，2011年8月第1版。

2. 甘肅簡牘保護研究中心等編《肩水金關漢簡》(貳)，中西書局，2012年12月第1版。

3. 甘肅簡牘博物館等編《肩水金關漢簡》(叁)，中西書局，2013年12月第1版。

十六　懸泉漢簡詔書散簡

懸泉漢簡詔書散簡，主要有I90DXT0110④:4、I90DXT0116②:4、I91DXT0309③:221、II90DXT0114③:535等號簡，因殘缺嚴重，不單獨著録。

著録

1. 甘肅簡牘博物館等編《懸泉漢簡》(壹)，中西書局，2019年11月第1版。
2. 甘肅簡牘博物館等編《懸泉漢簡》(貳)，中西書局，2020年12月第1版。
3. 甘肅簡牘博物館等編《懸泉漢簡》(叁)，中西書局，2023年5月第1版。

十七　額濟納漢簡詔書散簡

額濟納漢簡詔書散簡，主要有99ES16ST1:14AB、99ES17SH1:15、99ES17SH1:19、2000ES7S:4AB、2000ES9SF4:37等號簡，因殘缺嚴重，不單獨著録。

著録

魏堅主編《額濟納漢簡》，廣西師範大學出版社，2005年3月第1版。

研究

孫家洲主編《額濟納漢簡釋文校本》，文物出版社，2007年10月第1版。

附：敦煌懸泉《四時月令詔條》

敦煌懸泉《四時月令詔條》，1991年在敦煌漢代懸泉置遺址F26號房屋内出土，編號91DXF26:6，墨書在F26號房屋正壁墻皮上，較完整，長二百二十二釐米，寬四十八釐米，用黑寬綫勾出邊框，中間用紅色竪綫分欄，然後書寫文字，共計一百零一行，文字有缺損，完整篇題爲《使者和中所督察詔書四時月令五十條》。[①]

《四時月令詔條》，前面是太皇太后的詔書、詔條，最後是逐級下達詔書的相關記録。《四時月令詔條》是由王莽上奏以太皇太后名義於元始五年（公元5年）五月十四日頒布的詔書、詔條，詔條詳列一年四季每月宜忌。《四時月令詔條》對於研究相關歷史及相關文獻具有重要價值。

《四時月令詔條》不是簡帛文獻，特附録在詔令奏議類之後。

著録

1. 甘肅省文物考古研究所:《甘肅敦煌漢代懸泉置遺址發掘簡報》,《文物》，2000年第5期。

2. 中國文物研究所、甘肅省文物考古研究所編《敦煌懸泉月令詔條》，中華書局，2001年8月第1版。

研究

黄人二:《敦煌懸泉置〈四時月令詔條〉整理與研究》，武漢大學出版社，2010年8月第1版。

---

① 甘肅省文物考古研究所:《甘肅敦煌漢代懸泉置遺址發掘簡報》,《文物》，2000年第5期，第15頁。

傳記類

一　清華楚簡《良臣》

《良臣》是清華大學 2008 年入藏的戰國竹簡中的一篇,《良臣》與另一篇文獻《祝辭》由同一書手抄寫，兩篇文獻編爲一編，共十六支簡，簡長三十二點八釐米。其中,《良臣》有十一支簡，無篇題，現篇題爲整理者所加。簡文通篇連貫書寫，中間用粗黑綫分隔成二十個小段。①

關於本篇簡文的内容與性質，學界有不同看法，或認爲簡文與《墨子・尚賢》相合，寓意相近；或認爲簡文可能與《韓非子》中的《内儲説》和《外儲説》的經文相似，是一篇提綱性的文字，性質上似乎與後代史書的人物列傳，特别是專題性的人物合傳相關；或認爲應是一種彙集賢君名臣的、具有"談話技巧"性質的材料彙編；或認爲衹是用於陪葬，並非實用的史學文獻。

關於本篇簡文作者，整理者根據簡文中有的文字屬於三晉一系文字寫法，認爲作者可能與晉有密切關係。②

著録

李學勤主編《清華大學藏戰國竹簡》(叁)，中西書局，2012 年 12 月第 1 版。

研究

1. 陳偉:《〈清華大學藏戰國竹簡・良臣〉初讀——在〈清華大學藏戰國竹簡(三)〉成果發布會上的講話》，簡帛網，2013 年 1 月 4 日。

2. 韓宇嬌:《清華簡〈良臣〉的性質與時代辨析》,《中國高校社會科學》，2013 年第 6 期。

3. 馬楠:《清華簡〈良臣〉所見三晉〈書〉學》,《中國高校社會科學》，2013 年第 6 期。

---

① 李學勤主編《清華大學藏戰國竹簡》(叁)，第 156 頁。

② 參見李學勤主編《清華大學藏戰國竹簡》(叁)，第 156 頁。

4. 楊蒙生:《清華簡（三）〈良臣〉篇管見》,《深圳大學學報》(人文社會科學版),2014年第2期。

二　銀雀山漢簡《晏子》

1972年4月山東省博物館和臨沂文物組在臨沂銀雀山一號和二號漢墓，發掘出大批竹簡，其中包含多種典籍,《晏子》是其中一篇，同時出土的還有《孫子兵法》《孫臏兵法》《六韜》《尉繚子》等先秦古籍，以及漢武帝時期的《元光元年曆譜》等古佚書。竹簡主要從一號墓出土，二號墓僅出土《元光元年曆譜》一種。銀雀山一號和二號漢墓是漢武帝初年的墓葬，所出竹書字體是早期隸書，估計是文景至武帝初年這段時間抄寫的。一號墓所出竹簡共編七千五百餘號，整簡數量不多，大部分是殘片。竹簡有長短兩種，長簡全長二十七點五釐米左右，寬零點五至零點七釐米，厚零點一至零點二釐米。絶大部分爲長簡，用短簡書寫的似乎衹有關於“天地、八風、五行、客主、五音”的占書一種。短簡已全部殘斷，估計整簡長度爲十八釐米左右，寬度爲零點五釐米左右。長簡大部分有三道編繩，短簡有兩道編繩。竹簡非一時一人所寫，書體行款不盡相同。竹書篇題有的寫在第一簡背面，有的單獨寫在一支簡上，有的寫在篇尾。本篇用長簡抄寫。①

銀雀山漢簡《晏子》共有一百零三個編號，大部分簡較完整，有少部分簡殘損較嚴重，有的僅存幾個字。簡本共存十六章，依次見於今本《内篇諫上》第三章、《内篇諫上》第九章、《内篇諫上》第二十章、《内篇諫上》第二十二章、《内篇諫下》第十八章、《内篇問上》第三章、《内篇問上》第十章、《内篇問上》第十七章、《内篇問上》第十八章、《内篇問上》第二十與二十一章、《内篇問下》第二十二與二十三章、《内篇雜上》第二章、《内篇雜下》第四章、《外篇重而異者第七》第十九章、《外篇不合經術者第八》第一章、《外篇不合經術者第八》第十八章。簡本與今本

① 《銀雀山漢墓竹簡情況簡介》，銀雀山漢墓竹簡整理小組編《銀雀山漢墓竹簡》(壹),第5—6頁。

相校，内容基本相同。簡本的發現對於研究傳世本的成書等問題具有一定的意義。

著録

銀雀山漢墓竹簡整理小組編《銀雀山漢墓竹簡》(壹)，文物出版社，1985 年 9 月第 1 版。

研究

1. 路安:《從臨沂出土漢簡〈晏子〉殘章看〈晏子春秋〉中的批孔材料》,《文物》，1974 年第 6 期。

2. 駢宇騫、吴九龍:《〈晏子春秋〉十八章校議(節選)》,《社會科學戰綫》，1984 年第 1 期。

3. 唐德正:《從銀雀山漢簡看王念孫對〈晏子春秋〉的校勘》,《管子學刊》，2004 年第 4 期。

4. 李天虹:《簡本〈晏子春秋〉與今本文本關係試探》,《中國史研究》，2010 年第 3 期。

5. 車録彬:《漢墓竹簡本〈晏子春秋〉文獻價值初探》,《歷史檔案》，2012 年第 1 期。

地理類

一　放馬灘《地圖》

1986 年甘肅省文物考古研究所對甘肅省天水市北道區黨川鄉放馬灘十四座秦漢墓進行了考古發掘，其中一號秦墓出土竹簡四百六十一支，還出土了七幅木板地圖，這是中國發現的最早的地圖；五號漢墓出土了紙本地圖殘片，這是目前發現的最早的紙質地圖。①

一號秦墓出土木板地圖，出土時有六塊，經修復拼合實爲四塊。這四塊地圖有一塊衹在一面繪圖，其餘三塊均兩面繪圖，實存地圖七幅。七幅

① 參見甘肅省文物考古研究所編《天水放馬灘秦簡》，前言、内容提要。

地圖中，有一幅僅繪有少量綫條，没有文字標識，似未完成。第一塊，松木板，長二十六點七釐米，寬十八點一釐米，厚一點一釐米，表面剖削平整，正、反面均繪有山、水系、溝溪等，正面標注地名十處，反面標注地名七處。第二塊，長二十六點六釐米，寬十五釐米，厚一點一釐米，僅一面繪圖，繪有山、水系、溝溪、關隘等，正面標注地名十處，關口五處，還有六處標注間距里程。第三塊，長二十六點五釐米，寬十八點一釐米，厚二點一釐米，兩面繪圖。正面繪有山、水系、溝溪、關隘、道路、地形等，標注地名十一處，標注木材種類五種。反面是一幅未繪製完成的地圖，僅繪出部分山脈及河流，無文字標注。第四塊，長二十六點八釐米，寬十六點九釐米，厚一釐米，兩面繪圖。正面繪有山脊、水系、溝溪、關隘。標注地名十八處，反面繪有山脊及東部邊界，標注地名九處。①

五號漢墓出土的紙質地圖殘片，長五點六釐米，寬二點六釐米，紙質薄而軟，出土時淺黄色，乾燥後黄色稍褪，紙面平整較光滑，用細墨綫繪製山、河流、道路等地形，繪法與馬王堆帛書地圖接近。經化驗，紙質爲麻類纖維。②

著録

甘肅省文物考古研究所編《天水放馬灘秦簡》，中華書局，2009 年 8 月第 1 版。

研究

1. 甘肅省文物考古研究所、天水市北道區文化館：《甘肅天水放馬灘戰國秦漢墓群的發掘》，《文物》，1989 年第 2 期。

2. 何雙全：《天水放馬灘秦墓出土地圖初探》，《文物》，1989 年第 2 期。

3. 張修桂：《天水〈放馬灘地圖〉的繪製年代》，《復旦學報》（社會科學版），1991 年第 1 期。

4. 朱玲玲：《放馬灘戰國秦圖與先秦時期的地圖學》，《鄭州大學學報》（哲學社會科學版），1992 年第 1 期。

5. 雍際春、党安榮：《天水放馬灘木板地圖版式組合與地圖復原新探》，《中國歷史

---

① 參見甘肅省文物考古研究所編《天水放馬灘秦簡》，第 119—120 頁。

② 參見甘肅省文物考古研究所編《天水放馬灘秦簡》，第 127—128 頁。

地理論叢》，2000年第4期。

6. 雍際春:《天水放馬灘木板地圖研究》，甘肅人民出版社，2002年6月第1版。

7. 王子今、李斯:《放馬灘秦地圖林業交通史料研究》，《中國歷史地理論叢》，2013年第2期。

二 帛書《地形圖》

帛書《地形圖》出土於馬王堆三號漢墓。[①] 該圖出土時已破碎爲三十二片，經拼接成爲一幅長寬均九十六釐米的正方形地圖。原圖無題名，現題名爲整理者所加。[②]

該地形圖是西漢初年長沙國南部的輿圖。地圖比例大致是1∶18萬。此地圖方向爲上南下北，圖中包括水道、地貌、居民點等標注。帛書地圖對於研究漢代地圖測繪技術具有重要意義。

著録

裘錫圭主編《長沙馬王堆漢墓簡帛集成》（貳）、（陸），中華書局，2014年6月第1版。

研究

1. 馬王堆漢墓帛書整理小組:《長沙馬王堆三號漢墓出土地圖的整理》，《文物》，1975年第2期。

2. 譚其驤:《馬王堆漢墓出土地圖所説明的幾個歷史地理問題》，《文物》，1975年第6期。

3. 周世榮:《有關馬王堆古地圖的一些資料和幾方漢印》，《文物》，1976年第1期。

4. 傅舉有:《有關馬王堆古地圖的幾個問題》，《文物》，1982年第2期。

5. 吴承園:《馬王堆帛地圖考》，《地圖》，1990年第1期。

6. 周世榮:《馬王堆古地圖不是秦代江圖》，《地圖》，1993年第3期。

7. 姜生:《論馬王堆出土〈地形圖〉之九嶷山圖及其技術傳承》，《中國歷史地理論

---

① 湖南省博物館:《長沙馬王堆漢墓簡帛出土與整理情況回顧》，裘錫圭主編《長沙馬王堆漢墓簡帛集成》（壹），第3頁。

② 參見裘錫圭主編《長沙馬王堆漢墓簡帛集成》（陸），第109頁。

叢》，2009年第3期。

三　帛書《箭道封域圖》

帛書《箭道封域圖》出土於馬王堆三號漢墓。[①]該圖出土時已破碎爲三十二片，經拼接成爲一幅長九十八釐米、寬七十八釐米的地圖。原圖無題名，整理者命名爲“駐軍圖”，後學界又有防區圖、守備圖、箭道圖等名稱，復旦大學重新整理時稱爲箭道圖。[②]

該地圖是漢代行政區劃圖。地圖左邊及上邊分别標注“東”和“南”兩個方向，説明圖中方位是上南下北，左東右西。圖中標繪了山脈、水系、鄉里、縣廷、駐軍等自然與社會地理要素。該地圖對於研究漢代地圖測繪技術等相關領域問題具有重要意義。

著録

裘錫圭主編《長沙馬王堆漢墓簡帛集成》（貳）、（陸），中華書局，2014年6月第1版。

研究

1. 馬王堆漢墓帛書整理小組：《長沙馬王堆三號漢墓出土地圖的整理》，《文物》，1975年第2期。

2. 馬王堆漢墓帛書整理小組：《馬王堆三號漢墓出土駐軍圖整理簡報》，《文物》，1976年第1期。

3. 譚其驤：《馬王堆漢墓出土地圖所説明的幾個歷史地理問題》，《文物》，1975年第6期。

4. 傅舉有：《關於〈駐軍圖〉繪製的年代問題》，《考古》，1981年第2期。

5. 張修桂：《馬王堆〈駐軍圖〉測繪精度及繪製特點研究》，《地理科學》，1986年第4期。

6. 邢義田：《論馬王堆漢墓“駐軍圖”應正名爲“箭道封域圖”》，《湖南大學學報》

---

① 湖南省博物館：《長沙馬王堆漢墓簡帛出土與整理情況回顧》，裘錫圭主編《長沙馬王堆漢墓簡帛集成》（壹），第3頁。

② 參見裘錫圭主編《長沙馬王堆漢墓簡帛集成》（陸），第115頁。

（社會科學版），2007年第5期。

四　帛書《府宅圖》

帛書《府宅圖》出土於馬王堆三號漢墓。[①]該圖出土時相對完整，後破碎爲若干殘片，顧鐵符先生在殘片中選取三四十片，進行拼合，結果有二十七片能確定在圖中的位置，此復原圖被稱爲二十七片本，此後，湖南省博物館在此基礎上，删除了其中的第四、五片，又加綴了七片，形成了所謂三十二片本，此後復旦大學重新整理，保留了顧鐵符的二十七片和湖南省博物館的七片，陳劍先生又加綴一片，形成了三十五片本。此圖原圖無題名，曾被命名爲"府宅圖"和"小城圖"，復旦大學重新整理時稱爲"府宅圖"。關於此圖的性質，顧鐵符、傅熹年先生認爲可能是墓主的侯城圖。[②]

著録

裘錫圭主編《長沙馬王堆漢墓簡帛集成》（貳）、（陸），中華書局，2014年6月第1版。

研究

傅熹年:《記顧鐵符先生復原的馬王堆三號墓帛書中的小城圖》，《文物》，1996年第6期。

五　帛書《居葬圖》

帛書《居葬圖》出土於馬王堆三號漢墓。[③]該圖與《去穀食氣》《導引圖》同在一幅長帛上，以一塊長木片爲軸捲起存放。此圖位於《導引圖》後，出土時破損十分嚴重，經初步拼接，並從長帛上單獨割出，成爲長寬各爲五十二釐米的一幅圖，圖中所繪是山丘與城郭的平面圖。該圖原無篇

① 湖南省博物館:《長沙馬王堆漢墓簡帛出土與整理情況回顧》，裘錫圭主編《長沙馬王堆漢墓簡帛集成》（壹），第3頁。

② 參見裘錫圭主編《長沙馬王堆漢墓簡帛集成》（陸），第123頁。

③ 湖南省博物館:《長沙馬王堆漢墓簡帛出土與整理情況回顧》，裘錫圭主編《長沙馬王堆漢墓簡帛集成》（壹），第3頁。

題，後被稱爲《城邑圖》《街坊圖》《園廟圖》。復旦大學重新整理時稱爲《居葬圖》。① 關於此圖的性質，目前學界尚有不同意見。

著録

裘錫圭主編《長沙馬王堆漢墓簡帛集成》（貳）、（陸），中華書局，2014 年 6 月第 1 版。

六　帛書《宅位草圖》

帛書《宅位草圖》出土於馬王堆三號漢墓。② 該圖出土時位於《相馬經》與《刑德》乙本之間。原無篇題，後被稱爲《宅位草圖》或《築城圖》。今存二十九張裱爲册頁的殘片。湖南省博物館曾將其中的二十三張拼爲一圖，復旦大學重新整理時没有採納，僅對原二十九張殘片做了編號，有待學界進一步拼接。③

著録

裘錫圭主編《長沙馬王堆漢墓簡帛集成》（貳）、（陸），中華書局，2014 年 6 月第 1 版。

職官類

一　睡虎地秦簡《爲吏之道》

睡虎地秦簡《爲吏之道》，1975 年 12 月出土於雲夢睡虎地十一號秦墓，發現於墓主腹下，共計五十一支竹簡，每簡從上至下分五欄抄寫，欄格綫係用利刃施劃，第四欄、第五欄後面字迹較草部分可能是後補寫上去的。原無篇題，現篇題《爲吏之道》爲整理者取簡首文字所擬加。④

---

① 參見裘錫圭主編《長沙馬王堆漢墓簡帛集成》（陸），第 127—129 頁。

② 湖南省博物館：《長沙馬王堆漢墓簡帛出土與整理情況回顧》，裘錫圭主編《長沙馬王堆漢墓簡帛集成》（壹），第 3 頁。

③ 參見裘錫圭主編《長沙馬王堆漢墓簡帛集成》（陸），第 135 頁。

④ 參見睡虎地秦墓竹簡整理小組編《睡虎地秦墓竹簡》（八開精裝本），出版説明，第 1 頁；釋文，第 167 頁。

秦簡《爲吏之道》大多内容是爲官處世哲學，與後世《官箴》一類著作相類。從文體譜系來看，秦簡《爲吏之道》就是後世《官箴》類著作的源頭。《四庫全書》史部職官類下有官制、官箴二門目，[①] 兹將《爲吏之道》著録在職官類。

另，秦簡《爲吏之道》第一簡至第十五簡第五欄抄寫了八首韻文，整理者稱爲“相”，已著録在本書集部辭賦類；第十六簡至第二十八簡第五欄抄寫兩條魏律，已著録在本書史部政書類。

著録

1. 雲夢秦墓竹簡整理小組：《雲夢秦簡釋文（一）》，《文物》，1976 年第 6 期。

2. 睡虎地秦墓竹簡整理小組編《睡虎地秦墓竹簡》（八開綫裝本），文物出版社，1977 年 9 月第 1 版。

3. 睡虎地秦墓竹簡整理小組編《睡虎地秦墓竹簡》（32 開平裝本），文物出版社，1978 年 11 月第 1 版。

4. 睡虎地秦墓竹簡整理小組編《睡虎地秦墓竹簡》（八開精裝本），文物出版社，1990 年 9 月第 1 版。

研究

1. 陳侃理：《睡虎地秦簡“爲吏之道”應更名“語書”——兼談“語書”名義及秦簡中類似文獻的性質》，《出土文獻》（第六輯），中西書局，2015 年 4 月第 1 版。

2. 朱鳳瀚：《三種“爲吏之道”題材之秦簡部分簡文對讀》，《出土文獻研究》（第十四輯），中西書局，2015 年 12 月第 1 版。

3. 李鋭：《秦簡〈爲吏之道〉的思想主體分析》，《簡帛研究》（二〇一七 春夏卷），廣西師範大學出版社，2017 年 6 月第 1 版。

4. 肖軍偉：《秦簡“爲吏之道”類文獻的性質及其功用》，《簡帛研究》（二〇二一秋冬卷），廣西師範大學出版社，2022 年 1 月第 1 版。

二　嶽麓秦簡《爲吏治官及黔首》

2007 年 12 月湖南大學嶽麓書院入藏了一批秦簡，《爲吏治官及黔

---

① 參見（清）紀昀等《欽定四庫全書總目》，四庫全書整理所整理，第 1065、1067 頁。

首》是其中一篇文獻。[①]《爲吏治官及黔首》，現存竹簡八十餘支[②]，簡長大約三十釐米，三道編繩，大部分簡分三欄或四欄抄寫，還有三枚不分欄抄寫。"爲吏治官及黔首"爲原有篇題，單獨書寫在1531號簡背面上端。[③]

《爲吏治官及黔首》，在内容上與睡虎地秦簡《爲吏之道》可以互校互補，與《爲吏之道》是同一種文獻的不同版本。

著録

1. 朱漢民、陳松長主編《嶽麓書院藏秦簡》(壹)，上海辭書出版社，2010年12月第1版。

2.《嶽麓書院藏秦簡（壹—叁）釋文修訂本》，上海辭書出版社，2018年6月第1版。

研究

1. 史傑鵬:《嶽麓書院藏秦簡〈爲吏治官及黔首〉的幾個訓釋問題》,《簡帛》(第十輯),上海古籍出版社，2015年5月第1版。

2. 陳松長:《嶽麓秦簡〈爲吏治官及黔首〉的編聯釋讀復議》,《簡帛》(第十八輯),上海古籍出版社，2019年5月第1版。

3. 范常喜:《嶽麓秦簡〈爲吏治官及黔首〉札記三則》,《出土文獻與古文字研究》(第九輯),上海古籍出版社，2020年11月第1版。

4. 湯志彪:《嶽麓簡(壹)〈爲吏治官及黔首〉與〈管子·法法〉對讀舉例》,《出土文獻綜合研究集刊》(第十八輯)，巴蜀書社，2023年11月第1版。

三　北大秦簡《從政之經》

北大秦簡《從政之經》是2010年北京大學入藏的秦簡中的一篇。本篇存竹簡四十六枚，除簡册最後七簡不分欄，其餘三十九簡皆分四欄書寫，完整簡長二十七點三至二十七點五釐米，寬零點五至零點六釐米，三

---

① 参見朱漢民、陳松長主編《嶽麓書院藏秦簡》(壹)，前言，第1頁。

② 《嶽麓書院藏秦簡》(壹) 排爲八十七支簡。《嶽麓書院藏秦簡（壹—叁）釋文修訂本》排爲八十八支簡。參見陳松長主編《嶽麓書院藏秦簡（壹—叁）釋文修訂本》，第36頁。

③ 参見朱漢民、陳松長主編《嶽麓書院藏秦簡》(壹)，前言，第2頁；正文，第37頁。

道編繩，簡背有劃痕。本篇文獻未發現篇題，現篇題爲整理者所擬加。[①]

北大秦簡《從政之經》内容及體例與睡虎地秦簡《爲吏之道》頗爲近似，應是同一類文獻的不同版本。

著録

北京大學出土文獻與古代文明研究所編《北京大學藏秦簡牘》(壹)，上海古籍出版社，2023年5月第1版。

研究

1. 朱鳳瀚:《北大藏秦簡〈從政之經〉述要》，《文物》，2012年第6期。

2. 王中宇:《讀北大秦簡〈從政之經〉札記五則》，《棗莊學院學報》，2024年第1期。

四　睡虎地秦簡《語書》

睡虎地秦簡《語書》，1975年12月出土於雲夢睡虎地十一號秦墓，發現於墓主腹下部，在右手的下面，共計十四支竹簡。整理者指出，這十四支簡長度及書寫筆體一致，簡文分爲前後兩段，後段六支簡簡首編痕比前八支簡略低，似乎原來是分開編的，後段有“發書，移書曹”等語，文意與前段呼應，後段可能是前段的附件。篇題《語書》抄寫在末簡背面。[②]

秦簡《語書》刊布後，學界對《語書》竹簡的編排、與其他簡書的分合及文獻性質等問題存有不同意見。筆者認爲，《語書》雖然是按照文書下發程序下發的，但並非一篇文書，而是一篇有自題篇題的著述。睡虎地十一號秦墓全部簡書衹有四部有書名，《語書》是其中之一。

《語書》主要内容是訓教下屬官吏，這種訓誡官吏的體裁實際上一直延續到今天，衹是在不同時代叫法不同而已。《四庫全書》史部職官類下有官制、官箴二門目，在官箴門目中就有這種書，如《四庫全書》史部職官類存目中有《明職》一卷，《明職》爲明朝吕坤所撰，其内容爲申飭

① 北京大學出土文獻與古代文明研究所編《北京大學藏秦簡牘》(壹)，第33頁。

② 參見睡虎地秦墓竹簡整理小組編《睡虎地秦墓竹簡》(八開精裝本)，出版説明，第1頁；釋文，第13頁。

屬吏。[①]秦簡《語書》旨趣與《明職》大略相同，兹將《語書》著録在職官類。

著録

1. 雲夢秦墓竹簡整理小組:《雲夢秦簡釋文（一）》,《文物》，1976年第6期。

2. 睡虎地秦墓竹簡整理小組編《睡虎地秦墓竹簡》（八開綫裝本），文物出版社，1977年9月第1版。

3. 睡虎地秦墓竹簡整理小組編《睡虎地秦墓竹簡》（32開平裝本），文物出版社，1978年11月第1版。

4. 睡虎地秦墓竹簡整理小組編《睡虎地秦墓竹簡》（八開精裝本），文物出版社，1990年9月第1版。

研究

1. 劉海年:《雲夢秦簡〈語書〉探析——秦始皇時期頒行的一個地方性法規》,《學習與探索》，1984年第6期。

2. 王使臻、楊博、屈艷輝:《雲夢睡虎地秦墓"語書"與漢代地方長官"教"令的關係新探》,《陝西理工學院學報》（社會科學版），2014年第4期。

3. 陳侃理:《睡虎地秦簡"爲吏之道"應更名"語書"——兼談"語書"名義及秦簡中類似文獻的性質》,《出土文獻》（第六輯），中西書局，2015年4月第1版。

4. 韓高年:《雲夢睡虎地秦簡〈語書〉文本書寫新探》,《西北師大學》（社會科學版），2023年第5期。

政書類

一　青川郝家坪秦牘《爲田律》

青川郝家坪秦牘《爲田律》，1980年6月在青川縣郝家坪M50戰國秦墓出土。青川郝家坪《爲田律》抄寫在M50:16號木牘上，木牘長四十六釐米，寬二點五釐米，厚零點四釐米。木牘正反兩面皆有墨書文字，正面

① （清）紀昀等《欽定四庫全書總目》，四庫全書整理所整理，第1075頁。

保存較好，文字從上向下書寫，從右至左共有三列，總計一百二十一字。木牘背面文字與正面有關，但殘缺嚴重，多不可識。①

木牘内容是秦武王二年（公元前309年）十一月一日命丞相、内史修改《爲田律》，木牘記載了修改後的《爲田律》律文。“爲田”就是治田之意。秦牘《爲田律》的出土，對於研究秦國法律具有重要意義。

著録

1. 四川省博物館、青川縣文化館:《青川縣出土秦更修田律木牘——四川青川縣戰國墓發掘簡報》,《文物》，1982年第1期。

2. 四川省文物考古研究院、青川縣文物管理所:《四川青川縣郝家坪戰國墓群M50發掘簡報》,《四川文物》，2014年第3期。

3. 陳偉、高大倫:《郝家坪秦墓木牘》，陳偉主編《秦簡牘合集》(貳)，武漢大學出版社，2014年12月第1版。

研究

青川縣文物管理所編《青川郝家坪戰國墓木牘的發現與研究》，巴蜀書社，2018年11月第1版。

二　睡虎地秦簡《秦律十八種》

睡虎地秦簡《秦律十八種》，1975年12月出土於雲夢睡虎地十一號秦墓，發現於墓主軀體右側，共計二百零一支竹簡，原簡已散亂，每條律文的末尾都記有律名或律名的簡稱。原無篇題，現篇題《秦律十八種》爲整理者所擬加。②

睡虎地秦簡《秦律十八種》包含的十八種律分别是：田律、厩苑律、倉律、金布律、關市、工律、工人程、均工、徭律、司空、軍爵律、置吏

① 四川省文物考古研究院、青川縣文物管理所:《四川青川縣郝家坪戰國墓群M50發掘簡報》,《四川文物》，2014年第3期，第13—19頁；陳偉主編《秦簡牘合集》(貳)，第187—209頁。

② 參見睡虎地秦墓竹簡整理小組編《睡虎地秦墓竹簡》(八開精裝本)，出版説明，第1頁；釋文，第19頁。

律、效、傳食律、行書、内史雜、尉雜、屬邦。[①]

《秦律十八種》内容相當廣泛。《田律》《厩苑律》是關於農田水利、山林保護、牛馬飼養方面的法律;《倉律》《金布律》對國家糧食的貯存保管和發放、貨幣流通、市場交易等作了規定;《徭律》《司空律》是關於徭役征發、工程興建、刑徒監管的法律;《工律》《工人程》《均工》三種關於手工業管理的法律，對新工訓練、勞動力折算、器物生産的標准化等方面有詳盡的規定;《置吏律》《軍爵律》《效》《内史雜》等是關於官吏任免、軍爵賞賜及官吏職務方面的法律。《秦律十八種》雖然不是秦律的全部，但是對於研究秦代政治法律、經濟制度等方面具有重要價值。[②]

著録

1. 雲夢秦墓竹簡整理小組:《雲夢秦簡釋文(二)》,《文物》，1976年第7期。

2. 睡虎地秦墓竹簡整理小組編《睡虎地秦墓竹簡》(八開綫裝本)，文物出版社，1977年9月第1版。

3. 睡虎地秦墓竹簡整理小組編《睡虎地秦墓竹簡》(32開平裝本)，文物出版社，1978年11月第1版。

4. 睡虎地秦墓竹簡整理小組編《睡虎地秦墓竹簡》(八開精裝本)，文物出版社，1990年9月第1版。

研究

1. 王偉:《〈秦律十八種·徭律〉應析出一條〈興律〉説》,《文物》，2005年第10期。

2. 陳偉:《雲夢睡虎地秦簡〈秦律十八種〉校讀》,《簡帛》(第八輯)，上海古籍出版社，2013年10月第1版。

三　睡虎地秦簡《效律》

睡虎地秦簡《效律》，1975年12月出土於雲夢睡虎地十一號秦墓，發現於墓主腹下，共計六十支竹簡，是一篇首尾完整的律文，篇題《效》書

---

① 參見睡虎地秦墓竹簡整理小組編《睡虎地秦墓竹簡》(八開精裝本)，第19—65頁。

② 參見睡虎地秦墓竹簡整理小組編《睡虎地秦墓竹簡》(八開精裝本)，第19—65頁。

寫在第一簡背面。[①]

睡虎地秦簡《效律》，詳細規定了覈驗縣及都官物資賬目的一系列制度。對於在軍事上有重要意義的物品，如兵器、鎧甲及皮革等，規定尤爲詳盡。特别是對於度量衡器，律文明確規定了誤差的限度，這是秦代統一度量衡在法律上的體現。總之，《效律》對於研究秦代政治法律等方面具有重要價值。[②]

著録

1. 雲夢秦墓竹簡整理小組:《雲夢秦簡釋文（二）》,《文物》，1976 年第 7 期。

2. 睡虎地秦墓竹簡整理小組編《睡虎地秦墓竹簡》（八開綫裝本），文物出版社，1977 年 9 月第 1 版。

3. 睡虎地秦墓竹簡整理小組編《睡虎地秦墓竹簡》（32 開平裝本），文物出版社，1978 年 11 月第 1 版。

4. 睡虎地秦墓竹簡整理小組編《睡虎地秦墓竹簡》（八開精裝本），文物出版社，1990 年 9 月第 1 版。

研究

1. 彭浩:《秦簡〈效律〉“飲水”釋義》,《文物》，2001 年第 12 期。

2. 朱紅林:《睡虎地秦簡和張家山漢簡〈效律〉研究——簡牘所見戰國秦漢時期的經濟法規研究之二》,《社會科學戰綫》，2014 年第 3 期。

四　睡虎地秦簡《秦律雜抄》

睡虎地秦簡《秦律雜抄》，1975 年 12 月出土於雲夢睡虎地十一號秦墓，發現於墓主腹下，共計四十二支竹簡，簡文各條有的有律名，有的没有律名，内容也比較龐雜。大致是根據需要從秦律中摘録的一部分律文，有的律條可能做了簡括和删節，因而較難理解。原無篇題，現篇題《秦律

① 參見睡虎地秦墓竹簡整理小組編《睡虎地秦墓竹簡》（八開精裝本），出版説明，第 1 頁；釋文，第 69 頁。

② 參見睡虎地秦墓竹簡整理小組編《睡虎地秦墓竹簡》（八開精裝本），第 69—76 頁。

雜抄》爲整理者所擬加。[①]

睡虎地秦簡《秦律雜抄》，摘録的範圍相當廣泛，所存律名有《除吏律》《游士律》《除弟子律》《中勞律》《藏律》《公車司馬獵律》《牛羊課》《傅律》《敦表律》《捕盜律》《戍律》等十一種。值得注意的是，除了《除吏律》與《秦律十八種》的《置吏律》名稱相似外，與《秦律十八種》並無重複。這表明秦律的種類非常繁多。《秦律雜抄》中許多律文與軍事有關，其中關於軍官任免、軍隊訓練、戰場紀律、戰勤供應、戰後賞罰獎懲的法律條文，是研究秦兵制的重要材料。[②]

著録

1. 雲夢秦墓竹簡整理小組:《雲夢秦簡釋文（二）》,《文物》，1976 年第 7 期。

2. 睡虎地秦墓竹簡整理小組編《睡虎地秦墓竹簡》（八開綫裝本），文物出版社，1977 年 9 月第 1 版。

3. 睡虎地秦墓竹簡整理小組編《睡虎地秦墓竹簡》（32 開平裝本），文物出版社，1978 年 11 月第 1 版。

4. 睡虎地秦墓竹簡整理小組編《睡虎地秦墓竹簡》（八開精裝本），文物出版社，1990 年 9 月第 1 版。

研究

1. 周群、陳長琦:《秦簡〈秦律雜抄〉譯文商榷》,《史學月刊》，2007 年第 1 期。

2. 李力:《〈秦律雜抄〉“冗募歸”條律文再研讀》,《出土文獻研究》（第十九輯），中西書局，2020 年 12 月第 1 版。

五　睡虎地秦簡魏《户律》《奔命律》

睡虎地秦簡魏《户律》《奔命律》，1975 年 12 月出土於雲夢睡虎地十一號秦墓，發現於墓主腹下。《户律》《奔命律》兩條魏律首尾完具，抄寫在《爲吏之道》第十六簡至第二十八簡的第五欄。其中，第十六簡至第

① 參見睡虎地秦墓竹簡整理小組編《睡虎地秦墓竹簡》（八開精裝本），出版説明，第 1 頁；釋文，第 79 頁。

② 參見睡虎地秦墓竹簡整理小組編《睡虎地秦墓竹簡》（八開精裝本），第 79—90 頁。

二十一簡的第五欄抄寫的是《户律》，律名抄寫在篇末；第二十二簡至第二十八簡的第五欄抄寫的是《奔命律》，律名單獨抄寫在第二十八簡的第五欄。[①]

睡虎地秦簡魏律的發現，對於研究魏國法律具有重要學術價值。

著録

1. 雲夢秦墓竹簡整理小組:《雲夢秦簡釋文（一）》,《文物》，1976 年第 6 期。

2. 睡虎地秦墓竹簡整理小組編《睡虎地秦墓竹簡》（八開綫裝本），文物出版社，1977 年 9 月第 1 版。

3. 睡虎地秦墓竹簡整理小組編《睡虎地秦墓竹簡》（32 開平裝本），文物出版社，1978 年 11 月第 1 版。

4. 睡虎地秦墓竹簡整理小組編《睡虎地秦墓竹簡》（八開精裝本），文物出版社，1990 年 9 月第 1 版。

研究

1. 曹旅寧:《睡虎地秦簡所載魏律論考》,《廣東教育學院學報》，2001 年第 3 期。

2. 張繼海:《睡虎地秦簡魏户律的再研究》,《中國史研究》，2005 年第 2 期。

六　嶽麓秦簡《秦律令（壹）》

2007 年 12 月湖南大學嶽麓書院入藏了一批秦簡，2015 年出版的《嶽麓書院藏秦簡》（肆）公布的竹簡主要是秦的法律條文，既有秦律，也有秦令，還有具體事項類的決事比。拼合後總計三百九十一支簡，整理者將這批簡命名爲《秦律令（壹）》，並根據竹簡的長度、編繩、簡背劃痕、反印文、字體特徵、簡文内容等信息將之分爲三大組。[②]

第一組有一百零八個竹簡編號，拼合後爲一百零五支簡，其中空白簡三支，文字殘泐完全不可識讀的簡一支。簡長二十九至三十釐米，三道編繩，簡背大多有劃痕及反印文，據此基本上可以復原各簡編聯位置。其中

① 參見睡虎地秦墓竹簡整理小組編《睡虎地秦墓竹簡》（八開精裝本），出版説明，第 1 頁；釋文，第 167 頁、第 174—175 頁。

② 參見陳松長主編《嶽麓書院藏秦簡》（肆），前言，第 1 頁。

1991號簡背面有“亡律”二字，應是這一册書的書名。漢初《二年律令》中有《亡律》，但睡虎地秦簡中没有，嶽麓秦簡《亡律》的發現爲學界對比研究秦漢《亡律》提供了實貴資料。[①]

第二組共有一百七十八支簡，其中空白簡一支，簡長二十七點五釐米，兩道編繩，無篇題，簡背有劃痕的不多，但大多有反印文，整理者根據反印文、簡文内容、揭取位置、劃痕等信息基本上復原了各簡在簡册中的位置。本組簡的内容均爲秦律，按照簡册編聯順序，從外到内簡文内容是《田律》《金布律》《尉卒律》《繇（徭）律》《傅律》《倉律》《司空律》《内史襍律》《奔敬（警）律》《戍律》《行書律》《置吏律》《賊律》《具律》《獄校律》《興律》《襍律》《關市律》《索（索）律》等十九種律文。[②]

第三組共有一百零八支簡，其中空白簡一支，不可讀的殘簡一支，簡長二十七點五釐米，兩道編繩，無篇題，簡背大多有劃痕。這組簡多次出現以天干編序的“内史郡二千石官共令”的令名簡。本組簡的内容大多與“内史”有關。[③]

嶽麓秦簡《秦律令（壹）》的三組簡册，是嶽麓秦簡《秦律令》的第一部分，對於秦代法律制度研究具有重大價值。

著録

陳松長主編《嶽麓書院藏秦簡》（肆），上海辭書出版社，2015年12月第1版。

研究

1. 日本“秦代出土文字史料研究班”撰，張奇瑋譯《嶽麓書院所藏簡〈秦律令（壹）〉譯注一（上）》，《簡牘學研究》（第九輯），甘肅人民出版社，2020年7月第1版。

2. 日本“秦代出土文字史料研究班”撰，張奇瑋譯《嶽麓書院所藏簡〈秦律令（壹）〉譯注一（下）》，《簡牘學研究》（第十輯），甘肅人民出版社，2020年12月第1版。

3. 日本“秦代出土文字史料研究班”撰，尚宇昌譯《嶽麓書院所藏簡〈秦律令

---

① 參見陳松長主編《嶽麓書院藏秦簡》（肆），前言，第1—2頁；正文，第3—7頁。
② 參見陳松長主編《嶽麓書院藏秦簡》（肆），前言，第2頁；正文，第9—16頁。
③ 參見陳松長主編《嶽麓書院藏秦簡》（肆），前言，第3頁；正文，第19—23頁。

（壹）〉譯注二（上）》，《簡牘學研究》（第十一輯），甘肅人民出版社，2021年12月第1版。

4.〔日〕栖身智志著，尹嘉越譯《關干秦漢律條文形成過程的考察——以嶽麓書院藏秦簡〈秦律令（壹）〉“尉卒律”爲綫索》，《法律史譯評》（第十卷），中西書局，2022年11月第1版。

七　嶽麓秦簡《秦律令（貳）》

2007年12月湖南大學嶽麓書院入藏了一批秦簡，2017年出版的《嶽麓書院藏秦簡》（伍）公布的竹簡是秦的法律條文，以秦令爲主，間有秦律内容。拼合後總計三百三十七支簡，整理者將這批簡命名爲《秦律令（貳）》，並根據竹簡的形制及簡文内容等信息將之分爲三組。[①]

第一組共有竹簡九十九支，簡長二十七點五釐米，兩道編繩，書寫工整，抄寫的共同特點是令文結束後均無令名，不過，簡文中反復出現的“犯令”“前令”“令到”“毋用此令”等文字説明本卷書主要内容就是秦令。内容涉及“妻子更嫁後財産處置的規定，六國反秦貴族及其妻子、同産、舍人的處罰規定，山林禁砍的規定，新地吏及其舍人收受錢財酒肉的處罰規定等”[②]，都是此前未見的秦令内容。

第二組共有竹簡一百五十一支，簡長二十七點五釐米，兩道編繩，書寫工整。本組簡文特點是在簡文結尾多署有令名，大致包括卒令、廷卒令、廷令、治獄受財枉事令等四部分，内容包括行書、治獄、徭役等方面的法律規定。[③]

第三組共有竹簡八十七支，簡長二十七點五釐米，兩道編繩，書寫工整。這組簡抄寫形式多樣，有在簡尾標明令名的，如“内史倉曹令”“内史旁金布令”“遷吏令”等；又有以“令曰”起首的；還有以“諸”字起首的。本組簡文中的“内史倉曹令”“内史旁金布令”等均爲首次發現。有的令文還記録了請令的過程，爲學界研究秦代令文形成過程提供了新材

① 參見陳松長主編《嶽麓書院藏秦簡》（伍），前言，第1頁。

② 參見陳松長主編《嶽麓書院藏秦簡》（伍），前言，第1頁；正文，第3—7頁。

③ 參見陳松長主編《嶽麓書院藏秦簡》（伍），前言，第1頁；正文，第9—16頁。

料。簡文内容還包括“官府每日均要記録刑徒、居貲贖者的勞作情況，隸妾和女子居貲贖債者不能在官府充當雜役，徭使官吏的馬匹車輛配備標準，對官吏徭使失期的處罰，封診程序的規定，衝道使用的規範，黔首徒隸更名的規定等”①。這些都是秦代法律及歷史研究的重要資料。

嶽麓秦簡《秦律令（貳）》的三組簡册，是嶽麓秦簡《秦律令》的第二部分，對於秦代法律制度研究具有重大價值。

著録

陳松長主編《嶽麓書院藏秦簡》（伍），上海辭書出版社，2017年12月第1版。

八　嶽麓秦簡《秦律令（叁）》

2007年12月湖南大學嶽麓書院入藏了一批秦簡，2020年出版的《嶽麓書院藏秦簡》（陸）公布的竹簡是秦的法律條文，以秦令爲主，間有秦律内容。總計三百三十一個竹簡編號，拼合後共二百七十四支簡，整理者將這批簡命名爲《秦律令（叁）》，並根據竹簡的形制及簡文内容等信息將之分爲五組。②

第一組簡有一百三十個編號，比較完整的八十九支，簡長約二十七點五釐米，兩道編繩，書寫工整。大致可分爲“廷戊”“令丁等令”兩部分。“廷戊”部分有九十九個簡號，比較完整的六十三支。大多數令文末尾有數字編號而不署令名。“令丁等令”部分有三十一個簡號，比較完整的二十六支。這部分簡也没有令名信息。③

第二組簡有七十五個編號，完整的七十支，簡長約三十釐米，兩道編繩。書寫字體不一，應是出自不同抄手。存有“祠令”“卜祝酎及它祠令”“安臺居室居室共令”“四謁者令”“食官共令”“四司空卒令”“四司空共令”等，雖然缺簡較多，内容不完整，但還是有很多前所未見的内容，爲秦代法律研究提供了新材料。④

---

① 參見陳松長主編《嶽麓書院藏秦簡》（伍），前言，第2頁；正文，第19—24頁。

② 參見陳松長主編《嶽麓書院藏秦簡》（陸），前言，第1頁。

③ 參見陳松長主編《嶽麓書院藏秦簡》（陸），前言，第1頁；正文，第3—8頁。

④ 參見陳松長主編《嶽麓書院藏秦簡》（陸），前言，第1—2頁；正文，第11—14頁。

第三組簡有五十七個編號，完整的五十四支，簡長約三十釐米，兩道編繩，多數簡有契口，還有一些簡背面有劃痕。本組簡有一部分是“受財枉法”令的内容，可與嶽麓秦簡《秦律令（貳）》第二組相關簡文對讀。除此之外，還有關於工匠管理、官舍建築、毆詈父母該如何處罰等方面的令文，其中也有一些與嶽麓秦簡《秦律令（貳）》第二組相同或相近，可以對讀。[①]

第四組簡有五十三個編號，完整的四十八支，其中空白簡一支，簡長二十七點二釐米左右，兩道編繩。本組簡除了一支“具律”簡，其餘都是令文簡。内容有“卒令”、“縣官田令”、“廷”令。其中有一條“廷”令署名“廷丙廿七”，另一條署名“廷戊十二”，“廷”應是“廷令”的簡稱。本組的“卒令”可與嶽麓秦簡《秦律令（貳）》第二組中的“卒令”對讀。本組中的六條“縣官田令”，是秦代官田管理的新材料，極爲珍貴。[②]

第五組簡有十六個編號，拼合爲十三支，簡長二十二點五釐米左右，寬約一釐米，兩道編繩。這組是律令混編的小簡册，内容有“雜律”“賊律”“廷内史郡二千石官共令”等，其中“雜律”爲自題律名，且在簡背有“律”字，應是篇名，令文則自題爲“令癸”，簡背有“令癸丁”，或爲篇名。[③]

嶽麓秦簡《秦律令（叁）》的五組簡册，是嶽麓秦簡《秦律令》的第三部分，對於秦代法律制度研究具有重大價值。

著録

陳松長主編《嶽麓書院藏秦簡》（陸），上海辭書出版社，2020 年 3 月第 1 版。

九　嶽麓秦簡《秦律令（肆）》

2007 年 12 月湖南大學嶽麓書院入藏了一批秦簡，2022 年出版的《嶽

① 參見陳松長主編《嶽麓書院藏秦簡》（陸），前言，第 2 頁；正文，第 17—20 頁。
② 參見陳松長主編《嶽麓書院藏秦簡》（陸），前言，第 2 頁；正文，第 23—25 頁。
③ 參見陳松長主編《嶽麓書院藏秦簡》（陸），前言，第 2 頁；正文，第 27 頁。

麓書院藏秦簡》(柒)公布的是《嶽麓書院藏秦簡》前六卷剩餘的全部簡牘，整理者將其分爲四組。第一、二組是剩餘簡牘中形制基本相同、内容基本可讀而又相對成組的簡；第三組是剩餘簡牘中能够與前六卷簡牘進行綴合或編聯的整簡及殘簡；第四組是所有不能綴合的竹簡殘片及碎片。第一、二組簡的内容大多是秦令，間有秦律，因此，整理者將這兩組簡命名爲《秦律令(肆)》。①

第一組共有一百五十六個簡號，完整簡長二十九點五釐米左右，兩道編繩，内容都是秦令。存有“郡卒令甲”“郡卒令乙”“郡卒令丙”“郡卒令丁”“郡卒令戊”“郡卒令庚”“郡卒令壬”“尉郡卒令甲”“尉郡卒令乙”“尉郡卒令丙”“尉郡卒令丁”“尉郡卒令戊”“辤式令”等令名。令名均抄寫在單獨一支簡上，簡首有方墨塊，令文結尾處一般標有數字序號。②

第二組簡一百三十二個簡號，完整簡長二十三釐米，兩道編繩，多數是殘碎簡，大多簡文不連貫，内容都是秦令。簡文較連貫的簡内容涉及“徒隸逃亡上報所在縣官的具體規定、麗邑所需材竹運輸管理的規定、關於上書保密制度的規定，還有傳送囚徒時各地設施及鑰匙管理的規定等”。本組簡文大多不見於現有文獻，爲秦代史研究提供了新材料，對秦代社會制度研究具有重要價值。③

著録

陳松長主編《嶽麓書院藏秦簡》(柒)，上海辭書出版社，2022年1月第1版。

十　龍崗秦簡秦律散簡

龍崗秦簡秦律散簡，1989年冬出土於湖北省雲夢縣龍崗秦漢墓地六號秦墓。竹簡出於棺内下半部，保存狀況較差，共有二百九十三個出土編號和十個殘片號，簡長二十八釐米，寬零點五至零點七釐米，厚零點一釐

① 參見陳松長主編《嶽麓書院藏秦簡》(柒)，前言，第1頁。
② 參見陳松長主編《嶽麓書院藏秦簡》(柒)，前言，第1頁；正文，第3—9頁。
③ 參見陳松長主編《嶽麓書院藏秦簡》(柒)，前言，第1頁；正文，第11—17頁。

米，三道編繩，上下編繩距簡首簡尾均約一釐米，簡背未見竹簡序號。竹簡文字爲秦隸，書寫整飭，書風統一，當是出自一人之手。①

龍崗秦簡内容爲秦代法律文獻，前後經過兩次整理，但竹簡殘損較爲嚴重，没有發現一個篇題和律名。原整理者整理時將竹簡分爲五類，並擬定了《禁苑》《馳道》《馬牛羊》《田羸》《其它》五個篇題，但再整理時整理者没有採納，並認爲無法準確擬定篇題及律名，祇能確認這批竹簡是以禁苑事務爲中心的相關法律。②

龍崗秦簡秦律散簡，是繼睡虎地秦簡、青川郝家坪秦牘出土之後，秦代法律文獻的又一次重大發現，對於秦代法律研究具有重要價值。

著録

1. 劉信芳、梁柱等:《雲夢龍崗 6 號秦墓及出土簡牘》,《考古學集刊》(第八集),科學出版社，1994 年 12 月第 1 版。

2. 劉信芳、梁柱編著《雲夢龍崗秦簡》，科學出版社，1997 年 7 月第 1 版。

3. 中國文物研究所、湖北省文物考古研究所編《龍崗秦簡》，中華書局，2001 年 8 月第 1 版。

研究

1. 劉信芳、梁柱:《雲夢龍崗秦簡綜述》,《江漢考古》，1990 年第 3 期。

2. 趙平安:《雲夢龍崗秦簡釋文注釋訂補》,《江漢考古》，1999 年第 3 期。

3. 胡平生:《雲夢龍崗秦簡考釋校證》,《簡牘學研究》(第一輯)，甘肅人民出版社，1997 年 10 月第 1 版。

十一　睡虎地秦簡《法律答問》

睡虎地秦簡《法律答問》，1975 年 12 月出土於雲夢睡虎地十一號秦墓，發現於墓主頸右，共計二百一十支竹簡，内容共一百八十七條，原無

① 中國文物研究所、湖北省文物考古研究所編《龍崗秦簡》，第 1、4 頁。

② 中國文物研究所、湖北省文物考古研究所編《龍崗秦簡》，第 4—7 頁。另，原整理情况參見劉信芳、梁柱編著《雲夢龍崗秦簡》，再整理情况參見中國文物研究所、湖北省文物考古研究所編《龍崗秦簡》。

篇題，現篇題《法律答問》爲整理者所擬加。[①]

睡虎地秦簡《法律答問》多採用問答形式，對秦律某些條文、術語及律文的意圖作出明確解釋。從《法律答問》的内容範圍來看，其所解釋的是秦法律中的主體部分，即刑法。據《晉書·刑法志》和《唐律疏議》等書，商鞅制定的秦法係以李悝《法經》爲藍本，分爲《盜》《賊》《囚》《捕》《雜》《具》六篇。《法律答問》所解釋的範圍與這六篇大體相符。[②]竹簡出土時已散亂，整理者按照這六篇次序加以排列。本篇對於研究秦代法律制度及社會政治經濟狀況，具有非常重要的史料價值。

著録

1. 雲夢秦墓竹簡整理小組:《雲夢秦簡釋文（三）》,《文物》，1976年第8期。

2. 睡虎地秦墓竹簡整理小組編《睡虎地秦墓竹簡》（八開綫裝本），文物出版社，1977年9月第1版。

3. 睡虎地秦墓竹簡整理小組編《睡虎地秦墓竹簡》（32開平裝本），文物出版社，1978年11月第1版。

4. 睡虎地秦墓竹簡整理小組編《睡虎地秦墓竹簡》（八開精裝本），文物出版社，1990年9月第1版。

研究

1. 張伯元:《〈秦簡·法律答問〉與秦代法律解釋》,《華東政法學院學報》，1999年第3期。

2. 曹旅寧:《睡虎地秦簡〈法律答問〉性質探測》,《西安財經學院學報》，2013年第1期。

3. 鄧佩玲:《睡虎地秦簡〈法律答問〉所見之死刑——有關"戮"與"定殺"的討論》,《簡帛》（第十五輯），上海古籍出版社，2017年11月第1版。

---

① 參見睡虎地秦墓竹簡整理小組編《睡虎地秦墓竹簡》（八開精裝本），出版説明，第1頁；釋文，第93頁。

② 參見睡虎地秦墓竹簡整理小組編《睡虎地秦墓竹簡》（八開精裝本），第93—144頁。

十二　張家山漢簡《二年律令》

張家山漢簡《二年律令》，1983年底出土於張家山二四七號漢墓，共有竹簡五百二十六枚，簡長二十一釐米，《二年律令》是原有篇題，書寫在第一簡背面。①

張家山漢簡《二年律令》，含有二十七種律和一種令，律、令之名均與律、令正文分開另簡抄寫。二十七種律分別是：賊律、盜律、具律、告律、捕律、亡律、收律、襍律、錢律、置吏律、均輸律、傳食律、田律、□市律、行書律、復律、賜律、户律、效律、傅律、置後律、爵律、興律、徭律、金布律、秩律、史律。一種令爲津關令。②

“簡文中有優待吕宣王及其親屬的法律條文，吕宣王是吕后於吕后元年（公元前187年）贈予其父的謚號；與《二年律令》共存的曆譜所記最後的年號是吕后二年（公元前186年），故推斷《二年律令》是吕后二年施行的法律。簡文包含了漢律的主要部分，涉及西漢社會、政治、軍事、經濟、地理等方面，是極爲重要的歷史文獻。”③

著録

1. 張家山二四七號漢墓竹簡整理小組編《張家山漢墓竹簡〔二四七號墓〕》，文物出版社，2001年11月第1版，

2. 張家山二四七號漢墓竹簡整理小組編《張家山漢墓竹簡〔二四七號墓〕》（釋文修訂本），文物出版社，2006年5月第1版。

研究

1. 李均明：《〈二年律令·具律〉中應分出〈囚律〉條款》，《鄭州大學學報》（哲學社會科學版），2002年第3期。

2. 彭浩：《談〈二年律令〉中幾種律的分類與編連》，《出土文獻研究》（第六輯），上海古籍出版社，2004年12月第1版。

---

① 張家山二四七號漢墓竹簡整理小組編《張家山漢墓竹簡〔二四七號墓〕》，前言，第1頁；正文，第133頁。

② 張家山二四七號漢墓竹簡整理小組編《張家山漢墓竹簡〔二四七號墓〕》，第133—210頁。

③ 張家山二四七號漢墓竹簡整理小組編《張家山漢墓竹簡〔二四七號墓〕》，第133頁。

十三　張家山漢簡《漢律十六章》

湖北江陵張家山三三六號西漢墓發掘于1985年，出土竹簡八百二十七枚，包含多種文獻，《漢律十六章》是其中一種。本篇共有三百七十五支竹簡，完簡長二十九點九釐米，寬零點五釐米，厚零點一釐米，三道編繩。未見篇題，現篇題《漢律十六章》爲整理者所擬加。[①]

本篇漢律現存十五個律名，分别是盜律、告律、具律、囚律、捕律、亡律、錢律、效律、厩律、興律、襍律、復律、䙴（遷）律、關市律和朝律。簡文中有賊律條文，但律名已殘缺，整理者據張家山漢簡《二年律令》簡五四擬補。本篇應有律名十六個，因此擬篇名爲《漢律十六章》。本篇的囚律、厩律、䙴（遷）律、朝律不見於張家山漢簡《二年律令》，其他律條雖然見於《二年律令》，但多有增删與補充。本篇漢律編成時間上限應在漢文帝即位之初，下限在漢文帝七年（公元前173年）或稍前。本篇漢律對於研究漢文帝時期的刑制改革具有重要價值。[②]

著録

荆州博物館編《張家山漢墓竹簡〔三三六號墓〕》（上、下），文物出版社，2022年11月第1版。

研究

曹旅寧:《張家山336號漢墓〈朝律〉的幾個問題》,《華東政法大學學報》，2008年第4期。

十四　張家山漢簡《功令》

湖北江陵張家山三三六號西漢墓發掘于1985年，出土竹簡八百二十七枚，包含多種文獻，《功令》是其中一種。本篇竹書有一百八十四支竹簡，完簡長二十九點八至三十釐米，寬零點五釐米，厚零點一釐米，三道編

① 參見荆州博物館編《張家山漢墓竹簡〔三三六號墓〕》（上），前言，第1頁；正文，第161頁。

② 參見荆州博物館編《張家山漢墓竹簡〔三三六號墓〕》（上），第161頁。

繩，篇題《功令》書於首簡正面及簡背上端。[①]

《功令》全篇由若干條“令”集成，有數字和干支兩種編號系統。數字編號從一至百二，間有少量缺失，書於竹簡頂端（天頭），是本篇《功令》的編號系統。天干編號見於十九支竹簡，有乙、丙、丁、戊、己、庚、癸，有的重復出現，皆書於相關令文首簡的末端（地脚），位於左角或中間。它們是本篇《功令》形成前的令文排序。從令文所存紀年來看，本篇《功令》編成年代應該在漢文帝二年至七年之間（公元前178—前173年）。[②]

本篇《功令》是考覈、任免官吏令文的彙編，核心内容是按照功勞考課決定官吏的選拔、遞補、升遷和免職。《功令》記載的官吏考覈、遷調制度填補了史書的缺失，是瞭解西漢初年官制的重要資料。

著録

荆州博物館編《張家山漢墓竹簡〔三三六號墓〕》（上、下），文物出版社，2022年11月第1版。

研究

1. 曹旅寧：《張家山336號漢墓〈功令〉的幾個問題》，《史學集刊》，2012年第1期。

2. 肖芸曉：《穿令斷律：張家山漢簡〈功令〉的筆迹、年代與編纂》，《法律史譯評》（第十一卷），中西書局，2023年11月第1版。

十五　松柏漢墓木牘漢令

松柏漢墓木牘漢令，2004年底出土於湖北省荆州市紀南鎮松柏村一號漢墓。[③]

該漢令是由詔書轉化而來。該木牘有簡文六列，第一列即木牘最右邊

---

① 參見荆州博物館編《張家山漢墓竹簡〔三三六號墓〕》（上），前言，第1頁；正文，第95頁。

② 參見荆州博物館編《張家山漢墓竹簡〔三三六號墓〕》（上），前言，第1頁；正文，第95—125頁。

③ 荆州博物館編著《荆州重要考古發現》，第209頁。

一列，抄寫的是該漢令的編號“·令丙苐九”，該編號由天干和數字構成，起始處有墨點。第二至五列，是奏請令西成（城）、成固、南鄭向皇帝進獻枇杷的上奏文書，最後一列是准奏文書及下詔時間：“制曰可。孝文皇帝十年六月甲申下。”[①]

該漢令下詔時間是孝文皇帝十年（170年）六月甲申，孝文皇帝是漢文帝的謚號。可見，該令文是在漢文帝去世後抄寫的。松柏漢墓發掘報告推測，松柏村一號漢墓的年代爲漢武帝早期。[②]該漢令的體式對於研究漢代詔書轉化爲漢令問題具有切實意義。

著録

荆州博物館編著《荆州重要考古發現》，文物出版社，2009年1月第1版。

研究

1. 荆州博物館：《湖北荆州紀南松柏漢墓發掘簡報》，《文物》，2008年第4期。

2. 曹旅寧：《松柏漢簡“令丙第九獻枇杷”和秦漢律令法系的復原》，《讀書》，2011年第12期。

3. 于洪濤：《論敦煌懸泉漢簡中的“厩令”——兼談漢代“詔”、“令”、“律”的轉化》，《華東政法大學學報》，2015年第4期。

4. 李蘭芳、劉蘊澤：《從松柏漢簡“令丙第九”看漢代的鮮果貢獻制度——兼論二品詔書轉化爲法令的格式變化》，《農業考古》，2020年第6期。

十六　天回漢簡《律令遺文》

2012年成都文物考古研究院對成都市金牛區天回鎮漢墓進行搶救性發掘，在三號墓中出土九百三十支竹簡，《律令遺文》是其中一種。該篇有二十個竹簡編號，其中完整簡九支，兩道編繩，編繩大致將竹簡等分爲三段，平均簡長二十二點五至二十二點七釐米，寬零點八釐米，厚零點一釐米，文字書寫在竹黄面，未見明顯契口，簡背未見劃痕。本篇簡文未見篇

① 參見荆州博物館編著《荆州重要考古發現》，第211頁。

② 荆州博物館：《湖北荆州紀南松柏漢墓發掘簡報》，《文物》，2008年第4期，第32頁。

題，現篇題爲整理者據簡文内容所擬加。[①]

本篇簡文漫漶不清，從殘存内容來看，與睡虎地秦簡、張家山漢簡的法律文獻相類。[②]

著録

天回醫簡整理組編著《天回醫簡》(上、下)，文物出版社，2022年11月第1版。

十七　長沙尚德街東漢木牘摘抄律令

長沙尚德街東漢律令摘抄木牘，2011年底出土於長沙市尚德街J482號古井。[③]長沙尚德街東漢律令摘抄木牘共有三方，編號爲084、212、254。

084號木牘，開裂，長二十四釐米，寬七釐米，厚零點七釐米，正面存文五列，背面存文六列。正面五列及背面前三列簡文均以“詔書”兩字領起，所抄録應是以詔書形式頒布的令文。内容涉及子女不與父母共同居住的處罰、九十以上復子或孫等養老方面的條例規定。[④]

212號木牘，下部殘斷，左側殘裂，長十點五釐米，寬二點六釐米，厚零點一五釐米，正反兩面均分兩欄書寫，正面上下兩欄均存七列，背面上欄存六列，下欄存七列，最右一列文字殘存半邊。該木牘摘抄了多種犯罪及相應的刑罰，如列侯間的私信以侯印封緘判爲完城旦、爭鬥中以刃傷人者判爲完城旦等等。該木牘所抄録均爲東漢律令，因未見題名，無法判斷是律還是令。[⑤]

254號木牘，左側殘損，長五點八釐米，寬二釐米，厚零點一釐米，正面分三欄，上欄存一列，中欄存三列，最左一列僅殘存筆畫，下欄存三列，背面分兩欄，上欄存兩列，下欄存三列，漫漶不清。該木牘摘抄了多種犯罪及相應的刑罰，如謀反者斬、僞造仿寫皇帝信璽者斬等等。該木牘

① 參見天回醫簡整理組編著《天回醫簡》(上)，前言，第2、6頁；整理説明，第1、5頁。

② 參見天回醫簡整理組編著《天回醫簡》(上)，第154—155頁。

③ 參見長沙市文物考古研究所編《長沙尚德街東漢簡牘》，第10頁。

④ 參見長沙市文物考古研究所編《長沙尚德街東漢簡牘》，第92、115—116、219—220頁。

⑤ 參見長沙市文物考古研究所編《長沙尚德街東漢簡牘》，第98、117—118、221頁。

所抄録亦均爲東漢律令，因未見題名，無法判斷是律還是令。[①]

長沙尚德街東漢律令摘抄木牘的發現，對於東漢法律研究及兩漢法律比較研究均具有重要價值。

著録

長沙市文物考古研究所編《長沙尚德街東漢簡牘》，嶽麓書社，2016年12月第1版。

十八　包山楚簡司法簡册

包山楚簡1987年出土於湖北省荆門市包山二號戰國楚墓，總計出土二百七十八支有字竹簡和一方竹牘，包括司法文書簡、卜筮祭禱簡和遣策三種，其中編號1—196簡爲司法文書簡。司法文書簡大部分簡長六十二至六十九點五釐米，少數簡長五十五釐米左右，多數簡寬零點六至零點八五釐米，個別簡寬至零點九五釐米。整理者認定有篇題的四種分别是《集箸》《集箸言》《受期》《疋獄》，並將無篇題的九十四支簡分爲三組。[②]

《集箸》，共十三支簡，編號1—13，内容爲驗查名籍的案件記録。《集箸言》，共有簡五支，編號14—18，内容爲名籍糾紛的告訴及呈送主管官員的記録。《受期》，共有六十一支簡，編號19—79，内容是受理各種訴訟案件的時間、審理時間及初步結論的摘要記録。《疋獄》，共二十三支簡，編號80—102，内容是有關起訴的簡要記録。[③]

無篇題第一組，共有十七支簡，編號103—119，是貸金糴種等内容的記録。無篇題第二組，共有四十二支簡，編號120—161，是對一些案件的案情及審理情況的記録。無篇題第三組，共有三十五支簡，編號162—196，是各級司法官員審理或復查訴訟案件的歸檔登記。[④]

包山楚簡刊布後，學界對包山楚簡司法簡册的編聯、復原、釋讀及命

① 參見長沙市文物考古研究所編《長沙尚德街東漢簡牘》，第100、119、223—224頁。
② 參見湖北省荆沙鐵路考古隊：《包山楚簡》，第3—10頁。
③ 參見湖北省荆沙鐵路考古隊：《包山楚簡》，第9—10、17—24頁。
④ 參見湖北省荆沙鐵路考古隊：《包山楚簡》，第10—11、24—32頁。

名等問題提出不同看法，尚有很多問題未能達成一致意見。[①] 包山楚簡司法簡册的復原釋讀仍然是下一步研究的重點。包山楚簡司法簡册，是戰國楚地司法文獻，對於研究先秦司法及相關領域問題具有重要學術價值。

著録

1. 湖北省荆沙鐵路考古隊:《包山楚墓》，文物出版社，1991 年 10 月第 1 版。

2. 湖北省荆沙鐵路考古隊:《包山楚簡》，文物出版社，1991 年 10 月第 1 版。

3. 武漢大學簡帛研究中心、湖北省文物考古研究院編著《楚地出土戰國簡册合集（六）· 包山楚墓竹簡》，文物出版社，2024 年 1 月第 1 版。

研究

1. 葛英會:《包山楚簡治獄文書研究》,《南方文物》，1996 年第 2 期。

2. 陳偉:《包山楚簡初探》，武漢大學出版社，1996 年 8 月第 1 版。

3. 劉信芳:《包山楚簡解詁》，藝文印書館，2003 年 1 月初版。

4. 連劭名:《包山楚簡法律文書新證》,《華夏考古》，2016 年第 3 期。

5. 連劭名:《包山楚簡法律文書叢考》,《考古學報》，2017 年第 2 期。

6. 武漢大學簡帛研究中心、湖北省文物考古研究院編著《楚地出土戰國簡册合集（六）· 包山楚墓竹簡》，文物出版社，2024 年 1 月第 1 版。

十九　睡虎地秦簡《封診式》

睡虎地秦簡《封診式》，1975 年 12 月出土於雲夢睡虎地十一號秦墓，發現於墓主頭部右側，共計九十八支竹簡，出土時已散亂，簡序由整理者據簡文内容及出土位置排定，書題《封診式》抄寫在末簡背面。[②]

《封診式》全部簡文共分二十五節，每節第一支簡簡首寫有小標題。《治獄》《訊獄》兩節，從出土位置來看，應該是卷首，内容是對官吏審理案件的要求。其餘各節是對案件進行調查、檢驗、審訊等程序的文書程

① 參見武漢大學簡帛研究中心、湖北省文物考古研究院編著《楚地出土戰國簡册合集（六）· 包山楚墓竹簡》，第 1—69 頁。

② 參見睡虎地秦墓竹簡整理小組編《睡虎地秦墓竹簡》（八開精裝本），出版説明，第 1 頁；正文，第 147 頁。

式，其中包括各類案例，以供有關官員學習，以及處理案件時參考。[①]

《封診式》對於研究秦代司法程序、司法鑒定及司法文書程式等問題具有重要意義。

著録

1. 雲夢秦墓竹簡整理小組：《雲夢秦簡釋文（三）》，《文物》，1976 年第 8 期。

2. 睡虎地秦墓竹簡整理小組編《睡虎地秦墓竹簡》（八開綫裝本），文物出版社，1977 年 9 月第 1 版。

3. 睡虎地秦墓竹簡整理小組編《睡虎地秦墓竹簡》（32 開平裝本），文物出版社，1978 年 11 月第 1 版。

4. 睡虎地秦墓竹簡整理小組編《睡虎地秦墓竹簡》（八開精裝本），文物出版社，1990 年 9 月第 1 版。

研究

1. 殷嘯虎：《〈封診式〉與古代司法鑒定》，《中國司法鑒定》，2005 年第 2 期。

2. 張孝蕾：《睡虎地秦簡〈封診式〉研究》，碩士學位論文，湖南大學，2013 年 5 月。

3. 中國政法大學中國法制史基礎史料研讀會：《〈封診式〉研讀札記廿則》，《出土文獻與法律史研究》（第十二輯），法律出版社，2022 年 12 月第 1 版。

二十　嶽麓秦簡《爲獄等狀四種》

2007 年 12 月湖南大學嶽麓書院入藏了一批秦簡，2013 年出版的《嶽麓書院藏秦簡》（叁）公布的竹、木簡主要是秦王政時期的司法文書簡。這批文書從材質、書寫、體裁等方面可以分爲四類，整理者依據原書標題“爲獄訁□狀”命名爲《爲獄等狀四種》。另有七枚待考殘簡，暫歸爲第五類。拼合後總計二百五十二支簡。[②]

第一類簡爲竹簡，共一百三十六支，占《爲獄等狀四種》半數以上。簡長二十七點四至二十七點五釐米，寬零點六至零點七釐米，三道編繩，

---

① 參見睡虎地秦墓竹簡整理小組編《睡虎地秦墓竹簡》（八開精裝本），第 147—164 頁。

② 參見朱漢民、陳松長主編《嶽麓書院藏秦簡》（叁），前言，第 1、3 頁。

上編繩距簡首一釐米，下編繩距簡尾一點六釐米左右。部分簡在中間編繩處留有空白，但多數簡中間不留白。編繩多處覆蓋文字，應該是先寫後編的。存有位於簡面中央的圓形墨點和靠右側的鈎形符號。第一類簡共有七個案例，内容都是狹義的奏讞書。“每個案例前後稱‘敢讞之’，主文稱‘疑某人罪’‘疑某人購’等均係下級機關對上級機關有關法律適用方面的請示。這一點與張家山漢簡《奏讞書》前十三個案例相似”，不過，請示的範圍更廣泛，不僅包含罪名的選擇，還涉及未成年的責任能力、職務過失的處理辦法等法律適用原則性問題。七個案例出現的罪名有殺人、詐騙、脅迫、分贓等，奏讞主體都似爲縣。多數案例在奏讞書後附以“吏議”，其中還有兩個案例附加郡報。時代明確的案例爲秦王政十八年至二十五年（公元前229—前222年），即秦統一六國前夕。[①]

第二類爲竹簡，共七十三支，保存狀况不佳，殘簡、缺簡較多。簡長約二十五釐米，寬零點五至零點六釐米，三道編繩，上編繩距簡首、下編繩距簡尾均爲一釐米左右。所使用符號與第一類基本相同。書寫風格與第一類簡明顯不同，應爲另一人抄寫。第二類簡所記内容能綴連通讀的部分可分爲兩種。第一種是縣級長官爲破案有功的獄史或令史以“敢言”形式寫的推薦文書，附以詳細的案例偵查記録，請求郡府將其提拔爲卒史，與張家山漢簡《奏讞書》案例二十二屬於同類。所附兩個案例均係“盜殺人”案，推薦書中描述爲“黔首大害”。第二種是郡府以“謂”的形式命令縣來處理經過郡府覆審的乞鞫案件，與張家山漢簡《奏讞書》案例十七相似。共有兩個案件，一件是和奸案，一件是强奸未遂案。兩案均由男方提出乞鞫，均被判爲“乞鞫不審”。第二類簡中還有部分簡殘缺嚴重，不能綴連通讀。第二類簡最晚的時代爲秦始皇二十六年九月。[②]

第三類簡爲木簡，第四類簡爲竹簡，每類包含一個案例。第三類較爲完整，共有二十七支簡，第四類殘缺較爲嚴重，僅存九支簡，兩類簡均長二十九釐米左右，兩道編繩，將簡由上至下均分爲三段。第三類簡寬零點八釐米左右，所記爲狹義奏讞案件，與第一類簡相同，年代爲秦王政

① 參見朱漢民、陳松長主編《嶽麓書院藏秦簡》(叁)，前言，第1頁；正文，第3—36頁。

② 參見朱漢民、陳松長主編《嶽麓書院藏秦簡》(叁)，前言，第2頁；正文，第39—58頁。

二十二年。第四類簡寬零點六釐米左右，所記是一個在與“反寇”戰鬥中“畏耎”逃跑而造成將官士卒陣亡的案例，基本案情與張家山漢簡《奏讞書》案例十八相似，但細節不詳。①

嶽麓秦簡《爲獄等狀四種》，其簡文的釋讀及簡册的編排等許多問題尚有待學界進一步研究，其對秦國及秦代的法律、社會及歷史問題研究所具有的重要價值是顯而易見的。

著録

1. 朱漢民、陳松長主編《嶽麓書院藏秦簡》(叁)，上海辭書出版社，2013年6月第1版。

2. 陳松長主編《嶽麓書院藏秦簡（壹—叁）釋文修訂本》，上海辭書出版社，2018年6月第1版。

研究

1. 陶安:《嶽麓書院藏秦簡〈爲獄等狀四種〉概述》,《文物》，2013年第5期。

2. 史達、李婧嶸:《嶽麓秦簡〈爲獄等狀四種〉卷册一的編聯——依據簡背劃綫和簡背反印字迹復原卷軸原貌》,《湖南大學學報》(社會科學版)，2013年第3期。

3. 蘇俊林:《嶽麓秦簡〈爲獄等狀四種〉命名問題探討》,《簡牘學研究》(第五輯)，甘肅人民出版社，2014年8月第1版。

4. 胡平生:《嶽麓秦簡（三）〈爲獄等狀四種〉題名獻疑》,《出土文獻研究》(第十四輯)，中西書局，2015年12月第1版。

5. 李勤通:《試論嶽麓秦簡中〈爲獄等狀四種〉的性質》,《簡帛研究》(二〇一八春秋卷)，廣西師範大學出版社，2018年6月第1版。

二十一　張家山漢簡《奏讞書》

張家山漢簡《奏讞書》，1983年底出土於張家山二四七號漢墓，共有竹簡二百二十八枚，簡長二十八點六至三十點一釐米，《奏讞書》是原有

① 參見朱漢民、陳松長主編《嶽麓書院藏秦簡》(叁)，前言，第2—3頁；正文，第61—74頁。

書題，書寫在末簡背面。[①]

《奏讞書》是議罪案例彙編，包含春秋至西漢時期的二十二個案例。大體上是年代較早的案例排在全書的後部，較晚的案例則排在前部。不少案例是完整的司法文書，是當時的司法訴訟程序及其文書格式的具體記録。兩個春秋時期案例並不是司法文書，衹是對事例的記述。[②]

張家山漢簡《奏讞書》對於研究漢代司法訴訟程序及其文書格式具有重要意義。

著録

1. 張家山二四七號漢墓竹簡整理小組編《張家山漢墓竹簡〔二四七號墓〕》，文物出版社，2001 年 11 月第 1 版，

2. 張家山二四七號漢墓竹簡整理小組編《張家山漢墓竹簡〔二四七號墓〕》（釋文修訂本），文物出版社，2006 年 5 月第 1 版。

研究

1. 李學勤：《〈奏讞書〉解説》（上）、（下），《文物》，1993 年第 8 期、1995 年第 3 期。

2. 彭浩：《談〈奏讞書〉中的西漢案例》，《文物》，1993 年第 8 期。

3. 彭浩：《談〈奏讞書〉中秦代和東周時期的案例》，《文物》，1995 年第 3 期。

4. 黄一農：《張家山漢墓竹簡〈奏讞書〉紀日干支小考》，《考古》，2005 年第 10 期。

5. 郭永秉：《張家山漢簡〈二年律令〉和〈奏讞書〉釋文校讀記》，《語言研究集刊》（第六輯），上海辭書出版社，2009 年 10 月第 1 版。

---

① 張家山二四七號漢墓竹簡整理小組編《張家山漢墓竹簡〔二四七號墓〕》，前言，第 1 頁；正文，第 213 頁。

② 張家山二四七號漢墓竹簡整理小組編《張家山漢墓竹簡〔二四七號墓〕》，第 213—231 頁。

子　部

儒家類

一　郭店楚簡《魯穆公問子思》

郭店楚簡《魯穆公問子思》，1993 年冬出土於湖北荆門郭店一號戰國楚墓。本篇存簡八支，“竹簡兩端均修削成梯形，簡長二十六點四釐米。編綫兩道，編綫間距爲九點六釐米”[①]。本篇簡文原無篇題，現篇題爲整理者所加。

簡文記述魯穆公與子思就“何如而可謂忠臣”的問答。從文體上看，屬於問答體。《漢書・藝文志》著録《子思子》二十三篇，班固注云：子思“名伋，孔子孫，爲魯繆公師”[②]。《隋書・經籍志》、《新唐書・藝文志》、宋晁公武《郡齋讀書志》、《宋史・藝文志》皆有著録，不過篇數上已由《漢書・藝文志》的二十三篇變爲七卷。南宋後，《子思子》亡佚，出現了汪晫的《子思子》輯佚本，清代還出現了黄以周等人的多個輯本。

多數學者認爲此篇簡文爲子思所作，屬於《漢書・藝文志》著録的《子思子》二十三篇中的一篇。此篇是否爲子思所作，可進一步討論。但本篇文獻所反映出的子思的思想，對於研究子思及思孟學派無疑具有重要價值，同時，對於研究子書對話體形態特徵也具有重要意義。

---

① 荆門市博物館編《郭店楚墓竹簡》，第 141 頁。

② （漢）班固撰，（唐）顏師古注《漢書》，第 6 册，第 1724 頁。

著録

荆門市博物館編《郭店楚墓竹簡》，文物出版社，1998 年 5 月第 1 版。

研究

1. 廖名春:《郭店楚簡儒家著作考》,《孔子研究》，1998 年第 3 期。

2. 姜廣輝:《郭店楚簡與〈子思子〉——兼談郭店楚簡的思想史意義》,《哲學研究》，1998 年第 7 期。

3. 席盤林:《論子思的臣道思想》,《孔子研究》，2001 年第 1 期。

4. 歐陽禎人:《從〈魯穆公問子思〉到〈孟子〉》,《武漢大學學報》(人文科學版)，2001 年第 2 期。

5. 郭沂:《子思書再探討——兼論〈大學〉作於子思》,《中國哲學史》，2003 年第 4 期。

6. 吴光:《探討性與天道——〈郭店儒簡〉的作者歸屬及其思想辨析》,《湖南大學學報》(社會科學版)，2013 年第 3 期。

二　郭店楚簡《窮達以時》

郭店楚簡《窮達以時》，1993 年冬出土於湖北荆門郭店一號戰國楚墓。[①]《窮達以時》篇存簡十五支，“竹簡兩端均修削成梯形，簡長二十六點四釐米。編綫兩道，編綫間距爲九點四至九點六釐米。竹簡形制及簡文書體與《魯穆公問子思》全同”[②]。本篇簡文原無篇題，現篇題爲整理者所加。

關於本篇簡文的命名有學者提出不同意見，比如有的學者提出應命名爲《天人》。[③]

簡文内容從討論天人之分開始，歷舉賢人遇明主，認爲“窮達以時”，遇不遇在“天”，雖然“窮達以時”，但人的道德完善却在自己，因此最後提出“君子敦於反己”的觀點。相似内容見於《荀子・宥坐》、《韓詩外

① 參見荆門市博物館編《郭店楚墓竹簡》，前言，第 1 頁。

② 荆門市博物館編《郭店楚墓竹簡》，第 145 頁。

③ 參見吴光:《探討性與天道——〈郭店儒簡〉的作者歸屬及其思想辨析》,《湖南大學學報》(社會科學版)，2013 年第 3 期，第 34 頁。

傳》卷七、《孔子家語・在厄》、《説苑・雜言》等傳世文獻。本篇簡文所提出的天人觀，對於認識儒家的天人思想具有重要意義。

著録

荆門市博物館編《郭店楚墓竹簡》，文物出版社，1998年5月第1版。

研究

1. 徐在國:《釋"咎繇"》,《古籍整理研究學刊》，1999年第3期。

2. 李英華:《荀子天人論的幾個問題——兼論郭店竹簡〈窮達以時〉》,《海南大學學報》(人文社會科學版), 2001年第2期。

3. 王志平:《郭店簡〈窮達以時〉校釋》,《簡牘學研究》(第三輯)，甘肅人民出版社，2002年4月第1版。

4. 梁濤:《竹簡〈窮達以時〉與早期儒家天人觀》,《哲學研究》，2003年第4期。

5. 顔世鉉:《郭店竹書〈窮達以時〉釋讀兩則》，簡帛網，2012年2月20日。

6. 吴光:《探討性與天道——〈郭店儒簡〉的作者歸屬及其思想辨析》,《湖南大學學報》(社會科學版), 2013年第3期。

7. 謝科峰:《郭店簡〈窮達以時〉與〈荀子〉對讀劄記三則》,《湖南科技學院學報》，2013年第10期。

8. 王中江:《孔子的生活體驗、德福觀及道德自律——從郭店簡〈窮達以時〉及其相關文獻來考察》,《江漢論壇》，2014年第10期。

三　郭店楚簡《五行》

郭店楚簡《五行》，1993年冬出土於湖北荆門郭店一號戰國楚墓。《五行》存簡五十支，"竹簡兩端均修削成梯形，簡長三十二點五釐米。編綫兩道，編綫間距爲十二點九至十三釐米"[①]。本篇簡文原無篇題，現篇題爲整理者所加。

本篇簡文内容講"五行"，即"仁、義、禮、智、聖"，與馬王堆帛書《五行》經文部分大體相同。這裏的"五行"就是子思、孟子的"五行

① 荆門市博物館編《郭店楚墓竹簡》，第149頁。

説”，見於《荀子·非十二子》。《五行》篇早已失傳，此前在馬王堆帛書中發現漢代傳本，今又發現戰國本，意義重大，對於思孟學派及早期儒家甚至先秦學術史研究都具有重要價值。

著録

荆門市博物館編《郭店楚墓竹簡》，文物出版社，1998 年 5 月第 1 版。

研究

1. 李學勤:《從簡帛佚籍〈五行〉談到〈大學〉》,《孔子研究》，1998 年第 3 期。

2. 丁四新:《略論郭店楚簡〈五行〉思想》,《孔子研究》，2000 年第 3 期。

3. 劉信芳:《簡帛〈五行〉述略》,《江漢考古》，2001 年第 1 期。

4. 梁濤:《簡帛〈五行〉新探——兼論〈五行〉在思想史中的地位》,《孔子研究》，2002 年第 5 期。

5. 田文軍、李富春:《帛簡〈五行〉篇與原始“五行”説》,《武漢大學學報》(人文科學版)，2003 年第 1 期。

6. 李鋭:《仁義禮智聖五行的思想淵源》,《齊魯學刊》，2005 年第 6 期。

7. 陳來:《竹帛〈五行〉篇爲子思、孟子所作論——兼論郭店楚簡〈五行〉篇出土的歷史意義》,《孔子研究》，2007 年第 1 期。

8. 陳來:《竹簡〈五行〉章句簡注——竹簡〈五行〉分經解論》,《孔子研究》，2007 年第 3 期。

9. 劉信芳:《簡帛〈五行〉核心内容及思想性質》,《學術界》，2014 年第 6 期。

四　郭店楚簡《唐虞之道》

郭店楚簡《唐虞之道》，1993 年冬出土於湖北荆門郭店一號戰國楚墓。[①]《唐虞之道》篇存簡二十九支，“竹簡兩端平齊，簡長二十八點一至二十八點三釐米。編綫兩道，編綫間距約十四點三釐米”[②]。本篇簡文原無篇題，現篇題爲整理者所加。

---

① 參見荆門市博物館編《郭店楚墓竹簡》，前言，第 1 頁。

② 荆門市博物館編《郭店楚墓竹簡》，第 157 頁。

本篇竹簡殘損較重，整理者綴聯成數段文字，主要内容是讚揚堯舜禪讓，記述舜知命修身及所具有的仁義孝悌的品質。簡文中所記舜的史事也見於《史記・五帝本紀》等典籍。關於本篇簡文的學派屬性學界有不同意見。有學者認爲是儒家作品，有學者認爲是墨家作品，也有學者認爲儒家内部關於禪讓也有不同意見，本篇屬於儒家内部不同意見中的一種。關於本篇簡文學派屬性問題還可繼續討論。另外，在文本研究上，陳偉先生提出了不同的編聯意見。

著録

荆門市博物館編《郭店楚墓竹簡》，文物出版社，1998 年 5 月第 1 版。

研究

1. 王博：《關於〈唐虞之道〉的幾個問題》，《中國哲學史》，1999 年第 2 期。

2. 廖名春：《郭店楚簡〈成之聞之〉〈唐虞之道〉篇與〈尚書〉》，《中國史研究》，1999 年第 3 期。

3. 李景林：《關於郭店簡〈唐虞之道〉的學派歸屬問題》，《社會科學戰綫》，2000 年第 3 期。

4. 彭邦本：《楚簡〈唐虞之道〉與古代禪讓傳説》，《學術月刊》，2003 年第 1 期。

5. 陳偉：《郭店竹書〈唐虞之道〉校釋》，《江漢考古》，2003 年第 2 期。

6. 梁韋弦：《與郭店簡〈唐虞之道〉學派歸屬相關的幾個問題》，《文史哲》，2004 年第 5 期。

7. 薛柏成：《郭店楚簡〈唐虞之道〉與墨家思想》，《吉林師範大學學報》（人文社會科學版），2006 年第 2 期。

8. 彭裕商：《禪讓説源流及學派興衰——以竹書〈唐虞之道〉〈子羔〉〈容成氏〉爲中心》，《歷史研究》，2009 年第 3 期。

9. 袁青：《簡論郭店竹書〈唐虞之道〉的學派歸屬》，《中華文化論壇》，2014 年第 3 期。

五　郭店楚簡《忠信之道》

郭店楚簡《忠信之道》，1993 年冬出土於湖北荆門郭店一號戰國楚墓。[①]《忠信之道》篇存簡九支，“竹簡兩端平齊，簡長二十八點二至二十八點三釐米。編綫兩道，編綫間距十三點五釐米”[②]。本篇簡文原無篇題，現篇題爲整理者所加。

本篇簡文主要内容是列舉忠信的各種表現，最後得出忠爲仁之實、信爲義之期的主張。本篇簡文論點鮮明，論説嚴謹，豐富了儒家忠信思想的研究材料。

著録

荆門市博物館編《郭店楚墓竹簡》，文物出版社，1998年5月第1版。

研究

1. 李存山：《先秦儒家的政治倫理教科書——讀楚簡〈忠信之道〉及其他》，《中國文化研究》，1998年第4期。

2. 趙建偉：《郭店竹簡〈忠信之道〉〈性自命出〉校釋》，《中國哲學史》，1999年第2期。

3. 黄君良：《〈忠信之道〉與戰國時期的忠信思潮》，《管子學刊》，2003年第3期。

4. 宋立林：《由新出簡帛〈忠信之道〉〈從政〉看子張與子思之師承關係》，《哲學研究》，2011年第7期。

5. 黄傑：《〈忠信之道〉“此”與〈招魂〉“些”》，《光明日報》，2014年5月27日。

六　郭店楚簡《成之聞之》

郭店楚簡《成之聞之》，1993年冬出土於湖北荆門郭店一號戰國楚墓。[③]《成之聞之》篇存簡四十支，“竹簡兩端修削成梯形，簡長三十二點五釐米。編綫兩道，編綫間距爲十七點五釐米”[④]。本篇簡文原無篇題，現篇題爲整理者所加。

本篇簡文將君臣之義、父子之親、夫婦之辨，作爲天常，主張慎求之於己，而可以至順天常。本篇爲儒家學派作品，或認爲是子思所作，或認

① 參見荆門市博物館編《郭店楚墓竹簡》，前言，第1頁。
② 荆門市博物館編《郭店楚墓竹簡》，第163頁。
③ 參見荆門市博物館編《郭店楚墓竹簡》，前言，第1頁。
④ 荆門市博物館編《郭店楚墓竹簡》，第167頁。

爲是子思後學所爲。關於本篇簡本的篇題，學界尚有不同意見，或有主張命名爲《天降大常》，或有主張命名爲《君子之于教》。

著録

荆門市博物館編《郭店楚墓竹簡》，文物出版社，1998 年 5 月第 1 版。

研究

1. 郭沂:《郭店楚簡〈天降大常〉(〈成之聞之〉) 篇疏證》,《孔子研究》，1998 年第 3 期。

2. 李學勤:《試説郭店簡〈成之聞之〉兩章》,《煙臺大學學報》(哲學社會科學版)，2000 年第 4 期。

3. 廖名春:《郭店簡〈成之聞之〉的編連和命名問題》,《中國史研究》，2001 年第 2 期。

4. 廖名春:《郭店簡〈成之聞之〉篇校釋劄記》,《古籍整理研究學刊》，2001 年第 5 期。

5. 崔海鷹:《郭店儒簡〈成之聞之〉作者考》,《現代哲學》，2014 年第 3 期。

七　郭店楚簡《尊德義》

郭店楚簡《尊德義》，1993 年冬出土於湖北荆門郭店一號戰國楚墓。[①]《尊德義》篇存簡三十九支，“竹簡兩端修削成梯形，簡長三十二點五釐米。編綫兩道，編綫間距爲十七點五釐米”[②]。本篇簡文原無篇題，現篇題爲整理者所加。

簡文發表後，陳偉等學者對簡文的簡序、斷句、釋文等方面作出了調整。本篇簡文論説治民之道，主張德教，以及君王的率身垂範。本篇簡文豐富了早期儒家相關思想研究材料。

著録

荆門市博物館編《郭店楚墓竹簡》，文物出版社，1998 年 5 月第 1 版。

---

① 參見荆門市博物館編《郭店楚墓竹簡》，前言，第 1 頁。

② 荆門市博物館編《郭店楚墓竹簡》，第 173 頁。

研究

1. 陳偉:《郭店簡書〈尊德義〉校釋》,《中國哲學史》, 2001 年第 3 期。

2. 吴昊:《從〈尊德義〉篇看"民可使由之"章》,《中國文字研究》(第五輯), 廣西教育出版社, 2004 年 11 月第 1 版。

3. 李鋭:《"民可使由之不可使知之"新釋》,《齊魯學刊》, 2008 年第 1 期。

4. 趙騫、彭忠德:《完整理解〈尊德義〉後, 再説"民可使由之"章》,《社會科學論壇》(學術研究卷), 2009 年第 11 期。

5. 顧史考:《郭店楚簡〈尊德義〉篇簡序調整三則》, 復旦大學出土文獻與古文字研究中心網站, 2010 年 12 月 15 日。

6. 張崇禮:《郭店簡〈尊德義〉簡序的一處調整》,《古籍整理研究學刊》, 2012 年第 1 期。

八 郭店楚簡《性自命出》

郭店楚簡《性自命出》, 1993 年冬出土於湖北荆門郭店一號戰國楚墓。[①] 楚簡《性自命出》存簡六十七支,"竹簡兩端修削成梯形, 簡長三十二點五釐米。編綫兩道, 編綫間距爲十七點五釐米"[②]。本篇簡文原無篇題, 現篇題爲整理者所加。

本篇内容也見於上博簡, 被命名爲《性情論》, 兩相比較, 上博簡殘缺較多, 相對而言, 本篇内容較爲完整。

本篇簡文討論性、命問題, 關於本篇簡文内容的學派及性質, 學界有較多討論, 到目前爲止, 多數學者認爲是儒家作品, 有學者認爲是子思的作品, 也有學者認爲是公孫尼子的作品, 還有學者認爲是子弓的作品。不過, 也有學者認爲是其他學派的作品。未有定論。本篇簡文, 觀點明晰, 論辨深入, 體系性較爲突出, 具有較强的形而上色彩, 對於研究儒家思想的形而上内容及風格提供了新的材料, 非常珍貴。

① 參見荆門市博物館編《郭店楚墓竹簡》, 前言, 第 1 頁。

② 荆門市博物館編《郭店楚墓竹簡》, 第 179 頁。

著録

荆門市博物館編《郭店楚墓竹簡》，文物出版社，1998年5月第1版。

研究

1. 陳來:《郭店楚簡之〈性自命出〉篇初探》,《孔子研究》，1998年第3期。

2. 丁四新:《論〈性自命出〉與思孟學派的關係》,《中國哲學史》，2000年第4期。

3. 李天虹:《〈性自命出〉與傳世先秦文獻“情”字解詁》,《中國哲學史》，2001年第3期。

4. 許抗生:《〈性自命出〉〈中庸〉〈孟子〉思想的比較研究》,《孔子研究》，2002年第1期。

5. 陳來:《郭店楚簡〈性自命出〉與上博藏簡〈性情論〉》,《孔子研究》，2002年第2期。

6. 韓東育:《〈性自命出〉與法家的“人情論”》,《史學集刊》，2002年第2期。

7. 顏炳罡:《郭店楚簡〈性自命出〉與荀子的情性哲學》,《中國哲學史》，2009年第1期。

九　郭店楚簡《六德》

郭店楚簡《六德》，1993年冬出土於湖北荆門郭店一號戰國楚墓。[①] 楚簡《六德》篇存簡四十九支，“竹簡兩端修削成梯形，簡長三十二點五釐米。編綫兩道，編綫間距爲十七點五釐米”[②]。本篇簡文原無篇題，現篇題爲整理者所加。

本篇簡文圍繞夫婦父子君臣論述如何治理人倫社會，爲研究早期儒家的人倫及政治思想增加了新材料。學界對本篇簡文有較多討論，對其中一些問題如“爲父絶君”等尚存在不同看法。

著録

荆門市博物館編《郭店楚墓竹簡》，文物出版社，1998年5月第1版。

---

① 參見荆門市博物館編《郭店楚墓竹簡》，前言，第1頁。

② 荆門市博物館編《郭店楚墓竹簡》，第187頁。

研究

1. 陳偉:《郭店楚簡〈六德〉諸篇零釋》,《武漢大學學報》(哲學社會科學版),1999年第5期。

2. 彭林:《再論郭店簡〈六德〉"爲父絶君"及相關問題》,《中國哲學史》,2001年第2期。

3. 魏啓鵬:《釋〈六德〉"爲父繼君"——兼答彭林先生》,《中國哲學史》,2001年第2期。

4. 李維武:《〈六德〉的哲學意藴初探》,《中國哲學史》,2001年第3期。

5. 張磊:《郭店楚簡〈六德〉與早期儒家孝道觀》,《齊魯文化研究》(第七輯),山東文藝出版社,2008年12月第1版。

6. 謝耀亭:《郭店簡〈六德〉篇探析》,《陝西師範大學學報》(哲學社會科學版),2012年第1期。

7. 林素英:《〈六德〉研讀》,《國學學刊》,2014年第2期。

十　郭店楚簡《語叢一》

郭店楚簡《語叢一》,1993年冬出土於湖北荆門郭店一號戰國楚墓。[①]《語叢一》存簡一百一十二支,"簡長十七點二至十七點四釐米,編綫三道"[②]。本篇簡文原無篇題,現篇題爲整理者所加。

本篇簡文在文體形式上,由類似格言的文句構成。内容涉及人與仁、義、德、禮、樂等的關係,有的文句還概括了《易》《詩》《春秋》《禮》《樂》等典籍的主旨。《易》《詩》《春秋》《禮》《樂》五部儒家經典著作的名稱一同出現,對於研究儒家著作的經典化歷程具有重要意義。

著録

荆門市博物館編《郭店楚墓竹簡》,文物出版社,1998年5月第1版。

研究

1. 丁四新、劉琛:《楚簡〈語叢〉前三篇思想論析》,《江漢論壇》,1999年第10期。

---

① 參見荆門市博物館編《郭店楚墓竹簡》,前言,第1頁。

② 荆門市博物館編《郭店楚墓竹簡》,第193頁。

2. 連劭名:《郭店楚簡〈語叢〉叢釋》,《孔子研究》, 2003年第2期。

3. 曹峰:《〈語叢〉一、三兩篇所見“名”的研究》,《學燈》, 2007年第2期

4. 蘇建洲:《釋〈語叢〉〈天子建州〉幾個從“乇”形的字——兼説〈説文〉古文“垂”》, 簡帛網, 2008年11月18日。

5. 曹峰:《郭店楚簡〈語叢一〉“天生本、人生化”試解》, 復旦大學出土文獻與古文字研究中心網站, 2009年8月26日。

十一　郭店楚簡《語叢二》

郭店楚簡《語叢二》, 1993年冬出土於湖北荆門郭店一號戰國楚墓。[①]《語叢二》存簡五十四支, 簡長十五點一至十五點二釐米, 三道編綫。[②]本篇簡文原無篇題, 現篇題爲整理者所加。

本篇簡文在文體形式上, 由類似格言的文句構成。簡文主要論述人的喜怒悲樂及慮欲智等都根源於“性”。

著録

荆門市博物館編《郭店楚墓竹簡》, 文物出版社, 1998年5月第1版。

研究

1. 丁四新、劉琛:《楚簡〈語叢〉前三篇思想論析》,《江漢論壇》, 1999年第10期。

2. 連劭名:《郭店楚簡〈語叢〉叢釋》,《孔子研究》, 2003年第2期。

十二　郭店楚簡《語叢三》

郭店楚簡《語叢三》, 1993年冬出土於湖北荆門郭店一號戰國楚墓。[③]《語叢三》篇存簡七十二支,“簡長十七點六至十七點七釐米, 編綫三道。自第六四號簡以後的各簡皆分上下兩欄抄寫, 釋文也因之分上下欄。簡文

① 參見荆門市博物館編《郭店楚墓竹簡》, 前言, 第1頁。
② 參見荆門市博物館編《郭店楚墓竹簡》, 第203頁。
③ 參見荆門市博物館編《郭店楚墓竹簡》, 前言, 第1頁。

的這種書寫格式是以往楚簡中所未見的”[①]。本篇簡文原無篇題，現篇題爲整理者所加。

本篇簡文在文體形式上，由類似格言的文句構成。内容涉及父子君臣孝悌仁義等方面，爲研究早期儒家道德思想增加了新材料。

著録

荆門市博物館編《郭店楚墓竹簡》，文物出版社，1998年5月第1版。

研究

1. 丁四新、劉瑹:《楚簡〈語叢〉前三篇思想論析》,《江漢論壇》，1999年第10期。

2. 連劭名:《郭店楚簡〈語叢〉叢釋》,《孔子研究》，2003年第2期。

十三　上博楚簡《性情論》

《性情論》是上海博物館1994年5月從香港購回的一批竹簡中的一篇。本篇簡文現存較爲完整的竹簡四十支，殘損較重的殘簡五段，整簡共七支，完簡長約五十七釐米，是上博簡中最長的竹簡。本篇書寫工整，字距劃一。共計一千二百五十六字，其中重文十三、合文二。[②]

本篇簡文主要内容見於郭店楚簡《性自命出》，但兩篇文獻互有不同。

著録

馬承源主編《上海博物館藏戰國楚竹書》(一)，上海古籍出版社，2001年11月第1版。

研究

1. 李學勤:《釋〈性情論〉簡“逸蕩”》,《故宫博物院院刊》，2002年第2期。

2. 陳來:《郭店楚簡〈性自命出〉與上博藏簡〈性情論〉》,《孔子研究》，2002年第2期。

3. 徐在國、黄德寬:《〈上海博物館藏戰國楚竹書（一）緇衣・性情論〉釋文補

---

① 荆門市博物館編《郭店楚墓竹簡》，第209頁。

② 參見馬承源主編《上海博物館藏戰國楚竹書》(一)，第218頁。

正》,《古籍整理研究學刊》, 2002 年第 2 期。

4. 周鳳五:《上博〈性情論〉小箋》,《齊魯學刊》, 2002 年第 4 期。

5. 李景林:《讀上博簡〈性情論〉的幾點聯想》,《吉林大學社會科學學報》, 2002 年第 6 期。

6. 濮茅左:《〈性情論〉中的教習思想及其相關問題》,《上海博物館集刊》(第九期), 上海書畫出版社, 2002 年 12 月第 1 版。

7. 徐在國:《上博簡〈性情論〉補釋一則》,《史學集刊》, 2003 年第 1 期。

8. 陳桐生:《哲學・禮學・詩學——談〈性情論〉與〈孔子詩論〉的學術聯繫》,《中國哲學史》, 2004 年第 4 期。

十四　上博楚簡《子羔》

《子羔》是上海博物館 1994 年 5 月從香港購回的一批竹簡中的一篇。本篇竹簡全部殘斷,存殘簡十四支,總計三百九十五字,其中合文六、重文一,第五簡背面有篇題“子羔”。①

簡文刊布後,陳劍先生對竹簡編聯提出不同意見。本篇簡文記述的是孔子回答子羔所問堯舜禹及后稷之事。

著録

馬承源主編《上海博物館藏戰國楚竹書》(二), 上海古籍出版社, 2002 年 12 月第 1 版。

研究

1. 陳劍:《上博簡〈子羔〉〈從政〉篇的拼合與編連問題小議》,《文物》, 2003 年第 5 期。

2. 廖名春:《上博簡〈子羔〉篇感生神話試探》,《福建師範大學學報》(哲學社會科學版), 2003 年第 6 期。

3. 廖名春:《上博簡〈子羔〉篇釋補》,《中州學刊》, 2003 年第 6 期。

4. 馮時:《戰國楚竹書〈子羔・孔子詩論〉研究》,《考古學報》, 2004 年第 4 期。

---

① 參見馬承源主編《上海博物館藏戰國楚竹書》(二), 第 183 頁。

5. 張桂光:《〈上博簡(二)〉〈子羔〉篇釋讀劄記》,《華南師範大學學報》(社會科學版),2004年第4期。

6. 張永剛:《子羔考論》,《文學遺産》,2004年第6期。

十五　上博楚簡《中弓》

《中弓》是上海博物館1994年5月從香港購回的一批竹簡中的一篇。"全篇現存竹簡二十八支,整簡三支,分别爲三截和二截綴合而成,餘皆爲殘斷之簡。整簡全長四十七釐米左右,字數在三十四至三十七字之間。編繩爲上、中、下三編,第一編繩距簡上端約零點八釐米;第三編繩距簡下端約一點六釐米;第一編繩距第二編繩約二十三釐米;第二編繩距第三編繩約二十一點七至二十三釐米之間。字數共五百二十字,其中合文十六,重文四。"[①] 本篇原有篇題"中弓",書寫在第十六簡背面。

本篇中的"中弓"當是文獻記載的孔子弟子仲弓。本篇簡文所記中弓之事,大多不見於傳世文獻,因此,簡文對於研究孔門弟子的思想及事迹具有重要價值。

著録

馬承源主編《上海博物館藏戰國楚竹書》(三),上海古籍出版社,2003年12月第1版。

研究

1. 楊懷源:《讀上博簡〈中弓〉劄記三則》,《古漢語研究》,2005年第2期。

2. 劉冬穎:《上博簡〈中弓〉與早期儒學傳承的再評價》,《社會科學戰綫》,2005年第3期。

3. 楊朝明:《從孔子弟子到孟、荀異途——由上博竹書〈中弓〉思考孔門學術分别》,《齊魯學刊》,2005年第3期。

4. 王化平:《上博簡〈中弓〉與〈論語〉及相關問題探討》,《北方論叢》,2009年第4期。

5. 秦飛:《出土文獻與古書反思——從上博簡〈中弓〉之刑政思想説起》,《濟南大

① 馬承源主編《上海博物館藏戰國楚竹書》(三),第263頁。

學學報》(社會科學版),2014年第1期。

十六　上博楚簡《相邦之道》

《相邦之道》是上海博物館1994年5月從香港購回的一批竹簡中的一篇。本篇現存四支簡,存一百零七字,四支簡文字不相連接,原無篇題,現篇題爲整理者所加。[①]

關於本篇簡文的四支簡,裘錫圭先生認爲,第二支、第四支簡,内容有聯繫,應自屬一篇。第一支、第三支簡内容與之並没有明顯關聯,懷疑不應編入《相邦之道》。[②]

本篇簡文第二支、第四支簡記載孔子子貢答問,内容涉及相邦之道,屬於儒家作品。但是,第一支簡中的"先其欲""静以待時"等思想,裘錫圭先生認爲頗近於《管子》,與儒家似有距離。[③]

著録

馬承源主編《上海博物館藏戰國楚竹書》(四),上海古籍出版社,2004年12月第1版。

研究

1. 裘錫圭:《上博簡〈相邦之道〉1號簡考釋》,《中國文字學報》(第一輯),商務印書館,2006年12月第1版。

2. 裘錫圭:《〈上海博物館藏戰國楚竹書(四)·相邦之道〉釋文注釋》,《裘錫圭學術文集》,復旦大學出版社,2012年6月第1版。

十七　上博楚簡《魯邦大旱》

《魯邦大旱》是上海博物館1994年5月從香港購回的一批竹簡中的一篇。本篇簡文現存竹簡六支,三支完整,一支殘斷,存二百零八

---

① 參見馬承源主編《上海博物館藏戰國楚竹書》(四),第233頁。

② 參見裘錫圭:《〈上海博物館藏戰國楚竹書(四)·相邦之道〉釋文注釋》,《裘錫圭學術文集》,第493頁。

③ 參見裘錫圭:《〈上海博物館藏戰國楚竹書(四)·相邦之道〉釋文注釋》,《裘錫圭學術文集》,第493頁。

字，三道編繩，編繩處有右契口，第一編繩距簡上端約八點六釐米；第三編繩距簡下端約七點九釐米；第一編繩距第二編繩約十九點四釐米；第二編繩距第三編繩爲十九點五釐米。本篇原無篇題，現篇題爲整理者所加。①

簡文記述魯哀公時發生大旱，魯哀公向孔子請教抗旱之法，孔子提出加强刑德的主張，並就是否要祭祀求雨與子貢展開辯論。

本篇簡文的内容是否爲史實的實録，學者有不同意見。有學者認爲是儒家某派爲表達自己的思想主張而擬構的。②

著録

馬承源主編《上海博物館藏戰國楚竹書》(二)，上海古籍出版社，2002 年 12 月第 1 版。

研究

1. 李學勤:《上博楚簡〈魯邦大旱〉解義》,《孔子研究》，2004 年第 1 期。

2. 廖名春:《試論楚簡〈魯邦大旱〉篇的内容與思想》,《孔子研究》，2004 年第 1 期。

3. 劉信芳:《上博藏楚簡〈魯邦大旱〉"踵命"試解》,《古籍整理研究學刊》，2005 年第 1 期。

4. 臧克和:《楚簡所見人與自然——關於〈戰國楚竹書·魯邦大旱〉的考辨》,《學術研究》，2009 年第 10 期。

5. 陳侃理:《上博楚簡〈魯邦大旱〉的思想史坐標》,《中國歷史文物》，2010 年第 6 期。

6. 裘錫圭:《説〈魯邦大旱〉"抑吾子如重命丌歟"句》,《裘錫圭學術文集》，復旦大學出版社，2012 年 6 月第 1 版。

7. 裘錫圭:《〈上海博物館藏戰國楚竹書（二）·魯邦大旱〉釋文注釋》,《裘錫圭學術文集》，復旦大學出版社，2012 年 6 月第 1 版。

---

① 參見馬承源主編《上海博物館藏戰國楚竹書》(二)，第 203 頁。

② 參見陳侃理:《上博楚簡〈魯邦大旱〉的思想史坐標》,《中國歷史文物》，2010 年第 6 期，第 75 頁。

十八　上博楚簡《從政》

《從政》是上海博物館 1994 年 5 月從香港購回的一批竹簡中的一篇。整理者將本篇簡文分爲甲、乙篇。甲篇存簡十八支，簡長約四十二點六釐米，存字總計五百一十九；乙篇存簡六支，簡長約四十二點六釐米，存字一百四十；兩篇總計六百五十九字。[①]

本篇簡文刊布後，陳劍先生對竹簡的編聯提出不同意見，認爲甲、乙篇應爲一篇，並提出重新編聯的具體意見。本篇簡文内容多次講到從政所應具備的道德及行爲標準，並提出毋暴、毋虐、毋賊、毋貪。

在文體上，本篇簡文每章都以“聞之曰”領起下文，很有特點。

著録

馬承源主編《上海博物館藏戰國楚竹書》(二)，上海古籍出版社，2002 年 12 月第 1 版。

研究

1. 周鳳五:《讀上博楚竹書〈從政〉(甲篇)劄記》，簡帛研究網，2003 年 1 月 10 日。

2. 陳劍:《上博簡〈子羔〉〈從政〉篇的拼合與編連問題小議》,《文物》，2003 年第 5 期。

3. 楊朝明:《上博竹書〈從政〉篇與〈子思子〉》,《孔子研究》，2005 年第 2 期。

4. 陳劍:《上海博物館藏戰國楚竹書〈從政〉篇研究(三題)》，復旦大學出土文獻與古文字研究中心網站，2008 年 2 月 28 日。

5. 梁静:《上博楚簡〈從政〉研究》,《故宫博物院院刊》，2013 年第 4 期。

十九　上博楚簡《季康子問於孔子》

《季康子問於孔子》是上海博物館 1994 年 5 月從香港購回的一批竹簡中的一篇。本篇共二十三簡，竹簡兩端平齊，完簡長約三十九釐米，寬零點六釐米，厚零點一二釐米左右，三道編繩。上契口距頂端約一點三釐

① 參見馬承源主編《上海博物館藏戰國楚竹書》(二)，第 213 頁。

米，上契口與中契口間距約十八釐米，中契口與下契口間距約十八點二釐米，下契口距尾端約一點三釐米，契口位於竹簡右側。竹簡上下留白，簡文書寫在第一編繩與第三編繩之間，總計六百六十九字，書體工整，字距相近。原無篇題，現篇題爲整理者所加。①

本篇簡文記述季康子以幣迎孔子歸魯後的事迹。對於研究孔子晚年思想具有重要價值。

著録

馬承源主編《上海博物館藏戰國楚竹書》(五)，上海古籍出版社，2005年12月第1版。

研究

1. 李鋭:《讀〈季康子問於孔子〉劄記》，簡帛研究網，2006年3月6日。

2. 凡國棟:《談談楚簡中從“西(鹵)”的幾個字——以〈從政〉甲與〈季康子問於孔子〉一處簡文對讀爲中心》,《古籍整理研究學刊》，2009年第6期。

二十　上博楚簡《弟子問》

《弟子問》是上海博物館1994年5月從香港購回的一批竹簡中的一篇。本篇存二十五簡，多已殘斷，難以連讀，内容是孔子與弟子及弟子間的問答。②

本篇簡文對於研究孔子、孔子弟子思想及《論語》的成書都具有重要價值。

著録

馬承源主編《上海博物館藏戰國楚竹書》(五)，上海古籍出版社，2005年12月第1版。

研究

1. 黄人二:《上博藏簡(五)〈君子爲禮〉與〈弟子問〉試釋——兼論本篇篇名爲

① 參見馬承源主編《上海博物館藏戰國楚竹書》(五)，第195頁。
② 參見馬承源主編《上海博物館藏戰國楚竹書》(五)，第267頁。

〈論語弟子問〉與〈論語〉之形成和主要編輯時間》,《中國國家博物館館刊》, 2011 年第 6 期。

2. 常佩雨:《"言行相近，然後君子"——從上博簡〈弟子問〉看孔子的言行觀》,《文藝評論》, 2012 年第 4 期。

二十一　上博楚簡《君子爲禮》

《君子爲禮》是上海博物館 1994 年 5 月從香港購回的一批竹簡中的一篇。本篇共十六簡，完簡長五十四點一至五十四點五釐米，上契口距頂端約十點五釐米，上契口與中契口間距約十三點二釐米，中契口與下契口間距約十九點五釐米，下契口距尾端約十點三釐米。原無篇題，現篇題爲整理者所加。[①]

本篇簡文内容及文體形式與《弟子問》相似，亦爲孔門弟子問答。對於研究孔子、孔子弟子思想及《論語》的成書都具有重要價值。

著録

馬承源主編《上海博物館藏戰國楚竹書》(五)，上海古籍出版社，2005 年 12 月第 1 版。

研究

1. 徐少華:《論竹書〈君子爲禮〉的思想内涵與特徵》,《中國哲學史》, 2007 年第 2 期。

2. 劉釗:《〈上博五・君子爲禮〉釋字一則》，簡帛網，2007 年 7 月 23 日。

3. 王春華:《上博簡〈君子爲禮〉首章所體現的仁、禮、義之關係——以〈論語〉"顔淵問仁"章爲參照》,《中國哲學史》, 2011 年第 1 期。

4. 黄人二:《上博藏簡(五)〈君子爲禮〉與〈弟子問〉試釋——兼論本篇篇名爲〈論語弟子問〉與〈論語〉之形成和主要編輯時間》,《中國國家博物館館刊》, 2011 年第 6 期。

① 參見馬承源主編《上海博物館藏戰國楚竹書》(五)，第 253 頁。

二十二　上博楚簡《孔子見季桓子》

《孔子見季桓子》是上海博物館 1994 年 5 月從香港購回的一批竹簡中的一篇。本篇共二十七簡，兩端平齊，完簡長五十四點六釐米，三道編繩，上契口距頂端約一點一釐米，上契口與中契口間距約二十五點五釐米，中契口與下契口間距約二十六點五釐米，下契口距尾端約一點五釐米，契口位於竹簡右側。竹黃面書寫文字，上下留白，文字書寫在第一編繩與第三編繩之間，總計五百五十四字，其中合文六。原無篇題，現篇題爲整理者所加。[①]

本篇簡文文體爲對話體，是儒家佚籍，内容爲孔子與季桓子有關興魯的討論。有關事迹參見《左傳》《史記》《禮記》等典籍。本篇對於研究孔子思想及魯國歷史具有重要價值。

著録

馬承源主編《上海博物館藏戰國楚竹書》（六），上海古籍出版社，2007 年 7 月第 1 版。

研究

1. 凡國棟、何有祖:《〈孔子見季桓子〉劄記一則》，簡帛網，2007 年 7 月 15 日。

2. 李鋭:《〈孔子見季桓子〉重編》，簡帛網，2007 年 8 月 22 日。

3. 梁静:《〈孔子見季桓子〉校讀》，簡帛網，2008 年 3 月 4 日。

4. 陳劍:《〈上博（六）· 孔子見季桓子〉重編新釋》，復旦大學出土文獻與古文字研究中心網站，2008 年 3 月 22 日。

5. 雷黎明:《上博簡〈孔子見季桓子〉第 22 簡中的“吾子”探賾——兼論孔子的“知言”觀》,《南昌大學學報》（人文社會科學版），2009 年第 5 期。

6. 何有祖:《上博楚簡〈孔子見季桓子〉字詞考釋》,《中國文字研究》（第十六輯），上海人民出版社，2012 年 8 月第 1 版。

---

① 參見馬承源主編《上海博物館藏戰國楚竹書》（六），第 195 頁。

二十三　上博楚簡《子道餓》

《子道餓》是上海博物館1994年5月從香港購回的一批竹簡中的一篇。本篇存完、殘簡六支，有二支完整，完簡長約四十四釐米，寬零點六釐米，厚零點一二釐米左右，兩端平齊，三道編繩，契口位於右側，上契口距頂端約一點二釐米，上契口與中契口間距約二十一釐米，中契口與下契口間距約二十一釐米，下契口距尾端約一點二釐米，契口位於竹簡右側，竹黄面書寫文字，上下留白，文字書寫在第一編繩與第三編繩之間，總計一百二十一字。原無篇題，現篇題爲整理者所加。①

整理者認爲本篇簡文所記即是孔子陳蔡絶糧之事。簡文刊布後，復旦吉大古文字專業研究生聯合讀書會對簡文進行重新編聯，結果發現本篇簡文與孔子無關，而記載的是孔門弟子言游未得魯司寇禮遇而去魯，行至宋衛之間，其一子餓死，門人爲此諫言之事。②子游是孔子著名弟子，對後世影響較大。本篇簡文的發現對於研究子游具有重要意義。

本篇不應題爲“子道餓”，爲了減少改換篇題帶來的麻煩，在此仍然沿用之。

著録

馬承源主編《上海博物館藏戰國楚竹書》(八)，上海古籍出版社，2011年5月第1版。

研究

1. 復旦吉大古文字專業研究生聯合讀書會:《上博八〈子道餓〉校讀》，復旦大學出土文獻與古文字研究中心網站，2011年7月17日。

2. 陳劍:《〈上博(八)·子道餓〉補説》，復旦大學出土文獻與古文字研究中心網站，2011年7月19日。

3. 楊坤:《〈子道餓〉提要》，簡帛網，2011年7月22日。

4. 廖名春:《上博楚竹書〈魯司寇寄言游於逡楚〉篇考辨》，《中華文史論叢》，

① 參見馬承源主編《上海博物館藏戰國楚竹書》(八)，第119頁。

② 參見復旦吉大古文字專業研究生聯合讀書會:《上博八〈子道餓〉校讀》，復旦大學出土文獻與古文字研究中心網站，2011年7月17日。

2011 年第 4 期。

5. 鳲鳩：《〈上博八《子道餓》〉章句劄記兩則》，簡帛網，2011 年 10 月 8 日。

二十四　上博楚簡《顔淵問於孔子》

《顔淵問於孔子》是上海博物館 1994 年 5 月從香港購回的一批竹簡中的一篇。本篇存殘簡十四支，第七支簡較完整，簡長約四十六點二釐米，寬零點六釐米，厚零點一二釐米左右，兩端平齊，三道編繩，契口位於竹簡右側，上契口距頂端約二點六釐米，上契口與中契口間距約二十點五釐米，中契口與下契口間距約二十點五釐米，下契口距尾端約二點六釐米。竹黄面書寫文字，上下留白，文字書寫在第一編繩與第三編繩之間，總計三百一十三字，其中合文七、重文六。原無篇題，現篇題爲整理者所加。①

本篇簡文記述的内容主要是顔淵向孔子請教“内事”“内教”“至明”等問題，以及孔子的回答。文體上看，屬於對話體。本篇簡文對於研究孔子及顔淵思想具有重要意義。

著録

馬承源主編《上海博物館藏戰國楚竹書》（八），上海古籍出版社，2011 年 5 月第 1 版。

研究

1. 復旦吉大古文字專業研究生聯合讀書會：《〈上博八·顔淵問於孔子〉校讀》，復旦大學出土文獻與古文字研究中心網站，2011 年 7 月 17 日。

2. 李國勇、常佩雨：《上博簡〈顔淵問於孔子〉簡文釋讀與文獻價值新探》，《四川文物》，2014 年第 2 期。

二十五　上博楚簡《史蒥問於夫子》

《史蒥問於夫子》是上海博物館 1994 年 5 月從香港購回的一批竹簡中

---

① 參見馬承源主編《上海博物館藏戰國楚竹書》（八），第 139 頁。

的一篇。本篇存殘簡十二支，綜合各種情况分析，完簡長約三十七釐米，寬零點六釐米，厚零點一二釐米左右，兩端平齊，兩道編繩，契口位於竹簡右側，上契口距頂端約十釐米，上契口與下契口間距約十七釐米，下契口距尾端約十釐米。竹黄面書寫文字，上下不留白，總計二百三十六字，其中合文一、重文三。原無篇題，現篇題爲整理者所加。[①]

本篇簡文記述的是齊國史蕾向孔子請教邦治等問題，涉及“世襲”“敬”等問題，以及孔子的回答。文體上看，屬於問答體。本篇簡文對於研究孔子思想具有重要意義。

著録

馬承源主編《上海博物館藏戰國楚竹書》(九)，上海古籍出版社，2012年12月第1版。

研究

1. 高佑仁:《〈上博九〉初讀》，簡帛網，2013年1月8日。

2. 王凱博:《〈史蕾問於夫子〉綴合三例》，簡帛網，2013年1月10日。

二十六　清華楚簡《殷高宗問於三壽》

《殷高宗問於三壽》是清華大學2008年入藏的戰國竹簡中的一篇。“本篇原由二十八支簡編聯而成，今缺第三簡，存二十七支，其中第二十五簡上部缺大半，第八簡上、下及第九簡下端亦稍殘。完整簡長約四十五釐米，寬約零點六至零點七釐米，設三道編繩。滿簡書寫二十八至三十四個字，簡背有次序編號‘一’至‘廿八’。今缺序號‘三’。序號有錯亂，其中原編號‘十五’者當排在第十簡位置，而原編號‘十’者當排在第十五簡位置，今已據文義互換。篇題‘殷高宗問於三壽’寫在本篇末簡簡背。全篇文字較清晰，唯第八簡上端有一字缺損，又第九簡中段‘君子’前一字及第二十簡‘責’字筆畫模糊。”[②]

清華簡《殷高宗問於三壽》全篇記述的内容是殷高宗與三壽（主要是

---

① 參見馬承源主編《上海博物館藏戰國楚竹書》(九)，第271頁。

② 李學勤主編《清華大學藏戰國竹簡》(伍)，第149頁。

彭祖）的對話。本篇文獻第一部分從抽象宏觀角度討論事物的長、險、厭、惡四個範疇，並用具體事物作出分析闡述。本篇文獻的第二部分提出與治國安邦及個人修養密切相關的祥、義、德、音、仁、聖、知、利、信等九個範疇，並分別對這九個範疇的各自内涵作出了具體闡釋。《殷高宗問於三壽》的思想旨趣從總體上看來自儒家，不過已發生很大改變，其思想旨趣與荀子思想多有相像之處，當是儒家分化後戰國時期某一派的作品。

著録

李學勤主編《清華大學藏戰國竹簡》(伍)，中西書局，2015 年 4 月第 1 版。

研究

1. 李均明:《清華簡〈殷高宗問於三壽〉概述》,《文物》, 2014 年第 12 期。

2. 劉成群:《清華簡〈殷高宗問於三壽〉“揆中”思想與戰國時代的政治化儒學》,《史學月刊》, 2017 年第 7 期。

3. 袁青:《清華簡〈殷高宗問於三壽〉是儒家著作嗎——兼與李均明等先生商榷》,《學術界》, 2017 年第 8 期。

4. 向净卿:《清華簡〈殷高宗問於三壽〉“揆中”與荀子“禮義之中”——對儒家“中道”傳統的再省思》,《邯鄲學院學報》, 2018 年第 4 期。

二十七　清華楚簡《邦家之政》

《邦家之政》是清華大學 2008 年入藏的戰國竹簡中的一篇。“本篇原由十三支簡編聯而成，今缺第一、二簡，存十一支。其中第三簡上、下段及第五、一三簡上段有殘缺。完整簡長約四十五釐米、寬約零點六釐米，設三道編繩。滿簡書寫二十八至三十四個字不等，文字較清晰。簡背書次序號‘三’至‘十三’，缺序號‘一’‘二’。簡背有劃痕，但原册未按劃痕規律編聯，今按序號復原，則内容連貫順暢。原册未見篇題，今篇名據内容及簡文所見‘邦家之政’擬定。”①

清華簡《邦家之政》假託孔子與某公的對話，闡發了作者治國理政理

① 李學勤主編《清華大學藏戰國竹簡》(捌)，第 121 頁。

念。全篇主體上反映了儒家思想，同時也包含墨家尚簡、尚賢、均分等思想，當是戰國中期儒墨融合的産物。

著録

李學勤主編《清華大學藏戰國竹簡》(捌)，中西書局，2018年11月第1版。

研究

1. 李均明:《清華簡〈邦家之政〉的爲政觀》,《清華大學學報》(哲學社會科學版)，2018年第6期。

2. 李均明:《清華簡〈邦家之政〉所反映的儒墨交融》,《中國哲學史》，2019年第3期。

3. 陳斯鵬:《清華大學所藏竹書〈邦家之政〉校證》,《中山大學學報》(社會科學版)，2019年第6期。

4. 朱君傑:《從清華簡〈邦家之政〉看早期儒家思想的分化與流變——兼論思孟學派在戰國時期的影響力》,《廣西社會科學》，2020年第2期。

二十八　清華楚簡《邦家處位》

《邦家處位》是清華大學2008年入藏的戰國竹簡中的一篇。“本篇有十一支簡，簡長約四十一點五釐米，寬約零點五釐米，三道編。簡背有編號。第九簡上部殘缺約二十字，第十簡中上部殘缺約六至七字，其餘完整。原無篇題，現篇題取簡首四字而定。”①

清華簡《邦家處位》全篇闡述選用良人對於克服弊政的重要及貢選良人之道，總體上應該是儒家政論文獻。

著録

李學勤主編《清華大學藏戰國竹簡》(捌)，中西書局，2018年11月第1版。

研究

1. 陳穎飛:《論清華簡〈邦家處位〉的幾個問題》,《清華大學學報》(哲學社會科學版)，2018年第6期。

---

① 李學勤主編《清華大學藏戰國竹簡》(捌)，第127頁。

2. 馬楠:《清華簡〈邦家處位〉所見鄉貢制度》,《出土文獻研究》(第十七輯),中西書局,2018年12月第1版。

3. 陳穎飛:《清華簡〈邦家處位〉補釋與再析》,《古文字研究》(第三十三輯),中華書局,2020年8月第1版。

4. 王化平:《清華簡〈邦家處位〉〈治邦之道〉部分字詞的訓釋》,《西部史學》,2020年第1期。

二十九　清華楚簡《治邦之道》

《治邦之道》是清華大學2008年入藏的戰國竹簡中的一篇。"本篇現存簡二十七支,簡長約四十四點六釐米,寬零點六釐米,三道編。簡文原無篇題,無序號。其中第二二簡上有'此治邦之道,智者智(知)之'之語。今據簡文主題,取此句中'治邦之道'四字命名本篇。"①

清華簡《治邦之道》全篇圍繞治國安邦問題展開論述,從重視禮的思想傾向來看,本篇寫本總體上應該是儒家政論文獻。

著録

李學勤主編《清華大學藏戰國竹簡》(捌),中西書局,2018年11月第1版。

研究

1. 劉國忠:《清華簡〈治邦之道〉初探》,《文物》,2018年第9期。

2. 陳民鎮:《清華簡〈治邦之道〉墨家佚書説獻疑》,《陝西師範大學學報》(哲學社會科學版),2019年第5期。

3. 陳民鎮:《清華簡〈治政之道〉〈治邦之道〉思想性質初探》,《清華大學學報》(哲學社會科學版),2020年第1期。

4. 賈連翔:《從〈治邦之道〉〈治政之道〉看戰國竹書"同篇異制"現象》,《清華大學學報》(哲學社會科學版),2020年第1期。

5. 李松儒:《清華簡〈治政之道〉〈治邦之道〉中的"隱秘文字"及其作用》,《文史》,2021年第2輯。

---

① 李學勤主編《清華大學藏戰國竹簡》(捌),第135頁。

三十　清華楚簡《心是謂中》

《心是謂中》是清華大學2008年入藏的戰國竹簡中的一篇。“本篇共七支簡，簡長約四十四點六釐米，寬約零點六釐米，其中第一、六簡下部略殘，内容完整。簡文無篇題，無序號，今簡序根據文意並結合簡背劃痕等排列，篇題取自簡文。”①

清華簡《心是謂中》全篇圍繞心與身、天命等關係問題展開論述，從總體思想傾向來看，本篇寫本應該是儒家政論文獻。

著録

李學勤主編《清華大學藏戰國竹簡》(捌)，中西書局，2018年11月第1版。

研究

1. 沈建華:《初讀清華簡〈心是謂中〉》,《出土文獻》(第十三輯)，中西書局，2018年10月第1版。

2. 陳民鎮:《清華簡〈心是謂中〉首章心論的内涵與性質》,《中國哲學史》，2019年第3期。

3. 曹峰:《清華簡〈心是謂中〉的心論與命論》,《中國哲學史》，2019年第3期。

4. 朱君傑:《從清華簡〈心是謂中〉看戰國儒家心性觀的演變——兼論戰國諸子思想的雜糅與交融》,《廣西社會科學》，2019年第6期。

5. 郭成磊:《清華簡〈心是謂中〉“斷命在天”章發覆——兼論其所反映的儒家命論》,《孔子研究》，2020年第1期。

6. 馬文增:《清華簡〈心是謂中〉五題》,《老子學刊》，2020年第1期。

7. 林志鵬:《清華大學藏戰國竹書〈心是謂中〉疏證》,《出土文獻與古文字研究》(第九輯)，上海古籍出版社，2020年11月第1版。

三十一　清華楚簡《天下之道》

《天下之道》是清華大學2008年入藏的戰國竹簡中的一篇。“本篇共七支簡，簡長約四十一點六釐米，寬約零點六釐米，滿簡書四十至四十三

---

① 李學勤主編《清華大學藏戰國竹簡》(捌)，第148頁。

字，三道編，簡背有劃痕，無序號，無篇題。今篇題取自第一簡前四字，簡序參考劃痕等綜合排定。”①

清華簡《天下之道》提出天下之道在攻守，而守之道並不是高其城墻、深其城池，而在於民心，攻之道也不是多其兵車，而是乘其民心，又以三王爲例進一步展開論證。從總體思想傾向來看，本篇寫本應該是儒家政論文獻。

著録

李學勤主編《清華大學藏戰國竹簡》(捌)，中西書局，2018年11月第1版。

研究

1. 賈連翔:《戰國竹書整理的一點反思——從〈天下之道〉〈八氣五味五祀五行之屬〉〈虞夏殷周之治〉三篇的編聯談起》,《出土文獻》(第十三輯)，中西書局，2018年10月第1版。

2. 程薇:《清華簡〈天下之道〉初探(2)》,《清華大學學報》(哲學社會科學版)，2018年第6期。

3. 楊兆貴、陳書平:《由清華簡〈天下之道〉論先秦諸子天下觀》,《管子學刊》，2020年第3期。

4. 洪德榮:《〈清華簡(捌)·天下之道〉考釋兩則——兼論其兵學思想》,《古文字研究》(第三十三輯)，中華書局，2020年8月第1版。

5. 馬文增:《清華簡〈天下之道〉五題》,《衡水學院學報》，2022年第2期。

三十二　清華楚簡《治政之道》

《治政之道》是清華大學2008年入藏的戰國竹簡中的一篇。“本篇凡四十三簡，簡長約四十四點二釐米，寬約零點六釐米，三道編，簡尾有編號，首尾編聯無闕，大部分簡自竹節處斷爲兩段，完簡不足十支。經綴合，内容基本完整。”②

竹簡原整理者認爲本篇文獻與清華簡第八册的《治邦之道》應編聯在

① 李學勤主編《清華大學藏戰國竹簡》(捌)，第153頁。

② 黃德寬主編《清華大學藏戰國竹簡》(玖)，第125頁。

一起成爲一篇文獻。但是，兩篇文獻竹簡形制存在一定差異。尤其是兩篇文獻，一篇有竹簡序號，一篇没有竹簡序號，因此，兩篇文獻不僅不可能是一篇文獻，而且編在一起成爲一册寫本的可能都不大。即使編在一起成爲一册文獻，其中也可能由不同篇寫本組成，不能認爲編在一起成爲一册的寫本就是一篇寫本。就清華簡《治政之道》與《治邦之道》而言，即使兩篇寫本被編在一起，成爲一册寫本，也仍然不能斷定兩篇寫本實爲一篇寫本，而衹是相關主題内容著作被編在一起，成爲後世叢編、類編、合編性質的一册竹書寫本而已。

清華簡《治政之道》全篇圍繞爲政之道展開論述，從總體思想傾向來看，本篇寫本應該是儒家政論文獻。

著録

黄德寬主編《清華大學藏戰國竹簡》(玖)，中西書局，2019 年 11 月第 1 版。

研究

1. 李守奎:《清華簡〈治政之道〉的治政理念與文本的幾個問題》,《文物》, 2019 年第 9 期。

2. 陳民鎮:《據清華九〈治政之道〉補説清華八（六則）》,《出土文獻》(第十五輯)，中西書局，2019 年 10 月第 1 版。

3. 馬曉穩:《讀清華簡〈治政之道〉札記（六則）》,《清華大學學報》(哲學社會科學版)，2020 年第 1 期。

4. 陳民鎮:《清華簡〈治政之道〉〈治邦之道〉思想性質初探》,《清華大學學報》(哲學社會科學版)，2020 年第 1 期。

5. 賈連翔:《從〈治邦之道〉〈治政之道〉看戰國竹書"同篇異制"現象》,《清華大學學報》(哲學社會科學版)，2020 年第 1 期。

三十三　清華楚簡《畏天用身》

《畏天用身》是清華大學 2008 年入藏的戰國竹簡中的一篇。本篇文獻共十七支簡，簡長四十四點四釐米，寬零點六釐米，首尾完整，無缺簡。本篇無簡序編號，簡背有劃痕，簡序根據簡背劃痕及簡文内容排定。本篇文獻原無篇題，現篇題爲整理者根據簡文首句及簡文内容所擬定。[①]

本篇文獻圍繞天人關係展開論述，簡文在强調敬畏上天的同時，又主張“用身”，即强調主觀能動性的重要性。本篇文獻的思想旨趣與荀子最爲接近，對於研究先秦時期的天人思想及荀子學派均具有重要價值。

著録

黄德寬主編《清華大學藏戰國竹簡》（拾叁），中西書局，2023年11月第1版。

研究

石小力：《清華簡〈畏天用身〉中的天人思想》，《中國史研究動態》，2023年第5期。

三十四　帛書《五行》

帛書《五行》出土於馬王堆三號漢墓。[②] 帛書《五行》篇是同出帛書《老子》甲本卷後四篇古佚書中的第一種，接抄在《老子》之後，與《老子》書寫風格相同，當出於同一人之手。本篇原無篇題，現篇題爲整理者所加。篇内有句讀符號“┛”，經的部分有章節號“•”。[③]

帛書《五行》篇經的部分與郭店楚簡《五行》篇大致相同。佚籍《五行》的重新發現，意義重大，對於研究思孟學派是極爲珍貴的材料。

著録

1. 國家文物局古文獻研究室編《馬王堆漢墓帛書》（壹），文物出版社，1980年3月第1版。

2. 裘錫圭主編《長沙馬王堆漢墓簡帛集成》（壹）、（肆），中華書局，2014年6月第1版。

研究

1. 龐朴：《馬王堆帛書解開了思孟五行説之謎——帛書〈老子〉甲本卷後古佚書之

---

① 黄德寬主編《清華大學藏戰國竹簡》（拾叁），第127頁。

② 湖南省博物館：《長沙馬王堆漢墓簡帛出土與整理情況回顧》，裘錫圭主編《長沙馬王堆漢墓簡帛集成》（壹），第3頁。

③ 參見裘錫圭主編《長沙馬王堆漢墓簡帛集成》（肆），第57頁。

一的初步研究》,《文物》, 1977 年第 10 期。

2. 李學勤:《帛書〈五行〉與〈尚書・洪範〉》,《學術月刊》, 1986 年第 11 期。

3. 陳來:《帛書〈五行〉篇説部思想研究——兼論帛書〈五行〉篇與孟子的思想》,《中華文史論叢》, 2007 年第 3 期。

4. 陳來:《"慎獨"與帛書〈五行〉思想》,《中國哲學史》, 2008 年第 1 期。

5. 廖名春:《〈論語・鄉黨〉篇"色斯舉矣"新證——兼釋帛書〈五行〉篇的"色然"》,《四川大學學報》(哲學社會科學版), 2014 年第 5 期。

三十五　阜陽漢牘《儒家者言》章題

阜陽漢牘《儒家者言》章題, 1977 年出土於安徽阜陽雙古堆西漢汝陰侯夏侯竈墓。一同出土的有《蒼頡篇》《周易》《詩經》《春秋事語》《年表》《刑德》《日書》等文獻。①

《儒家者言》章題書寫在一號木牘上。"一號木牘長二十三釐米、寬五點四釐米、厚零點一釐米。木牘正面和背面各分上中下三排, 由右至左書寫章題; 正面上排七行, 中排八行, 下排九行; 背面上排、中排各九行, 下排五行, 尾部書'右方□□字'。木牘共書寫四十七個章題。"② 木牘上没有發現篇題, 現篇題爲整理者所加。

《儒家者言》雖然僅存章題, 但是從章題可以看出, 其内容記述的是孔子及其弟子的言行, 其中有部分章題與定州漢簡《儒家者言》的内容相同。章題所記載的内容大部分見於傳世文獻《説苑》《孔子家語》《新序》等典籍, 見於《説苑》的最多。《儒家者言》章題的發現對於研究《説苑》等書籍内容來源及成書具有重要意義。

著録

韓自强:《阜陽漢簡〈周易〉研究》(附《儒家者言》章題、《春秋事語》章題及相關竹簡), 上海古籍出版社, 2004 年 7 月第 1 版。

---

① 安徽省文物工作隊、阜陽地區博物館、阜陽縣文化局:《阜陽雙古堆西漢汝陰侯墓發掘簡報》,《文物》, 1978 年第 8 期。

② 韓自强:《阜陽漢簡〈周易〉研究》(附《儒家者言》章題、《春秋事語》章題及相關竹簡), 第 155 頁。

研究

1. 韓自强:《一號木牘〈儒家者言〉章題釋文考證》,《阜陽漢簡〈周易〉研究》(附《儒家者言》章題、《春秋事語》章題及相關竹簡),上海古籍出版社,2004年7月第1版。

2. 朱淵清:《阜陽雙古堆1號木牘札記二則》,《齊魯學刊》,2002年第4期。

三十六　定州漢簡《儒家者言》

定州漢簡《儒家者言》,1973年出土於西漢中山懷王劉脩墓。① 本篇簡文原無篇題,現篇題爲整理者根據文義所加。“這部分簡均長十一點五、寬零點八釐米,厚薄也基本一致;每章都從簡首開始,首尾無符號標志,亦不見篇題和尾題,每簡的字數和字體一致,滿行十四字,字體規整,大小間距一律。”②

本篇簡文内容主要是記述孔子及孔門弟子言行,每章内容獨立成篇,體裁上或記言或叙事,與《説苑》《新序》相似。本篇簡文的發現,對於研究《説苑》等書籍内容來源及成書具有重要意義。

著録

國家文物局古文獻研究室、河北省博物館、河北省文物研究所定縣漢墓竹簡整理組:《〈儒家者言〉釋文》,《文物》,1981年第8期。

研究

1. 何直剛:《〈儒家者言〉略説》,《文物》,1981年第8期。

2. 寧鎮疆:《八角廊漢簡〈儒家者言〉與〈孔子家語〉相關章次疏證》,《古籍整理研究學刊》,2004年第5期。

3. 鄔可晶:《出土與傳世古書對讀札記四則》,《中國典籍與文化》,2011年第3期。

4. 劉嬌:《讀河北定縣八角廊竹書〈儒家者言〉小札》,《語言研究集刊》(第九輯),上海辭書出版社,2012年10月第1版。

---

① 參見定縣漢墓竹簡整理組:《定縣40號漢墓出土竹簡簡介》,《文物》,1981年第8期。

② 何直剛:《〈儒家者言〉略説》,《文物》,1981年第8期,第20頁。

三十七　北大漢簡《儒家説叢》

漢簡《儒家説叢》是北京大學2009年1月接受捐贈獲得的一批從海外歸來的西漢竹簡中的一篇。本篇文獻現存竹簡十一支，其中完整竹簡六支。完簡長三十點一至三十點三釐米，寬約零點八釐米。經過綴合共得到九支簡，應該衹是該篇文獻的一小部分。本篇文獻未發現篇題，現篇題《儒家説叢》爲整理者所加。[①]

北大漢簡《儒家説叢》現存三個章節，其中兩章存有分章符號“•”。現存三章内容大致與《晏子春秋》《説苑》《韓詩外傳》及《孔子家語》等傳世文獻中的一些篇章相近。

著録

北京大學出土文獻研究所編《北京大學藏西漢竹書》(叁)，上海古籍出版社，2015年9月第1版。

附：懸泉漢簡子書散簡

1990年出土於懸泉置遺址的漢簡中編號Ⅱ90DXT0114③:299+②:84+②:261簡所記内容或爲某一子書的片段。

該簡木質，是由三枚斷簡綴合而成的完簡，長二十三點二釐米，寬零點九釐米，厚零點二釐米。[②]該簡存“賢無其爵不敢服其服家唯富無其禄不敢自用其財子深察之度量不可不明也憙欲不可不節也”[③]數字。其内容及語言風格與子書相類，因簡文中部分内容見於《説苑》及《孔子家語》，特附録在儒家類之後。

《説苑・雜言》:“孔子曰:‘中人之情，有餘則侈，不足則儉，無禁則淫，無度則失，縱欲則敗。飲食有量，衣服有節，宫室有度，畜聚有數，車器有限，以防亂之源也。故夫度量不可不明也，善欲不可不聽也。’”[④]

---

① 參見北京大學出土文獻研究所編《北京大學藏西漢竹書》(叁)，第209頁。

② 參見甘肅簡牘博物館等編《懸泉漢簡》(叁)，第587頁。

③ 釋文參見甘肅簡牘博物館等編《懸泉漢簡》(叁)，第73頁。

④ (漢)劉向撰，向宗魯校正《説苑校正》，第432頁。

《孔子家語·六本》:“孔子曰:‘中人之情也,有餘則侈,不足則儉,無禁則淫,無度則逸,從欲則敗。是故鞭朴之子,不從父之教;刑戮之民,不從君之令。此言疾之難忍,急之難行也。故君子不急斷,不急制,使飲食有量,衣服有節,宮室有度,畜積有數,車器有限,所以防亂之原也。夫度量不可不明,是中人所由之令。’”①

又,《管子·立政·服制》:“度爵而制服,量禄而用財。飲食有量,衣服有制,宮室有度,六畜人徒有數,舟車陳器有禁。脩生則有軒冕、服位、穀禄、田宅之分,死則有棺槨、絞衾、壙壟之度。雖有賢身貴體,毋其爵不敢服其服;雖有富家多資,毋其禄不敢用其財。”②

著録

甘肅簡牘博物館等編《懸泉漢簡》(叁),中西書局,2023 年 5 月第 1 版。

道家類

一　郭店楚簡《老子》

郭店楚簡《老子》,1993 年冬出土於湖北荆門郭店一號戰國楚墓。③郭店楚簡《老子》,共發現竹簡三組,甲組存竹簡三十九支,竹簡兩端均修削成梯形,簡長三十二點三釐米。編綫兩道,編綫間距爲十三釐米。乙組存竹簡十八支,竹簡兩端平齊,簡長三十點六釐米。編綫兩道,編綫間距爲十三釐米。丙組存竹簡十四支,竹簡兩端平齊,簡長二十六點五釐米。編綫兩道,編綫間距爲十點八釐米。三組簡合在一起相當於今本的五分之二,章序及文字與今本都有較大差異,整理者將之分别命名爲《老子》甲、《老子》乙、《老子》丙。④

由於郭店楚簡《老子》與今本差異較大,因此,對於研究《老子》一

① 高尚舉等校注《孔子家語校注》,第 239 頁。
② 黎翔鳳撰,梁運華整理《管子校注》,第 76 頁。
③ 參見荆門市博物館編《郭店楚墓竹簡》,前言,第 1 頁。
④ 參見荆門市博物館編《郭店楚墓竹簡》,第 111 頁。

書的早期文本情况具有重要意義。

著録

荆門市博物館編《郭店楚墓竹簡》，文物出版社，1998 年 5 月第 1 版。

研究

1. 湖北省荆門市博物館:《荆門郭店一號楚墓》,《文物》，1997 年第 7 期。

2. 郭沂:《從郭店楚簡〈老子〉看老子其人其書》,《哲學研究》，1998 年第 7 期。

3. 徐洪興:《疑古與信古——從郭店竹簡本〈老子〉出土回顧本世紀關於老子其人其書的争論》,《復旦學報》(社會科學版)，1999 年第 1 期。

4. 高晨陽:《郭店楚簡〈老子〉的真相及其與今本〈老子〉的關係——與郭沂先生商討》,《中國哲學史》，1999 年第 3 期。

5. 董琨:《郭店楚簡〈老子〉異文的語法學考察》,《中國語文》，2001 年第 4 期。

6. 譚寶剛:《從〈老子〉郭店本“絶智棄辯”到今本“絶聖棄智”》,《史學月刊》，2009 年第 7 期。

7. 張祥龍:《有無之辨和對老子道的偏斜——從郭店楚簡〈老子〉甲本“天下之物生於有 / 無”章談起》,《中國哲學史》，2010 年第 3 期。

二　帛書《老子》

帛書《老子》出土於馬王堆三號漢墓。在三號墓東邊箱出土的長方形黑色漆盒，盒内分上下兩層，上層置放絲帶和一束絲織品，下層設有五個長短大小不等的方格，其中一個靠邊的狹長格内放置了《導引圖》、《去穀食氣》、《陰陽十一脈灸經》乙本、《老子》甲本及卷後四篇古佚書、《春秋事語》、四種醫簡及兩支竹笛，其餘帛書疊成長方形放在一個最大的長方形格中。[①] 帛書《老子》分甲、乙本。《老子》甲本與《五行》《九主》等四篇佚書合抄在一長條半幅寬（現寬約二十四釐米）的帛上，朱絲欄墨書，總計一百六十九行。《老子》乙本與《經法》《十六經》等四篇佚書合抄在一大張全幅的帛上，摺疊成約十六開大小的形式，朱絲欄墨書，總計

① 湖南省博物館:《長沙馬王堆漢墓簡帛出土與整理情况回顧》，裘錫圭主編《長沙馬王堆漢墓簡帛集成》(壹)，第 3 頁。

七十八行。甲、乙兩本都分爲兩篇，乙本在與篇末之字相距約兩字位置題寫了篇名及全篇字數，上篇爲“《德》三千卌一”，下篇爲“《道》二千四百廿六”。帛書《老子》上篇《德》相當於傳世王弼注本下篇《德經》，帛書《老子》下篇《道》相當於傳世王弼注本上篇《道經》，上、下篇順序與傳世王弼注本相反，與北大漢簡本相同。① 帛書《老子》對於研究《老子》一書在流傳過程的變化等問題具有重要意義。

著録

1. 國家文物局古文獻研究室編《馬王堆漢墓帛書》(壹)，文物出版社，1980 年 3 月第 1 版。

2. 裘錫圭主編《長沙馬王堆漢墓簡帛集成》(壹)、(肆)，中華書局，2014 年 6 月第 1 版。

研究

1. 周采泉:《馬王堆漢墓帛書〈老子甲本〉爲秦楚間寫本説》,《社會科學戰綫》, 1978 年第 2 期。

2. 尹振環:《恢復〈老子〉的本來面目——帛書〈老子〉與今本〈老子〉之比較研究》,《文獻》, 1992 年第 3 期。

3. 周生春:《帛書〈老子〉道論試探》,《哲學研究》, 1992 年第 6 期。

4. 宋啓發:《帛書〈老子〉異文商榷》,《文獻》, 1998 年第 4 期。

5. 劉晗:《帛書〈老子〉的特殊體系所反映的學術思想特色》,《管子學刊》, 2007 年第 1 期。

三　北大漢簡《老子》

北大漢簡《老子》是北京大學 2009 年 1 月入藏的西漢竹簡中的一種。② 漢簡《老子》存完整竹簡一百七十六支，殘斷竹簡一百零五支，經拼綴後，共有完簡及接近完整的竹簡二百一十一支，殘簡十支，缺失二支簡。完簡長三十一點九至三十二點二釐米，寬零點八至零點九釐米，三道

① 參見裘錫圭主編《長沙馬王堆漢墓簡帛集成》(肆)，第 1—2 頁。

② 參見北京大學出土文獻研究所編《北京大學藏西漢竹書》(貳)，前言，第 1 頁。

編繩，滿簡一般書寫二十八字，字體與成熟的漢隸接近，清秀飄逸，堪稱西漢中期隸書藝術的瑰寶。[①]

漢簡《老子》分爲上、下篇，整理者所編二號簡背面上端書有“老子上經”四個字，一百二十四號簡背面上端書有“老子下經”四個字，是上、下篇的篇題。《上經》相當於傳世王弼注本的《德經》,《下經》相當於傳世王弼注本的《道經》。《上經》四十四章，《下經》三十三章，總計七十七章。每章均都另起一簡抄寫。[②]

漢簡《老子》基本完整，可以與傳世諸本及出土各本對照研究，是非常珍貴的文獻，一定會推動相關問題的研究。

著録

北京大學出土文獻研究所編《北京大學藏西漢竹書》(貳)，上海古籍出版社，2012年12月第1版。

研究

1. 韓巍:《北京大學藏西漢竹書本〈老子〉的文獻學價值》,《中國哲學史》，2010年第4期。

2. 曹峰:《〈老子〉首章與“名”相關問題的重新審視——以北大漢簡〈老子〉的問世爲契機》,《哲學研究》，2011年第4期。

3. 劉洪濤:《北大藏西漢〈老子〉簡識小》,《中國語文》，2011年第5期。

4. 韓巍:《北大漢簡〈老子〉簡介》,《文物》，2011年第6期。

5. 李鋭、邵澤慧:《北大漢簡〈老子〉初研》,《中國哲學史》，2013年第3期。

6. 曹峰:《“玄之又玄之”和“損之又損之”——北大漢簡〈老子〉研究的一個問題》,《中國哲學史》，2013年第3期。

7. 王中江:《北大藏漢簡〈老子〉的某些特徵》,《哲學研究》，2013年第5期。

8. 魏宜輝:《北大漢簡〈老子〉異文校讀五題》,《安徽大學學報》(哲學社會科學版)，2013年第6期。

---

① 參見北京大學出土文獻研究所編《北京大學藏西漢竹書》(貳)，第121頁。

② 參見北京大學出土文獻研究所編《北京大學藏西漢竹書》(貳)，第121頁。

四 郭店楚簡《太一生水》

郭店楚簡《太一生水》，1993年冬出土於湖北荆門郭店一號戰國楚墓。[①]郭店楚簡《太一生水》存簡十四支，竹簡兩端平齊，簡長二十六點五釐米，編綫兩道，編綫間距爲十點八釐米。形制和字體與《老子》丙篇相同，可能與其合編爲一册。[②]本篇簡文原無篇題，現篇題爲整理者所加。

對於本篇簡文的性質，學界有不同意見，較多學者認爲是道家文獻，不過也有學者認爲是陰陽家著作。關於本篇的結構問題，有學者主張下半部分是一個獨立完整的篇章，應析出獨立成篇。

著録

荆門市博物館編《郭店楚墓竹簡》，文物出版社，1998年5月第1版。

研究

1. 蕭漢明:《〈太一生水〉的宇宙論與學派屬性》,《學術月刊》，2001年第12期。

2. 丁四新:《楚簡〈太一生水〉第二部分簡文思想分析及其宇宙論來源考察》,《學術界》，2002年第3期。

3. 白奚:《〈太一生水〉的“水”與萬物之生成——兼論〈太一生水〉的成文年代》,《中國哲學史》，2012年第3期。

4. 玄華:《論郭店楚簡〈太一生水〉文本内涵、結構與性質》,《中州學刊》，2013年第8期。

5. 曹峰:《〈太一生水〉下半部分是一個獨立完整的篇章》,《清華大學學報》(哲學社會科學版)，2014年第2期。

五 上博楚簡《恒先》

《恒先》是上海博物館1994年5月從香港購回的一批竹簡中的一篇。本篇首尾完整，共十三支竹簡，簡長約三十九點四釐米，篇題“恒先”書

---

① 參見荆門市博物館編《郭店楚墓竹簡》，前言，第1頁。

② 參見荆門市博物館編《郭店楚墓竹簡》，第125頁。

寫在第三簡背面。[①]

本篇文獻討論世界本源及相關問題，應該是道家著作。

著録

馬承源主編《上海博物館藏戰國楚竹書》(三)，上海古籍出版社，2003年12月第1版。

研究

1. 廖名春:《上博藏楚竹書〈恒先〉新釋》,《中國哲學史》，2004年第3期。

2. 李學勤:《楚簡〈恒先〉首章釋義》,《中國哲學史》，2004年第3期。

3. 郭齊勇:《〈恒先〉——道法家形名思想的佚篇》,《江漢論壇》，2004年第8期。

4. 曹峰:《〈恒先〉研究綜述——兼論〈恒先〉今後研究的方法》,《中國哲學史》，2008年第4期。

5. 邢文:《楚簡〈恒先〉釋文分章》,《中國哲學史》，2010年第2期。

六　上博楚簡《凡物流形》

《凡物流形》是上海博物館1994年5月從香港購回的一批竹簡中的一篇。本篇分甲、乙本。甲本完整，存簡三十支，各簡内容可銜接，個別簡有缺字，可據乙本補出，總計存八百四十六字，完簡長三十三點六釐米，與乙本相校，甲本有漏抄誤抄現象。乙本有殘缺，現存二十一支簡，存六百零一字，完簡長四十釐米，與甲本書寫風格不同，非同一人手筆。篇題書寫在第三簡背面。[②]

本篇簡文多次出現“問之曰”。關於本篇簡文的性質，學界有不同意見。原整理者認爲是一篇長詩，類似《天問》，甚至稱爲《天問》的姊妹篇。竹簡刊布後，有學者指出，《凡物流形》當屬道家作品。還有學者認爲，其思想取材廣泛，難以用某家界定。

從文獻思想旨趣來看，本篇文獻屬於黄老道家作品，或者是介於原始道家與黄老道家之間的作品，本叙録將之歸入道家。

① 參見馬承源主編《上海博物館藏戰國楚竹書》(三)，第287頁。

② 參見馬承源主編《上海博物館藏戰國楚竹書》(七)，第221頁。

著録

馬承源主編《上海博物館藏戰國楚竹書》(七),上海古籍出版社,2008 年 12 月第 1 版。

研究

1. 王中江:《〈凡物流形〉的宇宙觀、自然觀和政治哲學——圍繞"一"而展開的探究並兼及學派歸屬》,《哲學研究》,2009 年第 6 期。

2. 曹峰:《上博楚簡〈凡物流形〉的文本結構與思想特徵》,《清華大學學報》(哲學社會科學版),2010 年第 1 期。

3. 葉樹勳:《上博楚簡〈凡物流形〉的鬼神觀探究》,《周易研究》,2011 年第 3 期。

4. 黄儒宣:《〈凡物流形〉校讀劄記》,《中國國家博物館館刊》,2011 年第 10 期。

5. 丁四新:《論上博楚竹書〈凡物流形〉的哲學思想》,《北大中國文化研究》(第 2 輯),社會科學文獻出版社,2012 年 12 月第 1 版。

6. 王中江:《〈凡物流形〉"一"的思想構造及其位置》,《學術月刊》,2013 年第 10 期。

七　上博楚簡《三德》

《三德》是上海博物館 1994 年 5 月從香港購回的一批竹簡中的一篇。本篇簡文存完、殘簡二十二支,另附香港中文大學中國文化研究所文物館所藏竹簡一支。本篇未發現篇題,現篇題爲整理者所加。①

本篇簡文講"三德",與《大戴禮記·四代》所言"三德"相似。但從總體來看,本篇文獻更接近黄老道家思想。

著録

馬承源主編《上海博物館藏戰國楚竹書》(五),上海古籍出版社,2005 年 12 月第 1 版。

研究

1. 曹峰:《〈三德〉與〈黄帝四經〉對比研究》,《江漢論壇》,2006 年第 11 期。

---

① 參見馬承源主編《上海博物館藏戰國楚竹書》(五),第 287 頁。

2. 范常喜:《〈上博五·三德〉與〈吕氏春秋·上農〉對校一則》,《文獻》, 2007年第1期。

3. 王中江:《〈三德〉的自然理法和神意論——以“天常”“天禮”和“天神”爲中心的考察》,《中國哲學史》, 2007年第3期。

4. 曹峰:《〈三德〉所見“皇后”爲“黄帝”考》,《齊魯學刊》, 2008年第5期。

5. 范常喜:《上博五〈三德〉新釋兩則》,《中山大學學報》(社會科學版), 2012年第2期。

八　上博楚簡《彭祖》

《彭祖》是上海博物館1994年5月從香港購回的一批竹簡中的一篇。本篇簡文存完、殘簡共八支,完簡長約五十三釐米,未發現篇題,現篇題爲整理者所加。[①]

本篇簡文記述的是耇老問道於彭祖。關於本篇簡文的性質,學界有不同看法,或以爲是房中養生之書,或以爲是黄老道家之術,或以爲雜糅儒道。近年來,出土文獻中已發現有涉及彭祖的,比如張家山漢簡《引書》和馬王堆帛書《十問》。

本篇寫本涉及彭祖,但最終落脚點不是養生而是王道,因此,從文獻性質來看,應屬於黄老道家著作。

著録

馬承源主編《上海博物館藏戰國楚竹書》(三),上海古籍出版社, 2003年12月第1版。

研究

1. 周鳳五:《上博楚竹書〈彭祖〉重探》,《傳統中國研究集刊》(第一輯),上海人民出版社, 2006年12月第1版。

2. 代生:《出土文獻與彭祖養生學術研究》,《中醫藥文化》, 2007年第5期。

3. 趙炳清:《上博楚簡〈彭祖〉性質探析》,《西華師範大學學報》(哲學社會科學版), 2010年第1期。

---

① 參見馬承源主編《上海博物館藏戰國楚竹書》(三),第303頁。

4. 王晶:《上博三〈彭祖〉補釋》,《華夏考古》,2010 年第 1 期。

5. 林志鵬:《戰國楚竹書〈彭祖〉補釋》,《江漢考古》,2010 年第 1 期。

6. 楊芬:《上博(三)〈彭祖〉簡序編排小議》,《江漢考古》,2010 年第 1 期。

九 上博楚簡《舉治王天下》(五篇)

《舉治王天下》是上海博物館 1994 年 5 月從香港購回的一批竹簡中的一篇。本篇按照整理者的整理存完、殘簡三十五支,有五篇連抄,分别爲《古公見太公望》《文王訪之於尚父舉治》《堯王天下》《舜王天下》和《禹王天下》。完簡長四十六釐米,寬零點六釐米,厚零點一二釐米左右,兩端平齊,三道編繩,契口位於竹簡右側,上契口距頂端一點四至一點五釐米,上契口與中契口間距二十二點三至二十二點五釐米,中契口與下契口間距二十點三至二十點五釐米,下契口距尾端一點四至一點五釐米。竹黄面書寫文字,上下留白,文字書寫在第一編繩與第三編繩之間,[①] 總計七百二十八字。本篇原無篇題,現總篇題及各分篇篇題爲整理者所加。

本篇簡文刊布後,學界對其編聯提出不同意見。本篇涉及古史傳説及上古史事,對相關問題研究具有重要意義。

本篇寫本内容涉及儒道,簡文中太公吕尚與文王的對話有"黄帝修三損"之語,因此,從思想旨趣來看,本篇寫本文獻應是黄老道家著作。

著録

馬承源主編《上海博物館藏戰國楚竹書》(九),上海古籍出版社,2012 年 12 月第 1 版。

研究

1. 王瑜楨:《〈舉治王天下〉小記》,簡帛網,2013 年 1 月 6 日。

2. 鄔可晶:《〈上博(九)·舉治王天下〉"文王訪之於尚父舉治"篇編連小議》,簡帛網,2013 年 1 月 11 日。

---

① 參見馬承源主編《上海博物館藏戰國楚竹書》(九),第 191 頁。

3. 蔡偉:《釋“百丩旨身鯩鯌”》, 復旦大學出土文獻與古文字研究中心網站, 2013年1月16日。

4. 岳曉峰:《上博簡〈舉治王天下〉第十三簡釋讀》,《衡陽師範學院學報》, 2014年第4期。

5. 駱珍伊:《〈上博九·舉治王天下〉劄記》, 簡帛網, 2014年10月18日。

十　清華楚簡《湯處於湯丘》

《湯處於湯丘》是清華大學2008年入藏的戰國竹簡中的一篇。本篇文獻現存竹簡十九支。完整竹簡長約四十四點四釐米, 寬約零點六釐米。全篇内容完整。本篇文獻没有篇題, 現篇題《湯處於湯丘》爲整理者擬加。①

本篇文獻通過伊尹故事表達出的敬天、愛民、敬君以及自愛的思想傾向與戰國黄老思想相合。《湯處於湯丘》雖然講述故事, 但並不是小説, 屬於諸子造作故事以説理的表達方式, 因此,《湯處於湯丘》的文獻性質應該屬於黄老道家作品。

《漢書·藝文志》諸子略道家類著録《伊尹》五十一篇, 小説家下著録《伊尹説》二十七篇。②《漢書·藝文志》道家類著録的《伊尹》五十一篇已經全部佚失, 清華簡《湯處於湯丘》應該屬於《伊尹》五十一篇中的篇章。本篇文獻的發現對於研究先秦伊尹學派具有重要意義。

著録

李學勤主編《清華大學藏戰國竹簡》(伍), 中西書局, 2015年4月第1版。

研究

1. 劉成群:《清華簡〈湯處於湯丘〉與商湯始居地考辨》,《人文雜志》, 2015年第9期。

2. 連劭名:《楚簡〈湯處於湯丘〉與〈湯在啻門〉考述》,《殷都學刊》, 2018年第3期。

3. 曹峰:《從“食烹之和”到“和民”——清華簡〈湯處於湯丘〉“和”思想研

① 參見李學勤主編《清華大學藏戰國竹簡》(伍), 第134頁。

② (漢)班固撰,(唐)顔師古注《漢書》, 第6册, 第1729、1744頁。

究》,《中國文化》, 2018 年第 2 期。

十一 清華楚簡《湯在啻門》

《湯在啻門》是清華大學 2008 年入藏的戰國竹簡中的一篇。"《湯在啻門》共二十一支簡，内容保存完整，字迹清晰，篇末留白。簡長約四十四點五釐米，編痕三道。其中兩支簡首殘，七支闕簡尾，但文字尚未殘闕。" [①] 竹簡寬度大約零點六釐米。本篇文獻没有發現篇題，篇題《湯在啻門》是竹簡整理者所擬加。[②]

清華簡《湯在啻門》記述的内容是湯與伊尹的對話。首先湯向伊尹詢問古先帝之良言，小臣伊尹用成人、成邦、成地、成天來回答；然後湯又向小臣伊尹詢問人何以得生、何以得長、孰少而老、固猶爲人爲何一惡一好等問題，小臣伊尹一一作出回答，小臣在回答中特別詳細地論述了五味之氣與生命之間的關係問題。從小臣伊尹的回答來看，本篇文獻的思想旨趣與道家行氣養生思想有密切關聯。《湯在啻門》與《湯處於湯丘》一樣，雖然也是伊尹與湯的對話，帶有故事性，但同樣不是小説，應該是《漢書・藝文志》諸子略道家類所著録的《伊尹》五十一篇中的著作。

著録

李學勤主編《清華大學藏戰國竹簡》(伍), 中西書局, 2015 年 4 月第 1 版。

研究

1. 曹峰:《清華簡〈湯在啻門〉與"氣"相關内容研究》,《哲學研究》, 2016 年第 12 期。

2. 張富海:《釋清華簡〈湯在啻門〉的"褊急"》,《出土文獻》(第十二輯), 中西書局, 2018 年 4 月第 1 版。

3. 曹峰:《清華簡〈三壽〉〈湯在啻門〉二文中的鬼神觀》,《四川大學學報》(哲學社會科學版), 2016 年第 5 期。

---

① 李學勤主編《清華大學藏戰國竹簡》(伍), 第 141 頁。

② 李學勤主編《清華大學藏戰國竹簡》(伍), 第 141 頁。

十二　清華楚簡《虞夏殷周之治》

《虞夏殷周之治》是清華大學2008年入藏的戰國竹簡中的一篇。“本篇由三支簡組成，簡長約四十一點六釐米，寬約零點六釐米。原無序號，無標題，現題據文意擬定。”①

清華簡《虞夏殷周之治》指出有虞氏以“素”治國，而後世夏商周代之以禮樂，或儉或奢，但結果是天下皆有不來不至者。究其主旨，當是主張以“素”治國，反對禮樂治國。戰國之際，反對禮樂治國的有道家，有法家，還有墨家。其中，墨家主要從節儉角度反對禮樂，法家當然是從禮樂無用的角度反對禮樂，而道家主張素樸之治。因此，從總體思想傾向來看，清華簡《虞夏殷周之治》應該是道家文獻。

著録

李學勤主編《清華大學藏戰國竹簡》(捌)，中西書局，2018年11月第1版。

研究

1. 石小力:《清華簡〈虞夏殷周之治〉與上古禮樂制度》,《清華大學學報》(哲學社會科學版)，2018年第5期。

2. 馬文增:《清華簡〈虞夏殷周之治〉六題》,《北京社會科學》，2019年第6期。

3. 尉侯凱:《清華簡〈虞夏殷周之治〉補釋一則》,《簡帛》(第二十一輯)，上海古籍出版社，2020年11月第1版。

十三　張家山漢簡《盜跖》

湖北江陵張家山三三六號西漢墓發掘於1985年，出土竹簡八百二十七枚，包含多種文獻,《盜跖》是其中一種。②

漢簡《盜跖》共有四十四支竹簡，完簡長二十九點九至三十釐米，寬零點六釐米，三道編繩，存兩千餘字，簡文不分章節，篇題《盜跖》書於

① 李學勤主編《清華大學藏戰國竹簡》(捌)，第161頁。

② 荆州博物館編《張家山漢墓竹簡〔三三六號墓〕》(上)，前言，第1頁。

首簡背面。[①]

竹簡《盜跖》内容與傳世本《莊子·盜跖》“子張問於滿苟得”之前部分非常接近，但在文句和用字等方面頗多出入。竹簡本《盜跖》或能證明傳世本《盜跖》是後編入《莊子》一書的。[②]

著録

荆州博物館編《張家山漢墓竹簡〔三三六號墓〕》，文物出版社，2022 年 11 月第 1 版。

研究

荆州博物館:《湖北江陵張家山 M336 出土西漢竹簡概述》,《文物》，2022 年第 9 期。

十四　阜陽漢簡《莊子·雜篇》

1977 年在安徽阜陽雙古堆西漢汝陰侯夏侯竈墓出土《周易》《詩經》《蒼頡篇》《刑德》《莊子》等文獻。[③] 韓自强、韓朝在《阜陽出土的〈莊子·雜篇〉漢簡》一文中公布了八支殘簡，内容確係《莊子》。第一簡内容見於今本《莊子》雜篇《則陽》；第二簡内容見於今本《莊子》雜篇《讓王》；第三簡至第八簡内容見於今本《莊子》雜篇《外物》。[④]

阜陽漢簡《莊子》雜篇的發現，對於研究其成書時間等問題具有重要意義。

著録

韓自强、韓朝:《阜陽出土的〈莊子·雜篇〉漢簡》,《道家文化研究》(第十八輯)，三聯書店，2000 年 8 月第 1 版。

---

① 荆州博物館編《張家山漢墓竹簡〔三三六號墓〕》(上)，第 143 頁。

② 荆州博物館編《張家山漢墓竹簡〔三三六號墓〕》(上)，第 31—34、143—154 頁。

③ 安徽省文物工作隊、阜陽地區博物館、阜陽縣文化局:《阜陽雙古堆西漢汝陰侯墓發掘簡報》,《文物》，1978 年第 8 期。

④ 參見韓自强、韓朝:《阜陽出土的〈莊子·雜篇〉漢簡》,《道家文化研究》(第十八輯)，第 10—14 頁。

研究

韓自强、韓朝:《阜陽出土的〈莊子·雜篇〉漢簡》,《道家文化研究》(第十八輯),三聯書店,2000年8月第1版。

十五　帛書《九主》

帛書《九主》出土於馬王堆三號漢墓。[①] 帛書《九主》篇即是同出帛書《老子》甲本卷後四篇古佚書中的第二種,接抄在《五行》之後,另起一行,在篇首書有符號"•"。本篇原無篇題,現篇題爲整理者所加。[②]

帛書《九主》所記是伊尹與湯言"九主"事。《漢書·藝文志》諸子略道家類著録《伊尹》五十一篇、小説家類著録《伊尹説》二十七篇。本篇簡文中講到"法天地之則",也許本篇是《漢書·藝文志》道家類著録的《伊尹》五十一篇的内容。

帛書《九主》篇還有附圖。帛書《九主》篇云:"剸(專)授之君一,勞□□□君一,寄一,破邦之主二,威(滅)社之主二,凡與法君爲九主,從古以來,存者亡者,□此九已。九主成圖,請效之湯。"[③] 可見此圖當是帛書《九主》篇的附圖,此圖已殘破,衹殘存"滅社之主"和"破國之主"等部分圖像和題名。

著録

1. 國家文物局古文獻研究室編《馬王堆漢墓帛書》(壹),文物出版社,1980年3月第1版。

2. 裘錫圭主編《長沙馬王堆漢墓簡帛集成》(壹)、(肆),中華書局,2014年6月第1版。

研究

1. 淩襄:《試論馬王堆漢墓帛書〈伊尹·九主〉》,《文物》,1974年第11期。

---

① 湖南省博物館:《長沙馬王堆漢墓簡帛出土與整理情況回顧》,裘錫圭主編《長沙馬王堆漢墓簡帛集成》(壹),第3頁。

② 參見裘錫圭主編《長沙馬王堆漢墓簡帛集成》(肆),第97頁。

③ 裘錫圭主編《長沙馬王堆漢墓簡帛集成》(肆),第107頁。

2. 連劭名:《帛書〈伊尹・九主〉與古代思想》,《文獻》, 1993 年第 3 期。

3. 陳松長:《帛書"九主圖殘片"略考》,《文物》, 2007 年第 4 期。

4. 孫燕紅:《試論馬王堆漢墓帛書〈九主〉篇中的"八商"(上)》,《湖南省博物館館刊》(第七輯), 嶽麓書社, 2011 年 3 月第 1 版。

5. 孫燕紅:《試論馬王堆漢墓帛書〈九主〉篇中的"八商"(下),《湖南省博物館館刊》(第九輯), 嶽麓書社, 2013 年 4 月第 1 版。

十六　帛書《德聖》

帛書《德聖》出土於馬王堆三號漢墓。[①] 帛書《德聖》篇即是同出帛書《老子》甲本卷後四篇古佚書中的第四種, 接抄在《明君》之後, 另起一行抄寫。本篇原無篇題, 現篇題爲整理者所加。本篇前部分保存較好, 後部分殘損嚴重。保存較好部分尚存四個章節號"•"。[②]

本篇簡文内容從保存較好部分看, 是圍繞"德""聖"兩個概念立説, 涉及五行, 但有道家色彩,"表現了想把儒家和道家糅合起來的傾向"[③]。

著録

1. 國家文物局古文獻研究室編《馬王堆漢墓帛書》(壹), 文物出版社, 1980 年 3 月第 1 版。

2. 裘錫圭主編《長沙馬王堆漢墓簡帛集成》(壹)、(肆), 中華書局, 2014 年 6 月第 1 版。

研究

1. 裘錫圭:《馬王堆〈老子〉甲乙本卷前後佚書與"道法家"——兼論〈心術上〉〈白心〉爲慎到田駢學派作品》, 原載《中國哲學》(第二輯), 三聯書店, 1980 年; 又收入裘錫圭《中國出土古文獻十講》, 復旦大學出版社, 2004 年 12 月第 1 版。

2. 魏啓鵬:《簡帛文獻〈五行〉箋證》, 中華書局, 2005 年 12 月第 1 版。

---

① 湖南省博物館:《長沙馬王堆漢墓簡帛出土與整理情況回顧》, 裘錫圭主編《長沙馬王堆漢墓簡帛集成》(壹), 第 3 頁。

② 參見裘錫圭主編《長沙馬王堆漢墓簡帛集成》(肆), 第 119 頁。

③ 參見裘錫圭:《馬王堆〈老子〉甲乙本卷前後佚書與"道法家"——兼論〈心術上〉〈白心〉爲慎到田駢學派作品》, 原載《中國哲學》(第二輯), 第 77 頁。

十七　帛書《經法》

帛書《經法》出土於馬王堆三號漢墓。[①] 帛書《經法》篇即是同出帛書《老子》乙本卷前四篇古佚書中的第一種。《老子》乙本及卷前《經法》《十六經》《稱》《道原》四篇佚書抄在一幅大帛上，帛原高約四十八釐米，長度在一百六十釐米到一百七十釐米之間。《經法》是本篇原有篇題，書寫在篇末。[②]

關於《老子》乙本卷前四篇古佚書的性質，學界有不同看法。唐蘭先生主張四篇古佚書就是《漢書・藝文志》著録的《黄帝四經》。[③] 裘錫圭先生反對這一意見。也有學者認爲《老子》乙本卷前四篇古佚書並非同一種性質的文獻，應具體篇章具體分析。

著録

1. 國家文物局古文獻研究室編《馬王堆漢墓帛書》（壹），文物出版社，1980 年 3 月第 1 版。

2. 裘錫圭主編《長沙馬王堆漢墓簡帛集成》（壹）、（肆），中華書局，2014 年 6 月第 1 版。

研究

1. 唐蘭:《馬王堆出土〈老子〉乙本卷前古佚書的研究 ——兼論其與漢初儒法鬥争的關係》,《考古學報》，1975 年第 1 期。

2. 裘錫圭:《馬王堆〈老子〉甲乙本卷前後佚書與“道法家”——兼論〈心術上〉〈白心〉爲慎到田駢學派作品》，原載《中國哲學》（第二輯），三聯書店，1980 年 3 月第 1 版；又收入裘錫圭《中國出土古文獻十講》，復旦大學出版社，2004 年 12 月第 1 版。

3. 裘錫圭:《馬王堆帛書〈老子〉乙本卷前古佚書並非〈黄帝四經〉》,《道家文化

① 湖南省博物館:《長沙馬王堆漢墓簡帛出土與整理情況回顧》，裘錫圭主編《長沙馬王堆漢墓簡帛集成》（壹），第 3 頁。

② 參見裘錫圭主編《長沙馬王堆漢墓簡帛集成》（肆），第 125 頁。

③ 參見唐蘭:《馬王堆出土〈老子〉乙本卷前古佚書的研究 ——兼論其與漢初儒法鬥争的關係》,《考古學報》，1975 年第 1 期，第 8 頁。

研究》（第三輯），上海古籍出版社，1993 年 8 月第 1 版。

4. 徐建委：《從劉向校書再論馬王堆帛書〈老子〉乙本卷前古佚書非〈黄帝四經〉——兼論古籍流傳研究中的兩個方法論誤區》，《雲夢學刊》，2006 年第 3 期。

5. 黄人二：《馬王堆帛書經法君正章試解——兼論老子乙卷前古佚書之性質與先秦漢初論語之傳》，《考古》，2012 年第 5 期。

十八　帛書《十六經》

帛書《十六經》出土於馬王堆三號漢墓。[①] 帛書《十六經》即是同出帛書《老子》乙本卷前四篇古佚書中的第二種。《老子》乙本及卷前《經法》《十六經》《稱》《道原》四篇佚書抄在一幅大帛上，帛原高約四十八釐米，長度在一百六十釐米到一百七十釐米之間。《十六經》是本篇原有篇題，書寫在篇末。[②]

帛書《十六經》現存《立命》《觀》《五正》《果童》《正亂》《姓争》《雌雄節》《兵容》《成法》《三禁》《本伐》《前道》《行守》《順道》十四個篇章。還有一個篇章篇末有《十六經》篇題，接着記全篇字數“凡四千六□□六”，其中兩字殘損，顯然《十六經》篇題是全篇篇題，不是該篇章篇題。篇題《十六經》前没有該篇章篇題。原整理者稱爲存十四篇半[③]（復旦整理時未有新説），顯然將該篇章看作半篇。這所謂的半篇，愚以爲有兩種可能，一種是漏書篇章題，一種是此數語書於全篇卷後，相當於今天的結語。

著録

1. 國家文物局古文獻研究室編《馬王堆漢墓帛書》（壹），文物出版社，1980 年 3 月第 1 版。

2. 裘錫圭主編《長沙馬王堆漢墓簡帛集成》（壹）、（肆），中華書局，2014 年 6 月第 1 版。

---

① 湖南省博物館：《長沙馬王堆漢墓簡帛出土與整理情況回顧》，裘錫圭主編《長沙馬王堆漢墓簡帛集成》（壹），第 3 頁。

② 參見裘錫圭主編《長沙馬王堆漢墓簡帛集成》（肆），第 125 頁。

③ 參見國家文物局古文獻研究室編《馬王堆漢墓帛書》（壹），第 80 頁。

研究

1. 高亨、董治安:《〈十大經〉初論》,《歷史研究》,1975年第1期。

2. 康立:《〈十大經〉的思想和時代》,《歷史研究》,1975年第3期。

3. 高振鐸:《對〈《十大經》初論〉的質疑》,《吉林師範大學學報》,1978年第2期。

4. 滕復:《〈黄老之學通論〉述評》,《學術月刊》,1986年第2期。

5. 崔永東:《帛書〈黄帝四經〉中的陰陽刑德思想初探》,《中國哲學史》,1998年第4期。

十九　帛書《稱》

帛書《稱》出土於馬王堆三號漢墓。[①]帛書《稱》篇即是同出帛書《老子》乙本卷前四篇古佚書中的第三種。《老子》乙本及卷前《經法》《十六經》《稱》《道原》四篇佚書抄在一幅大帛上,帛原高約四十八釐米,長度在一百六十釐米到一百七十釐米之間。[②]《稱》是本篇原有篇題,書寫在篇末,並記本篇字數爲一千六百字。

帛書《稱》文體與《老子》相近,就文獻性質而言應該是黄老道家文獻。

著録

1. 國家文物局古文獻研究室編《馬王堆漢墓帛書》(壹),文物出版社,1980年3月第1版。

2. 裘錫圭主編《長沙馬王堆漢墓簡帛集成》(壹)、(肆),中華書局,2014年6月第1版。

研究

1. 尹振環:《從〈黄老帛書·稱〉看〈帛書老子〉的分章圓點》,《貴州師範大學學報》(社會科學版),1991年第2期。

2. 李學勤:《〈稱〉篇與〈周祝〉》,《道家文化研究》(第三輯),上海古籍出版社,

① 湖南省博物館:《長沙馬王堆漢墓簡帛出土與整理情況回顧》,裘錫圭主編《長沙馬王堆漢墓簡帛集成》(壹),第3頁。

② 參見裘錫圭主編《長沙馬王堆漢墓簡帛集成》(肆),第125頁。

1993 年 8 月第 1 版。

3. 徐勇、黄樸民:《帛書〈稱〉的戰争觀》,《江漢論壇》, 1994 年第 2 期。

4. 連劭名:《馬王堆帛書〈稱〉和古代的祝》,《文獻》, 1996 年第 2 期。

5. 魏啓鵬:《帛書〈稱〉補箋》,《湖南省博物館館刊》(第一期),《船山學刊》雜志社編輯出版, 2004 年 7 月第 1 版。

6. 連劭名:《馬王堆帛書〈稱〉新證》,《湖南省博物館館刊》(第三期), 嶽麓書社, 2006 年 12 月第 1 版。

7. 劉信芳:《帛書〈稱〉之文體及其流變》,《文獻》, 2008 年第 4 期。

二十　帛書《道原》

帛書《道原》出土於馬王堆三號漢墓。[①] 帛書《道原》即是同出帛書《老子》乙本卷前四篇古佚書中的第四種。《老子》乙本及卷前《經法》《十六經》《稱》《道原》四篇佚書抄在一幅大帛上, 帛原高約四十八釐米, 長度在一百六十釐米到一百七十釐米之間。[②] 本篇原有篇題《道原》, 書寫在篇末, 並記本篇字數爲四百六十四字。

本篇寫本的主要内容是論述道的性質及本源, 當是黄老道家作品。

著録

1. 國家文物局古文獻研究室編《馬王堆漢墓帛書》(壹), 文物出版社, 1980 年 3 月第 1 版。

2. 裘錫圭主編《長沙馬王堆漢墓簡帛集成》(壹)、(肆), 中華書局, 2014 年 6 月第 1 版。

研究

1. 連劭名:《馬王堆帛書〈道原〉考述》,《陜西歷史博物館論叢》(第二十六輯), 三秦出版社, 2019 年 12 月第 1 版。

2. 李寶珊:《讀馬王堆漢墓帛書〈道原〉札記一則》,《學行堂語言文字論叢》(第六輯), 科學出版社, 2018 年 5 月第 1 版。

---

① 湖南省博物館:《長沙馬王堆漢墓簡帛出土與整理情況回顧》, 裘錫圭主編《長沙馬王堆漢墓簡帛集成》(壹), 第 3 頁。

② 參見裘錫圭主編《長沙馬王堆漢墓簡帛集成》(肆), 第 125 頁。

二十一　帛書《物則有形圖》

帛書《物則有形圖》出土於馬王堆三號漢墓。① 本篇帛書原無篇題，現篇題爲整理者所加。

本篇帛書是一幅由文字和方、圓構成的圖形。該圖最外面是朱繪方框，内套青色圓圈。沿着方框内側四周爲文字，沿着圓圈外周爲文字，圓心爲墨書文字，圓心中的文字亦圍成圓形。②

本篇帛書刊布後，學界展開研究。整理者認爲，本篇圖形及文字，反映了道家應物思想，爲研究道家應物學説提供了新的材料，非常珍貴。

著録

1. 陳松長:《馬王堆帛書“物則有形”圖初探》,《文物》，2006 年第 6 期。

2. 裘錫圭主編《長沙馬王堆漢墓簡帛集成》(壹)、(肆)，中華書局，2014 年 6 月第 1 版。

研究

1. 曹峰:《馬王堆帛書“物則有形”圖圓圈内文字新解》，張光裕、黄德寬主編《古文字學論稿》，安徽大學出版社，2008 年 4 月第 1 版。

2. 董珊:《馬王堆帛書“物則有形”圖與道家“應物”學説》,《文史》，2012 年第 3 輯。

二十二　定州漢簡《文子》

定州漢簡《文子》1973 年出土於西漢中山懷王劉脩墓。③ 本篇簡文原無篇題，現篇題爲整理者所加。現存竹簡約二百七十七支，存約二千七百九十字。④

漢簡本《文子》大部分内容與今本《文子》相合或相近，有學者據此

---

① 湖南省博物館:《長沙馬王堆漢墓簡帛出土與整理情況回顧》，裘錫圭主編《長沙馬王堆漢墓簡帛集成》(壹)，第 3 頁。

② 參見裘錫圭主編《長沙馬王堆漢墓簡帛集成》(肆)，第 217—220 頁。

③ 參見定縣漢墓竹簡整理組:《定縣 40 號漢墓出土竹簡簡介》,《文物》，1981 年第 8 期。

④ 參見連劭名:《定州八角廊漢簡〈文子〉新證》,《文物春秋》，2014 年第 1 期，第 10 頁。

認爲今本《文子》並不是後人僞託之作。但是，僞託之説早在漢代既有。《漢書・藝文志》諸子略道家類著録《文子》九篇，班固自注云："老子弟子，與孔子並時，而稱周平王問，似依託者也。"① 由此可見，定州《文子》出土未必能證明今本《文子》不是依託之作。

著録

1. 河北省文物研究所定州漢簡整理小組:《定州西漢中山懷王墓竹簡〈文子〉釋文》,《文物》, 1995 年第 12 期。

2. 河北省文物研究所定州漢簡整理小組:《定州西漢中山懷王墓竹簡〈文子〉校勘記》,《文物》, 1995 年第 12 期。

研究

1. 劉來成:《定州西漢中山懷王墓竹簡〈文子〉的整理和意義》,《文物》, 1995 年第 12 期。

2. 王雲度:《定州漢簡〈文子〉管見》,《南都學壇》, 1997 年第 4 期。

3. 張豐乾:《試論竹簡〈文子〉與今本〈文子〉的關係——兼爲〈淮南子〉正名》,《中國社會科學》, 1998 年第 2 期

4. 晁福林:《定州漢簡〈文子・道德〉篇臆測》,《中國歷史博物館館刊》, 2000 年 2 期。

5. 王三峽:《竹簡〈文子〉新探》,《孔子研究》, 2003 年第 2 期。

6. 連劭名:《定州八角廊漢簡〈文子〉新證》,《文物春秋》, 2014 年第 1 期。

二十三　銀雀山漢簡《六韜》

銀雀山漢簡《六韜》出土於山東省臨沂銀雀山一號漢墓。本篇竹書用長簡書寫，共一百三十六個簡號，編爲十四篇。

本篇内容大部分與傳世本相合。古代目録書著録《六韜》始於《隋書・經籍志》。《隋書・經籍志》子部兵家類著録"《太公六韜》五卷"，並注："梁六卷，周文王師姜望撰。"②《漢書・藝文志》諸子略儒家類著録《周

① （漢）班固撰，（唐）顔師古注《漢書》，第 6 册，第 1729 頁。

② （唐）魏徵等撰《隋書》，第 4 册，第 1013 頁。

史六弢》六篇。班固自注云:“惠襄之間,或曰顯王時,或曰孔子問焉。”[①]顏師古注曰:“即今之《六韜》也,蓋言取天下及軍旅之事。弢字與韜同也。”[②]《漢書·藝文志》道家類著録:“《太公》二百三十七篇。謀八十一篇,言七十一篇,兵八十五篇。”班固自注云:“吕望爲周師尚父,本有道者。或有近世又以爲太公術者所增加也。”[③]

由於《漢書·藝文志》未明確著録《六韜》,《隋書·經籍志》始見,《六韜》被視爲晚出之書,於宋代以後被懷疑爲僞書,清代尤甚。銀雀山漢簡本《六韜》的發現,説明《六韜》在漢代還在流傳,對於研究《六韜》一書的真僞具有重要意義。

從文獻性質來看,本篇寫本文獻屬於黄老道家作品。

著録

銀雀山漢墓竹簡整理小組編《銀雀山漢墓竹簡》(壹),文物出版社,1985年9月第1版。

研究

1. 陳青榮:《重新認識〈六韜〉的資料價值》,《管子學刊》,1993年第4期。
2. 張玉春:《〈六韜〉探源》,《古籍整理研究學刊》,1993年第6期。
3. 崔永東:《銀雀山漢簡中反映的刑法思想》,《中國文化研究》,1997年第3期。
4. 蕭旭:《銀雀山漢簡〈六韜〉校補》,復旦大學出土文獻與古文字研究中心網站,2012年1月22日。

二十四　定州漢簡《六韜》

定州漢簡《六韜》1973年出土於西漢中山懷王劉脩墓。[④]本篇簡文原無篇題,現篇題爲整理者所加。現存竹簡一百四十四支,存一千四百零二字。部分内容與今本《六韜》相合或相近,因此整理者定名爲《六韜》。

---

① (漢)班固撰,(唐)顏師古注《漢書》,第6册,第1725頁。
② (漢)班固撰,(唐)顏師古注《漢書》,第6册,第1728頁。
③ (漢)班固撰,(唐)顏師古注《漢書》,第6册,第1729頁。
④ 參見定縣漢墓竹簡整理組:《定縣40號漢墓出土竹簡簡介》,《文物》,1981年第8期。

發現篇題十三個，無一與今本相合，但有相近者。本篇竹簡的内容，與宋本《六韜》相合的有三篇，與唐本相合的有六篇，共計九篇，共三十四簡。其餘各簡内容不見於傳世本，説明本篇簡文的内容比傳世本《六韜》更多（最初整理者曾命名爲《太公》）。

從文獻性質來看，本篇寫本文獻屬於黄老道家作品。

著録

河北省文物研究所定州漢墓竹簡整理小組：《定州西漢中山懷王墓竹簡〈六韜〉釋文及校注》，《文物》，2001 年第 5 期。

研究

河北省文物研究所定州漢墓竹簡整理小組：《定州西漢中山懷王墓竹簡〈六韜〉的整理及其意義》，《文物》，2001 年第 5 期。

二十五　北大漢簡《周馴》

漢簡《周馴》是北京大學 2009 年入藏的西漢竹簡中的一篇。該篇現存完、殘簡共計二百一十九支，其中完整竹簡二百零六支。完整竹簡長三十點二至三十點五釐米，寬零點八至一釐米。竹簡有三道編繩，編繩處有契口。竹簡書體爲成熟漢隸，每簡一般書寫二十四字，少數簡最多有二十八字，現存竹簡大約有六千字。本篇原有篇題《周馴》，書寫在第三支簡背面上端。[①]

北大漢簡《周馴》全篇由十四章構成，每章以周昭文公訓誡共太子爲表述形式，闡述治國爲君之道。周昭文公訓誡共太子爲每月一訓，每訓一章，共計十二章，另外還有閏月和歲末除舊迎新之訓，各爲一章，總計十四章。從全篇思想内容及表述風格來看，本篇文獻並非先秦書類文獻中的訓體，而應爲戰國後期黄老道家文獻。《漢書・藝文志》諸子略道家類著録《周訓》十四篇，顔師古注曰："劉向《别録》云'人間小書，其言俗薄'。"[②] 北大漢簡《周馴》全篇恰好由十四章構成，當不是巧合，北大漢簡

① 参見北京大學出土文獻研究所編《北京大學藏西漢竹書》（叁），第 121 頁。

② （漢）班固撰，（唐）顔師古注《漢書》，第 6 册，第 1732 頁。

《周馴》與《漢書・藝文志》道家類著録的《周訓》應爲同一篇文獻。

著録

北京大學出土文獻研究所編《北京大學藏西漢竹書》(叁),上海古籍出版社,2015年9月第1版。

研究

1. 閻步克:《北大竹書〈周馴〉簡介》,《文物》,2011年第6期。

2. 袁青:《論北大漢簡〈周訓〉的黄老學思想》,《中國哲學史》,2017年第3期。

3. 廖群:《簡帛"説體"故事與中國古代"訓語"傳統——以北大簡〈周訓〉爲例》,《中南民族大學學報》(人文社會科學版),2018年第4期。

陰陽家類

一 清華楚簡《五紀》

《五紀》是清華大學2008年入藏的戰國竹簡中的一篇。本篇"凡一百三十簡,簡長約四十五釐米,寬約零點六釐米,每簡書寫三十五字左右,簡下端有編號,唯簡一四、一五、一一三、一一四闕失,簡二二、二三、二四、二七、三四、三五、三六、一〇一、一〇三、一〇五、一〇六有殘損。全篇内容基本完整,存四千四百七十字(重文、合文、順序編號按一字計),是前所未見的先秦佚籍"[①]。本篇竹簡三道編繩,無篇題,篇題《五紀》係據簡文内容所擬。

清華簡《五紀》,全篇構建了以五紀五算等爲依託,天后及神祇掌管的世界秩序。

本篇屬於陰陽家文獻,對於研究先秦陰陽家思想具有重要價值。但是,從思想史進程來看,本篇文獻中天帝、神祇主掌世界的思想,與商周以來的民本思想、人本思想相比,實在是一種倒退,與最遲在春秋時期就産生的無神論思想,更是一種倒退。本篇中的天文、曆算及陰陽五行思想

① 黄德寬主編《清華大學藏戰國竹簡》(拾壹),第89頁。

也被納入天帝及神祇的框架之中，與以陰陽爲世界本體論及以五行爲世界運行規律的陰陽五行哲學相比，也是一種莫大的倒退。

著録

黄德寬主編《清華大學藏戰國竹簡》(拾壹)，中西書局，2021年11月第1版。

研究

1. 馬楠:《清華簡〈五紀〉篇初識》,《文物》，2021年第9期。

2. 石小力:《清華簡〈五紀〉中的二十八宿初探》,《文物》，2021年第9期。

3. 賈連翔:《清華簡〈五紀〉中的“行象”之則與“天人”關係》,《文物》，2021年第9期。

4. 程浩:《清華簡〈五紀〉中的黄帝故事》,《文物》，2021年第9期。

5. 程浩:《清華簡〈五紀〉思想觀念發微》,《出土文獻》，2021年第4期。

6. 黄德寬:《清華簡〈五紀〉篇“四冘”説》,《出土文獻》，2021年第4期。

7. 黄德寬:《清華簡〈五紀〉篇建構的天人系統》,《學術界》，2022年第2期。

8. 程浩:《清華簡〈五紀〉中的陣法、儀仗與軍舞戰歌》,《學術界》，2022年第2期。

9. 陳民鎮:《略説清華簡〈五紀〉的齊系文字因素》,《北方論叢》，2022年第4期。

10. 李均明:《清華簡〈五紀〉之象神觀》,《出土文獻》，2022年第2期。

11. 曹峰:《清華簡〈五紀〉的“中”觀念研究》,《江淮論壇》，2022年第3期。

12. 李若楠:《清華簡〈五紀〉所載佚舞“散軍舞”初探》,《北京舞蹈學院學報》，2022年第3期。

二　清華楚簡《參不韋》

《參不韋》是清華大學2008年入藏的戰國竹簡中的一篇。本篇“凡一百二十四簡，簡長約三十二點八釐米，寬約零點六釐米，三道編，簡背有順序編號（其中‘八十四’編號重），完簡書寫二十二至二十六字不等。竹簡保存較好，唯簡一六、九五、一二二等略有殘缺，存二千九百七十七字（重文、合文、順序編號按一字計），爲内容基本完整的佚書”[①]。本篇無

① 黄德寬主編《清華大學藏戰國竹簡》(拾貳)，第109頁。

篇題，現篇題《參不韋》係整理者據簡文内容所擬。

清華簡《參不韋》，全篇記述天帝命參不韋將五刑則授予夏啓，指導夏啓設官建邦、祭祀祝禱、修明刑罰、敬授民時、秉德司中以治國理政。

本篇將陰陽五行思想與治國理政相結合，當屬於陰陽家文獻。本篇文獻内容，比傳世文獻所見陰陽家思想更爲豐富，對於認識先秦陰陽家學派的思想具有重要價值。

另外，本篇文獻的篇題或許題爲《五刑則》更爲允洽，且與姊妹篇《五紀》相呼應。

著録

黄德寬主編《清華大學藏戰國竹簡》(拾貳)，中西書局，2022年10月第1版。

研究

1. 石小力:《清華簡〈參不韋〉概述》,《文物》，2022年第9期。
2. 馬楠:《清華簡〈參不韋〉所見早期官制初探》,《文物》，2022年第9期。
3. 賈連翔:《清華簡〈參不韋〉的禱祀及有關思想問題》,《文物》，2022年第9期。
4. 程浩:《清華簡〈參不韋〉中的夏代史事》,《文物》，2022年第9期。

法家類

一　上博楚簡《慎子曰恭儉》

《慎子曰恭儉》是上海博物館1994年5月從香港購回的一批竹簡中的一篇。本篇簡文現存竹簡六支，其中完簡一支，其餘五支僅殘存上半段。兩道編繩，第一編繩至頂端七點八至八釐米，第二編繩至尾端六點一釐米，兩道編繩間距爲十八點一釐米，兩端平齊，總計一百二十八字（含合文二）。篇題書寫在第三簡背面。①

本篇簡文中的慎子即慎到。《漢書・藝文志》諸子略法家類著録《慎子》四十二篇。

① 參見馬承源主編《上海博物館藏戰國楚竹書》(六)，第275頁。

關於本篇簡文的思想是否屬於法家慎子，學界有不同看法。李學勤先生認爲簡文中“精法以順勢”及“衷白以反諄”兩句正與法家慎子思想相合。楚簡慎子文獻的發現非常重要，對於先秦學術史研究具有重要價值。

著録

馬承源主編《上海博物館藏戰國楚竹書》(六)，上海古籍出版社，2007年7月第1版。

研究

1. 李學勤:《談楚簡〈慎子〉》,《中國文化》，2007年第2期。
2. 陳偉:《〈慎子曰恭儉〉校讀》，簡帛網，2007年7月5日。
3. 李鋭:《〈慎子曰恭儉〉學派屬性初探 》，Confucius2000網，2007年7月9日。
4. 李鋭:《上博簡〈慎子曰恭儉〉管窺》,《中國哲學史》，2008年第4期。
5. 楊楝:《從上博簡看慎子的“君人之道”》,《社會科學戰綫》，2014年第1期。

二 清華楚簡《管仲》

楚簡《管仲》是清華大學藏戰國簡中的一篇。本篇文獻現存簡三十支，完簡長約四十四點五釐米，寬約零點六釐米，三道編繩。竹簡保存大體完好，第二十八簡下半段及第二十九簡上半段缺失，這兩簡之間是否有缺簡尚難以斷定，第二十九簡與第三十簡之間也有缺簡。本篇竹簡没有序號，亦無篇題，現篇題爲整理者所擬加。①

本篇文獻以齊桓公問、管仲答的形式成篇。本篇文獻通過對話展現了管仲的治國理政思想，其中有較多陰陽五行思想，與《管子》一些篇章的思想旨趣相合，當是《管子》的佚篇。《管子》一書，《漢書・藝文志》著録在道家，《隋書・經籍志》著録在法家。後世關於《管子》的學派歸屬一直争論不休，我們在此依《隋書・經籍志》之例，著録在法家。但並不表示我們完全讚同這一劃分。

① 參見李學勤主編《清華大學藏戰國竹簡》(陸)，第110頁。

著録

李學勤主編《清華大學藏戰國竹簡》(陸),中西書局,2016年4月第1版。

研究

1. 劉國忠:《清華簡〈管仲〉初探》,《文物》,2016年第3期。

2. 李鋭:《清華簡〈管仲〉初探》,《出土文獻》(第十三輯),中西書局,2018年10月第1版。

3. 孔德超:《清華簡〈管仲〉"陰陽五行"思想發微》,《寧夏大學學報》(人文社會科學版),2019年第5期。

三 清華楚簡《子産》

楚簡《子産》是清華大學藏戰國楚簡中的一篇。本篇文獻現存竹簡二十九支,簡長約四十五釐米,寬約零點六釐米,未見編號和篇題,現篇題爲整理者所擬定。①

楚簡《子産》是一篇記載子産道德修養及施政成績的論説。全篇由十個小節構成,前九節均以"此謂……"作結。篇中講到子産作鄭刑、野刑、鄭令、野令等史事,對研究子産作刑書及相關問題具有重要意義。

本篇文獻當是子産學派的作品。簡文中一些文字寫法具有三晉文字特徵,本篇寫本的底本應是一個三晉系文字寫本。鄭國在公元前375年被韓國所滅,清華簡的抄寫時間據整理者公布的碳十四測年數據爲公元前305年,因此,這個三晉系文字底本應該是在鄭國被韓國滅國之後抄寫的,其成書或在鄭國滅國之前,其作者應是子産學派的人物。關於子産學派的學派歸屬,學界有不同意見,本書歸入法家。

著録

李學勤主編《清華大學藏戰國竹簡》(陸),中西書局,2016年4月第1版。

研究

1. 王捷:《清華簡〈子産〉篇與"刑書"新析》,《上海師範大學學報》(哲學社會

---

① 參見李學勤主編《清華大學藏戰國竹簡》(陸),第136頁。

科學版），2017年第4期。

2. 劉光勝：《德刑分途：春秋時期破解禮崩樂壞困局的不同路徑——以清華簡〈子產〉爲中心的考察》，《孔子研究》，2019年第1期。

3. 韓高年：《子產生平、辭令及思想新探——以清華簡〈子產〉〈良臣〉等爲中心》，《中原文化研究》，2019年第3期。

4. 李凱：《清華簡〈子產〉與子產學派》，《中華文化論壇》，2021年第1期。

5. 馬騰：《子產禮義與變法新詮——〈左傳〉與清華簡〈子產〉互證》，《四川大學學報》（哲學社會科學版），2021年第2期。

四　帛書《明君》

帛書《明君》出土於馬王堆三號漢墓。① 帛書《明君》即是同出帛書《老子》甲本卷後四篇古佚書中的第三種，接抄在《九主》之後，另起一行抄寫。本篇原無篇題，現篇題爲整理者所加。篇內使用三個章節號"•"，每章皆另起一行抄寫。②

本篇簡文的内容主要論説攻戰守禦，極力强調用兵、强兵的重要性，思想傾向和法家比較接近。③

著録

1. 國家文物局古文獻研究室編《馬王堆漢墓帛書》（壹），文物出版社，1980年3月第1版。

2. 裘錫圭主編《長沙馬王堆漢墓簡帛集成》（壹）、（肆），中華書局，2014年6月第1版。

研究

蕭旭：《馬王堆帛書〈九主〉〈明君〉〈德聖〉校補》，《湖南省博物館館刊》（第八輯），嶽麓書社，2012年3月第1版。

---

① 湖南省博物館：《長沙馬王堆漢墓簡帛出土與整理情況回顧》，裘錫圭主編《長沙馬王堆漢墓簡帛集成》（壹），第3頁。

② 參見裘錫圭主編《長沙馬王堆漢墓簡帛集成》（肆），第109頁。

③ 參見國家文物局古文獻研究室編《馬王堆漢墓帛書》（壹）出版説明，第2頁。

墨家類

一　信陽楚簡《墨子》佚文

信陽楚簡《墨子》佚文1957年初出土於河南省信陽長臺關一號楚墓。該墓共出土殘簡一百四十八支，從内容上可分爲兩組，一組是古書，一組是遣策。古書存簡一百一十九支，遣策存簡二十九支。古書簡全部殘損，簡寬零點七至零點八釐米，厚零點一至零點一五釐米，最長的殘簡三十三釐米，共存四百七十餘字，三道編繩，簡上下端留白一釐米左右。簡文内容整理者認爲是古書，作者不詳。①

信陽楚簡刊布後，李學勤、何琳儀等學者指出，信陽楚墓一、二號簡與《墨子》佚文有密切的對應關係，並進行了考證，現已被學界多數學者所接受。《墨子》佚文的發現，對於墨子研究及傳世文獻相關記載等方面研究具有重要意義。

著録

1. 河南省文物研究所:《信陽楚墓》，文物出版社，1986年3月第1版。

2. 商承祚編著《戰國楚竹簡匯編》，齊魯書社，1995年11月第1版。

研究

1. 何琳儀:《信陽竹書與〈墨子〉佚文》,《安徽大學學報》，2001年第1期。

2. 李學勤:《長臺關竹簡中的〈墨子〉佚篇》,《簡帛佚籍與學術史》，江西教育出版社，2001年9月第1版。

二　上博楚簡《鬼神之明》

《鬼神之明》是上海博物館1994年5月從香港購回的一批竹簡中的一篇。本篇與另一篇文獻《融師有成氏》編爲一編，兩篇之間以篇章符號相分隔。本篇現存簡五支，基本完整，文章前部分殘缺，殘存的後面大半篇

---

① 參見河南省文物研究所:《信陽楚墓》，第67頁。

文義基本可以銜接。完簡長度約五十三釐米，中有三道編繩痕迹。全篇共存一百九十七字。[①]本篇未發現篇題，現篇題爲整理者所加。

本篇簡文的體裁爲對話體，其内容學界一般認爲是《墨子》佚文。簡文中所記述的應是墨子同其弟子，或者墨子同其他人的對話，對話中提出鬼神"有所明有所不明"的主張。上博楚簡《墨子》佚文的發現，對於墨子思想及傳世文獻相關記載等方面研究具有重要意義。

著録

馬承源主編《上海博物館藏戰國楚竹書》(五)，上海古籍出版社，2005 年 12 月第 1 版。

研究

1. 曹錦炎:《上海博物館藏楚竹書〈墨子〉佚文》,《文物》，2006 年第 7 期。

2. 徐華:《上博簡〈鬼神之明〉疑爲〈董子〉佚文》,《文獻》，2008 年第 2 期。

3. 王中江:《〈鬼神之明〉與東周的"多元鬼神觀"》,《中國哲學史》，2008 年第 4 期。

4. 李鋭:《論上博簡〈鬼神之明〉篇的學派性質——兼説對文獻學派屬性判定的誤區》,《湖北大學學報》(哲學社會科學版)，2009 年第 1 期。

5. 曾振宇:《楚簡〈鬼神之明 〉平議》,《東嶽論叢》，2012 年第 2 期。

雜家類

一　上博楚簡《用曰》

《用曰》是上海博物館 1994 年 5 月從香港購回的一批竹簡中的一篇。本篇存簡二十支，三道編繩。簡文在每一小節陳述之後皆以"用曰"綴以短語作結。因篇中多次出現"用曰"，故整理者以之名篇。篇中"用曰"下連綴的多爲警語嘉言。[②]本篇簡文思想雜取諸家，當屬於雜家文獻。

① 參見馬承源主編《上海博物館藏戰國楚竹書》(五)，第 307 頁。

② 參見馬承源主編《上海博物館藏戰國楚竹書》(六)，第 285 頁。

著録

馬承源主編《上海博物館藏戰國楚竹書》(六)，上海古籍出版社，2007 年 7 月第 1 版。

研究

1. 凡國棟:《上博六〈用曰〉篇校讀劄記》,《江漢考古》，2009 年第 4 期。

2. 何有祖:《上博六〈用曰〉研讀》,《考古與文物》，2010 年第 5 期。

3. 王輝:《上博藏簡〈用曰〉篇新釋六則》,《中國歷史文物》，2010 年第 6 期。

4. 王蘭:《上博簡用曰編聯芻議》,《黑龍江科學》，2013 年第 5 期。

二　郭店楚簡《語叢四》

郭店楚簡《語叢四》，1993 年冬出土於湖北荆門郭店一號戰國楚墓。[①]《語叢四》存簡二十七支，簡長十五點一至十五點二釐米。編綫兩道，編綫間距爲六至六點一釐米。按現存分段符號，簡文分作五段，各段簡數多少不一，有的段衹有一二枚簡。[②]本篇簡文原無篇題，因其體例而歸入《語叢》。

從文體上看，本篇由類似格言的文句構成。内容涉及君、士結交巨雄和謀友的必要，還講到"竊邦者爲諸侯"。本篇文獻雜取各家，文獻性質應是雜家文獻。

著録

荆門市博物館編《郭店楚墓竹簡》，文物出版社，1998 年 5 月第 1 版。

研究

1. 張崇禮:《郭店楚簡〈語叢四〉解詁一則》,《古漢語研究》，2012 年第 3 期。

2. 吴勁雄:《郭店簡〈語叢四〉"竊鉤誅，竊邦侯"與〈墨子〉之淵源關係》,《湖南大學學報》(社會科學版)，2013 年第 5 期。

---

① 參見荆門市博物館編《郭店楚墓竹簡》，前言，第 1 頁。

② 荆門市博物館編《郭店楚墓竹簡》，第 217 頁。

三 上博楚簡《容成氏》

《容成氏》是上海博物館 1994 年 5 月從香港購回的一批竹簡中的一篇。“全篇共存完、殘簡五十三枝。簡長約四十四點五釐米，每簡約抄寫四十二到四十五字不等。篇題存，在第五十三簡背，作‘訟成氏’。”[①] 整理者認爲“訟成氏”就是《莊子·胠篋》所述上古帝王中的第一人容成氏。[②] 簡文刊布後學界認同了這一說法，並展開了熱烈討論。

整理者對五十三支簡的拼接和釋文，使我們基本可以通讀全篇。不過，學界討論中對簡序提出了調整意見，其中陳劍和白於藍的編聯意見影響最大，有的地方可正整理者之疏誤，對正確理解簡文内容起了很大作用。

關於簡文《容成氏》這篇文獻的性質及學派屬性，學界有不同意見，目前有儒家、墨家、縱横家及雜家等不同説法。簡文從最古帝王容成氏講起，一直講到周文王、武王，其間有缺簡，但大體可通讀。簡文涉及諸多史事，如禪讓、禹分九州、文王平九邦等，因此有學者認爲可補古史之缺。

但是，如何看待簡文《容成氏》的内容，恐怕不能僅僅從學派屬性入手。實際上，文獻的文體屬性直接決定文獻的内容性質。有學者認爲簡文《容成氏》表面看是古史傳説，實際上應屬戰國百家言。[③] 這是很有道理的。簡文《容成氏》的文體性質是討論其内容性質的關鍵，有必要進一步討論。對其他某些簡帛佚籍，也有討論文體性質的必要。

從思想旨趣來看，上博楚簡《容成氏》雜糅儒家、墨家、道家、陰陽家等諸家思想，本篇寫本文獻應屬形成於戰國時期的雜家著作。

著録

馬承源主編《上海博物館藏戰國楚竹書》(二)，上海古籍出版社，2002 年 12 月第 1 版。

---

① 馬承源主編《上海博物館藏戰國楚竹書》(二)，第 249 頁。

② 參見馬承源主編《上海博物館藏戰國楚竹書》(二)，第 249 頁。

③ 參見姜廣輝:《上博藏簡〈容成氏〉的思想史意義》,《中國社會科學院院報》, 2003 年 1 月 23 日。

研究

1. 姜廣輝:《上博藏簡〈容成氏〉的思想史意義》,《中國社會科學院院報》, 2003 年 1 月 23 日。

2. 趙平安:《楚竹書〈容成氏〉的篇名及其性質》,《華學》(第六輯), 紫禁城出版社, 2003 年 6 月第 1 版。

3. 陳劍:《上博簡〈容成氏〉的竹簡拼合與編連問題小議》,《上博館藏戰國楚竹書研究續編》, 上海書店出版社, 2004 年 7 月第 1 版。

4. 白於藍:《〈上博簡(二)〉〈容成氏〉編連問題補議》,《華南師範大學學報》(社會科學版), 2004 年第 4 期。

5. 王青:《論上博簡〈容成氏〉篇的性質與學派歸屬問題》,《河北學刊》, 2007 年第 3 期。

6. 葉舒憲:《〈容成氏〉夏禹建鼓神話通釋——五論"四重證據法"的知識考古範式》,《民族藝術》, 2009 年第 1 期。

7. 彭裕商:《禪讓説源流及學派興衰——以竹書〈唐虞之道〉〈子羔〉〈容成氏〉爲中心》,《歷史研究》, 2009 年第 3 期。

8. 馬衛東:《〈容成氏〉"文王服九邦"考辨——兼論〈容成氏〉的主體思想及其學派歸屬》,《史學集刊》, 2012 年第 1 期。

9. 周書燦:《上博簡〈容成氏〉九州補論》,《史學集刊》, 2012 年第 3 期。

四　北大秦簡《教女》

2010 年初, 北京大學接受捐贈入藏一批從海外回歸的秦簡牘, 共有竹簡七百六十一枚(其中三百餘枚竹簡爲雙面書寫), 木簡二十一枚, 木牘六枚, 竹牘四枚, 木觚一件, 木骰一枚, 竹質算籌六十一根, 竹笥殘片、竹編容器殘片若干。抄寫年代大約在秦始皇時期, 包括二十六種文獻, 内容涉及秦代政治、地理、社會經濟、社會生活、文學、數學、醫學、曆法、方術、民間信仰等諸多領域。[①]《教女》是其中一種。

① 參見朱鳳瀚、韓巍、陳侃理:《北京大學藏秦簡牘概述》,《文物》, 2012 年第 6 期; 北京大學出土文獻與古代文明研究所編《北京大學藏秦簡牘》(壹), 前言, 第 1、3 頁。

北大秦簡《教女》，現存十五枚竹簡，完整簡長二十七點三至二十七點五釐米，寬零點五至零點六釐米，有三道編繩，簡背有劃痕，每枚完整簡書寫五十一字至八十一字不等，現存共八百五十一字，内含重文一、殘字二，另有章節符號一。本篇文獻未發現篇題，現篇題爲整理者所擬加。①

本篇文獻以四言爲主，全篇用韻。書體爲秦隸，較爲潦草。全篇所記爲教女之詞，從正反兩方面爲善女子立教。

元代許熙載曾編撰《女教書》，收入《四庫全書》子部雜家類，今依此例，將北大秦簡《教女》著録在子部雜家類。

著録

北京大學出土文獻與古代文明研究所編《北京大學藏秦簡牘》（壹），上海古籍出版社，2023年5月第1版。

研究

1. 朱鳳瀚：《北大藏秦簡〈教女〉初識》，《北京大學學報》（哲學社會科學版），2015年第2期。

2. 胡寧：《從北大秦簡〈教女〉篇首看"女誡"類文獻的來源》，《西部史學》（第七輯），西南大學出版社，2021年12月第1版。

五　烏程漢簡《淮南子》殘簡

烏程漢簡《淮南子》是2009年3月下旬浙江省湖州市舊城改造施工中出土漢簡中的一種。②

編號255簡正反兩面殘存《淮南子·氾論訓》文字，正面殘存"有全其行者也，堯舜禹湯世主之至隆者也，齊桓晉文五霸之豪英也"，反面殘存的是"不慈之義，舜有卑父謗，湯武有弑之事，〔五霸〕有暴亂之謀"等字。③本篇寫本對於研究《淮南子》成書時間等問題具有重要意義。

① 北京大學出土文獻與古代文明研究所編《北京大學藏秦簡牘》（壹），第33頁。

② 參見曹錦炎等主編《烏程漢簡·烏程漢簡概述》，第1頁。

③ 參見曹錦炎等主編《烏程漢簡》，第277頁。

著録

曹錦炎等主編《烏程漢簡》，上海書畫出版社，2022 年 10 月第 1 版。

兵家類

一　上博楚簡《曹沫之陳》

上博楚簡《曹沫之陳》是上海博物館 1994 年 5 月從香港購回的一批竹簡中的一篇。本篇簡文存完簡四十五支，殘簡二十支，篇題書寫在第二簡背面。[①]

本篇簡文刊布後，陳劍等學者對本篇竹簡編聯提出不同意見。《曹沫之陳》記述的是魯莊公與曹沫的對話，内容涉及布陣攻守等用兵之事。關於本篇簡文的性質，學界有不同看法，或以爲是儒家著作，或以爲是兵家作品，難以定論。個人認爲，本篇寫本主體内容是論兵，當屬於兵家文獻。

著録

馬承源主編《上海博物館藏戰國楚竹書》(四)，上海古籍出版社，2004 年 12 月第 1 版。

研究

1. 陳劍:《上博竹書〈曹沫之陳〉新編釋文(稿)》，簡帛研究網，2005 年 2 月 12 日。

2. 白於藍:《上博簡〈曹沫之陳〉釋文新編》，簡帛研究網，2005 年 4 月 10 日。

3. 田旭東:《戰國寫本兵書——〈曹沫之陳〉》,《文博》，2006 年第 1 期。

4. 劉光勝:《上博簡〈曹沫之陣〉研究》,《管子學刊》，2007 年第 1 期。

5. 王青:《論上博簡〈曹沫之陳〉的性質——兼論先秦時期“語”文體的起源與發展》,《學術月刊》，2008 年第 2 期。

---

① 參見馬承源主編《上海博物館藏戰國楚竹書》(四)，第 241 頁。

6. 王連龍:《上博楚竹書(四)〈曹沫之陳〉"連"釋義》,《古代文明》,2009年第2期。

二 安大簡《曹沫之陳》

安大簡《曹沫之陳》是安徽大學2015年初入藏的一批戰國竹簡中的一篇。"本篇原有四十六支簡,實存四十四支,缺二支。整簡長四十八點五、寬零點七釐米。三道編繩。簡首尾留白,簡十五頂格書寫。每支簡字數一般在三十八字左右。簡背有劃痕。"① 簡一至七背面有編號。

安大簡《曹沫之陳》與上博簡《曹沫之陳》内容基本相同,僅個別文字略有不同。本篇原無篇題,現篇題爲整理者據上博簡《曹沫之陳》篇題所擬定。

著録

黄德寬、徐在國主編《安徽大學藏戰國竹簡》(二),中西書局,2022年4月第1版。

研究

1. 侯瑞華:《〈曹沫之陳〉對讀三則》,簡帛網,2022年9月5日。

2. 張帆:《〈曹沫之陳〉引〈周志〉句校讀小記》,簡帛網,2022年12月5日。

三 銀雀山漢簡《孫子兵法》

銀雀山漢簡《孫子兵法》1972年4月在山東省臨沂銀雀山一號漢墓出土。同時出土的還有《晏子春秋》《孫臏兵法》《六韜》《尉繚子》等先秦古籍。本篇完整簡長二十七點五釐米左右,寬零點五至零點七釐米,厚零點一至零點二釐米,三道編繩。② 簡本《孫子兵法》竹簡共有二百三十三個編號,内容包括兩部分,一部分見於傳世本十三篇,被整理者編爲上編,一部分不見於傳世本十三篇,共有五篇,被整理者編爲下編。另存木

① 黄德寬、徐在國主編《安徽大學藏戰國竹簡》(二),第53頁。

② 《銀雀山漢墓竹簡情況簡介》,銀雀山漢墓竹簡整理小組編《銀雀山漢墓竹簡》(壹),第5頁。

牘一枚，上邊書寫篇題。

《漢書・藝文志》兵書略著録《吴孫子兵法》八十二篇，顏師古注云“孫武也”[①]，與今本十三篇在篇數上相差較多，簡本《孫子兵法》除了有與今本十三篇相當的内容，還有多篇相關内容的佚篇，這些佚篇或許就是《漢書・藝文志》著録的《吴孫子兵法》八十二篇中的内容。簡本的發現，可以校正今本的訛誤，對於研究今本《孫子兵法》的作者、篇數等一些懸而未决的問題具有重要意義。

著録

銀雀山漢墓竹簡整理小組編《銀雀山漢墓竹簡》(壹)，文物出版社，1985年9月第1版。

研究

1. 許荻:《略談臨沂銀雀山漢墓出土的古代兵書殘簡》,《文物》，1974年第2期。

2. 羅福頤:《臨沂漢簡概述》,《文物》，1974年第2期。

3. 吴九龍、畢寶啓:《山東臨沂西漢墓發現〈孫子兵法〉和〈孫臏兵法〉等竹簡的簡報》,《文物》，1974年第2期。

4. 遵信:《〈孫子兵法〉的作者及其時代——談談臨沂銀雀山一號漢墓〈孫子兵法〉竹簡的出土》,《文物》，1974年第12期。

5. 曾憲通:《試談銀雀山漢墓竹書〈孫子兵法〉》,《中山大學學報》(哲學社會科學版)，1978年第5期。

6. 程浩:《銀雀山漢墓一號木牘重審》,《上海大學學報》(社會科學版)，2011年第5期。

7. 高友謙:《銀雀山漢簡〈孫子兵法〉篇題木牘異議》,《濱州學院學報》，2012年第5期。

8. 黄樸民:《銀雀山漢墓竹簡〈孫子兵法〉之文獻學價值芻議》,《清華大學學報》(哲學社會科學版)，2013年第2期。

---

① （漢）班固撰,（唐）顏師古注《漢書》，第6册，第1757頁。

四　銀雀山漢簡《孫臏兵法》

銀雀山漢簡《孫臏兵法》出土於銀雀山一號漢墓。簡本《孫臏兵法》現有三個版本，一是 1975 年銀雀山漢墓竹簡整理小組在《文物》上發表的釋文及同年由文物出版社出版的單行本，都是三十篇，分爲上、下兩編，分别都是十五篇；二是 1985 年出版的《銀雀山漢墓竹簡》（壹）修訂本，將 1975 年本的上編增加了《五教法》一篇，變爲十六篇，而將下編删去，編入《銀雀山漢墓竹簡》（貳）的《佚書叢殘》中；三是 2021 年出版的《銀雀山漢墓簡牘集成》（貳），爲十六篇本，與 1985 年出版的《銀雀山漢墓竹簡》（壹）相同。

本篇用長簡抄寫，《銀雀山漢墓竹簡》（壹）爲二百二十二個竹簡編號，《銀雀山漢墓簡牘集成》（貳）爲二百二十三個竹簡編號，簡長二十七點五釐米左右，寬零點五至零點七釐米，厚零點一至零點二釐米，有三道編繩。

《漢書·藝文志》兵書略著録《齊孫子》八十九篇，顔師古注曰“孫臏”[①]。《漢書·藝文志》著録的《齊孫子》就是《孫臏兵法》，早已失傳，簡本《孫臏兵法》的發現對於消除圍繞《孫子兵法》的一些疑問具有重要意義。

簡本《孫子兵法》《孫臏兵法》及二書相關佚篇，還有很多問題需要進一步研究。

著録

1. 銀雀山漢墓竹簡整理小組：《臨沂銀雀山漢墓出土〈孫臏兵法〉釋文》，《文物》1975 年第 1 期。

2. 銀雀山漢墓竹簡整理小組編《銀雀山漢墓竹簡》（壹），文物出版社，1985 年 9 月第 1 版。

3. 山東博物館、中國文化遺産研究院編《銀雀山漢墓簡牘集成》（貳），文物出版社，2021 年 12 月第 1 版。

---

① （漢）班固撰，（唐）顔師古注《漢書》，第 6 册，第 1758 頁。

研究

1. 楊泓:《一部貫徹法家路綫的古代軍事著作——讀竹簡本〈孫臏兵法〉》,《考古》, 1974 年第 6 期。

2. 楊伯峻:《孫臏和〈孫臏兵法〉雜考》,《文物》, 1975 年第 3 期。

3. 黄盛璋:《〈孫臏兵法·擒龐涓〉篇釋地》,《文物》, 1977 年第 2 期。

4. 霍印章:《論〈孫臏兵法〉對〈孫子兵法〉的繼承和發展》,《軍事歷史研究》, 1987 年第 4 期。

5. 張震澤:《先秦兵法書之發展與〈孫臏兵法〉之注釋》,《社會科學輯刊》, 1992 年第 3 期。

6. 楊善群:《〈孫臏兵法〉結構體例探討——與銀雀山漢墓竹簡整理小組商榷》,《管子學刊》, 1996 年第 4 期。

7. 尚英、黄義舟:《關於〈孫臏兵法〉成書的研究》,《菏澤師專學報》, 1997 年第 3 期。

8. 趙逵夫:《〈銀雀山漢墓竹簡〉原列〈孫臏兵法·下編〉十五篇校補》,《簡牘學研究》(第二輯), 甘肅人民出版社, 1998 年 10 月第 1 版。

五　銀雀山漢簡《尉繚子》

銀雀山漢簡《尉繚子》出土於銀雀山一號漢墓。本篇簡長二十七點五釐米左右,寬零點五至零點七釐米,厚零點一至零點二釐米,有三道編繩。[①]

本篇共有七十二個竹簡編號,殘損較嚴重,整理者將殘簡簡文分爲五篇。[②]《漢書·藝文志》諸子略雜家類著録《尉繚子》二十九篇,兵書略兵形勢著録《尉繚子》三十一篇,宋代以後,多有學者認爲《尉繚子》爲僞書。隨着簡本《尉繚子》的出土,僞書之説不攻自破。但是,《漢書·藝文志》所著録的兩種《尉繚子》,究竟是重複著録,還是兩種不同著作;

---

① 參見《銀雀山漢墓竹簡情況簡介》,銀雀山漢墓竹簡整理小組編《銀雀山漢墓竹簡》(壹),第 5 頁。又,參見山東博物館、中國文化遺産研究院編《銀雀山漢墓簡牘集成》(叁),第 1 頁。

② 《銀雀山漢墓簡牘集成》(叁)對本篇進行了再次整理,並對五篇的篇序做了調整,綴合後本篇竹簡爲六十支。

簡本《尉繚子》屬於其中的哪一種等問題，學界尚有不同意見，有待進一步研究。

著録

1. 銀雀山漢墓竹簡整理小組編《銀雀山漢墓竹簡》（壹），文物出版社，1985年9月第1版。

2. 銀雀山漢墓竹簡整理小組：《銀雀山簡本〈尉繚子〉釋文（附校注）》，《文物》，1977年第2、3期。

3. 山東博物館、中國文化遺産研究院編《銀雀山漢墓簡牘集成》（叁），文物出版社，2021年12月第1版。

研究

1. 何法周：《〈尉繚子〉初探》，《文物》，1977年第2期。

2. 鍾兆華：《關於〈尉繚子〉某些問題的商榷》，《文物》，1978年第5期。

3. 劉路：《〈尉繚子〉及其思想初探》，《文史哲》，1979年第2期。

4. 徐勇：《今本〈尉繚子〉原爲二十二篇》，《歷史教學》，1984年第11期。

5. 徐勇：《〈尉繚子〉逸文蠡測》，《歷史研究》，1997年第2期。

6. 劉小文：《銀雀山漢簡〈尉繚子〉字詞雜考》，《古漢語研究》，2005年第2期。

六　銀雀山漢簡《守法守令等十三篇》

銀雀山漢簡《守法守令等十三篇》出土於銀雀山一號漢墓。[①] 銀雀山一號漢墓出土一方完整的木牘，上面寫有篇題《守法》《要言》《庫法》《王兵》《市法》《守令》《李法》《王法》《委法》《田法》《兵令》《上篇》《下篇》，整理者據此整理出前十一篇，其中《守法》《守令》合爲一篇，《委法》衹存篇題。此方篇題木牘上計有篇數，整理者釋爲“凡十三”，實際上，“十”下一字僅殘存一横筆，之所以釋爲十三，是因爲木牘上十一個篇題再加上《上篇》《下篇》合爲十三篇。學界對此有不同意見，有學者認爲《上篇》《下篇》緊接《兵令》書寫，當是《兵令》的上、下篇，

① 參見《銀雀山漢墓竹簡情況簡介》，銀雀山漢墓竹簡整理小組編《銀雀山漢墓竹簡》（壹），第6頁。

合計應該是十二篇，這與已經發現的竹簡内容相合。

關於這十二篇的性質，學界也有不同意見，或以爲是雜抄，或以爲是齊國的法律文件，或以爲是兵書，莫衷一是。本叙録暫取兵書之説。

著録

1. 銀雀山漢墓竹簡整理小組編《銀雀山漢墓竹簡》(壹)，文物出版社，1985 年 9 月第 1 版。

2. 銀雀山漢墓竹簡整理小組:《銀雀山竹書〈守法〉〈守令〉等十三篇》,《文物》,1985 年第 4 期。

研究

1. 劉海年:《戰國齊國法律史料的重要發現——讀銀雀山漢簡〈守法守令等十三篇〉》,《法學研究》,1987 年第 2 期。

2. 李學勤:《論銀雀山簡〈守法〉〈守令〉》,《文物》,1989 年第 9 期。

3. 沈長雲:《從銀雀山竹書〈守法〉〈守令〉等十三篇論及戰國時期的爰田制》,《中國社會經濟史研究》,1991 年第 2 期。

4. 徐淩:《銀雀山漢簡〈守法守令等十三篇〉詞語劄記——兼談〈漢語大字典〉〈漢語大詞典〉之不足》,《古籍整理研究學刊》,2005 年第 4 期。

5. 楊善群:《戰國時期齊稷下學者的論文彙編——銀雀山竹書〈守法〉等十三篇辨析》,《史林》,2010 年第 1 期。

6. 郭麗:《銀雀山漢簡〈守法〉〈守令〉等十三篇概説》,《中國社會科學報》,2013 年 5 月 29 日。

七　銀雀山漢簡《地典》

銀雀山漢簡《地典》1972 年出土於銀雀山一號漢墓。[①] 本篇用長簡抄寫，竹簡殘損嚴重，篇題寫在整理者所編一一〇五號簡背面。[②]

《漢書・藝文志》兵書略兵陰陽著録《地典》六篇。本篇簡文内容記

① 參見《銀雀山漢墓竹簡情况簡介》，銀雀山漢墓竹簡整理小組編《銀雀山漢墓竹簡》(壹)，第 6 頁。

② 參見銀雀山漢墓竹簡整理小組編《銀雀山漢墓竹簡》(貳)，第 147 頁。

述的是黄帝與地典關於用兵的問答，文體上屬於問答體，當是《漢書・藝文志》著録的《地典》。因此，本篇簡文的發現具有重要意義。

著録

銀雀山漢墓竹簡整理小組編《銀雀山漢墓竹簡》(貳)，文物出版社，2010年1月第1版。

研究

銀雀山漢墓竹簡整理小組編《銀雀山漢墓竹簡》(貳)，文物出版社，2010年1月第1版。

八　銀雀山漢簡《起師》

銀雀山漢簡《起師》1972年4月出土於山東省臨沂銀雀山一號漢墓。① 本篇用長簡抄寫，存簡六支，篇題寫在整理者所編一一七〇號簡背面。②

本篇簡文内容記述的是明君起師的時機問題。明確指出，"明王之起師也，必以春"，並具體分析了這一主張的根據。行文簡潔，觀點鮮明，論證有力。本篇作爲論説文體，體現了作者駕馭文體的能力。

著録

銀雀山漢墓竹簡整理小組編《銀雀山漢墓竹簡》(貳)，文物出版社，2010年1月第1版。

研究

銀雀山漢墓竹簡整理小組編《銀雀山漢墓竹簡》(貳)，文物出版社，2010年1月第1版。

九　銀雀山漢簡《觀法》

銀雀山漢簡《觀法》1972年4月出土於山東省臨沂銀雀山一號漢

① 參見《銀雀山漢墓竹簡情况簡介》，銀雀山漢墓竹簡整理小組編《銀雀山漢墓竹簡》(壹)，第6頁。

② 參見銀雀山漢墓竹簡整理小組編《銀雀山漢墓竹簡》(貳)，第154頁。

墓。[1]本篇存殘簡三支，用長簡抄寫，篇題書寫在整理者所編一一九八號簡背面。[2]

本篇簡文殘缺過甚，存有“不卜而擊也”等文句。《吴子·料敵》云：“凡料敵有不卜而與之戰者八。”“料敵”就是估量、判斷敵情，而本篇“觀法”或許與之義近，蓋指觀察判斷敵情而言。

著録

銀雀山漢墓竹簡整理小組編《銀雀山漢墓竹簡》（貳），文物出版社，2010年1月第1版。

研究

銀雀山漢墓竹簡整理小組編《銀雀山漢墓竹簡》（貳），文物出版社，2010年1月第1版。

十　銀雀山漢簡《程兵》

銀雀山漢簡《程兵》1972年4月出土於山東省臨沂銀雀山一號漢墓。[3]本篇存殘簡一支，編爲一二〇〇號，篇題寫在該簡背面。[4]

本篇簡文僅存“將受命”三字，銀雀山漢簡另有《五度九奪》篇有“程兵”一詞，《五度九奪》篇題爲整理者所加，懷疑這兩篇應合爲一篇，《五度九奪》存完、殘簡五支，可能就是《程兵》的一部分内容。“程兵”，當是衡量軍事行動之義，從《五度九奪》所存的五支内容來看，與之相合。[5]

著録

銀雀山漢墓竹簡整理小組編《銀雀山漢墓竹簡》（貳），文物出版社，2010年1月第1版。

---

① 參見《銀雀山漢墓竹簡情況簡介》，銀雀山漢墓竹簡整理小組編《銀雀山漢墓竹簡》（壹），第6頁。

② 參見銀雀山漢墓竹簡整理小組編《銀雀山漢墓竹簡》（貳），第158頁。

③ 參見《銀雀山漢墓竹簡情況簡介》，銀雀山漢墓竹簡整理小組編《銀雀山漢墓竹簡》（壹），第6頁。

④ 參見銀雀山漢墓竹簡整理小組編《銀雀山漢墓竹簡》（貳），第158頁。

⑤ 參見銀雀山漢墓竹簡整理小組編《銀雀山漢墓竹簡》（貳），第162—163頁。

研究

銀雀山漢墓竹簡整理小組編《銀雀山漢墓竹簡》(貳),文物出版社,2010 年 1 月第 1 版。

十一　銀雀山漢簡《十陣》

銀雀山漢簡《十陣》1972 年 4 月出土於山東省臨沂銀雀山一號漢墓。[①] 本篇簡文用長簡抄寫,篇題書寫在整理者所編一五三一號簡背面,存二十五支簡,篇末計有字數七百八十七。[②]

本篇內容爲布陣之法,共有十陣。本篇簡文曾被編入 1975 年版的《孫臏兵法》釋文及單行本。1985 年整理小組將之從《銀雀山漢墓竹簡》(壹)修訂本《孫臏兵法》中抽出,後編入《銀雀山漢墓竹簡》(貳)中。

著録

1. 銀雀山漢墓竹簡整理小組:《臨沂銀雀山漢墓出土〈孫臏兵法〉釋文》,《文物》,1975 年第 1 期。

2. 銀雀山漢墓竹簡整理小組編《銀雀山漢墓竹簡》(貳),文物出版社,2010 年 1 月第 1 版。

研究

1. 銀雀山漢墓竹簡整理小組編《銀雀山漢墓竹簡》(貳),文物出版社,2010 年 1 月第 1 版。

2. 林志鵬:《銀雀山漢簡〈十陣〉釋讀四則》,簡帛網,2010 年 3 月 19 日。

十二　銀雀山漢簡《十問》

銀雀山漢簡《十問》出土於山東省臨沂銀雀山一號漢墓。[③] 本篇竹書

---

① 參見《銀雀山漢墓竹簡情況簡介》,銀雀山漢墓竹簡整理小組編《銀雀山漢墓竹簡》(壹),第 6 頁。

② 參見銀雀山漢墓竹簡整理小組編《銀雀山漢墓竹簡》(貳),第 188—190 頁。

③ 參見《銀雀山漢墓竹簡情況簡介》,銀雀山漢墓竹簡整理小組編《銀雀山漢墓竹簡》(壹),第 6 頁。

用長簡抄寫，存簡二十三支，篇題書寫在整理者所編一五五六號簡背面，篇末記有字數七百一十九。[①]

本篇簡文内容爲十組問答，圍繞“交和而舍”的各種情況展開，每組問答相互獨立。

著録

銀雀山漢墓竹簡整理小組編《銀雀山漢墓竹簡》（貳），文物出版社，2010年1月第1版。

研究

銀雀山漢墓竹簡整理小組編《銀雀山漢墓竹簡》（貳），文物出版社，2010年1月第1版。

十三　銀雀山漢簡《略甲》

銀雀山漢簡《略甲》出土於山東省臨沂銀雀山一號漢墓。[②]本篇用長簡抄寫，存殘簡十支，篇題書寫在整理者所編一五七九號簡背面。[③]

本篇内容記述的是“略甲之法”。“略甲”，或是略取敵人甲士之意。

著録

銀雀山漢墓竹簡整理小組編《銀雀山漢墓竹簡》（貳），文物出版社，2010年1月第1版。

研究

銀雀山漢墓竹簡整理小組編《銀雀山漢墓竹簡》（貳），文物出版社，2010年1月第1版。

---

① 參見銀雀山漢墓竹簡整理小組編《銀雀山漢墓竹簡》（貳），第193—194頁。

② 參見《銀雀山漢墓竹簡情况簡介》，銀雀山漢墓竹簡整理小組編《銀雀山漢墓竹簡》（壹），第6頁。

③ 參見銀雀山漢墓竹簡整理小組編《銀雀山漢墓竹簡》（貳），第196—197頁。

十四 銀雀山漢簡《客主人分》

銀雀山漢簡《客主人分》出土於山東省臨沂銀雀山一號漢墓。[①] 本篇用長簡抄寫，存十四支簡，篇題書寫在整理者所編一一四一號簡背面，篇末記字數五百一十四。[②]

本篇簡文討論作戰中“客主人分”問題。“客”指在戰爭中攻入他人境内的一方，“主人”指在自己的土地上防守的一方。“分”，即分量、比例。本篇論述在敵一倍於我，敵衆我寡情況下如何剋敵制勝。

著録

銀雀山漢墓竹簡整理小組編《銀雀山漢墓竹簡》(貳)，文物出版社，2010 年 1 月第 1 版。

研究

銀雀山漢墓竹簡整理小組編《銀雀山漢墓竹簡》(貳)，文物出版社，2010 年 1 月第 1 版。

十五 銀雀山漢簡《善者》

銀雀山漢簡《善者》出土於山東省臨沂銀雀山一號漢墓。[③] 本篇用長簡抄寫，本篇存九支簡，篇題書寫在整理者所編一一五五號簡背面，篇末所記字數已殘損，僅存“二百”兩字。[④]

本篇簡文討論作戰中“善用兵”問題。

著録

銀雀山漢墓竹簡整理小組編《銀雀山漢墓竹簡》(貳)，文物出版社，2010 年 1 月第 1 版。

---

① 參見《銀雀山漢墓竹簡情況簡介》，銀雀山漢墓竹簡整理小組編《銀雀山漢墓竹簡》(壹)，第 6 頁。

② 參見銀雀山漢墓竹簡整理小組編《銀雀山漢墓竹簡》(貳)，第 150 頁。

③ 參見《銀雀山漢墓竹簡情況簡介》，銀雀山漢墓竹簡整理小組編《銀雀山漢墓竹簡》(壹)，第 6 頁。

④ 參見銀雀山漢墓竹簡整理小組編《銀雀山漢墓竹簡》(貳)，第 151—152 頁。

研究

銀雀山漢墓竹簡整理小組編《銀雀山漢墓竹簡》(貳)，文物出版社，2010 年 1 月第 1 版。

十六　銀雀山漢簡《五名五共》

銀雀山漢簡《五名五共》出土於山東省臨沂銀雀山一號漢墓。[①] 本篇用長簡抄寫，存五支簡，本爲兩篇，五名和五共是兩篇的篇題，分别書寫在各自文本的篇尾，整理者將這兩篇合爲一篇，題爲“五名五共”。篇末記字數二百五十六。[②]

本篇簡文論述兵之“五名、五共(恭)”，所謂兵之五名就是威强、軒驕、剛至、勖忌、重柔，即敵兵的不同狀態，作戰要根據敵兵的不同狀態來確定戰法以剋敵制勝；所謂“五恭”概指進入敵境後對待敵方的五種態度。

著録

銀雀山漢墓竹簡整理小組編《銀雀山漢墓竹簡》(貳)，文物出版社，2010 年 1 月第 1 版。

研究

銀雀山漢墓竹簡整理小組編《銀雀山漢墓竹簡》(貳)，文物出版社，2010 年 1 月第 1 版。

十七　銀雀山漢簡《兵之恒失》

銀雀山漢簡《兵之恒失》出土於山東省臨沂銀雀山一號漢墓。[③] 本篇用長簡抄寫，存完、殘簡共十五支，篇題書寫在整理者所編一〇〇八號簡正面。[④] 全篇論述以我兵所短禦敵兵所長等各種用兵之失。

---

① 參見《銀雀山漢墓竹簡情况簡介》，銀雀山漢墓竹簡整理小組編《銀雀山漢墓竹簡》(壹)，第 6 頁。

② 參見銀雀山漢墓竹簡整理小組編《銀雀山漢墓竹簡》(貳)，第 153 頁。

③ 參見《銀雀山漢墓竹簡情况簡介》，銀雀山漢墓竹簡整理小組編《銀雀山漢墓竹簡》(壹)，第 6 頁。

④ 參見銀雀山漢墓竹簡整理小組編《銀雀山漢墓竹簡》(貳)，第 139 頁。

著録

銀雀山漢墓竹簡整理小組編《銀雀山漢墓竹簡》(貳), 文物出版社, 2010 年 1 月第 1 版。

研究

銀雀山漢墓竹簡整理小組編《銀雀山漢墓竹簡》(貳), 文物出版社, 2010 年 1 月第 1 版。

十八　銀雀山漢簡《將義》

銀雀山漢簡《將義》出土於山東省臨沂銀雀山一號漢墓。[①] 本篇用長簡抄寫，存完、殘簡共四支，在整理者所編一一九四號簡背面書寫篇題作“義將”，在篇末書寫篇題作“將義”，據文義，應以作“將義”爲是。[②]

本篇簡文論説爲將者的德性：不可以不義，不可以不仁，不可以無德。

著録

銀雀山漢墓竹簡整理小組編《銀雀山漢墓竹簡》(貳), 文物出版社, 2010 年 1 月第 1 版。

研究

銀雀山漢墓竹簡整理小組編《銀雀山漢墓竹簡》(貳), 文物出版社, 2010 年 1 月第 1 版。

十九　銀雀山漢簡《將德》

銀雀山漢簡《將德》出土於山東省臨沂銀雀山一號漢墓。[③] 本篇用長簡抄寫，存完、殘簡共八支，篇題不存，現篇題爲整理者所加。[④]

---

① 參見《銀雀山漢墓竹簡情況簡介》, 銀雀山漢墓竹簡整理小組編《銀雀山漢墓竹簡》(壹), 第 6 頁。

② 參見銀雀山漢墓竹簡整理小組編《銀雀山漢墓竹簡》(貳), 第 157 頁。

③ 參見《銀雀山漢墓竹簡情況簡介》, 銀雀山漢墓竹簡整理小組編《銀雀山漢墓竹簡》(壹), 第 6 頁。

④ 參見銀雀山漢墓竹簡整理小組編《銀雀山漢墓竹簡》(貳), 第 158 頁。

本篇簡文中有將軍之恒、將軍之知、將軍之敬、將軍之惠、將軍之德等句子，似乎討論的是將軍應當如何處理上至君王下至兵士之間的關係問題，如有“君令不入軍門”之句，當是“將在外君命有所不受”之義。

著録

銀雀山漢墓竹簡整理小組編《銀雀山漢墓竹簡》（貳），文物出版社，2010 年 1 月第 1 版。

研究

銀雀山漢墓竹簡整理小組編《銀雀山漢墓竹簡》（貳），文物出版社，2010 年 1 月第 1 版。

二十　銀雀山漢簡《將敗》

銀雀山漢簡《將敗》出土於山東省臨沂銀雀山一號漢墓。[①] 本篇用長簡抄寫，存完、殘簡共四支，篇題書寫在整理者所編九九一號簡正面。[②]

本篇簡文論説“將敗”的根源：一是不能而自能，二是驕，三是貪於位，四是貪於財等二十個方面。

著録

銀雀山漢墓竹簡整理小組編《銀雀山漢墓竹簡》（貳），文物出版社，2010 年 1 月第 1 版。

研究

銀雀山漢墓竹簡整理小組編《銀雀山漢墓竹簡》（貳），文物出版社，2010 年 1 月第 1 版。

二十一　銀雀山漢簡《將失》

銀雀山漢簡《將失》出土於山東省臨沂銀雀山一號漢墓。[③] 本篇用長

---

① 參見《銀雀山漢墓竹簡情況簡介》，銀雀山漢墓竹簡整理小組編《銀雀山漢墓竹簡》（壹），第 6 頁。

② 參見銀雀山漢墓竹簡整理小組編《銀雀山漢墓竹簡》（貳），第 137 頁。

③ 參見《銀雀山漢墓竹簡情況簡介》，銀雀山漢墓竹簡整理小組編《銀雀山漢墓竹簡》（壹），第 6 頁。

簡抄寫，存簡十三支，未發現篇題簡，現篇題爲整理者所加。[①]

本篇簡文論説因“將失”而導致“可敗”的三十二種情况。

著録

銀雀山漢墓竹簡整理小組編《銀雀山漢墓竹簡》(貳)，文物出版社，2010 年 1 月第 1 版。

研究

銀雀山漢墓竹簡整理小組編《銀雀山漢墓竹簡》(貳)，文物出版社，2010 年 1 月第 1 版。

二十二　銀雀山漢簡《將過》

銀雀山漢簡《將過》出土於山東省臨沂銀雀山一號漢墓。本篇用長簡抄寫，存完、殘簡四支，原無篇題，現篇題爲整理者所加。[②]

本篇論述如何利用敵將弱點而剋敵制勝之法。本篇内容見於《六韜·龍韜·論將》。

著録

銀雀山漢墓竹簡整理小組編《銀雀山漢墓竹簡》(貳)，文物出版社，2010 年 1 月第 1 版。

研究

銀雀山漢墓竹簡整理小組編《銀雀山漢墓竹簡》(貳)，文物出版社，2010 年 1 月第 1 版。

二十三　銀雀山漢簡《曲將之法》

銀雀山漢簡《曲將之法》出土於山東省臨沂銀雀山一號漢墓。[③]本篇簡文用長簡抄寫，存完、殘簡二支，原無篇題，現篇題爲整理者所加。本

① 參見銀雀山漢墓竹簡整理小組編《銀雀山漢墓竹簡》(貳)，第 137 頁。

② 參見銀雀山漢墓竹簡整理小組編《銀雀山漢墓竹簡》(貳)，第 159—160 頁。

③ 參見《銀雀山漢墓竹簡情况簡介》，銀雀山漢墓竹簡整理小組編《銀雀山漢墓竹簡》(壹)，第 6 頁。

篇講軍中用將之法。[①]

著録

銀雀山漢墓竹簡整理小組編《銀雀山漢墓竹簡》(貳),文物出版社,2010年1月第1版。

研究

銀雀山漢墓竹簡整理小組編《銀雀山漢墓竹簡》(貳),文物出版社,2010年1月第1版。

二十四　銀雀山漢簡《選卒》

銀雀山漢簡《選卒》出土於山東省臨沂銀雀山一號漢墓。[②]本篇簡文用長簡抄寫,存殘簡五支,原無篇題,現篇題爲整理者所加。本篇講精選士卒對於戰爭勝負所起的作用。[③]

著録

銀雀山漢墓竹簡整理小組編《銀雀山漢墓竹簡》(貳),文物出版社,2010年1月第1版。

研究

銀雀山漢墓竹簡整理小組編《銀雀山漢墓竹簡》(貳),文物出版社,2010年1月第1版。

二十五　銀雀山漢簡《雄牝城》

銀雀山漢簡《雄牝城》出土於山東省臨沂銀雀山一號漢墓。[④]本篇簡文用長簡抄寫,存簡五支,未發現篇題簡,現篇題爲整理者所加。[⑤]

---

① 參見銀雀山漢墓竹簡整理小組編《銀雀山漢墓竹簡》(貳),第161頁。

② 參見《銀雀山漢墓竹簡情況簡介》,銀雀山漢墓竹簡整理小組編《銀雀山漢墓竹簡》(壹),第6頁。

③ 參見銀雀山漢墓竹簡整理小組編《銀雀山漢墓竹簡》(貳),第164頁。

④ 參見《銀雀山漢墓竹簡情況簡介》,銀雀山漢墓竹簡整理小組編《銀雀山漢墓竹簡》(壹),第6頁。

⑤ 參見銀雀山漢墓竹簡整理小組編《銀雀山漢墓竹簡》(貳),第161頁。

本篇簡文説明何謂“雄城”“虛城”和“牝城”，並指出“雄城”不可攻、“虛城”和“牝城”可攻的攻城用兵法則。

著録

銀雀山漢墓竹簡整理小組編《銀雀山漢墓竹簡》(貳)，文物出版社，2010 年 1 月第 1 版。

研究

銀雀山漢墓竹簡整理小組編《銀雀山漢墓竹簡》(貳)，文物出版社，2010 年 1 月第 1 版。

二十六　銀雀山漢簡《積疏》

銀雀山漢簡《積疏》出土於山東省臨沂銀雀山一號漢墓。[①] 本篇簡文用長簡抄寫，存完、殘簡八支，未發現篇題簡，現篇題爲整理者所加。[②]

本篇簡文講用兵“積疏”“盈虛”之道。

著録

銀雀山漢墓竹簡整理小組編《銀雀山漢墓竹簡》(貳)，文物出版社，2010 年 1 月第 1 版。

研究

銀雀山漢墓竹簡整理小組編《銀雀山漢墓竹簡》(貳)，文物出版社，2010 年 1 月第 1 版。

二十七　銀雀山漢簡《齊正》

銀雀山漢簡《齊正》出土於山東省臨沂銀雀山一號漢墓。[③] 本篇簡文用長簡抄寫，存簡十八支，篇題書寫在整理者所編一一七六號簡正面，

① 參見《銀雀山漢墓竹簡情況簡介》，銀雀山漢墓竹簡整理小組編《銀雀山漢墓竹簡》(壹)，第 6 頁。

② 參見銀雀山漢墓竹簡整理小組編《銀雀山漢墓竹簡》(貳)，第 163 頁。

③ 參見《銀雀山漢墓竹簡情況簡介》，銀雀山漢墓竹簡整理小組編《銀雀山漢墓竹簡》(壹)，第 6 頁。

篇末記字數四百八十七。[①] 本篇簡文講用兵的“齊正”之道，也就是戰爭哲學。

著録

銀雀山漢墓竹簡整理小組編《銀雀山漢墓竹簡》(貳)，文物出版社，2010 年 1 月第 1 版。

研究

銀雀山漢墓竹簡整理小組編《銀雀山漢墓竹簡》(貳)，文物出版社，2010 年 1 月第 1 版。

二十八　張家山漢簡《蓋廬》

張家山漢簡《蓋廬》，1983 年底出土於張家山二四七號漢墓。墓中出土多種書籍，各自成卷，然後堆放在一起，從上至下依次爲曆譜、《二年律令》、《奏讞書》、《脈書》、《算數書》、《蓋廬》、《引書》，全部竹簡總計一千二百三十六支。[②] 本篇共有竹簡五十五支，簡長三十至三十點五釐米，[③] 三道編繩，篇題書寫在末簡背面，篇題前有方墨塊符號，全篇共分九章，每章另起一簡，章前有圓墨點作爲分章符號。

本篇爲問答體，記述蓋廬與申胥圍繞治理國家及用兵作戰而展開的問答，强調陰陽、天時、刑德、五行，具有兵陰陽色彩。蓋廬即春秋晚期吴王闔閭，申胥即是伍子胥。《漢書・藝文志》兵書略兵技巧著録《五子胥》十篇，圖一卷；《漢書・藝文志》諸子略雜家類又著録《五子胥》八篇。本篇簡文原題篇題《蓋廬》，篇數爲九章，與《漢書・藝文志》兵技巧及雜家所著録的《五子胥》皆不合，但不管《蓋廬》是否就是《漢書・藝文志》兵技巧所著録的《五子胥》，本篇簡文却集中反映了伍子胥的兵學思想，無論從文獻學角度還是從思想史角度來看都具有重要意義。

---

① 參見銀雀山漢墓竹簡整理小組編《銀雀山漢墓竹簡》(貳)，第 154 頁。

② 張家山二四七號漢墓竹簡整理小組編著《張家山漢墓竹簡〔二四七號墓〕》，前言，第 1 頁。

③ 參見張家山二四七號漢墓竹簡整理小組編著《張家山漢墓竹簡〔二四七號墓〕》，第 161 頁。

著録

張家山二四七號漢墓竹簡整理小組編著《張家山漢墓竹簡〔二四七號墓〕》，文物出版社，2001 年 11 月第 1 版。

研究

1. 邵鴻:《張家山漢墓古竹書〈蓋廬〉與〈伍子胥兵法〉》,《南昌大學學報》(人文社會科學版)，2002 年第 2 期。

2. 田旭東:《張家山漢簡〈蓋廬〉中的兵陰陽家》,《歷史研究》，2002 年第 6 期。

3. 許學仁:《張家山 M247 漢簡〈蓋廬〉篇釋文訂補》，"新出土文獻與古代文明"國際學術研討會論文，2002 年 7 月，上海。

4. 曹錦炎:《論張家山漢簡〈蓋廬〉》,《東南文化》，2002 年第 9 期。

5. 連劭名:《張家山漢簡〈蓋廬〉考述》,《中國歷史文物》，2005 年第 2 期。

6. 田旭東:《張家山漢簡〈蓋廬〉所反映的伍子胥兵學特點》,《西部考古》(第二輯)，三秦出版社，2007 年 12 月第 1 版。

二十九　銀雀山漢簡《天地八風五行客主五音之居》

銀雀山漢簡《天地八風五行客主五音之居》1972 年 4 月出土於山東省臨沂銀雀山一號漢墓。一號墓所出竹簡共編七千五百餘號，完整簡數量不多，大部分是殘片。竹簡有長短兩種，本篇簡文用短簡抄寫，銀雀山漢簡似乎衹有本篇是用短簡抄寫的。短簡已全部殘斷，估計完整簡長度爲十八釐米左右，寬度爲零點五釐米左右，短簡有兩道編繩。[①]

本篇存殘簡一百二十五支，篇題單獨書寫在一支短簡上，整理者編爲一九四五號。簡文記述的是以天地、八風、五行、日辰、五音占卜戰爭勝負之法，爲兵家數術之書。簡文殘缺不全，結構難以恢復，整理者按照天地八風五行客主五音之序，將簡文分爲五組，將相關無法歸類的分爲第六組。[②] 本篇簡文對於研究漢代兵學中的數術思想具有重要意義。茲將本篇

---

① 參見《銀雀山漢墓竹簡情況簡介》，銀雀山漢墓竹簡整理小組編《銀雀山漢墓竹簡》(壹)，第 6 頁。

② 參見銀雀山漢墓竹簡整理小組編《銀雀山漢墓竹簡》(貳)，第 230—240 頁。

暫著録於兵家類。

著録

銀雀山漢墓竹簡整理小組編《銀雀山漢墓竹簡》(貳),文物出版社,2010年1月第1版。

研究

銀雀山漢墓竹簡整理小組編《銀雀山漢墓竹簡》(貳),文物出版社,2010年1月第1版。

三十　敦煌漢簡《力牧》

敦煌漢簡《力牧》是20世紀初斯坦因第二次中亞考古時在敦煌漢代長城烽燧遺址發現的。敦煌漢簡《力牧》,存木質殘簡二支,編號2069、2103,[①]第一簡存十字,第二簡存十一字,總計二十一字。第二簡據文義尚可補出五字。[②]

《漢書·藝文志》諸子略道家類著録《力牧》二十二篇。《漢書·藝文志》兵書略兵陰陽又著録《力牧》十五篇,班固自注云:"黄帝臣,依託也。"[③]敦煌漢簡《力牧》或屬後者,"力牧"作"力墨"。

本篇寫本殘缺嚴重,難以判斷文獻性質,本叙録暫附列在兵家類。

著録

1. 羅振玉、王國維:《流沙墜簡》,中華書局,1993年9月第1版。

2. 甘肅省文物考古研究所編《敦煌漢簡》,中華書局,1991年6月第1版。

研究

羅振玉、王國維:《流沙墜簡·小學術數方技書考釋》,中華書局,1993年9月第1版。

---

① 爲《敦煌漢簡》編號。參見甘肅省文物考古研究所編《敦煌漢簡》,第300、301頁。

② 參見羅振玉、王國維:《流沙墜簡》,第82頁。

③(漢)班固撰,(唐)顔師古注《漢書》,第6册,第1759頁。

醫家類

一 帛書《足臂十一脈灸經》

帛書《足臂十一脈灸經》出土於馬王堆三號墓。[①]本篇原無篇名，整理者命名爲《足臂十一脈灸經》。本篇帛書與《陰陽十一脈灸經》甲本、《脈法》、《陰陽脈死候》、《五十二病方》等其他四篇合抄在兩張帛上，本篇接於《五十二病方》之後。篇中有"足""臂"兩個標題，位於各部分起首上端空白處。[②]

本篇簡文内容是講經脈，"足"爲下肢經脈，"臂"爲上肢經脈。本篇簡文的發現，對於經絡學研究具有重要意義。

著録

1. 馬王堆漢墓帛書整理小組編《馬王堆漢墓帛書》(肆)，文物出版社，1985年3月第1版。

2. 裘錫圭主編《長沙馬王堆漢墓簡帛集成》(貳)、(伍)，中華書局，2014年6月第1版。

研究

1. 中醫研究院醫史文獻研究室:《馬王堆帛書四種古醫學佚書簡介》,《文物》,1975年第6期。

2. 李志道:《〈足臂十一脈灸經〉學術觀點在内經中的體現》,《中醫雜誌》，1982年第9期。

3. 熊繼柏:《試析〈足臂十一脈灸經〉中幾個病候》,《湖南中醫學院學報》，1991年第3期。

4. 裘錫圭:《馬王堆醫書釋讀瑣議》,《古文字論集》，中華書局，1992年8月第1版。

---

① 湖南省博物館:《長沙馬王堆漢墓簡帛出土與整理情況回顧》，裘錫圭主編《長沙馬王堆漢墓簡帛集成》(壹)，第3頁。

② 參見裘錫圭主編《長沙馬王堆漢墓簡帛集成》(伍)，第187頁。

5. 金道鵬、王倩蕾、陳曉:《〈足臂十一脈灸經〉之“参春脈”淺析》,《中醫藥文化》,2014年第5期。

二　帛書《陰陽十一脈灸經》

帛書《陰陽十一脈灸經》出土於馬王堆三號墓。[①] 本篇原無篇名,同墓出土有相同内容的兩種寫本,因此整理者將其分别命名爲《陰陽十一脈灸經》甲本和《陰陽十一脈灸經》乙本。《陰陽十一脈灸經》甲本與《足臂十一脈灸經》《脈法》《陰陽脈死候》《五十二病方》合抄在兩張帛上,《陰陽十一脈灸經》甲本接抄於《足臂十一脈灸經》之後。[②]《陰陽十一脈灸經》乙本與《去穀食氣》《導引圖》等合抄在一張帛上,接抄在《去穀食氣》之後。《陰陽十一脈灸經》甲、乙兩本内容相同。[③]

本篇寫本文獻論説陰陽十一脈的走向、所主疾病的部位及病症,其中少陰脈還講了治療方法,其他各經並没有講治療方法,本篇抄寫在《足臂十一脈灸經》之後,應該是承前省略。少陰脈之所以講了治療方法及療效,是因爲本經疾病在療法療效方面與其他各經有所不同,其他各經應該像《足臂十一脈灸經》各經療法一樣,都是單純灸療本經經脈穴位,而療效方面没有需要特别説明之處。

著録

1. 馬王堆漢墓帛書整理小組編《馬王堆漢墓帛書》(肆),文物出版社,1985年3月第1版。

2. 裘錫圭主編《長沙馬王堆漢墓簡帛集成》(貳)、(伍)、(陸),中華書局,2014年6月第1版。

研究

1. 沈壽:《西漢帛畫〈導引圖〉結合〈陰陽十一脈灸經〉綜探》,《成都體院學報》,1983年第4期。

---

① 湖南省博物館:《長沙馬王堆漢墓簡帛出土與整理情况回顧》,裘錫圭主編《長沙馬王堆漢墓簡帛集成》(壹),第3頁。

② 參見裘錫圭主編《長沙馬王堆漢墓簡帛集成》(伍),第195頁。

③ 參見裘錫圭主編《長沙馬王堆漢墓簡帛集成》(陸),第9頁。

2. 趙京生:《從〈陰陽十一脈灸經〉論“是動、所生”的實質》,《中醫雜誌》,1992年第12期。

3. 夏慶、劉士敬:《帛書〈陰陽十一脈灸經〉與簡本〈脈書·十一經脈〉的相互訂正》,《甘肅中醫學院學報》,1998年第1期。

4. 徐莉莉:《帛書〈陰陽十一脈灸經〉甲、乙本異文考察》,《中國文字研究》(第二輯),廣西教育出版社,2001年10月第1版。

三 帛書《脈法》

帛書《脈法》出土於馬王堆三號墓。[①] 本篇原無篇名,整理者將本篇命名爲《脈法》。本篇帛書與《足臂十一脈灸經》、《陰陽十一脈灸經》甲本、《陰陽脈死候》、《五十二病方》等合抄在兩張帛上,本篇接於《陰陽十一脈灸經》甲本之後。[②] 本篇帛書殘損較重。

本篇寫本開篇云“以脈法明教下”,並以“書而熟學之”等語結尾,不難看出,這是在强調本篇脈書的抄寫目的。從殘存的内容來看,本篇寫本文獻論説灸砭經脈療病的辯證方法,闡述了砭療不當的四種危害,以及灸療時的注意事項等問題。

著録

1. 馬王堆漢墓帛書整理小組編《馬王堆漢墓帛書》(肆),文物出版社,1985年3月第1版。

2. 裘錫圭主編《長沙馬王堆漢墓簡帛集成》(貳)、(伍),中華書局,2014年6月第1版。

研究

1. 毛良:《古醫書〈脈法〉詮釋》,《上海中醫藥雜誌》,1983年第10期。

2. 金仕榮、姚純發:《馬王堆帛書〈脈法〉〈陰陽脈死候〉考疑》,《中醫藥學刊》,2005年第2期。

---

① 湖南省博物館:《長沙馬王堆漢墓簡帛出土與整理情況回顧》,裘錫圭主編《長沙馬王堆漢墓簡帛集成》(壹),第3頁。

② 參見裘錫圭主編《長沙馬王堆漢墓簡帛集成》(伍),第205頁。

四　帛書《陰陽脈死候》

帛書《陰陽脈死候》出土於馬王堆三號墓。[①]本篇原無篇題，整理者將本篇命名爲《陰陽脈死候》。本篇帛書與《足臂十一脈灸經》、《陰陽十一脈灸經》甲本、《脈法》、《五十二病方》合抄在兩張帛上，本篇接於《脈法》之後。[②]

本篇寫本文獻論説如果人體的太陽、陽明、少陽三陽脈病，就會導致折骨裂膚，但不至於死；而人體的太陰、少陰、厥陰爲死脈，如果三陰脈病亂，就會不過十日而死，並具體説明了相應的五種死徵。

著録

1. 馬王堆漢墓帛書整理小組編《馬王堆漢墓帛書》(肆)，文物出版社，1985 年 3 月第 1 版。

2. 裘錫圭主編《長沙馬王堆漢墓簡帛集成》(貳)、(伍)，中華書局，2014 年 6 月第 1 版。

研究

1. 黄長捷:《“陰陽脈死候”釋譯》,《陝西中醫》，1981 年第 6 期。

2. 金仕榮、姚純發:《馬王堆帛書〈脈法〉〈陰陽脈死候〉考疑》,《中醫藥學刊》，2005 年第 2 期。

五　張家山漢簡《脈書》

張家山漢簡《脈書》1983 年底出土於張家山二四七號漢墓。[③]本篇共有竹簡六十六支，簡長三十四點二至三十四點六釐米，三道編繩，篇題書寫在首簡背面。

全篇分兩部分，第一部分爲各種疾病名稱，共六十餘種，按照從頭至

---

① 湖南省博物館:《長沙馬王堆漢墓簡帛出土與整理情況回顧》，裘錫圭主編《長沙馬王堆漢墓簡帛集成》(壹)，第 3 頁。

② 參見裘錫圭主編《長沙馬王堆漢墓簡帛集成》(伍)，第 209 頁。

③ 張家山二四七號漢墓竹簡整理小組編著《張家山漢墓竹簡〔二四七號墓〕》，前言，第 1 頁。

足次序排列；第二部分爲人體中經脈走向及所主病症。這部分内容與馬王堆帛書《陰陽十一脈灸經》《脈法》《陰陽脈死候》相同。[①]

著録

1. 江陵張家山漢簡整理小組:《江陵張家山漢簡〈脈書〉釋文》,《文物》, 1989 年第 7 期。

2. 張家山二四七號漢墓竹簡整理小組編著《張家山漢墓竹簡〔二四七號墓〕》, 文物出版社, 2001 年 11 月第 1 版。

研究

1. 連劭名:《江陵張家山漢簡〈脈書〉初探》,《文物》, 1989 年第 7 期。

2. 馬繼興:《張家山漢簡〈脈書〉中的五種古醫籍》,《中醫雜誌》, 1990 年第 5 期。

3. 高大倫:《江陵張家山漢簡〈脈書〉病名考釋》,《四川大學學報》(哲學社會科學版), 1992 年第 4 期。

4. 陳國清、韓玉琴:《張家山漢簡〈脈書〉與五行學説》,《上海中醫藥雜誌》, 1997 年第 2 期。

5. 杜勇:《張家山漢簡〈脈書〉古病名釋義》,《湖北中醫雜誌》, 1997 年第 5 期。

六　天回漢簡《脈書·上經》

2012 年成都文物考古研究院對成都市金牛區天回鎮漢墓進行搶救性發掘，在三號墓中出土九百三十支竹簡，包括多種醫書,《脈書·上經》是其中一種。[②] 本篇經整理綴合共有五十四個竹簡編號，竹簡皆殘，平均簡長約二十七點八釐米，寬約零點八四釐米，厚約零點一釐米，文字書於竹黄面，編痕處未見明顯契口，經推測應有兩道編繩。本篇寫本未見篇題，現篇題《脈書·上經》是整理者據寫本内容及傳世文獻相關記載而擬定。[③]

① 參見張家山二四七號漢墓竹簡整理小組編著《張家山漢墓竹簡〔二四七號墓〕》, 第 235 頁。

② 參見《天回醫簡的發現與整理》, 天回醫簡整理組編著《天回醫簡》(上), 第 3、6 頁。

③ 參見天回醫簡整理組編著《天回醫簡》(下), 第 4 頁。

本篇寫本數次出現“敝昔曰”，“敝昔”即“扁鵲”，因此推斷本篇主要内容應源自扁鵲《脈書》。

著録

天回醫簡整理組編著《天回醫簡》（上、下），文物出版社，2022年11月第1版。

研究

柳長華、顧漫、周琦、劉陽、羅瓊:《四川成都天回漢墓醫簡的命名與學術源流考》,《文物》，2017年第12期。

七　天回漢簡《脈書·下經》

《脈書·下經》是2012年在成都市金牛區天回鎮三號漢墓中出土的九百三十支竹簡中的一篇。[①]本篇經整理綴合共有二百五十四個竹簡編號，平均簡長約三十五點八釐米，寬約零點七七釐米，厚約零點一釐米，文字書於竹黄面，編痕處未見明顯契口，兩道編繩，編繩大致等分整簡爲三段，極少數竹簡背面有劃痕。本篇寫本未見篇題，現篇題《脈書·下經》是整理者據寫本内容及傳世文獻相關記載而擬定。[②]

本篇寫本“以經脈爲基礎類分疾病，描述疾病病狀，闡釋病之變化，分析疾病預後，提供診斷法則，以辨察諸病同異”[③]。

著録

天回醫簡整理組編著《天回醫簡》（上、下），文物出版社，2022年11月第1版。

研究

柳長華、顧漫、周琦、劉陽、羅瓊:《四川成都天回漢墓醫簡的命名與學術源流考》,《文物》，2017年第12期。

---

① 參見《天回醫簡的發現與整理》，天回醫簡整理組編著《天回醫簡》（上），第3、6頁。
② 參見天回醫簡整理組編著《天回醫簡》（下），第18頁。
③ 參見天回醫簡整理組編著《天回醫簡》（下），第18頁。

八　天回漢簡《經脈》

《經脈》是2012年在成都市金牛區天回鎮三號漢墓中出土的九百三十支竹簡中的一篇。[①]本篇屬於出土編號爲M3:137竹簡中的一部醫書，經綴合整理共三十二個竹簡編號，其中完簡三支，三道編繩，上契口距竹簡頂端一釐米，下契口距竹簡尾端一點七釐米，中契口位於上下契口正中間，部分簡背面有劃痕，平均簡長約三十點一釐米，寬約零點七釐米，厚約零點一釐米，文字書於竹黄面。本篇寫本未見篇題，現篇題《經脈》是整理者據寫本内容而擬定。[②]

本篇寫本體例與馬王堆帛書《陰陽十一脈灸經》、《足臂十一脈灸經》、張家山漢簡《脈書》及天回漢簡《脈書・下經》等"脈書"相同，但多出相應病症的刺灸之法。[③]

著録

天回醫簡整理組編著《天回醫簡》，文物出版社，2022年11月第1版。

研究

顧漫、周琦、柳長華、武家璧:《天回醫簡〈經脉〉殘篇與〈靈樞・經脉〉的淵源》,《中國針灸》，2019年第10期。

附：天回漢墓髹漆經脈人像

天回漢墓髹漆經脈人像，2012年在成都市金牛區天回鎮三號漢墓中與天回醫簡一同出土。這座髹漆經脈人像，是迄今我國發現的最早、最完整的經脈人體醫學模型。[④]

該經脈人像高十四點九釐米，雙臂最寬處五點一釐米，厚約二點六釐米，乾重約五十六克，通體髹漆。該人像頭面、四肢、關節、小腹、腰背處鐫刻細小圓點，共計一百一十一個。肩頸、胸、背、脅、肘窩、膕窩處

---

① 參見《天回醫簡的發現與整理》，天回醫簡整理組編著《天回醫簡》(上)，第3、6頁。
② 參見天回醫簡整理組編著《天回醫簡》(下)，第148頁。
③ 參見天回醫簡整理組編著《天回醫簡》(下)，第148頁。
④ 參見《天回醫簡的發現與整理》，天回醫簡整理組編著《天回醫簡》(上)，第3、6頁。

鎸刻有銘文，共計二十字。體表有縱貫全身呈對稱分布的二十二條紅色漆繪綫，與馬王堆帛書十一經脈大體對應，並有四十一條刻劃綫與同墓出土的《脈經・下經》中的十二經脈和間别脈相關，可見體表繪製及刻劃的綫條應是經脈綫，因此將該人像稱爲髹漆經脈人像。[①]髹漆經脈人像實物的發現，對於研究中醫經脈學説具有重要意義。

著録

天回醫簡整理組編著《天回醫簡》(下)，文物出版社，2022年11月第1版。

研究

周興蘭、張乙小、曾芳:《成都老官山漢墓髹漆經穴人像腧穴内容和特點探析》，《中華中醫藥雜誌》(原中國醫藥學報)，2022年第10期。

九　天回漢簡《逆順五色脈臧驗精神》

《逆順五色脈臧驗精神》是2012年在成都市金牛區天回鎮三號漢墓中出土的九百三十支竹簡中的一篇。[②]本篇經整理綴合共有六十一個竹簡編號，本篇竹簡皆殘，平均簡長約三十釐米，寬約零點七七釐米，厚約零點一釐米，文字書於竹黄面，編痕處未見明顯契口，經推測應有兩道編繩。本篇寫本未見篇題，現篇題《逆順五色脈臧驗精神》是整理者據寫本内容而擬定。[③]

“本篇内容與《脈書・上經》有相承關係，包括五色脈診、表裏逆順、五藏虚實、脈藏配屬及石、犮法之運用等，而語言較爲通俗淺易，似爲《上經》之訓詁。”[④]

著録

天回醫簡整理組編著《天回醫簡》，文物出版社，2022年11月第1版。

---

① 參見天回醫簡整理組編著《天回醫簡》(下)，第168頁。

② 參見《天回醫簡的發現與整理》，天回醫簡整理組編著《天回醫簡》(上)，第3、6頁。

③ 參見天回醫簡整理組編著《天回醫簡》(下)，第54頁。

④ 參見天回醫簡整理組編著《天回醫簡》(下)，第54頁。

研究

柳長華、顧漫、周琦、劉陽、羅瓊:《四川成都天回漢墓醫簡的命名與學術源流考》,《文物》, 2017 年第 12 期。

十　天回漢簡《犮理》

《犮理》是 2012 年在成都市金牛區天回鎮三號漢墓中出土的九百三十支竹簡中的一篇。[①] 本篇經整理綴合共有七十六個竹簡編號，平均簡長約二十七點八釐米，寬約零點八四釐米，厚約零點一釐米，文字書於竹黄面，兩道編繩，編痕處未見明顯契口。本篇寫本未見篇題，現篇題《犮理》是整理者據寫本内容而擬定。[②]

本篇寫本“内容包括‘犮理’‘四時’‘五痹’‘五風’‘五死’等章，主要論述諸病診候與石、犮兩種古治法”[③]。

著録

天回醫簡整理組編著《天回醫簡》(上、下)，文物出版社，2022 年 11 月第 1 版。

研究

柳長華、顧漫、周琦、劉陽、羅瓊:《四川成都天回漢墓醫簡的命名與學術源流考》,《文物》, 2017 年第 12 期。

十一　天回漢簡《刺數》

《刺數》是 2012 年在成都市金牛區天回鎮三號漢墓中出土的九百三十支竹簡中的一篇。[④] 本篇共有四十八個竹簡編號，其中二十五支完整簡，三道編繩，上契口距竹簡頂端一點三釐米，下契口距竹簡尾端一點七釐米，中契口位於上下契口正中間，簡背有連貫劃痕，平均簡長約三十點二釐米，寬約零點八釐米，厚約零點一釐米，文字書於竹黄面。本篇寫本未

① 參見《天回醫簡的發現與整理》，天回醫簡整理組編著《天回醫簡》(上)，第 3、6 頁。
② 參見天回醫簡整理組編著《天回醫簡》(下)，第 66 頁。
③ 參見天回醫簡整理組編著《天回醫簡》(下)，第 66 頁。
④ 參見《天回醫簡的發現與整理》，天回醫簡整理組編著《天回醫簡》(上)，第 3、6 頁。

見篇題，現篇題《刺數》是整理者據寫本内容而擬定。[①]

刺數，即是刺法。本篇寫本内容較爲完整，全篇論述刺法，包括總論和分論兩部分，記載了刺法總則和四十餘種病症的刺法。[②]

著録

天回醫簡整理組編著《天回醫簡》（上、下），文物出版社，2022年11月第1版。

研究

柳長華、顧漫、周琦、劉陽、羅瓊:《四川成都天回漢墓醫簡的命名與學術源流考》,《文物》, 2017年第12期。

附：天回漢簡《瘵馬書》

《瘵馬書》是2012年在成都市金牛區天回鎮三號漢墓中出土的九百三十支竹簡中的一篇。[③]本篇屬於出土編號爲M3:137竹簡中的一部治瘵馬病的專書，經綴合整理共一百七十二個竹簡編號，三道編繩，上契口距竹簡頂端一點三釐米，下契口距竹簡尾端一點七釐米，中契口位於上下契口正中間，部分簡背面有劃痕，平均簡長約三十點三釐米，寬約零點七釐米，厚約零點一釐米，文字書於竹黄面。本篇寫本未見篇題，現篇題《瘵馬書》是整理者據寫本内容而擬定。[④]

本篇寫本的主要内容爲馬病的理、法、方、藥的彙集。[⑤]

《漢書・藝文志》方技略中的醫經、經方類文獻未見瘵馬醫書，本篇寫本應與《隋書・經籍志》所著録的《伯樂治馬雜病經》《瘵馬方》等醫書相類，兹附録於醫經之後。

著録

天回醫簡整理組編著《天回醫簡》（上、下），文物出版社，2022年11月第1版。

---

① 參見天回醫簡整理組編著《天回醫簡》（下），第78頁。

② 參見天回醫簡整理組編著《天回醫簡》（下），第78—89頁。

③ 參見《天回醫簡的發現與整理》，天回醫簡整理組編著《天回醫簡》（上），第3、6頁。

④ 參見天回醫簡整理組編著《天回醫簡》（下），第130頁。

⑤ 參見天回醫簡整理組編著《天回醫簡》（下），第130—146頁。

研究

袁開惠、趙懷舟:《老官山漢墓醫簡〈醫馬書〉簡 27 字詞考釋》,《簡帛》(第二十五輯),上海古籍出版社,2022 年 11 月第 1 版。

十二 清華楚簡《病方》

清華楚簡《病方》是清華大學 2008 年入藏的戰國竹簡中的一篇。本篇現存兩支簡,殘存三十三字,與《行稱》篇抄寫在同册竹書上。[①] 原無篇題,整理者據簡文内容擬篇名爲《病方》。

清華簡《病方》,記三種病方,前兩種爲酒劑,内服;後一種爲湯劑,外用。分别針對肩背疾、憝和目疾。

本篇屬於醫家病方類文獻,是目前所見出土文獻中抄寫時間最早的病方,對於研究先秦醫藥學、方劑學及病方類文獻文體形態具有較爲重要的學術價值。

著録

黄德寬主編《清華大學藏戰國竹簡》(拾),中西書局,2020 年 11 月第 1 版。

十三 里耶秦簡《醫方》

里耶秦代簡牘(簡稱里耶秦簡)包括 2002 年 6 月出土於里耶戰國秦代古城遺址一號井的三萬八千餘枚簡牘和 2005 年 12 月出土於北護城壕十一號坑中的五十一枚簡牘。[②] 里耶秦簡内容大部分是秦代政府文書、法律文書、簿籍等,除此之外,也有一定數量的曆譜、醫方、九九術等書籍簡牘。其中,里耶秦簡《醫方》,就目前已經公布的材料來看,主要出自里耶古城遺址一號井第八層及第九層。第八層主要有 258、298、792、837、876、1040、1042、1057、1221、1224、1230、1243、1290、1329、1363、1369、1376、1397、1620、1718、1766、1772、1918、1937、

① 參見黄德寬主編《清華大學藏戰國竹簡》(拾),第 154 頁。

② 參見湖南省文物考古研究所編著《里耶秦簡》(壹),前言,第 1 頁。

1976等號簡；[①] 第九層主要有244、1569、1590、1630、1633、1954、2097、2296等號簡。[②] 其中有治心腹痛方、治暴心痛方、治令金傷勿痛方、治煩心方、脈痔方等多種醫方。

著録

1. 湖南省文物考古研究所編著《里耶秦簡》(壹)，文物出版社，2012年1月第1版。

2. 湖南省文物考古研究所編著《里耶秦簡》(貳)，文物出版社，2017年12月第1版。

研究

1. 陳偉主編《里耶秦簡牘校釋》(第一卷)，武漢大學出版社，2012年1月第1版。

2. 劉建民:《讀〈里耶秦簡(壹)〉醫方簡札記》，《簡帛》(第十一輯)，上海古籍出版社，2015年11月第1版。

3. 張朝陽:《中國已發現最早古醫方：里耶秦簡之醫方簡略考》，《唐都學刊》，2016年第5期。

4. 周波:《里耶秦簡醫方校讀》，《簡帛》(第十五輯)，上海古籍出版社，2017年11月第1版。

5. 里耶秦簡牘校釋小組:《〈里耶秦簡(貳)〉綴合補(二)》，簡帛網，2018年5月15日。

6. 里耶秦簡牘校釋小組:《〈里耶秦簡(貳)〉校讀(一)》，簡帛網，2018年5月17日。

7. 張雷編著《秦漢簡牘醫方集注》，中華書局，2018年9月第1版。

8. 陳偉主編《里耶秦簡牘校釋》(第二卷)，武漢大學出版社，2018年12月第1版。

9. 周波:《〈里耶秦簡(貳)〉醫方校讀》，復旦大學出土文獻與古文字研究中心網站，2019年4月2日。

---

① 參見湖南省文物考古研究所編著《里耶秦簡》(壹)、陳偉主編《里耶秦簡牘校釋》(第一卷)。

② 周波:《〈里耶秦簡(貳)〉醫方校讀》，復旦大學出土文獻與古文字研究中心網站，2019年4月2日。又參見湖南省文物考古研究所編著《里耶秦簡》(貳)。

十四　關沮周家臺秦簡《醫方》

關沮周家臺秦簡《醫方》，1993年6月出土於荆州市沙市區關沮鄉清河村周家臺三〇號秦墓。整理者把出土的竹簡分爲三組，第一組擬定篇題爲《曆譜》，第二組擬定篇題爲《日書》，第三組擬定篇題爲《病方及其它》。其中，第三組存簡七十三支，簡長二十一點七至二十三釐米，寬零點四至一釐米，厚零點零六至零點一五釐米，其内容爲病方、祝由術、擇吉避凶占卜、農事等。[①] 值得注意的是，其中的祝由術也是以醫方形式出現的。

本篇寫本《醫方》記録多種藥方，各藥方由藥名、劑量、服用方法及適應病症等内容構成。

著録

湖北省荆州市周梁玉橋遺址博物館編《關沮秦漢墓簡牘》，中華書局，2001年8月第1版。

研究

1. 劉金華:《周家臺秦簡醫方試析》,《甘肅中醫》，2007年第6期。
2. 方勇:《讀關沮秦簡劄記四則》,《中國國家博物館館刊》，2012年第12期。

十五　北大秦簡《病方》

北大秦簡《病方》是2010年北京大學入藏秦簡中的一篇。本篇文獻經綴合有七十八枚竹簡，完整簡長二十二點六至二十三點一釐米，寬零點五至零點七釐米，有三道編繩，文字書寫在竹簡背面，本篇文獻未發現篇題，現篇題爲整理者所擬加。[②]

本篇文獻所記醫方包括祝由術、藥方及祝禱方。

著録

北京大學出土文獻與古代文明研究所編《北京大學藏秦簡牘》(叁)、(肆)，上海

① 參見湖北省荆州市周梁玉橋遺址博物館編著《關沮秦漢墓簡牘》，前言、第126頁。

② 北京大學出土文獻與古代文明研究所:《北京大學藏秦簡牘》(肆)，第741、857頁。

古籍出版社，2023年5月第1版。

十六　帛書《五十二病方》

帛書《五十二病方》出土於馬王堆三號墓。[①]本篇原無篇名，整理者將本篇命名爲《五十二病方》。本篇帛書與《足臂十一脈灸經》、《陰陽十一脈灸經》甲本、《脈法》、《陰陽脈死候》合抄在兩張帛上，每張帛寬度爲四十八釐米，長度爲一百一十釐米。[②]

本篇帛書收録針對五十二種疾病的五十二個病方，篇首有五十二種疾病目録，篇内在每種疾病下有相應的方劑及療法。每種疾病下少則一二方，多則二三十方。本篇文獻對於中醫藥學史研究具有重要價值。

著録

1. 馬王堆漢墓帛書整理小組編《馬王堆漢墓帛書》（肆），文物出版社，1985年3月第1版。

2. 裘錫圭主編《長沙馬王堆漢墓簡帛集成》（貳）、（伍），中華書局，2014年6月第1版。

研究

1. 董尚樸：《〈五十二病方〉成書時地考》，《中醫藥學報》，1989年第5期。

2. 陳力、黄新建：《從〈萬物〉和〈五十二病方〉看春秋戰國時期藥物學發展狀況》，《湖南中醫學院學報》，1997年第2期。

3. 張麗君：《〈五十二病方〉祝由之研究》，《中華醫史雜誌》，1997年第3期。

4. 張正霞、辛波：《帛書〈五十二病方〉成書年代考證》，《文物春秋》，2007年第6期。

5. 陳紅梅：《〈五十二病方〉編寫體例探討》，《天津中醫藥大學學報》，2010年第1期。

6. 劉玉堂、賈海燕：《馬王堆帛書〈五十二病方〉與楚人"四方"觀念》，《中國文

---

① 湖南省博物館：《長沙馬王堆漢墓簡帛出土與整理情況回顧》，裘錫圭主編《長沙馬王堆漢墓簡帛集成》（壹），第3頁。

② 參見裘錫圭主編《長沙馬王堆漢墓簡帛集成》（伍），第213頁。

化研究》，2011 年第 3 期。

十七　帛書《療射工毒方》

帛書《療射工毒方》出土於馬王堆三號墓。[①] 帛書《療射工毒方》與《房内記》書寫在一卷帛上，原整理者把這兩篇作爲一篇，命名爲《雜療方》，現復旦大學重新整理將兩篇分開，並分别命名，獨立成篇。該卷帛書上繪朱絲欄，字書寫在欄内，隸書字體帶有篆意。朱絲欄上端欄外常常加有作爲分段符號的墨點。在該卷帛書兩篇之間留有較大空隙，《療射工毒方》及《房内記》兩個篇題，是復旦大學後來整理時所加。[②]《療射工毒方》内容爲治療蜮毒的病方，其中有方劑，也有祝由術。

著録

1. 馬王堆漢墓帛書整理小組編《馬王堆漢墓帛書》（肆），文物出版社，1985 年 3 月第 1 版。

2. 裘錫圭主編《長沙馬王堆漢墓簡帛集成》（貳）、（陸），中華書局，2014 年 6 月第 1 版。

研究

1. 潘遠根:《馬王堆醫書〈雜療方〉考辨》,《湖南中醫學院學報》，1989 年第 3 期。

2. 周一謀:《帛書〈養生方〉及〈雜療方〉中的方藥》,《福建中醫藥》，1992 年第 6 期。

十八　馬王堆漢簡《雜禁方》

馬王堆漢簡《雜禁方》出土於馬王堆三號墓。[③] 本篇簡文存木簡十一支，出土於三號墓東槨箱五十七號漆奩内。簡長二十二至二十三釐米，寬一點一至一點二釐米，每簡書寫十三至十五字。原無篇題，現篇題爲整理

① 湖南省博物館:《長沙馬王堆漢墓簡帛出土與整理情况回顧》，裘錫圭主編《長沙馬王堆漢墓簡帛集成》（壹），第 3 頁。

② 參見裘錫圭主編《長沙馬王堆漢墓簡帛集成》（陸），第 73、87 頁。

③ 湖南省博物館:《長沙馬王堆漢墓簡帛出土與整理情况回顧》，裘錫圭主編《長沙馬王堆漢墓簡帛集成》（壹），第 3 頁。

者所加。本篇出土時與《天下至道談》合捲成一卷，本篇在外，《天下至道談》在内，因此，原整理者將本篇與《天下至道談》合排簡號。[①]本篇内容爲祝由術。復旦大學整理時對原整理者的簡序做了調整，對釋文和注釋也提出一些新的意見。

本篇所記之方，並不是真正的藥方，但確是古代醫家祝由之方。因此，本書仍將之列在醫方類。

著録

1. 馬王堆漢墓帛書整理小組編《馬王堆漢墓帛書》(肆)，文物出版社，1985年3月第1版。

2. 裘錫圭主編《長沙馬王堆漢墓簡帛集成》(貳)、(陸)，中華書局，2014年6月第1版。

研究

周一謀:《略論馬王堆竹木簡醫書》,《湖南中醫雜誌》，1985年第1期。

十九　天回漢簡《治六十病和齊湯法》

《治六十病和齊湯法》是2012年在成都市金牛區天回鎮三號漢墓中出土的九百三十支竹簡中的一篇。[②]本篇經綴合整理共有二百一十二個竹簡編號，三道編繩，上契口距竹簡頂端一點四釐米，下契口距竹簡尾端一點七釐米，中契口位於上下契口正中間，極少數簡背面有劃痕，平均簡長約三十四點三釐米，寬約零點八釐米，厚約零點一釐米，文字書於竹黄面。本篇寫本未見篇題，現篇題《治六十病和齊湯法》是整理者據寫本内容及傳世文獻相關記載而擬定。[③]

本篇寫本由目録與正文兩部分構成。目録簡一共十五支，從上至下分四欄書寫，每欄從右向左排序，每欄十五種病，連續編號，共六十種病。涵蓋風、痹、疝、内癉、消渴、傷中、金傷、女子瘕、嬰兒瘛等内、外、

① 參見裘錫圭主編《長沙馬王堆漢墓簡帛集成》(陸)，第159、163頁。
② 參見《天回醫簡的發現與整理》，天回醫簡整理組編著《天回醫簡》(上)，第3、6頁。
③ 參見天回醫簡整理組編著《天回醫簡》(下)，第78頁。

婦、兒各科疾病。正文中每病下列一方至數方不等，共計一百零五方，包括藥方一百零一首、祝由方四首。[①]

著録

天回醫簡整理組編著《天回醫簡》（上、下），文物出版社，2022年11月第1版。

研究

羅瓊、顧漫、柳長華：《天回醫簡〈治六十病和齊湯法〉釋名考證》，《中國中藥雜誌》，2018年第19期。

二十　敦煌漢簡《醫方》

敦煌漢簡《醫方》，現已發現有十五支。其中有十一支簡是20世紀初斯坦因進行第二次中亞考古時在敦煌漢代長城烽燧遺址發現的，編號爲1996、1997、2000、2001、2004、2008、2012、2013、2030、2034、2052，[②]木質，羅振玉、王國維《流沙墜簡》認爲這十一支簡有六支確爲獸醫方，其餘五支也應該是獸醫方。[③]另外四支《醫方》簡是1979年在敦煌西北馬圈灣漢代烽燧遺址裏發現的，編號爲505、563、564、1060+1177，[④]這四支簡皆爲木質，所記内容爲人醫方。[⑤]

著録

1. 羅振玉、王國維：《流沙墜簡》，中華書局，1993年9月第1版。

2. 甘肅省文物考古研究所編《敦煌漢簡》，中華書局，1991年6月第1版。

3. 張德芳：《敦煌馬圈灣漢簡集釋》，甘肅文化出版社，2013年12月第1版。

---

① 參見天回醫簡整理組編著《天回醫簡》（下），第93—127頁。

② 爲《敦煌漢簡》編號。

③ 參見羅振玉、王國維：《流沙墜簡・小學術數方技書考釋》，第95—98頁；甘肅省文物考古研究所編《敦煌漢簡》（上），圖版壹陸貳、壹陸零、壹陸貳、壹陸叁、壹陸伍，（下），第297、298、299頁。

④ 爲《敦煌漢簡》編號。

⑤ 參見甘肅省文物考古研究所編《敦煌漢簡》（上），圖版伍貳、伍柒、伍捌、玖柒、壹零柒，（下），第238、241、260、264頁；張德芳：《敦煌馬圈灣漢簡集釋》，第91、159頁。

研究

羅振玉、王國維:《流沙墜簡・小學術數方技書考釋》，中華書局，1993年9月第1版。

二十一　居延漢簡《醫方》

1930年西北科學考察團在額濟納河流域所發現漢簡中的89.20、136.3、136.25、149.32、155.8、265.2、265.41、350.44、403.18、454.12、455.19、488.1、497.20等號簡爲醫方簡。[①] 其中155.8號簡所記醫方當爲醫馬方。原簡現藏於臺北中研院歷史語言研究所。

著録

1. 勞榦:《居延漢簡考釋（釋文之部）》，商務印書館，1949年11月初版。

2. 勞榦:《居延漢簡（圖版之部）》，臺北中研院歷史語言研究所，1957年3月初版。

3. 中國社會科學院考古研究所編《居延漢簡（甲乙編）》，中華書局，1980年7月第1版。

4. 中國簡牘集成編輯委員會編《中國簡牘集成・甘肅省 内蒙古自治區卷（居延漢簡）》（第五至八册），敦煌文藝出版社，2001年6月第1版。

5. 簡牘整理小組編《居延漢簡》（壹），臺北中研院歷史語言研究所，2014年12月初版。

6. 簡牘整理小組編《居延漢簡》（貳），臺北中研院歷史語言研究所，2015年12月初版。

7. 簡牘整理小組編《居延漢簡》（叁），臺北中研院歷史語言研究所，2016年10月初版。

8. 簡牘整理小組編《居延漢簡》（肆），臺北中研院歷史語言研究所，2017年11月初版。

---

① 參見中國社會科學院考古研究所編《居延漢簡（甲乙編）》，上册，乙圖版柒陸 –89.20、甲圖版伍壹 –509、乙圖版壹零零 –136.3、乙圖版壹零壹 –136.25、甲圖版柒拾 –855、乙圖版壹壹壹 –155.8、乙圖版壹玖捌 –265.2、甲圖版壹叁貳 –1785、乙圖版貳伍柒 –455.12、乙圖版貳伍捌 –455.19、甲圖版壹叁伍 –1827、甲圖版壹叁玖 –1885；下册，第66、96、106、108、188、190、236、242、252、255頁。

研究

1. 勞榦:《居延漢簡(考釋之部)》，臺北中研院歷史語言研究所，1960年4月初版。

2. 張雷編著《秦漢簡牘醫方集注》，中華書局，2018年9月第1版。

二十二　居延新簡《醫方》

1972年至1974年出土的居延新簡中的EPT9.3、EPT9.7AB、EPT10.8、EPT40.191AB、EPT50.26、EPT53.141、EPT54.14、EPT56.228、EPT59.695AB、EPT65.476、EPF22.817、EPS4T2.65等號簡爲醫方簡。[①] 原簡現藏甘肅簡牘博物館。

著録

1. 甘肅省文物考古研究所、甘肅省博物館、文化部古文獻研究室、中國社會科學院歷史研究所編《居延新簡——甲渠候官與第四燧》，文物出版社，1990年7月第1版。

2. 甘肅省文物考古研究所、甘肅省博物館、文化部古文獻研究室、中國社會科學院歷史研究所編《居延新簡——甲渠候官》，中華書局，1994年12月第1版。

3. 中國簡牘集成編輯委員會編《中國簡牘集成・甘肅省 内蒙古自治區卷(居延新簡)》(第九至十二册)，敦煌文藝出版社，2001年6月第1版。

4. 張德芳主編《居延新簡集釋》(一、二、四、五、六、七)，甘肅文化出版社，2016年6月第1版。

研究

1. 勞榦:《居延漢簡(考釋之部)》，臺北中研院歷史語言研究所，1960年4月初版。

2. 張雷編著《秦漢簡牘醫方集注》，中華書局，2018年9月第1版。

二十三　武威漢簡《治百病方》

武威漢簡《治百病方》1972年11月出土於甘肅省武威旱灘坡漢墓。該墓共出土醫簡牘九十二枚，其中簡七十八枚(含空白簡)，牘十四枚，

---

① 參見甘肅省文物考古研究所、甘肅省博物館、文化部古文獻研究室、中國社會科學院歷史研究所編《居延新簡——甲渠候官》。

簡牘均爲木質。其中木簡長二十三至二十三點四釐米，簡寬有一釐米和零點五釐米兩種，一釐米寬的四十一枚，零點五釐米寬的三十七枚，每簡二十至四十字不等，字體爲隸書兼草。木簡所記基本上是醫方，在整理者所編 78 號簡上寫有“右治百病方”，應當是篇題。①

武威漢簡《治百病方》記載多個醫方，是祖國醫藥學的珍貴文獻，對於研究中國早期醫學也具有重要意義。

著録

1. 甘肅省博物館、武威縣文化館編《武威漢代醫簡》，文物出版社，1975 年 10 月第 1 版。

2. 田河：《武威漢簡集釋》，甘肅文化出版社，2020 年 8 月第 1 版。

研究

1. 杜勇：《〈武威漢代醫簡〉考釋》，《甘肅中醫》，1998 年第 1 期。

2. 趙光樹、余國友：《〈武威漢代醫簡〉與〈五十二病方〉的藥物學比較研究》，《中國中藥雜誌》，2000 年第 11 期。

3. 姜良鐸、劉承：《〈武威漢代醫簡〉方藥臨床應用價值初探》，《中華醫史雜誌》，2006 年第 1 期。

4. 張延昌、孫其斌、楊扶德、牛崇信：《〈武威漢代醫簡〉與〈傷寒雜病論〉方藥淵源》，《中華醫史雜誌》，2006 年第 2 期。

5. 張延昌主編《武威漢代醫簡注解》，中醫古籍出版社，2006 年 3 月第 1 版。

6. 段禎、王亞麗：《〈武威漢代醫簡〉組方用藥特點探析》，《中醫雜誌》，2012 年第 2 期。

二十四　武威漢代木牘《醫方》

武威漢代木牘《醫方》1972 年 11 月出土於甘肅省武威旱灘坡漢墓，同時出土的還有《治百病方》木簡。該墓出土木牘十四枚，木牘長二十二點七至二十三點九釐米，厚度爲零點二至零點六釐米不等，字體

---

① 參見甘肅省博物館、武威縣文化館編《武威漢代醫簡》，第 20—21 頁。又，參見張延昌主編《武威漢代醫簡注解》，第 27、53 頁。

是隸書兼草。

木牘上寫有治久咳上氣喉中如百蟲鳴狀卅歲以上方、治久咳逆上氣湯方、治痹手足臃腫方、公孫君方、東海白水侯所奏男子有七疾七傷方、治惡病大風方、治婦人膏藥方、百病膏藥方、建威耿將軍方等醫方，其中有的醫方見於《治百病方》木簡。在整理者所編 84 號甲、85 號甲乙的木牘上寫有“白水侯方”，該方治療男子七疾七傷，[①] 該醫方流傳較廣，對後世影響較大。

著録

甘肅省博物館、武威縣文化館編《武威漢代醫簡》，文物出版社，1975 年 10 月第 1 版。

研究

1. 張延昌主編《武威漢代醫簡注解》，中醫古籍出版社，2006 年 3 月第 1 版。

2. 王智明、吴燕、田雪梅、李偉青:《運用武威漢代醫簡“治東海白水侯所奏方”治療風濕病體會》,《中國民族民間醫藥》，2010 年第 10 期。

3. 吕有强、袁仁智、扈小健:《〈武威漢代醫簡〉之“東海白水侯所奏方”溯源考》,《西部中醫藥》，2014 年第 5 期。

二十五　張家界古人堤漢代木牘《治赤穀方》

1987 年在湖南張家界古人堤漢代遺址出土簡牘九十枚，簡牘内容包括漢律、醫方、官府文書、書信及禮物謁、曆日表、九九乘法表等九類。其中，醫方有兩枚木牘，編爲 1 號和 3 號。1 號木牘較完整，上有題名“治赤穀方”[②]。

著録

1. 張春龍、胡平生、李均明:《湖南張家界古人堤遺址與出土簡牘概述》,《中國歷史文物》，2003 年第 2 期。

---

① 參見甘肅省博物館、武威縣文化館編《武威漢代醫簡》，第 14、15 頁。

② 參見張春龍、李均明、胡平生:《湖南張家界古人堤簡牘釋文與簡注》,《中國歷史文物》，2003 年第 2 期，第 72 頁。

2. 張春龍、李均明、胡平生:《湖南張家界古人堤簡牘釋文與簡注》,《中國歷史文物》, 2003 年第 2 期。

研究

張如青、丁媛:《張家界古人堤出土醫方木牘“治赤穀方”考釋》, 復旦大學出土文獻與古文字研究中心網站, 2010 年 6 月 26 日。

二十六　未央宫遺址漢簡《醫方》

1980 年在陝西西安漢長安城未央宫遺址前殿 A 區第三層發現被火燒過的木簡一百一十五枚, 大多已殘, 木簡長十三至十三點六釐米, 寬一至一點三釐米, 内容大多爲病例醫方。[①] 因出土於皇家遺址, 其醫方應有很高價值, 目前研究較少, 有待進一步研究。

著録

中國社會科學院考古研究所:《漢長安城未央宫 1980 – 1989 年考古發掘報告》, 中國大百科全書出版社, 1996 年 11 月第 1 版。

二十七　肩水金關漢簡《醫方》

1973 年甘肅省文物部門在額濟納河流域肩水金關遺址發現的漢簡中 73EJT1:168、73EJT2:79、73EJT5:70、73EJT21:24、73EJT23:704、73EJT23:711、73EJT30:193、73EJT37:942AB、73EJF2:47AB、73EJF3:339+609+601、72EJC:116B 等號簡爲醫方簡。[②] 其中 73EJT21:24 簡所記醫方當爲醫馬方。原簡現藏於甘肅簡牘博物館。

著録

1. 甘肅簡牘保護研究中心等編《肩水金關漢簡》(壹), 中西書局, 2011 年 8 月第 1 版。

---

① 參見中國社會科學院考古研究所:《漢長安城未央宫 1980—1989 年考古發掘報告》, 中國大百科全書出版社, 1996 年 11 月第 1 版, 第 238—248 頁。

② 參見《肩水金關漢簡》(壹), 上册, 第 21、53、112 頁;《肩水金關漢簡》(貳), 上册, 第 25、202、203 頁;《肩水金關漢簡》(叁), 上册, 第 199 頁;《肩水金關漢簡》(肆), 上册, 第 146 頁;《肩水金關漢簡》(伍), 上册, 第 6、68、186 頁。

2. 甘肅簡牘保護研究中心等編《肩水金關漢簡》(貳),中西書局,2012 年 12 月第 1 版。

3. 甘肅簡牘博物館等編《肩水金關漢簡》(叁),中西書局,2013 年 12 月第 1 版。

4. 甘肅簡牘博物館等編《肩水金關漢簡》(肆),中西書局,2015 年 11 月第 1 版。

5. 甘肅簡牘博物館等編《肩水金關漢簡》(伍),中西書局,2016 年 8 月第 1 版。

研究

張雷編著《秦漢簡牘醫方集注》,中華書局,2018 年 9 月第 1 版。

二十八 羅布泊漢簡《醫方》

羅布泊漢簡是西北科學考察團的黃文弼於 1930 年和 1934 年調查羅布淖爾湖北岸的土垠遺址時發現的,後藏於中國國家博物館、史語所、臺北故宮博物院。其中藏於史語所的 L39AB、L48AB、L49AB 號簡爲醫方,簡牘整理小組重新整理時將三簡做了綴合:L39AB+L49AB+L48AB。①

著録

1. 簡牘整理小組編《居延漢簡補編》,臺北中研院歷史語言研究所,1998 年 5 月初版。

2. 簡牘整理小組編《居延漢簡》(肆),臺北中研院歷史語言研究所,2017 年 11 月初版。

二十九 懸泉漢簡《醫方》

1990 年出土於懸泉置遺址的漢簡中 I90DXT0112 ① : 57AB、II90DXT0114 ② : 28A 號簡爲醫方簡。

I90DXT0112 ① : 57 號爲木牘,上部殘,殘存部分長十四點二釐米,寬二釐米,正反兩面書寫,記多種醫方、丸劑炮製方法及服用禁忌等。② 值得注意的是,醫方中的炮製方法出現了"冶合"。李學勤先生曾對"冶"

① 參見簡牘整理小組編《居延漢簡》(肆),第 280 頁。

② 參見甘肅簡牘博物館等編《懸泉漢簡》(壹),第 120、625 頁。

的具體含義做過考釋，認爲就是"搗碎"的意思。[①]

II90DXT0114②：28A號簡，木質，上、下、左、右均殘，殘存部分長七點二釐米，寬一點二釐米，厚零點二釐米。[②]簡文殘存"甘草三分□烏喙三分□"[③]，當是醫方殘文。

II90DXT0114③：559號木牘，殘存"蜀""細辛"等味藥，亦應當是醫方。[④]

著録

1. 甘肅簡牘博物館等編《懸泉漢簡》（壹），中西書局，2019年11月第1版。

2. 甘肅簡牘博物館等編《懸泉漢簡》（叁），中西書局，2023年5月第1版。

三十　地灣漢簡《醫方》

1986年甘肅省文物考古研究所對地灣遺址進行了二次發掘，出土漢簡七百多枚，其中86EDT8:9號簡爲醫方。該簡木質，長十七釐米，寬零點八釐米，上、下、左、右均殘，記附子、參、細辛等多味藥及劑量。[⑤]

著録

甘肅簡牘博物館等編《地灣漢簡》，中西書局，2017年12月第1版。

研究

方勇、周佳瑶：《讀〈地灣漢簡〉醫方簡札記一則》，《湖南省博物館館刊》（第十五輯），嶽麓書社，2019年12月第1版。

三十一　玉門關漢簡絶子丸

1998年10月敦煌市博物館爲配合對小方盤城（玉門關）遺址的

① 參見李學勤：《"冶"字的一種古義》，《語文建設》，1991年第11期，第42—43頁。
② 參見甘肅簡牘博物館等編《懸泉漢簡》（叁），第587頁。
③ 參見甘肅簡牘博物館等編《懸泉漢簡》（叁），第65頁。
④ 參見甘肅簡牘博物館等編《懸泉漢簡》（叁），第181頁。
⑤ 參見甘肅簡牘博物館等編《地灣漢簡》，第18頁。

加固維修，對其周圍進行了小範圍發掘，出土漢簡三百餘枚，[①]其中II98DYT5:81號簡簡文爲："吞十丸，不知，稍益，以知爲度。身毒使人其煩時欲嘔，至十五丸，服百日，絶字。十三歲，八歲已☑"。此簡木質，下部殘，殘存部分長十八點八釐米，寬零點八釐米。該簡所記内容爲絶子丸的服用方法，"絶字"之"字"，應爲生育之意。[②]原簡現藏敦煌博物館。

著録

張德芳、石明秀主編《玉門關漢簡》，中西書局，2019年11月第1版。

三十二　額濟納漢簡《醫方》

1999年至2002年内蒙古自治區文物考古研究所在内蒙古額濟納旗漢代烽燧遺址進行考古調查發掘，共採獲500餘枚漢代簡牘，稱爲額濟納漢簡，其中2000年在第十四隧一號房址出土的2000ES14SF1:5號簡爲醫方簡。該簡木質，兩端殘失，尚存石膏、厚朴、杏核等幾味藥。[③]原簡現藏内蒙古自治區文物考古研究所。

著録

魏堅主編《額濟納漢簡》，廣西師範大學出版社，2005年3月第1版。

研究

1. 孫家洲主編《額濟納漢簡釋文校本》，文物出版社，2007年10月第1版。
2. 周祖亮、方懿林:《簡帛醫藥文獻校釋》，學苑出版社，2014年5月第1版。

三十三　天長紀莊木牘《醫方》

2004年11月天長市文物管理所、天長市博物館對天長市安樂鎮紀莊村漢墓進行搶救性發掘，出土木牘三十四件。其中M19:40-13號木牘記録

---

① 參見張德芳、石明秀主編《玉門關漢簡》，前言，第1頁。
② 參見張德芳、石明秀主編《玉門關漢簡》，第49頁。
③ 參見魏堅主編《額濟納漢簡》，第272頁；孫家洲主編《額濟納漢簡釋文校本》，第98頁。

的内容爲醫方。木牘長二十釐米，寬六釐米，分上下兩欄書寫，文字基本完好。[①]

著録

天長市文物管理所、天長市博物館:《安徽天長西漢墓發掘簡報》,《文物》, 2006年第11期。

研究

王貴元:《安徽天長漢墓木牘初探》, 張光裕、黄德寬主編《古文字學論稿》, 安徽大學出版社, 2008年4月第1版。

三十四　烏程漢簡《醫方》

烏程漢簡《醫方》是2009年3月下旬浙江省湖州市舊城改造施工中出土漢簡中的一種，[②]編爲269號，該簡正反兩面抄寫的醫方由二十六味中藥組成，正面抄寫大黄、人参、亭歷、防己、防風、桔梗、玄参、白沙参、苦参、沙参、署虫、蕫、桂、附子、甘遂、大戟、烏喙、王孫、廬茹、前胡、細辛等二十一味，反面抄寫芍藥、芫華、巴豆、杏核、臧堵等五味。[③]本篇藥方應該是爲同出《診籍》所記疾瘟而開的。

著録

曹錦炎等主編《烏程漢簡》, 上海書畫出版社, 2022年10月第1版。

三十五　長沙尚德街東漢木牘《治百病通明丸方》

長沙尚德街東漢木牘《治百病通明丸方》, 2011年底出土於長沙市尚德街J482號古井，編號爲181。[④]

第181號木牘，右下角殘損，長二十五點二釐米，寬四釐米，厚零點

---

① 參見天長市文物管理所、天長市博物館:《安徽天長西漢墓發掘簡報》,《文物》, 2006年第11期，第15、20頁。

② 參見曹錦炎等主編《烏程漢簡・烏程漢簡概述》, 第1頁。

③ 參見曹錦炎等主編《烏程漢簡》, 第296—297頁。

④ 參見長沙市文物考古研究所編《長沙尚德街東漢簡牘》, 第10、236頁。

六釐米。正面存簡文三列，整理者釋讀爲："治百病通明丸方：用甘草八分，弓窮四分，當歸三分，方□，乾地黄三分，黄芡三分，桂二分，前胡三分，五未二分，乾薑四分，玄参三分，伏令二分。凡十八物，皆治，合和丸以白蜜。"[①]簡文中當歸下面的藥物"方"後面一字未釋出，詳審圖版，該字應爲"風"字。該木牘僅右下殘損一味藥的一個字及劑量，方中共計十二味藥，因此方文"凡十八物"的"十八"應是"十二"之誤。

本方稱百病皆治，很是特别。後世也有很多種"通明丸"，可與本方對讀比較。

著録

長沙市文物考古研究所編《長沙尚德街東漢簡牘》，嶽麓書社，2016年12月第1版。

研究

周祖亮、方懿林：《尚德街簡牘醫方及其方藥演變探析》，《中醫文獻雜志》，2018年第2期。

附：阜陽漢簡《萬物》

阜陽漢簡《萬物》，1977年出土於安徽阜陽雙古堆西漢汝陰侯夏侯竈墓。一同出土的還有《蒼頡篇》《周易》《詩經》《春秋事語》《年表》《刑德》《日書》等文獻。[②]本篇存殘簡一百三十多枚，最長的二十一點六釐米，存三十多字，其餘長短不一，有字多寡不等。其叙事記物，基本上一句一讀，兩句之間用墨色的圓點隔開，全篇文字字體風格較爲一致，字的大小及間距大致相近。[③]本篇殘簡内容多爲藥物及其功效。本篇不是醫方，屬於藥書，是後世本草類藥書的源頭。兹附録於醫家經方類之後。

---

① 參見長沙市文物考古研究所編《長沙尚德街東漢簡牘》，第97、133、236頁。另，整理者將該方名"治百病通明丸方"斷句爲"治百病通，明丸方"，誤。

② 安徽省文物工作隊、阜陽地區博物館、阜陽縣文化局：《阜陽雙古堆西漢汝陰侯墓發掘簡報》，《文物》，1978年第8期，第12頁。

③ 參見文化部古文獻研究室、安徽阜陽地區博物館阜陽漢簡整理組：《阜陽漢簡〈萬物〉》，《文物》，1988年第4期，第36頁。

著録

文化部古文獻研究室、安徽阜陽地區博物館阜陽漢簡整理組:《阜陽漢簡〈萬物〉》,《文物》, 1988年第4期。

研究

1. 胡平生、韓自强:《〈萬物〉略説》,《文物》, 1988年第4期。

2. 周一謀:《阜陽漢簡與古藥書〈萬物〉》,《中醫藥文化》, 1990年第1期。

3. 萬芳、鍾贛生:《〈萬物〉與〈五十二病方〉有關藥物内容的比較》,《中國醫藥學報》, 1990年第2期。

4. 陳力、周一謀、龍月雲:《對阜陽漢簡〈萬物〉所載藥物與疾病的整理》,《湖南中醫學院學報》, 1991年第2期。

5. 董源:《〈萬物〉中部分植物名稱古今考》,《中國科技史料》, 1995年第4期。

6. 謝宗萬:《關於漢簡〈萬物〉中所載藥物基原的思考》,《中國中藥雜誌》, 2001年第12期。

附: 烏程漢簡《診籍》

烏程漢簡《診籍》是2009年3月下旬浙江省湖州市舊城改造施工中出土漢簡中的一種,[①] 編爲270號,所記文字是:"高平里公乘莊誦,年十五。廼五月戊申疾温(瘟),飲藥,積八日廁。弟公士譚,年九。廼五月己酉疾温(瘟)。"[②]

診籍,今稱病例,是醫案的組成部分。《史記·扁鵲倉公列傳》:"今臣意所診者,皆有診籍。所以别之者,臣意所受師方適成,師死,以故表籍所診,期決死生,觀所失所得者合脈法,以故至今知之。"[③] 本篇寫本對於研究古代中醫診籍、醫案等問題具有重要意義。

診籍,不見於《漢書·藝文志》,兹附録於醫家經方類之後。

---

① 參見曹錦炎等主編《烏程漢簡·烏程漢簡概述》, 第1頁。

② 參見曹錦炎等主編《烏程漢簡》, 第298頁。

③ (漢)司馬遷撰《史記》, 第9册, 第2813頁。

著録

曹錦炎等主編《烏程漢簡》，上海書畫出版社，2022 年 10 月第 1 版。

三十六　帛書《養生方》

帛書《養生方》出土於馬王堆三號墓。[①] 帛書《養生方》單獨抄在一卷高約二十四釐米的帛上，經過多次摺疊，出土時破損嚴重，本篇原無篇題，現篇題爲整理者所加。復旦大學重新整理《養生方》，新綴合十多片殘片，在釋文上也糾正了原釋文的一些錯誤。[②]

帛書《養生方》所記有一般補益類藥方，房中術及祝由方等方面內容。

著録

1. 馬王堆漢墓帛書整理小組編《馬王堆漢墓帛書》(肆)，文物出版社，1985 年 3 月第 1 版。

2. 裘錫圭主編《長沙馬王堆漢墓簡帛集成》(貳)、(陸)，中華書局，2014 年 6 月第 1 版。

研究

1. 周一謀:《帛書〈養生方〉及〈雜療方〉中的方藥》,《福建中醫藥》，1992 年第 6 期。

2. 倪世美:《馬王堆帛書〈養生方〉“加”義明辨》,《成都中醫藥大學學報》，1995 年第 2 期。

3. 王卉:《讀〈養生方〉劄記》,《湖南省博物館館刊》(第七輯)，嶽麓書社，2011 年 3 月第 1 版。

三十七　帛書《房内記》

帛書《房内記》出土於馬王堆三號墓。[③] 帛書《房内記》與《療射工毒

① 湖南省博物館:《長沙馬王堆漢墓簡帛出土與整理情況回顧》，裘錫圭主編《長沙馬王堆漢墓簡帛集成》(壹)，第 3 頁。

② 參見裘錫圭主編《長沙馬王堆漢墓簡帛集成》(陸)，第 35—36 頁。

③ 湖南省博物館:《長沙馬王堆漢墓簡帛出土與整理情況回顧》，裘錫圭主編《長沙馬王堆漢墓簡帛集成》(壹)，第 3 頁。

方》書寫在一卷帛上，原整理者把這兩篇作爲一篇，命名爲《雜療方》，復旦大學重新整理將兩篇分開，並分别命名，獨立成篇。該卷帛書上繪朱絲欄，字書寫在欄内，隸書字體帶有篆意。朱絲欄上端欄外常常加有作爲分段符號的墨點。在該卷帛書兩篇之間留有較大空隙，《房内記》及《療射工毒方》兩個篇題是復旦大學此次整理時所加。[①]《房内記》内容爲房中術。

著録

1. 馬王堆漢墓帛書整理小組編《馬王堆漢墓帛書》(肆)，文物出版社，1985年3月第1版。

2. 裘錫圭主編《長沙馬王堆漢墓簡帛集成》(貳)、(陸)，中華書局，2014年6月第1版。

研究

1. 潘遠根:《馬王堆醫書〈雜療方〉考辨》,《湖南中醫學院學報》，1989年第3期。

2. 朱越利:《馬王堆帛書房中術的理論依據》,《宗教學研究》，2003年第2、3期。

三十八　馬王堆漢簡《十問》

馬王堆漢簡《十問》出土於馬王堆三號墓。[②]本篇簡文存竹簡一百零一支，出土於三號墓東槨箱五十七號漆奩内。竹簡長二十三釐米，寬零點六釐米，兩道編繩。本篇出土時與《合陰陽》合捲成一卷，因此，原整理者將本篇與《合陰陽》合排簡號。原無篇題，現篇題爲整理者所加。[③]本篇簡文分爲十部分，爲問答體，内容爲房中術。

著録

1. 馬王堆漢墓帛書整理小組編《馬王堆漢墓帛書》(肆)，文物出版社，1985年3月第1版。

2. 裘錫圭主編《長沙馬王堆漢墓簡帛集成》(貳)、(陸)，中華書局，2014年6月

---

① 參見裘錫圭主編《長沙馬王堆漢墓簡帛集成》(陸)，第73頁。

② 湖南省博物館:《長沙馬王堆漢墓簡帛出土與整理情況回顧》，裘錫圭主編《長沙馬王堆漢墓簡帛集成》(壹)，第3頁。

③ 參見裘錫圭主編《長沙馬王堆漢墓簡帛集成》(陸)，第139頁。

第 1 版。

研究

1. 趙璞珊:《馬王堆三號漢墓出土竹簡〈十問〉著作時代初議》,《上海中醫藥雜誌》, 1991 年第 11 期。

2. 連劭名:《馬王堆三號墓竹簡〈十問〉注釋補正》,《考古》, 1994 年第 5 期。

3. 江洪亮、杜菡、梁沛華:《〈十問〉淺談》,《中國性科學》, 2010 年第 5 期。

4. 劉蔚:《簡論馬王堆醫書〈十問〉"審夫陰陽"生命觀及現世價值》,《湖南中醫藥大學學報》, 2014 年第 3 期。

三十九　馬王堆漢簡《合陰陽》

馬王堆漢簡《合陰陽》出土於馬王堆三號墓。[①] 本篇簡文存竹簡三十二支,出土於三號墓東槨箱五十七號漆奩内。竹簡長二十三釐米,寬零點九釐米,每簡書寫二十字左右,兩道編繩。本篇出土時與《十問》合捲成一卷,因此,原整理者將本篇與《十問》合排簡號。原無篇題,現篇題爲整理者所加。[②] 本篇似爲資料彙編,内容爲房中術。

著録

1. 馬王堆漢墓帛書整理小組編《馬王堆漢墓帛書》(肆),文物出版社,1985 年 3 月第 1 版。

2. 裘錫圭主編《長沙馬王堆漢墓簡帛集成》(貳)、(陸),中華書局,2014 年 6 月第 1 版。

研究

周浩禮、吴植恩:《馬王堆房中書的性養生理論及其文化内涵》,《中國性科學》, 2002 年第 1 期。

---

① 湖南省博物館:《長沙馬王堆漢墓簡帛出土與整理情況回顧》,裘錫圭主編《長沙馬王堆漢墓簡帛集成》(壹),第 3 頁。

② 參見裘錫圭主編《長沙馬王堆漢墓簡帛集成》(陸),第 153 頁。

四十　馬王堆漢簡《天下至道談》

馬王堆漢簡《天下至道談》出土於馬王堆三號墓。[①]本篇簡文存竹簡五十六支，出土於三號墓東槨箱五十七號漆奩内。竹簡長二十九釐米，寬約零點五釐米，每簡書寫三十一至三十四字，在竹簡上下端約一釐米處和竹簡中腰各有兩道編繩。本篇出土時與《雜禁方》合捲成一卷，本篇在内，《雜禁方》在外，因此，原整理者將本篇與《雜禁方》合排簡號。原無篇題，現篇題爲整理者所加。[②]本篇似爲資料彙編，内容爲房中術。復旦大學重新整理，糾正了原整理者在釋文上的部分錯誤，對個别簡文注釋也提出了不同意見。

著録

1. 馬王堆漢墓帛書整理小組編《馬王堆漢墓帛書》（肆），文物出版社，1985 年 3 月第 1 版。

2. 裘錫圭主編《長沙馬王堆漢墓簡帛集成》（貳）、（陸），中華書局，2014 年 6 月第 1 版。

研究

蕭旭：《馬王堆漢簡〈天下至道談〉校補》，《湖南省博物館館刊》（第十輯），嶽麓書社，2014 年 7 月第 1 版。

四十一　帛書《胎産書》

帛書《胎産書》出土於馬王堆三號墓。[③]本卷帛書未發現篇題，現篇題爲整理者所加。本卷帛書，分上下兩部分，上半部爲圖，下半部爲文字。圖有左右兩圖，文字部分按照内容也可分爲兩部分。帛書下半部繪有朱絲欄，文字寫在欄内，字體爲隸書，帶有篆意。朱絲欄上端欄外常常加

① 湖南省博物館：《長沙馬王堆漢墓簡帛出土與整理情況回顧》，裘錫圭主編《長沙馬王堆漢墓簡帛集成》（壹），第 3 頁。

② 參見裘錫圭主編《長沙馬王堆漢墓簡帛集成》（陸），第 163 頁。

③ 湖南省博物館：《長沙馬王堆漢墓簡帛出土與整理情況回顧》，裘錫圭主編《長沙馬王堆漢墓簡帛集成》（壹），第 3 頁。

有作爲分段符號的墨點。① 本篇並不是嚴格意義上的房中書，涉及優生優育及養胎等内容，兹附著録於房中類之後。

著録

1. 馬王堆漢墓帛書整理小組編《馬王堆漢墓帛書》(肆)，文物出版社，1985年3月第1版。

2. 裘錫圭主編《長沙馬王堆漢墓簡帛集成》(貳)、(陸)，中華書局，2014年6月第1版。

研究

1. 曠惠桃:《馬王堆帛書〈胎産書〉對優生學的貢獻》,《湖南中醫學院學報》，1987年第3期。

2. 陳農:《〈馬王堆帛醫書〉的胎産生育觀》,《上海中醫藥雜誌》，1993年第8期。

3. 吕亞虎:《帛書〈胎産書〉所見早期孕育信仰淺析》,《江漢論壇》，2009年第6期。

4. 李歡玉、雷磊:《淺析〈胎産書〉的胎孕胎育理論》,《湖南中醫藥大學學報》，2013年第5期。

四十二　帛書《去穀食氣》

帛書《去穀食氣》出土於馬王堆三號墓。② 帛書《去穀食氣》與《陰陽十一脈灸經》乙本、《導引圖》合抄在高約五十釐米的整幅帛上。本篇原無篇題，原整理者命名爲《却穀食氣》，復旦大學整理時改爲《去穀食氣》。③ 本篇帛書是行氣或氣功方面的内容。

著録

1. 馬王堆漢墓帛書整理小組編《馬王堆漢墓帛書》(肆)，文物出版社，1985年3月第1版。

---

① 參見裘錫圭主編《長沙馬王堆漢墓簡帛集成》(陸)，第93頁。

② 湖南省博物館:《長沙馬王堆漢墓簡帛出土與整理情況回顧》，裘錫圭主編《長沙馬王堆漢墓簡帛集成》(壹)，第3頁。

③ 參見裘錫圭主編《長沙馬王堆漢墓簡帛集成》(陸)，第1頁。

2. 裘錫圭主編《長沙馬王堆漢墓簡帛集成》(貳)、(陸), 中華書局, 2014 年 6 月第 1 版。

研究

1. 唐蘭:《馬王堆帛書〈却穀食氣篇〉考》,《文物》, 1975 年第 6 期。

2. 饒宗頤:《馬王堆醫書所見"陵陽子明經"佚説》,《文史》(第二十輯), 中華書局, 1983 年 9 月第 1 版。

3. 李零:《中國方術正考》, 中華書局, 2006 年 5 月第 1 版。

四十三　帛書《導引圖》

帛書《導引圖》出土於馬王堆三號墓。[①] 帛書《導引圖》與《去穀食氣》、《陰陽十一脈灸經》乙本合抄在高約五十釐米，長約一百四十釐米的整幅帛上，帛的前段長四十釐米，是《去穀食氣》和《陰陽十一脈灸經》乙本兩種古佚書，帛的後段長約一百釐米，是一組繪有四十四個人物的圖像，放置在三號墓東槨箱五十七號漆奩内。本篇原無篇題，現篇題爲整理者所加。[②] 本篇屬於圖書，内容爲導引養生。

著録

1. 馬王堆漢墓帛書整理小組編《馬王堆漢墓帛書》(肆), 文物出版社, 1985 年 3 月第 1 版。

2. 裘錫圭主編《長沙馬王堆漢墓簡帛集成》(貳)、(陸), 中華書局, 2014 年 6 月第 1 版。

研究

1. 中醫研究院醫史文獻研究室:《馬王堆三號漢墓帛畫導引圖的初步研究》,《文物》, 1975 年第 6 期。

2. 李今庸:《談帛畫〈導引圖〉中的"胠積"》,《文物》, 1978 年第 2 期。

3. 沈壽:《談西漢帛畫〈導引圖〉中的"引胠積"》,《文物》, 1979 年第 3 期。

---

① 湖南省博物館:《長沙馬王堆漢墓簡帛出土與整理情況回顧》, 裘錫圭主編《長沙馬王堆漢墓簡帛集成》(壹), 第 3 頁。

② 參見裘錫圭主編《長沙馬王堆漢墓簡帛集成》(陸), 第 15 頁。

4. 沈壽:《西漢帛畫〈導引圖〉解析》,《文物》, 1980 年第 9 期。

5. 廖名春:《帛書導引圖題記“滿欮”考》,《古漢語研究》, 1994 年第 2 期。

四十四 張家山漢簡《引書》

張家山漢簡《引書》1983 年底出土於張家山二四七號漢墓。① 本篇共有竹簡一百一十二支，簡長三十至三十點五釐米，篇題書寫在首簡背面，全篇由三部分組成，第一部分是四季的養生之道，第二部分是導引術式及用導引術治病之法，第三部分是導引養生理論。②

著録

1. 張家山漢簡整理組:《張家山漢簡〈引書〉釋文》,《文物》, 1990 年第 10 期。

2. 張家山二四七號漢墓竹簡整理小組編著《張家山漢墓竹簡〔二四七號墓〕》, 文物出版社, 2001 年 11 月第 1 版。

研究

1. 彭浩:《張家山漢簡〈引書〉初探》,《文物》, 1990 年第 10 期。

2. 連劭名:《江陵張家山漢簡〈引書〉述略》,《文獻》, 1991 年第 2 期。

3. 王曉萍:《江陵張家山漢簡〈引書〉對養生學的貢獻》,《中醫文獻雜誌》, 1997 年第 3 期。

4. 陳斯鵬:《張家山漢簡〈引書〉補釋》,《江漢考古》, 2004 年第 1 期。

5. 李發:《讀張家山漢簡〈引書〉札記》,《四川理工學院學報》(社會科學版), 2005 年第 1 期。

四十五 張家山漢簡《徹穀食氣》

湖北江陵張家山三三六號西漢墓發掘於 1985 年，出土八百二十七枚竹簡，包含多種文獻，《徹穀食氣》是其中一種。③

---

① 張家山二四七號漢墓竹簡整理小組編著《張家山漢墓竹簡〔二四七號墓〕》, 前言，第 1 頁。

② 參見張家山二四七號漢墓竹簡整理小組編著《張家山漢墓竹簡〔二四七號墓〕》, 第 285 頁。

③ 參見荊州博物館編《張家山漢墓竹簡〔三三六號墓〕》(上), 前言，第 1 頁。

竹書《徹穀食氣》共有九十三支竹簡，完簡長二十六點二釐米，寬零點七釐米，三道編繩，存兩千餘字，原無篇題，現篇題爲整理者所擬加。①

全篇由《綦氏》《載氏》《擇氣》三章組成。《綦氏》和《載氏》當是以學説創立者姓氏爲章題。本篇反復出現的“徹穀”，也稱辟穀，馬王堆漢墓帛書稱“去穀”，徹穀食氣之術也稱“穀道”，實際上就是行氣或氣功方面的内容。②

著録

荊州博物館編《張家山漢墓竹簡〔三三六號墓〕》，文物出版社，2022年11月第1版。

研究

荊州博物館:《湖北江陵張家山M336出土西漢竹簡概述》,《文物》，2022年第9期。

天文算法類

一　敦煌漢簡二十八宿簡

20世紀初斯坦因第三次中亞考古時在敦煌漢代烽燧遺址發現一批漢簡，其中2351、2352、2357A、2357B、2358、2359A 、2359B、2360、2361、2362、2363、2365、2368A、2368B③ 等號簡上記有二十八宿的多個星宿名。④ 關於這些星宿名簡的性質，學界有不同意見。由於這些簡殘損較爲嚴重，難以判斷性質，暫列於天文類。

著録

1. 甘肅省文物考古研究所編《敦煌漢簡》，中華書局，1991年6月第1版。

---

① 參見荊州博物館編《張家山漢墓竹簡〔三三六號墓〕》(上)，第129頁。

② 參見荊州博物館編《張家山漢墓竹簡〔三三六號墓〕》(上)，第21—28、129—140頁。

③ 爲《敦煌漢簡》編號。

④ 參見甘肅省文物考古所編《敦煌漢簡》(上)，圖版壹柒捌、壹柒玖;(下)，第312頁。

2. 吴礽驤等釋校《敦煌漢簡釋文》，甘肅人民出版社，1991 年 1 月第 1 版。

3. 中國簡牘集成編輯委員會編《中國簡牘集成 · 甘肅省卷上》（第三册），敦煌文藝出版社，2001 年 6 月第 1 版。

研究

勞榦:《漢晉西陲木簡新考》，中研院歷史語言研究所單刊甲種之二十七，1985 年。

二 嶽麓秦簡秦始皇二十七年曆譜

2007 年 12 月湖南大學嶽麓書院入藏了一批秦簡，《二十七年質日》是其中一篇文獻。[①]《二十七年質日》現存竹簡五十四支，[②] 簡長大約二十七釐米，寬約零點六釐米。[③]“二十七年質日”爲原有篇題，單獨書寫在 0602 號簡背面上段。[④]

目前雖然學界關於《二十七年質日》的文獻性質及“質日”的含義有不同意見，但該篇中所記曆譜是實際存在的，這裏的二十七年就是秦始皇二十七年，該篇文獻所記曆譜就是秦始皇二十七年曆譜。

該曆譜第一簡爲篇題，從第二簡開始每簡從上至下分六欄書寫，第二簡由上至下六欄分别記十月、十二月、二月、四月、六月、八月月名及月朔干支，第三簡至第三十簡在對應欄中記對應月份的各日干支；第三十一簡由上至下六欄分别記十一月、端月、三月、五月、七月、九月月名及月朔干支，以下各簡在對應欄中記對應月份的各日干支。本曆譜未見曆注，衹是在有的日干支下有記事。[⑤] 秦始皇二十七年爲公元前 220 年。本曆譜爲編册分欄横讀式曆譜。

---

① 參見朱漢民、陳松長主編《嶽麓書院藏秦簡》（壹），前言。

② 《嶽麓書院藏秦簡（壹—叁）釋文修訂本》把《三十五年質日》的第十七支簡調整到本篇曆譜中，調整後本篇竹簡總計五十五支。參見陳松長主編《嶽麓書院藏秦簡（壹—叁）釋文修訂本》，第 3 頁。

③ 參見朱漢民、陳松長主編《嶽麓書院藏秦簡》（壹），前言。

④ 參見朱漢民、陳松長主編《嶽麓書院藏秦簡》（壹），第 3 頁。

⑤ 參見朱漢民、陳松長主編《嶽麓書院藏秦簡》（壹），第 3—9 頁。

著録

朱漢民、陳松長主編《嶽麓書院藏秦簡》(壹)，上海辭書出版社，2010年12月第1版。

研究

1. 蘇俊林:《關於"質日"簡的名稱與性質》,《湖南大學學報》(社會科學版)，2010年第4期。

2. 李忠林:《嶽麓書院藏秦簡〈質日〉曆朔檢討——兼論竹簡日志類記事簿册與曆譜之區别》,《歷史研究》，2012年第1期。

3. 斯琴畢力格、羅見今:《嶽麓書院秦簡三年〈質日〉初探》,《内蒙古師範大學學報》(哲學社會科學版)，2012年第3期。

4.〔日〕工藤元男、薛夢瀟:《具注曆的淵源——"日書"·"視日"·"質日"》,《簡帛》(第九輯)，上海古籍出版社，2014年10月第1版。

5. 龍仕平:《"質日"釋詁》,《簡帛研究》(二〇一八·春夏卷)，廣西師範大學出版社，2018年6月第1版。

6. 陳松長主編《嶽麓書院藏秦簡(壹—叁)釋文修訂本》，上海辭書出版社，2018年6月第1版。

7. 孫占宇、趙丹丹:《〈懸泉漢簡(壹)〉曆表類殘册復原——兼談"曆日"與"質日"》,《敦煌研究》，2021年第6期。

三　北大秦簡秦始皇三十一年曆譜

北大秦簡秦始皇三十一年曆譜是2010年北京大學入藏的秦簡中的一篇。本篇曆譜存竹簡七十六枚，經綴合得到七十五支簡，其中七十三支完整，完整簡長二十七至二十七點五釐米，寬零點六至零點八釐米，三道編繩，未發現篇題，整理者命名爲《秦始皇三十一年質日》。[①]

該曆譜每簡由上至下分六欄書寫。第一簡由上至下六欄分别記十月、十二月、二月、四月、六月、八月的月名及月大小，以下第二簡至第三十一簡各簡在對應欄中記對應月份的各日干支；第三十二簡由上至

① 北京大學出土文獻與古代文明研究所編《北京大學藏秦簡牘》(壹)，第189頁。

下六欄分别記十一月、正月、三月、五月、七月、九月的月名及月大小，以下第三十三簡至第六十二簡各簡在對應欄中記對應月份的各日干支；以下十四支簡記閏月（後九月）的月名、月大小及各日干支，記閏月（後九月）月名簡缺失，記各日干支的十三支簡從上至下分四欄書寫，上面三欄記後九月各日干支，全部十四支簡下面一欄記全年各月（含閏月）大小時所在方位及各月日夜長度比。本曆譜注有建除十二神及嘉平（即臘日，秦始皇三十一年十二月更名“臘”爲“嘉平”）曆注，在有的日干支下還有記事。本篇曆譜爲編册分欄横讀式曆譜。秦始皇三十一年爲公元前 216 年。

著録

北京大學出土文獻與古代文明研究所編《北京大學藏秦簡牘》（壹），上海古籍出版社，2023 年 5 月第 1 版。

四　北大秦簡秦始皇三十三年曆譜

北大秦簡秦始皇三十三年曆譜是 2010 年北京大學入藏的秦簡中的一篇。本曆譜有六十支簡，完整簡長二十九點九至三十點二釐米，寬零點六至零點八釐米，三道編繩。第六十號簡上端殘，正面空白，簡背上部殘存“日”字，整理者據此推斷該簡爲篇題簡，並據此擬加篇題爲《秦始皇三十三年質日》。[①]

該曆譜每簡由上至下分六欄書寫。第一簡由上至下六欄分别記十月、十二月、二月、四月、六月、八月的月名、月大小及朔日干支，以下第二簡至第二十九簡各簡在對應欄中記對應月份的各日干支；第三十簡由上至下六欄分别記十一月、正月、三月、五月、七月、九月的月名、月大小及朔日干支，以下第三十一簡至第五十九簡各簡在對應欄中記對應月份的各日干支；第六十簡正面空白，背面殘存“日”字，爲篇題簡。本曆譜注有建除十二神及嘉平（臘日）、初伏、中伏曆注，在有的日干支下還有記事。本篇曆譜爲編册分欄横讀式曆譜。秦始皇三十三年爲公元前 214 年。

---

① 北京大學出土文獻與古代文明研究所編《北京大學藏秦簡牘》（壹），第 231 頁。

著録

北京大學出土文獻與古代文明研究所編《北京大學藏秦簡牘》(壹),上海古籍出版社,2023年5月第1版。

五 周家臺秦簡秦始皇三十四年曆譜

關沮周家臺秦簡秦始皇三十四年曆譜,1993年6月出土於荆州市沙市區關沮鄉清河村周家臺三〇號秦墓。整理者把出土的簡牘分爲三組,第一組擬定篇題爲《曆譜》,第二組擬定篇題爲《日書》,第三組擬定篇題爲《病方及其它》。[①]其中,第一組《曆譜》存竹簡一百三十支(其中有空白簡四支)、木牘一方。竹簡内容爲秦始皇三十四年、三十六年、三十七年曆譜,木牘爲秦二世元年曆譜。[②]

秦始皇三十四年曆譜共有六十八支簡,編爲一至六八號,其中第六十五至六十八簡爲空白簡,竹簡長二十九點三至二十九點六釐米,寬零點五至零點七釐米,厚零點零八至零點零九釐米,三道編繩,上下兩道編繩距竹簡首末兩端爲一點一至一點四釐米,第二道編繩居中。該曆譜未見篇題。[③]武漢大學重新整理時命名爲《三十四年質日》。[④]

該曆譜每簡正面從上至下分六欄書寫,第一簡由上至下六欄分别記十月、十二月、二月、四月、六月、八月的月名及月朔干支,第二簡至第二十八簡在對應欄中記對應月份的各日干支,第二十九簡由上至下六欄分别記十一月、正月、三月、五月、七月、九月的月名及月朔干支,第三十簡至第五十八簡在對應欄中記對應月份的各日干支,第五十九簡至第六十四簡從上至下分五欄記後九月月名、月大小、月朔干支及各日干支。

① 武漢大學重新整理時,將周家臺三〇號秦墓出土全部竹簡分爲《三十四年質日》《日書》《病方及其他》《二世元年日》四種,《秦始皇三十六年、三十七年曆譜》與《日書》合爲一編。參見陳偉主編《秦簡牘合集》(叁),第17—18頁。

② 參見湖北省荆州市周梁玉橋遺址博物館編《關沮秦漢墓簡牘》,第1、93—104頁。

③ 參見湖北省荆州市周梁玉橋遺址博物館編《關沮秦漢墓簡牘》,第1頁;陳偉主編《秦簡牘合集》(叁),第7頁。

④ 參見陳偉主編《秦簡牘合集》(叁),第7—8頁。

本曆譜未見曆注，衹是在有的日干支下有記事。[①]秦始皇三十四年爲公元前 213 年。本曆譜爲編册分欄横讀式曆譜。

著録

1. 湖北省荆州市周梁玉橋遺址博物館編《關沮秦漢墓簡牘》，中華書局，2001 年 8 月第 1 版。

2. 陳偉主編《秦簡牘合集》(叁)，武漢大學出版社，2014 年 12 月第 1 版。

研究

1. 程鵬萬:《周家臺秦墓所出秦始皇三十六、三十七年曆譜簡的重新編聯》,《史學集刊》，2006 年第 3 期。

2. 王貴元:《周家臺秦墓簡牘釋讀補正》,《考古》，2009 年第 2 期。

3. 李忠林:《周家臺秦簡曆譜試析》,《中國科技史雜誌》，2009 年第 3 期。

4. 李忠林:《周家臺秦簡曆譜繫年與秦時期曆法》,《歷史研究》，2010 年第 6 期。

5. 陳偉主編《秦簡牘合集》(叁)，武漢大學出版社，2014 年 12 月第 1 版。

六　嶽麓秦簡秦始皇三十四年曆譜

嶽麓秦簡《三十四年質日》是 2007 年 12 月湖南大學嶽麓書院入藏的一批秦簡中的一篇文獻。《三十四年質日》現存竹簡六十五支，簡長大約二十七釐米，寬約零點六釐米。[②]原有篇題爲“卅四年質日”，書寫在 0611 號簡即本篇第一簡背面上段。[③]

目前雖然學界關於《三十四年質日》的文獻性質及“質日”的含義有不同意見，但該篇中所記曆譜是實際存在的，這裏的三十四年就是秦始皇三十四年，該篇文獻所記曆譜就是秦始皇三十四年曆譜。

該曆譜第一簡背面記篇題，每簡正面從上至下分六欄書寫，第一簡由上至下六欄分别記十月、十二月、二月、四月、六月、八月的月名、月大

---

① 參見湖北省荆州市周梁玉橋遺址博物館編《關沮秦漢墓簡牘》，第 11—17、93—96 頁。陳偉主編《秦簡牘合集》(叁)，第 8—11、117—123 頁。

② 參見朱漢民、陳松長主編《嶽麓書院藏秦簡》(壹)，前言。

③ 參見朱漢民、陳松長主編《嶽麓書院藏秦簡》(壹)，第 10 頁。

小及月朔干支，第二簡至第二十九簡在對應欄中記對應月份的各日干支，第三十簡由上至下六欄分别記十一月、正月、三月、五月、七月、九月的月名、月大小及月朔干支，第三十一簡至第五十九簡在對應欄中記對應月份的各日干支，第六十簡至第六十四簡記後九月月名、月大小、月朔干支及各日干支，其中第六十簡從上至下分六欄書寫，其餘各簡分五欄書寫。本曆譜未見曆注，衹是在有的日干支下有記事。[①] 秦始皇三十四年爲公元前 213 年。本曆譜爲編册分欄横讀式曆譜。

著録

朱漢民、陳松長主編《嶽麓書院藏秦簡》(壹)，上海辭書出版社，2010 年 12 月第 1 版。

研究

1. 蘇俊林:《關於"質日"簡的名稱與性質》,《湖南大學學報》(社會科學版)，2010 年第 4 期。

2. 李忠林:《嶽麓書院藏秦簡〈質日〉曆朔檢討——兼論竹簡日志類記事簿册與曆譜之區别》,《歷史研究》，2012 年第 1 期。

3. 斯琴畢力格、羅見今:《嶽麓書院秦簡三年〈質日〉初探》,《内蒙古師範大學學報》(哲學社會科學版)，2012 年第 3 期。

4. 〔日〕工藤元男、薛夢瀟:《具注曆的淵源——"日書"·"視日"·"質日"》,《簡帛》(第九輯)，上海古籍出版社，2014 年 10 月第 1 版。

5. 龍仕平:《"質日"釋詁》,《簡帛研究》(二〇一八·春夏卷)，廣西師範大學出版社，2018 年 6 月第 1 版。

6. 陳松長主編《嶽麓書院藏秦簡(壹—叁)釋文修訂本》，上海辭書出版社，2018 年 6 月第 1 版。

7. 孫占宇、趙丹丹:《〈懸泉漢簡(壹)〉曆表類殘册復原——兼談"曆日"與"質日"》,《敦煌研究》，2021 年第 6 期。

---

① 參見朱漢民、陳松長主編《嶽麓書院藏秦簡》(壹)，第 10—18 頁。

七　嶽麓秦簡秦始皇三十五年曆譜

嶽麓秦簡《三十五年質日》是2007年12月湖南大學嶽麓書院入藏的一批秦簡中的一篇文獻。[①]《三十五年質日》現存竹簡四十六支，[②]簡長大約三十釐米，寬約零點五釐米。[③]原有篇題爲“卅五年私質日”，書寫在0092號簡即本篇第一簡背面上段。[④]

目前雖然學界關於《三十五年質日》的文獻性質及“質日”的含義有不同意見，但該篇中所記曆譜是實際存在的，這裏的三十五年就是秦始皇三十五年，該篇文獻所記曆譜就是秦始皇三十五年曆譜。

該曆譜第一簡背面記篇題，每簡正面從上至下分六欄書寫，第一簡由上至下六欄分别記十月、十二月、二月、四月、六月、八月的月名、月大小，第二簡至第二十五簡在對應欄中記對應月份的各日干支，第二十六簡由上至下六欄分别記十一月、正月、三月、五月、七月、九月月名及月大小，以下各簡在對應欄中記對應月份的各日干支。本曆譜未見曆注，衹是在有的日干支下有記事。[⑤]秦始皇三十五年爲公元前212年。本曆譜爲編册分欄横讀式曆譜。

著録

朱漢民、陳松長主編《嶽麓書院藏秦簡》(壹)，上海辭書出版社，2010年12月第1版。

研究

1. 蘇俊林:《關於“質日”簡的名稱與性質》,《湖南大學學報》(社會科學版)，2010年第4期。

2. 李忠林:《嶽麓書院藏秦簡〈質日〉曆朔檢討——兼論竹簡日志類記事簿册與曆

---

① 參見朱漢民、陳松長主編《嶽麓書院藏秦簡》(壹)，前言。

② 《嶽麓書院藏秦簡（壹—叁）釋文修訂本》把《三十五年私質日》的第十七支簡調整到《二十七年質日》中，調整後本篇竹簡總計是四十五支。參見陳松長主編《嶽麓書院藏秦簡（壹—叁）釋文修訂本》，第3、17頁。

③ 參見朱漢民、陳松長主編《嶽麓書院藏秦簡》(壹)，前言。

④ 參見朱漢民、陳松長主編《嶽麓書院藏秦簡》(壹)，第19頁。

⑤ 參見朱漢民、陳松長主編《嶽麓書院藏秦簡》(壹)，第19—24頁。

譜之區别》,《歷史研究》,2012年第1期。

3. 斯琴畢力格、羅見今:《嶽麓書院秦簡三年〈質日〉初探》,《内蒙古師範大學學報》(哲學社會科學版),2012年第3期。

4.〔日〕工藤元男、薛夢瀟:《具注曆的淵源——“日書”·“視日”·“質日”》,《簡帛》(第九輯),上海古籍出版社,2014年10月第1版。

5. 龍仕平:《“質日”釋詁》,《簡帛研究》(二〇一八·春夏卷),廣西師範大學出版社,2018年6月第1版。

6. 陳松長主編《嶽麓書院藏秦簡(壹—叁)釋文修訂本》,上海辭書出版社,2018年6月第1版。

7. 孫占宇、趙丹丹:《〈懸泉漢簡(壹)〉曆表類殘册復原——兼談“曆日”與“質日”》,《敦煌研究》,2021年第6期。

八　周家臺秦簡秦始皇三十六年、三十七年曆譜

關沮周家臺秦簡秦始皇三十六年、三十七年曆譜,1993年6月出土於荆州市沙市區關沮鄉清河村周家臺三〇號秦墓。整理者把出土的簡牘分爲三組,第一組擬定篇題爲《曆譜》,第二組擬定篇題爲《日書》,第三組擬定篇題爲《病方及其它》。[①]其中,第一組《曆譜》存竹簡一百三十支(其中有空白簡四支)、木牘一方。竹簡内容爲秦始皇三十四年、三十六年、三十七年曆譜,木牘爲秦二世元年曆譜。[②]

秦始皇三十六年、三十七年曆譜共有六十二支簡,編爲六九至一三〇號,竹簡長二十九點三至二十九點六釐米,寬零點五至零點七釐米,厚零點零八至零點零九釐米,三道編繩,上下兩道編繩距竹簡首末兩端爲一點一至一點四釐米,第二道編繩居中。在整理者所編八〇號簡背面題有篇題“卅六年日”。[③]

① 武漢大學重新整理時,將周家臺三〇號秦墓出土全部竹簡分爲《三十四年質日》《日書》《病方及其他》《二世元年日》四種,《秦始皇三十六年、三十七年曆譜》與《日書》合爲一編。參見陳偉主編《秦簡牘合集》(叁),第17—18頁。

② 參見湖北省荆州市周梁玉橋遺址博物館編《關沮秦漢墓簡牘》,第1、93—104頁。

③ 參見湖北省荆州市周梁玉橋遺址博物館編《關沮秦漢墓簡牘》,第19、99頁;陳偉主編《秦簡牘合集》(叁),第50、149頁。

竹簡整理者所編六九至一三〇號簡依次爲秦始皇三十六年、三十七年曆譜，其中六九至七九號簡爲秦始皇三十六年的各月月名、月大小及朔日干支，八〇至九一號爲秦始皇三十七年各月月名、月大小及朔日干支，九二至一三〇號爲各日干支簡。[①]武漢大學重新整理時吸收學界最新研究成果，將秦始皇三十六年、三十七年曆譜命名爲《三十六年日》，歸入《日書》中，並做了重新編排，調整後的簡序爲：77、75、73、71、69、116、92—97、91、89、87、85、83、81、79、78、76、74、72、70、98—115、90、88、86、84、82、80、117—130。[②]

本曆譜的形制體式與孔家坡漢簡《後元二年曆譜》相近。全曆譜六十二支簡，在每簡簡端從右向左書寫六十干支作爲記日干支，起於壬子，終於辛亥。記日干支之下，在相應干支的各簡上記全年各月份的月名及月大小，未見曆注，衹是在某些干支下有記事。[③]本曆譜中秦始皇三十六年各月月名在相鄰各簡上書寫的位置由高到低錯落分布，以便觀覽時更醒目。[④]本曆譜從右向左横讀，當某月讀至結尾未盡一月時，再返回來從頭繼續向左讀，因此，本曆譜可以稱爲編册往復横讀式曆譜。

著録

1. 湖北省荆州市周梁玉橋遺址博物館編《關沮秦漢墓簡牘》，中華書局，2001年8月第1版。

2. 陳偉主編《秦簡牘合集》(叁)，武漢大學出版社，2014年12月第1版。

研究

1. 劉信芳:《周家臺秦簡曆譜校正》,《文物》，2002年第10期。

2. 程鵬萬:《周家臺秦墓所出秦始皇三十六、三十七年曆譜簡的重新編聯》,《史學

① 參見湖北省荆州市周梁玉橋遺址博物館編《關沮秦漢墓簡牘》，第18—24、99—102頁。

② 參見劉國勝:《關於周家臺秦簡69—130號的簡序編排問題》,《簡帛》(第四輯)，第27—35頁；陳偉主編《秦簡牘合集》(叁)，第48—50、145—151頁。

③ 參見陳偉主編《秦簡牘合集》(叁)，第48—50、145—151頁。

④ 有學者把月名高低錯落書寫方式稱爲分欄，實際上並不是真正的分欄。本曆譜中三十七年各月月名則是平行書寫，實際上不影響干支排序，因爲干支都書寫在竹簡頂端，因此也就不存在所謂分欄了，所謂分欄衹是月名錯落分布而已。

集刊》，2006年第3期。

3. 王貴元:《周家臺秦墓簡牘釋讀補正》,《考古》，2009年第2期。

4. 李忠林:《周家臺秦簡曆譜試析》,《中國科技史雜誌》，2009年第3期。

5. 劉國勝:《關於周家臺秦簡69—130號的簡序編排問題》,《簡帛》(第四輯)，上海古籍出版社，2009年10月第1版。

6. 李忠林:《周家臺秦簡曆譜繫年與秦時期曆法》,《歷史研究》，2010年第6期。

7. 陳偉主編《秦簡牘合集》(叁)，武漢大學出版社，2014年12月第1版。

九　周家臺秦牘秦二世元年曆譜

關沮周家臺秦牘秦二世元年曆譜，1993年6月出土於荆州市沙市區關沮鄉清河村周家臺三〇號秦墓。整理者把出土的簡牘分爲三組，第一組擬定篇題爲《曆譜》，第二組擬定篇題爲《日書》，第三組擬定篇題爲《病方及其它》。其中，第一組《曆譜》存竹簡一百三十支(其中有空白簡四支)、木牘一方。竹簡内容爲秦始皇三十四年、三十六年、三十七年曆譜，木牘爲秦二世元年曆譜。[①]武漢大學重新整理時命名爲《二世元年日》。[②]

秦二世元年曆譜木牘，長約二十三釐米，寬約四點四釐米，厚約零點二五釐米，木牘的正面和背面分别抄寫秦二世元年朔日干支及月大小、該年十二月日干支等内容。[③]

該木牘正面從上至下分兩欄，第一欄從右向左分七列記十月、十一月、十二月、端月、二月、三月、四月的月名、月朔干支及月大小，第二欄從右向左分五列記五月、六月、七月、八月、九月的月名、月朔干支及月大小；木牘背面上部分記十二月戊戌嘉平等記事，嘉平日即是臘日。下部分從上至下分四欄書秦二世元年十二月各日日干支，當是配合記事使用的。[④]

---

① 參見湖北省荆州市周梁玉橋遺址博物館:《關沮秦漢墓簡牘》，第1、93—104頁。

② 武漢大學重新整理時，將周家臺三〇號秦墓出土全部竹簡分爲《三十四年質日》《日書》《病方及其他》《二世元年日》四種。參見陳偉主編《秦簡牘合集》(叁)，第17—18頁。

③ 參見湖北省荆州市周梁玉橋遺址博物館編《關沮秦漢墓簡牘》，前言。

④ 參見湖北省荆州市周梁玉橋遺址博物館編《關沮秦漢墓簡牘》，第25、103—104頁。

本曆譜衹記秦二世元年各月月朔干支及月大小，屬於單板摘編分欄橫讀式曆譜。

著録

1. 湖北省荆州市周梁玉橋遺址博物館編《關沮秦漢墓簡牘》，中華書局，2001 年 8 月第 1 版。

2. 陳偉主編《秦簡牘合集》(叁)，武漢大學出版社，2014 年 12 月第 1 版。

研究

1. 程鵬萬:《周家臺秦墓所出秦始皇三十六、三十七年曆譜簡的重新編聯》,《史學集刊》，2006 年第 3 期。

2. 王貴元:《周家臺秦墓簡牘釋讀補正》,《考古》，2009 年第 2 期。

3. 李忠林:《周家臺秦簡曆譜試析》,《中國科技史雜誌》，2009 年第 3 期。

4. 李忠林:《周家臺秦簡曆譜繫年與秦時期曆法》,《歷史研究》，2010 年第 6 期。

5. 陳偉主編《秦簡牘合集》(叁)，武漢大學出版社，2014 年 12 月第 1 版。

十　張家山漢簡高祖五年至吕后二年曆譜

張家山漢簡《曆譜》1983 年底出土於張家山二四七號漢墓。[①] 本篇共有竹簡十八支，簡長二十三釐米，原無篇題，現篇題爲整理者所加。本篇簡文所記是漢高祖五年（公元前 202 年）四月至吕后二年（公元前 186 年）後九月間各月朔日干支，其中，第一簡至第九簡爲漢高祖五年至十二年各月朔日干支，第十簡至第十六簡爲惠帝元年各月朔日干支，第十七簡、第十八簡爲吕后元年至二年各月朔日干支，是目前已知年代最早的西漢初年的實用曆譜。[②]

本曆譜記每年各月月朔干支，由上至下連續書寫，一年一簡，可稱爲單簡直讀式月朔曆。

---

① 張家山二四七號漢墓竹簡整理小組編著《張家山漢墓竹簡〔二四七號墓〕》，前言，第 1 頁。

② 參見張家山二四七號漢墓竹簡整理小組編著《張家山漢墓竹簡〔二四七號墓〕》，第 129—130 頁。

著録

張家山二四七號漢墓竹簡整理小組編著《張家山漢墓竹簡〔二四七號墓〕》，文物出版社，2001 年 11 月第 1 版。

研究

1. 黄一農：《江陵張家山出土漢初曆譜考》，《考古》，2002 年第 1 期。

2. 張金光：《釋張家山漢簡〈曆譜〉錯簡——兼説"新降爲漢"》，《文史哲》，2008 年第 3 期。

3. 斯琴畢力格、關守義、羅見今：《張家山漢簡曆譜的注氣問題》，《内蒙古師範大學學報》（自然科學漢文版），2012 年第 3 期。

十一　張家山漢簡漢文帝前元七年曆譜

湖北江陵張家山三三六號西漢墓發掘於 1985 年，出土八百二十七枚竹簡，包含多種文獻，曆譜是其中一種。[①]

本篇曆譜自題篇題爲《七年質日》，書於首簡背面。本篇曆譜共有七十一支竹簡，其中空白簡十一支，完簡長三十七點二釐米，寬約零點五五至零點六釐米，厚零點一釐米，三道編繩。T 形竹簽一枚。[②]

《七年質日》所載曆譜爲編册分欄横讀式曆譜，每簡從上至下分六欄書寫，第一簡記十月、十二月、二月、四月、六月、八月六個雙月各月月名、月朔干支及月大小，以下二十八簡在對應月份欄内依次記全月第二日起各日干支，第三十簡記十一月、正月、三月、五月、七月、九月六個單月各月月名、月朔干支及月大小，以下二十九簡在對應月份欄内依次記全月第二日起各日干支。存有臘、出種等曆注，此外還有天象記録及私人記事文字。[③]本篇曆譜爲漢文帝前元七年曆譜，漢文帝前元七年爲公元前 173 年。

---

① 參見荆州博物館編《張家山漢墓竹簡〔三三六號墓〕》（上），前言，第 1 頁。

② 參見荆州博物館編《張家山漢墓竹簡〔三三六號墓〕》（上），第 219 頁。另，整理者稱《七年質日》有七十一支竹簡，但實際上排定的竹簡衹有五十九支，去除十一支空白簡，應是把一枚 T 形竹簽也計算在内了，並編爲六〇號。

③ 參見荆州博物館編《張家山漢墓竹簡〔三三六號墓〕》（上），第 75—80、219—222 頁。

著録

荆州博物館編《張家山漢墓竹簡〔三三六號墓〕》，文物出版社，2022 年 11 月第 1 版。

研究

荆州博物館:《湖北江陵張家山 M336 出土西漢竹簡概述》,《文物》，2022 年第 9 期。

十二　睡虎地漢簡漢文帝前元十年至後元七年曆譜

2006 年 11 月湖北省文物考古研究所和雲夢縣博物館對睡虎地 M77 號漢墓進行搶救性發掘，出土大量竹簡，其中編號簡二千一百三十七枚，另有殘片、小碎片近萬片，内容包括質日、官府文書、私人簿籍、律典、算術、典籍、日書等七類。其中質日簡編號的有七百一十八枚，另有未編號的殘片一千七百餘枚，包含西漢文帝前元十年（公元前 170 年）到後元七年（公元前 157 年）共十四年的質日。“質日是秦和西漢時流行的一種文獻形式，通常是以一年曆表爲基礎，記寫公私事務。”[①] 上述十四年質日每年都載有對應年份的曆譜，可以簡稱其爲質日曆譜，本節依次作出叙録。

漢文帝前元十年質日曆譜，保存良好，共有竹簡六十八枚。整簡長約二十八釐米，寬零點五至零點六釐米，厚約零點零八釐米，《十年質日》爲原有篇題，書寫在第一簡背面上端。全部竹簡由上至下分六欄，第一簡正面從上至下六欄分别記十月、十二月、二月、四月、六月、八月六個雙月的月名及月大小，第二簡至第三十一簡各簡在對應欄中記對應月份的各日干支，第三十二簡由上至下六欄分别記十一月、正月、三月、五月、七月、九月的月名及月大小，第三十三簡至第六十二簡各簡在對應欄中記對應月份的各日干支，第六十三簡上端記後九月月名及月大小，第六十四簡至第六十八簡從上至下分六欄記後九月各日干支。見初伏、中伏、後伏、

① 湖北省文物考古研究院、武漢大學簡帛研究中心編《睡虎地西漢簡牘（壹）· 質日》，前言，第 1—2 頁。

可臘、出種等曆注，在有的日干支下還有記事。[①] 漢文帝前元十年爲公元前 170 年。

漢文帝前元十一年質日曆譜，殘損嚴重，從綴合後情形來看，竹簡形制與其他年份質日類似，共綴合排定竹簡六十一枚,《十一年質日》爲原有篇題，書寫在第一簡背面上端。全部竹簡由上至下分六欄，第一簡正面從上至下六欄分别記十月、十二月、二月、四月、六月、八月六個雙月的月名及月大小，第二簡至第三十一簡各簡在對應欄中記對應月份的各日干支，第三十二簡由上至下六欄分别記十一月、正月、三月、五月、七月、九月的月名及月大小，第三十三簡至第六十一簡各簡在對應欄中記對應月份的各日干支。見初伏、中伏、後伏、可臘、出種等曆注，在有的日干支下還有記事。[②] 漢文帝前元十一年爲公元前 169 年。

漢文帝前元十二年質日曆譜，保存完好，共有竹簡六十二枚。整簡長約三十釐米，寬零點五至零點六釐米，厚約零點零八釐米,《十二年質日》爲原有篇題，書寫在第一簡背面上端。全部竹簡由上至下分六欄，第一簡正面從上至下六欄分别記十月、十二月、二月、四月、六月、八月六個雙月的月名及月大小，第二簡至第三十一簡各簡在對應欄中記對應月份的各日干支，第三十二簡由上至下六欄分别記十一月、正月、三月、五月、七月、九月的月名及月大小，第三十三簡至第六十二簡各簡在對應欄中記對應月份的各日干支。見初伏、中伏、後伏、臘、出種等曆注，在有的日干支下還有記事。[③] 漢文帝前元十二年爲公元前 168 年。

漢文帝前元十三年質日曆譜，保存較好，共有竹簡六十八枚。整簡長約二十九點六釐米，寬零點五至零點六釐米，厚約零點零八釐米,《十三年質日》爲原有篇題，書寫在第一簡背面上端。全部竹簡由上至下分六欄，第一簡正面從上至下六欄分别記十月、十二月、二月、四月、六月、

① 湖北省文物考古研究院、武漢大學簡帛研究中心編《睡虎地西漢簡牘（壹）· 質日》，第 5—9 頁。

② 湖北省文物考古研究院、武漢大學簡帛研究中心編《睡虎地西漢簡牘（壹）· 質日》，第 13—17 頁。

③ 湖北省文物考古研究院、武漢大學簡帛研究中心編《睡虎地西漢簡牘（壹）· 質日》，第 21—25 頁。

八月六個雙月的月名及月大小，第二簡至第三十一簡各簡在對應欄中記對應月份的各日干支，第三十二簡由上至下六欄分別記十一月、正月、三月、五月、七月、九月的月名及月大小，第三十三簡至第六十二簡各簡在對應欄中記對應月份的各日干支，第六十三簡上端記後九月月名及月大小，第六十四簡至第六十八簡從上至下分六欄記後九月各日干支。見初伏、中伏、後伏、臘等曆注，在有的日干支下還有記事。[①] 漢文帝前元十三年爲公元前 167 年。

漢文帝前元十四年質日曆譜，保存完好，共有竹簡六十二枚。整簡長約二十九點七釐米，寬零點四至零點六釐米，厚零點零八釐米，《十四年質日》爲原有篇題，書寫在第一簡背面上端。全部竹簡由上至下分六欄，第一簡正面從上至下六欄分別記十月、十二月、二月、四月、六月、八月六個雙月的月名及月大小，第二簡至第三十一簡各簡在對應欄中記對應月份的各日干支，第三十二簡由上至下六欄分別記十一月、正月、三月、五月、七月、九月的月名及月大小，第三十三簡至第六十二簡各簡在對應欄中記對應月份的各日干支。見初伏、中伏、後伏、臘、出種等曆注，在有的日干支下還有記事。[②] 漢文帝前元十四年爲公元前 166 年。

漢文帝前元十五年質日曆譜，殘損嚴重，篇題殘片上“十五”二字無存，四月乙丑下“以前赦諸有罪未發覺者”的記事與《漢書·文帝紀》十五年四月“赦天下”對應，證明出土竹簡中《十五年質日》的存在。從綴合後情形來看，竹簡形制與其他年份質日類似，共綴合排定竹簡六十一枚。《十五年質日》爲原有篇題，書寫在第一簡背面上端。全部竹簡由上至下分六欄，第一簡正面從上至下六欄分別記十月、十二月、二月、四月、六月、八月六個雙月的月名及月大小，第二簡至第三十一簡各簡在對應欄中記對應月份的各日干支，第三十二簡由上至下六欄分別記十一月、正月、三月、五月、七月、九月的月名及月大小，第三十三簡至第六十一

---

① 湖北省文物考古研究院、武漢大學簡帛研究中心編《睡虎地西漢簡牘（壹）·質日》，第 27—31 頁。

② 湖北省文物考古研究院、武漢大學簡帛研究中心編《睡虎地西漢簡牘（壹）·質日》，第 35—39 頁。

簡各簡在對應欄中記對應月份的各日干支。殘存中伏、後伏、臘、出種、冬至等曆注，在有的日干支下還有記事。[①] 漢文帝前元十五年爲公元前165年。

漢文帝前元十六年質日曆譜，共有竹簡六十八枚，全部上部殘斷，下部完好，整理者做了綴合復原。《十六年質日》爲原有篇題，書寫在第一簡背面上端。全部竹簡由上至下分六欄，第一簡正面從上至下六欄分别記十月、十二月、二月、四月、六月、八月六個雙月的月名及月大小，第二簡至第三十一簡各簡在對應欄中記對應月份的各日干支，第三十二簡由上至下六欄分别記十一月、正月、三月、五月、七月、九月的月名及月大小，第三十三簡至第六十二簡各簡在對應欄中記對應月份的各日干支，第六十三簡上端記後九月月名及月大小，第六十四簡至第六十八簡從上至下分六欄記後九月各日干支。殘存初伏、中伏、後伏、臘等曆注，在有的日干支下還有記事。[②] 漢文帝前元十六年爲公元前164年。

漢文帝後元元年質日曆譜，保存較好，共有竹簡六十二枚。整簡長約三十點三釐米，寬零點四至零點六釐米，厚約零點零八釐米，《元年質日》爲原有篇題，書寫在第一簡背面上端。全部竹簡由上至下分六欄，第一簡正面從上至下六欄分别記十月、十二月、二月、四月、六月、八月六個雙月的月名及月大小，第二簡至第三十一簡各簡在對應欄中記對應月份的各日干支，第三十二簡由上至下六欄分别記十一月、正月、三月、五月、七月、九月的月名及月大小，第三十三簡至第六十二簡各簡在對應欄中記對應月份的各日干支。見初伏、中伏、可臘、出種等曆注，在有的日干支下還有記事。[③] 漢文帝後元元年爲公元前163年。

漢文帝後元二年質日曆譜，保存較好，共有竹簡六十八枚。整簡長約三十點五釐米，寬零點五至零點六釐米，厚約零點零八釐米，《二年質日》

① 湖北省文物考古研究院、武漢大學簡帛研究中心編《睡虎地西漢簡牘（壹）·質日》，第41—45頁。

② 湖北省文物考古研究院、武漢大學簡帛研究中心編《睡虎地西漢簡牘（壹）·質日》，第47—51頁。

③ 湖北省文物考古研究院、武漢大學簡帛研究中心編《睡虎地西漢簡牘（壹）·質日》，第53—57頁。

爲原有篇題，書寫在第一簡背面上端。全部竹簡由上至下分六欄，第一簡正面從上至下六欄分别記十月、十二月、二月、四月、六月、八月六個雙月的月名及月大小，第二簡至第三十一簡各簡在對應欄中記對應月份的各日干支，第三十二簡由上至下六欄分别記十一月、正月、三月、五月、七月、九月的月名及月大小，第三十三簡至第六十二簡各簡在對應欄中記對應月份的各日干支，第六十三簡上端記後九月月名及月大小，第六十四簡至第六十八簡從上至下分六欄記後九月各日干支。見初伏、中伏、後伏、可臘、出種等曆注，在有的日干支下還有記事。[①] 漢文帝後元二年爲公元前 162 年。

漢文帝後元三年質日曆譜，保存基本完好，共有竹簡六十二枚。整簡長約二十九點三釐米，寬零點四至零點六釐米，厚約零點零八釐米，《三年質日》爲原有篇題，書寫在第一簡背面上端。全部竹簡由上至下分六欄，第一簡正面從上至下六欄分别記十月、十二月、二月、四月、六月、八月六個雙月的月名及月大小，第二簡至第三十簡各簡在對應欄中記對應月份的各日干支，第三十一簡爲空白簡，第三十二簡由上至下六欄分别記十一月、正月、三月、五月、七月、九月的月名及月大小，第三十三簡至第六十二簡各簡在對應欄中記對應月份的各日干支。見初伏、中伏、後伏等曆注，在有的日干支下還有記事。[②] 漢文帝後元三年爲公元前 161 年。

漢文帝後元四年質日曆譜，大多數竹簡上半段殘缺，衹有少數完整，共有竹簡六十一枚，整理者做了綴合復原。整簡長約三十點二釐米，寬零點四至零點六釐米，厚約零點零八釐米。《四年質日》爲原有篇題，書寫在第一簡背面上端。全部竹簡由上至下分六欄，第一簡正面從上至下六欄分别記十月、十二月、二月、四月、六月、八月六個雙月的月名及月大小，第二簡至第三十一簡各簡在對應欄中記對應月份的各日干支，第

① 湖北省文物考古研究院、武漢大學簡帛研究中心編《睡虎地西漢簡牘（壹）· 質日》，第 61—65 頁。

② 湖北省文物考古研究院、武漢大學簡帛研究中心編《睡虎地西漢簡牘（壹）· 質日》，第 67—71 頁。

三十二簡由上至下六欄分别記十一月、正月、三月、五月、七月、九月的月名及月大小，第三十三簡至第六十一簡各簡在對應欄中記對應月份的各日干支。見初伏、中伏、後伏、可臘、出種等曆注，在有的日干支下還有記事。[①] 漢文帝後元四年爲公元前 160 年。

漢文帝後元五年質日曆譜，殘損嚴重，所有竹簡都從碎片拼出，從綴合後情形來看，竹簡形制與其他年份質日類似，共綴合排定竹簡六十八枚，《五年質日》爲原有篇題，書寫在第一簡背面上端。全部竹簡由上至下分六欄，第一簡正面從上至下六欄分别記十月、十二月、二月、四月、六月、八月六個雙月的月名及月大小，第二簡至第三十一簡各簡在對應欄中記對應月份的各日干支，第三十二簡由上至下六欄分别記十一月、正月、三月、五月、七月、九月的月名及月大小，第三十三簡至第六十二簡各簡在對應欄中記對應月份的各日干支，第六十三簡上端記後九月月名及月大小，第六十四簡至第六十八簡從上至下分六欄記後九月各日干支。見初伏、中伏、後伏、臘、立春、立秋、夏至、冬至等曆注，在有的日干支下還有記事。[②] 漢文帝後元五年爲公元前 159 年。

漢文帝後元六年質日曆譜，保存良好，共有竹簡六十二枚。整簡長約三十點五釐米，寬零點四至零點六釐米，厚約零點零八釐米，《六年質日》爲原有篇題，書寫在第一簡背面上端。全部竹簡由上至下分六欄，第一簡正面從上至下六欄分别記十月、十二月、二月、四月、六月、八月六個雙月的月名及月大小，第二簡至第三十一簡各簡在對應欄中記對應月份的各日干支，第三十二簡由上至下六欄分别記十一月、正月、三月、五月、七月、九月的月名及月大小，第三十三簡至第六十二簡各簡在對應欄中記對應月份的各日干支。見初伏、中伏、後伏、出種、臘、立春、立秋、夏至、冬至等曆注，在有的日干支下還有記事。[③] 漢文帝後元六年爲

① 湖北省文物考古研究院、武漢大學簡帛研究中心編《睡虎地西漢簡牘（壹）· 質日》，第 73—77 頁。

② 湖北省文物考古研究院、武漢大學簡帛研究中心編:《睡虎地西漢簡牘（壹）· 質日》，第 79—83 頁。

③ 湖北省文物考古研究院、武漢大學簡帛研究中心編《睡虎地西漢簡牘（壹）· 質日》，第 85—89 頁。

公元前 158 年。

漢文帝後元七年質日曆譜，保存較好，大多數竹簡僅是尾端有殘缺，少數保存完好，共有竹簡六十二枚。整簡長約三十點五釐米，寬零點四至零點六釐米，厚約零點零八釐米，《七年質日》爲原有篇題，書寫在第一簡背面上端。全部竹簡由上至下分六欄，第一簡正面從上至下六欄分別記十月、十二月、二月、四月、六月、八月六個雙月的月名及月大小，第二簡至第三十簡各簡在對應欄中記對應月份的各日干支，第三十一簡爲空白簡，第三十二簡由上至下六欄分別記十一月、正月、三月、五月、七月、九月的月名及月大小，第三十三簡至第六十二簡各簡在對應欄中記對應月份的各日干支。見初伏[①]、中伏、後伏、出種、臘、立春、立秋、夏至、冬至等曆注，在有的日干支下還有記事。[②]漢文帝後元七年爲公元前 157 年。

上揭漢文帝前元十年至後元七年曆譜體式與張家山漢簡《漢文帝前元七年曆譜》相同，以十月爲歲首，將閏九月置於歲尾，都是將全年單雙月分開編寫，因此，可稱之爲編册分欄單雙月分列横讀式曆譜，此種曆譜體式爲秦及漢初所採用，這也證明了西漢初年實行的確實是秦顓頊曆。

著録

湖北省文物考古研究院、武漢大學簡帛研究中心編《睡虎地西漢簡牘（壹）· 質日》，中西書局，2023 年 10 月第 1 版。

研究

1. 蔡丹、陳偉、熊北生：《睡虎地漢簡中的質日簡册》，《文物》，2018 年第 3 期。

2. 許名瑲：《睡虎地漢簡質日簡册殘卷曆日復原試擬》，簡帛網，2020 年 2 月 14 日。

3. 陳偉、蔡丹：《睡虎地漢簡〈質日〉中的 "算" 與 "定算"》，《簡帛》（第二十六輯），上海古籍出版社，2023 年 5 月第 1 版。

4. 黄浩波：《睡虎地漢簡〈質日〉中的追補記事與預先記事》，《出土文獻》，2023 年第 4 期。

---

① 原簡誤作 "中伏"。

② 湖北省文物考古研究院、武漢大學簡帛研究中心編《睡虎地西漢簡牘（壹）· 質日》，第 93—97 頁。

5. 雷海龍:《睡虎地漢簡〈質日〉殘卷的復原整理》,《出土文獻》, 2023 年第 4 期。

十三　孔家坡漢簡漢景帝後元二年曆譜

孔家坡漢簡《曆日》, 2000 年 3 月出土於湖北省隨州孔家坡墓地第八號漢墓。整理者將該墓出土竹簡按照内容分爲《日書》和《曆日》兩組，其中,《曆日》簡出土時編爲七十八個編號，綴合爲六十支，整簡長二十六點八釐米，寬零點五至零點六釐米，厚零點一釐米，兩端平齊，字體爲隸書。曆日即曆譜。該曆譜記全年十二個月之月朔及月大小，經推步，爲西漢景帝後元二年即公元前 142 年曆譜。[①]

本曆譜的形制體式很特殊，全譜共計六十簡，在每簡簡端從右向左書寫六十干支作爲記日干支，起於乙亥，終於甲戌。記日干支之下，在相應干支的各簡上書寫全年各月份的月名及月大小，起於十月，終於九月，並在相應日期干支欄中注有立春、夏至、冬至及初伏、中伏、出種、臘等曆注。[②] 另外，本曆譜的月名在相鄰各簡上書寫的位置由高到低錯落分布，以便觀覽時更醒目。[③] 該曆譜使用六十支竹簡編排一年曆日，樣式簡潔，結構獨到。本曆譜從右向左横讀，當某月讀至結尾未盡一月時，再返回來從頭繼續向左讀，因此，本曆譜可以稱爲編册往復横讀式曆譜。

著録

湖北省文物考古研究所、隨州市考古隊編《隨州孔家坡漢墓簡牘》，文物出版社，2006 年 6 月第 1 版。

研究

武家璧:《隨州孔家坡漢簡〈曆日〉及其年代》,《江漢考古》, 2009 年第 1 期。

---

① 参見湖北省文物考古研究所、隨州市考古隊編《隨州孔家坡漢墓簡牘》，第 29—31、35 頁。

② 参見湖北省文物考古研究所、隨州市考古隊編《隨州孔家坡漢墓簡牘》，第 191—193 頁。

③ 整理者把月名高低錯落書記方式稱爲分欄，實際上並不是真正的分欄。参見本書《周家臺秦簡秦始皇三十六年、三十七年曆譜》注釋。

十四　銀雀山漢簡元光元年曆譜

銀雀山漢簡元光元年曆譜出土於銀雀山二號漢墓。[①]本篇竹簡長六十九釐米，寬一釐米，存簡三十二支，殘斷成四十二段。[②]

"第一簡記年，第二簡記月，以十月爲歲首，順序排列至後九月，共十三個月。第三至三十二簡用干支記日，書每月一日至廿九日或三十日。這三十二簡排列起來爲元光元年全年的日曆。"[③]原題"七年曆日"。[④]建元七年實即元光元年（公元前 134 年）。本篇曆譜對於研究漢初曆法具有重要意義。本曆譜爲編册横讀式曆譜。

著録

吴九龍:《銀雀山漢簡釋文》，文物出版社，1985 年 12 月第 1 版。

研究

1. 羅福頤:《臨沂漢簡概述》,《文物》，1974 年第 2 期。

2. 陳久金、陳美東:《臨沂出土漢初古曆初探》,《文物》，1974 年第 3 期。

3. 陳久金、陳美東:《從元光曆譜及馬王堆帛書〈五星占〉的出土再探顓頊曆問題》,《中國天文學史文集》，科學出版社，1978 年 4 月第 1 版。

4. 張聞玉:《元光曆譜之研究》,《學術研究》，1990 年第 5 期。

5. 劉操南:《〈元光元年曆譜〉考釋》,《古籍整理研究學刊》，1995 年第 1、2 期合刊。

十五　敦煌漢簡太始二年曆譜

敦煌漢簡太始二年曆譜，是 20 世紀初斯坦因第二次中亞考古時在敦煌漢代長城烽燧遺址發現的。太始二年曆譜存殘簡一支，編號 1919，[⑤]木質，爲編册横讀式曆譜，殘存己酉、己卯兩個月第十日干支，己酉下有

---

① 《銀雀山漢墓竹簡情況簡介》，銀雀山漢墓竹簡整理小組編《銀雀山漢墓竹簡》（壹），第 5—6 頁。

② 參見羅福頤:《臨沂漢簡概述》,《文物》，1974 年第 2 期，第 34 頁。

③ 劉操南:《〈元光元年曆譜〉考釋》,《古籍整理研究學刊》，1995 年第 1、2 期合刊，第 8 頁。

④ 吴九龍:《銀雀山漢簡釋文》，第 233 頁。

⑤ 爲《敦煌漢簡》編號。

“張君西”，當是曆譜使用者的記事，已卯下注有曆注“建”。[①]本簡曆譜爲太始二年曆譜。[②]太始二年爲公元前95年。

著録

1. 甘肅省文物考古研究所編《敦煌漢簡》，中華書局，1991年6月第1版。

2. 吴礽驤等釋校《敦煌漢簡釋文》，甘肅人民出版社，1991年1月第1版。

3. 中國簡牘集成編輯委員會編《中國簡牘集成·甘肅卷》第三册，敦煌文藝出版社，2001年6月第1版。

研究

吉村昌之「出土簡牘資料にみられる曆譜の集成」冨谷至主編『邊境出土木簡の研究』朋友書店、2003。

十六　海曲漢簡漢武帝後元二年曆譜

2002年3月至6月，在山東省日照市海曲M106號漢墓出土竹簡三十九枚，完整簡長二十三點五釐米，寬零點六釐米，厚零點一釐米，簡文字迹清晰，發掘簡報稱這些竹簡是“漢武帝後元二年視日簡”。[③]

這批竹簡雖然有較多殘失，但細觀簡文可以發現這是一部曆譜。全部竹簡每簡正面從上至下分六欄書寫，第三十一簡由上至下六欄分别記二月、四月、六月、八月、十月、十二月的月名、月朔干支及月大小，由此可以看出，本曆譜的形制體式與尹灣竹簡元延二年曆譜相同。應該是第一簡由上至下六欄分别記正月、三月、五月、七月、九月、十一月的月名、月朔干支及月大小，第一簡至第三十簡在對應欄中記對應月份的各日干支，第三十一簡由上至下六欄分别記二月、四月、六月、八月、十月、

① 參見甘肅省文物考古所編《敦煌漢簡》(上)，圖版壹伍柒，(下)，第294頁；吴礽驤等釋校《敦煌漢簡釋文》，第203頁；中國簡牘集成編輯委員會編《中國簡牘集成·甘肅省卷上》(第三册)，第264頁。

② 本簡曆譜由吉村昌之考定爲太始二年。參見吉村昌之「出土簡牘資料にみられる曆譜の集成」冨谷至主編『邊境出土木簡の研究』朋友書店、2003、476頁。

③ 參見山東省文物考古研究所:《山東日照海曲西漢墓（M106）發掘簡報》,《文物》,2010年第1期，第24頁。

十二月的月名、月朔干支及月大小，以下各簡在對應欄中記對應月份的各日干支，尚殘存春分、夏日至、冬日至、立冬等曆注，在某些日干支下記有居處等宜忌内容。[①]

本曆譜大致應由六十二支竹簡組成，尚缺失二十餘支簡。本曆譜爲編册分欄横讀式曆譜。漢武帝後元二年爲公元前87年。

著録

劉紹剛、鄭同修:《日照海曲簡〈漢武帝後元二年視日〉研究》，中國文化遺産研究院編《出土文獻研究》(第九輯)，中華書局，2010年1月第1版。

研究

劉紹剛、鄭同修:《日照海曲簡〈漢武帝後元二年視日〉研究》，中國文化遺産研究院編《出土文獻研究》(第九輯)，中華書局，2010年1月第1版。

十七　敦煌漢簡始元四年曆譜

敦煌漢簡始元四年曆譜是甘肅省文物工作隊於1979年9月在敦煌漢代馬圈灣烽燧遺址發現的。始元四年曆譜存殘簡一支，編號爲29，[②]木質，應爲編册横讀式曆譜，殘存部分爲癸卯、癸酉兩個月的某日干支，在癸酉下注有立冬節氣。[③]羅見今考定爲始元四年曆譜，本簡所殘存干支應是八月、九月兩個月第十七日的干支。[④]目前，學界有學者提出不同意見。[⑤]始元四年爲公元前83年。

---

① 參見劉紹剛、鄭同修:《日照海曲簡〈漢武帝後元二年視日〉研究》，中國文化遺産研究院編《出土文獻研究》(第九輯)，第49—59頁。

② 爲《敦煌漢簡》編號。

③ 參見甘肅省文物考古研究所編《敦煌漢簡》(上)，圖版貳;(下)，第222頁；吴礽驤等釋校《敦煌漢簡釋文》，第4頁；中國簡牘集成編輯委員會編《中國簡牘集成·甘肅省卷上》(第三册)，第11頁；張德芳:《敦煌馬圈灣漢簡集釋》，第7頁，彩版二九。

④ 參見羅見今:《敦煌馬圈灣漢簡年代考釋》，《敦煌研究》，2008年第1期，第78頁。

⑤ 張德芳不同意羅見今始元四年的結論，認爲是建平四年。參見張德芳:《敦煌馬圈灣漢簡集釋》，第376頁。

著録

1. 甘肅省文物考古研究所編《敦煌漢簡》，中華書局，1991 年 6 月第 1 版。

2. 吴礽驤等釋校《敦煌漢簡釋文》，甘肅人民出版社，1991 年 1 月第 1 版。

3. 中國簡牘集成編輯委員會編《中國簡牘集成・甘肅省卷上》（第三册），敦煌文藝出版社，2001 年 6 月第 1 版。

4. 張德芳：《敦煌馬圈灣漢簡集釋》，甘肅文化出版社，2013 年 12 月第 1 版。

研究

1. 羅見今：《敦煌馬圈灣漢簡年代考釋》，《敦煌研究》，2008 年第 1 期。

2. 張德芳：《敦煌馬圈灣漢簡集釋》，甘肅文化出版社，2013 年 12 月第 1 版。

十八　肩水金關漢簡元鳳六年曆譜（第一種）

1973 年在額濟納河流域肩水金關遺址 T21 探方出土一支曆譜殘簡，編號爲 73EJT21:139。本曆譜爲編册横讀式，殘存前三個月第十六日的干支，在干支己未下殘存曆譜使用者的記事。[①] 羅見今、關守義考定本曆譜爲元鳳六年曆譜。[②] 元鳳六年爲公元前 75 年。原簡現藏於甘肅簡牘博物館。

著録

甘肅簡牘保護研究中心等編《肩水金關漢簡》（貳），中西書局，2012 年 12 月第 1 版。

研究

羅見今、關守義：《〈肩水金關漢簡（貳）〉曆簡年代考釋》，《敦煌研究》，2014 年第 2 期。

十九　肩水金關漢簡元鳳六年曆譜（第二種）

1973 年在額濟納河流域肩水金關遺址 T26 探方出土兩支曆譜殘簡，

---

① 參見甘肅簡牘保護研究中心等編《肩水金關漢簡》（貳），第 50 頁。

② 參見羅見今、關守義：《〈肩水金關漢簡（貳）〉曆簡年代考釋》，《敦煌研究》，2014 年第 2 期，第 110 頁。

編號爲 73EJT26:178、73EJT26:218。本曆譜爲編册横讀式，其中一支簡殘存正月第六日的干支庚辰，另一支簡殘存正月第廿一日的干支乙未。[①] 黄艷萍考定本曆譜爲元鳳六年曆譜。[②] 元鳳六年爲公元前 75 年。原簡現藏於甘肅簡牘博物館。

著録

甘肅簡牘博物館等編《肩水金關漢簡》(叁)，中西書局，2013 年 12 月第 1 版。

研究

黄艷萍:《〈肩水金關漢簡（叁)〉紀年簡校考》,《敦煌研究》，2015 年第 2 期。

二十　肩水金關漢簡元平元年曆譜

1973 年在額濟納河流域肩水金關遺址 T5 探方出土有曆譜殘簡，編號爲 73EJT5:56、73EJT5:57、73EJT5:58。本曆譜爲編册横讀式，其中 73EJT5:56 號簡完好，記全年十二個月第十一日的干支，73EJT5:57 號簡兩端均殘，存中段，殘存六個月的某日干支，73EJT5:58 號簡上端殘，殘存七個月的某日干支。[③] 程少軒考定這三支簡爲元平元年曆譜。[④] 羅見今、關守義考定 73EJT5:56、73EJT5:58 號兩支簡爲元平元年曆譜。[⑤] 元平元年爲公元前 74 年。原簡現藏甘肅簡牘博物館。

著録

甘肅簡牘保護研究中心等編《肩水金關漢簡》(壹)，中西書局，2011 年 8 月第 1 版。

---

① 參見甘肅簡牘博物館等編《肩水金關漢簡》(叁)，上册，第 92、97 頁。

② 參見黄艷萍:《〈肩水金關漢簡（叁)〉紀年簡校考》,《敦煌研究》，2015 年第 2 期，第 113 頁。

③ 參見甘肅簡牘保護研究中心等編《肩水金關漢簡》(壹)，上册，第 110 頁。

④ 參見程少軒:《〈肩水金關漢簡（壹)〉曆譜簡初探》，復旦大學出土文獻與古文字研究中心網站，2011 年 9 月 1 日。

⑤ 參見羅見今、關守義:《〈肩水金關漢簡（壹)〉八枚曆譜散簡年代考釋》,《敦煌研究》，2012 年第 5 期，第 115 頁。

研究

1. 程少軒:《〈肩水金關漢簡（壹）〉曆譜簡初探》，復旦大學出土文獻與古文字研究中心網站，2011年9月1日。

2. 羅見今、關守義:《〈肩水金關漢簡（壹）〉八枚曆譜散簡年代考釋》,《敦煌研究》，2012年第5期。

二十一　懸泉漢簡元平元年曆譜

1990年出土於懸泉置遺址的漢簡中編號Ⅱ90DXT0114④:296、Ⅱ90DXT0114④:343、Ⅱ90DXT0114④:370、Ⅱ90DXT0114④:377簡爲曆譜簡。

Ⅱ90DXT0114④:296號簡，木質，下部殘，殘存部分長二十七點三釐米，寬一點一釐米，厚零點二五釐米。[①]簡文由上向下書寫，簡端不留白，頂頭書寫。本木簡記某年各月廿九日干支，爲編册横讀式曆譜，木簡下部殘斷，僅殘存前八個月廿九日干支，在第二個月廿九日干支丙申下有記事“傳馬一匹病死奉德持病馬詣廷”數字，在第三個月廿九日干支丙寅下有記事“今見”。[②]

Ⅱ90DXT0114④:343號簡，木質，下部殘，殘存部分長十九釐米，寬一點一釐米，厚零點二釐米。[③]簡文由上向下書寫，簡端不留白，頂頭書寫。本木簡記某年各月十七日干支，爲編册横讀式曆譜，木簡下部殘斷，僅殘存前六個月十七日干支。[④]

Ⅱ90DXT0114④:370號簡，木質，下部殘，殘存部分長十一點九釐米，寬一點一釐米，厚零點一五釐米。[⑤]簡文由上向下書寫，簡端不留白，頂頭書寫。本木簡記某年各月廿六日干支，爲編册横讀式曆譜，木簡下部殘斷，僅殘存前三個月廿六日干支。[⑥]

---

① 參見甘肅簡牘博物館等編《懸泉漢簡》(叁)，第605頁。

② 釋文參見甘肅簡牘博物館等編《懸泉漢簡》(叁)，第225頁。

③ 參見甘肅簡牘博物館等編《懸泉漢簡》(叁)，第606頁。

④ 釋文參見甘肅簡牘博物館等編《懸泉漢簡》(叁)，第235頁。

⑤ 參見甘肅簡牘博物館等編《懸泉漢簡》(叁)，第607頁。

⑥ 釋文參見甘肅簡牘博物館等編《懸泉漢簡》(叁)，第238頁。

II90DXT0114 ④ : 377 號簡，木質，下部殘，殘存部分長十九釐米，寬一點二釐米，厚零點二釐米。[①] 簡文由上向下書寫，簡端不留白，頂頭書寫。本木簡記某年各月廿一日干支，爲編冊横讀式曆譜，木簡下部殘斷，僅殘留前六個月廿一日干支，第三月干支戊午下注有曆注“立夏”。[②]

以上四支木簡從材質上看都是紅柳，從木簡形制上看其中三支簡寬度都是一點一釐米，另一支寬度是一點二釐米，從厚度看四支簡都在零點二釐米左右；四支簡殘存月份的朔日干支完全相同；四支簡上文字的書寫字體完全相同；四支簡所記曆譜都是編冊横讀式曆譜；四支簡又都是 1990 年同時出土於懸泉置遺址 0114 號探方④號層位，從上述幾方面來看，這四支簡應當是同册曆譜的散簡。經推步，上述四簡所記曆譜是西漢元平元年（公元前 74 年）曆譜。

著録

甘肅簡牘博物館等編《懸泉漢簡》(叁)，中西書局，2023 年 5 月第 1 版。

研究

于茀:《〈懸泉漢簡（叁)〉曆譜簡年代考釋》，待刊。

二十二　居延漢簡本始二年曆譜

1930 年西北科學考察團在額濟納河流域發現的漢簡中有本始二年曆譜殘簡一支，編號 457.19，殘存部分長二點二釐米，寬七點九釐米。[③] 本曆譜爲横讀式，殘存十一月一至十六日，且殘存“冬”字等曆注。[④] 本始二年爲公元前 72 年。原簡現藏臺北中研院歷史語言研究所。

---

① 參見甘肅簡牘博物館等編《懸泉漢簡》(叁)，第 607 頁。

② 釋文參見甘肅簡牘博物館等編《懸泉漢簡》(叁)，第 239 頁。

③ 參見簡牘整理小組編《居延漢簡》(肆)，第 318 頁。

④ 參見陳久金:《敦煌、居延漢簡中的曆譜》，中國社會科學院考古研究所編《中國古代天文文物論集》，第 111 頁。又參見中國社會科學院考古研究所編《居延漢簡（甲乙編)》，上册，乙圖版二五八，下册，第 183 頁。勞榦:《居延漢簡（圖版之部)》，圖版 53 頁。簡牘整理小組編《居延漢簡》(肆)，第 96 頁。

關於本曆譜的體式，學界有不同意見。陳夢家先生認爲是“穿繫横讀式”年曆。[①] 陳久金認爲是“單板横讀月曆式”。[②] 本曆譜實際上也是非制式摘編曆日，是爲某種需要特殊製作的，祇摘抄了十一月的曆日，可稱爲單板摘編横讀式曆日。

著録

1. 勞榦:《居延漢簡考釋（釋文之部）》，商務印書館，1949 年 11 月初版。

2. 勞榦:《居延漢簡（圖版之部）》，臺北中研院歷史語言研究所，1957 年 3 月初版。

3. 中國社會科學院考古研究所編《居延漢簡（甲乙編）》，中華書局，1980 年 7 月第 1 版。

4. 中國簡牘集成編輯委員會編《中國簡牘集成 · 甘肅省 內蒙古自治區卷（居延漢簡）》（第八册），敦煌文藝出版社，2001 年 6 月第 1 版。

5. 簡牘整理小組編《居延漢簡》（肆），臺北中研院歷史語言研究所，2017 年 11 月初版。

研究

1. 勞榦:《居延漢簡（考釋之部）》，臺北中研院歷史語言研究所，1960 年 4 月初版。

2. 陳夢家:《漢簡綴述》，中華書局，1980 年 12 月第 1 版。

3. 謝桂華等:《居延漢簡釋文合校》，文物出版社，1987 年 1 月第 1 版。

4. 陳久金:《敦煌、居延漢簡中的曆譜》，中國社會科學院考古研究所編《中國古代天文文物論集》，文物出版社，1989 年 12 月第 1 版。

二十三　肩水金關漢簡本始二年曆譜

1973 年在額濟納河流域肩水金關遺址 T26 探方出土編號 73EJT26:6 簡爲一支曆譜簡。此簡完好，是年閏月，該簡記全年十三個月第十六日的干支，有“初伏”曆注，本曆譜爲編册横讀式曆譜。[③] 許名瑲考定本

① 陳夢家:《漢簡綴述》，第 235 頁。

② 陳久金:《敦煌、居延漢簡中的曆譜》，中國社會科學院考古研究所編《中國古代天文文物論集》，第 112 頁。

③ 參見甘肅簡牘博物館等編《肩水金關漢簡》（叁），上册，第 69 頁。

曆譜爲本始二年曆譜。[①] 本始二年爲公元前 72 年。原簡現藏甘肅簡牘博物館。

著録

甘肅簡牘博物館等編《肩水金關漢簡》(叁),中西書局,2013 年 12 月第 1 版。

研究

許名瑲:《〈肩水金關漢簡(叁)〉73EJT26:6 曆日簡年代考釋》,簡帛網,2015 年 1 月 29 日。

二十四　敦煌廣昌隧漢簡本始三年曆譜

2019 年出版的《玉門關漢簡》一書收録了敦煌博物館藏的敦煌廣昌隧漢簡兩枚,[②] 其中 DG:1 號簡爲曆譜簡,該簡完整,木質,長二十三釐米,寬一點二釐米,記全年十二個月廿二日干支。[③] 經推步,該簡抄寫曆日有誤,誤將一月廿三日干支癸酉抄在一月廿二日下。按照改正後的曆日推定,該簡所抄寫曆譜應爲本始三年曆譜。本始三年爲公元前 71 年。該曆譜爲編册横讀式曆譜。

著録

張德芳、石明秀主編《玉門關漢簡》,中西書局,2019 年 11 月第 1 版。

二十五　居延漢簡本始四年曆譜

居延漢簡本始四年曆譜是 1930 年西北科學考察團在額濟納河流域發現的。本曆譜殘存一支木簡,編號 111.6,殘存部分長二十六點三釐米,寬一釐米。[④] 本曆譜爲編册横讀式,殘存全年十二個月每月第二日的干支,

---

① 參見許名瑲:《〈肩水金關漢簡(叁)〉73EJT26:6 曆日簡年代考釋》,簡帛網,2015 年 1 月 29 日。

② 參見張德芳、石明秀主編《玉門關漢簡》,前言,第 3 頁。

③ 參見張德芳、石明秀主編《玉門關漢簡》,第 85 頁。

④ 參見簡牘整理小組編《居延漢簡》(貳),第 262 頁。

且殘存“反支”“建”等曆注。[①] 本始四年爲公元前70年。原簡現藏臺北中研院歷史語言研究所。

著録

1. 勞榦:《居延漢簡考釋(釋文之部)》，商務印書館，1949年11月初版。

2. 勞榦:《居延漢簡(圖版之部)》，臺北中研院歷史語言研究所，1957年3月初版。

3. 中國社會科學院考古研究所編《居延漢簡(甲乙編)》，中華書局，1980年7月第1版。

4. 中國簡牘集成編輯委員會編《中國簡牘集成·甘肅省 内蒙古自治區卷(居延漢簡)》(第六册)，敦煌文藝出版社，2001年6月第1版。

5. 簡牘整理小組編《居延漢簡》(貳)，臺北中研院歷史語言研究所，2015年12月初版。

研究

1. 勞榦:《居延漢簡(考釋之部)》，臺北中研院歷史語言研究所，1960年4月初版。

2. 陳夢家:《漢簡綴述》，中華書局，1980年12月第1版。

3. 陳直:《居延漢簡研究》，天津古籍出版社，1986年5月第1版。

4. 謝桂華等:《居延漢簡釋文合校》，文物出版社，1987年1月第1版。

5. 陳久金:《敦煌、居延漢簡中的曆譜》，中國社會科學院考古研究所編《中國古代天文文物論集》，文物出版社，1989年12月第1版。

6. 簡牘整理小組編《居延漢簡補編》，臺北中研院歷史語言研究所，1998年5月初版。

二十六 敦煌清水溝漢簡本始四年曆譜

敦煌清水溝漢簡本始四年曆譜，1990年4月在敦煌清水溝漢代烽燧遺址出土。一同出土的還有較爲完整的地節元年曆譜。本始四年曆譜爲編册

① 參見陳久金:《敦煌、居延漢簡中的曆譜》，中國社會科學院考古研究所編《中國古代天文文物論集》，第112頁；中國社會科學院考古研究所編《居延漢簡(甲乙編)》，上册，乙圖版捌肆，下册，第76頁；勞榦:《居延漢簡(圖版之部)》，圖版102頁；簡牘整理小組編《居延漢簡》(貳)，第18頁。

横讀式曆譜，存殘簡二支，分别書寫全年各月廿四、廿八日干支，廿四日殘簡存前七個月干支，廿八日殘簡存前兩個月干支。[①] 本始四年爲公元前70年。原簡現藏敦煌博物館。

著録

1. 敦煌市博物館:《敦煌清水溝漢代烽燧遺址出土文物調查及漢簡考釋》,《簡帛研究》(第二輯)，法律出版社，1996年9月第1版。

2. 中國簡牘集成編輯委員會編《中國簡牘集成·甘肅省卷上》(第三册)，敦煌文藝出版社，2001年6月第1版。

3. 張德芳、石明秀主編《玉門關漢簡》，中西書局，2019年11月第1版。

研究

1. 敦煌市博物館:《敦煌清水溝漢代烽燧遺址出土文物調查及漢簡考釋》,《簡帛研究》(第二輯)，法律出版社，1996年9月第1版。

2. 殷光明:《敦煌清水溝漢代烽燧遺址出土〈曆譜〉述考》,《簡帛研究》(第二輯)，法律出版社，1996年9月第1版。

二十七　敦煌清水溝漢簡地節元年曆譜

敦煌清水溝漢簡地節元年曆譜，1990年4月在敦煌清水溝漢代烽燧遺址出土。該曆譜簡册存二十七支，木質，簡新如洗，字迹清晰，字體爲漢隸，爲編册横讀式曆譜，每簡上端有日期，從右至左，一日一簡，按日編排，從四日至三十日，缺失一、二、三日三簡，簡端縱書日期，下面横書十三行，爲一年每日的干支，行距間縱書八節、時辰及建、伏、臘等曆注。[②] 該曆譜的發現對於太初曆及中國古代曆法研究都具有重要意義。地

---

① 參見敦煌市博物館:《敦煌清水溝漢代烽燧遺址出土文物調查及漢簡考釋》,《簡帛研究》(第二輯)；張德芳、石明秀主編《玉門關漢簡》，第89頁，DQ:8，第90頁，DQ:13；中國簡牘集成編輯委員會編《中國簡牘集成·甘肅省卷上》(第三册)，第198頁，90D8:13，90D8:14。

② 參見敦煌市博物館:《敦煌清水溝漢代烽燧遺址出土文物調查及漢簡考釋》,《簡帛研究》(第二輯)；張德芳、石明秀主編《玉門關漢簡》，第86頁，DB238；中國簡牘集成編輯委員會編《中國簡牘集成·甘肅省卷上》(第三册)，第199—202頁。

節元年爲公元前 69 年。原簡現藏敦煌博物館。

著録

1. 敦煌市博物館:《敦煌清水溝漢代烽燧遺址出土文物調查及漢簡考釋》,《簡帛研究》(第二輯),法律出版社,1996 年 9 月第 1 版。

2. 中國簡牘集成編輯委員會編《中國簡牘集成 · 甘肅省卷上》(第三册),敦煌文藝出版社,2001 年 6 月第 1 版。

3. 張德芳、石明秀主編《玉門關漢簡》,中西書局,2019 年 11 月第 1 版。

研究

1. 殷光明:《敦煌清水溝漢代烽燧遺址出土〈曆譜〉述考》,《簡帛研究》(第二輯),法律出版社,1996 年 9 月第 1 版。

2. 敦煌市博物館:《敦煌清水溝漢代烽燧遺址出土文物調查及漢簡考釋》,《簡帛研究》(第二輯),法律出版社,1996 年 9 月第 1 版。

二十八　敦煌清水溝漢簡地節三年曆譜

敦煌清水溝漢簡地節三年曆譜,1990 年 4 月於敦煌清水溝漢代烽燧遺址出土。一同出土的還有較爲完整的地節元年曆譜。地節三年曆譜爲編册横讀式曆譜,僅存一支簡,是年閏九月,該簡記全年十三個月第四日干支,有“建”等曆注。[①] 地節三年爲公元前 67 年。原簡現藏敦煌博物館。

著録

1. 敦煌市博物館:《敦煌清水溝漢代烽燧遺址出土文物調查及漢簡考釋》,《簡帛研究》(第二輯),法律出版社,1996 年 9 月第 1 版。

2. 中國簡牘集成編輯委員會編《中國簡牘集成 · 甘肅省卷下》(第四册),敦煌文藝出版社,2001 年 6 月第 1 版。

---

① 参見敦煌市博物館:《敦煌清水溝漢代烽燧遺址出土文物調查及漢簡考釋》,《簡帛研究》(第二輯);張德芳、石明秀主編《玉門關漢簡》,第 88 頁,DQ:7;中國簡牘集成編輯委員會編《中國簡牘集成 · 甘肅省卷上》(第三册),第 198 頁,90D8:12。

3. 張德芳、石明秀主編《玉門關漢簡》，中西書局，2019年11月第1版。

研究

殷光明:《敦煌清水溝漢代烽燧遺址出土〈曆譜〉述考》,《簡帛研究》(第二輯)，法律出版社，1996年9月第1版。

二十九　敦煌漢簡元康元年曆譜

敦煌漢簡元康元年曆譜是20世紀初斯坦因第二次中亞考古時在敦煌漢代長城烽燧遺址發現的。元康元年曆譜存木簡一支，編號1835，①長二十二點八釐米，寬零點八釐米，②該簡記全年十二個月的第三日干支。此譜體式爲編册横式讀曆譜。③

此曆譜最早由沙畹考定爲永興元年，羅振玉、王國維《流沙墜簡》認同沙畹的考定。其後羅見今提出不同意見，並作了詳細考證，認爲本曆譜應是元康元年曆譜。④元康元年爲公元前65年。

著録

1. 羅振玉、王國維:《流沙墜簡》，中華書局，1993年9月第1版。

2. 甘肅省文物考古研究所編《敦煌漢簡》，中華書局，1991年6月第1版。

3. 吴礽驤等釋校《敦煌漢簡釋文》，甘肅人民出版社，1991年1月第1版。

4. 中國簡牘集成編輯委員會編《中國簡牘集成·甘肅省卷上》(第三册)，敦煌文藝出版社，2001年6月第1版。

研究

1. 羅振玉、王國維:《流沙墜簡·小學術數方技書考釋》，中華書局，1993年9月第1版。

---

① 爲《敦煌漢簡》編號。

② 參見陳久金:《敦煌、居延漢簡中的曆譜》，中國社會科學院考古研究所編《中國古代天文文物論集》，第121頁。

③ 參見羅振玉、王國維:《流沙墜簡》，第91頁；甘肅省文物考古所編《敦煌漢簡》(上)，圖版壹伍肆，(下)，第290頁。

④ 參見羅見今:《敦煌漢簡中曆譜年代之再研究》,《敦煌研究》，1999年第3期，第93—94頁。

2. 陳夢家:《漢簡綴述》，中華書局，1980 年 12 月第 1 版。

3. 陳久金:《敦煌、居延漢簡中的曆譜》，中國社會科學院考古研究所編《中國古代天文文物論集》，文物出版社，1989 年 12 月第 1 版。

4. 羅見今:《敦煌漢簡中曆譜年代之再研究》，《敦煌研究》，1999 年第 3 期。

三十　懸泉漢簡元康二年曆譜

1990 年出土於懸泉置遺址的漢簡中編號 II90DXT0113 ④ : 214 簡爲曆譜簡。本簡木質，完整，簡長二十七點七釐米，寬零點七釐米，厚零點二五釐米。簡文由上向下書寫，簡端不留白，頂頭書寫。①

本木簡記某年各月十二日干支，爲編册横讀式曆譜，該年閏月，在第四個月日干支下注有曆注“立夏”。② 經推步，本簡所記曆譜爲元康二年曆譜。元康二年爲公元前 64 年。

著録

甘肅簡牘博物館等編《懸泉漢簡》(叁)，中西書局，2023 年 5 月第 1 版。

研究

于茀:《〈懸泉漢簡(叁)〉曆譜簡年代考釋》，待刊。

三十一　敦煌漢簡元康三年曆譜

敦煌漢簡元康三年曆譜是 20 世紀初斯坦因第二次中亞考古時在敦煌漢代長城烽燧遺址發現的。元康三年曆譜存殘簡十五支，③ 木質，爲編册横讀式曆譜，其中，1734 號簡殘存全年前十一個月第一日干支，存曆注“建”；1748 號簡殘存全年前九個月第五日干支，存曆注“建”；1666 號簡存全年十二個月第六日干支，存曆注“建”；1672 號簡存全年後六個月第九日干支，未見曆注；1609 號簡存全年十二個月第十日干支，存

① 參見甘肅簡牘博物館等編《懸泉漢簡》(叁)，第 583 頁。

② 釋文參見甘肅簡牘博物館等編《懸泉漢簡》(叁)，第 41 頁。

③ 羅振玉、王國維《流沙墜簡》依據沙畹《斯坦因在東土耳其斯坦考察所獲漢文文書》一書所録《元康三年曆譜》爲十五支簡。白軍鵬認爲還應該包括 1563 號簡，總計十六支，參見白軍鵬:《“敦煌漢簡”整理與研究》，博士學位論文，吉林大學，2014 年。

曆注“建”；1647號簡存全年十二個月第十一日干支，存曆注“建”；1644號簡存全年十二個月第十三日干支，存曆注“秋分”“建”；1723號簡存全年前十一個月第十五日干支，未見曆注，1571號簡存全年十二個月第十六日干支，存曆注“建”；1705號簡存全年一月、十月、十一月、十二月第廿日干支，存曆注“建”；1750號簡存全年四至十二月第廿二日干支，存曆注“建”；1768號簡存全年十二個月第廿三日干支，存曆注“立夏”及“建”；1606號簡存全年前六個月第廿五日干支，未見曆注；1616號簡存全年十二個月第廿八日干支，存曆注“立冬”及“建”；1720號簡存全年前六個月第卅日干支，未見曆注。[①]元康三年爲公元前63年。

著録

1. 羅振玉、王國維:《流沙墜簡》，中華書局，1993年9月第1版。

2. 甘肅省文物考古研究所編《敦煌漢簡》，中華書局，1991年6月第1版。

3. 吴礽驤等釋校《敦煌漢簡釋文》，甘肅人民出版社，1991年1月第1版。

4. 中國簡牘集成編輯委員會編《中國簡牘集成·甘肅省卷上》(第三册)，敦煌文藝出版社，2001年6月第1版。

研究

羅振玉、王國維:《流沙墜簡·小學術數方技書考釋》，中華書局，1993年9月第1版，第84頁。

三十二　肩水金關漢簡元康三年曆譜

1973年在額濟納河流域肩水金關遺址T10探方出土編號73EJT10:273、73EJT10:276簡爲曆譜殘簡。本曆譜爲編册横讀式曆譜，其中73EJT10:273號簡殘存全年前六個月第廿四日干支，73EJT10:276號簡僅殘存卅日兩字，爲全譜最末一支簡。[②]程少軒考定這兩支簡爲元康三年曆

---

① 以上編號均爲《敦煌漢簡》編號。

② 參見甘肅簡牘保護研究中心等編《肩水金關漢簡》(壹)，上册，第284—285頁。

譜。[①] 元康三年爲公元前63年。原簡現藏甘肅簡牘博物館。

著録

甘肅簡牘保護研究中心等編《肩水金關漢簡》(壹)，中西書局，2011年8月第1版。

研究

程少軒:《〈肩水金關漢簡(壹)〉曆譜簡初探》，復旦大學出土文獻與古文字研究中心網，2011年9月1日。

三十三　居延漢簡神爵元年曆譜

居延漢簡神爵元年曆譜，[②]1930年西北科學考察團在額濟納河流域發現。本曆譜存一支木簡，編號爲179.10，長二十三點四釐米，寬一點八釐米。[③] 本曆譜爲横列竪書，從左向右，第一列書四月廿九日庚戌寢兵，第二列書五月大，從第三列起每列書每日干支及日期，一直到庚辰卅日爲止。且有“夏至”“盡”等曆注。神爵元年，爲公元前61年。[④] 原簡現藏臺北中研院歷史語言研究所。

關於本曆譜的體式及性質，學界有不同意見。陳夢家先生認爲是“穿繫横讀式”年曆。[⑤] 陳久金認爲此曆譜爲特殊月曆，是地灣出土元康五年(神爵元年)夏至改火寢兵詔書的附件，並非一般民用曆譜。[⑥] 本曆譜與上

---

① 參見程少軒:《〈肩水金關漢簡(壹)〉曆譜簡初探》，復旦大學出土文獻與古文字研究中心網，2011年9月1日。

② 本簡所記神爵元年曆譜，有學者稱爲元康五年曆譜，實際上是不準確的。漢宣帝元康五年三月改元神爵，本木簡所記曆譜從四月二十九日至五月卅日，已在改元神爵以後了，因此應該稱爲神爵元年曆譜。

③ 參見簡牘整理小組編《居延漢簡》(貳)，第284頁。

④ 參見陳久金:《敦煌、居延漢簡中的曆譜》，中國社會科學院考古研究所編《中國古代天文文物論集》，第113—114頁。又參見中國社會科學院考古研究所編《居延漢簡(甲乙編)》，上册，甲圖版捌拾-1017，下册，第122頁；勞榦:《居延漢簡(圖版之部)》，圖版83頁；簡牘整理小組編《居延漢簡》(貳)，第198頁。

⑤ 陳夢家:《漢簡綴述》，第235頁。

⑥ 參見陳久金:《敦煌、居延漢簡中的曆譜》，中國社會科學院考古研究所編《中國古代天文文物論集》，第114—115頁。

揭本始二年十一月曆日一樣，實際上也是非制式摘編曆日，也是爲某種特殊需要而製作的，衹摘抄了所需要的曆日部分，可稱爲非制式單板摘編橫讀式曆譜。

著録

1. 勞榦:《居延漢簡考釋（釋文之部）》，商務印書館，1949 年 11 月初版。

2. 勞榦:《居延漢簡（圖版之部）》，臺北中研院歷史語言研究所，1957 年 3 月初版。

3. 中國社會科學院考古研究所編《居延漢簡（甲乙編）》，中華書局，1980 年 7 月第 1 版。

4. 中國簡牘集成編輯委員會編《中國簡牘集成 · 甘肅省 內蒙古自治區卷（居延漢簡）》（第六册），敦煌文藝出版社，2001 年 6 月第 1 版。

5. 簡牘整理小組編《居延漢簡》（貳），臺北中研院歷史語言研究所，2015 年 12 月初版。

研究

1. 勞榦:《居延漢簡（考釋之部）》，臺北中研院歷史語言研究所，1960 年 4 月初版。

2. 陳夢家:《漢簡綴述》，中華書局，1980 年 12 月第 1 版。

3. 謝桂華等:《居延漢簡釋文合校》，文物出版社，1987 年 1 月第 1 版。

4. 陳久金:《敦煌、居延漢簡中的曆譜》，中國社會科學院考古研究所編《中國古代天文文物論集》，文物出版社，1989 年 12 月第 1 版。

三十四　敦煌漢簡神爵三年曆譜

敦煌漢簡神爵三年曆譜，是 20 世紀初斯坦因第二次中亞考古時在敦煌漢代長城烽燧遺址發現的。神爵三年曆譜存簡十一支，木質，爲編册横讀式曆譜，記每日干支及閏月，注有立夏、立冬等節氣。是年閏十二月，該譜在每簡背面記閏月的每日干支。其中 1600 號簡記全年十三個月第七日干支，未見曆注；1717 號簡記全年十三個月第八日干支，存有曆注立夏；1652 號簡記全年四至十二月第九日干支，存有曆注冬至；1596

號簡記全年十三個月第十七日干支，未見曆注；1585 號簡記全年各月第十八日干支，未見曆注；1619 號簡記全年十三個月第十九日干支，未見曆注；1670 號簡記全年十三個月第廿四日干支，未見曆注；1744 號簡記全年十三個月第廿五日干支，未見曆注；1625 號簡記全年十三個月第廿六日干支，未見曆注；1637 號簡記全年十三個月第廿八日干支，未見曆注；1635 號簡殘存全年前六個月第卌日干支，未見曆注，簡背書“閏月丙申朔大”。① 神爵三年爲公元前 59 年。

著録

1. 羅振玉、王國維:《流沙墜簡》，中華書局，1993 年 9 月第 1 版。

2. 甘肅省文物考古研究所編《敦煌漢簡》，中華書局，1991 年 6 月第 1 版。

3. 吴礽驤等釋校《敦煌漢簡釋文》，甘肅人民出版社，1991 年 1 月第 1 版。

4. 中國簡牘集成編輯委員會編《中國簡牘集成・甘肅省卷上》(第三册)，敦煌文藝出版社，2001 年 6 月第 1 版。

研究

羅振玉、王國維:《流沙墜簡・小學術數方技書考釋》，中華書局，1993 年 9 月第 1 版。

三十五　敦煌漢簡五鳳元年曆譜

敦煌漢簡五鳳元年曆譜是 20 世紀初斯坦因第二次中亞考古時在敦煌漢代長城烽燧遺址發現的。五鳳元年曆譜存簡一支，編號爲 1709，② 正背兩面書寫，分寫八月朔至廿九日每日干支。本曆譜爲編册直讀（縱讀）式曆譜，羅、王二氏《流沙墜簡》認爲元康三年曆譜、神爵三年曆譜爲横讀曆譜，是漢代通行曆譜，而本曆譜體式與漢代較爲通行的横讀曆譜體式頗不一致。③ 實際上，編册直讀式曆譜也是漢代通行曆譜。五鳳元年爲公元

① 均爲《敦煌漢簡》編號。參見《敦煌漢簡》，第 281、286、283、280、282、284、287、282、283 頁；羅振玉、王國維:《流沙墜簡》，第 85 頁。

② 爲《敦煌漢簡》編號。

③ 羅振玉、王國維:《流沙墜簡》，第 86 頁。

前 57 年。

著録

1. 羅振玉、王國維:《流沙墜簡》, 中華書局, 1993 年 9 月第 1 版。

2. 甘肅省文物考古研究所編《敦煌漢簡》, 中華書局, 1991 年 6 月第 1 版。

3. 吴礽驤等釋校《敦煌漢簡釋文》, 甘肅人民出版社, 1991 年 1 月第 1 版。

4. 中國簡牘集成編輯委員會編《中國簡牘集成・甘肅省卷上》(第三册), 敦煌文藝出版社, 2001 年 6 月第 1 版。

研究

羅振玉、王國維:《流沙墜簡・小學術數方技書考釋》, 中華書局, 1993 年 9 月第 1 版。

三十六 敦煌漢簡五鳳二年曆譜

敦煌漢簡五鳳二年曆譜是 20 世紀初斯坦因第二次中亞考古時在敦煌漢代長城烽燧遺址發現的。五鳳二年曆譜存殘簡一支, 編號 1807, [①] 本曆譜爲編册横讀式曆譜, 殘存全年後六個月的某日干支, 在最後一月干支丙寅下有曆注 "立春"。羅見今考定爲五鳳二年曆譜, 本支簡爲該年後六個月第十八日的干支。[②] 五鳳二年爲公元前 56 年。

著録

1. 甘肅省文物考古研究所編《敦煌漢簡》, 中華書局, 1991 年 6 月第 1 版。

2. 吴礽驤等釋校《敦煌漢簡釋文》, 甘肅人民出版社, 1991 年 1 月第 1 版。

3. 中國簡牘集成編輯委員會編《中國簡牘集成・甘肅省卷上》(第三册), 敦煌文藝出版社, 2001 年 6 月第 1 版。

研究

羅見今:《敦煌漢簡中曆譜年代之再研究》,《敦煌研究》, 1999 年第 3 期。

---

① 爲《敦煌漢簡》編號。

② 參見羅見今:《敦煌漢簡中曆譜年代之再研究》,《敦煌研究》, 1999 年第 3 期。另, 白軍鵬把 1805 號簡也編入該曆譜, 並推定該簡爲五鳳二年曆譜的第二十日簡。參見白軍鵬:《"敦煌漢簡" 整理與研究》, 第 576 頁。

三十七　肩水金關漢簡五鳳二年曆譜

1973年在額濟納河流域肩水金關遺址H1灰坑出土編號73EJH1:2簡爲一支曆譜簡，此簡下部殘，該簡記某年十一月各日干支，尚殘存十四天的干支，本曆譜爲編册直讀式曆譜。[①]許名瑲考定本曆譜爲五鳳二年曆譜。[②]五鳳二年爲公元前56年。原簡現藏甘肅簡牘博物館。

著録

甘肅簡牘博物館等編《肩水金關漢簡》（肆），中西書局，2015年11月第1版。

研究

許名瑲:《〈肩水金關漢簡（肆）〉曆日校注》，簡帛網，2016年3月7日。

三十八　懸泉漢簡五鳳二年曆譜

1990年在懸泉置遺址出土漢簡中編號I90DXT0112②:143、I90DXT0109S:131、I90DXT0111①:3、I90DXT0112②:146簡是曆譜簡。[③]I90DXT0112②:143號簡，木質，上下均殘，僅存四個干支；I90DXT0109S:131號簡，木質，上下均殘，僅存五個干支，存有曆注“建”；I90DXT0111①:3號簡，木質，下部殘，存前四個月十六日干支；I90DXT0112②:146號簡，木質，下部殘，僅殘存首月十七日干支的一個字。[④]孫占宇、趙丹丹考定上述四簡爲五鳳二年曆譜，分别記各月十二日、十四日、十六日、十七日干支。[⑤]本曆譜爲編册横讀式曆譜。五鳳二年爲公元前56年。

---

① 參見甘肅簡牘博物館等編《肩水金關漢簡》（肆），上册，第248頁。

② 參見許名瑲:《〈肩水金關漢簡（肆）〉曆日校注》，簡帛網，2016年3月7日。

③ 分别見甘肅簡牘博物館等編《懸泉漢簡》（壹），第149、34、86、149頁。

④ 此簡整理者僅釋讀了“日”字及“丙”字。孫占宇、趙丹丹在“日”字上補釋“十七”、將“丙”改釋爲“庚”字。參見孫占宇、趙丹丹:《〈懸泉漢簡（壹）〉曆表類殘册復原——兼談“曆日”與“質日”》，《敦煌研究》，2021年第6期，第128頁。

⑤ 參見孫占宇、趙丹丹:《〈懸泉漢簡（壹）〉曆表類殘册復原——兼談“曆日”與“質日”》，《敦煌研究》，2021年第6期，第128—130頁。

著録

甘肅簡牘博物館等編《懸泉漢簡》(壹)，中西書局，2019年11月第1版。

研究

孫占宇、趙丹丹:《〈懸泉漢簡(壹)〉曆表類殘册復原——兼談“曆日”與“質日”》,《敦煌研究》, 2021年第6期。

三十九　懸泉漢簡五鳳二年、三年、四年曆譜摘抄本

1990年出土於懸泉置遺址的漢簡中有一支曆譜簡，本簡由Ⅱ90DXT0113④:129號與Ⅱ90DXT0113④:208號綴合而成，木質，右殘，殘存部分長十八點八釐米，寬一點五釐米，厚零點二釐米。[①]

本簡所記是五鳳二年、三年及四年的各月月名及月大小，由於木簡右部殘斷，五鳳二年衹殘存七月至十二月。木簡右端留白，五鳳四年衹記到四月。在五鳳三年四月小下及五鳳四年四月小右側分别有記事“積□”，第二字漫漶無法辨識。本曆譜爲單板横讀式摘抄曆譜，摘抄了五鳳二年至五鳳四年每年各月月名及月大小，殘存的記事文字“積”應當是用來計算某一累積時間的，用於某種特殊用途，本曆譜當是爲特殊用途而摘抄製作。[②] 五鳳二年、三年、四年分别爲公元前56、前55、前54年。

著録

甘肅簡牘博物館等編《懸泉漢簡》(叁)，中西書局，2023年5月第1版。

研究

于茀:《〈懸泉漢簡(叁)〉曆譜簡年代考釋》，待刊。

四十　懸泉漢簡五鳳二年曆譜摘抄本

1990年出土於懸泉置遺址的漢簡中編號Ⅱ90DXT0114④:285簡爲曆譜簡。本簡木質，完整，簡長二十三點六釐米，寬零點九釐米，厚零點三

① 參見甘肅簡牘博物館等編《懸泉漢簡》(叁)，第582頁。

② 釋文參見甘肅簡牘博物館等編《懸泉漢簡》(叁)，第29頁。

釐米。[①] 簡文由上向下書寫，簡端不留白，頂頭書寫。

本木簡記某年二月月名、朔日干支、月大小及春分交節時間。[②] 經推步，本簡所記曆譜爲五鳳二年，該年二月小，朔日甲申，二十四日丁未春分。本簡是摘抄式曆譜。五鳳二年爲公元前 56 年。

著録

甘肅簡牘博物館等編《懸泉漢簡》(叁)，中西書局，2023 年 5 月第 1 版。

研究

于茀:《〈懸泉漢簡 (叁)〉曆譜簡年代考釋》，待刊。

四十一　水泉子漢簡五鳳二年曆譜

2012 年 10 月至 12 月甘肅省文物考古研究所對甘肅省永昌縣水泉子漢墓群進行了搶救性發掘，共清理墓葬 16 座，其中 M8 號墓出土一批漢簡，簡文内容是西漢宣帝五鳳二年曆譜及相關宜忌。[③]

本曆譜由三十五支簡組成，其中一支爲竹簡，其餘爲木簡，簡長約三十一釐米，寬約零點八至一點三釐米，厚約零點零五至零點二釐米。[④]

本曆譜第一簡頂端書寫五鳳二年，向下依次書記全年十三個月月名及月大小，其中有閏八月，置於八月之下，從第二簡向下共三十簡，每簡一日，記全年十三個月各日干支，注有八節、伏臘等曆注，在五月二十一日干支壬申下注月食。[⑤] 本曆譜爲編册横讀式曆譜。五鳳二年爲公元前 56 年。

本曆譜除了三十一支簡爲主體部分，還有四支簡，其中一支標題爲時日，全簡記大小時神煞及相應出行舉事宜忌；一支標題爲復日，全簡記復日具體天干；一支標題已殘失，僅存幾個碎片，内容有黄帝等神

① 參見甘肅簡牘博物館等編《懸泉漢簡》(叁)，第 605 頁。

② 釋文參見甘肅簡牘博物館等編《懸泉漢簡》(叁)，第 224 頁。

③ 參見甘肅省文物考古研究所編《甘肅永昌縣水泉子漢墓群 2012 年發掘簡報》，《考古》，2017 年第 12 期，第 39—54 頁。

④ 參見張存良、王永安、馬洪連:《甘肅永昌縣水泉子漢簡“五鳳二年曆日”整理與研究》，《考古》，2018 年第 3 期，第 95—97 頁。

⑤ 參見張存良、王永安、馬洪連:《甘肅永昌縣水泉子漢簡“五鳳二年曆日”整理與研究》，《考古》，2018 年第 3 期，第 94—95 頁。

煞；還有一簡字迹已不可辨識。整理者認爲這四支宜忌簡應該編在曆譜的前面。[①]

著録

張存良、王永安、馬洪連:《甘肅永昌縣水泉子漢簡“五鳳二年曆日”整理與研究》,《考古》, 2018 年第 3 期。

研究

1. 張存良、王永安、馬洪連:《甘肅永昌縣水泉子漢簡“五鳳二年曆日”整理與研究》,《考古》, 2018 年第 3 期。

2. 賀璐:《水泉子漢簡復日簡補説》, 武漢大學簡帛研究中心, 簡帛網, 2018 年 5 月 4 日。

四十二　肩水金關漢簡五鳳三年曆譜（第一種）

1973 年在額濟納河流域肩水金關遺址 T23 探方出土編號 73EJT23:593 簡爲一支曆譜簡, 此簡僅存簡首, 該簡記全年各月第十九日的干支, 現僅殘存正月第十九日的干支, 本曆譜爲編册横讀式曆譜。[②] 羅見今、關守義考定本曆譜爲五鳳三年曆譜。[③] 五鳳三年爲公元前 55 年。本簡現藏甘肅簡牘博物館。

著録

甘肅簡牘保護研究中心等編《肩水金關漢簡》(貳), 中西書局, 2012 年 12 月第 1 版。

研究

羅見今、關守義:《〈肩水金關漢簡（貳）〉曆簡年代考釋》,《敦煌研究》, 2014 年第 2 期。

---

① 參見張存良、王永安、馬洪連:《甘肅永昌縣水泉子漢簡“五鳳二年曆日”整理與研究》,《考古》, 2018 年第 3 期, 第 96—101 頁。

② 參見甘肅簡牘保護研究中心等編《肩水金關漢簡》(貳), 上册, 第 188 頁。

③ 參見羅見今、關守義:《〈肩水金關漢簡（貳）〉曆簡年代考釋》,《敦煌研究》, 2014 年第 2 期, 第 110 頁。

四十三　肩水金關漢簡五鳳三年曆譜（第二種）

1973 年在額濟納河流域肩水金關遺址 T30 探方出土編號 73EJT30:187 簡爲一支曆譜簡，此簡下部殘，該簡記全年各月廿一日的干支，現尚殘存前六個月廿一日的干支，本曆譜爲編册横讀式曆譜。[①] 許名瑲考定本曆譜爲五鳳三年曆譜。[②] 五鳳三年爲公元前 55 年。本簡現藏甘肅簡牘博物館。

著録

甘肅簡牘博物館等編《肩水金關漢簡》（叁），中西書局，2013 年 12 月第 1 版。

研究

許名瑲:《〈肩水金關漢簡（叁）〉73EJT30:187 曆日簡年代考釋》，簡帛網，2015 年 3 月 10 日。

四十四　肩水金關木牘五鳳三年曆譜（第三種）

1973 年在額濟納河流域肩水金關遺址 T29 探方出土的 73EJT29: 117 號木牘爲一件曆譜，此件木牘基本完好。本曆譜體式特殊，在木牘正面，沿着木牘的上下左右四邊記曆日信息，沿着木牘上邊緣記十一、九、七、五、三、一月六個單月朔日干支及月大小，沿着木牘下邊緣記二、四、六、八、十、十二月六個雙月朔日干支及月大小，沿着木牘左邊緣，接續正月朔日干支戊寅，從己卯開始，從上向下記至壬寅共計二十四個干支，沿着木牘右邊緣，接續二月朔日干支戊申，從己酉開始，從下向上記至癸酉共計二十五個干支。[③] 在左右兩側相應干支下注有曆注二分、二至、四立八節及初伏、中伏、後伏，並在冬至後三戌下注"臈（臘）"。曆譜的讀法是從某月月朔干支開始，逆時針環讀至該月份的下月爲止，正好是該月各日干支。在木牘背面最上邊，記二月各日干支，並在最後一日干支丙子

① 參見甘肅簡牘博物館等編《肩水金關漢簡》（叁），上册，第 199 頁。

② 參見許名瑲:《〈肩水金關漢簡（叁）〉73EJT30:187 曆日簡年代考釋》，簡帛網，2015 年 3 月 10 日。

③ 《肩水金關漢簡》（叁）此處的釋文多出一個干支甲戌。

下注“晦”。需要指出的是，從二月月朔干支戊申開始逆時針環讀至三月丁丑，所經過的九月、七月朔日干支都是乙亥，干支不能重複記日，所以衹能算爲一天。而木牘背面所記二月各日干支，就是這樣處理的，衹記一個乙亥干支。因此，也許木牘背面記二月各日干支並注晦日，是爲了做出示範。[①]本曆譜爲五鳳三年曆譜。[②]五鳳三年爲公元前 55 年。本木牘現藏甘肅簡牘博物館。

該曆譜體式與漢代通行編册横讀式曆譜不同，設計極爲精巧，獨具妙思。本曆譜爲單板環讀式曆譜。[③]本曆譜雖然設計巧妙，但與編册横讀式曆譜相比，日常使用並不方便。也許本曆譜是爲某種特殊用途或情況而設計的，比如用於頒曆或作爲頒曆的底本等用途，並非常規制式曆譜。

著録

1. 甘肅簡牘博物館等編《肩水金關漢簡》(叁)，中西書局，2013 年 12 月第 1 版。

2. 中國社會科學院考古研究所編著《中國古代天文文物圖集》，文物出版社，1980 年 6 月第 1 版。

研究

1. 中國社會科學院考古研究所編著《中國古代天文文物圖集》，文物出版社，1980 年 6 月第 1 版。

2. 張永山:《漢簡曆譜提要》，任繼愈主編《中國科學技術典籍通彙・天文卷(一)》，河南教育出版社，1993 年 6 月第 1 版。

3. 羅見今、關守義:《〈肩水金關漢簡(叁)〉曆簡年代考釋》，《敦煌研究》，2015 年第 4 期。

四十五　肩水金關漢簡五鳳四年曆譜

1973 年在額濟納河流域肩水金關遺址 T32 探方出土的 73EJT32:9 號簡

---

① 參見甘肅簡牘博物館等編《肩水金關漢簡》(叁)，上册，第 159—160 頁。

② 參見中國社會科學院考古研究所編著《中國古代天文文物圖集》，第 38 頁。

③ 張永山最早稱之爲“環讀式曆譜”。參見張永山:《漢簡曆譜提要》，任繼愈主編《中國科學技術典籍通彙・天文卷(一)》，第 217 頁。

爲一支曆譜簡，此簡完好，該簡記全年各月廿四日的干支，十一月辛卯下注有曆注“冬至”，二月乙丑下有神煞“德”，本曆譜爲編册横讀式曆譜。[①] 許名瑲考定本曆譜爲五鳳四年曆譜。[②] 五鳳四年爲公元前 54 年。原簡現藏於甘肅簡牘博物館。

著録

甘肅簡牘博物館等編《肩水金關漢簡》(叁)，中西書局，2013 年 12 月第 1 版。

研究

許名瑲:《〈肩水金關漢簡(叁)〉探方 T32 曆日簡牘年代考釋三則》，簡帛網，2015 年 3 月 5 日。

四十六　敦煌漢簡甘露元年曆譜

甘肅省文物工作隊於 1979 年 9 月在敦煌漢代馬圈灣烽燧遺址發掘出土了一千二百一十七支漢簡。其中 1178 號殘簡是一支曆譜簡，木質，現殘存前三個月卅日干支，在甲午下有曆注“夏至”。[③] 本曆譜爲編册横讀式曆譜，羅見今考定爲甘露元年曆譜。[④] 甘露元年爲公元前 53 年。

著録

1. 甘肅省文物考古研究所編《敦煌漢簡》，中華書局，1991 年 6 月第 1 版。

2. 吴礽驤等釋校《敦煌漢簡釋文》，甘肅人民出版社，1991 年 1 月第 1 版。

3. 中國簡牘集成編輯委員會編《中國簡牘集成・甘肅省卷上》(第三册)，敦煌文藝出版社，2001 年 6 月第 1 版。

4. 張德芳:《敦煌馬圈灣漢簡集釋》，甘肅文化出版社，2013 年 12 月第 1 版。

---

① 參見甘肅簡牘博物館等:《肩水金關漢簡》(叁)，上册，第 241 頁。

② 參見許名瑲:《〈肩水金關漢簡(叁)〉探方 T32 曆日簡牘年代考釋三則》，簡帛網，2015 年 3 月 5 日。

③ 第三個月的干支“甲午”及曆注“夏至”均據《敦煌馬圈灣漢簡集釋》彩版補入。參見甘肅省文物考古所編《敦煌漢簡》(上)，圖版壹零柒，(下)，第 264 頁；吴礽驤等釋校《敦煌漢簡釋文》，第 122 頁；中國簡牘集成編輯委員會編《中國簡牘集成・甘肅省卷上》(第三册)，第 150 頁；張德芳:《敦煌馬圈灣漢簡集釋》，第 176 頁。

④ 參見羅見今:《敦煌馬圈灣漢簡年代考釋》，《敦煌研究》，2008 年第 1 期，第 79 頁。

研究

1. 羅見今:《敦煌馬圈灣漢簡年代考釋》,《敦煌研究》, 2008 年第 1 期。

2. 張德芳:《敦煌馬圈灣漢簡集釋》, 甘肅文化出版社, 2013 年 12 月第 1 版。

四十七　肩水金關漢簡甘露二年曆譜 (第一種)

1973 年在額濟納河流域肩水金關遺址 T23 探方出土編號 73EJT23: 751 簡爲一支曆譜簡, 此簡僅存簡首, 該簡記全年各月廿三日的干支, 現僅殘存正月廿三日的干支, 本曆譜爲編册横讀式曆譜。[①] 羅見今、關守義考定本曆譜爲甘露二年曆譜。[②] 甘露二年爲公元前 52 年。原簡現藏甘肅簡牘博物館。

著録

甘肅簡牘保護研究中心等編《肩水金關漢簡》(貳), 中西書局, 2012 年 12 月第 1 版。

研究

羅見今、關守義:《〈肩水金關漢簡 (貳) 〉曆簡年代考釋》,《敦煌研究》, 2014 年第 2 期。

四十八　肩水金關漢簡甘露二年曆譜 (第二種)

1973 年在額濟納河流域肩水金關遺址 T29 探方出土編號 73EJT29: 69 簡爲一支曆譜簡, 此簡記全年各月廿日干支, 現僅殘存上部, 殘存前三個月廿日干支。[③] 本曆譜爲編册横讀式曆譜, 許名瑲考定本曆譜爲甘露二年曆譜。[④] 甘露二年爲公元前 52 年。原簡現藏甘肅簡牘博物館。

---

① 參見甘肅簡牘保護研究中心等編《肩水金關漢簡》(貳), 上册, 第 210 頁。

② 參見羅見今、關守義:《〈肩水金關漢簡 (貳) 〉曆簡年代考釋》,《敦煌研究》, 2014 年第 2 期, 第 110 頁。

③ 參見甘肅簡牘博物館等編《肩水金關漢簡》(叁), 上册, 第 151 頁。

④ 參見許名瑲:《〈肩水金關漢簡 (叁)〉〈甘露二年曆日〉簡册復原》, 簡帛網, 2015 年 4 月 27 日。

著録

甘肅簡牘博物館等編《肩水金關漢簡》(叁)，中西書局，2013年12月第1版。

研究

許名瑲:《〈肩水金關漢簡(叁)〉〈甘露二年曆日〉簡册復原》，簡帛網，2015年4月27日。

四十九　肩水金關漢簡黄龍元年曆譜(第一種)

1973年在額濟納河流域肩水金關遺址T6探方出土編號73EJT6:70簡爲曆譜簡。本簡完好，竹質，記全年十二個月第十四日的干支，五月乙卯下記有"夏至""反"等曆注。[①]本曆譜爲編册横讀式，程少軒考定本簡曆譜爲黄龍元年曆譜。[②]黄龍元年爲公元前49年。原簡現藏甘肅簡牘博物館。

著録

甘肅簡牘保護研究中心等編《肩水金關漢簡》(壹)，中西書局，2011年8月第1版。

研究

程少軒:《〈肩水金關漢簡(壹)〉曆譜簡初探》，復旦大學出土文獻與古文字研究中心網站，2011年9月1日。

五十　肩水金關漢簡黄龍元年曆譜(第二種)

1973年在額濟納河流域肩水金關遺址T26探方出土編號73EJT26: 114簡爲曆譜簡，該簡記全年各月廿日干支，僅存簡首，殘存正月廿日干支。[③]本曆譜爲編册横讀式曆譜，黄艷萍考定本簡曆譜爲黄龍元年曆譜。[④]黄龍元

---

① 參見甘肅簡牘保護研究中心等編《肩水金關漢簡》(壹)，上册，第136頁。

② 參見程少軒:《〈肩水金關漢簡(壹)〉曆譜簡初探》，復旦大學出土文獻與古文字研究中心網站，2011年9月1日。

③ 參見甘肅簡牘博物館等編《肩水金關漢簡》(叁)，上册，第86頁。

④ 參見黄艷萍:《〈肩水金關漢簡(叁)〉紀年簡校考》，《敦煌研究》，2015年第2期，第113頁。

年爲公元前 49 年。原簡現藏甘肅簡牘博物館。

著録

甘肅簡牘博物館等編《肩水金關漢簡》（叁），中西書局，2013 年 12 月第 1 版。

研究

1. 黄艷萍：《〈肩水金關漢簡（叁）〉紀年簡校考》，《敦煌研究》，2015 年第 2 期。

2. 羅見今、關守義：《〈肩水金關漢簡（叁）〉曆簡年代考釋》，《敦煌研究》，2015 年第 4 期。

五十一　肩水金關漢簡初元元年曆譜

1973 年在額濟納河流域肩水金關遺址 T32 探方出土編號 73EJT32:8 簡爲一支曆譜簡，此簡記全年各月廿五日干支，現僅殘存上部，殘存前五個月廿五日干支，在五月庚申下注有曆注“夏至”。[①] 本曆譜爲編册横讀式曆譜，許名瑲考定本曆譜爲初元元年曆譜。[②] 初元元年爲公元前 48 年。原簡現藏甘肅簡牘博物館。

著録

甘肅簡牘博物館等編《肩水金關漢簡》（叁），中西書局，2013 年 12 月第 1 版。

研究

許名瑲：《〈肩水金關漢簡（叁）〉探方 T32 曆日簡牘年代考釋三則》，簡帛網，2015 年 3 月 5 日。

五十二　肩水金關漢簡初元三年曆譜

1973 年在額濟納河流域肩水金關遺址 T9 探方出土編號 73EJT9:115 簡爲曆譜簡。本簡完好，竹質，記全年十二個月廿二日干支。[③] 本曆譜爲編

① 參見甘肅簡牘博物館等編《肩水金關漢簡》（叁），上册，第 241 頁。

② 參見許名瑲：《〈肩水金關漢簡（叁）〉探方 T32 曆日簡牘年代考釋三則》，簡帛網，2015 年 3 月 5 日。

③ 參見甘肅簡牘保護研究中心等編《肩水金關漢簡》（壹），上册，第 212 頁。

册横讀式曆譜，程少軒考定本簡曆譜爲初元三年曆譜。[①] 初元三年爲公元前 46 年。原簡現藏甘肅簡牘博物館。

著録

甘肅簡牘保護研究中心等編《肩水金關漢簡》(壹)，中西書局，2011 年 8 月第 1 版。

研究

程少軒:《〈肩水金關漢簡（壹）〉曆譜簡初探》，復旦大學出土文獻與古文字研究中心網站，2011 年 9 月 1 日。

五十三　肩水金關漢簡永光元年曆譜（第一種）

1973 年在額濟納河流域肩水金關遺址 T10 探方出土編號 73EJT10: 272 簡爲曆譜簡。本簡完好，木質，記全年十二個月廿四日干支。[②] 本曆譜爲編册横讀式曆譜，程少軒考定本簡曆譜爲永光元年曆譜。[③] 永光元年爲公元前 43 年。原簡現藏甘肅簡牘博物館。

著録

甘肅簡牘保護研究中心等編《肩水金關漢簡》(壹)，中西書局，2011 年 8 月第 1 版。

研究

程少軒:《〈肩水金關漢簡（壹）〉曆譜簡初探》，復旦大學出土文獻與古文字研究中心網站，2011 年 9 月 1 日。

五十四　肩水金關漢簡永光元年曆譜（第二種）

1973 年在額濟納河流域肩水金關遺址 H1 灰坑出土編號 73EJH1:4 簡

① 參見程少軒:《〈肩水金關漢簡（壹）〉曆譜簡初探》，復旦大學出土文獻與古文字研究中心網站，2011 年 9 月 1 日。

② 參見甘肅簡牘保護研究中心等編《肩水金關漢簡》(壹)，上册，第 284 頁。

③ 參見程少軒:《〈肩水金關漢簡（壹）〉曆譜簡初探》，復旦大學出土文獻與古文字研究中心網站，2011 年 9 月 1 日。

爲曆譜簡。本簡木質，上端殘失，記全年十二個月某日干支，注有曆注“初伏”“後伏”，戊子下記“丞相史陳卿從居延來”，當是曆譜使用者的記事之辭。[①] 本曆譜爲編册横讀式曆譜，許名瑲考定本簡曆譜爲永光元年曆譜，本簡爲該曆譜廿五日簡。[②] 永光元年爲公元前 43 年。原簡現藏甘肅簡牘博物。

著録

甘肅簡牘博物館等編《肩水金關漢簡》(肆)，中西書局，2015 年 11 月第 1 版。

研究

許名瑲:《〈肩水金關漢簡（肆)〉曆日校注》，簡帛網，2016 年 3 月 7 日。

五十五　懸泉漢簡永光元年曆譜

1990 年出土於懸泉置遺址的漢簡中編號Ⅱ90DXT0114S:66 簡爲曆譜簡。本簡爲竹質，下部殘，殘存部分長六點三釐米，寬零點七釐米，厚零點一釐米。[③] 簡文由上向下書寫，簡端不留白，頂頭書寫。

本竹簡記某年各月十七日干支，爲編册横讀式曆譜。[④] 經推步並綜合考慮懸泉漢簡年代上下限因素，可以考定本簡曆譜爲西漢永光元年（公元前 43 年）曆譜。

著録

甘肅簡牘博物館等編《懸泉漢簡》(叁)，中西書局，2023 年 5 月第 1 版。

研究

于茀:《〈懸泉漢簡（叁)〉曆譜簡年代考釋》，待刊。

五十六　敦煌木牘永光五年曆譜摘編本

敦煌木牘永光五年曆譜是 20 世紀初斯坦因第二次中亞考古時在敦

① 參見甘肅簡牘博物館等編《肩水金關漢簡》(肆)，上册，第 248 頁。

② 參見許名瑲:《〈肩水金關漢簡（肆)〉曆日校注》，簡帛網，2016 年 3 月 7 日。

③ 參見甘肅簡牘博物館等編《懸泉漢簡》(叁)，第 611 頁。

④ 釋文參見甘肅簡牘博物館等編《懸泉漢簡》(叁)，第 272 頁。

煌漢代長城烽燧遺址發現的。永光五年曆譜木牘編號 1560[①]，正背兩面書寫，正面分上下兩欄，第一欄記一至四月，第二欄爲五至八月，背面爲九至十二月，分寫永光五年一歲中十二個月之朔及月大小、立春、立夏、立秋、立冬、春分、夏至、秋分、冬至八節氣，並注有初伏、中伏、後伏等曆注，十二月還注有臘與晦。[②] 永光五年爲公元前 39 年。

關於本曆譜的體式學界有不同意見。陳夢家最早提出該曆譜爲單板直讀式曆譜。[③] 近來又有學者提出本曆譜體式爲單板複段式年曆[④]、曆朔類月朔式[⑤] 等不同觀點。我們認爲，本曆譜並不是常規曆譜，而是常規曆譜的摘編本。這種摘編曆譜除了每月月朔，主要摘抄了月大小、八節、三伏及臘等曆注，極爲醒目，一目瞭然。這種摘編曆譜應該是配合常規曆譜來使用的，便於提前安排相關生産、生活及行事。本曆譜没有必要與常規曆譜放在一起來分類，如果一定要爲本類曆譜命名的話，可以稱爲單板摘編式曆譜。

另外，本曆譜抄寫較爲潦草，布局較爲隨意，也從一個側面説明本曆譜爲非常規曆譜。這種摘編本曆譜應該就是使用者個人根據自己需要摘編抄寫的。

著録

1. 羅振玉、王國維:《流沙墜簡》，中華書局，1993 年 9 月第 1 版。

2. 甘肅省文物考古研究所編《敦煌漢簡》，中華書局，1991 年 6 月第 1 版。

3. 吴礽驤等釋校《敦煌漢簡釋文》，甘肅人民出版社，1991 年 1 月第 1 版。

4. 中國簡牘集成編輯委員會編《中國簡牘集成・甘肅省卷上》(第三册)，敦煌文藝出版社，2001 年 6 月第 1 版。

---

① 爲《敦煌漢簡》編號。

② 參見甘肅省文物考古研究所編《敦煌漢簡》(上)，圖版壹肆壹，(下)，第 279—280 頁；吴礽驤等釋校《敦煌漢簡釋文》，第 161 頁；羅振玉、王國維:《流沙墜簡》，第 87 頁。

③ 參見陳夢家:《漢簡綴述》，第 235 頁。

④ 參見胡永鵬:《西北邊塞漢簡編年及相關問題研究》，博士學位論文，吉林大學，2016 年 6 月。

⑤ 參見陳侃理:《出土秦漢曆書綜論》，《簡帛研究》(二〇一六・秋冬卷)。

研究

1. 羅振玉、王國維:《流沙墜簡・小學術數方技書考釋》，中華書局，1993年9月第1版。

2. 陳夢家:《漢簡綴述》，中華書局，1980年12月第1版。

3. 胡永鵬:《西北邊塞漢簡編年及相關問題研究》，博士學位論文，吉林大學，2016年6月。

4. 陳侃理:《出土秦漢曆書綜論》，《簡帛研究》(二〇一六・秋冬卷)，廣西師範大學出版社，2017年1月第1版。

五十七　肩水金關漢簡永光五年曆譜

1973年在額濟納河流域肩水金關遺址T10探方出土編號73EJT10: 274簡爲曆譜簡。本簡木質，下部殘，記全年十二個月第五日干支，現殘存前五個月第五日干支，注有曆注“建”，“建”下書寫有“二百”，當爲記事之辭。[①] 本曆譜爲編册横讀式曆譜，程少軒考定本簡干支抄寫有誤，曆譜或爲永光五年曆譜。[②] 永光五年爲公元前39年。原簡現藏甘肅簡牘博物館。

著録

甘肅簡牘保護研究中心等編《肩水金關漢簡》(壹)，中西書局，2011年8月第1版。

研究

程少軒:《〈肩水金關漢簡(壹)〉曆譜簡初探》，復旦大學出土文獻與古文字研究中心網站，2011年9月1日。

五十八　肩水金關木牘永光五年曆譜摘編本

1973年在額濟納河流域肩水金關遺址T32探方出土編號73EJT32: 40木牘爲曆譜殘牘，殘存三列，分别記七月八日庚戌後伏、八月八日己卯秋

---

① 參見甘肅簡牘保護研究中心等編《肩水金關漢簡》(壹)，上册，第284頁。

② 參見程少軒:《〈肩水金關漢簡(壹)〉曆譜簡初探》，復旦大學出土文獻與古文字研究中心網站，2011年9月1日。

分、九月廿三日甲子立冬，其體式與上揭敦煌木牘永光五年曆譜相近，是常規曆譜的摘編版，不同點是本曆譜衹摘編了八節及三伏所在月日及干支，没有月朔及月大小等曆日信息，是更簡單的摘編本。[①] 黄艷萍等學者考定本簡曆譜爲永光五年曆譜。[②] 永光五年爲公元前 39 年。本木牘現藏甘肅簡牘博物館。

這種摘編本曆譜應該就是使用者個人根據自己需要摘編抄寫的，所摘編抄寫的曆日信息因個人需要而有簡繁之别。

著録

甘肅簡牘博物館等編《肩水金關漢簡》(叁)，中西書局，2013 年 12 月第 1 版。

研究

1. 黄艷萍:《〈肩水金關漢簡（叁)〉紀年簡校考》,《敦煌研究》, 2015 年第 2 期。

2. 羅見今、關守義:《〈肩水金關漢簡（叁）〉曆簡年代考釋》,《敦煌研究》, 2015 年第 4 期。

3. 許名瑲:《〈肩水金關漢簡（叁)〉探方 T32 曆日簡牘年代考釋三則》, 簡帛網, 2015 年 3 月 5 日。

4. 程少軒:《〈肩水金關漢簡（叁)〉數術類簡牘初探》,《簡帛研究》(二〇一五・秋冬卷), 廣西師範大學出版社, 2015 年 10 月第 1 版。

五十九　額濟納漢簡竟寧元年曆譜摘編本

1999 年至 2002 年内蒙古自治區文物考古研究所在内蒙古額濟納旗漢代烽燧遺址進行考古調查發掘，共採獲五百餘枚漢代簡牘，這批簡牘被稱爲額濟納漢簡。其中 2000 年在第七隧出土的編號 2000ES7S:24A 簡爲曆譜簡。該簡木質，殘失嚴重，僅存三列。從殘存文字信息來看，該簡所記與

---

① 參見甘肅簡牘博物館等編《肩水金關漢簡》(叁)，上册，第 246 頁。

② 參見黄艷萍:《〈肩水金關漢簡（叁)〉紀年簡校考》,《敦煌研究》, 2015 年第 2 期，第 113 頁；羅見今、關守義:《〈肩水金關漢簡（叁）〉曆簡年代考釋》,《敦煌研究》, 2015 年第 4 期，第 108—109 頁；程少軒:《〈肩水金關漢簡（叁)〉數術類簡牘初探》,《簡帛研究》(二〇一五・秋冬卷), 第 136 頁；許名瑲:《〈肩水金關漢簡（叁)〉探方 T32 曆日簡牘年代考釋三則》, 簡帛網, 2015 年 3 月 5 日。

敦煌木牘永光五年曆譜相近，也是衹記月份、月朔、月大小及八節的日干支等信息。[①]該曆譜羅見今、關守義考定爲竟寧元年曆譜，殘存三列分别是十、十一、十二月的月名、月朔、月大小等信息。[②]竟寧元年爲公元前33年。原簡現藏内蒙古自治區文物考古研究所。

本曆譜體式與敦煌木牘永光五年曆譜相似，也是單板摘編式曆譜。參見敦煌木牘永光五年曆譜，此不再贅述。

著録

魏堅主編《額濟納漢簡》，廣西師範大學出版社，2005年3月第1版。

研究

1. 孫家洲主編《額濟納漢簡釋文校本》，文物出版社，2007年10月第1版。
2. 羅見今、關守義:《〈額濟納漢簡〉年代考釋》,《敦煌研究》，2012年第2期。

六十 居延新簡建始元年曆譜

1972年至1974年甘肅省居延考古隊對居延漢代烽燧甲渠候官（破城子）、甲渠塞第四隧、肩水金關三處遺址進行發掘，在甲渠塞第四隧遺址T1探方出土的編號EPS4T1.17簡是曆譜簡。該簡木質，下端殘失，本簡記全年十二個月廿二日干支，現殘存前六個月廿二日干支，甲申下注有曆注“夏至”。[③]本曆譜爲編册横讀式曆譜，羅見今、關守義考定本曆譜爲建始元年曆譜。[④]建始元年爲公元前32年。原簡現藏甘肅簡牘博物館。

---

① 參見魏堅主編《額濟納漢簡》，第195頁；孫家洲主編《額濟納漢簡釋文校本》，第66頁。

② 參見羅見今、關守義:《〈額濟納漢簡〉年代考釋》,《敦煌研究》，2012年第2期，第112—113頁。

③ 參見甘肅省文物考古研究所、甘肅省博物館、文化部古文獻研究室、中國社會科學院歷史研究所編《居延新簡——甲渠候官》（上），第245頁，1.17，（下），第582頁；張德芳:《居延新簡集釋》（七），第155頁。

④ 參見羅見今、關守義:《〈居延新簡——甲渠候官〉六年曆譜散簡年代考釋》,《文史》（第四十六輯），第55頁。

著録

1. 甘肅省文物考古研究所、甘肅省博物館、文化部古文獻研究室、中國社會科學院歷史研究所編《居延新簡——甲渠候官與第四燧》，文物出版社，1990 年 7 月第 1 版。

2. 甘肅省文物考古研究所、甘肅省博物館、文化部古文獻研究室、中國社會科學院歷史研究所編《居延新簡——甲渠候官》，中華書局，1994 年 12 月第 1 版。

3. 中國簡牘集成編輯委員會編《中國簡牘集成・甘肅省 内蒙古自治區卷（居延新簡）》（第九册），敦煌文藝出版社，2001 年 6 月第 1 版。

4. 張德芳:《居延新簡集釋》（七），甘肅文化出版社，2016 年 6 月第 1 版。

研究

羅見今、關守義:《〈居延新簡——甲渠候官〉六年曆譜散簡年代考釋》，《文史》（第四十六輯），中華書局，1998 年 12 月第 1 版。

六十一　肩水金關漢簡建始元年曆譜

1972 年在額濟納河流域肩水金關遺址採集的編號 72EJC:12、72EJC:195、72EJC:269 簡爲曆譜簡。72EJC:12 號簡完好，木質，記全年十二個月第十九日干支，注有曆注春分、後伏；72EJC:195 號簡僅存下段，殘存後三個月某日干支，注有曆注冬至；72EJC:269 號簡兩端殘，殘存三個月某日干支，[①] 注有曆注中伏。[②]

本曆譜爲編册横讀式曆譜，許名瑲考定上述三簡曆譜爲建始元年曆譜，72EJC:195、72EJC:269 兩簡綴合爲該曆譜廿八日簡。[③] 建始元年爲公元前 32 年。原簡現藏甘肅簡牘博物館。

著録

甘肅簡牘博物館等編《肩水金關漢簡》（伍），中西書局，2016 年 8 月第 1 版。

---

① 本簡原釋文爲:“庚申、中伏、庚寅、己未”，原簡“庚寅”字迹模糊漫漶，許名瑲指出，疑應釋爲“己丑”。參見許名瑲:《〈肩水金關漢簡（伍）〉曆日綜考》，《出土文獻與古文字研究》（第七輯），第 345 頁。

② 參見甘肅簡牘博物館等編《肩水金關漢簡》（伍），上册，第 176、194、203 頁。

③ 參見許名瑲:《〈肩水金關漢簡（伍）〉曆日綜考》，《出土文獻與古文字研究》（第七輯），第 344—345 頁。

研究

許名瑲:《〈肩水金關漢簡(伍)〉曆日綜考》,《出土文獻與古文字研究》(第七輯),上海古籍出版社,2018年5月第1版。

六十二 懸泉漢簡河平四年曆譜(第一種)

1990年出土於懸泉置遺址的漢簡中編號I90DXT0114①:125、I90DXT0114①:223、I90DXT0114①:221、I90DXT0110②:46簡是曆譜簡。I90DXT0114①:125號簡,木質,上部殘,僅存三個干支;I90DXT0114①:223號簡,木質,下部殘,僅存兩個月第十日干支;I90DXT0114①:221號簡,木質,上下均殘,僅存兩個干支,殘存曆注"建";I90DXT0110②:46號簡,木質,上下均殘,存六個干支。[①]孫占宇、趙丹丹考定上述四簡爲河平四年曆譜。[②]本曆譜爲編册横讀式曆譜。河平四年爲公元前25年。

著録

甘肅簡牘博物館等編《懸泉漢簡》(壹),中西書局,2019年11月第1版。

研究

孫占宇、趙丹丹:《〈懸泉漢簡(壹)〉曆表類殘册復原——兼談"曆日"與"質日"》,《敦煌研究》,2021年第6期。

六十三 懸泉漢簡河平四年曆譜(第二種)

1990年在懸泉置遺址出土的漢簡中II90DXT0112③:53號簡爲曆譜簡。

II90DXT0112③:53號簡下部殘,記全年各月十六日干支,現僅存

① 參見甘肅簡牘博物館等編《懸泉漢簡》(壹),第196、207、77頁。孫占宇、趙丹丹對部分釋文做了補釋與改釋,參見孫占宇、趙丹丹:《〈懸泉漢簡(壹)〉曆表類殘册復原——兼談"曆日"與"質日"》,《敦煌研究》,2021年第6期,第130—131頁。

② 參見孫占宇、趙丹丹:《〈懸泉漢簡(壹)〉曆表類殘册復原——兼談"曆日"與"質日"》,《敦煌研究》,2021年第6期,第130—131頁。

前三個月十六日干支，日期干支下有記事文字。經我們推步，漢代符合本簡曆日的有五鳳三年、河平四年和延熹五年，其中延熹五年不在懸泉漢簡年代範圍内，在本簡同一探方同一層位同時出土有河平二年紀年簡，相鄰層位出土有河平四年紀年簡，因此，本簡曆譜爲河平四年曆譜的可能性更大。河平四年爲公元前 25 年。[①] 本曆譜爲編册横讀式曆譜。

著録

甘肅簡牘博物館等編《懸泉漢簡》(貳)，中西書局，2020 年 12 月第 1 版。

六十四　敦煌木牘陽朔元年曆譜摘編本

甘肅省文物工作隊於 1979 年 9 月在敦煌漢代馬圈灣烽燧遺址發掘出土了一千二百一十七支漢簡，其中 565 號是一件木牘，木牘上下端均殘，殘存長度十點四釐米，寬二點一釐米，自上而下分欄書寫，現殘存兩欄，上欄殘存七月丙午小壬子立秋、八月乙亥大丁酉秋分兩列，下欄殘存十月甲戌、十一月甲辰兩列。由上一欄第二列爲八月，下一欄第一列爲十月、第二列爲十一月可以推知，全年十二個月應該分四欄書寫，每欄書寫三個月。本曆譜衹記月份、月朔、月大小及二分、二至、四立的日干支。[②] 多位學者考定本曆譜爲陽朔元年曆譜。[③] 陽朔元年爲公元前 24 年。

本曆譜書寫相對潦草，布局行款等不够整飭，其體式與敦煌木牘永光五年曆譜相似，也是單板摘編式曆譜。參見敦煌木牘永光五年曆譜，不再贅述。

著録

1. 甘肅省文物考古研究所編《敦煌漢簡》，中華書局，1991 年 6 月第 1 版。

---

① 參見甘肅簡牘博物館等編《懸泉漢簡》(貳)，第 250 頁。

② 參見甘肅省文物考古所編《敦煌漢簡》(上)，圖版伍捌，(下)，第 241 頁；吴礽驤等釋校《敦煌漢簡釋文》，第 58 頁；中國簡牘集成編輯委員會編《中國簡牘集成·甘肅省卷上》(第三册)，第 72 頁；張德芳:《敦煌馬圈灣漢簡集釋》，第 92 頁。

③ 參見羅見今:《敦煌馬圈灣漢簡年代考釋》，《敦煌研究》，2008 年第 1 期，第 79 頁；張德芳:《敦煌馬圈灣漢簡集釋》，第 562 頁。

2. 吴礽驤等釋校《敦煌漢簡釋文》，甘肅人民出版社，1991 年 1 月第 1 版。

3. 中國簡牘集成編輯委員會編《中國簡牘集成 · 甘肅省卷上》（第三册），敦煌文藝出版社，2001 年 6 月第 1 版。

4. 張德芳：《敦煌馬圈灣漢簡集釋》，甘肅文化出版社，2013 年 12 月第 1 版。

研究

1. 羅見今：《敦煌馬圈灣漢簡年代考釋》，《敦煌研究》，2008 年第 1 期。

2. 張德芳：《敦煌馬圈灣漢簡集釋》，甘肅文化出版社，2013 年 12 月第 1 版。

六十五　懸泉漢簡陽朔元年曆譜

1990 年出土於懸泉置遺址的漢簡中編號 II90DXT0114 ③ : 605 簡爲曆譜簡。本簡木質，完整，簡長三十七點四釐米，寬零點六釐米，厚零點四釐米。[①] 簡文由上向下書寫，簡端不留白，頂頭書寫，第一個日干支與卅日日名之間留有空白。

本木簡記某年各月卅日干支，爲編册横讀式曆譜。本簡所記是六個月卅日干支，第一個干支與卅日之間留有空白，可見所記應該是一年中二月、四月、六月、八月、十月、十二月這六個大月的卅日干支。[②] 經推步並綜合考慮懸泉漢簡年代上下限因素，可以考定本簡曆譜爲陽朔元年（公元前 24 年）曆譜。

著録

甘肅簡牘博物館等編《懸泉漢簡》（叁），中西書局，2023 年 5 月第 1 版。

研究

于茀：《〈懸泉漢簡（叁）〉曆譜簡年代考釋》，待刊。

六十六　懸泉漢簡陽朔三年曆譜（第一種）

1990 年在懸泉置遺址出土的漢簡中編號 I90DXT0109S:60、I90DX

① 參見甘肅簡牘博物館等編《懸泉漢簡》（叁），第 601 頁。

② 釋文參見甘肅簡牘博物館等編《懸泉漢簡》（叁），第 185 頁。

T0114 ①: 205、I90DXT0114 ③: 127 簡是曆譜簡。I90DXT0109S:60 號簡，木質，下部殘，僅存前四個月第一日干支；I90DXT0114 ①: 205 號簡，木質，上下均殘，僅存兩個干支；I90DXT0114 ③: 127 號簡，木質，下部殘，存前五個月廿二日干支。[①] 孫占宇、趙丹丹考定上述三簡爲陽朔三年曆譜。[②] 本曆譜爲編册横讀式曆譜。陽朔三年爲公元前 22 年。

著録

甘肅簡牘博物館等編《懸泉漢簡》(壹)，中西書局，2019 年 11 月第 1 版。

研究

孫占宇、趙丹丹:《〈懸泉漢簡（壹）〉曆表類殘册復原——兼談“曆日”與“質日”》,《敦煌研究》，2021 年第 6 期。

六十七　懸泉漢簡陽朔三年曆譜（第二種）

1990 年在懸泉置遺址出土的漢簡中編號 I90DXT0111 ②: 47 簡是曆譜簡。I90DXT0111 ②: 47 號簡，木質，下部殘，存前七個月第十八日干支，殘存曆注“反”。[③] 孫占宇、趙丹丹考定爲陽朔三年曆譜。[④] 本曆譜爲編册横讀式曆譜。陽朔三年爲公元前 22 年。

著録

甘肅簡牘博物館等編《懸泉漢簡》(壹)，中西書局，2019 年 11 月第 1 版。

研究

孫占宇、趙丹丹:《〈懸泉漢簡（壹）〉曆表類殘册復原——兼談“曆日”與“質日”》,《敦煌研究》，2021 年第 6 期。

---

① 參見甘肅簡牘博物館等編《懸泉漢簡》(壹)，第 26、205、237 頁。

② 參見孫占宇、趙丹丹:《〈懸泉漢簡（壹）〉曆表類殘册復原——兼談“曆日”與“質日”》,《敦煌研究》，2021 年第 6 期，第 131—132 頁。

③ 參見甘肅簡牘博物館等編《懸泉漢簡》(壹)，第 95 頁。

④ 參見孫占宇、趙丹丹:《〈懸泉漢簡（壹）〉曆表類殘册復原——兼談“曆日”與“質日”》,《敦煌研究》，2021 年第 6 期，第 132—133 頁。

六十八　玉門關漢簡鴻嘉二年曆譜

1998 年 10 月敦煌市博物館爲配合對小方盤城（玉門關）遺址的加固維修，對其周圍進行了小範圍發掘，出土漢簡三百餘枚，[①]其中編號Ⅱ98DYT5:24 殘簡爲曆譜簡。該簡殘存部分高六點五釐米，寬一點二釐米，上下分兩欄書寫，第一欄殘存十一月小、月朔干支及第十七日干支，第二欄殘存十二月月名及朔日干支。經我們推步，符合該簡所記曆譜的漢代紀年有高祖三年（公元前 204 年）、鴻嘉二年（公元前 19 年）和建安四年（公元 199 年），綜合考慮西陲漢簡的年代範圍，高祖三年和建安四年可以排除，因此可以推定該曆譜爲鴻嘉二年曆譜。

書寫該曆譜的載體或爲一件木牘，因殘缺太多，曆譜體式難以判斷。[②]原簡現藏敦煌博物館。

著録

張德芳、石明秀主編《玉門關漢簡》，中西書局，2019 年 11 月第 1 版。

六十九　敦煌漢簡鴻嘉四年曆譜

敦煌漢簡鴻嘉四年曆譜是 20 世紀初斯坦因第三次中亞考古時在敦煌漢代長城烽燧遺址發現的。鴻嘉四年曆譜存一支殘簡，編號 2272，[③]本簡記全年每月第十八日干支，現僅殘存六個月的該日干支，在甲申下寫有“詣□□武”，甲寅下寫有“騎之”，此非曆注，當是使用者的記事，該曆譜爲編册横讀式曆譜。[④]此曆譜爲馬伯樂所考定。[⑤]鴻嘉四年爲公元前 17 年。

著録

1. 甘肅省文物考古研究所編《敦煌漢簡》，中華書局，1991 年 6 月第 1 版。

---

① 參見張德芳、石明秀主編《玉門關漢簡》，前言，第 1 頁。

② 參見張德芳、石明秀主編《玉門關漢簡》，第 41 頁。

③ 按《敦煌漢簡》編號。

④ 參見吴礽驤等釋校《敦煌漢簡釋文》，第 247 頁；甘肅省文物考古研究所編《敦煌漢簡》，下册，第 308 頁。

⑤ 參見陳夢家:《漢簡綴述》，第 235 頁。

2. 吴礽驤等釋校《敦煌漢簡釋文》，甘肅人民出版社，1991 年 1 月第 1 版。

3. 中國簡牘集成編輯委員會編《中國簡牘集成・甘肅省卷上》(第三册)，敦煌文藝出版社，2001 年 6 月第 1 版。

研究

陳夢家:《漢簡綴述》，中華書局，1980 年 12 月第 1 版。

七十　敦煌木牘永始四年曆譜

敦煌木牘永始四年曆譜是 20 世紀初斯坦因第三次中亞考古時在敦煌漢代長城烽燧遺址發現的。永始四年曆譜木牘編號 2263，[①] 兩側及下部均殘，殘存部分長二十四釐米，最寬處三點三釐米，單面書寫。從殘存部分來看，木牘由上至下分爲五欄，木牘頂端最上一欄從左向右分列記三月、五月、七月、九月的月名、月朔干支及月大小，下面殘存四欄記日干支，每欄尚存七個干支，相應干支下尚存立夏、立冬、夏至、冬至、春分、初伏等曆注。[②]

關於本件木牘曆譜的形制及復原，目前學界尚有不同看法。陳久金按照馬伯樂的釋文，[③] 自上而下分爲六欄，第一欄記單月之朔及月大小，從第二欄起記本年自正月朔六十干支至第六欄，在各干支日下注二分、二至、四立及初伏、後伏的月日。[④] 陳侃理認爲該木牘從上至下分爲六欄，最上欄記六個單月月名、月朔干支及月大小，最下欄記六個雙月月名、月朔干支及月大小，中間應有五欄記六十干支，其中前四欄每欄十三個干支，第五欄記八個干支。[⑤] 羅見今認爲還應該有另一件木牘與這件木牘合成一年

---

① 爲《敦煌漢簡》編號。

② 參見吴礽驤等釋校《敦煌漢簡釋文》，第 246 頁；甘肅省文物考古研究所編《敦煌漢簡》(上)，圖版壹陸玖，(下)，第 308 頁。

③ 馬伯樂釋文在第五欄下面又擬補了一欄共八個干支。

④ 參見陳久金:《敦煌、居延漢簡中的曆譜》，中國社會科學院考古研究所編《中國古代天文文物論集》，第 118—119 頁。

⑤ 參見陳侃理:《出土秦漢曆書綜論》，《簡帛研究》(二〇一六・秋冬卷)，第 44—45 頁。

完整曆日。[①]許名瑲認爲該木牘左半部分殘失，現存的是木牘的右半部分，並擬補了左半邊的内容，第一欄向左補出六列，第一列爲正月月名、月朔干支及月大小，以下五列爲五日干支及曆注立春、立秋、後伏，第二欄向左補出六列干支，第三欄向左按照由大到小次序補出六個雙月的月名、月朔干支及月大小，第四欄向左依次補出七列干支，第五欄向左依次補出四列干支及曆注“臈日”，並指出該曆譜形制屬“之字回文式”。[②]永始四年爲公元前13年。

著録

1. 甘肅省文物考古研究所編《敦煌漢簡》，中華書局，1991年6月第1版。

2. 吴礽驤等釋校《敦煌漢簡釋文》，甘肅人民出版社，1991年1月第1版。

3. 中國簡牘集成編輯委員會編《中國簡牘集成·甘肅省卷上》(第三册)，敦煌文藝出版社，2001年6月第1版。

研究

1. 陳夢家:《漢簡綴述》，中華書局，1980年12月第1版。

2. 陳久金:《敦煌、居延漢簡中的曆譜》，中國社會科學院考古研究所編《中國古代天文文物論集》，文物出版社，1989年12月第1版。

3. 羅見今:《敦煌漢簡中曆譜年代之再研究》，《敦煌研究》，1999年第3期。

4. 許名瑲:《敦煌漢簡2263〈永始四年曆日〉復原試擬》，《出土文獻》(第七輯)，中西書局，2015年10月第1版。

5. 陳侃理:《出土秦漢曆書綜論》，《簡帛研究》(二〇一六·秋冬卷)，廣西師範大學出版社，2017年1月第1版。

七十一　居延漢簡元延元年曆譜

居延漢簡元延元年曆譜是1930年西北科學考察團在額濟納河流域發

---

① 參見羅見今:《敦煌漢簡中曆譜年代之再研究》，《敦煌研究》，1999年第3期，第95—97頁。

② 參見許名瑲:《敦煌漢簡2263〈永始四年曆日〉復原試擬》，《出土文獻》(第七輯)，第227—236頁。

現的。本曆譜殘存一支木簡，編號 503.5，殘存部分長十點八釐米，寬一點一釐米。[①] 殘存全年前六個月第六日的干支，是年閏正月，因此應是正月至五月第六日的干支，在正月、三月、四月干支下有“莫歸官”“下餔歸至官”等記事，未見曆注。[②] 本曆譜爲編册横讀式曆譜，元延元年爲公元前 12 年。原簡現藏臺北中研院歷史語言研究所。

著録

1. 勞榦:《居延漢簡考釋（釋文之部）》，商務印書館，1949 年 11 月初版。

2. 勞榦:《居延漢簡（圖版之部）》，臺北中研院歷史語言研究所，1957 年 3 月初版。

3. 中國社會科學院考古研究所編《居延漢簡（甲乙編）》，中華書局，1980 年 7 月第 1 版。

4. 中國簡牘集成編輯委員會編《中國簡牘集成·甘肅省 内蒙古自治區卷（居延漢簡）》（第八册），敦煌文藝出版社，2001 年 6 月第 1 版。

5. 簡牘整理小組編《居延漢簡》（肆），臺北中研院歷史語言研究所，2017 年 11 月初版。

研究

1. 勞榦:《居延漢簡（考釋之部）》，臺北中研院歷史語言研究所，1960 年 4 月初版。

2. 陳夢家:《漢簡綴述》，中華書局，1980 年 12 月第 1 版。

3. 謝桂華等:《居延漢簡釋文合校》，文物出版社，1987 年 1 月第 1 版。

4. 陳久金:《敦煌、居延漢簡中的曆譜》，中國社會科學院考古研究所編《中國古代天文文物論集》，文物出版社，1989 年 12 月第 1 版。

七十二　尹灣木牘元延元年曆譜

1993 年 2 月底至 4 月底，在江蘇省連雲港市東海縣温泉鎮尹灣村 M2 號和 M6 號漢墓，共出土二十四方木牘，木牘長約二十三釐米，寬七釐米，

① 參見簡牘整理小組編《居延漢簡》（肆），第 327 頁。

② 參見陳久金:《敦煌、居延漢簡中的曆譜》，中國社會科學院考古研究所編《中國古代天文文物論集》，第 119 頁。又參見中國社會科學院考古研究所編《居延漢簡（甲乙編）》，上册，甲圖版壹肆叁 –1923，下册，第 275 頁；勞榦:《居延漢簡（圖版之部）》，圖版 86 頁；簡牘整理小組編《居延漢簡》（肆），第 144 頁。

元延元年曆譜書寫在第十號木牘上，出土於 M6 號漢墓。[①]

木牘正面書寫元延元年曆譜，其書寫格式爲：先把該年十三個月的月名（含閏正月）分列木牘兩端，其上注明月的大小及朔日干支，然後把六十干支的其他干支分書於兩旁，並將四立、二分、二至、三伏、臘等曆注分别注於相應日期干支之下。此編排方法，正好把六十干支按照順序圍成一個長方形。此曆譜把一年的曆日巧妙編排在一方木牘上，頗具巧思，此曆譜爲單板環讀式曆譜。本曆譜的讀法是從某月月朔干支開始，逆時針環讀至該月份的下月爲止，正好是該月各日干支。此曆譜所屬年份，是按照朔閏等推算出來的。元延元年即公元前 12 年。[②]

著録

連雲港市博物館、東海縣博物館、中國社會科學院簡帛研究中心、中國文物研究所編《尹灣漢墓簡牘》，中華書局，1997 年 9 月第 1 版。

研究

1. 江蘇省連雲港市博物館等：《尹灣漢墓簡牘初探》，《文物》，1996 年第 10 期。

2. 鄧文寬：《尹灣漢墓出土曆譜補説》，《簡帛研究》（二〇〇一），廣西師範大學出版社，2001 年 9 月第 1 版。

3. 張永山：《元延元年曆譜及其相關問題》，《簡帛研究》（二〇〇一），廣西師範大學出版社，2001 年 9 月第 1 版。

七十三　尹灣竹簡元延二年曆譜

1993 年 2 月底至 4 月底，在江蘇省連雲港市東海縣温泉鎮尹灣村 M6 號漢墓共出土竹簡一百三十三支，元延二年曆譜書寫在第一至七十六號竹簡上，竹簡長約二十二點五至二十三釐米，寬約零點二五至零點四

① 參見連雲港市博物館、東海縣博物館、中國社會科學院簡帛研究中心、中國文物研究所編《尹灣漢墓簡牘》，前言，第 1、3 頁。

② 參見連雲港市博物館、東海縣博物館、中國社會科學院簡帛研究中心、中國文物研究所編《尹灣漢墓簡牘》，第 21—22、127 頁。

釐米。[①]

本曆譜篇題“元延二年”單獨書寫在一支簡上。[②]本曆譜應由六十二支竹簡組成，每簡正面從上至下分六欄書寫，第一簡由上至下六欄分別記正月、三月、五月、七月、九月、十一月的月名及月大小，第二簡至第三十簡在對應欄中記對應月份的各日干支，第三十一簡由上至下六欄分別記二月、四月、六月、八月、十月、十二月的月名及月大小，以下各簡在對應欄中記對應月份的各日干支，殘存朔、春分、秋分、夏至、立冬、中伏、後伏等曆注，在很多日干支下有記事。本曆譜爲編册分欄横讀式曆譜。[③]元延二年爲公元前 11 年。

著録

連雲港市博物館、東海縣博物館、中國社會科學院簡帛研究中心、中國文物研究所編《尹灣漢墓簡牘》，中華書局，1997 年 9 月第 1 版。

研究

江蘇省連雲港市博物館等:《尹灣漢墓簡牘初探》，《文物》，1996 年第 10 期。

七十四　尹灣木牘元延三年五月曆譜

元延三年五月曆譜，1993 年出土於江蘇省連雲港市東海縣温泉鎮尹灣村 M6 號漢墓，書寫在第十一號木牘上，木牘長約二十三釐米，寬約七釐米。[④]

此曆譜分三欄，第一欄首行爲五月小，接着記“建”“反支”等神煞於該月所值地支或天干上方，以供擇日之用。第二、三欄分記該月二十九天的干支。第二、三欄之間有記事。整理者據所記五月朔丙辰，推定此曆

① 參見連雲港市博物館、東海縣博物館、中國社會科學院簡帛研究中心、中國文物研究所編《尹灣漢墓簡牘》，前言，第 1、3 頁；正文，第 175 頁。

② 整理者放在曆譜的最後。實際上應該放在曆譜最前面，作爲第一支簡。

③ 參見連雲港市博物館、東海縣博物館、中國社會科學院簡帛研究中心、中國文物研究所編《尹灣漢墓簡牘》，第 61—67、138—144 頁。

④ 參見連雲港市博物館、東海縣博物館、中國社會科學院簡帛研究中心、中國文物研究所編《尹灣漢墓簡牘》，前言，第 1、3 頁；正文，第 174 頁。

譜爲元延三年五月的曆譜。[1]元延三年即公元前10年。本曆譜爲單板分欄橫讀式摘編曆譜。

著録

連雲港市博物館、東海縣博物館、中國社會科學院簡帛研究中心、中國文物研究所編《尹灣漢墓簡牘》，中華書局，1997年9月第1版。

研究

1. 江蘇省連雲港市博物館等:《尹灣漢墓簡牘初探》,《文物》，1996年第10期。

2. 鄧文寬:《尹灣漢墓出土曆譜補説》,《簡帛研究》(二〇〇一)，廣西師範大學出版社，2001年9月第1版。

七十五　居延漢簡建平二年曆譜

居延漢簡建平二年曆譜是1930年西北科學考察團在額濟納河流域發現的。本曆譜殘存一支木簡，編號506.18，殘存部分長十九釐米，寬一點一釐米。[2]本曆譜爲編册横讀式曆譜，殘存全年正月至十月的廿七日干支，殘存“建”等曆注。[3]原簡現藏臺北中研院歷史語言研究所。建平二年爲公元前5年。

著録

1. 勞榦:《居延漢簡考釋(釋文之部)》，商務印書館，1949年11月初版。

2. 勞榦:《居延漢簡(圖版之部)》，臺北中研院歷史語言研究所，1957年3月初版。

3. 中國社會科學院考古研究所編《居延漢簡(甲乙編)》，中華書局，1980年7月第1版。

---

① 參見連雲港市博物館、東海縣博物館、中國社會科學院簡帛研究中心、中國文物研究所編《尹灣漢墓簡牘》，第22、128頁。

② 參見簡牘整理小組編《居延漢簡》(肆)，第328頁。

③ 參見陳久金:《敦煌、居延漢簡中的曆譜》，中國社會科學院考古研究所編《中國古代天文文物論集》，第119頁。又參見中國社會科學院考古研究所編《居延漢簡(甲乙編)》，上册，甲圖版壹伍零-2004，下册，第260頁；勞榦:《居延漢簡(圖版之部)》，圖版82頁；簡牘整理小組編《居延漢簡》(肆)，第157頁。

4. 中國簡牘集成編輯委員會編《中國簡牘集成·甘肅省 内蒙古自治區卷（居延漢簡）》（第八册），敦煌文藝出版社，2001年6月第1版。

5. 簡牘整理小組編《居延漢簡》（肆），臺北中研院歷史語言研究所，2017年11月初版。

研究

1. 勞榦：《居延漢簡（考釋之部）》，臺北中研院歷史語言研究所，1960年4月初版。

2. 陳夢家：《漢簡綴述》，中華書局，1980年12月第1版。

3. 謝桂華等：《居延漢簡釋文合校》，文物出版社，1987年1月第1版。

4. 陳久金：《敦煌、居延漢簡中的曆譜》，中國社會科學院考古研究所編《中國古代天文文物論集》，文物出版社，1989年12月第1版。

七十六　額濟納漢簡元始元年曆譜

1999年至2002年内蒙古自治區文物考古研究所在内蒙古額濟納旗漢代烽燧遺址進行考古調查發掘，共採獲五百餘枚漢代簡牘。其中2000年在第九隧第四房址出土的編號2000ES9SF4: 35、2000ES9SF4:28B、2000ES9SF4:40A、2000ES9SF4:38簡爲曆譜簡。2000 ES9SF4:35號簡，木質，下部殘，僅存前三個月第十五日干支；2000ES9SF4: 28B號簡，木質，上端殘，存九個月某日干支；2000ES9SF4: 40A號簡，兩端皆殘，木質，僅存兩個月某日干支；2000ES9SF4:38號簡，兩端皆殘，木質，僅存三個月某日干支。[①]本曆譜爲編册横讀式曆譜。曾磊考定上述四支簡爲元始元年曆譜同册簡。[②]元始元年爲公元1年。原簡現藏内蒙古自治區文物考古研究所。

著録

魏堅主編《額濟納漢簡》，廣西師範大學出版社，2005年3月第1版。

---

① 參見魏堅主編《額濟納漢簡》，第258、255、259頁；孫家洲主編《額濟納漢簡釋文校本》，第91、90、92頁。

② 參見曾磊：《額濟納漢簡所見曆譜年代考釋》，孫家洲主編《額濟納漢簡釋文校本》，第312—317頁。

研究

1. 孫家洲主編《額濟納漢簡釋文校本》，文物出版社，2007年10月第1版。

2. 曾磊：《額濟納漢簡所見曆譜年代考釋》，孫家洲主編《額濟納漢簡釋文校本》，文物出版社，2007年10月第1版。

3. 羅見今、關守義：《〈額濟納漢簡〉年代考釋》，《敦煌研究》，2012年第2期。

七十七　懸泉漢簡元始元年曆譜

1990年出土於懸泉置遺址的漢簡中編號Ⅱ90DXT0114③：505簡爲曆譜簡。本簡木質，下部殘，殘存部分長三十點九釐米，寬一點一釐米，厚零點三釐米。[①]簡文由上向下書寫，簡端不留白，頂頭書寫。

本木簡記某年各月廿五日干支，爲編册横讀式曆譜，木簡下部殘斷，僅殘存前十個月廿五日干支，在第三個月廿五日干支壬午及第十個月廿五日干支己酉下有記事，部分記事文字漫漶不清。[②]經推步並綜合考慮懸泉漢簡年代上下限因素，可以考定本簡曆譜爲西漢平帝元始元年（公元1年）曆譜。

著録

甘肅簡牘博物館等編《懸泉漢簡》（叁），中西書局，2023年5月第1版。

研究

于茀：《〈懸泉漢簡（叁）〉曆譜簡年代考釋》，待刊。

七十八　敦煌漢簡元始五年曆譜

1979年9月在敦煌漢代馬圈灣烽燧遺址出土的漢簡中1122號[③]殘簡是一支曆譜簡，木質，本曆譜爲編册横讀式曆譜，現殘存正月廿七日干支。[④]

---

① 參見甘肅簡牘博物館等編《懸泉漢簡》（叁），第599頁。

② 釋文參見甘肅簡牘博物館等編《懸泉漢簡》（叁），第172頁。

③ 爲《敦煌漢簡》編號。

④ 參見甘肅省文物考古研究所編《敦煌漢簡》（上），圖版壹零叁，（下），第262頁；吴礽驤等釋校《敦煌漢簡釋文》，第116頁；中國簡牘集成編輯委員會編《中國簡牘集成·甘肅省卷上》（第三册），第143頁；張德芳：《敦煌馬圈灣漢簡集釋》，第168頁。

羅見今考定爲元始五年曆譜。[①]元始五年爲公元5年。

著録

1. 甘肅省文物考古研究所編《敦煌漢簡》，中華書局，1991年6月第1版。

2. 吴礽驤等釋校《敦煌漢簡釋文》，甘肅人民出版社，1991年1月第1版。

3. 中國簡牘集成編輯委員會編《中國簡牘集成·甘肅省卷上》(第三册)，敦煌文藝出版社，2001年6月第1版。

4. 張德芳:《敦煌馬圈灣漢簡集釋》，甘肅文化出版社，2013年12月第1版。

研究

1. 羅見今:《敦煌馬圈灣漢簡年代考釋》,《敦煌研究》，2008年第1期。

2. 張德芳:《敦煌馬圈灣漢簡集釋》，甘肅文化出版社，2013年12月第1版。

七十九　居延漢簡居攝元年曆譜

居延漢簡居攝元年曆譜是1930年西北科學考察團在額濟納河流域發現的。本曆譜殘存一支木簡，編號290.11，殘存部分長十七點一釐米，寬一點一釐米。[②]本曆譜爲編册直讀式曆譜，原册應當有十二支簡，每月一簡，每簡上端書寫月份，下面分八欄書寫一月各日及干支，每欄書寫四日。現殘存的是第六月，殘存一日至廿四日的干支，殘存月大小及初伏、中伏等曆注。[③]原簡現藏臺北中研院歷史語言研究所。居攝元年爲公元6年。

著録

1. 勞榦:《居延漢簡考釋(釋文之部)》，商務印書館，1949年11月初版。

2. 勞榦:《居延漢簡(圖版之部)》，臺北中研院歷史語言研究所，1957年3月初版。

3. 中國社會科學院考古研究所編《居延漢簡(甲乙編)》，中華書局，1980年7

① 參見羅見今:《敦煌馬圈灣漢簡年代考釋》,《敦煌研究》，2008年第1期，第79頁。

② 參見簡牘整理小組編《居延漢簡》(叁)，第306頁。

③ 參見陳久金《敦煌、居延漢簡中的曆譜》，中國社會科學院考古研究所編《中國古代天文文物論集》，第119頁。又參見中國社會科學院考古研究所編《居延漢簡(甲乙編)》，上册，乙圖版貳貳零，下册，第208頁；簡牘整理小組編《居延漢簡》(叁)，第240頁。

月第 1 版。

4. 中國簡牘集成編輯委員會編《中國簡牘集成・甘肅省 内蒙古自治區卷（居延漢簡）》（第七册），敦煌文藝出版社，2001 年 6 月第 1 版。

5. 簡牘整理小組編《居延漢簡》（叁），臺北中研院歷史語言研究所，2016 年 10 月初版。

研究

1. 勞榦:《居延漢簡（考釋之部）》，臺北中研院歷史語言研究所，1960 年 4 月初版。

2. 陳夢家:《漢簡綴述》，中華書局，1980 年 12 月第 1 版。

3. 謝桂華等:《居延漢簡釋文合校》，文物出版社，1987 年 1 月第 1 版。

4. 陳久金:《敦煌、居延漢簡中的曆譜》，中國社會科學院考古研究所編《中國古代天文文物論集》，文物出版社，1989 年 12 月第 1 版。

八十　肩水金關漢簡居攝元年曆譜

1973 年甘肅省文物部門在額濟納河流域肩水金關遺址發現多枚曆譜簡。羅見今、關守義將在 T23 及 T9 探方出土的編號 73EJT23: 901、73EJT23:315+702、73EJT23:318、73EJT23:902、73EJT23: 903、73EJT23:904、73EJT23:837+835+860、73EJT9:282、73EJT23:691+802、73EJT23:801+760、73EJT23:269+803 簡進行綴合編連，並考定爲居攝元年曆譜，該曆譜爲編册横讀式曆譜。[①] 程少軒將 T23 探方、T9 探方、T4H 灰坑出土及採集的編號 73EJT23:317、73EJT4H:29、73EJT23:901、73EJT23:315+702、73EJT23:318、73EJT23:902、73EJT23:264+73EJT4H:47、73EJC:459、73EJT4H:28、73EJT23:903、73EJT23:904、73EJT23:593+837+835+860、73EJT9:282、73EJT23:691+802、73EJT23:801+760、73EJT23:269+803、73EJT4H:16+18、73EJT4H:1、73EJT23:316、73EJT23:908、73EJT4H:17+73EJT23:840、73EJT23:211、73EJT23:879、73EJT23:992 簡進行綴合編聯，

① 參見羅見今、關守義:《〈肩水金關漢簡（貳）〉曆簡年代考釋》，《敦煌研究》，2014 年第 2 期，第 110—111 頁。

並考定爲居攝元年曆譜。該曆譜爲編册横讀式曆譜，[①]有春分、秋分、立夏、立冬、夏至、冬至節氣及建等曆注。[②]居攝元年爲公元6年。原簡現藏甘肅簡牘博物館。

著録

1. 甘肅簡牘保護研究中心等編《肩水金關漢簡》(壹)，中西書局，2011年8月第1版。

2. 甘肅簡牘保護研究中心等編《肩水金關漢簡》(貳)，中西書局，2012年12月第1版。

3. 甘肅簡牘博物館等編《肩水金關漢簡》(伍)，中西書局，2016年8月第1版。

研究

1. 羅見今、關守義:《〈肩水金關漢簡（貳）〉曆簡年代考釋》,《敦煌研究》，2014年第2期。

2. 程少軒:《肩水金關漢簡“元始六年（居攝元年）磿日”復原》,《出土文獻》(第五輯)，中西書局，2014年10月第1版。

3. 程少軒:《肩水金關漢簡“元始六年（居攝元年）磿日”的最終復原》，復旦大學出土文獻與古文字研究中心網站，2016年8月27日。

4. 許名瑲:《肩水金關漢簡〈元始六年（居攝元年）磿日〉簡册再復原》，簡帛網，2016年8月29日。

八十一　居延漢簡居攝三年曆譜

居延漢簡居攝三年曆譜，1930年西北科學考察團在額濟納河流域發現。本曆譜殘存一支木簡，編號116.8。殘存部分長二十二釐米，寬一點

---

① 參見程少軒:《肩水金關漢簡“元始六年（居攝元年）磿日”復原》,《出土文獻》(第五輯)；程少軒:《肩水金關漢簡“元始六年（居攝元年）磿日”的最終復原》，復旦大學出土文獻與古文字研究中心網站，2016年8月27日。許名瑲也有基本相同意見，參見許名瑲:《肩水金關漢簡〈元始六年（居攝元年）磿日〉簡册再復原》，簡帛網，2016年8月29日。

② 甘肅簡牘保護研究中心等編《肩水金關漢簡》(壹)，上册，第226頁；甘肅簡牘博物館等編《肩水金關漢簡》(伍)，第102、105、106、107、109、226頁。T23諸簡參見甘肅簡牘保護研究中心等編《肩水金關漢簡》(貳)，上册，彩版。

二釐米。[①]殘存全年前六個月廿一日干支，是年閏正月，因此，應該是正月至五月廿一日干支。本曆譜爲編册横讀式曆譜，與本簡相鄰編號的116.9號簡，殘損嚴重，或許也屬於本曆譜。[②]原簡現藏臺北中研院歷史語言研究所。居攝三年爲公元8年。

著録

1. 勞榦:《居延漢簡考釋（釋文之部）》，商務印書館，1949年11月初版。

2. 勞榦:《居延漢簡（圖版之部）》，臺北中研院歷史語言研究所，1957年3月初版。

3. 中國社會科學院考古研究所編《居延漢簡（甲乙編）》，中華書局，1980年7月第1版。

4. 中國簡牘集成編輯委員會編《中國簡牘集成·甘肅省 内蒙古自治區卷（居延漢簡）》（第六册），敦煌文藝出版社，2001年6月第1版。

5. 簡牘整理小組編《居延漢簡》（貳），臺北中研院歷史語言研究所，2015年12月初版。

研究

1. 勞榦:《居延漢簡（考釋之部）》，臺北中研院歷史語言研究所，1960年4月初版。

2. 陳夢家:《漢簡綴述》，中華書局，1980年12月第1版。

3. 謝桂華等:《居延漢簡釋文合校》，文物出版社，1987年1月第1版。

4. 陳久金:《敦煌、居延漢簡中的曆譜》，中國社會科學院考古研究所編《中國古代天文文物論集》，文物出版社，1989年12月第1版。

八十二　肩水金關漢簡居攝三年曆譜（第一種）

1973年在額濟納河流域肩水金關遺址T23探方出土的編號73EJT23:332簡爲一支曆譜簡，此簡完整，記全年各月第五日干支，是年閏月，共

① 參見簡牘整理小組編《居延漢簡》（貳），第281頁。

② 參見陳久金:《敦煌、居延漢簡中的曆譜》，中國社會科學院考古研究所編《中國古代天文文物論集》，第119頁。又參見中國社會科學院考古研究所編《居延漢簡（甲乙編）》，上册，乙圖版壹貳零，下册，第78頁；簡牘整理小組編《居延漢簡》（貳），第165頁。

十三個月，庚辰下有曆注“中伏”，本曆譜爲編册横讀式曆譜。[①]羅見今、關守義考定本曆譜爲居攝三年曆譜。[②]居攝三年爲公元8年。原簡現藏甘肅簡牘博物館。

著録

甘肅簡牘保護研究中心等編《肩水金關漢簡》(貳)，中西書局，2012年12月第1版。

研究

羅見今、關守義:《〈肩水金關漢簡（貳）〉曆簡年代考釋》,《敦煌研究》, 2014年第2期。

八十三　肩水金關漢簡居攝三年曆譜(第二種)

1973年在額濟納河流域肩水金關遺址T24探方出土的編號73EJT24: 305+497+498A簡爲一支曆譜簡，此簡由整理者綴合，綴合後上部完整，下部殘缺。該簡記全年各月第十八日干支，現殘存前七個月第十八日干支，注有曆注“重節”“八鬼節”，本曆譜爲編册横讀式曆譜。[③]羅見今、關守義考定本曆譜爲居攝三年曆譜。[④]居攝三年爲公元8年。原簡現藏甘肅簡牘博物館。

著録

甘肅簡牘保護研究中心等編《肩水金關漢簡》(貳)，中西書局，2012年12月第1版。

研究

羅見今、關守義:《〈肩水金關漢簡（貳）〉曆簡年代考釋》,《敦煌研究》, 2014年第2期。

---

① 參見甘肅簡牘保護研究中心等編《肩水金關漢簡》(貳)，上册，第161頁。

② 參見羅見今、關守義:《〈肩水金關漢簡（貳）〉曆簡年代考釋》,《敦煌研究》, 2014年第2期，第112頁。

③ 參見甘肅簡牘保護研究中心等編《肩水金關漢簡》(貳)，上册，第323頁。

④ 參見羅見今、關守義:《〈肩水金關漢簡（貳）〉曆簡年代考釋》,《敦煌研究》, 2014年第2期，第111—112頁。

八十四　額濟納漢簡始建國三年曆譜

2000 年在内蒙古額濟納旗漢代烽燧遺址第七隧第一房址出土的編號 2000ES7SF1:50、2000ES7SF1:9A、2000ES7SF1:95、2000ES7SF1:46、2000ES7SF1:7 簡爲曆譜簡。2000ES7SF1:50 號簡，木質，此簡由上至下從中間縱向剖開，殘存簡首的右半邊，僅存正月十三日干支；2000ES7SF1:9A 號簡，木質，此簡由上至下從中間縱向剖開，殘存右半邊，存十二個月第十七日干支的前一字，尚存曆注“立春”兩字的右半邊；2000ES7SF1:95 號簡，木質，此簡由上至下從中間縱向剖開，殘存簡上部右半邊，僅存前三個月第十八日干支的前一字；2000ES7SF1:46 號簡，木質，此簡由上至下從中間縱向剖開，存簡上部左半邊，僅存前兩個月第十九日干支的後一字；2000ES7SF1:7 號簡，木質，此簡由上至下從中間縱向剖開，殘存簡下部左半邊，存六個月某日干支的後一字，其中有三字漫漶。[①] 本曆譜爲編册横讀式曆譜。劉樂賢考定上述五支簡爲始建國三年曆譜同册簡。[②] 始建國三年爲公元 11 年。原簡現藏内蒙古自治區文物考古研究所。

著録

魏堅主編《額濟納漢簡》，廣西師範大學出版社，2005 年 3 月第 1 版。

研究

1. 孫家洲主編《額濟納漢簡釋文校本》，文物出版社，2007 年 10 月第 1 版。

2. 劉樂賢:《額濟納漢簡數術資料考》,《歷史研究》，2006 年第 2 期；又載孫家洲主編《額濟納漢簡釋文校本》，文物出版社，2007 年 10 月第 1 版。

3. 羅見今、關守義:《〈額濟納漢簡〉年代考釋》,《敦煌研究》，2012 年第 2 期。

---

① 參見魏堅主編《額濟納漢簡》，第 160、143、170、159、142 頁；孫家洲主編《額濟納漢簡釋文校本》，第 40、32、48、40、31 頁。

② 參見劉樂賢:《額濟納漢簡數術資料考》,《歷史研究》，2006 年第 2 期，第 173—177 頁；又載孫家洲主編《額濟納漢簡釋文校本》，第 161—164 頁。

八十五　肩水金關漢簡始建國四年曆譜

1973年在額濟納河流域肩水金關遺址F3房址出土的編號73EJF3:494簡爲曆譜簡。73EJF3:494號簡下端及中部右側皆殘，木質，該簡記全年十二個月第二十一日干支，僅殘存前六個月第二十一日干支，其中二月至四月的該日干支，僅存天干字，未見曆注。[①]

本曆譜爲編册横讀式曆譜，許名瑲考定該簡曆譜爲始建國四年曆譜。[②]始建國四年爲公元12年。原簡現藏甘肅簡牘博物館。

著録

甘肅簡牘博物館等編《肩水金關漢簡》(伍)，中西書局，2016年8月第1版。

研究

許名瑲:《〈肩水金關漢簡(伍)〉曆日綜考》,《出土文獻與古文字研究》(第七輯)，上海古籍出版社，2018年5月第1版。

八十六　肩水金關漢簡始建國天鳳三年曆譜

1973年在額濟納河流域肩水金關遺址F3房址出土的編號73EJF3:176、73EJF3:453簡爲曆譜簡。73EJF3:176號簡完好，木質，記全年各月第四日干支，注有曆注“建”和“秋分”；73EJF3:453號簡上端及下部殘，木質，殘存全年前八個月某日干支，未見曆注。[③]

本曆譜爲編册横讀式曆譜，許名瑲考定該曆譜爲始建國天鳳三年曆譜。[④]始建國天鳳三年爲公元16年。原簡現藏甘肅簡牘博物館。

著録

甘肅簡牘博物館等編《肩水金關漢簡》(伍)，中西書局，2016年8月第1版。

---

① 參見甘肅簡牘博物館等編《肩水金關漢簡》(伍)，上册，第89頁。

② 參見許名瑲:《〈肩水金關漢簡(伍)〉曆日綜考》,《出土文獻與古文字研究》(第七輯)，第348—349頁。

③ 參見甘肅簡牘博物館等編《肩水金關漢簡》(伍)，上册，第37、85頁。

④ 參見許名瑲:《〈肩水金關漢簡(伍)〉曆日綜考》,《出土文獻與古文字研究》(第七輯)，第349—351頁。

研究

許名瑲:《〈肩水金關漢簡(伍)〉曆日綜考》,《出土文獻與古文字研究》(第七輯),上海古籍出版社,2018年5月第1版。

八十七 敦煌漢簡始建國天鳳四年曆譜

1979年9月在敦煌漢代馬圈灣烽燧遺址發掘出土的漢簡中編號373至384、372號殘簡爲曆譜簡,[①]各簡均爲木質,373至384號簡分别記前三個月第三、八、九、十一、十五、十七、二十、二十一、二十二、二十四、二十三、二十八日干支,372號簡殘存二月三十日干支。[②]本曆譜爲編册横讀式曆譜,饒宗頤、李均明考定爲始建國天鳳四年曆譜。[③]始建國天鳳四年爲公元17年。

著録

1. 甘肅省文物考古研究所編《敦煌漢簡》,中華書局,1991年6月第1版。

2. 吴礽驤等釋校《敦煌漢簡釋文》,甘肅人民出版社,1991年1月第1版。

3. 中國簡牘集成編輯委員會編《中國簡牘集成·甘肅省卷上》(第三册),敦煌文藝出版社,2001年6月第1版。

4. 張德芳:《敦煌馬圈灣漢簡集釋》,甘肅文化出版社,2013年12月第1版。

研究

1. 饒宗頤、李均明:《敦煌漢簡編年考證》,新文豐出版公司,1995年9月初版。

2. 饒宗頤、李均明:《新莽簡輯證》,新文豐出版公司,1995年9月初版。

3. 羅見今:《敦煌馬圈灣漢簡年代考釋》,《敦煌研究》,2008年第1期。

4. 張德芳:《敦煌馬圈灣漢簡集釋》,甘肅文化出版社,2013年12月第1版。

---

① 爲《敦煌漢簡》編號。

② 參見甘肅省文物考古研究所編《敦煌漢簡》(上),圖版肆零、肆壹,(下),第234頁;吴礽驤等釋校《敦煌漢簡釋文》,第38—39頁;中國簡牘集成編輯委員會編《中國簡牘集成·甘肅省卷上》(第三册),第49—50頁;張德芳:《敦煌馬圈灣漢簡集釋》,第63—66頁。

③ 參見饒宗頤、李均明:《新莽簡輯證》,第35—36頁;饒宗頤、李均明:《敦煌漢簡編年考證》,第128—129頁。

八十八　肩水金關漢簡始建國天鳳五年曆譜

1973 年在額濟納河流域肩水金關遺址 F1 房址出土的編號 73EJF1:52、73EJF1:53 簡爲兩支曆譜簡，兩簡下部均殘，分别記全年各月二十四日、二十九日干支，現僅殘存正月二十四日、二十九日干支，本曆譜爲編册横讀式曆譜。[①]許名瑲考定本曆譜爲始建國天鳳五年曆譜。[②]始建國天鳳五年爲公元 18 年。原簡現藏甘肅簡牘博物館。

著録

甘肅簡牘博物館等編《肩水金關漢簡》(肆)，中西書局，2015 年 11 月第 1 版。

研究

許名瑲:《〈肩水金關漢簡(肆)〉F1:52、F1:53 曆日簡年代考釋》，簡帛網，2016 年 1 月 25 日。

八十九　居延新簡始建國天鳳六年曆譜

1972 年至 1974 年甘肅省居延考古隊對居延漢代烽燧甲渠候官(破城子)、甲渠塞第四隧、肩水金關三處遺址進行發掘，在破城子遺址出土的編號 EPT65.18、EPT65.195、EPT65.235 簡爲曆譜簡。其中 EPT65.18 號簡下部殘，本簡記全年十二個月第八日干支，現殘存前六個月第八日干支，有曆注“建”；EPT65.195 號簡下部殘，本簡記全年十二個月第十七日干支，現殘存前六個月第十七日干支；EPT65.235 號簡下部殘，本簡記全年十二個月第二十八日干支，現殘存前三個月第二十八日干支。三簡皆爲編册横讀式曆譜。[③]羅見今、關守義考定上述三簡爲始建

① 參見甘肅簡牘博物館等編《肩水金關漢簡》(肆)，上册，第 283 頁。

② 參見許名瑲:《〈肩水金關漢簡(肆)〉F1:52、F1:53 曆日簡年代考釋》，簡帛網，2016 年 1 月 25 日。

③ 參見甘肅省文物考古研究所、甘肅省博物館、文化部古文獻研究室、中國社會科學院歷史研究所編《居延新簡——甲渠候官》(上)，第 185、190、191 頁，(下)，第 411、429、432 頁；張德芳、韓華:《居延新簡集釋》(六)，第 6、34、39 頁。

國天鳳六年曆譜。[①] 始建國天鳳六年爲公元 19 年。原簡現藏甘肅簡牘博物館。

著録

1. 甘肅省文物考古研究所、甘肅省博物館、文化部古文獻研究室、中國社會科學院歷史研究所編《居延新簡——甲渠候官與第四燧》，文物出版社，1990 年 7 月第 1 版。

2. 甘肅省文物考古研究所、甘肅省博物館、文化部古文獻研究室、中國社會科學院歷史研究所編《居延新簡——甲渠候官》，中華書局，1994 年 12 月第 1 版。

3. 中國簡牘集成編輯委員會編《中國簡牘集成・甘肅省 内蒙古自治區卷（居延新簡）》（第九册），敦煌文藝出版社，2001 年 6 月第 1 版。

4. 張德芳、韓華：《居延新簡集釋》（六），甘肅文化出版社，2016 年 6 月第 1 版。

研究

羅見今、關守義：《〈居延新簡——甲渠候官〉六年曆譜散簡年代考釋》，《文史》（第四十六輯），中華書局，1998 年 12 月第 1 版。

九十　居延新簡始建國地皇二年曆譜

1972 年至 1974 年甘肅省居延考古隊對居延漢代烽燧甲渠候官（破城子）、甲渠塞第四隧、肩水金關三處遺址進行發掘，在破城子 F22 房址出土的編號 EPF22.716 簡爲曆譜簡。本簡兩端殘，本簡記全年十二個月某日干支，現殘存五個月某日干支，多漫漶不清，僅存庚、己、戊等字，有曆注“初伏”“秋分”，本曆譜爲編册横讀式曆譜。[②] 日本學者吉村昌之考定

---

① 參見羅見今、關守義：《〈居延新簡——甲渠候官〉六年曆譜散簡年代考釋》，《文史》（第四十六輯），第 53—55 頁。另，日本學者吉村昌之將 EPT65.232、EPT65.19、EPT65.233、EPT65.236、EPT65.234+20+237 也編入本曆譜。參見吉村昌之「出土簡牘資料にみられる曆譜の集成」，冨谷至主編『邊境出土木簡の研究』朋友書店、2003 年 2 月，491—492 頁。

② 參見甘肅省文物考古研究所、甘肅省博物館、文化部古文獻研究室、中國社會科學院歷史研究所編《居延新簡——甲渠候官》（上），第 232 頁，（下），第 562 頁；張德芳：《居延新簡集釋》（七），第 122 頁。

爲始建國地皇二年曆譜。[①] 始建國地皇二年爲公元 21 年。原簡現藏甘肅簡牘博物館。

著録

1. 甘肅省文物考古研究所、甘肅省博物館、文化部古文獻研究室、中國社會科學院歷史研究所編《居延新簡——甲渠候官與第四燧》，文物出版社，1990 年 7 月第 1 版。

2. 甘肅省文物考古研究所、甘肅省博物館、文化部古文獻研究室、中國社會科學院歷史研究所編《居延新簡——甲渠候官》，中華書局，1994 年 12 月第 1 版。

3. 中國簡牘集成編輯委員會編《中國簡牘集成・甘肅省 内蒙古自治區卷（居延新簡）》（第九册），敦煌文藝出版社，2001 年 6 月第 1 版。

4. 張德芳:《居延新簡集釋》（七），甘肅文化出版社，2016 年 6 月第 1 版。

研究

吉村昌之「出土簡牘資料にみられる曆譜の集成」冨谷至主編『邊境出土木簡の研究』朋友書店、2003 年 2 月。

九十一　居延新簡建武元年曆譜

1972 年至 1974 年甘肅省居延考古隊對居延漢代烽燧甲渠候官（破城子）、甲渠塞第四隧、肩水金關三處遺址進行發掘，在破城子遺址出土的編號 EPT65.100、EPT65.189、EPT43.323、EPT65.324 簡爲曆譜簡。其中 EPT65.100 號簡下部略殘，存全年十二個月第三日干支，有曆注“建”“初伏”；EPT65.189 號簡下部殘，現殘存前四個月第八日干支，有曆注“春分”；EPT43.323 號簡下部殘，現殘存前四個月第九日干支，有曆注“建”；EPT65.324 號簡下部殘，現殘存前六個月第卅日干支。四簡皆爲編册横讀式曆譜。[②] 羅見今、關守義考定上述四簡爲建武元年

① 參見吉村昌之「出土簡牘資料にみられる曆譜の集成」冨谷至主編『邊境出土木簡の研究』朋友書店、2003 年 2 月、492 頁。

② 參見甘肅省文物考古研究所、甘肅省博物館、文化部古文獻研究室、中國社會科學院歷史研究所編《居延新簡——甲渠候官》（上），第 187、190、50、194 頁，（下），第 422、429、98、438 頁；張德芳、韓華:《居延新簡集釋》（六），第 22、34、49 頁；楊眉:《居延新簡集釋》（二），第 50 頁。

曆譜。[①] 建武元年爲公元 25 年。原簡現藏甘肅簡牘博物館。

著録

1. 甘肅省文物考古研究所、甘肅省博物館、文化部古文獻研究室、中國社會科學院歷史研究所編《居延新簡——甲渠候官與第四燧》，文物出版社，1990 年 7 月第 1 版。

2. 甘肅省文物考古研究所、甘肅省博物館、文化部古文獻研究室、中國社會科學院歷史研究所編《居延新簡——甲渠候官》，中華書局，1994 年 12 月第 1 版。

3. 中國簡牘集成編輯委員會編《中國簡牘集成・甘肅省 内蒙古自治區卷（居延新簡）》（第九册），敦煌文藝出版社，2001 年 6 月第 1 版。

4. 張德芳、韓華:《居延新簡集釋》（六），甘肅文化出版社，2016 年 6 月第 1 版。

5. 楊眉:《居延新簡集釋》（二），甘肅文化出版社，2016 年 6 月第 1 版。

研究

1. 羅見今、關守義:《〈居延新簡——甲渠候官〉六年曆譜散簡年代考釋》，《文史》（第四十六輯），中華書局，1998 年 12 月第 1 版。

2. 吉村昌之「出土簡牘資料にみられる曆譜の集成」冨谷至主編『邊境出土木簡の研究』朋友書店、2003 年 2 月。

九十二　居延新簡建武二年曆譜摘編本

1972 年至 1974 年甘肅省居延考古隊對居延漢代烽燧甲渠候官（破城子）、甲渠塞第四隧、肩水金關三處遺址進行發掘，在破城子遺址出土的編號 EPT65.101 簡爲曆譜簡。此簡右側縱向從上至下殘失一邊，從殘存文字來看，應該是把每月各日及干支分八欄，每欄四列，書於月名之下。此簡正面記三月、四月月名、月大小、每月各日及干支，因簡長度關係，四月僅記到前二十天，其中十七至二十日字迹已漫漶，簡的背面從上邊開始

① 參見羅見今、關守義:《〈居延新簡——甲渠候官〉六年曆譜散簡年代考釋》，《文史》（第四十六輯），第 52—53 頁。另，日本學者吉村昌之將 EPT65.100、EPT65.189、EPT65.239—241、EPT65.324 編爲本曆譜。參見吉村昌之「出土簡牘資料にみられる曆譜の集成」冨谷至主編『邊境出土木簡の研究』朋友書店、2003 年 2 月、493—495 頁。

記四月後九日及干支，後面接抄五月月名、月大小、各日及干支。[①]羅見今、關守義考定該簡曆譜爲建武二年曆譜。[②]建武二年爲公元 26 年。原簡現藏甘肅簡牘博物館。

關於本曆譜的形制體式，學界有不同意見。主要有編册直讀式、複段式月曆、日曆類月曆型多行木簡式等觀點。[③]有學者推測本曆譜應該有五支簡，另外四簡分别是一、二月一簡，六、七、八月一簡，九、十、十一月一簡，十二月單獨用一簡。[④]我們認爲本曆譜不是制式常規曆譜，而是自己抄寫的簡易曆譜，其形制體式與編册直讀式相近，不同的是本曆譜不是一月一簡，而是數月一簡。本曆譜作爲非制式曆譜，是因個人需要而自行抄寫的。其所用木簡材質較差，形制不甚規範，爲了減少木簡數量，書寫極爲緊湊，布局極不規整，甚至爲節省空間，將十一、十二、十三、十四、十五、十六、十七、十八、十九略寫爲一、二、三、四、五、六、七、八、九，將二十略寫爲十，等等。爲了節省空間，已將數字略寫到這種程度，那麼一二月、十二月怎能用兩支簡抄寫呢？顯然是無法理解的。較合理的解釋是本曆譜本來就衹有一支簡，就是要抄寫三、四、五月的各日干支，用於使用者的特殊需要。

著録

1. 甘肅省文物考古研究所、甘肅省博物館、文化部古文獻研究室、中國社會科學院歷史研究所編《居延新簡——甲渠候官與第四燧》，文物出版社，1990 年 7 月第 1 版。

2. 甘肅省文物考古研究所、甘肅省博物館、文化部古文獻研究室、中國社會科學

① 參見甘肅省文物考古研究所、甘肅省博物館、文化部古文獻研究室、中國社會科學院歷史研究所編《居延新簡——甲渠候官》（上），第 187—188 頁，（下），第 422 頁；張德芳、韓華：《居延新簡集釋》（六），第 22—23 頁。

② 參見羅見今、關守義：《〈居延新簡——甲渠候官〉六年曆譜散簡年代考釋》，《文史》（第四十六輯），第 51—52 頁。

③ 參見羅見今、關守義：《〈居延新簡——甲渠候官〉六年曆譜散簡年代考釋》，《文史》（第四十六輯），第 51 頁；胡永鵬：《西北邊塞漢簡編年及相關問題研究》，博士學位論文，吉林大學，2016 年 6 月，第 700—701 頁；陳侃理：《出土秦漢曆書綜論》，《簡帛研究》（二〇一六・秋冬卷），第 31—58 頁。

④ 參見羅見今、關守義：《〈居延新簡——甲渠候官〉六年曆譜散簡年代考釋》，《文史》（第四十六輯），第 51 頁。

院歷史研究所編《居延新簡——甲渠候官》，中華書局，1994 年 12 月第 1 版。

3. 中國簡牘集成編輯委員會編《中國簡牘集成 · 甘肅省 內蒙古自治區卷（居延新簡）》（第九册），敦煌文藝出版社，2001 年 6 月第 1 版。

4. 張德芳、韓華:《居延新簡集釋》（六），甘肅文化出版社，2016 年 6 月第 1 版。

研究

1. 羅見今、關守義:《〈居延新簡——甲渠候官〉六年曆譜散簡年代考釋》，《文史》（第四十六輯），中華書局，1998 年 12 月第 1 版。

2. 胡永鵬:《西北邊塞漢簡編年及相關問題研究》，博士學位論文，吉林大學，2016 年 6 月。

3. 陳侃理:《出土秦漢曆書綜論》，《簡帛研究》（二〇一六 · 秋冬卷），廣西師範大學出版社，2017 年 1 月第 1 版。

九十三　居延新簡建武六年曆譜

1972 年至 1974 年甘肅省居延考古隊對居延漢代烽燧甲渠候官（破城子）、甲渠塞第四隧、肩水金關三處遺址進行發掘，在破城子遺址出土的漢簡中有建武六年曆譜。建武六年曆譜現存完、殘簡三支，編號爲 EPF22.636B、EPF22.637B、EPF22.638B，其中 EPF22.636B 爲完簡，另兩支爲殘簡。本曆譜爲編册横讀式曆譜，EPF22.636B 號簡爲第一日簡，簡端書寫“一日”，下面依次書寫全年十二個月每月第一日的干支，存有曆注“建”；EPF22.638B 號簡殘存全年六個月每月第六日的干支，存有曆注“建”；EPF22.637B 號簡殘存正月至三月每月第八日的干支。① 建武六年爲公元 30 年。原簡現藏甘肅簡牘博物館。

著録

1. 甘肅省文物考古研究所、甘肅省博物館、文化部古文獻研究室、中國社會科

① 參見陳久金:《敦煌、居延漢簡中的曆譜》，中國社會科學院考古研究所編《中國古代天文文物論集》，第 119—120 頁；甘肅省文物考古研究所、甘肅省博物館、文化部古文獻研究室、中國社會科學院歷史研究所編《居延新簡——甲渠候官》（上），第 229—230 頁，（下），第 553—554 頁；張德芳:《居延新簡集釋》（七），第 110—111 頁。

學院歷史研究所編《居延新簡——甲渠候官與第四燧》，文物出版社，1990年7月第1版。

2. 甘肅省文物考古研究所、甘肅省博物館、文化部古文獻研究室、中國社會科學院歷史研究所編《居延新簡——甲渠候官》，中華書局，1994年12月第1版。

3. 中國簡牘集成編輯委員會編《中國簡牘集成・甘肅省 内蒙古自治區卷（居延新簡）》（第九册），敦煌文藝出版社，2001年6月第1版。

4. 張德芳:《居延新簡集釋》（七），甘肅文化出版社，2016年6月第1版。

研究

陳久金:《敦煌、居延漢簡中的曆譜》，中國社會科學院考古研究所編《中國古代天文文物論集》，文物出版社，1989年12月第1版。

九十四　居延新簡建武七年曆譜

1972年至1974年甘肅省居延考古隊對居延漢代烽燧甲渠候官（破城子）、甲渠塞第四隧、肩水金關三處遺址進行發掘，在破城子遺址出土的漢簡中有建武七年曆譜。建武七年曆譜現存殘簡三支，編號爲EPF22.636A、EPF22.637A、EPF22.638A，其中EPF22.636A號簡爲完簡，另兩支爲殘簡。本曆譜爲編册横讀式曆譜，EPF22.636A號簡爲第一日簡，簡端書寫“一日”，下面依次書寫全年十二個月每月第一日的干支；EPF22.638A號簡殘存七個月每月第六日的干支，存有曆注“初伏”和“建”；EPF 22.637A號簡殘存正月至三月每月第八日的干支，存有曆注“建”。[①] 建武七年爲公元31年。原簡現藏甘肅簡牘博物館。

案，上揭建武六年曆譜與建武七年曆譜實際上分别書寫在木簡的正面與背面。

著録

1. 甘肅省文物考古研究所、甘肅省博物館、文化部古文獻研究室、中國社會科

① 參見甘肅省文物考古研究所、甘肅省博物館、文化部古文獻研究室、中國社會科學院歷史研究所編《居延新簡——甲渠候官》（上），第229—230頁，（下），第553—554頁；張德芳:《居延新簡集釋》（七），第110—111頁；陳久金:《敦煌、居延漢簡中的曆譜》，中國社會科學院考古研究所編《中國古代天文文物論集》，第119—120頁。

學院歷史研究所編《居延新簡——甲渠候官與第四燧》，文物出版社，1990 年 7 月第 1 版。

2. 甘肅省文物考古研究所、甘肅省博物館、文化部古文獻研究室、中國社會科學院歷史研究所編《居延新簡——甲渠候官》，中華書局，1994 年 12 月第 1 版。

3. 中國簡牘集成編輯委員會編《中國簡牘集成 · 甘肅省 内蒙古自治區卷（居延新簡）》（第九册），敦煌文藝出版社，2001 年 6 月第 1 版。

4. 張德芳:《居延新簡集釋》（七），甘肅文化出版社，2016 年 6 月第 1 版。

研究

陳久金:《敦煌、居延漢簡中的曆譜》，中國社會科學院考古研究所編《中國古代天文文物論集》，文物出版社，1989 年 12 月第 1 版。

九十五　額濟納漢簡建武八年三月曆譜

2000 年在内蒙古額濟納旗漢代烽燧遺址第九隧出土的編號 2000ES9S: 21B 簡爲曆譜簡。該簡木質，下部及右側邊均殘，該簡從上向下分欄書寫，第一欄存三月月名、月大小、一二三日及干支，第二欄存六至九日日名及干支。從現存各日干支次序來看，該曆譜是把三月各日日名及干支按照每欄六列分五欄書寫在一支木簡上。[①] 曾磊等學者考定本曆譜爲建武八年三月曆譜。[②] 建武八年爲公元 32 年。原簡現藏内蒙古自治區文物考古研究所。

關於本曆譜的形制體式，學界有不同意見。主要有複段式月曆、數牘合編分欄横讀式等觀點。[③] 本曆譜應屬於非制式曆譜，是摘編性曆譜。

① 參見魏堅主編《額濟納漢簡》，第 269 頁；孫家洲主編《額濟納漢簡釋文校本》，第 97 頁。

② 參見曾磊:《額濟納漢簡所見曆譜年代考釋》，孫家洲主編《額濟納漢簡釋文校本》，第 313—315 頁；羅見今、關守義:《〈額濟納漢簡〉年代考釋》，《敦煌研究》，2012 年第 2 期，第 113 頁。

③ 參見胡永鵬:《西北邊塞漢簡編年及相關問題研究》，博士學位論文，吉林大學，2016 年 6 月，第 700—701 頁；陳侃理:《出土秦漢曆書綜論》，《簡帛研究》（二〇一六 · 秋冬卷），第 31—58 頁。陳侃理文中關於本曆譜分類前後不一致，第 40 頁文字表述中稱本曆譜爲數牘合編分欄横讀式，在第 49 頁分類表中把本曆譜歸入曆日類年曆型分欄直讀式。

2000ES9S:21A 號簡即本曆譜的正面所書曆日信息殘失較重，很難最終確定所屬年份。①

著録

魏堅主編《額濟納漢簡》，廣西師範大學出版社，2005 年 3 月第 1 版。

研究

1. 孫家洲主編《額濟納漢簡釋文校本》，文物出版社，2007 年 10 月第 1 版。

2. 曾磊:《額濟納漢簡所見曆譜年代考釋》，孫家洲主編《額濟納漢簡釋文校本》，文物出版社，2007 年 10 月第 1 版。

3. 羅見今、關守義:《〈額濟納漢簡〉年代考釋》，《敦煌研究》，2012 年第 2 期。

4. 胡永鵬:《西北邊塞漢簡編年及相關問題研究》，博士學位論文，吉林大學，2016 年 6 月。

5. 陳侃理:《出土秦漢曆書綜論》，《簡帛研究》(二〇一六·秋冬卷)，廣西師範大學出版社，2017 年 1 月第 1 版。

九十六　懸泉漢簡元和二年曆譜

1990 年出土於懸泉置遺址的漢簡中編號 II90DXT0113 ④ : 215 簡爲曆譜簡。本簡木質，下部殘，殘存部分長三十三點八釐米，寬一釐米，厚零點二釐米。② 簡文由上向下書寫，簡端不留白，頂頭書寫。

本木簡記某年各月廿六日干支，爲編册横讀式曆譜，木簡下部殘斷，僅殘存前九個月廿六日干支，在第三個月廿六日干支辛卯下有記事“效穀置馬日食時死”。③ 經推步並綜合考慮懸泉漢簡年代上下限因素，可以考定本簡曆譜爲東漢章帝元和二年曆譜。元和二年爲公元 85 年。

① 參見曾磊:《額濟納漢簡所見曆譜年代考釋》，孫家洲主編《額濟納漢簡釋文校本》，第 313—315 頁；羅見今、關守義:《〈額濟納漢簡〉年代考釋》，《敦煌研究》，2012 年第 2 期，第 113 頁。

② 參見甘肅簡牘博物館等編《懸泉漢簡》(叁)，第 583 頁。

③ 釋文參見甘肅簡牘博物館等編《懸泉漢簡》(叁)，第 41 頁。

著録

甘肅簡牘博物館等編《懸泉漢簡》(叁),中西書局,2023年5月第1版。

研究

于茀:《〈懸泉漢簡(叁)〉曆譜簡年代考釋》,待刊。

九十七　居延新簡永元二年曆譜

1972年至1974年甘肅省居延考古隊對居延漢代烽燧甲渠候官(破城子)、甲渠塞第四隧、肩水金關三處遺址進行發掘,在破城子遺址出土的編號EPT65.425簡牘爲曆譜。此片應是一件木牘,此牘左側及下部均殘,正面第一欄記永元二年,第二欄殘存四月月名、月大小及一至三日干支,還存有“建”“除”“滿”等曆注,木牘背面第一欄記十至十八日干支,從干支次序來看所記並不是四月各日干支,每日下有建除及所值八魁、反支神煞等曆注。① 永元二年爲公元90年。原簡現藏甘肅簡牘博物館。

本曆譜實際上應該是摘編類曆譜,不是常規制式曆譜,是出於某種使用目的而自己抄寫的簡易曆譜。

著録

1. 甘肅省文物考古研究所、甘肅省博物館、文化部古文獻研究室、中國社會科學院歷史研究所編《居延新簡——甲渠候官與第四燧》,文物出版社,1990年7月第1版。

2. 甘肅省文物考古研究所、甘肅省博物館、文化部古文獻研究室、中國社會科學院歷史研究所編《居延新簡——甲渠候官》,中華書局,1994年12月第1版。

3. 中國簡牘集成編輯委員會編《中國簡牘集成·甘肅省 内蒙古自治區卷(居延新簡)》(第九册),敦煌文藝出版社,2001年6月第1版。

4. 張德芳、韓華:《居延新簡集釋》(六),甘肅文化出版社,2016年6月第1版。

① 參見甘肅省文物考古研究所、甘肅省博物館、文化部古文獻研究室、中國社會科學院歷史研究所編《居延新簡——甲渠候官》(上),第197頁,(下),第445頁;張德芳、韓華:《居延新簡集釋》(六),第59—60頁。

九十八　敦煌木牘永元六年曆譜

敦煌木牘永元六年曆譜是 20 世紀初斯坦因第二次中亞考古時在敦煌漢代長城烽燧遺址發現的。永元六年曆譜木牘，編號 1968，[①]，正背兩面書寫。木牘正面第一、二欄記永元六年十二月的日干支及月大小，有建除及所值八魁、反支神煞等曆注；第三欄書寫七月每日干支，有建除及所值反支神煞等曆注。木牘反面記永元六年閏十一月的每日干支，並有建除及所值反支神煞等曆注。[②] 永元六年爲公元 94 年。

本曆譜的年代最早由沙畹考定爲永元六年曆譜，羅振玉、王國維《流沙墜簡》採用其説。近年來，有學者提出不同意見。[③]

關於本曆譜的形制體式，學界也有不同意見。目前有數板直讀式、複段式月曆、數牘合編分欄横讀式等觀點，[④] 還有學者提出本木牘所記並非常規曆譜，而是用於數術。[⑤] 羅振玉、王國維《流沙墜簡》認爲本件木牘在永元六年十二月後面記七月，又在簡背面書寫閏十一月的每日干支，甚爲雜亂，殊難理解。[⑥] 陳夢家認爲本譜爲數板直讀式曆譜，由六板組成一年曆譜。[⑦]

本曆譜實際上也應該是摘編類曆譜。我們注意到居延新簡 EPT65.425 號木牘與本木牘形制體式相近，[⑧] 該牘正面最上方記永元二年，下面横列一欄，殘存四月一日至三日干支，木牘背面所記十至十八日干支，從干支次

---

① 爲《敦煌漢簡》編號。

② 參見羅振玉、王國維:《流沙墜簡》，第 88—91 頁。又，甘肅省文物考古研究所編《敦煌漢簡》(上)，圖板壹陸零;(下)，第 296 頁。

③ 羅見今:《敦煌漢簡中曆譜年代之再研究》,《敦煌研究》，1999 年第 3 期，第 94—95 頁。

④ 參見胡永鵬:《西北邊塞漢簡編年及相關問題研究》，博士學位論文，吉林大學，2016 年 6 月，第 700—701 頁；陳侃理:《出土秦漢曆書綜論》,《簡帛研究》(二〇一六・秋冬卷)，第 31—58 頁。陳侃理文中關於本曆譜分類前後不一致，第 40 頁文字表述中稱本曆譜爲數牘合編分欄横讀式，在第 49 頁分類表中把本曆譜歸入曆日類年曆型分欄直讀式。

⑤ 參見羅見今:《敦煌漢簡中曆譜年代之再研究》,《敦煌研究》，1999 年第 3 期，第 94 頁；陳久金:《敦煌、居延漢簡中的曆譜》，中國社會科學院考古研究所編《中國古代天文文物論集》，第 120 頁。

⑥ 參見羅振玉、王國維:《流沙墜簡》，第 88—91 頁。

⑦ 參見陳夢家:《漢簡綴述》，第 235 頁。

⑧ 參見張德芳、韓華:《居延新簡集釋》(六)，第 59—60 頁。

序來看並不是四月的。居延新簡 EPT65.425 木牘在最上邊記永元二年，有兩點值得注意，一是其衹稱永元二年，而不稱永元二年曆日，這與已經發現的漢簡曆譜題名不同；二是在永元二年題名下面接抄的不是正月，而是四月，這正説明本曆譜是爲某種特殊需要而摘編的，並不是常規制式曆譜。與此相似，敦煌木牘永元六年曆譜上書十二月，下面接抄七月，説明也是爲某種特殊需要而摘編的，並不是常規制式曆譜，因此没必要將其放在常規制式曆譜中進行分類。

著録

1. 羅振玉、王國維:《流沙墜簡》，中華書局，1993 年 9 月第 1 版。

2. 甘肅省文物考古研究所編《敦煌漢簡》，中華書局，1991 年 6 月第 1 版。

3. 吴礽驤等釋校《敦煌漢簡釋文》，甘肅人民出版社，1991 年 1 月第 1 版。

4. 中國簡牘集成編輯委員會編《中國簡牘集成・甘肅省卷上》（第三册），敦煌文藝出版社，2001 年 6 月第 1 版。

研究

1. 羅振玉、王國維:《流沙墜簡・小學術數方技書考釋》，中華書局，1993 年 9 月第 1 版。

2. 陳夢家:《漢簡綴述》，中華書局，1980 年 12 月第 1 版。

3. 陳久金:《敦煌、居延漢簡中的曆譜》，中國社會科學院考古研究所編《中國古代天文文物論集》，文物出版社，1989 年 12 月第 1 版。

4. 羅見今:《敦煌漢簡中曆譜年代之再研究》，《敦煌研究》，1999 年第 3 期。

5. 胡永鵬:《西北邊塞漢簡編年及相關問題研究》，博士學位論文，吉林大學，2016 年 6 月。

6. 陳侃理:《出土秦漢曆書綜論》，《簡帛研究》（二〇一六・秋冬卷），廣西師範大學出版社，2017 年 1 月第 1 版。

九十九　居延漢簡永元十七年曆譜

居延漢簡永元十七年曆譜，1930 年西北科學考察團在額濟納河流域發現。本曆譜存一支完整竹簡，編號爲 37.40，竹簡長二十五點四釐米，寬零點六釐米，出土地 A32 金關。[①] 是年有閏月，本簡記全年十三個月的第廿二日干支。[②] 本曆譜爲編册横讀式曆譜，陳夢家考定爲永元十七年曆譜，[③] 對此學界尚有不同意見。[④] 永元十七年爲公元 105 年。原簡現藏臺北中研院歷史語言研究所。

著録

1. 勞榦:《居延漢簡考釋（釋文之部）》，商務印書館，1949 年 11 月初版。

2. 勞榦:《居延漢簡（圖版之部）》，臺北中研院歷史語言研究所，1957 年 3 月初版。

3. 中國社會科學院考古研究所編《居延漢簡（甲乙編）》，中華書局，1980 年 7 月第 1 版。

4. 中國簡牘集成編輯委員會編《中國簡牘集成·甘肅省 内蒙古自治區卷（居延漢簡）》（第五册），敦煌文藝出版社，2001 年 6 月第 1 版。

5. 簡牘整理小組編《居延漢簡》（壹），臺北中研院歷史語言研究所，2014 年 12 月初版。

研究

1. 勞榦:《居延漢簡（考釋之部）》，臺北中研院歷史語言研究所，1960 年 4 月初版。

2. 陳夢家:《漢簡綴述》，中華書局，1980 年 12 月第 1 版。

3. 謝桂華等:《居延漢簡釋文合校》，文物出版社，1987 年 1 月第 1 版。

4. 陳久金:《敦煌、居延漢簡中的曆譜》，中國社會科學院考古研究所編《中國古代天文文物論集》，文物出版社，1989 年 12 月第 1 版。

一百　敦煌漢簡干支譜

敦煌漢簡干支譜是 20 世紀初斯坦因第二次中亞考古時在敦煌漢代長

① 參見簡牘整理小組編《居延漢簡》（壹），第 286 頁。

② 參見中國社會科學院考古研究所編《居延漢簡（甲乙編）》，上册，乙圖版叁貳，下册，第 25 頁；簡牘整理小組編《居延漢簡》（壹），第 121 頁。

③ 陳夢家:《漢簡綴述》，第 234—235 頁。

④ 參見陳久金:《敦煌、居延漢簡中的曆譜》，中國社會科學院考古研究所編《中國古代天文文物論集》，第 120 頁。

城烽燧遺址發現的。此干支譜存木簡二支、四棱木觚一件。第一簡編號1978，殘存三日干支；[①] 第二簡編號 1811，殘存四日干支；[②] 木觚編號 2114，存兩面，每面書甲子至癸酉十日干支。[③] 六十甲子干支譜見於殷墟甲骨刻辭，羅振玉、王國維《流沙墜簡》認爲漢簡六十甲子干支譜當爲推步之用。[④] 以上簡觚字體大多爲篆書或介於篆隸之間，與一般敦煌漢簡字體明顯不同。近來也有學者認爲上揭所謂干支譜是習字簡。[⑤] 敦煌漢簡中相似的干支簡還有 1949 年以後發現的 841、951、1458、1495 等號簡。

著録

1. 羅振玉、王國維:《流沙墜簡》，中華書局，1993 年 9 月第 1 版。

2. 甘肅省文物考古研究所編《敦煌漢簡》，中華書局，1991 年 6 月第 1 版。

3. 吴礽驤等釋校《敦煌漢簡釋文》，甘肅人民出版社，1991 年 1 月第 1 版。

4. 中國簡牘集成編輯委員會編《中國簡牘集成・甘肅省卷上》（第三册），敦煌文藝出版社，2001 年 6 月第 1 版。

研究

1. 羅振玉、王國維:《流沙墜簡・小學術數方技書考釋》，中華書局，1993 年 9 月第 1 版。

2. 白軍鵬:《“敦煌漢簡” 整理與研究》，博士學位論文，吉林大學，2014 年 4 月。

一百零一　居延新簡干支表

1972 年至 1974 年甘肅省居延考古隊對居延漢代烽燧甲渠候官（破城子）、甲渠塞第四隧、肩水金關三處遺址進行發掘，在破城子遺址出土的

① 爲《敦煌漢簡》編號。參見甘肅省文物考古所編《敦煌漢簡》（上），圖版壹陸壹；（下），第 296 頁。

② 爲《敦煌漢簡》編號。參見甘肅省文物考古所編《敦煌漢簡》（上），圖版壹伍貳；（下），第 289 頁。

③ 爲《敦煌漢簡》編號。參見甘肅省文物考古所編《敦煌漢簡》（上），圖版壹陸陸；（下），第 302 頁。

④ 羅振玉、王國維:《流沙墜簡》，第 91 頁。

⑤ 參見白軍鵬:《“敦煌漢簡” 整理與研究》，博士學位論文，吉林大學，2014 年 4 月，第 560 頁。

編號 EPT65.82 簡爲干支表，干支書寫在該簡的正面和側面。[①] 原簡現藏甘肅簡牘博物館。

著録

1. 甘肅省文物考古研究所、甘肅省博物館、文化部古文獻研究室、中國社會科學院歷史研究所編《居延新簡——甲渠候官與第四燧》，文物出版社，1990 年 7 月第 1 版。

2. 甘肅省文物考古研究所、甘肅省博物館、文化部古文獻研究室、中國社會科學院歷史研究所編《居延新簡——甲渠候官》，中華書局，1994 年 12 月第 1 版。

3. 中國簡牘集成編輯委員會編《中國簡牘集成·甘肅省 内蒙古自治區卷（居延新簡）》（第九册），敦煌文藝出版社，2001 年 6 月第 1 版。

4. 張德芳、韓華：《居延新簡集釋》（六），甘肅文化出版社，2016 年 6 月第 1 版。

一百零二　清華楚簡《算表》

清華簡《算表》是清華大學 2008 年入藏的戰國竹簡中的一篇。本篇簡文共存竹簡二十一支，其中完簡十七支（有四支爲綴合而成），完簡長四十三點五至四十三點七釐米，寬一點二釐米左右，厚約零點一三釐米，三道編繩。第一道編繩至上端二釐米，中編繩居中，第三道編繩至尾端二釐米。原無篇題，現篇題爲整理者所加。簡文中的數字皆用戰國文字書寫。十八條朱絲欄綫横向分布於二十一支竹簡上，三道編繩亦作欄綫使用，用以分隔數字，並形成表格形態。[②]

"此表之核心是由乘數、被乘數'九'至'一'及乘積'八十一'至'一'諸數構成的乘法表。被乘數及乘數爲十位數、分數及其積數皆爲核心部分之延伸擴展。《算表》所見數碼的排列方式與九九術相類，都是按由大到小的順序排列，可見它是當時已廣泛使用的九九術衍生出來的運算工具，在中國乃至世界數學史皆獨具特色。據内容分析，《算表》計數采

① 參見甘肅省文物考古研究所、甘肅省博物館、文化部古文獻研究室、中國社會科學院歷史研究所編《居延新簡——甲渠候官》（上），第 187 頁，（下），第 420 頁；張德芳、韓華：《居延新簡集釋》（六），第 19 頁。

② 參見李學勤主編《清華大學藏戰國竹簡》（肆），第 135 頁。

用十進制，計算時應用了乘法的交换律、乘法對加法的分配律等數學原理和概念。”[①]

“《算表》爲迄今所見中國最早的計算器與數學文獻，不僅比張家山漢簡《算數書》、嶽麓書院收藏的秦簡《數》早，而且包含的内容是上述簡牘中所没有的，具有很高的史料價值。《算表》不僅比目前能够見到的古代十進制乘法表年代都早，而且其數學與計算功能也超過了以往中國發現的里耶秦簡九九表和張家界漢簡九九表等古代乘法表，《算表》的發現填補了中國先秦計算器的空白。《算表》爲迄今所見中國最早的數學文獻實物，不僅比目前能够見到的古代十進制乘法表年代都早，而且其數學與計算功能也超過了以往中國發現的里耶秦簡九九表和張家界漢簡九九表等古代乘法表，在中國乃至世界範圍内尚屬首見，是一次驚人的重大發現，爲認識中國先秦數學的應用與普及提供了重要的第一手數據。”[②]

著録

李學勤主編《清華大學藏戰國竹簡》(肆)，中西書局，2013年12月第1版。

研究

1. 李均明、馮立升:《清華簡〈算表〉概述》,《文物》，2013年第8期。

2. 李均明、馮立升:《清華簡〈算表〉的形制特徵與運算方法》,《自然科學史研究》，2014年第1期。

一百零三　里耶秦簡《九九術》

里耶秦代簡牘（簡稱里耶秦簡）包括2002年6月出土於里耶戰國秦代古城遺址一號井的三萬八千餘枚簡牘和2005年12月出土於北護城壕十一號坑中的五十一枚簡牘。[③]里耶秦簡内容大部分是秦代政府文書、法律文書、簿籍等，除此之外，也有一定數量的曆譜、醫方、九九術等書籍簡牘。里耶秦簡《九九術》出土自里耶古城遺址一號井第六層，書寫在

① 李均明、馮立昇:《清華簡〈算表〉概述》,《文物》，2013年第8期，第73—74頁。

② 李均明、馮立昇:《清華簡〈算表〉的形制特徵與運算方法》,《自然科學史研究》，2014年第1期，第16頁。

③ 參見湖南省文物考古研究所編著《里耶秦簡（壹)》，前言，第1頁。

一件木牘上，編號爲 5-1，值得注意的是本《九九術》最後是二半而一、一一而二。[①]

著録

湖南省文物考古研究所編著《里耶秦簡》(壹)，文物出版社，2012 年 1 月第 1 版。

研究

1. 陳偉主編《里耶秦簡牘校釋》(第一卷)，武漢大學出版社，2012 年 1 月第 1 版。

2. 王焕林:《里耶秦簡九九表初探》,《吉首大學學報》(社會科學版)，2006 年第 1 期。

3. 王焕林:《里耶秦簡校詁》，中國文聯出版社，2007 年 9 月第 1 版。

一百零四　嶽麓秦簡《數》

2007 年 12 月湖南大學嶽麓書院入藏了一批秦簡,《數》是其中一篇文獻。[②]《數》現存竹簡二百三十六個編號，另存殘片十八枚，完整簡長大約二十七點五釐米，寬約零點五至零點六釐米，上中下三道編繩。[③]“數”爲原有篇題，單獨書寫在 0956 號簡背面上端。[④]

《數》包括算題八十一例，單獨術文十九例，記兑换穀物比率的簡三十四支，記衡制的簡三支。全書按照内容可以分爲：租税類算題、面積類算題、營軍之術、合分與乘分、衡制、穀物换算類算題、衰分類算題、少廣類算題、體積類算題、赢不足類算題、勾股算題、其他等。本書形成時間不晚於秦始皇三十五年(公元前 212 年)。本書中的算題有的是獨有的，有的見於張家山漢簡《算數書》或《九章算術》，本書算題涉及《九章算術》的“方田”“粟米”“衰分”“少廣”“商功”“均輸”“盈不足”“勾股”八章内容，未見到“方程”類算題。從本書上述内容判斷，

① 參見湖南省文物考古研究所編著《里耶秦簡》(壹)，釋文第 7 頁；陳偉主編《里耶秦簡牘校釋》(第一卷)，第 17 頁。

② 參見朱漢民、陳松長主編《嶽麓書院藏秦簡》(壹)，前言。

③ 參見朱漢民、陳松長主編《嶽麓書院藏秦簡》(貳)，前言。

④ 參見朱漢民、陳松長主編《嶽麓書院藏秦簡》(貳)，第 3 頁。

本書不是一部經典數學著作，而是一部實用算法抄本。[①]

著録

朱漢民、陳松長主編《嶽麓書院藏秦簡》(貳)，上海辭書出版社，2011年12月第1版。

研究

1. 陳松長主編《嶽麓書院藏秦簡（壹—叁）釋文修訂本》，上海辭書出版社，2018年6月第1版。

2. 朱漢民、肖燦:《從嶽麓書院藏秦簡〈數〉看周秦之際的幾何學成就》,《中國史研究》,2009年第3期。

3. 許道勝:《嶽麓秦簡〈數〉鍛鐵、鍛銅算題新詮》,《簡帛研究》(二〇二〇·春夏卷)，廣西師範大學出版社，2020年6月第1版。

一百零五　北大秦簡《算書甲種》

北大秦簡《算書甲種》是2010年北京大學入藏秦簡中的一篇。本篇文獻綴合後有二百三十五支簡，含一支空白簡，其中整理者所編二二〇號正面至二三五號正面抄寫在竹簡下半段，完整簡長二十二點六至二十三點一釐米，寬零點五至零點七釐米，三道編繩，本篇文獻未發現篇題，現篇題爲整理者所擬加。[②]

本篇文獻包括四部分。前三十二支簡爲第一部分，八百餘字，以魯久次與陳起二人問對形式詳盡論述了古代數學的起源、作用及意義。這部分原無篇題，整理者取篇首語定名爲“魯久次問數于陳起”。第二部分八支簡，抄寫的是九九術口訣表，分五欄抄寫，始於“九九八十一”，終於“一一而二”。第三部分是《算書甲種》的主體，可稱爲“算題彙編”，其編排次序與《九章算術》各章順序大多一致，算題内容有很多爲前所未見。二二〇號正面至二三五號正面下半段抄寫的是第四部分，内容爲衡制

① 參見朱漢民、陳松長主編《嶽麓書院藏秦簡》(貳)，前言。

② 北京大學出土文獻與古代文明研究所編《北京大學藏秦簡牘》(肆)，第741、747頁。

换算。[①]

著録

北京大學出土文獻與古代文明研究所編《北京大學藏秦簡牘》(叁)、(肆)，上海古籍出版社，2023年5月第1版。

一百零六　北大秦簡《算書乙種》

北大秦簡《算書乙種》是2010年北京大學入藏秦簡中的一篇。本篇文獻存竹簡三十七支，第一簡正背兩面書寫，以下各簡抄寫在背面。完整簡長二十二點六至二十三點一釐米，寬零點五至零點七釐米，三道編繩，本篇文獻未發現篇題，現篇題爲整理者所擬加。[②]

本篇文獻性質屬於“算題彙編”，内容比較駁雜，編次也無一定之規。

著録

北京大學出土文獻與古代文明研究所編《北京大學藏秦簡牘》(叁)、(肆)，上海古籍出版社，2023年5月第1版。

一百零七　北大秦簡《算書丙種》

北大秦簡《算書丙種》是2010年北京大學入藏秦簡中的一篇。本篇文獻存六十六支竹簡，完整簡長二十二點九至二十三點二釐米，寬零點五至零點七釐米，三道編繩，本篇文獻未發現篇題，現篇題爲整理者所擬加。[③]

《算書丙種》，其性質屬於各種算題的彙編，每種算題首尾大多有方墨塊作爲分隔符號。算題内容按照《九章算術》體例，大致可分爲“少廣”“方田”“租枲”“粟米”“商功”“衰分”等幾大類。[④]

① 參見北京大學出土文獻與古代文明研究所編《北京大學藏秦簡牘》(肆)，第749—809頁。

② 北京大學出土文獻與古代文明研究所編《北京大學藏秦簡牘》(肆)，第741、831頁。

③ 北京大學出土文獻與古代文明研究所編《北京大學藏秦簡牘》(貳)，第367頁。

④ 參見北京大學出土文獻與古代文明研究所編《北京大學藏秦簡牘》(貳)，第369—392頁。

著録

北京大學出土文獻與古代文明研究所編《北京大學藏秦簡牘》(貳)，上海古籍出版社，2023年5月第1版。

一百零八　北大秦簡《成田》

北大秦簡《成田》是2010年北京大學入藏秦簡中的一篇。本篇文獻有二十四支竹簡，其中有兩支空白簡，完整簡長二十三點七至二十四釐米，寬零點五至零點七釐米，三道編繩。本篇文獻未發現篇題，現篇題爲整理者所擬加。[①]

《成田》篇内容爲田畝的計算方法。該篇以田畝的廣、縱步數相乘來計算田地的畝數，廣、縱步數乘積二百四十步成田一畝。[②]

著録

北京大學出土文獻與古代文明研究所編《北京大學藏秦簡牘》(貳)，上海古籍出版社，2023年5月第1版。

一百零九　北大秦簡《田書》

北大秦簡《田書》是2010年北京大學入藏秦簡中的一篇。本篇文獻有五十一個竹簡編號，綴合後有五十支簡，完整簡長二十七點二至二十七點九釐米，寬零點五至零點八釐米，三道編繩，簡背有劃痕，在第一簡背面上端書寫篇題“田書”。[③]

《田書》篇各簡以中間編繩爲界分上下兩欄，上欄所記是田畝計算方法，與《成田》相同；下欄所記是田租計算方法，包括税田比例、税率及田租數額。税田比例均爲上欄所記成田畝數的十二分之一。[④]

① 北京大學出土文獻與古代文明研究所編《北京大學藏秦簡牘》(貳)，第413頁。

② 參見北京大學出土文獻與古代文明研究所編《北京大學藏秦簡牘》(貳)，第415—416頁。

③ 北京大學出土文獻與古代文明研究所編《北京大學藏秦簡牘》(貳)，第449頁。

④ 參見北京大學出土文獻與古代文明研究所編《北京大學藏秦簡牘》(貳)，第451—453頁。

著録

北京大學出土文獻與古代文明研究所編《北京大學藏秦簡牘》(貳)，上海古籍出版社，2023年5月第1版。

一百一十　北大秦牘《九九術》

北大秦牘《九九術》，是2010年北京大學入藏秦簡中的一篇。本篇《九九術》記在一件木牘上。該木牘長二十三釐米，寬六點八至七釐米，正面抄寫九九術表格，背面爲記賬文字。[①]

本篇九九術，分五欄書寫，始於“九九八十一”，終於“二半而一”。最後記得數總和“凡千一百一十三字”。[②]

著録

北京大學出土文獻與古代文明研究所編《北京大學藏秦簡牘》(貳)，上海古籍出版社，2023年5月第1版。

一百一十一　張家山漢簡《算術書》

張家山漢簡《算術書》，1983年底出土於張家山二四七號漢墓。[③]本篇《算術書》共存竹簡一百九十支，簡長二十九點六至三十點二釐米，篇題書寫在第六簡的背面，本篇簡文内容是一部數學問題集，共有六十九個章題，大多數算題由題文、答案、術構成。算題包括分數的性質和四則運算、各種比例問題、盈不足問題、體積問題和面積問題。與《九章算術》前七章的内容極爲接近，二者有密切關係。本篇簡文中的算題有的早於西漢，是戰國晚期或更早時形成的，是非常珍貴的數學史資料。[④]

---

① 北京大學出土文獻與古代文明研究所編《北京大學藏秦簡牘》(貳)，第469頁。
② 參見北京大學出土文獻與古代文明研究所編《北京大學藏秦簡牘》(貳)，第471頁。
③ 張家山二四七號漢墓竹簡整理小組編著《張家山漢墓竹簡〔二四七號墓〕》，前言，第1頁。
④ 參見張家山二四七號漢墓竹簡整理小組編著《張家山漢墓竹簡〔二四七號墓〕》，第249頁。

著録

1. 江陵張家山漢簡整理小組:《江陵張家山漢簡〈算數書〉釋文》,《文物》, 2000年第9期。

2. 張家山二四七號漢墓竹簡整理小組編著《張家山漢墓竹簡〔二四七號墓〕》, 文物出版社, 2001年11月第1版。

研究

1. 杜石然:《江陵張家山竹簡〈算數書〉初探》,《自然科學史研究》, 1988年第3期。

2. 李憲忠、段興亞:《從張家山出土〈算數書〉談中國初等數學體系的形成》,《中原文物》, 1999年第2期。

3. 彭浩:《張家山漢簡〈算數書〉的"並租"與"啓從(縱)"》,《考古》, 2002年第5期。

4. 紀志剛:《讚歎與遺憾: 讀彭浩著〈張家山漢簡算數書注釋〉》,《自然科學史研究》, 2004年第1期。

5. 吴朝陽、晉文:《張家山漢簡〈算數書〉校證三題》,《自然科學史研究》, 2013年第1期。

一百一十二　銀雀山漢簡《算書》

銀雀山漢簡《算書》, 1972年4月出土於山東省臨沂銀雀山一號漢墓。[①] 本篇用長簡書寫, 存殘簡九支, 未發現篇題, 現篇題爲整理者所加。本篇簡文殘損較重, 據内容當是算書。[②]

著録

銀雀山漢墓竹簡整理小組編《銀雀山漢墓竹簡》(貳), 文物出版社, 2010年1月第1版。

① 《銀雀山漢墓竹簡情況簡介》, 銀雀山漢墓竹簡整理小組編《銀雀山漢墓竹簡》(壹), 第5—6頁。

② 參見銀雀山漢墓竹簡整理小組編《銀雀山漢墓竹簡》(貳), 第255頁。

研究

銀雀山漢墓竹簡整理小組編《銀雀山漢墓竹簡》(貳), 文物出版社, 2010 年 1 月第 1 版。

一百一十三　敦煌漢簡算表

敦煌漢簡算表現存兩種。一種是 20 世紀初斯坦因第三次中亞考古時在敦煌漢代長城烽燧遺址發現的, 現存一支簡, 編號 2422, [①] 此簡兩端殘, 殘存有“勾”方面的運算。[②] 另一種是 1979 年在馬圈灣發現的, 現存一支簡, 編號 1063, [③] 此簡兩端殘, 殘存有“負”數方面的運算。[④] 此兩種算表内容涉及勾股及負數, 對於研究中國古代數學史相關問題具有重要意義。

著録

1. 甘肅省文物考古研究所編《敦煌漢簡》, 中華書局, 1991 年 6 月第 1 版。

2. 吴礽驤等釋校《敦煌漢簡釋文》, 甘肅人民出版社, 1991 年 1 月第 1 版。

3. 中國簡牘集成編輯委員會編《中國簡牘集成・甘肅省卷上》(第三册), 敦煌文藝出版社, 2001 年 6 月第 1 版。

研究

白軍鵬:《“敦煌漢簡”整理與研究》, 博士學位論文, 吉林大學, 2014 年 4 月。

一百一十四　敦煌木牘九九表

敦煌木牘九九表現存兩件。一件是 20 世紀初斯坦因第二次中亞考古時在敦煌漢代長城烽燧遺址發現的。此件木牘九九表, 編號 2170, [⑤] 分六欄書寫, 第一欄存三列, 從九九八十一起, 第二欄存四列, 第三欄存三列,

---

① 爲《敦煌漢簡》編號。

② 參見甘肅省文物考古研究所編《敦煌漢簡》(下), 第 315 頁。

③ 爲《敦煌漢簡》編號。

④ 參見甘肅省文物考古研究所編《敦煌漢簡》(上), 圖版壹叁玖;(下), 第 260 頁。

⑤ 爲《敦煌漢簡》編號。

第四欄存四列，第五欄存三列，第六欄寫有“大凡千一百一十三”，當是仝表各行乘積總和，比今九九表乘積總和一千一百五十五少四十二。《流沙墜簡》稱爲“九九術”。[①]另一件是1979年在馬圈灣發現的，編號1062，此件木牘爲九九乘法口訣，分六欄書寫，第一欄存三列，第二欄存一列，第三欄存二列，第四欄存二列，第五欄存一列，第六欄存三列。本件九九表也是從九九八十一始。[②]

著録

1. 羅振玉、王國維:《流沙墜簡》，中華書局，1993年9月第1版。

2. 甘肅省文物考古研究所編《敦煌漢簡》，中華書局，1991年6月第1版。

3. 吴礽驤等釋校《敦煌漢簡釋文》，甘肅人民出版社，1991年1月第1版。

4. 中國簡牘集成編輯委員會編《中國簡牘集成・甘肅省卷上》(第三册)，敦煌文藝出版社，2001年6月第1版。

研究

1. 羅振玉、王國維:《流沙墜簡・小學術數方技書考釋》，中華書局，1993年9月第1版，第92頁。

2. 白軍鵬:《“敦煌漢簡”整理與研究》，博士學位論文，吉林大學，2014年4月。

一百一十五　居延漢簡九九表

1930年西北科學考察團在額濟納河流域考古發掘出大批漢代簡牘，其中36.5、75.19、271.20B、351.3、435.25號簡牘所書都是九九表。

36.5號簡，出土於A33地灣遺址，木質，此簡右側及下部殘，殘存部分長十八點六釐米，寬一點二釐米。[③]本簡縱向書寫，殘存九九八十一至六九五十四。[④]75.19號牘，出土於A32金關遺址，木質，此牘下部殘，殘

① 參見甘肅省文物考古研究所編《敦煌漢簡》(上)，圖版壹柒叁，(下)，第304頁；羅振玉、王國維:《流沙墜簡》，第92頁。

② 參見甘肅省文物考古研究所編《敦煌漢簡》(上)，圖版玖柒，(下)，第260頁。

③ 參見簡牘整理小組編《居延漢簡》(壹)，第285頁。

④ 參見中國社會科學院考古研究所編《居延漢簡(甲乙編)》，上册，甲圖版叁叁-264，下册，第23頁；簡牘整理小組編《居延漢簡》(壹)，第114頁。

存部分長七點三釐米，寬二釐米。[①]本牘縱向分欄書寫，尚殘存四欄，第一欄存五九到九九共五列，第二欄存二九到四九共三列，第三欄存三八到八八共六列，第四欄存二八一列。[②]271.20B 號簡，出土於 A8 破城子遺址，木質，此簡左側及上部殘，殘存部分長十二釐米，寬一點八釐米，形制應爲木牘。[③]本簡縱向書寫，殘存三五十五、五九四十五兩列。[④]351.3 號簡，出土於 A22 布肯托尼遺址，木質，削衣，此簡僅殘存一小片，殘存部分長三點七釐米，寬一點二釐米。[⑤]本簡縱向書寫，殘存六九五十四、五九卌五兩列。[⑥]435.25 號簡出土於 P9 博羅松治遺址，木質，削衣，此簡僅殘存一小片，殘存部分長四點七釐米，寬一點四釐米。[⑦]本簡縱向書寫，僅殘存二五十一列。[⑧]原簡現藏臺北中研院歷史語言研究所。

著録

1. 勞榦:《居延漢簡考釋（釋文之部）》，商務印書館，1949 年 11 月初版。

2. 勞榦:《居延漢簡（圖版之部）》，臺北中研院歷史語言研究所，1957 年 3 月初版。

3. 中國社會科學院考古研究所編《居延漢簡（甲乙編）》，中華書局，1980 年 7 月第 1 版。

4. 中國簡牘集成編輯委員會編《中國簡牘集成》（第一輯），敦煌文藝出版社，2001 年 6 月第 1 版。

5. 簡牘整理小組編《居延漢簡》（壹），臺北中研院歷史語言研究所，2014 年 12 月初版。

---

① 參見簡牘整理小組編《居延漢簡》（壹），第 299 頁。

② 參見中國社會科學院考古研究所編《居延漢簡（甲乙編）》，上册，乙圖版陸陸，下册，第 55 頁；簡牘整理小組編《居延漢簡》（壹），第 230 頁。

③ 參見簡牘整理小組編《居延漢簡》（叁），第 301 頁。

④ 參見中國社會科學院考古研究所編《居延漢簡（甲乙編）》，上册，乙圖版貳零肆，下册，第 194 頁；簡牘整理小組編《居延漢簡》（叁），第 182 頁。

⑤ 參見簡牘整理小組編《居延漢簡》（肆），第 307 頁。

⑥ 參見中國社會科學院考古研究所編《居延漢簡（甲乙編）》，上册，乙圖版貳肆叁，下册，第 232 頁；簡牘整理小組編《居延漢簡》（肆），第 55 頁。

⑦ 參見簡牘整理小組編《居延漢簡》（肆），第 315 頁。

⑧ 參見中國社會科學院考古研究所編《居延漢簡（甲乙編）》，上册，乙圖版貳伍伍，下册，第 240 頁；簡牘整理小組編《居延漢簡》（肆），第 85 頁。

6. 簡牘整理小組編《居延漢簡》(叁), 臺北中研院歷史語言研究所, 2016年10月初版。

7. 簡牘整理小組編《居延漢簡》(肆), 臺北中研院歷史語言研究所, 2017年11月初版。

一百一十六　居延新簡九九表

1972年至1974年甘肅省居延考古隊對居延漢代烽燧甲渠候官(破城子)、甲渠塞第四隧、肩水金關三處遺址進行發掘, 在破城子遺址出土的編號EPT52:189、EPT52:223A木牘爲九九表殘牘。EPT52:189號木牘, 上下左右均殘, 該牘縱向分欄書寫, 尚殘存四欄。EPT52:223A號木牘, 左右兩側均殘, 縱向分六欄書寫, 第一欄存六九到八九共三列, 第二欄存四八到七八共四列, 第三欄存三七到六七共四列, 第四欄存三六到五六共三列, 第五欄存三四、四四及四五共三列, 第六欄存二半而一、一一而二。[①] 二半而一、一一而二也見於里耶秦簡《九九術》。原木牘現藏甘肅簡牘博物館。

著録

1. 甘肅省文物考古研究所、甘肅省博物館、文化部古文獻研究室、中國社會科學院歷史研究所編《居延新簡——甲渠候官與第四燧》, 文物出版社, 1990年7月第1版。

2. 甘肅省文物考古研究所、甘肅省博物館、文化部古文獻研究室、中國社會科學院歷史研究所編《居延新簡——甲渠候官》, 中華書局, 1994年12月第1版。

3. 中國簡牘集成編輯委員會編《中國簡牘集成・甘肅省 内蒙古自治區卷(居延新簡)》(第九册), 敦煌文藝出版社, 2001年6月第1版。

4. 李迎春:《居延新簡集釋》(三), 甘肅文化出版社, 2016年6月第1版。

---

① 参見甘肅省文物考古研究所、甘肅省博物館、文化部古文獻研究室、中國社會科學院歷史研究所編《居延新簡——甲渠候官》(上), 第103、104頁, (下), 第223、226頁; 李迎春:《居延新簡集釋》(三), 第141、145頁。

一百一十七　肩水金關木牘九九表

1973年在額濟納河流域肩水金關遺址發現的漢代簡牘中編號73EJT10:7B、73EJT14:24、73EJT26:5A木牘所記爲九九表。

73EJT10:7B號木牘僅存一小片，殘存兩欄，每欄存兩列。[①] 73EJT14:24號木牘兩側及上下均殘，兩面分欄書寫，正面殘存三欄，每欄存四列；背面殘存一欄三列。[②]73EJT26:5A號木牘左側殘，分六欄書寫，第二欄殘存三列，其他各欄存兩列。[③] 原木牘現藏甘肅簡牘博物館。

著録

1. 甘肅簡牘保護研究中心等編《肩水金關漢簡》(壹)，中西書局，2011年8月第1版。

2. 甘肅簡牘保護研究中心等編《肩水金關漢簡》(貳)，中西書局，2012年12月第1版。

3. 甘肅簡牘博物館等編《肩水金關漢簡》(叁)，中西書局，2013年12月第1版。

一百一十八　肩水金關漢簡算題

1973年在額濟納河流域肩水金關遺址發現的漢簡中編號73EJT31:140簡爲算題簡。

73EJT31:140號木簡下端殘，算題基本完整。簡文爲:“朱濡行，三日行三里，不日行一里，日倍昨，今問：初日行幾何？曰：初日行七分里三。明□”[④] 原簡現藏於甘肅簡牘博物館。

著録

甘肅簡牘博物館等編《肩水金關漢簡》(叁)，中西書局，2013年12月第1版。

---

① 參見甘肅簡牘保護研究中心等編《肩水金關漢簡》(壹)，上册，第238頁。
② 參見甘肅簡牘保護研究中心等編《肩水金關漢簡》(貳)，第11頁。
③ 參見甘肅簡牘博物館等編《肩水金關漢簡》(叁)，第69頁。
④ 參見甘肅簡牘保護研究中心等編《肩水金關漢簡》(叁)，上册，第227頁。

一百一十九　懸泉木牘九九表

1990年在懸泉置遺址出土的編號I90DXT0110①：114A木牘所記爲九九表。

I90DXT0110①：114A號木牘，上下及兩側均殘，縱向分欄書寫，僅存三欄，每欄殘存三列。[①]

著録

甘肅簡牘博物館等編《懸泉漢簡》(壹)，中西書局，2019年11月第1版。

一百二十　懸泉漢簡算表

1990年在懸泉置遺址出土的漢簡中編號I90DXT0111③：7簡所記爲算表。

I90DXT0111③：7號簡，竹質，上下均殘，僅存中間二欄，記第二負五、第二負二。[②]此算表涉及負數運算，敦煌漢簡中也有類似算表。

著録

甘肅簡牘博物館等編《懸泉漢簡》(壹)，中西書局，2019年11月第1版。

一百二十一　益陽兔子山七號井漢簡九九表

2013年6月至7月，湖南省文物考古研究所在湖南益陽兔子山七號井進行發掘，出土西漢簡牘二千六百零六枚，其中無字簡一百三十五枚，簡牘内容多爲西漢前期益陽縣衙署公文文書，還有九九表及數量衆多的習字簡，另有私人信件十餘件。[③]

益陽兔子山七號井西漢簡九九表，殘存十餘枚，均殘損嚴重，主要有④13、⑤壹328+⑤貳27+⑦41正、⑥192、⑥220、⑦6背、⑦805等

---

① 參見甘肅簡牘博物館等編《懸泉漢簡》(壹)，第67頁。

② 參見甘肅簡牘博物館等編《懸泉漢簡》(壹)，第106頁。

③ 參見湖南省文物考古研究院、益陽市文物考古研究所、中國人民大學歷史系編著《益陽兔子山七號井西漢簡牘》，第408、410頁。

號簡。[①] 其中⑤壹 328+ ⑤貳 27+ ⑦ 41 正，綴合後較爲完整，該木牘正面從上至下存六欄，每欄書寫四列，第一欄存五九至七九，第二欄存六八至八八及二九，第三欄存六七、七七及二八與三八，第四欄存五六、六六及二七與三七，第五欄存三五至五五及二六，第六欄存二三、三三及二四、三四，木牘背面最上部有一欄，存兩個完整的“而”字及少許殘留筆畫，整理者補釋爲二半而一、一=而二、二=而四。[②]

益陽兔子山七號井西漢簡九九表及同時出土的大量習字簡，是當時學童教育遺存，對於研究西漢初期教育情況具有重要價值。

著録

湖南省文物考古研究院、益陽市文物考古研究所、中國人民大學歷史系編著《益陽兔子山七號井西漢簡牘》，上海古籍出版社，2023 年 12 月第 1 版。

一百二十二　張家界古人堤遺址木牘九九表

1987 年在湖南張家界古人堤漢代遺址出土簡牘九十片，簡牘内容包括漢律、醫方、官府文書、書信及禮物謁、曆日表、九九表等九類。其中，九九表存木牘一方，編爲 12 號。整理者稱爲“九九術”，内容相當於今天的乘法口訣。[③]

著録

張春龍、胡平生、李均明：《湖南張家界古人堤遺址與出土簡牘概述》，《中國歷史文物》，2003 年第 2 期。

研究

張春龍、李均明、胡平生：《湖南張家界古人堤簡牘釋文與簡注》，《中國歷史文物》，2003 年第 2 期。

---

① 湖南省文物考古研究院、益陽市文物考古研究所、中國人民大學歷史系編著《益陽兔子山七號井西漢簡牘》，第 35、84、129、131、139、195 頁。

② 湖南省文物考古研究院、益陽市文物考古研究所、中國人民大學歷史系編著《益陽兔子山七號井西漢簡牘》，第 84 頁。

③ 參見張春龍、李均明、胡平生：《湖南張家界古人堤簡牘釋文與簡注》，《中國歷史文物》，2003 年第 2 期，第 76 頁。

一百二十三　烏程漢簡九九表

烏程漢簡九九表是2009年3月下旬浙江省湖州市舊城改造施工中出土漢簡中的一種。①

編號261簡正反兩面抄寫的是九九表。②

著録

曹錦炎等編《烏程漢簡》，上海書畫出版社，2022年10月第1版。

工藝類

一　北大秦簡《製衣》

北大秦簡《製衣》是2010年北京大學入藏秦簡中的一篇。本篇文獻現存二十七支竹簡，其中一支簡上端殘損二字，其餘各簡皆完整。完整簡長二十二點六至二十三點一釐米，寬零點五至零點七釐米，三道編繩，每簡書寫四至三十四字不等，現存六百三十九字，内含重文六。本篇文獻第一簡、第二簡上端分别寫有“折”“衣”二字，整理者認爲是篇題。③

本篇文獻書寫的是製衣的工藝，全篇依次介紹了下帬、上襦、大襦、小襦、前襲、袴的尺寸和製法。篇尾所記“此黄寄褺述也”，當是指本篇製衣術爲黄寄所傳。④

著録

北京大學出土文獻與古代文明研究所編《北京大學藏秦簡牘》(叁)、(肆)，上海古籍出版社，2023年5月第1版。

研究

1. 劉麗:《北大藏秦簡〈製衣〉簡介》,《北京大學學報》(哲學社會科學版)，2015

---

① 參見曹錦炎等編《烏程漢簡·烏程漢簡概述》，第1頁。

② 參見曹錦炎等編《烏程漢簡》，第286—287頁。

③ 參見北京大學出土文獻與古代文明研究所編《北京大學藏秦簡牘》(肆)，第741、823頁。

④ 參見北京大學出土文獻與古代文明研究所編《北京大學藏秦簡牘》(肆)，第825—828頁。

年第2期。

2. 劉麗:《北大藏秦簡〈製衣〉釋文注釋》,《北京大學學報》(哲學社會科學版),2017年第5期。

3. 王煊:《北大藏秦簡〈製衣〉所見上衣服類相關問題探討》,《南方文物》,2020年第4期。

二　懸泉漢簡《治清醬方》

1990年在懸泉置遺址出土的漢簡中I90DXT0109S:272號木簡爲《治清醬方》。

I90DXT0109S:272號木簡，下部及右部殘，殘存部分長八點九釐米，寬零點七釐米，厚零點一釐米，殘存"治清醬方乾脯一束清漬之"數字。[①] 值得注意的是，此方爲肉醬方。

著録

甘肅簡牘博物館等編《懸泉漢簡》(壹),中西書局,2019年11月第1版。

三　懸泉漢簡《治血醬方》

1990年在懸泉置遺址出土的漢簡中Ⅱ90DXT0114S:13號木簡爲《治血醬方》。

Ⅱ90DXT0114S:13號木簡，下部殘，殘存部分長三點九釐米，寬零點九釐米，厚零點一五釐米，[②] 殘存"治血醬血一斗鹽"數字。[③] 值得注意的是，此方爲血醬方。

著録

甘肅簡牘博物館等編《懸泉漢簡》(叁),中西書局,2023年5月第1版。

---

① 參見甘肅簡牘博物館等編《懸泉漢簡》(壹),第617、48頁。

② 參見甘肅簡牘博物館等編《懸泉漢簡》(叁),第610頁。

③ "血"字，整理者釋爲"一皿",誤。參見甘肅簡牘博物館等編《懸泉漢簡》(叁),第267頁。

四　虎溪山漢簡《食方》

1999 年 6 月至 9 月，湖南省文物考古研究所考古隊對湖南沅陵虎溪山一號漢墓進行發掘，墓主爲西漢長沙國第二代長沙王成王吴臣之子沅陵侯吴陽。該墓出土竹簡包括《記薄》《閻昭》《食方》三類。《閻昭》與《食方》出土於北邊箱，《食方》殘存竹簡三百餘片，簡長四十六釐米，寬零點八釐米，厚零點一釐米，三道編繩，上下編繩距簡首簡尾均一點六釐米，編繩間距二十一至二十二釐米，書寫工整。[①]

漢簡《食方》記多種食物的烹調加工方法，將植物食材與動物食材分別記録。本篇食方的發現，對於研究漢代飲食文化具有重要意義。

著録

湖南省文物考古研究所:《沅陵虎溪山一號漢墓》，文物出版社，2020 年 11 月第 1 版。

研究

1. 胡綺:《從虎溪山漢簡〈食方〉管窺漢代飲食文化》,《漢字文化》，2022 年第 21 期。

2. 陳寧:《虎溪山漢簡〈食方〉字詞零札》,《簡帛》(第二十五輯)，上海古籍出版社，2022 年 11 月第 1 版。

數術類

一　清華楚簡《四時》

清華簡《四時》是清華大學 2008 年入藏的戰國竹簡中的一篇。“本篇凡四十三簡，簡長約四十五釐米，寬約零點六釐米，三道編。簡尾有編號，無篇題，篇題《四時》係據簡文内容所擬。”[②] 本篇與《司歲》連續編號，當是一册竹書。

---

① 參見湖南省文物考古研究所:《沅陵虎溪山一號漢墓》，第 4—5、117 頁。

② 黄德寬主編《清華大學藏戰國竹簡》(拾)，第 127 頁。

清華簡《四時》，全篇詳細記述了一年每月的第一、四、七、十、十四、十七、二十、二十四、二十七日的星象、氣象、物候及相應的吉凶吝得妖祥等内容。

本篇屬於天文數術類文獻，對於研究先秦天文數術類文獻文體形態具有較爲重要的價值。

著録

黄德寬主編《清華大學藏戰國竹簡》（拾），中西書局，2020年11月第1版。

研究

1. 石小力：《清華簡〈四時〉中的星象系統》，《文物》，2020年第9期。
2. 劉愛敏：《清華簡〈四時〉“靈星”考》，《出土文獻》，2022年第3期。

二 帛書《五星占》

帛書《五星占》，20世紀70年代初出土於馬王堆三號漢墓。[①]帛書《五星占》抄寫在一幅高約四十八釐米的帛上，此幅帛後半部分爲已畫好界欄却没有書寫文字的空帛。本篇帛書出土時已經斷裂爲多塊殘片，經過帛書整理小組拼綴，已大致復原。現存文字一百四十五行，計八千餘字。帛書内容大致可以分爲兩部分：現存的前七十五行爲第一部分，主要描述木星、火星、土星、水星、金星的運行與占測。後七十行爲第二部分，是記録木、金、土三星行度的表格和文字。本篇帛書原無篇題，現篇題《五星占》爲馬王堆漢墓帛書整理小組所加。復旦大學重新整理，更改了舊拼中八塊小殘片的位置，新拼綴了七塊殘片，新釋及改釋的文字總共約有四十個。[②]

著録

1. 馬王堆漢墓帛書整理小組：《〈五星占〉附表釋文》，《文物》，1974年第11期。
2. 裘錫圭主編《長沙馬王堆漢墓簡帛集成》（壹）、（肆），中華書局，2014年6月

① 湖南省博物館：《長沙馬王堆漢墓簡帛出土與整理情況回顧》，裘錫圭主編《長沙馬王堆漢墓簡帛集成》（壹），第3頁。
② 參見裘錫圭主編《長沙馬王堆漢墓簡帛集成》（肆），第223頁。

第1版。

研究

1. 劉雲友:《中國天文史上的一個重要發現——馬王堆漢墓帛書中的〈五星占〉》,《文物》,1974年第11期。

2. 徐振韜:《從帛書〈五星占〉看"先秦渾儀"的創制》,《考古》,1976年第2期。

3. 白光琦:《帛書〈五星占〉的價值及編製時代》,《殷都學刊》,1997年第3期。

4. 莫紹揆:《從〈五星占〉看我國的干支紀年的演變》,《自然科學史研究》,1998年第1期。

5. 劉釗、劉建民:《馬王堆帛書〈五星占〉釋文校讀劄記(七則)》,《古籍整理研究學刊》,2011年第4期。

三 帛書《天文氣象雜占》

帛書《天文氣象雜占》20世紀70年代初出土於馬王堆三號漢墓。[①] 帛書《天文氣象雜占》出土時碎成幾十片,經整理小組拼綴,恢復爲長約一百五十釐米、寬約四十八釐米的整幅帛書。從形式上帛書可分爲前後兩部分。前一部分圖文並茂,占帛書的絶大部分篇幅。這部分内容從上到下分爲六列,每列從右往左分爲若干行,每條先繪出圖像,以下依次爲名稱、解釋及占文,全幅約保留占文三百條。後一部分有文而無圖,墨筆書寫,居於帛書後半幅末尾。就内容性質而言,《天文氣象雜占》應是一部根據雲、氣、暈、虹和月、星、彗星等占驗吉凶的占書。本篇帛書原無篇題,現篇題《天文氣象雜占》爲馬王堆漢墓帛書整理小組所加。[②]

著録

1. 國家文物局古文獻研究室:《西漢帛書〈天文氣象雜占〉釋文》,《中國文物》(第一期),文物出版社,1979年10月第1版。

---

① 湖南省博物館:《長沙馬王堆漢墓簡帛出土與整理情況回顧》,裘錫圭主編《長沙馬王堆漢墓簡帛集成》(壹),第3頁。

② 參見裘錫圭主編《長沙馬王堆漢墓簡帛集成》(肆),第245頁。

2. 裘錫圭主編《長沙馬王堆漢墓簡帛集成》(壹)、(肆)，中華書局，2014 年 6 月第 1 版。

研究

1. 顧鐵符:《馬王堆帛書〈天文氣象雜占〉内容簡述》,《文物》，1978 年第 2 期。

2. 劉嬌:《試説馬王堆帛書〈天文氣象雜占〉"所"的用法》,《語言研究集刊》，2013 年第 2 期。

3. 王樹金:《帛書〈天文氣象雜占〉雜考》,《湖南省博物館館刊》(第九輯)，嶽麓書社，2013 年 4 月第 1 版。

四　銀雀山漢簡《占書》

銀雀山漢簡《占書》，1972 年 4 月出土於山東省銀雀山一號漢墓。[①] 本篇簡文用長簡抄寫，存完、殘簡四十三支，未發現篇題，現篇題爲整理者所加。本篇簡文内容爲占卜天象及物異之吉凶並及星宿分野，篇中所記内容有與《開元占經》《乙巳占》等書相合者。[②]

著録

銀雀山漢墓竹簡整理小組編《銀雀山漢墓竹簡》(貳)，文物出版社，2010 年 1 月第 1 版。

研究

銀雀山漢墓竹簡整理小組編《銀雀山漢墓竹簡》(貳)，文物出版社，2010 年 1 月第 1 版。

五　肩水金關漢簡《星占》

1973 年在額濟納河流域肩水金關遺址出土的 73EJT22:9 號簡爲星占簡，該簡上下均殘，殘存簡文:"右角大后宗熒或若月"。[③] 右角當是軒轅右

---

① 《銀雀山漢墓竹簡情况簡介》，銀雀山漢墓竹簡整理小組編《銀雀山漢墓竹簡》(壹)，第 5—6 頁。

② 參見銀雀山漢墓竹簡整理小組編《銀雀山漢墓竹簡》(貳)，第 241—246 頁。

③ 參見甘肅簡牘保護研究中心等編《肩水金關漢簡》(貳)，第 94 頁。

角大民星，大后宗即太后宗，軒轅右角大民星，主掌太后宗，太后宗即太后家族的外戚。本簡所記是熒惑星明亮如月，犯軒轅右角大民星。熒惑犯軒轅星見於《開元占經》。原簡現藏甘肅簡牘博物館。

著録

甘肅簡牘保護研究中心等編《肩水金關漢簡》（貳），中西書局，2012年12月第1版。

研究

于弗:《肩水金關漢簡中的星占簡》，待刊。

六 敦煌漢簡《雲氣占》

1979年9月在敦煌漢代馬圈灣烽燧遺址發掘出土的漢簡中567號殘簡爲以雲氣占雨，其簡文爲:“雲氣將出，濕，有理，天不耐雨，空陰耳。”①

著録

1. 甘肅省文物考古研究所編《敦煌漢簡》，中華書局，1991年6月第1版。

2. 吴礽驤等釋校《敦煌漢簡釋文》，甘肅人民出版社，1991年1月第1版。

3. 中國簡牘集成編輯委員會編《中國簡牘集成·甘肅省卷上》（第三册），敦煌文藝出版社，2001年6月第1版。

4. 張德芳:《敦煌馬圈灣漢簡集釋》，甘肅文化出版社，2013年12月第1版。

研究

肖從禮:《河西數術類漢簡札記二則》，《魯東大學學報》（哲學社會科學版），2014年第3期。

七 子彈庫楚帛書

長沙子彈庫楚帛書是新中國成立前在湖南長沙東南郊子彈庫戰國楚

① 參見甘肅省文物考古研究所編《敦煌漢簡》（上），圖版伍捌，（下），第241頁；張德芳:《敦煌馬圈灣漢簡集釋》，第92頁。

墓被盗掘出土的。關於具體出土時間、出土地點和流出國外時間，説法不一。出土時間有1936—1937年説、1942年説等不同説法；出土地點有子彈庫説，有杜家坡説；流出時間有1938年前後説，有1946年説。現存放於美國紐約大都會博物館。①

實際上，子彈庫出土的楚帛書不止一種。其中一幅較爲完整，還有幾種殘破嚴重，通常説的楚帛書就是指較爲完整的這一種。這幅較爲完整的帛書的尺寸，有不同説法，據李零推測，應長四十八釐米，寬四十釐米。②

子彈庫楚帛書是由圖像與文字構成的，關於帛書的結構和内容，學界也有不同説法。李零先生認爲，圖像與文字是相互説明的，其圖式來源於式，其文字可分爲甲、乙、丙三篇，甲篇就是中間的長篇部分，重點是講順令知歲的重要性，乙篇就是中間的短篇部分，主要是講四時産生的神話，丙篇就是邊文部分，主要是講各月的舉事宜忌。③子彈庫楚帛書是目前發現的最早的帛書，其内容非常豐富，涉及先秦數術、神話、哲學等諸多領域，其内容及價值還有待更深入的研究。

著録

1. 蔡季襄:《晚周繒書考證》，中西書局，2013年12月第1版。

2. 李零:《子彈庫帛書》，文物出版社，2017年1月第1版。

研究

1. 商承祚:《戰國楚帛書述略》,《文物》，1964年第9期。

2. 何介鈞、周世榮、熊傳新:《長沙子彈庫戰國木槨墓》,《文物》，1974年第2期。

3. 陳夢家:《戰國楚帛書考》,《考古學報》，1984年第2期。

4. 饒宗頤、曾憲通:《楚帛書》，中華書局香港分局，1981年9月版。

5. 李學勤:《長沙子彈庫第二帛書探要》,《江漢考古》，1990年第1期。

① 參見李零:《楚帛書研究（十一種）》，第6頁。
② 參見李零:《楚帛書研究（十一種）》，第217頁。
③ 參見李零:《楚帛書研究（十一種）》，第228—229頁。

6. 饒宗頤:《楚帛書天象再議》,《中國文化》, 1990 年第 2 期。

7. 連劭名:《長沙楚帛書與卦氣説》,《考古》, 1990 年第 9 期。

8. 商志(香覃):《記商承祚教授藏長沙子彈庫楚國殘帛書》,《文物》, 1992 年第 11 期。

9. 李學勤:《試論長沙子彈庫楚帛書殘片》,《文物》, 1992 年第 11 期。

10. 伊世同、何琳儀:《平星考——楚帛書殘片與長周期變星》,《文物》, 1994 年第 6 期。

11. 楊寬:《楚帛書的四季神像及其創世神話》,《文學遺産》, 1997 年第 4 期。

12. 李零:《楚帛書研究(十一種)》, 中西書局, 2013 年 12 月第 1 版。

八 清華楚簡《八氣五味五祀五行之屬》

清華簡《八氣五味五祀五行之屬》是清華大學 2008 年入藏的戰國竹簡中的一篇。“本篇由七支簡組成, 簡長約四十一點六釐米, 寬約零點六釐米。據簡背劃痕, 第三、四簡, 第四、五簡之間有缺簡, 其他基本完整。原無序號, 無標題, 現題據文意擬定。”[①]

清華簡《八氣五味五祀五行之屬》全篇記述八氣的推算、五味的功效、五祀、五神與五行的相配, 以及五行各自的特點。從總體思想傾向來看, 本篇寫本應該是數術五行類文獻。

著録

李學勤主編《清華大學藏戰國竹簡》(捌), 中西書局, 2018 年 11 月第 1 版。

研究

1. 朱君傑:《“五祀”新論——從清華簡〈八氣五味五祀五行之屬〉再談五祀神含義的演變》,《武陵學刊》, 2020 年第 5 期。

2. 朱林:《清華簡〈八氣五味五祀五行之屬〉五行體系研究》, 碩士學位論文, 遼寧大學, 2022 年 4 月。

① 李學勤主編《清華大學藏戰國竹簡》(捌), 第 157 頁。

九　清華楚簡《司歲》

清華簡《司歲》是清華大學2008年入藏的戰國竹簡中的一篇。“本篇凡十五簡，簡長約四十五釐米，寬約零點六釐米，三道編。簡尾有編號，無篇題。據簡文‘六辰司歲’‘兩辰司歲’，擬篇名爲《司歲》。”[①] 本篇接抄於《四時》之後，連續編號，與之應是同一册竹書。

清華簡《司歲》全篇所記内容有三部分，第一部分是對六辰司歲的總説明，第二部分是對十二歲所值之辰的詳細説明，第三部分是對十二歲六辰所值之辰吉凶的斷占。

本篇屬於數術中的五行類文獻，對於研究先秦五行類數術及五行類數術文獻文體形態具有較爲重要的價值。

著録

黄德寬主編《清華大學藏戰國竹簡》(拾)，中西書局，2020年11月第1版。

研究

王寧:《清華簡〈司歲〉的推算方式初探》，復旦大學出土文獻與古文字研究中心網站，2020年12月6日。

十　清華楚簡《行稱》

清華簡《行稱》是清華大學2008年入藏的戰國竹簡中的一篇。本篇“每簡長約三十二點八釐米，寬約零點六釐米，竹簡正面地脚處有次序編號”[②]。本篇現存十支簡，原無篇題，整理者據簡文内容擬篇名爲《行稱》。

清華簡《行稱》，全篇所記内容爲行稱之道，主要是記一個月内的行事宜忌，所記行稱之事都是布政方面的。

本篇屬於五行類數術文獻，對於研究先秦五行類數術及五行類數術文獻文體形態具有較爲重要的價值。

---

① 黄德寬主編《清華大學藏戰國竹簡》(拾)，第143頁。

② 黄德寬主編《清華大學藏戰國竹簡》(拾)，第149頁。

著録

黃德寬主編《清華大學藏戰國竹簡》(拾),中西書局,2020 年 11 月第 1 版。

研究

賈連翔:《略論清華簡〈行稱〉的幾個問題》,《文物》,2020 年第 9 期。

十一　帛書《陰陽五行》甲篇

帛書《陰陽五行》甲篇出土於馬王堆三號漢墓。[①] 本篇原無篇名,舊曾命名爲《篆書陰陽五行》及《式法》,復旦大學重新整理命名爲《陰陽五行》甲篇。《陰陽五行》甲篇在三號漢墓出土時,被摺疊成十六開大小,與其他幾種帛書一同放在一個漆奩的隔欄内,該帛書殘損較嚴重,此前一直没有完整公布。復旦大學重新整理時將篇中保存較完好的部分大致劃分出《天一》《徙》《天地》《女發》《上朔》《祭(一)》《諸神吉凶》《衍(道)》《室》《築(一)》《築(二)》《五行禁日等》《堪輿》《刑日》《諸日》《祭(二)》《祭(三)》《宜忌》等十八章。另有七部分内容殘損嚴重,復旦大學未作進一步整理,而以"雜占"加序號的形式命名。[②]

著録

裘錫圭主編《長沙馬王堆漢墓簡帛集成》(壹)、(伍),中華書局,2014 年 6 月第 1 版。

研究

1. 傅舉友、陳松長編著《馬王堆漢墓文物》,湖南出版社,1992 年第 1 版。

2. 陳松長編著《馬王堆帛書藝術》,上海書店出版社,1996 年 12 月第 1 版。

3. 陳松長:《帛書〈陰陽五行〉與秦簡〈日書〉》,《簡帛研究》(第二輯),法律出版社,1996 年 9 月第 1 版。

4. 饒宗頤:《馬王堆〈陰陽五行〉之〈天一圖〉——漢初天一家遺説考》,《燕京學報》(新七期),1999 年。

---

① 湖南省博物館:《長沙馬王堆漢墓簡帛出土與整理情况回顧》,裘錫圭主編《長沙馬王堆漢墓簡帛集成》(壹),第 3 頁。

② 參見裘錫圭主編《長沙馬王堆漢墓簡帛集成》(伍),第 65—66 頁。

5. 馬王堆帛書整理小組:《馬王堆帛書〈式法〉釋文摘要》,《文物》, 2000 年第 7 期。

6. 裘錫圭:《讀〈馬王堆帛書《式法》釋文摘要〉小記》, 艾蘭、邢文編《新出簡帛研究》, 文物出版社, 2004 年 12 月第 1 版。

十二　帛書《陰陽五行》乙篇

帛書《陰陽五行》乙篇出土於馬王堆三號漢墓。[①] 本篇原無篇名, 舊曾命名爲《篆書陰陽五行》, 復旦大學重新整理命名爲《陰陽五行》乙篇。《陰陽五行》乙篇在三號漢墓出土時, 被摺疊後與其他幾種帛書一同放在一個漆奩的隔欄内, 該帛書殘損較嚴重, 復旦大學重新整理已大致拼綴出帛書原貌, 復原後的帛書長約一百釐米, 寬約五十釐米。從内容上可以劃分爲《刑德占》《擇日表》《五行禁日》《上朔》《刑日》《天地》《傳勝圖》《地剛圖》《天一》《女發》等十章。是以兵占爲主的陰陽五行文獻。[②]

著録

裘錫圭主編《長沙馬王堆漢墓簡帛集成》(貳)、(伍), 中華書局, 2014 年 6 月第 1 版。

研究

1. 傅舉友、陳松長編著《馬王堆漢墓文物》, 湖南出版社, 1992 年第 1 版。

2. 陳松長編著《馬王堆帛書藝術》, 上海書店出版社, 1996 年 12 月第 1 版。

3. 陳松長:《帛書〈陰陽五行〉與秦簡〈日書〉》,《簡帛研究》(第二輯), 法律出版社, 1996 年 9 月第 1 版。

4. 饒宗頤:《馬王堆〈陰陽五行〉之〈天一圖〉——漢初天一家遺説考》,《燕京學報》(新七期), 1999 年。

5. 馬王堆帛書整理小組:《馬王堆帛書〈式法〉釋文摘要》,《文物》, 2000 年第 7 期。

6. 裘錫圭:《讀〈馬王堆帛書《式法》釋文摘要〉小記》, 艾蘭、邢文編《新出簡帛研究》, 文物出版社, 2004 年 12 月第 1 版。

---

① 湖南省博物館:《長沙馬王堆漢墓簡帛出土與整理情況回顧》, 裘錫圭主編《長沙馬王堆漢墓簡帛集成》(壹), 第 3 頁。

② 參見裘錫圭主編《長沙馬王堆漢墓簡帛集成》(伍), 第 117 頁。

十三　帛書《刑德》

帛書《刑德》出土於馬王堆三號漢墓。[①] 帛書《刑德》包括甲、乙、丙三篇。甲篇“抄寫在一張長約七十五釐米，寬約五十釐米的帛上，疊成約十六開大小，與其他幾種帛書共同放在一個漆奩盒的隔欄内”，保存較爲完好。《刑德》甲篇分爲《日月風雨雲氣占》和《刑德占》兩章。《日月風雨雲氣占》又可按占卜内容分爲“日月”“風雨雲氣等”和“星宿分野”三節;《刑德占》包括《太陰刑德大游圖》《刑德小游圖》和《刑德解説》三部分。《日月風雨雲氣占》曾被命名爲《星占書》《雲氣占》和《軍雜占》。[②] 乙篇“抄寫在一張長約八十五釐米，寬約四十五釐米的帛上，疊成約十六開大小，與其他幾種帛書共同存放在一個漆奩盒的隔欄内”，保存較爲完好。《刑德》乙篇也可分爲《日月風雨雲氣占》和《刑德占》兩章。[③]《刑德》丙篇“抄寫在一張帛上，摺疊後與其他幾種帛書共同存放在一個漆奩盒的隔欄内”，殘損十分嚴重。丙篇由三幅圖像和四章文字構成，三幅圖像分别對應三章文字，組成《傳勝占》《刑德占》《地剛占》三篇占文，另一章文字《天地陰陽》是對全篇占卜系統的總體説明。[④]

整理者接受一些學者的意見，認爲《刑德》甲、乙、丙三篇均屬兵陰陽類文獻，命名爲《刑德》並不合理，爲了避免頻繁改名給學界造成麻煩，仍沿用舊名。

《漢書·藝文志》數術略中的五行類著録有《刑德》七卷，已亡佚;《漢書·藝文志》兵書略中有兵陰陽，也涉及刑德之占。帛書《刑德》三篇，主要記日月風雨雲氣刑德之占，其中以占兵爲主體。從文獻性質來看，《刑德》三篇，既涉及五行類數術，又涉及兵家的兵陰陽。實際上，從性質上看，兵陰陽就是五行類數術，衹不過在《漢書·藝文志》中因兵家爲大類，因此纔將兵陰陽特列爲兵家之一種，兵陰陽實際上是兼類文

---

① 湖南省博物館:《長沙馬王堆漢墓簡帛出土與整理情況回顧》，裘錫圭主編《長沙馬王堆漢墓簡帛集成》(壹)，第3頁。

② 參見裘錫圭主編《長沙馬王堆漢墓簡帛集成》(伍)，第1—3頁。

③ 參見裘錫圭主編《長沙馬王堆漢墓簡帛集成》(伍)，第31頁。

④ 參見裘錫圭主編《長沙馬王堆漢墓簡帛集成》(伍)，第49頁。

獻。因此，還是應該將《刑德》三篇歸爲五行類數術文獻。

著録

1. 傅舉友、陳松長編著《馬王堆漢墓文物》，湖南出版社，1992年第1版。

2. 裘錫圭主編《長沙馬王堆漢墓簡帛集成》（壹）、（伍），中華書局，2014年6月第1版。

研究

1. 饒宗頤:《馬王堆〈刑德〉乙本九宫圖諸神釋——兼論出土文獻中的顓頊與攝提》,《江漢考古》，1993年第1期。

2. 陳松長:《帛書〈刑德〉略説》,《簡帛研究》（第一輯），法律出版社，1993年10月第1版。

3. 劉樂賢:《馬王堆漢墓星占書初探》,《華學》（第一輯），中山大學出版社，1995年8月第1版。

4. 李學勤:《帛書〈刑德〉中的"軍吏"》,《簡帛研究》（第二輯），法律出版社，1996年9月第1版。

5. 黄文傑:《馬王堆帛書〈刑德〉乙本文字釋讀商榷》,《中山大學學報》（社會科學版），1997年第3期。

6. 陳松長:《帛書〈刑德〉乙本釋文訂補》,《簡牘學研究》（第二輯），甘肅人民出版社，1998年10月第1版。

7. 陳松長:《馬王堆帛書〈刑德〉甲、乙本的比較研究》,《文物》，2000年第3期。

8. 晏昌貴:《馬王堆帛書星宿分野考》,《湖南省博物館館刊》（第八輯），嶽麓書社，2012年3月第1版。

9. 孫基然:《馬王堆帛書〈刑德〉甲、乙本"九宫圖"數思想與形制特徵關係研究》,《湖南省博物館館刊》（第九輯），嶽麓書社，2013年4月第1版。

十四　帛書《出行占》

帛書《出行占》出土於馬王堆三號漢墓。[①] 本篇原無篇名，現篇題《出

① 湖南省博物館:《長沙馬王堆漢墓簡帛出土與整理情況回顧》，裘錫圭主編《長沙馬王堆漢墓簡帛集成》（壹），第3頁。

行占》爲整理者所加。本篇帛書正文共四塊帛，帛上有烏絲欄。在《馬王堆帛書藝術》中曾被編入《陰陽五行》乙篇，作爲該篇一部分，又稱爲《隸書陰陽五行》。後來李學勤先生等將之析出，改名爲《出行占》，復旦大學重新整理沿用其名。《出行占》書寫在一張長方形帛上，共三十五行，存一千三百餘字，保存較好。①

本篇帛書記一年中十二個月每月神煞運行及相應的出行宜忌，屬於陰陽五行類數術文獻。

著録

裘錫圭主編《長沙馬王堆漢墓簡帛集成》（貳）、（伍），中華書局，2014 年 6 月第 1 版。

研究

1. 陳松長編著《馬王堆帛書藝術》，上海書店出版社，1996 年 12 月第 1 版。

2. 劉樂賢:《馬王堆帛書〈出行占〉補釋（修訂）》，簡帛網，2005 年 11 月 3 日。

3. 陳松長:《帛書〈出行占〉中的幾個時稱概念略考》，簡帛網，2005 年 11 月 21 日。

十五　虎溪山漢簡《閻昭》

漢簡《閻昭》，1999 年出土於湖南沅陵虎溪山一號漢墓，該墓墓主爲西漢長沙國第二代長沙王成王吴臣之子沅陵侯吴陽。《閻昭》與《食方》出土於北邊箱，《閻昭》殘存竹簡八百零二支（段），其中上篇存簡一百六十三支（段），下篇存簡六百三十九支（段），完整簡長二十七釐米，寬零點八釐米，三道編繩，竹簡兩端齊平。② 書寫或工整或草率，書體介於古隸與今隸之間。

關於漢簡《閻昭》的文獻性質，學界尚有不同意見。在沅陵虎溪山一號漢墓發掘簡報中，曾稱爲《日書》。③ 李學勤先生認爲，本篇中的“閻

① 參見裘錫圭主編《長沙馬王堆漢墓簡帛集成》（伍），第 151 頁。
② 參見湖南省文物考古研究所編著《沅陵虎溪山一號漢墓》，第 116—117、122—145 頁。
③ 湖南省文物考古研究所等:《沅陵虎溪山一號漢墓發掘簡報》，《文物》，2003 年第 1 期，第 50 頁。

昭”應是《漢書・藝文志》著録的《猛子閭昭》中的“閭昭”，因形近而誤。[①]《沅陵虎溪山一號漢墓》出版時，採納了學界意見，將簡報中的《日書》改稱爲《閻昭》。有學者進一步認爲《閻昭》不都是日書，其中的《閻氏五勝》等應爲陰陽家文獻。[②]筆者認爲，不管《閻昭》是不是《閭昭》，從其内容來看，與馬王堆帛書陰陽五行類文獻的一些内容接近，應該屬於《漢書・藝文志》數術略中的陰陽五行類文獻。

著録

1. 湖南省文物考古研究所編著《沅陵虎溪山一號漢墓》，文物出版社，2020年11月第1版。

2. 湖南省文物考古研究所等:《沅陵虎溪山一號漢墓發掘簡報》,《文物》，2003年第1期。

研究

1. 劉樂賢:《虎溪山漢簡〈閻氏五勝〉及相關問題》,《文物》，2003年第7期。

2. 張春龍:《沅陵虎溪山一號墓竹簡〈築〉》，中國簡帛學國際論壇2017年會議論文，2017年。

3. 楊先雲:《虎溪山漢簡〈天一〉篇考論——與馬王堆漢墓帛書〈天一〉篇對讀》,簡帛網，2021年2月25日。

4. 楊先雲:《虎溪山漢簡〈築〉篇復原——與馬王堆漢墓帛書〈築(二)〉篇對讀》,簡帛網，2021年3月7日。

十六　銀雀山漢簡《曹氏陰陽》

銀雀山漢簡《曹氏陰陽》，1972年4月出土於山東省臨沂銀雀山一號漢墓。[③]本篇簡文用長簡抄寫，存殘簡七十三支，篇題單獨書寫在一支簡

---

① 參見劉樂賢:《虎溪山漢簡〈閻氏五勝〉及相關問題》,《文物》，2003年第7期，第69—70頁。

② 參見劉樂賢:《虎溪山漢簡〈閻氏五勝〉及相關問題》,《文物》，2003年第7期，第68—69頁。

③《銀雀山漢墓竹簡情況簡介》，銀雀山漢墓竹簡整理小組編《銀雀山漢墓竹簡》(壹)，第5—6頁。

上，整理者編爲一六二二號。本篇内容爲事物陰陽及相應的吉凶宜忌，[①] 屬於陰陽五行類數術文獻。

著録

銀雀山漢墓竹簡整理小組編《銀雀山漢墓竹簡》(貳)，文物出版社，2010 年 1 月第 1 版。

研究

1. 連劭名:《銀雀山漢簡〈曹氏陰陽〉研究》,《中原文物》，2007 年第 2 期。

2. 銀雀山漢墓竹簡整理小組編《銀雀山漢墓竹簡》(貳)，文物出版社，2010 年 1 月第 1 版。

3. 陳乃華:《早期陰陽學説的重要文獻——〈陰陽時令占候之書〉初探》,《文獻》，1997 年第 1 期。

十七　銀雀山漢簡《三十時》

銀雀山漢簡《三十時》，1972 年 4 月出土於銀雀山一號漢墓。[②] 本篇簡文用長簡抄寫，存完、殘簡一百五十五支，書寫不留天地，兩道編繩，殘損較嚴重，簡序已難以恢復，未發現篇題，現篇題爲整理者所加。本篇記一年行事宜忌等内容，其以“時”爲單位，十二日爲一“時”，一年總計三十時，又把“時”分爲前後兩“節”，稱爲“上六”“下六”。每半年十五時，上半年和下半年均從一時算起，至十五時。[③] 本篇屬於陰陽五行類數術文獻。

著録

銀雀山漢墓竹簡整理小組編《銀雀山漢墓竹簡》(貳)，文物出版社，2010 年 1 月第 1 版。

---

① 参見銀雀山漢墓竹簡整理小組編《銀雀山漢墓竹簡》(貳)，第 203 頁。

② 《銀雀山漢墓竹簡情況簡介》，銀雀山漢墓竹簡整理小組編《銀雀山漢墓竹簡》(壹)，第 5—6 頁。

③ 参見銀雀山漢墓竹簡整理小組編《銀雀山漢墓竹簡》(貳)，第 211—219 頁。

研究

1. 李零:《讀銀雀山漢簡〈三十時〉》,《簡帛研究》(第二輯),法律出版社,1996年9月第1版。

2. 銀雀山漢墓竹簡整理小組編《銀雀山漢墓竹簡》(貳),文物出版社,2010年1月第1版。

3. 牛新房:《〈銀雀山漢墓竹簡(貳)〉校訂》,《中國國家博物館館刊》,2014年第9期。

十八　銀雀山漢簡《迎四時》

銀雀山漢簡《迎四時》,1972年4月出土於銀雀山一號漢墓。[①] 本篇簡文用長簡抄寫,存殘簡七支,未發現篇題,現篇題爲整理者所加。[②] 本篇簡文記天子迎四時之禮儀,部分内容與《尚書大傳》大致相合。本篇簡文的主體内容又見於三國時期魏國所編纂的類書《皇覽》。本篇雖記天子迎四時之禮儀,本質上還是陰陽四時節令宜忌範疇,因此歸入陽陰五行數術文獻。

著録

銀雀山漢墓竹簡整理小組編《銀雀山漢墓竹簡》(貳),文物出版社,2010年1月第1版。

研究

1. 銀雀山漢墓竹簡整理小組編《銀雀山漢墓竹簡》(貳),文物出版社,2010年1月第1版。

2. 陳侃理:《從陰陽書到明堂禮——讀銀雀山漢簡〈迎四時〉》,《中華文史論叢》,2010年第1期。

3. 薛夢瀟:《從銀雀山漢簡〈迎四時〉看先秦秦漢時期的迎氣禮制》,《楚地簡帛思想研究》(第四輯),崇文書局,2010年12月第1版。

---

① 《銀雀山漢墓竹簡情況簡介》,銀雀山漢墓竹簡整理小組編《銀雀山漢墓竹簡》(壹),第5—6頁。

② 參見銀雀山漢墓竹簡整理小組編《銀雀山漢墓竹簡》(貳),第223—224頁。

十九　銀雀山漢簡《四時令》

銀雀山漢簡《四時令》，1972 年 4 月出土於山東臨沂銀雀山一號漢墓。[①] 本篇簡文用長簡抄寫，存完、殘簡十四支，未發現篇題，現篇題爲整理者所加。本篇簡文與《管子·五行》篇後半部分内容接近。[②]

本篇簡文内容記天子順四時而出令，本質上還是陰陽四時節令宜忌範疇，因此歸入陽陰五行數術文獻。

著録

銀雀山漢墓竹簡整理小組編《銀雀山漢墓竹簡》（貳），文物出版社，2010 年 1 月第 1 版。

研究

銀雀山漢墓竹簡整理小組編《銀雀山漢墓竹簡》（貳），文物出版社，2010 年 1 月第 1 版。

二十　銀雀山漢簡《五令》

銀雀山漢簡《五令》，1972 年 4 月出土於山東省臨沂銀雀山一號漢墓。[③] 本篇簡文用長簡抄寫，存完、殘簡十三支，未發現篇題，現篇題爲整理者所加。所謂“五令”，即“德令”“義令”“惠令”“威令”“罰令”，發“五令”要與春夏秋冬自然季節相配合以助生長固守損藏之氣及相應禁忌，失“五令”則會導致相應的各種蟲災。在各種蟲災發生時，則發相應的“令”以消災。[④]

本篇竹書本質上還是陰陽四時節令宜忌範疇，因此歸入陽陰五行數術文獻。

---

① 《銀雀山漢墓竹簡情況簡介》，銀雀山漢墓竹簡整理小組編《銀雀山漢墓竹簡》（壹），第 5—6 頁。

② 參見銀雀山漢墓竹簡整理小組編《銀雀山漢墓竹簡》（貳），第 224 頁。

③ 《銀雀山漢墓竹簡情況簡介》，銀雀山漢墓竹簡整理小組編《銀雀山漢墓竹簡》（壹），第 5—6 頁。

④ 參見銀雀山漢墓竹簡整理小組編《銀雀山漢墓竹簡》（貳），第 226—227 頁。

著録

銀雀山漢墓竹簡整理小組編《銀雀山漢墓竹簡》(貳), 文物出版社, 2010年1月第1版。

研究

銀雀山漢墓竹簡整理小組編《銀雀山漢墓竹簡》(貳), 文物出版社, 2010年1月第1版。

二十一　銀雀山漢簡《禁》

銀雀山漢簡《禁》, 1972年4月出土於山東省臨沂銀雀山一號漢墓。[①]本篇存完、殘簡二十九支, 篇題單獨書寫在整理者所編一六九六號簡上。本篇簡文記四時禁令, 内容與《管子·四時》等篇部分内容相近, [②]屬於陽陰五行數術文獻。

著録

銀雀山漢墓竹簡整理小組編《銀雀山漢墓竹簡》(貳), 文物出版社, 2010年1月第1版。

研究

銀雀山漢墓竹簡整理小組編《銀雀山漢墓竹簡》(貳), 文物出版社, 2010年1月第1版。

二十二　銀雀山漢簡《不時之應》

銀雀山漢簡《不時之應》, 1972年4月出土於山東省銀雀山一號漢墓。[③]本篇用長簡書寫, 存簡八支, 未發現篇題, 現篇題爲整理者所加。簡文記載的是一年春夏秋冬四個季節的"不時之應"。所謂"不時之應",

---

① 《銀雀山漢墓竹簡情況簡介》, 銀雀山漢墓竹簡整理小組編《銀雀山漢墓竹簡》(壹), 第5—6頁。

② 參見銀雀山漢墓竹簡整理小組編《銀雀山漢墓竹簡》(貳), 第208—210頁。

③ 《銀雀山漢墓竹簡情況簡介》, 銀雀山漢墓竹簡整理小組編《銀雀山漢墓竹簡》(壹), 第5—6頁。

即行不合時之事而導致的各種災禍。簡文中，每個季節都有六不時，以及相應的災禍。[①] 本篇竹書屬於陽陰五行數術文獻。

著録

銀雀山漢墓竹簡整理小組編《銀雀山漢墓竹簡》(貳)，文物出版社，2010 年 1 月第 1 版。

研究

銀雀山漢墓竹簡整理小組編《銀雀山漢墓竹簡》(貳)，文物出版社，2010 年 1 月第 1 版。

二十三　銀雀山漢簡《爲政不善之應》

銀雀山漢簡《爲政不善之應》，1972 年 4 月出土於山東省臨沂銀雀山一號漢墓。[②] 本篇用長簡書寫，存完、殘簡十一支，未發現篇題，現篇題爲整理者所加。簡文記載的是爲政不善導致的各種災禍報應，有天人感應思想特徵。[③] 本篇竹書屬於陽陰五行數術文獻。

著録

銀雀山漢墓竹簡整理小組編《銀雀山漢墓竹簡》(貳)，文物出版社，2010 年 1 月第 1 版。

研究

銀雀山漢墓竹簡整理小組編《銀雀山漢墓竹簡》(貳)，文物出版社，2010 年 1 月第 1 版。

二十四　銀雀山漢簡《人君不善之應》

銀雀山漢簡《人君不善之應》，1972 年 4 月出土於山東省臨沂銀雀山

---

① 參見銀雀山漢墓竹簡整理小組編《銀雀山漢墓竹簡》(貳)，第 227—228 頁。

② 《銀雀山漢墓竹簡情況簡介》，銀雀山漢墓竹簡整理小組編《銀雀山漢墓竹簡》(壹)，第 5—6 頁。

③ 參見銀雀山漢墓竹簡整理小組編《銀雀山漢墓竹簡》(貳)，第 228 頁。

一號漢墓。[①]本篇用長簡書寫，存完、殘簡十二支，未發現篇題，現篇題爲整理者所加。簡文記載的内容是爲人君不善而導致的各種災禍報應，有天人感應思想特徵。[②]本篇竹書屬於陽陰五行數術文獻。

著録

銀雀山漢墓竹簡整理小組編《銀雀山漢墓竹簡》(貳)，文物出版社，2010年1月第1版。

研究

銀雀山漢墓竹簡整理小組編《銀雀山漢墓竹簡》(貳)，文物出版社，2010年1月第1版。

二十五　北大漢簡《陰陽家言》

漢簡《陰陽家言》是北京大學藏西漢竹書中的一篇。本篇文獻現存竹簡十七枚，經綴合共得到竹簡十二支。竹簡長二十九點五至二十九點六釐米，寬零點九釐米。[③]本篇文獻未發現篇題，現篇題《陰陽家言》爲整理者所加。

北大漢簡《陰陽家言》大致可以分爲三部分，主要講順應時令以及違反時令導致災異等天人感應，當屬於《漢書·藝文志》數術略五行類文獻。

著録

北京大學出土文獻研究所編《北京大學藏西漢竹書》(叁)，上海古籍出版社，2015年9月第1版。

研究

〔日〕湯淺邦弘:《時令説的展開——北大漢簡〈陰陽家言〉與銀雀山漢簡“陰陽時令、占候之類”》,《簡帛》(第十七輯)，上海古籍出版社，2018年11月第1版。

---

① 《銀雀山漢墓竹簡情況簡介》，銀雀山漢墓竹簡整理小組編《銀雀山漢墓竹簡》(壹)，第5—6頁。

② 參見銀雀山漢墓竹簡整理小組編《銀雀山漢墓竹簡》(貳)，第229—230頁。

③ 參見北京大學出土文獻研究所編《北京大學藏西漢竹書》(叁)，第229頁。

二十六　北大漢簡《節》

漢簡《節》是北京大學藏西漢竹書中的一篇。本篇文獻現存竹簡六十六枚，經綴合得到竹簡五十四支。簡長二十九點八至三十釐米，寬零點八至零點九釐米。竹簡有三道編繩。《節》是本篇文獻原有篇題，書寫在第三支簡背面。全篇内容基本完整。①

從内容來看，北大漢簡《節》以二分二至四立爲節點將全年分爲八個時段，以陰陽刑德説斷其吉凶宜忌，並擴展至行軍作戰等方面，全篇内容的各部分之間有明顯的邏輯關聯，不應該看作同類文獻的合抄，而是一篇系統講四時、陰陽、刑德的著作，其中既有理論總論，又有具體領域的運用。從文獻性質來看，應該屬於《漢書・藝文志》數術略五行類文獻。

著録

北京大學出土文獻研究所編《北京大學藏西漢竹書》(伍)，上海古籍出版社，2014年12月第1版。

研究

1. 程少軒:《北大漢簡〈節〉篇“冬夏至干支速算表”解讀》,《出土文獻與古文字研究》(第七輯)，上海古籍出版社，2018年4月第1版。

2. 龐壯城:《北大漢簡〈節〉編聯芻議》,《出土文獻綜合研究集刊》(第十四輯)，巴蜀書社，2021年12月第1版。

二十七　北大漢簡《堪輿》

漢簡《堪輿》是北京大學藏西漢竹書中的一篇。本篇文獻現存竹簡七十九枚，經綴合得到竹簡七十四支。簡長二十九點四至二十九點七釐米，寬零點八至零點九釐米。竹簡有三道編繩。《堪輿》是本篇文獻原有篇題，書寫在第三支簡背面。全篇存二千字左右，内容連貫，基本完整。②

北大漢簡《堪輿》，全篇内容包括兩部分，第一部分主要是堪輿神煞

① 參見北京大學出土文獻研究所編《北京大學藏西漢竹書》(伍)，第37頁。
② 參見北京大學出土文獻研究所編《北京大學藏西漢竹書》(伍)，第131頁。

的值日、宜忌及其原理，第二部分是推演圖式及占驗實例。從本篇文獻的占法原理來看，仍屬於陰陽五行範疇，因此本篇文獻的性質應該屬於《漢書・藝文志》數術略五行類。《漢書・藝文志》數術略著録《堪輿金匱》十四卷，又著録《泰一陰陽》二十三卷、《泰一》二十九卷、《天一》六卷，上述諸書都已亡佚，内容或都與北大漢簡《堪輿》相類。值得注意的是，從北大漢簡《堪輿》來看，漢初的堪輿數術與後世的形法類堪輿並不相同。

著録

北京大學出土文獻研究所編《北京大學藏西漢竹書》(伍)，上海古籍出版社，2014年12月第1版。

研究

賀璐璐:《北大漢簡五〈大羅圖〉題名商榷》,《邢臺學院學報》，2016年第4期。

二十八　北大漢簡《雨書》

漢簡《雨書》是北京大學藏西漢竹書中的一篇。本篇文獻現存竹簡七十一枚，經綴合得到竹簡四十五支，其中十支簡文字有缺失，完整簡長三十二點一至三十二點二釐米，寬零點八至零點九釐米。竹簡有三道編繩。完整竹簡存字三十六至三十九個之間。篇題《雨書》書寫在第二支簡背面第一道編繩之下，全篇除章題“雨”及分章符號書寫在第一道編繩之上，其餘文字都書寫在第一道編繩與第三道編繩之間。全篇内容殘缺較爲嚴重。①

北大漢簡《雨書》現存竹簡内容主要包括二十八宿值日占雨、干支值日占雨、日出日入雲象占雨、候風占雨、春始雷方位占歲吉凶等幾個方面。從文獻性質來看，本篇著作當以二十八宿及干支的陰陽五行屬性來占雨，應當屬於《漢書・藝文志》數術略五行類文獻。

著録

北京大學出土文獻研究所編《北京大學藏西漢竹書》(伍)，上海古籍出版社，

① 參見北京大學出土文獻研究所編《北京大學藏西漢竹書》(伍)，第77頁。

2014年12月第1版。

研究

陳蘇鎮:《北大漢簡中的〈雨書〉》,《文物》, 2011年第6期。

二十九　北大漢簡《六博》

漢簡《六博》是北京大學藏西漢竹書中的一篇。本篇文獻現存竹簡五十四枚，經綴合得到竹簡三十九支。完整簡長二十九點八至三十釐米，簡背有劃痕。《六博》是本篇文獻原有篇題，書寫在第三支簡背面，朱書。全篇内容基本可以通讀。[①]

北大漢簡《六博》，全篇内容包括兩部分，第一部分是博局圖及占卜規則，第二部分是亡人、行者、繫及會論、病者、娶婦五個占卜事項的占辭。本篇文獻的六博占法，是將六十甲子依次排列在博道上，根據占卜事項發生時間（如不知時間則按照來占時間）的干支在博道上的位置來占卜吉凶。

本篇文獻的性質應該屬於《漢書·藝文志》數術略五行類中的式占類。

另外，在本篇文獻中，原整理者還編入了三支抄寫入官吉日、衣吉日、衣忌等擇日宜忌内容的竹簡，並編在第一個占卜事項（問亡人）與第二個占卜事項（問行者）之間。但是，這三支竹簡的内容不是博局占，應該是其他篇章的竹簡。

著録

北京大學出土文獻研究所編《北京大學藏西漢竹書》(伍)，上海古籍出版社，2014年12月第1版。

研究

1. 陳侃理:《北大漢簡數術類〈六博〉〈荆決〉等篇略述》,《文物》, 2011年第6期。

2. 謝坤:《北大漢簡〈六博〉補論（三則)》,《簡帛研究》(二〇一六·秋冬卷)，廣西師範大學出版社，2017年1月第1版。

---

① 參見北京大學出土文獻研究所編《北京大學藏西漢竹書》(伍)，第207頁。

三十　尹灣漢簡《刑德行時》

尹灣漢簡《刑德行時》出土於江蘇省連雲港市尹灣漢墓。1993 年 2 月底至 4 月底，在江蘇省連雲港市東海縣温泉鎮尹灣村 M6 號漢墓，出土二十三方木牘、一百三十三支竹簡。竹簡長二十二點五至二十三釐米，其中寬簡二十支，寬約零點八至一釐米，窄簡一百一十三支，寬約零點三至零點四釐米，其中有一支無字簡，屬寬簡。在一百三十三支竹簡當中，整理者所編七七至八九號簡總計十三個編號簡，拼綴爲十一支簡，其内容是依據日干和時段占測行事吉凶的一種占法。其先用六支簡組成一個表，據此查知屬某一天干的日子裏某一段時間，屬於端、令、罰、刑、德這五時中的哪一時，再用五支簡分别書寫與這五時相對應的行事吉凶。本篇《刑德行時》爲原有篇題，書寫在第一支簡上（七七號簡）。[①] 本篇屬於五行類數術文獻。

著録

連雲港市博物館、東海縣博物館、中國社會科學院簡帛研究中心、中國文物研究所編《尹灣漢墓簡牘》，中華書局，1997 年 9 月第 1 版。

研究

江蘇省連雲港市博物館等:《尹灣漢墓簡牘初探》,《文物》，1996 年第 10 期。

三十一　尹灣漢簡《行道吉凶》

尹灣漢簡《行道吉凶》，1993 年出土於江蘇省連雲港市尹灣 M6 號漢墓。尹灣 M6 號漢墓出土一百三十三支竹簡（竹簡形制見上揭尹灣漢簡《刑德行時》），在一百三十三支竹簡當中，整理者所編九〇至一一三號簡總計二十四個編號簡，拼綴爲十六支簡，單獨用一支簡（九〇號簡）書寫篇題《行道吉凶》，用十支簡書寫六十個干支日名，將其排成一個横向的六甲表，在每個干支下注明幾陽、幾陰及某門，再用五支簡分别書寫占斷

① 參見連雲港市博物館、東海縣博物館、中國社會科學院簡帛研究中心、中國文物研究所編《尹灣漢墓簡牘》，第 4、67—68、145 頁。

吉凶的説明文字。[①] 本篇屬於數術五行類文獻。

著録

連雲港市博物館、東海縣博物館、中國社會科學院簡帛研究中心、中國文物研究所編《尹灣漢墓簡牘》，中華書局，1997 年 9 月第 1 版。

研究

1. 江蘇省連雲港市博物館等:《尹灣漢墓簡牘初探》,《文物》，1996 年第 10 期。

2. 劉樂賢:《尹灣漢簡〈行道吉凶〉初探》,《中國史研究》，1997 年第 4 期。

三十二　玉門關漢簡《出行占》

1998 年 10 月敦煌市博物館爲配合對小方盤城（玉門關）遺址的加固維修，對其周圍進行了小範圍發掘，出土漢簡三百餘枚，[②] 其中編號Ⅱ98DYT4:37 簡，木質，下部殘，殘存部分長十一點五釐米，寬一釐米。簡文爲："•凡出唯非所出門也必先出其門以三陽出摶其門事大吉毋憂"。該簡所記内容應爲某種選擇類數術的文字部分。[③] 原簡現藏敦煌博物館。

著録

張德芳、石明秀主編《玉門關漢簡》，中西書局，2019 年 11 月第 1 版。

三十三　尹灣木牘《神龜占》

尹灣木牘《神龜占》出土於江蘇省連雲港市尹灣漢墓。1993 年 2 月底至 4 月底，在江蘇省連雲港市東海縣温泉鎮尹灣村 M2 號和 M6 號漢墓，共出土二十四方木牘，木牘長約二十三釐米，寬七釐米。《神龜占》出土於 M6 號漢墓，書寫在第九號木牘正面的上、中段。中段繪有一個神龜圖像，上段書寫的是説明文字。這個神龜圖像分爲八個部位，其占法爲：以後左足爲起始部位，按照右行方向數日數，從當月朔日數至占測之

① 參見連雲港市博物館、東海縣博物館、中國社會科學院簡帛研究中心、中國文物研究所編《尹灣漢墓簡牘》，第 4、69—70、146—147 頁。

② 參見張德芳、石明秀主編《玉門關漢簡》，前言，第 1 頁。

③ 參見張德芳、石明秀主編《玉門關漢簡》，第 32 頁。

日，看數到的是神龜的哪個部位，以此定占測結果。[①] 原無篇題，現篇題爲整理者所加。

《神龜占》所記爲一種日序占法，本篇屬於數術五行類文獻。

著録

連雲港市博物館、東海縣博物館、中國社會科學院簡帛研究中心、中國文物研究所編《尹灣漢墓簡牘》，中華書局，1997 年 9 月第 1 版。

研究

江蘇省連雲港市博物館等:《尹灣漢墓簡牘初探》,《文物》，1996 年第 10 期。

三十四　尹灣木牘《六甲占雨》

尹灣木牘《六甲占雨》出土於江蘇省連雲港市尹灣漢墓。1993 年 2 月底至 4 月底，在江蘇省連雲港市東海縣温泉鎮尹灣村 M2 號和 M6 號漢墓，共出土二十四方木牘，木牘長約二十三釐米，寬七釐米。《六甲占雨》出土於 M6 號漢墓，與《神龜占》一同書寫在第九號木牘正面。《神龜占》書寫在第九號木牘正面上、中段，《六甲占雨》書寫在正面下段。《六甲占雨》是將六十甲子按六甲排列於一個圖形上，下面另有“占雨”二字。説明文字已殘缺，具體占法不詳。[②] 原無篇題，現篇題爲整理者所加。

著録

連雲港市博物館、東海縣博物館、中國社會科學院簡帛研究中心、中國文物研究所編《尹灣漢墓簡牘》，中華書局，1997 年 9 月第 1 版。

研究

江蘇省連雲港市博物館等:《尹灣漢墓簡牘初探》,《文物》，1996 年第 10 期。

---

① 參見連雲港市博物館、東海縣博物館、中國社會科學院簡帛研究中心、中國文物研究所編《尹灣漢墓簡牘》，第 2、20、123 頁。

② 參見連雲港市博物館、東海縣博物館、中國社會科學院簡帛研究中心、中國文物研究所編《尹灣漢墓簡牘》，第 2、20、124 頁。

三十五　尹灣木牘《博局占》

尹灣木牘《博局占》出土於江蘇省連雲港市尹灣漢墓。1993 年 2 月底至 4 月底，在江蘇省連雲港市東海縣溫泉鎮尹灣村 M2 號和 M6 號漢墓，共出土二十四方木牘，木牘長約二十三釐米，寬七釐米。《博局占》出土於 M6 號漢墓，與《神龜占》《六甲占雨》一同書寫在第九號木牘上。《神龜占》《六甲占雨》書寫在第九號木牘正面，《博局占》書寫在第九號木牘反面。上段繪有一個標有六十甲子干支的博局圖，在圖的上方標有“南方”二字，下段有五欄與圖相配的文字，分別用來占娶婦嫁女、問行者、問繫者、問病者、問亡者。每欄在標題以外，還有九行，最上邊的娶婦嫁女欄每行起首的“方廉楬道張曲詘長高”等九個字，與《西京雜記》卷四所引許博昌六博口訣的內容基本相同，很可能這九個字是用來統管這五欄的，用來分別表示博局上的各種位置，等到占測時，根據當日干支在博局中的位置，到相應文字欄去查占測結果。[①] 原無篇題，現篇題爲整理者所加。

木牘《博局占》應當屬於數術五行類文獻。

著録

連雲港市博物館、東海縣博物館、中國社會科學院簡帛研究中心、中國文物研究所編《尹灣漢墓簡牘》，中華書局，1997 年 9 月第 1 版。

研究

1. 江蘇省連雲港市博物館等：《尹灣漢墓簡牘初探》，《文物》，1996 年第 10 期。

2. 李學勤：《〈博局占〉與規矩紋》，《文物》，1997 年第 1 期。

3. 曾藍瑩：《尹灣漢墓〈博局占〉木牘試解》，《文物》，1999 年第 8 期。

4. 羅見今：《〈尹灣漢墓簡牘〉博局占圖構造考釋》，《西北大學學報》（自然科學版），2000 年第 2 期。

5. 李解民：《〈尹灣漢墓《博局占》木牘試解〉訂補》，《文物》，2000 年第 8 期。

6. 李零：《跋中山王墓出土的六博棋局——與尹灣〈博局占〉的設計比較》，《中國

---

① 參見連雲港市博物館、東海縣博物館、中國社會科學院簡帛研究中心、中國文物研究所編《尹灣漢墓簡牘》，第 3、21、125—126 頁。

歷史文物》, 2002 年第 1 期。

三十六　肩水金關木牘六壬式占《十二月將治晝夜》

1973 年甘肅省文物部門在額濟納河流域肩水金關遺址發現的漢代簡牘中 73EJF3:447 號爲式占木牘。①

該木牘下部殘，由上到下分欄書寫，尚殘存五欄，第五欄僅殘存“壬晝”兩字。該木牘所記爲十二月神將分治十干日晝夜，字迹漫漶較嚴重。隋代蕭吉《五行大義》引《六壬式經》云:“十二神將，以天一爲主。甲戊庚日，旦治大吉，暮治小吉。乙己日，旦治神后，暮治傳送。丙丁日，旦治微明，暮治從魁。六辛日，旦治勝先，暮治功曹。壬癸日，旦治太一，暮治大衝。”② 本木牘所記當與《六壬式經》所云相合，其内容屬於六壬式占範疇，本叙録命名爲《十二月將治晝夜》。原木牘現藏甘肅簡牘博物館。

肩水金關漢簡還有一枚編號爲 73EJT35:16 的削衣，殘存“大一王・大吉小吉”等字，③ 其内容或與本木牘相關。

著録

1. 甘肅簡牘博物館等:《肩水金關漢簡》(肆)，中西書局，2015 年 11 月第 1 版。
2. 甘肅簡牘博物館等:《肩水金關漢簡》(伍)，中西書局，2016 年 8 月第 1 版。

研究

1. 王强:《肩水金關漢簡“推天乙所理法”復原》,《周易研究》，2019 年第 4 期。
2. 程少軒:《〈肩水金關漢簡 (伍)〉“天干治十二月將”復原》，復旦大學出土文獻與古文字研究中心網站，2016 年 8 月 26 日。

三十七　武威漢簡《日忌》

武威漢簡《日忌》，1959 年 7 月出土於甘肅武威磨咀子六號漢墓。④

---

① 參見甘肅簡牘博物館等編《肩水金關漢簡》(伍)，第 84 頁。

② (隋) 蕭吉:《五行大義》，錢杭校注，第 289 頁。

③ 甘肅簡牘博物館等編《肩水金關漢簡》(肆)，第 27 頁。

④ 甘肅省博物館:《甘肅武威磨咀子 6 號漢墓》,《考古》，1960 年第 5 期；甘肅省博物館:《甘肅武威磨咀子漢墓發掘》,《考古》，1960 年第 9 期。

同時出土的還有《儀禮》竹木簡。本篇簡文存簡七支，第一簡長二十三釐米，寬一點三釐米，第六簡長二十三點二釐米，寬一點二釐米，字體近於草書，不如一同出土的《儀禮》簡嚴謹。内容多爲日時禁忌，故整理者命名爲《日忌》。[①]近來，也有學者主張應歸入日書。[②]

著録

1. 甘肅省博物館、中國科學院考古研究所編著《武威漢簡》，文物出版社，1964年9月第1版。

2. 甘肅省博物館、中國科學院考古研究所編著《武威漢簡》，中華書局，2005年9月第1版。

研究

1. 甘肅省博物館、中國科學院考古研究所編著《武威漢簡》，文物出版社，1964年9月第1版。

2. 何雙全:《漢簡〈日書〉叢釋》,《簡牘學研究》(第二輯)，甘肅人民出版社，1998年10月第1版。

3. 田河:《武威漢簡集釋》，甘肅文化出版社，2020年8月第1版。

三十八　九店楚簡《日書》

1981年5月至1989年底，湖北省文物考古研究所江陵工作站在江陵縣九店發掘東周墓葬五百九十六座，其中五六號和六二一號墓出土有竹簡。五六號墓出土竹簡二百零五支，其中有字簡一百四十六支。所有竹簡均出土於該墓的側龕内，係成卷放入龕内，内裹墨盒和鐵刀。完整及較爲完整的竹簡有三十五支，其餘均已殘斷。竹簡有三道編繩痕迹，總計約二千七百字，可以辨識的有二千三百三十二個。簡文從簡端書寫，不留天頭，一簡之上最多者書寫五十七字。整簡長四十六點六至四十八點二釐米，寬零點六至零點八釐米，厚零點一至零點一二釐米。其中整理者所編一三號至九九號簡的内容屬於選擇時日吉凶一類的《日書》，有的内容見

① 甘肅省博物館、中國科學院考古研究所編《武威漢簡》，第136—137頁。
② 何雙全:《漢簡〈日書〉叢釋》,《簡牘學研究》(第二輯)。

於雲夢睡虎地秦簡《日書》。第一〇〇號至一四六號殘簡從可以辨識的文字看大多也屬於《日書》。①

九店楚簡《日書》是目前發現的時代最早的日書之一，對於研究戰國時期楚國文化具有重要意義。

著録

1. 湖北省文物考古研究所、北京大學中文系編《九店楚簡》，中華書局，2000 年 5 月第 1 版。

2. 武漢大學簡帛研究中心、湖北省文物考古研究所編著《楚地出土戰國簡册合集（五）· 九店楚墓竹書》，文物出版社，2021 年 12 月第 1 版。

研究

1. 李守奎:《江陵九店楚墓〈歲〉篇殘簡考釋》,《古籍整理研究學刊》，2001 年第 3 期。

2. 晏昌貴:《簡帛〈日書〉歲篇合證》,《湖北大學學報》（哲學社會科學版），2003 年第 1 期。

3. 周波:《〈九店楚簡〉釋文注釋校補》,《江漢考古》，2006 年第 3 期。

4. 劉金華、劉玉堂:《九店楚簡〈日書 · 相宅〉辨析》,《史學月刊》，2009 年第 11 期。

5. 何有祖:《九店楚簡〈日書〉校讀三則》,《江漢考古》，2012 年第 3 期。

6. 武漢大學簡帛研究中心、湖北省文物考古研究所編著《楚地出土戰國簡册合集（五）· 九店楚墓竹書》，文物出版社，2021 年 12 月第 1 版。

三十九　放馬灘秦簡《日書》

1986 年，甘肅省文物考古研究所對甘肅省天水市北道區黨川鄉放馬灘十四座秦漢墓進行了考古發掘，其中一號秦墓出土竹簡四百六十一支。關於此批竹簡的性質和分類，學界有不同看法。甘肅省文物考古研究所編的《天水放馬灘秦簡》，將竹簡分爲甲種《日書》、乙種《日書》及《志怪故

① 湖北省文物考古研究所、北京大學中文系編《九店楚簡》，第 153—154 頁。

事》三種。甲種《日書》七十三支簡，包括《月建》《建除》《亡盜》《吉凶》《禹須臾》《人日》《生日》《禁忌》等。乙種《日書》存簡三百八十一支，包括《月建》《建除》《置室門》《門忌》《方位吉時》《地支時辰吉凶》《吏聽》《亡盜》《晝夜長短》《臽日長短》《五行相生及三合局》《行》《衣良日》《牝牡月日》《人日》《四廢日》《行忌》《五音日》《死忌》《作事》《六甲孤虛》《生子》《衣忌》《井忌》《畜忌》《卜忌》《六十甲子》《占候》《五種忌》《禹步》《正月占風》《星度》《納音五行》《律書》《五音占》《音律貞卜》《雜忌》《問病》等。《志怪故事》七支簡。[①] 孫占宇《天水放馬灘秦簡集釋》則首先從形制上將竹簡分爲甲、乙兩種。甲種簡七十三支，長二十七至二十七點五釐米，乙種簡三百八十八支，簡長二十三至二十三點五釐米。志怪故事七支簡被歸入乙種竹簡。從内容性質上，孫占宇主張將全部天水放馬灘甲乙兩種秦簡都歸入日書，甲種日書分爲十五篇，乙種日書分爲九十二篇。[②] 陳偉《秦簡牘合集》總體上延續了《天水放馬灘秦簡》的觀點，做了一定調整，將《志怪故事》的第六簡移入乙種《日書》，乙種《日書》爲三百八十二支簡；將《志怪故事》改稱爲《丹》。[③]

著録

1. 甘肅省文物考古研究所編《天水放馬灘秦簡》，中華書局，2009 年 8 月第 1 版。
2. 孫占宇:《天水放馬灘秦簡集釋》，甘肅文化出版社，2013 年 3 月第 1 版。
3. 陳偉主編《秦簡牘合集》(肆)，武漢大學出版社，2014 年 12 月第 1 版。

研究

1. 鄧文寬:《天水放馬灘秦簡〈月建〉應名〈建除〉》,《文物》，1990 年第 9 期。
2. 劉信芳:《〈天水放馬灘秦簡綜述〉質疑》,《文物》，1990 年第 9 期。
3. 陳偉:《放馬灘秦簡日書〈占病祟除〉與投擲式選擇》,《文物》，2011 年第 5 期。
4. 孫占宇:《天水放馬灘秦簡集釋》，甘肅文化出版社，2013 年 3 月第 1 版。
5. 魯家亮:《放馬灘秦簡乙種〈日書〉“占雨”類文獻編聯初探》,《考古與文物》,

① 參見甘肅省文物考古研究所編《天水放馬灘秦簡》内容提要。
② 參見孫占宇:《天水放馬灘秦簡集釋》，第 1 頁。
③ 陳偉主編《秦簡牘合集》(肆)，第 36、202 頁。

2014年第5期。

四十　睡虎地秦簡《日書》

睡虎地秦簡《日書》，1975年12月出土於雲夢睡虎地十一號秦墓。同墓出土的還有《語書》《秦律十八種》《效律》《秦律雜抄》《法律答問》《封診式》《爲吏之道》等文獻。[①]《日書甲種》存簡一百六十六支，簡文書寫在每簡的正面和背面，每簡的正面和背面連續書寫，字小且密。《日書乙種》存簡二百五十九支（未計殘簡），衹在正面書寫，字比甲種大些。《日書乙種》最後一支簡背面題寫“日書”兩字，當是篇名。[②]

著録

睡虎地秦墓竹簡整理小組編《睡虎地秦墓竹簡》，文物出版社，1990年9月第1版。

研究

1. 李學勤:《睡虎地秦簡〈日書〉與楚、秦社會》,《江漢考古》，1985年第4期。

2. 劉樂賢:《睡虎地秦簡日書的内容、性質及相關問題》,《中國社會科學院研究生院學報》，1993年第1期。

3. 劉樂賢:《睡虎地秦簡日書〈詰咎篇〉研究》,《考古學報》，1993年第4期。

4. 鄭剛:《論睡虎地秦簡日書的結構特徵》,《中山大學學報》（社會科學版），1993年第4期。

5. 連劭名:《睡虎地秦簡〈日書〉及〈詰〉篇補證》,《江漢考古》，2001年第1期。

6. 吴小强:《睡虎地秦簡〈日書〉占卜用語習慣與規律分析》,《古籍整理研究學刊》，2010年第4期。

四十一　關沮周家臺秦簡《日書》

周家臺秦簡《日書》，1993年6月出土於荆州市沙市區關沮鄉清河村周家臺三〇號秦墓。整理者把出土的竹簡分爲三組，第一組擬定篇題

① 參見睡虎地秦墓竹簡整理小組編《睡虎地秦墓竹簡》（八開精裝本），出版説明，第1頁。

② 參見睡虎地秦墓竹簡整理小組編《睡虎地秦墓竹簡》（八開精裝本），釋文第179頁。

爲《曆譜》，第二組擬定篇題爲《日書》，第三組擬定篇題爲《病方及其它》。其中，第二組《日書》存竹簡一百七十八支（其中有空白簡十支），簡長二十九點三至二十九點六釐米，寬零點五至零點七釐米，厚零點零八至零點零九釐米，其内容有"二十八宿占""五時段占""戎磨日占""五行占"等。①

著録

湖北省荆州市周梁玉橋遺址博物館編《關沮秦漢墓簡牘》，中華書局，2001年8月第1版。

研究

1. 鍾守華:《楚、秦簡〈日書〉中的二十八宿問題探討》,《中國科技史雜誌》，2009年第4期。

2. 曾磊:《周家臺秦簡〈日書〉"占物"臆解》,《四川文物》，2013年第2期。

3. 程少軒:《周家臺秦簡〈日書〉與〈卅六年日〉編聯補説》,《簡帛》(第八輯)，上海古籍出版社，2013年10月第1版。

四十二　江陵嶽山秦牘《日書》

江陵嶽山秦牘《日書》，1986年出土於湖北荆州江陵縣嶽山墓地三十六號秦墓中。該墓出土《日書》木牘兩方，正反兩面墨書，其中一號牘長二十三釐米，寬五點八釐米，厚零點五五釐米。二號牘長十九釐米，寬五釐米，厚零點五五釐米。本篇《日書》主要有六事日、七畜日、殺日、刺、祠日、衣、五服忌、報日、生子、歸行、五種忌等時日吉凶宜忌。②

著録

1. 湖北省江陵縣文物局、荆州地區博物館:《江陵嶽山秦漢墓》,《考古學報》，2000年第4期。

---

① 參見湖北省荆州市周梁玉橋遺址博物館編《關沮秦漢墓簡牘》，前言。

② 參見湖北省江陵縣文物局、荆州地區博物館:《江陵嶽山秦漢墓》,《考古學報》，2000年第4期，第549—550頁；陳偉主編《秦漢簡牘合集（三）·周家臺秦墓簡牘、嶽山秦墓木牘》，第95頁。

2. 陳偉主編《秦漢簡牘合集（三）· 周家臺秦墓簡牘、嶽山秦墓木牘》，武漢大學出版社，2014 年 12 月第 1 版。

研究

1. 楊芬:《嶽山秦牘〈日書〉考釋八則》，簡帛網，2009 年 6 月 2 日。

2. 陳偉主編《秦漢簡牘合集（三）· 周家臺秦墓簡牘、嶽山秦墓木牘》，武漢大學出版社，2014 年 12 月第 1 版。

四十三　北大秦簡《日書甲種》

北大秦簡《日書甲種》是 2010 年北京大學入藏秦簡中的一篇。本篇文獻存五十三支竹簡，完整簡長二十二點六至二十三點一釐米，寬零點五至零點七釐米，三道編繩，本篇文獻未發現篇題，現篇題爲整理者所擬加。[①]

本篇《日書》分爲《大時小時》《穿門》《死失圖》《星》共四部分，其中《大時小時》《死失圖》爲整理者自擬題，《穿門》《星》爲原有題。[②]

著録

北京大學出土文獻與古代文明研究所編《北京大學藏秦簡牘》（叁）、（肆），上海古籍出版社，2023 年 5 月第 1 版。

四十四　北大秦簡《日書乙種》

北大秦簡《日書乙種》是 2010 年北京大學入藏秦簡中的一篇。本篇文獻存三十一支竹簡，完整簡長二十二點六至二十三點一釐米，寬零點五至零點七釐米，三道編繩，本篇文獻未發現篇題，現篇題爲整理者所擬加。[③]

本篇《日書》分爲《占雨》《禾日》《禾忌》《占禾》《建除》共五部分，其中《建除》爲整理者自擬題，《占雨》《禾日》《禾忌》《占禾》爲原有題。[④]

---

① 参見北京大學出土文獻與古代文明研究所編《北京大學藏秦簡牘》（肆），第 741、813 頁。

② 参見北京大學出土文獻與古代文明研究所編《北京大學藏秦簡牘》（肆），第 813 頁。

③ 参見北京大學出土文獻與古代文明研究所編《北京大學藏秦簡牘》（肆），第 741、919 頁。

④ 参見北京大學出土文獻與古代文明研究所編《北京大學藏秦簡牘》（肆），第 742、921—925 頁。

著録

北京大學出土文獻與古代文明研究所編《北京大學藏秦簡牘》(叁)、(肆)，上海古籍出版社，2023年5月第1版。

四十五　北大秦簡《日書雜抄》

北大秦簡《日書雜抄》是2010年北京大學入藏秦簡中的一篇。本篇文獻清理時編號有五十五個，經綴合得到五十四支竹簡，完整簡長三十六至三十七釐米，寬零點五至零點七釐米，兩道編繩，無契口。部分簡殘損，没有缺簡。本篇文獻未發現篇題，現篇題爲整理者所擬加。[①]

《日書雜抄》包括"霽晴""見人""十二辰占行""十二辰占見人""五帝領日占聞"五章。其中"見人"爲原有章題，其餘四章章題爲整理者所擬定。"霽晴"章内容是根據雨日所在辰占測雨後放晴的時日；"見人"章採取表格形式，横欄爲十二辰日，縱欄爲一天中的四個時段，據以占測不同時段見人請謁的吉凶；"十二辰占行"章内容爲根據十二辰占卜每天南北東西四個方向出行的吉凶；"十二辰占見人"與"見人"性質相近；"五帝領日占聞"章以東方太皞、南方赤帝、中央黄帝、西方少皞、北方顓頊五帝依次分領六十甲子，占測聞憂、聞喜、聞兵的結果。[②]

著録

北京大學出土文獻與古代文明研究所編《北京大學藏秦簡牘》(貳)，上海古籍出版社，2023年5月第1版。

四十六　居延漢簡日書殘簡

1930年西北科學考察團在額濟納河流域發現的漢代簡牘中有少量日書殘簡，編號119.33、119.34等簡或均爲日書類殘簡。[③]原簡現藏臺北中研

① 北京大學出土文獻與古代文明研究所編《北京大學藏秦簡牘》(貳)，第277頁。

② 參見北京大學出土文獻與古代文明研究所編《北京大學藏秦簡牘》(貳)，第279—284頁。

③ 參見中國社會科學院考古研究所編《居延漢簡(甲乙編)》，上册，乙圖版捌捌，下册，第82頁。

院歷史語言研究所。

著録

1. 中國社會科學院考古研究所編《居延漢簡（甲乙編）》，中華書局，1980 年 7 月第 1 版。

2. 簡牘整理小組編《居延漢簡》(貳)，臺北中研院歷史語言研究所，2015 年 12 月初版。

研究

1. 謝桂華等:《居延漢簡釋文合校》，文物出版社，1987 年 1 月第 1 版。

2. 簡牘整理小組編《居延漢簡補編》，臺北中研院歷史語言研究所，1998 年 5 月。

3. 陳直:《居延漢簡研究》，中華書局，2009 年 6 月第 1 版。

4. 陳槃:《陳槃著作集・漢晉遺簡識小七種》，上海古籍出版社，2009 年 11 月第 1 版。

四十七　居延新簡日書殘簡

居延新簡，1972 年至 1974 年出土於居延甲渠候官，據初步統計現存日書殘簡有幾十支，如 EPS4T2.105+S4T1.3、EPT5.57、EPT43.185、EPT43.257、EPT48.144、EPT49.3、EPT51.525、EPT51.526、EPT58.21、EPT59.147A、EPT65.21、EPT65.22、EPT65.48、EPT65.57、EPT65.165、EPT65.175、EPT65.196、EPT65.266、EPT65.278、EPT65.542 等號簡均應爲日書類殘簡，有時、徙時、建除、擇日、厭勝、刑德等内容。[①] 原簡現藏甘肅簡牘博物館。

著録

1. 甘肅省文物考古研究所、甘肅省博物館、文化部古文獻研究室、中國社會科學院歷史研究所編《居延新簡——甲渠候官與第四燧》，文物出版社，1990 年 7 月第 1 版。

2. 甘肅省文物考古研究所、甘肅省博物館、文化部古文獻研究室、中國社會科學院歷史研究所編《居延新簡——甲渠候官》，中華書局，1994 年 12 月第 1 版。

---

① 參見魏德勝:《居延新簡、敦煌漢簡中的“日書”殘簡》,《中國文化研究》，2000 年第 1 期。

3. 中國簡牘集成編輯委員會編《中國簡牘集成·甘肅省 内蒙古自治區卷（居延新簡）》（第九至十二册），敦煌文藝出版社，2001 年 6 月第 1 版。

研究

1. 胡文輝：《居延新簡中的〈日書〉殘文》，《文物》，1995 年第 4 期。

2. 魏德勝：《居延新簡、敦煌漢簡中的“日書”殘簡》，《中國文化研究》，2000 年第 1 期。

3. 孫占宇：《居延新簡數術殘簡再探》，《簡牘學研究》（第五輯），甘肅人民出版社，2014 年 8 月第 1 版。

四十八　敦煌漢簡日書散簡

敦煌漢簡中，據初步統計現存日書殘簡十餘支，多數是 1949 年前出土於敦煌河西疏勒河流域漢代烽燧遺址中，主要有 1061、1264、1691、1848、2085、2097、2121、2350、2364、2367A、2367B、2369、3432 等號簡，[①] 除了 1061、1264[②] 兩支簡爲 1979 年所獲，其餘都是斯坦因第二次、第三次中亞考古所獲，有建除、擇日、宜忌、生子等内容。[③]

著録

1. 甘肅省文物考古研究所編《敦煌漢簡》，中華書局，1991 年 6 月第 1 版。

2. 吴礽驤等釋校《敦煌漢簡釋文》，甘肅人民出版社，1991 年 1 月第 1 版。

3. 汪濤、胡平生、吴芳思主編《英國國家圖書館藏斯坦因所獲未刊漢文簡牘》，上海辭書出版社，2007 年 12 月第 1 版。

研究

1. 魏德勝：《居延新簡、敦煌漢簡中的“日書”殘簡》，《中國文化研究》，2000 年

---

① 均爲《敦煌漢簡》編號。

② 《玉門關漢簡》對《敦煌漢簡》所收零散採集簡做了重新整理，公布了彩色圖版、紅外綫圖版及釋文。1264 號簡參見《玉門關漢簡》第 101 頁。

③ 參見甘肅省文物考古研究所編《敦煌漢簡》（上），玖柒、壹壹叁、壹柒肆、壹陸伍、壹陸陸、壹柒捌、壹柒玖，（下），第 260、267、285、291、300、301、302、312 頁。1061 號簡釋文參見張德芳：《敦煌馬圈灣漢簡集釋》，第 159 頁。3432 號簡參見汪濤、胡平生、吴芳思主編《英國國家圖書館藏斯坦因所獲未刊漢文簡牘》，第 43 頁。

第 1 期。

2. 張德芳:《敦煌馬圈灣漢簡集釋》，甘肅文化出版社，2013 年 12 月第 1 版。

3. 白軍鵬:《“敦煌漢簡”整理與研究》，博士學位論文，吉林大學，2014 年 4 月。

四十九　肩水金關漢簡日書散簡

1972 年至 1973 年在額濟納河流域肩水金關遺址出土的編號 73EJT23:992、73EJC:600、72EJC:79AB、73EJT3:70、73EJT3:103、73EJT7:60、73EJT7:63、73EJT23:80、73EJT23:563+643、73EJT29:53、73EJT37:492、73EJT6:114、73EJT26:167+201+296 等簡爲日書簡，涉及小時、刑德、出行、納財、産子等方面内容。原簡現藏甘肅簡牘博物館。

著録

1. 甘肅簡牘保護研究中心等編《肩水金關漢簡》(壹)，中西書局，2011 年 8 月第 1 版。

2. 甘肅簡牘保護研究中心等編《肩水金關漢簡》(貳)，中西書局，2012 年 12 月第 1 版。

3. 甘肅簡牘博物館等編《肩水金關漢簡》(叁)，中西書局，2013 年 12 月第 1 版。

4. 甘肅簡牘博物館等編《肩水金關漢簡》(肆)，中西書局，2015 年 11 月第 1 版。

5. 甘肅簡牘博物館等編《肩水金關漢簡》(伍)，中西書局，2016 年 8 月第 1 版。

研究

1. 張文瀚、劉鳳麗:《肩水金關漢簡所見“小時”試解》,《簡帛研究》(二〇一九・春夏卷)，廣西師範大學出版社，2019 年 6 月第 1 版。

2. 王强:《肩水金關漢簡所見數術内容拾補》,《出土文獻》(第十四輯)，中西書局，2019 年 4 月第 1 版。

3. 伊强:《〈肩水金關漢簡（貳)〉綴合一則》，簡帛網，2014 年 6 月 16 日。

4. 程少軒:《〈肩水金關漢簡（三)〉數術類簡牘初探》,《簡帛研究》(二〇一五・秋冬卷)，廣西師範大學出版社，2015 年 10 月第 1 版。

5. 姚磊:《〈肩水金關漢簡（三)〉綴合（七)》，簡帛網，2016 年 12 月 21 日。

五十 孔家坡漢簡《日書》

孔家坡漢簡《日書》，2000年3月出土於湖北省隨州孔家坡墓地M8號漢墓。該墓共出土竹簡兩組，按照竹簡内容可分爲《日書》和《曆日》。其中，《日書》整理編聯完、殘簡四百七十八支，未編聯殘簡四十八段。整簡長三十三點八釐米，寬零點七至零點八釐米，厚零點一釐米，兩端平齊，三道編，字體爲隸書，書寫工整，簡文中有插圖。[①]該篇日書由“建除”“伐木日”“金錢良日”“星官”“擊”“刑德”“徙時”“五勝”“臨日”“時”“徙”“孤虚”“反支”“日廷”“歸行”“到室”“窮日”“亡日”“亡者”“離日”“來”“禹須臾行日”“行日”“見人”“嫁女”“牝牡月”“牝牡日”“出入人”“裁衣”“入官”“直心”“四季日”“五子”“土功”“井”“屏圂”“入内”“天刺”“殺日”“土功事”“垣”“蓋屋築室”“垣日”“直室門”“門”“死咎”“死失”“報日”“有疾”“死”“日時”“天牢”“盜日”“人字”“生子”“忌日”“血忌”“占”“司歲”“主歲”“朔占”“糴”“始種”“歲”等七十多個章節構成，其中“建除”“伐木日”等等都是原有題。[②]

孔家坡漢簡《日書》結構清晰，内容豐富，尚有諸多問題需要進一步研究。

著録

湖北省文物考古研究所、隨州市考古隊編《隨州孔家坡漢墓簡牘》，文物出版社，2006年6月第1版。

研究

1. 范常喜:《孔家坡漢簡〈日書〉札記四則》,《東南文化》，2008年第3期。
2. 武家璧:《隨州孔家坡漢簡〈曆日〉及其年代》,《江漢考古》，2009年第1期。
3. 劉樂賢:《釋孔家坡漢簡〈日書〉中的幾個古史傳説人物》,《中國史研究》，

---

① 參見湖北省文物考古研究所、隨州市考古隊編《隨州孔家坡漢墓簡牘》，第29—31、35—36頁。

② 參見湖北省文物考古研究所、隨州市考古隊編《隨州孔家坡漢墓簡牘》，第65—114、129—188頁。

2010 年第 2 期。

4. 李零:《中國最早的“升官圖”——説孔家坡漢簡〈日書〉的〈居官圖〉及相關材料》,《文物》, 2011 年第 5 期。

5. 張顯成、楊艷輝:《〈孔家坡漢簡・日書〉釋讀訂補》,《古籍整理研究學刊》, 2014 年第 2 期。

五十一　懸泉漢簡日書散簡

1990 年在懸泉置遺址出土的漢簡中有日書散簡,《懸泉漢簡》(壹)公布的 I90DXT0111 ②: 19、I90DXT0112 ①: 78、I90DXT0112 ①: 79A、I90DXT0112 ①: 79B、I90DXT0114 ①: 128、I90DXT0205 ②: 18、I90DXT0208 ②: 13 等號簡均爲日書散簡。

I90DXT0112 ①: 78 號簡, 下部殘, 殘存部分長六點五釐米, 寬一釐米; I90DXT0112 ①: 79 號簡, 上下均殘, 殘存部分長五釐米, 寬一釐米; I90DXT0205 ②: 18 號簡, 上下均殘, 殘存部分長六點五釐米, 寬零點八釐米; I90DXT0208 ②: 13 號簡, 下殘, 殘存部分長十八釐米, 寬一釐米; I90DXT0111 ②: 19 號簡, 竹質, 長二十三點一, 寬零點九釐米, 完整。以上諸簡是否爲同册《日書》已較難判斷, 涉及復日、反支、子午卯酉配四方宜忌、裁衣時日宜忌等方面内容。[①]

另, Ⅱ90DXT0114 ④: 143 號簡(削衣), 殘存“壬子吉”三字, 或爲日書殘簡。[②] Ⅱ90DXT0114S:257 號簡, 殘存“刑康月旦東”五字,“康”當讀爲“庚”,“刑庚”, 當是指干支相刑,“月旦”即月朔, 本簡所記或亦爲日書。[③] Ⅱ90DXT0114 ③: 599 號簡(削衣), 殘存“建小時”三字, 或爲日書殘簡。[④] Ⅱ90DXT0114S:142 號簡, 殘存“午西庚戌東”五字, 本簡所記或亦爲日書。[⑤]

---

① 參見甘肅簡牘博物館等編《懸泉漢簡》(壹), 第 90、123、196、282、296 頁。

② 參見甘肅簡牘博物館等編《懸泉漢簡》(叁), 第 208 頁。

③ 參見甘肅簡牘博物館等編《懸泉漢簡》(叁), 第 287 頁。

④ 參見甘肅簡牘博物館等編《懸泉漢簡》(叁), 第 185 頁。

⑤ 參見甘肅簡牘博物館等編《懸泉漢簡》(叁), 第 279 頁。

著録

1. 甘肅簡牘博物館等編《懸泉漢簡》(壹),中西書局,2019 年 11 月第 1 版。

2. 甘肅簡牘博物館等編《懸泉漢簡》(叁),中西書局,2023 年 5 月第 1 版。

五十二　懸泉漢簡日書《死吉凶》

1991 年在懸泉置遺址出土的漢簡也有日書散簡,《懸泉漢簡》(貳)公布的 I91DXT0309 ③ : 74AB、I91DXT0309 ③ :146AB、I91DXT0309 ③ : 162AB、I91DXT0309 ③ :196、I91DXT0309 ③ :208、I91DXT0309 ③ : 209AB、I91DXT0309 ③ :262AB、I91DXT0309 ③ : 265AB、I91DXT0309 ③ :266AB、I91DXT0309 ③ : 267+335AB、I91DXT0309 ③ : 268+274AB、I91DXT0309 ③ : 269 號簡均爲日書《死吉凶》的散簡,原簡册應有二十五簡,這是其中的十二簡。

另外,I91DXT0309 ③ : 83、I91DXT0309 ③ : 160、I91DXT0309 ③ : 243、I91DXT0309 ③ : 290、I91DXT0310 ③ : 8、I91DXT0405 ④ A:18、Ⅱ90DXT0111 ② : 185、Ⅱ90DXT0111 ③ : 35 等號簡也是日書散簡。其中前六簡或爲上揭日書《死吉凶》另外十三簡的殘簡。

需要特別指出的是,Ⅱ90DXT0111 ② : 185 號簡,竹質,上部殘,殘存部分長十一點七釐米,寬零點六釐米,簡文爲:甲庚乙辛戊己丙壬丁癸戊己。[①] 從簡文内容來看,所記應是天干衝破,或爲日書的一部分,或爲其他數術類書籍的散簡。

著録

甘肅簡牘博物館等編《懸泉漢簡》(貳),中西書局,2020 年 12 月第 1 版。

研究

1. 胡平生、張德芳:《敦煌懸泉漢簡釋粹》,上海古籍出版社,2001 年 8 月第 1 版。

2. 劉樂賢:《懸泉漢簡中的建除占"失"殘文》,《文物》,2008 年第 12 期。

3. 晏昌貴:《懸泉漢簡日書〈死吉凶〉研究》,《中國史研究》,2013 年第 2 期。

---

① 甘肅簡牘博物館等編《懸泉漢簡》(貳),第 206 頁。

五十三　額濟納漢簡日書殘簡

1999年至2002年内蒙古自治區文物考古研究所在内蒙古額濟納旗漢代烽燧遺址進行考古調查發掘採獲的2000ES9SF4:27+2000ES9SF4:26、2002ESCSF1:2、2002ESCSF1:3AB、2002ESCSF1: 5AB等號簡爲日書殘簡。[①] 另外，2002ESCSF1:4號簡殘存“南方火即急行者越此物行吉”數字，或亦爲日書簡。原簡現藏内蒙古自治區文物考古研究所。

著録

魏堅主編《額濟納漢簡》，廣西師範大學出版社，2005年3月第1版。

研究

1. 孫家洲主編《額濟納漢簡釋文校本》，文物出版社，2007年10月第1版。

2. 劉樂賢:《額濟納漢簡數術資料考》,《歷史研究》，2006年第2期；又載孫家洲主編《額濟納漢簡釋文校本》，文物出版社，2007年10月第1版。

五十四　香港中文大學藏漢簡《日書》

香港中文大學藏漢簡《日書》是香港中文大學文物館收購而得，共有竹簡一百零九支，其内容與孔家坡漢簡《日書》及睡虎地秦簡《日書》多可對應。整理者分爲歸行、陷日、盜者、娶妻出女、禹須臾、嫁子刑、艮山、詰咎、稷辰、玄戈、行、四徼、帝、五行、有疾、良日、八魁、血忌、虚日、報日、日夜表、生字、吏、干支表等二十四個篇章。[②]

著録

陳松長編著《香港中文大學文物館藏簡牘》，香港中文大學文物館，2001年初版。

研究

1. 劉樂賢:《讀〈香港中文大學文物館藏簡牘〉》,《江漢考古》，2001年第4期。

---

① 參見魏堅主編《額濟納漢簡》，第254、282—285頁；孫家洲主編《額濟納漢簡釋文校本》，第89、103、104頁。

② 參見陳松長編著《香港中文大學文物館藏簡牘》，第18—51頁。

2. 晏昌貴:《香港藏漢簡〈日書〉中的“人字”》，簡帛研究網，2003年6月5日。

3. 何有祖:《香港中文大學文物館藏簡獻疑四題》，簡帛網，2005年11月21日。

4. 劉國勝:《港中大館藏漢簡〈日書〉補釋》，簡帛網，2005年11月22日。

5. 何有祖:《讀香港中文大學文物館藏簡劄記》,《古籍整理研究學刊》，2007年第2期。

6. 陸平:《港中大館藏漢簡〈日書〉校釋》，簡帛網，2008年9月20日。

五十五　張家山漢簡日書《祠馬禖》

湖北江陵張家山三三六號西漢墓發掘於1985年，出土竹簡八百二十七枚，包含多種文獻，日書《祠馬禖》是其中一種。①

竹書《祠馬禖》共有十支竹簡，完簡長二十三釐米，寬約零點七釐米，厚零點一釐米，三道編繩，本篇原無篇題，現篇題爲整理者所擬加。②

全篇分爲兩部分，前三支簡爲第一部分，記祠具設置、祠祭禁忌及祭物的處置，後七支簡爲第二部分，記祠馬禖及諸神祇的祈辭和祝辭。本篇文獻的結構及内容與睡虎地秦簡《日書甲種》的《馬禖》篇不完全相同，當是另一種抄本。③

著録

荆州博物館編《張家山漢墓竹簡〔三三六號墓〕》，文物出版社，2022年11月第1版。

研究

荆州博物館:《湖北江陵張家山M336出土西漢竹簡概述》,《文物》，2022年第9期。

五十六　烏程漢簡曆日建除摘記

烏程漢簡曆日建除摘記，是2009年3月下旬浙江省湖州市舊城改造

① 參見荆州博物館編《張家山漢墓竹簡〔三三六號墓〕》(上)，前言，第1頁。
② 參見荆州博物館編《張家山漢墓竹簡〔三三六號墓〕》(上)，第157頁。
③ 參見荆州博物館編《張家山漢墓竹簡〔三三六號墓〕》(上)，第37、157—158頁。

施工中出土漢簡中的一種。[①] 烏程漢簡曆日建除摘記，有 264、265、266 號三支簡。

264 號簡正反兩面殘存曆日建除摘記，正面殘存："七月大丙辰朔。廿四日己卯直破，廿五日庚辰直危，廿六日辛巳直成。建申破寅，共四日。"反面殘存"伯孔"及"二九十八三九廿七四九卅六"等字。[②]

本簡正面所記當是某年七月曆日摘抄，抄寫了月名、月大小、月朔干支，還有廿四日至廿六日三日干支及每日所值建除。在其下面抄寫者又隨記七月的月建及月破地支，以及七月月建及月破日的天數共四日。

本簡所記廿四日己卯值破當是誤抄，七月建申破寅，當是廿三日戊寅值破；本簡所記"共四日"，當是指七月建日加上破日一共四天。實際上，本月建日共三天，分别是庚申日、壬申日及甲申日；破日共兩天，分别是丙寅日和戊寅日，這樣，本月建日加上破日一共五天。由於抄寫者誤抄廿四日己卯值破，所以在計算本月建日及破日時，就少了一天建日，也就是將建日甲申排除在外，就成了兩天建日和兩天破日，一共四日。

通過本簡所記曆日的七月月朔干支及月大小來推步，在兩漢時期，與之相合者有西漢平帝元始元年（公元 1 年）、東漢光武帝建武八年（公元 32 年）、東漢和帝永元六年（公元 94 年）、東漢安帝延光四年（公元 125 年）、東漢獻帝建安二十三年（公元 218 年）。

265、266 號簡正反兩面也殘存曆日建除摘記。265 號簡正面殘存："建酉。除。取卯"，反面殘存"除"字。266 號簡正面殘存："八月大，丙"，反面殘存"八。八月小，丙戌〔朔〕。〔十〕三日戊戌"。[③]

265、266 號簡可以拼合。266 號簡在上，下接 265 號簡，其内容與 264 號簡相似，264 號簡摘記的是某年七月曆日，266+265 號簡摘記的是同一年八月曆日，其摘抄重點除了建除，還有該月十三日戊戌。立秋七月節建申破寅，白露八月節建酉破卯。266+265 號簡記建酉，但是又記"取卯"。整理者在"取"字後用括號釋爲"收"，亦殊難理解。

---

① 參見曹錦炎等主編《烏程漢簡・烏程漢簡概述》，第 1 頁。

② 參見曹錦炎等主編《烏程漢簡》，第 290—291 頁。

③ 參見曹錦炎等主編《烏程漢簡》，第 292—293 頁。

關於這三支簡所記内容的性質，整理者在簡介中稱本批漢簡中有日書，可能是將這三支簡定性爲日書。這三簡所記内容與出土秦漢簡牘日書並不相同，實際上是某年七月、八月曆日的摘抄，從摘抄内容來看，明顯是將建除中的建日與破日作爲重點。其摘抄的目的也很清楚，一定是用於時日吉凶宜忌。因此，本簡所記又不能定性爲曆譜，但同時又不是標準日書，本敘録將其附在日書類之後。

著録

曹錦炎等主編《烏程漢簡》，上海書畫出版社，2022 年 10 月第 1 版。

五十七　上博楚簡《卜書》

上博楚簡《卜書》是上海博物館 1994 年 5 月從香港購回的一批竹簡中的一篇。本篇存完、殘簡共十支，其中完整四支，完簡長四十三點四釐米，寬零點六釐米，厚零點一二釐米左右，兩端平齊，三道編繩，契口位於竹簡右側，上契口距頂端約一點三釐米，上契口與中契口間距約二十點五釐米，中契口與下契口間距約二十點五釐米，下契口距尾端約一點一釐米，竹黄面書寫文字，上下留白，在簡尾留白處標有簡序號，總計二百五十六字。原無篇題，現篇題爲整理者所加。①

本篇簡文是肥叔、季曾、鄒公、聖公等四人討論龜卜的對話。非常珍貴的是簡文記録了通過具體兆象來斷占的情況，可補傳世文獻之缺。本篇簡文對於研究早期龜卜的卜法等問題具有非常重要的意義，有待深入研究。

著録

馬承源主編《上海博物館藏戰國楚竹書》（九），上海古籍出版社，2012 年 12 月第 1 版。

研究

1. 程少軒:《小議上博九〈卜書〉的“三族”和“三末”》，復旦大學出土文獻與古文字研究中心網站，2013 年 1 月 16 日。

---

① 參見馬承源主編《上海博物館藏戰國楚竹書》（九），第 291、292 頁。

2. 駱珍伊:《〈上博九・卜書〉"散於百邦"小議》, 簡帛網, 2013 年 2 月 26 日。

3. 李華倫:《上博九〈卜書〉與出土甲骨實態比勘研究》,《出土文獻》, 2020 年第 4 期。

五十八　望山楚簡卜禱辭

湖北省文物考古研究所於 1965 年冬和 1966 年春分别對望山一號、二號戰國楚墓進行發掘，兩座楚墓均有竹簡出土。一號墓所出竹簡，殘損嚴重，殘簡最長的三十九點五釐米，最短的僅有一釐米，多數爲十釐米以下，竹簡寬一釐米左右，厚零點一釐米，三道編，爲絲綫編聯。經過拼綴，竹簡總數二百零七支，最長的五十二點一釐米，一般長度爲十五釐米左右，存一千零九十三字，大多較清楚。簡文書寫工整，但筆法不甚一致，似出於多人之手。一號墓竹簡内容主要是爲墓主卜筮祭禱的記録，其所記順序爲卜筮的時間、卜筮用具、卜問事項及卜筮結果，接下來還要記爲墓主的祭禱。從文例來看，這些記録是由卜辭加禱辭組成的。卜辭部分由前辭、命辭和占辭構成。[①] 從卜筮用具來看，應該有筮占與龜卜兩種占卜方式。

著録

湖北省文物考古研究所、北京大學中文系編《望山楚簡》, 中華書局, 1995 年 6 月第 1 版。

研究

1. 連劭名:《望山楚簡中的"習卜"》,《江漢論壇》, 1986 年第 11 期。

2. 陳偉:《望山楚簡所見的卜筮與禱祠——與包山楚簡相對照》,《江漢考古》, 1997 年第 2 期。

五十九　包山楚簡卜禱辭

包山楚簡 1987 年出土於湖北省荆門市包山二號戰國楚墓，總計出土

① 參見湖北省文物考古研究所、北京大學中文系編《望山楚簡》, 第 3—7 頁。

二百七十八支有字竹簡和一方竹牘，包括司法文書簡、卜筮祭禱簡和遣策三種，其中編號197—250總計五十四支爲卜筮祭禱簡。在這五十四支卜筮祭禱簡中，有五十支簡簡文内容是爲墓主卜筮及在卜筮過程中祭禱的記録，其所記順序爲卜筮的時間、卜筮用具、卜問事項及卜筮結果，接下來還要記爲墓主的祭禱，然後是再次占卜及占卜結果。從文例來看，這些記録是由卜辭加禱辭組成的。卜辭部分由前辭、命辭和占辭構成。另外四支簡即205、206、224、225號簡，是單純的祭禱記録，過程中没有卜筮。其所記順序爲先記祭禱的時間及祭禱人，接下來是禱辭。從文例來看，是由前辭及禱辭組成的。① 從卜筮用具來看，應該有筮占與龜卜兩種占卜方式。

著録

1. 湖北省荆沙鐵路考古隊:《包山楚墓》，文物出版社，1991年10月第1版。

2. 湖北省荆沙鐵路考古隊:《包山楚簡》，文物出版社，1991年10月第1版。

研究

1. 陳偉:《試論包山楚簡所見的卜筮制度》,《江漢考古》，1996年第1期。

2. 吴郁芳:《〈包山楚簡〉卜禱簡牘釋讀》,《考古與文物》，1996年第2期。

3. 劉信芳:《包山楚簡神名與〈九歌〉神祇》,《文學遺産》，1993年第5期。

4. 李立、張玉新:《包山楚簡卜筮簡“高丘”在〈離騷〉〈高唐賦〉“高丘”研究中的意義》,《古代文明》，2011年第2期。

六十　新蔡楚簡卜禱辭

新蔡葛陵楚簡1994年8月出土於河南省新蔡縣葛陵村戰國楚墓。竹簡出土時已全部殘斷，總計有一千五百七十一個編號，原簡長度不一，寬在零點八釐米左右，窄的約零點六釐米，最寬的一點二釐米左右。文字多數書寫在竹黄面，大部分墨迹清晰，爲多人書寫而成，字體風格或秀麗或奔放，字距或緊凑或疏朗。内容包括卜筮祭禱記録和遣策兩類，其中，大

---

① 參見湖北省荆沙鐵路考古隊:《包山楚墓》。又參見《包山楚簡》，第4、12頁。

多數爲卜筮祭禱記録。[①]其文例結構與包山楚簡的卜禱辭相近，但占卜形式與包山楚簡有所不同。其中的或貞不同於習卜，有待深入研究。

著録

河南省文物考古研究所編著《新蔡葛陵楚墓》，大象出版社，2003年10月第1版。

研究

1. 賈連敏:《新蔡葛陵楚簡中的祭禱文書》,《華夏考古》，2004年第3期。

2. 于茀:《新蔡葛陵楚墓竹簡中的繇辭》,《文物》，2005年第1期。

3. 羅新慧:《説新蔡楚簡“嬰之以兆玉”及其相關問題》,《文物》，2005年第3期。

4. 于成龍:《戰國新蔡葛陵楚簡中的“享玉”制度》,《中國歷史文物》，2005年第4期。

5. 羅新慧:《説新蔡楚簡中的禱辭》,《中國歷史文物》，2007年第1期。

6. 宋華强:《釋新蔡簡中一個卜骨名》,《中國歷史文物》，2008年第5期。

7. 晁福林:《説新蔡楚簡的薦字和薦祭》,《中國國家博物館館刊》，2011年第6期。

六十一　清華楚簡《筮法》

清華簡《筮法》是清華大學2008年入藏的一批戰國竹簡中的一種。本篇簡文保存良好，共有竹簡六十三支，完簡長三十五釐米，每支簡尾端正面寫有簡序號。[②]本篇原無篇題，現篇題爲整理者所加。

本篇簡文記録的是筮占的方法，篇中並没有講到具體的筮卦及演卦的方法，而主要是講斷占法。本篇將常見的卜問事項歸結爲“十七命”，“命”就是命之以筮，形成文字就是命辭。本篇簡文值得注意的有幾點：第一，簡文中的易卦，似乎既不是純粹的數字卦，也不是純粹的由陰陽符號構成的卦畫；第二，簡文中成對出現的六畫易卦，不是之卦；第三，本篇簡文所講占法應該是用四個三畫卦依照一定規則來斷占的；第四，筮法中出現四正卦的概念；第五,八卦方位與《説卦傳》略異；第六，已經見

① 参見河南省文物考古研究所編著《新蔡葛陵楚墓》，第173頁。

② 参見李學勤主編《清華大學藏戰國竹簡》(肆)，第75頁。

到八卦與干支的對應排列，顯現納甲的雛形。總之，這篇簡文所包含的先秦易學信息極爲豐富，需要深入研究，對於先秦易學史研究具有極爲重要的意義。

著録

李學勤主編《清華大學藏戰國竹簡》（肆），中西書局，2013年12月第1版。

研究

1. 李學勤：《清華簡〈筮法〉與數字卦問題》，《文物》，2013年第8期。

2. 廖名春：《清華簡〈筮法〉篇與〈説卦傳〉》，《文物》，2013年第8期。

3. 李學勤：《〈歸藏〉與清華簡〈筮法〉〈别卦〉》，《吉林大學社會科學學報》，2014年第1期。

4. 李守奎：《清華簡〈筮法〉文字與文本特點略説》，《深圳大學學報》（人文社會科學版），2014年第1期。

5. 林忠軍：《清華簡〈筮法〉筮占法探微》，《周易研究》，2014年第2期。

六十二　阜陽漢簡卜辭

1977年在安徽阜陽雙古堆西漢汝陰侯夏侯竈墓出土《周易》《詩經》《蒼頡篇》《刑德》等文獻。[①]“阜陽《周易》爲竹質，殘破特甚，且字跡也較它簡模糊。保存最長的簡寬零點五釐米，長十五點五釐米，存二十三字。其餘均長短不一，存字多少不等。從殘簡排比，可以推知其書寫格式爲每一卦的卦畫寫在簡的上端，下空一個字格間距再寫卦名，然後書寫卦辭、卜辭，再寫爻題、爻辭和卜辭。爻題前均有圓墨點間隔。卦辭、爻辭和卜辭之間没有明顯的區分，僅在卜問事項前加一個卜字以示分别；也有卜問數事，每事前加一個卜字，也有直書筮占結果，不加卜字的。”[②]“共整理出七百五十二片，計三千一百十九字，其中屬經文的有一千一百十字；屬卜辭的二千零九字。經文部分有卦畫五個（大有、林、賁、大過、離），

① 安徽省文物工作隊、阜陽地區博物館、阜陽縣文化局：《阜陽雙古堆西漢汝陰侯墓發掘簡報》，《文物》，1978年第8期。

② 韓自强：《阜陽漢簡〈周易〉研究》，第46頁。

卦名、爻題、卦辭、爻辭等内容。”[①]

阜陽漢簡《周易》與今本的最大區别是在卦爻辭後面附有卜辭。依照甲骨卜辭文例，卜辭的主體部分應包括前辭、命辭和占辭。以此觀之，阜陽漢簡《周易》中的卜辭，有命辭，也當有占辭，尚未發現有前辭。從竹簡書寫格式及内容來看，阜陽漢簡《周易》與包山楚簡、新蔡楚簡中的卜禱辭不同，不應是實占記録，而應是占書。占卜卦師把經常遇到的占卜事項及在筮遇某卦某爻時的斷占結果抄録在相應卦爻辭之下，以備實占時參看。因此，可以看出，阜陽漢簡《周易》與帛書《周易》旨趣不同，阜陽漢簡《周易》旨趣在於筮占，而帛書《周易》在於易理。

著録

1. 胡平生:《阜陽漢簡〈周易〉概述》,《簡帛研究》(第三輯)，廣西教育出版社，1998 年 12 月第 1 版。

2. 韓自强:《阜陽漢簡〈周易〉研究》，上海古籍出版社，2004 年 7 月第 1 版。

研究

1. 黄儒宣:《阜陽漢簡〈周易〉卜辭試探》,《周易研究》，2008 年第 5 期。

2. 鄔可晶:《讀阜陽漢簡〈周易〉釋文小記》,《周易研究》，2010 年第 5 期。

六十三　敦煌漢簡易占（第一種）

敦煌漢簡易占是 20 世紀初斯坦因第二次中亞考古時在敦煌漢代長城烽燧遺址發現的。僅存一支簡，編號 1787,[②] 木質。《流沙墜簡》稱爲占書。簡文爲:“旅，聞盗事，有凶事，有客從遠所來，有所得。”[③]

著録

1. 羅振玉、王國維:《流沙墜簡》，中華書局，1993 年 9 月第 1 版。

---

① 韓自强:《阜陽漢簡〈周易〉研究》，第 45 頁。

② 爲《敦煌漢簡》編號。

③ 參見羅振玉、王國維:《流沙墜簡》，第 95 頁；甘肅省文物考古所編《敦煌漢簡》(上)，圖版壹伍壹，(下)，第 288 頁；吴礽驤等釋校《敦煌漢簡釋文》，第 188 頁。《敦煌漢簡》“旅”誤作“張”。

2. 甘肅省文物考古研究所編《敦煌漢簡》，中華書局，1991年6月第1版。

3. 吴礽驤等釋校《敦煌漢簡釋文》，甘肅人民出版社，1991年1月第1版。

研究

羅振玉、王國維:《流沙墜簡·小學術數方技書考釋》，中華書局，1993年9月第1版。

六十四　敦煌漢簡易占（第二種）

1979年9月在敦煌漢代馬圈灣烽燧遺址發掘出土的漢簡中編號387、388簡爲易占類。387號簡簡文:“☴不川下乾上，希在六三九三九五□□”；388號簡簡文:“☲離下乾上，易得同人，希在九三，有□於東己半道朝甲正。”[①] 没有卦爻辭，衹有占辭。

著録

1. 甘肅省文物考古研究所編《敦煌漢簡》，中華書局，1991年6月第1版。

2. 吴礽驤等釋校《敦煌漢簡釋文》，甘肅人民出版社，1991年1月第1版。

3. 中國簡牘集成編輯委員會編《中國簡牘集成·甘肅省卷上》（第三册），敦煌文藝出版社，2001年6月第1版。

4. 張德芳:《敦煌馬圈灣漢簡集釋》，甘肅文化出版社，2013年12月第1版。

六十五　敦煌漢簡八卦風占殘簡

1979年9月在敦煌漢代馬圈灣烽燧遺址發掘出土的漢簡中編號1123A、1179殘簡[②] 爲八卦風占，其中1179號簡簡文爲:“（風從）東北來，則逆根（艮）傷主，民多疾病；風從東方來，則逆震，五穀傷于震；風從南☐”。[③]

---

① 爲《敦煌漢簡》編號。參見甘肅省文物考古研究所編《敦煌漢簡》（上），圖版肆貳，（下），第234頁；張德芳:《敦煌馬圈灣漢簡集釋》，第66頁。此處採用《敦煌馬圈灣漢簡集釋》的釋文。

② 爲《敦煌漢簡》編號。

③ 參見甘肅省文物考古研究所編《敦煌漢簡》（上），圖版壹零叁、壹零柒，（下），第262、264頁；張德芳:《敦煌馬圈灣漢簡集釋》，第168、176頁。此處採用《敦煌馬圈灣漢簡集釋》的釋文。

易占與天文八風占的結合，爲漢代易學所常見，其起源可能在漢代之前。

著録

1. 甘肅省文物考古研究所編《敦煌漢簡》，中華書局，1991年6月第1版。

2. 吴礽驤等釋校《敦煌漢簡釋文》，甘肅人民出版社，1991年1月第1版。

3. 中國簡牘集成編輯委員會編《中國簡牘集成·甘肅省卷上》（第三册），敦煌文藝出版社，2001年6月第1版。

4. 張德芳：《敦煌馬圈灣漢簡集釋》，甘肅文化出版社，2013年12月第1版。

研究

何雙全：《漢簡日書叢釋》，《簡牘學研究》（第二輯），甘肅人民出版社，1998年10月第1版。

六十六　武威漢簡雜占木簡

武威漢簡雜占木簡1959年7月出土於甘肅武威磨咀子六號漢墓。[①]同時出土的還有《儀禮》竹木簡。本類簡存簡四支，第一簡長二十三點五釐米，寬一點五釐米。内容當與占卜有關，整理者歸爲雜占簡。[②]

著録

1. 甘肅省博物館、中國科學院考古研究所編著《武威漢簡》，中華書局，2005年9月第1版。

2. 甘肅省博物館、中國科學院考古研究所編著《武威漢簡》，文物出版社，1964年9月第1版。

研究

甘肅省博物館、中國科學院考古研究所編著《武威漢簡》，中華書局，2005年9月第1版。

---

① 甘肅省博物館：《甘肅武威磨咀子6號漢墓》，《考古》，1960年第5期；甘肅省博物館：《甘肅武威磨咀子漢墓發掘》，《考古》，1960年第9期。

② 甘肅省博物館、中國科學院考古研究所編著《武威漢簡》，第136—137頁。

六十七　北大秦簡《禹九策》

北大秦簡《禹九策》是2010年北京大學入藏的秦簡中的一篇。本篇文獻有五十一支竹簡，完整簡長二十二點六至二十三點一釐米，寬零點五至零點七釐米，三道編繩，本篇文獻未發現篇題，現篇題爲整理者所擬加。①

本篇文獻全篇可分爲三部分，分别爲序説、禹九策，以及專題性占卜。第一部分序説，衹有一章，内容爲本占法説明。第二部分禹九策，第一至第六策及第八策，每策各一章，第七策、第九策，每策兩章，總計十一章。第三部分包括“善”“惡終”“陳頡”“空殆”“弔栗”共五章。②

著録

北京大學出土文獻與古代文明研究所編《北京大學藏秦簡牘》(叁)、(肆)，上海古籍出版社，2023年5月第1版。

研究

1. 李零:《北大藏秦簡〈禹九策〉》,《北京大學學報》(哲學社會科學版)，2017年第5期。

2. 楊繼承:《北大秦簡〈禹九策〉所見鬼神考釋》,《簡帛研究》(二〇一九·秋冬卷)，廣西師範大學出版社，2020年1月第1版。

3. 翁明鵬:《從〈禹九策〉的用字特徵説到北大秦簡牘諸篇的抄寫年代》,《文史》，2020年第1輯。

六十八　北大漢簡《荆決》

北大漢簡《荆決》是北京大學藏西漢竹書中的一篇。本篇文獻現存竹簡三十九枚，經綴合得到竹簡三十三支。《荆決》是本篇文獻原有篇題，書寫在第二支簡背面。全篇内容大部分尚存。③

① 參見北京大學出土文獻與古代文明研究所編《北京大學藏秦簡牘》(肆)，第741、891頁。

② 參見北京大學出土文獻與古代文明研究所編《北京大學藏秦簡牘》(肆)，第891頁。

③ 參見北京大學出土文獻研究所編《北京大學藏西漢竹書》(伍)，第169頁。

北大漢簡《荆决》，全篇内容包括兩部分，第一部分簡述荆决及其具體筮法原理，第二部分爲十六卦卦形及卦辭。荆决筮法用三十支筭籌作爲筮具，將三十支筭籌任意分爲三份，按照上中下順序放置，其中上邊的筭籌横向放置，中間的縱向放置，下面的横向放置，然後四個四個除去，不足四個或僅餘四個不用去除，上中下三份筭籌各自餘下的筭籌就構成了一卦的卦畫。從《荆决》十六卦卦辭的文例來看，每卦卦辭由繇辭與占辭構成。其繇辭與《歸藏》有相類之處。但是，就本篇文獻的筮法原理及其卦畫構成來看，並不屬於易筮系統。應該是由易筮衍生出來的一種數占法。因此附列於筮占之後。另外，本篇文獻將荆决與鑽龜告筮對言，因此，筆者認爲"荆决"之"荆"應是指筮具，而"决"應是"决疑"之"决"，"荆决"就是以"荆"爲筮具的一種數占法。[①]

著録

北京大學出土文獻研究所編《北京大學藏西漢竹書》(伍)，上海古籍出版社，2014年12月第1版。

研究

1. 陳侃理:《北大漢簡數術類〈六博〉〈荆决〉等篇略述》,《文物》，2011年第6期。

2. 周小鈺:《試論北大漢簡〈荆决〉與敦煌〈周公卜法〉〈管公明卜法〉的關係》,《出土文獻》(第九輯)，中西書局，2016年10月第1版。

3. 蔡飛舟:《北大漢簡〈荆决〉初探》,《中國典籍與文化》，2020年第2期。

六十九　懸泉漢簡《荆决》

1990年出土於懸泉置遺址的漢簡中編號Ⅱ90DXT0114④:324簡爲荆决占繇辭簡。本簡竹質，左側殘，簡長二十三點二釐米，寬零點六釐米，厚零點一五釐米。[②]

該竹簡記有"·亖·山有玄木其葉縣離勞止將死人莫之知次興兵合數

① 竹簡原整理者認爲:"篇題'荆决'，荆字指楚，决字同'訣'，内容是講楚地筮占的要訣。"參見北京大學出土文獻研究所編《北京大學藏西漢竹書》(伍)，第169頁。

② 參見甘肅簡牘博物館等編《懸泉漢簡》(叁)，第606頁。

見别離將見寡婦詐卧詐起苦止”[①]數字，可斷句如下：“·☰·山有玄木，其葉縣離。勞止將死，人莫之知。次興兵合，數見别離。將見寡婦，詐卧詐起。苦止……”以下還應該有竹簡與之相接。以上數句，前面四句見於北大漢簡《荆決》，文字略有差異；☰，是荆決占的卦畫，見於北大漢簡《荆決》，本簡殘失左邊一竪筆，此據北大漢簡《荆決》補出。[②]本簡簡文當是荆決占之繇辭，下面與之相接的竹簡上應當有占辭。

另，北大漢簡《荆決》占又見於北大漢簡《日書》，[③]本簡或爲日書本《荆決》。

著録

甘肅簡牘博物館等編《懸泉漢簡》(叁)，中西書局，2023年5月第1版。

研究

于茀：《懸泉漢簡中的荆決占》，待刊。

七十　清華楚簡《禱辭》

清華簡《禱辭》是清華大學2008年入藏的戰國竹簡中的一篇。“本篇凡二十三簡，簡長約四十四點五釐米，寬約零點六釐米，三道編。竹簡保存完好，僅第二支簡末端略有缺殘。竹簡下端有編號。全篇共分爲八節，每節之末都有章節符號。簡文原無篇題，《禱辭》乃據簡文内容所擬。”[④]

清華簡《禱辭》全篇内容爲禱祠地祇的告事求福之辭，辭多韻語。按照《漢書·藝文志》，本篇文獻屬於數術略雜占類。本篇爲研究先秦數術又提供了新材料。

著録

黄德寬主編《清華大學藏戰國竹簡》(玖)，中西書局，2019年11月第1版。

---

① 甘肅簡牘博物館等編《懸泉漢簡》(叁)，第230頁。

② 北京大學出土文獻研究所編《北京大學藏西漢竹書》(伍)，第175頁。

③ 北京大學出土文獻研究所編《北京大學藏西漢竹書》(伍)，第169—170頁。

④ 黄德寬主編《清華大學藏戰國竹簡》(玖)，第181頁。

研究

1. 程浩:《清華簡〈禱辭〉與戰國禱祀制度》,《文物》, 2019 年第 9 期。

2. 石從斌:《清華簡〈禱辭〉補釋四則》,《出土文獻》, 2021 年第 3 期。

3. 熊賢品:《清華簡九〈禱辭〉與葛陵楚簡之"丘"》,《簡牘學研究》(第十一輯), 甘肅人民出版社, 2021 年 12 月第 1 版。

七十一　清華楚簡《祝辭》

清華楚簡《祝辭》是清華大學 2008 年入藏的一批戰國竹簡中的一種。《祝辭》與《良臣》連抄在同一編竹簡上，本篇簡文共存竹簡五支，簡長三十二點八釐米，每簡各寫一則祝辭。原無篇題，現篇題爲整理者所加。[①]

本篇祝辭，一共有六則，第一則爲"恐溺"，第二則爲"救火"，後三則皆爲有關"射箭"的祝辭。按照《漢書・藝文志》，本篇文獻屬於數術略雜占類。本篇《祝辭》的發現對於研究先秦數術及相關問題具有重要價值。

著録

李學勤主編《清華大學藏戰國竹簡》(叁), 中西書局, 2012 年 12 月第 1 版。

研究

1. 江林昌:《清華簡〈祝辭〉與先秦巫術咒語詩》,《深圳大學學報》(人文社會科學版), 2014 年第 2 期。

2. 胡寧:《清華簡〈祝辭〉弓名和射姿考論》,《古代文明》, 2014 年第 2 期。

七十二　嶽麓秦簡《占夢書》

2007 年 12 月湖南大學嶽麓書院入藏了一批秦簡,《占夢書》是其中一篇文獻。[②]《占夢書》, 現存竹簡四十八支, 簡長大約三十釐米, 有三道編

① 參見李學勤主編《清華大學藏戰國竹簡》(叁), 第 163 頁。

② 參見朱漢民、陳松長主編《嶽麓書院藏秦簡》(壹), 前言。

繩。[①] 篇題“占夢書”爲整理者所擬加。[②]

《占夢書》四十八支簡有兩種抄寫格式，其中有六支簡不分欄，内容是用陰陽五行學説闡述夢占理論，另一種分欄抄寫，内容是夢象和占語。[③]

《漢書・藝文志》數術略雜占類著録《黄帝長柳占夢》十一卷、《甘德長柳占夢》二十卷，都已亡佚，嶽麓書院秦簡《占夢書》的發現，對於認識此類文獻的早期形態具有重要意義。

著録

朱漢民、陳松長主編《嶽麓書院藏秦簡》(壹)，上海辭書出版社，2010 年 12 月第 1 版。

研究

1. 王勇:《五行與夢占——嶽麓書院藏秦簡〈占夢書〉的占夢術》,《史學集刊》,2010 年第 4 期。

2. 陳偉:《讀嶽麓秦簡〈占夢書〉札記》,《簡帛》(第九輯)，上海古籍出版社，2014 年 10 月第 1 版。

3. 龐壯城:《嶽麓簡〈占夢書〉零釋兼論其成書機制》,《學行堂語言文字論叢》(第四輯)，四川大學出版社，2014 年 12 月第 1 版。

4. 陳松長主編《嶽麓書院藏秦簡（壹—叁）釋文修訂本》，上海辭書出版社，2018 年 6 月第 1 版。

七十三　北大秦簡《祠祝之道》

北大秦簡《祠祝之道》是 2010 年北京大學入藏的秦簡中的一篇。本篇文獻存竹牘一件、竹簡六支。六支竹簡長約二十七釐米，寬約零點六釐米，三道編繩，簡背存有劃痕。竹牘長約三十四點四釐米，寬約一點七釐米，

---

① 参見朱漢民、陳松長主編《嶽麓書院藏秦簡》(壹)，前言。

② 《嶽麓書院藏秦簡（壹—叁）釋文修訂本》指出，在《嶽麓書院藏秦簡》(壹）整理出版時尚没有發現 009 號簡（本篇的第四十四號簡）簡背殘存“夢書”二字，不能判斷其上有没有“占”字，爲避免更名給大家帶來困擾，本篇文獻仍稱《占夢書》。參見陳松長主編《嶽麓書院藏秦簡（壹—叁）釋文修訂本》，第 62 頁。

③ 參見朱漢民、陳松長主編《嶽麓書院藏秦簡》(壹)，第 39—44 頁。

三道編痕，編痕間距皆爲十二釐米左右，與上述六簡完全一致。本篇文獻未發現篇題，現篇題爲整理者據竹牘竹青面所書“皆祠祝之道勿亡”一語而擬加。[①]

本篇寫本内容爲祝禱術及祝禱辭。祝禱術可分爲祠道旁、入鼂祝鼠及祠槐三部分，主要記述祭祀的操作方法及祝禱之辭，本篇文獻與《漢書·藝文志》數術略雜占類著録的《請禱致福》等當爲同類文獻。

著録

北京大學出土文獻與古代文明研究所編《北京大學藏秦簡牘》(貳)，上海古籍出版社，2023年5月第1版。

研究

1. 田天:《北大藏秦簡〈祠祝之道〉初探》,《北京大學學報》(哲學社會科學版)，2015年第2期。

2. 翁明鵬:《説睡虎地秦簡〈馬禖〉等篇與北大藏秦簡〈祠祝之道〉的抄寫特點和年代問題》,《簡帛研究》(二〇一九·秋冬卷)，廣西師範大學出版社，2020年1月第1版。

七十四　北大秦簡《雜祝方》

北大秦簡《雜祝方》是2010年北京大學入藏的秦簡中的一篇。本篇文獻存木簡十二枚，綴合後爲十一支。完整木簡長約二十二點九釐米至二十三點一釐米，寬約零點九釐米至一點一釐米，簡背畫有交叉墨綫，無劃痕。本篇文獻未發現篇題，現篇題爲整理者所擬加。[②]

本篇文獻可分爲五章，第一章内容爲窒塞鼠穴，其餘四章内容與“媚道”相關。[③]

① 參見北京大學出土文獻與古代文明研究所編《北京大學藏秦簡牘》(貳)，第301、305頁。

② 參見北京大學出土文獻與古代文明研究所編《北京大學藏秦簡牘》(貳)，第321、325頁。

③ 參見北京大學出土文獻與古代文明研究所編《北京大學藏秦簡牘》(貳)，第321頁。

著録

北京大學出土文獻與古代文明研究所編《北京大學藏秦簡牘》(貳),上海古籍出版社,2023年5月第1版。

研究

田天:《北大藏秦簡〈祠祝之道〉初探》,《北京大學學報》(哲學社會科學版),2015年第2期。

七十五　北大秦簡《避射 死刃》

北大秦簡《避射 死刃》是2010年北京大學入藏的秦簡中的一篇。本篇文獻存竹簡六支,其中有一支空白簡。完整竹簡長約二十二點六釐米至二十三點一釐米,寬約零點五釐米至零點七釐米,三道編繩。本篇文獻共兩章,兩章之間以一支空白簡相隔。兩章原題分別是"避射""死刃",整理者據此擬加篇題。[①]

本篇爲祝禱之辭,"避射"章祝禱戰場避射,戰而勝敵;"死刃"章或爲鑄造兵器時的祝禱之辭。[②]

著録

北京大學出土文獻與古代文明研究所編《北京大學藏秦簡牘》(叁)、(肆),上海古籍出版社,2023年5月第1版。

七十六　北大秦簡《祓除》

北大秦簡《祓除》是2010年北京大學入藏的秦簡中的一篇。本篇文獻存二十六支完整竹簡,抄寫在算數書簡的背面,簡長二十二點六至二十三點一釐米,寬零點五至零點七釐米,三道編繩,本篇文獻未發現篇題,現篇題爲整理者所擬加。[③]

---

① 參見北京大學出土文獻與古代文明研究所編《北京大學藏秦簡牘》(肆),第741、851頁。

② 參見北京大學出土文獻與古代文明研究所編《北京大學藏秦簡牘》(肆),第853—854頁。

③ 參見北京大學出土文獻與古代文明研究所編《北京大學藏秦簡牘》(肆),第741、911頁。

本篇文獻主要内容爲祓除儀式中使用的祝禱辭，可以大致分爲三部分。第一部分描述主持者召請司命、司祓下臨，由“靈巫”爲祝禱者祓除。第二部分爲“工祝”向名爲“阿蛇”的神祝禱，阿蛇傳授了一套祝辭。第三部分是一段讚美鷄的四字韻文。[①]

著録

北京大學出土文獻與古代文明研究所編《北京大學藏秦簡牘》(叁)、(肆)，上海古籍出版社，2023 年 5 月第 1 版。

研究

田天:《北大秦簡〈祓除〉初識》,《簡帛》(第八輯)，上海古籍出版社，2013 年 10 月第 1 版。

七十七　居延木剛卯祝辭

1930 年西北科學考察團在額濟納河流域考古發掘出大批漢簡，還發現了三枚木質剛卯，編號分别爲 371.1ABCD、446.17ABCD、530.9ABCD。[②]

371.1ABCD 號木剛卯銘文與另外兩枚略有不同，446.17ABCD、530.9ABCD 兩枚剛卯銘文基本相同。兹録 530.9ABCD 號剛卯銘文如下：“正月剛卯（既央），靈殳四方。赤青白黄，四色賦當。帝命祝融，以教夔龍。庶役罔單，莫敢我當。”原簡現藏臺北中研院歷史語言研究所。

著録

1. 勞榦:《居延漢簡考釋（釋文之部）》，商務印書館，1949 年 11 月初版。

2. 勞榦:《居延漢簡（圖版之部）》，臺北中研院歷史語言研究所，1957 年 3 月初版。

3. 中國社會科學院考古研究所編《居延漢簡（甲乙編）》，中華書局，1980 年 7 月第 1 版。

4. 中國簡牘集成編輯委員會編《中國簡牘集成・甘肅省 内蒙古自治區卷（居延

① 參見北京大學出土文獻與古代文明研究所編《北京大學藏秦簡牘》(肆)，第 913—916 頁。

② 參見中國社會科學院考古研究所編《居延漢簡（甲乙編）》，上册，乙圖版貳肆肆、乙圖版貳伍陸、乙圖版貳柒陸，下册，第 233、241、276 頁；簡牘整理小組編《居延漢簡》(肆)，第 57、91、204 頁。

漢簡)》(第八册),敦煌文藝出版社,2001 年 6 月第 1 版。

5. 簡牘整理小組編《居延漢簡》(肆),臺北中研院歷史語言研究所,2017 年 11 月初版。

七十八　懸泉木剛卯祝辭

1990 年在懸泉置遺址出土漢簡中 Ⅱ90DXT0111 ③: 76ABCD 號爲一枚剛卯。

該枚剛卯,木質,爲長方體,長二點九釐米,寬、厚均爲一點五釐米,四面書寫剛卯銘文:"正月剛卯,零䟴四方。赤青白黄,四色是當。帝命沖甬,以教夔龍。庶疫岡單,莫我敢當。"①

著録

甘肅簡牘博物館等編《懸泉漢簡》(貳),中西書局,2020 年 12 月第 1 版。

七十九　帛書《太一祝圖》

帛書《太一祝圖》出土於馬王堆三號漢墓。② 本篇帛書復原後長約四十三點五釐米,高約四十五釐米,細絹彩繪,存十個圖像,圖像旁大多有文字題記,未發現篇題,曾被稱爲《社神圖》《神祇圖》《辟兵圖》《太一辟兵圖》《社神護魂圖》《太一將行圖》《太一出行圖》等。復旦大學重新整理改稱《太一祝圖》。③

帛書《太一祝圖》爲圖文結合型圖書,主要内容及功能是祝禱,兹依照《漢書・藝文志》歸入雜占類。

著録

裘錫圭主編《長沙馬王堆漢墓簡帛集成》(貳)、(陸),中華書局,2014 年 6 月第 1 版。

---

① 參見甘肅簡牘博物館等編《懸泉漢簡》(貳),第 219 頁。

② 湖南省博物館:《長沙馬王堆漢墓簡帛出土與整理情況回顧》,裘錫圭主編《長沙馬王堆漢墓簡帛集成》(壹),第 3 頁。

③ 參見裘錫圭主編《長沙馬王堆漢墓簡帛集成》(陸),第 103 頁。

研究

1. 周世榮:《馬王堆漢墓的“神祇圖”帛畫》,《考古》,1990年第10期。[①]

2. 李零:《馬王堆漢墓“神祇圖”應屬辟兵圖》,《考古》,1991年第10期。

3. 陳松長:《馬王堆漢墓帛畫“神祇圖”辨正》,《江漢考古》,1993年第1期。

4. 饒宗頤:《圖詩與辭賦——馬王堆新出〈大一出行圖〉研究》,《新美術》,1997年第2期。

5. 胡文輝:《馬王堆〈太一出行圖〉與秦簡〈日書·出邦門〉》,《江漢考古》,1997年第3期。

6. 李凇:《依據疊印痕迹尋證馬王堆3號漢墓〈“大一將行”圖〉的原貌》,《美術研究》,2009年第2期。

7. 王煜:《漢代太一信仰的圖像考古》,《中國社會科學》,2014年第3期。

八十　帛書《木人占》

帛書《木人占》出土於馬王堆三號漢墓。[②]本篇原無篇題,現篇題爲整理者所加。該帛書寬約三十三釐米,長五十釐米,文字順緯綫方向書寫,分爲上下兩段,有文有圖,圖佔據上半幅右側三分之二的位置,共有九十九個圖形,圖形中有簡略占文,這部分是圖占,在圖占左側,有十二列文字,記述木人占的占法。下半幅主要是占辭。[③]兹依照《漢書·藝文志》歸入雜占類。

著録

裘錫圭主編《長沙馬王堆漢墓簡帛集成》(貳)、(伍),中華書局,2014年6月第1版。

研究

1. 王樹金:《馬王堆漢墓帛書〈木人占〉述略》,簡帛網,2008年4月19日。

---

① 本條及第三條“神祇”原刊誤作“神祗”。

② 湖南省博物館:《長沙馬王堆漢墓簡帛出土與整理情況回顧》,裘錫圭主編《長沙馬王堆漢墓簡帛集成》(壹),第3頁。

③ 參見裘錫圭主編《長沙馬王堆漢墓簡帛集成》(伍),第161頁。

2. 王樹金:《馬王堆漢墓帛書〈木人占〉探述》,《出土文獻研究》(第十二輯),中西書局,2013 年 12 月第 1 版。

3. 邢華、張顯成:《馬王堆漢墓帛書〈木人占〉叢札》,《簡帛研究》(二〇一九・秋冬卷),廣西師範大學出版社,2020 年 1 月第 1 版。

4. 鄭健飛:《帛書〈木人占〉〈養生方〉綴合校釋札記(六則)》,《出土文獻》(第十五輯),中西書局,2019 年 10 月第 1 版。

八十一　敦煌漢簡《生子占》

敦煌漢簡《生子占》是 20 世紀初斯坦因第二次中亞考古時在敦煌漢代長城烽燧遺址發現的。本篇僅存一支簡,編號 2056,[①] 木質,下部殘,簡文爲“生子東首者富南首者貴西首者貧北首者不壽・生子見天者☐”。[②] 此占屬於《漢書・藝文志》雜占類。

著録

1. 羅振玉、王國維:《流沙墜簡》,中華書局,1993 年 9 月第 1 版。

2. 甘肅省文物考古研究所編《敦煌漢簡》,中華書局,1991 年 6 月第 1 版。

研究

羅振玉、王國維:《流沙墜簡・小學術數方技書考釋》,中華書局,1993 年 9 月第 1 版。

八十二　居延漢簡《占耳鳴書》《占目瞤書》

1930 年西北科學考察團在額濟納河流域發現的漢代簡牘中有占耳鳴、占目瞤等雜占類典籍。占耳鳴、占目瞤雜占共有兩支木質殘簡。一支爲耳鳴占,編號爲 269.9,殘簡長二十二釐米,寬一點二釐米,出土地爲 A33 地灣,[③] 簡文爲:“未〔逋〕入召之。耳鳴,得事。耳鳴,望行事。目濡,有

① 爲《敦煌漢簡》編號。

② 參見甘肅省文物考古研究所編《敦煌漢簡》(上),圖版壹陸肆,(下),第 299 頁;羅振玉、王國維:《流沙墜簡・小學術數方技書考釋》,第 94 頁。

③ 簡牘整理小組編《居延漢簡》(叁),第 300 頁。參見中國社會科學院考古研究所編《居延漢簡(甲乙編)》,上册,甲圖版 –1413;下册,第 193 頁。

來事。”[①] 另一支爲目瞤占，編號爲 435.6A，殘簡長九點五釐米，寬一點二釐米，出土地爲 P9 博羅松治，[②] 簡文爲：“目疌，左目潤，右目潤。”[③]

《漢書·藝文志》著録《嚏耳鳴雜占》十六卷，居延漢簡《占耳鳴書》《占目瞤書》應該屬於此類文獻。所謂耳鳴占，就是以耳鳴爲占；所謂目瞤占，就是以眼動爲占。簡文中“疌”讀爲“睫”，眨眼之意。“潤”讀爲“瞤”，“目瞤”即是俗稱眼皮跳動。[④] 原簡現藏臺北中研院歷史語言研究所。

著録

1. 中國社會科學院考古研究所編《居延漢簡（甲乙編）》，中華書局，1980 年 7 月第 1 版。

2. 簡牘整理小組編《居延漢簡》（叁），臺北中研院歷史語言研究所，2016 年 10 月初版。

3. 簡牘整理小組編《居延漢簡》（肆），臺北中研院歷史語言研究所，2017 年 11 月初版。

4. 中國簡牘集成編輯委員會編《中國簡牘集成·甘肅省 内蒙古自治區卷（居延漢簡）》（第七、八册），敦煌文藝出版社，2001 年 6 月第 1 版。

研究

1. 陳槃：《陳槃著作集·漢晉遺簡識小七種》，上海古籍出版社，2009 年 11 月第 1 版。

2. 饒宗頤：《居延漢簡數術耳鳴目瞤解》，《大陸雜誌》，第 13 卷第 12 期。

八十三　地灣漢簡時日占

1986 年甘肅省文物考古研究所對地灣遺址進行了二次發掘，出土漢

---

① 簡牘整理小組編《居延漢簡》（叁），第 177 頁。

② 參見簡牘整理小組編《居延漢簡》（肆），第 315 頁。

③ 參見簡牘整理小組編《居延漢簡》（肆），第 84 頁；中國社會科學院考古研究所編《居延漢簡（甲乙編）》，上册，乙圖版貳伍伍，下册，第 240 頁。“疌”，《居延漢簡》釋爲“疐”，參見《居延漢簡》（肆），第 84 頁。

④ 參見陳槃：《耳鳴目瞤書》，《陳槃著作集·漢晉遺簡識小七種》，第 19 頁；饒宗頤：《居延漢簡數術耳鳴目瞤解》，《選堂集林·史林》，第 295—299 頁。

簡七百多枚，其中 86EDT43:1 號簡爲時日占，該簡長二十三釐米，寬一釐米，木質，基本完整。簡文爲：廿六、廿五、廿四、廿一、十八、十六、十五，得此時大吉。[①] 簡文内容爲時日占，具體占法不明。

著録

甘肅簡牘博物館等編《地灣漢簡》，中西書局，2017 年 12 月第 1 版。

八十四　帛書《宅位宅形吉凶圖》

帛書《宅位宅形吉凶圖》出土於馬王堆三號漢墓。[②] 本篇帛書原無篇題，現篇題爲整理者所加。

《宅位宅形吉凶圖》現存六張裱爲册頁的殘片，殘存若干圖形及文字。該圖形可能是表示房屋位置及據其進行占卜。《漢書・藝文志》數術略形法類著録《宫宅地形》二十卷，帛書《宅位宅形吉凶圖》可能是與之相似的形法類數術著作。[③]

著録

裘錫圭主編《長沙馬王堆漢墓簡帛集成》(貳)、(伍)，中華書局，2014 年 6 月第 1 版。

研究

黄儒宣:《〈日書〉圖像研究》第三章，中西書局，2013 年 12 月第 1 版。

八十五　帛書《相馬經》

帛書《相馬經》出土於馬王堆三號漢墓。[④] 本篇帛書用整幅帛抄寫，高四十八釐米，全文共七十七行，現存四千六百多字，部分殘損。本篇帛書的帛幅上尚有空白部位，説明本篇可能没有抄寫完成，是不完整的。隸

① 參見甘肅簡牘博物館等編《地灣漢簡》，第 42 頁。

② 湖南省博物館:《長沙馬王堆漢墓簡帛出土與整理情況回顧》，裘錫圭主編《長沙馬王堆漢墓簡帛集成》(壹)，第 3 頁。

③ 參見裘錫圭主編《長沙馬王堆漢墓簡帛集成》(伍)，第 183 頁。

④ 湖南省博物館:《長沙馬王堆漢墓簡帛出土與整理情況回顧》，裘錫圭主編《長沙馬王堆漢墓簡帛集成》(壹)，第 3 頁。

書抄寫，相當工整。本篇相馬法主要講相馬眼及其周圍部位的方法。本篇簡文用賦體寫成，文句工整，多押韻，多用比喻，富有文學色彩，故而亦可稱爲《相馬賦》。[①]

《漢書・藝文志》數術略形法類著録《相六畜》三十八卷。

著録

1. 馬王堆漢墓帛書整理小組:《馬王堆漢墓帛書〈相馬經〉釋文》,《文物》，1977年第8期。

2. 裘錫圭主編《長沙馬王堆漢墓簡帛集成》(貳)、(伍)，中華書局，2014年6月第1版。

研究

1. 謝成俠:《關於長沙馬王堆漢墓帛書〈相馬經〉的探討》,《文物》，1977年第8期。

2. 趙逵夫:《馬王堆漢墓帛書〈相馬經〉發微》,《文獻》，1989年第4期。

3. 余欣:《出土文獻所見漢唐相馬術考》,《學術月刊》，2014年第2期。

八十六　銀雀山漢簡《相狗方》

銀雀山漢簡《相狗方》1972年4月出土於山東省臨沂銀雀山一號漢墓。[②]本篇簡文用長簡抄寫，存完、殘簡十四支，篇題“相狗方”書寫在首簡起首。[③]

《漢書・藝文志》數術略形法類著録《相六畜》三十八卷。

著録

銀雀山漢墓竹簡整理小組編《銀雀山漢墓竹簡》(貳)，文物出版社，2010年1月第1版。

研究

銀雀山漢墓竹簡整理小組編《銀雀山漢墓竹簡》(貳)，文物出版社，2010年1月

---

① 參見裘錫圭主編《長沙馬王堆漢墓簡帛集成》(伍)，第169頁。

② 《銀雀山漢墓竹簡情況簡介》，銀雀山漢墓竹簡整理小組編《銀雀山漢墓竹簡》(壹)，第5—6頁。

③ 參見銀雀山漢墓竹簡整理小組編《銀雀山漢墓竹簡》(貳)，第253頁。

第 1 版。

八十七　敦煌漢簡《相馬法》

敦煌漢簡《相馬法》現僅發現兩簡。一支是 20 世紀初斯坦因第二次中亞考古時在敦煌漢代長城烽燧遺址發現的，編號 2094，[①] 此簡木質，基本完整，簡文爲“鄉下説 •腸小所胃腸小者腹下平脾小所胃脾小者聽耳寓聽耳欲卑目欲高閒本四寸六百里”。[②] 另一支是 1979 年在敦煌西北馬圈灣漢代烽燧遺址裏發現的，編號 843，木質，兩端殘，簡文爲：“▨ •伯樂相馬自有刑齒十四五當下平▨”。[③]

《漢書 · 藝文志》數術略形法類著録《相六畜》三十八卷。

著録

1. 羅振玉、王國維：《流沙墜簡》，中華書局，1993 年 9 月第 1 版。
2. 甘肅省文物考古研究所編《敦煌漢簡》，中華書局，1991 年 6 月第 1 版。
3. 張德芳：《敦煌馬圈灣漢簡集釋》，甘肅文化出版社，2013 年 12 月第 1 版。

研究

羅振玉、王國維：《流沙墜簡 · 小學術數方技書考釋》，中華書局，1993 年 9 月第 1 版。

八十八　居延新簡《相劍刀》

居延新簡《相劍刀》，1974 年出土於額濟納旗的居延破城子遺址第四十探方中。存簡六支，編號爲 EPT40.202、EPT40.203、EPT40.204、EPT40.205、EPT40.206、EPT40.207，松木質，簡長二十二點六釐米，寬一點二釐米，第五、六簡之間文意不連貫，似有缺失，内容爲相寶劍刀的

---

① 爲《敦煌漢簡》編號。

② 參見甘肅省文物考古研究所編《敦煌漢簡》（上），圖版壹陸伍，（下），第 301 頁。

③ 參見甘肅省文物考古研究所編《敦煌漢簡》（上），圖版捌壹，（下），第 251 頁；羅振玉、王國維：《流沙墜簡》，第 95 頁；張德芳：《敦煌馬圈灣漢簡集釋》，第 131 頁。

數術。[①]

《漢書·藝文志》數術略形法類著録《相寶劍刀》二十卷。

著録

1. 甘肅省文物考古研究所、甘肅省博物館、文化部古文獻研究室、中國社會科學院歷史研究所編《居延新簡——甲渠候官與第四燧》，文物出版社，1990年7月第1版。

2. 甘肅省文物考古研究所、甘肅省博物館、文化部古文獻研究室、中國社會科學院歷史研究所編《居延新簡——甲渠候官》，中華書局，1994年12月第1版。

3. 甘肅省博物館漢簡整理組:《居延漢簡〈相劍刀〉册釋文》,《敦煌學輯刊》(第三輯)，1982年。

4. 張德芳:《〈相劍刀〉册(居延漢簡EPT40:202-207)》,《簡牘學研究》(第五輯)，甘肅人民出版社，2014年8月第1版。

研究

1. 馬明達:《居延漢簡〈相劍刀〉册初探》,《敦煌學輯刊》(第三輯)，1982年。

2. 鍾少異:《古相劍術芻論》,《考古》，1994年第4期。

3. 陳力:《〈居延新簡〉相利善刀劍諸簡選釋》,《考古與文物》，2002年第6期。

4. 劉金華:《漢"相劍刀册"略説》,《中國歷史文物》，2008年第3期。

5. 何茂活:《居延漢簡〈相劍刀〉册釋讀析疑》,《簡牘學研究》(第五輯)，甘肅人民出版社，2014年8月第1版。

八十九　銀雀山漢簡《陰陽散》

銀雀山漢簡《陰陽散》1972年4月出土於山東省臨沂銀雀山一號漢墓。[②]本篇簡文用長簡抄寫，本篇現發現一支篇題簡，整理號爲一六九五，

---

① 參見甘肅省博物館漢簡整理組:《居延漢簡〈相劍刀〉册釋文》,《敦煌學輯刊》(第三輯)，第78頁；甘肅省文物考古研究所、甘肅省博物館、文化部古文獻研究室、中國社會科學院歷史研究所編《居延新簡——甲渠候官與第四燧》，第98頁；甘肅省文物考古研究所、甘肅省博物館、文化部古文獻研究室、中國社會科學院歷史研究所編《居延新簡——甲渠候官》(上)，第40—41頁，(下)，第79—80頁。

② 《銀雀山漢墓竹簡情況簡介》，銀雀山漢墓竹簡整理小組編《銀雀山漢墓竹簡》(壹)，第5—6頁。

上書寫篇題"陰陽散"，屬於本篇的竹簡尚未確定，[①]兹附録於數術類之後。

著録

銀雀山漢墓竹簡整理小組編《銀雀山漢墓竹簡》(貳)，文物出版社，2010年1月第1版。

研究

銀雀山漢墓竹簡整理小組編《銀雀山漢墓竹簡》(貳)，文物出版社，2010年1月第1版。

小説家類

一　清華楚簡《赤鵠之集湯之屋》

清華楚簡《赤鵠之集湯之屋》是清華大學2008年入藏的一批戰國竹簡中的一種。[②]《赤鵠之集湯之屋》共十五支簡，簡長四十五釐米，三道編，簡背有序號，篇題書寫在第十五支簡背面下端。[③]

本篇簡文是一篇具有巫術色彩的故事，體裁與後世志怪小説相似。本篇簡文的發現，對於中國文學史研究具有重要意義。

著録

李學勤主編《清華大學藏戰國竹簡》(叁)，中西書局，2012年12月第1版。

研究

1. 李學勤：《新整理清華簡六種概述》，《文物》，2012年第8期。

2. 姚小鷗、盧翮：《〈清華簡·赤鵠〉篇與"后土"人格化》，《民俗研究》，2013年第3期。

3. 黄德寬：《清華簡〈赤鵠之集湯之屋〉與先秦"小説"——略説清華簡對先秦文學研究的價值》，《復旦學報》(社會科學版)，2013年第4期。

---

① 參見銀雀山漢墓竹簡整理小組編《銀雀山漢墓竹簡》(貳)，第208頁。
② 參見李學勤主編《清華大學藏戰國竹簡》(壹)，前言，第3頁。
③ 參見李學勤主編《清華大學藏戰國竹簡》(叁)，第166頁。

4. 姚小鷗:《清華簡〈赤鵠〉篇與中國早期小説的文體特徵》,《文藝研究》,2014年第2期。

二　放馬灘秦簡《志怪故事》

1986年甘肅省文物考古研究所對甘肅省天水市北道區黨川鄉放馬灘十四座秦漢墓進行了考古發掘，其中一號秦墓出土竹簡四百六十一支。

關於此批竹簡的性質和分類，學界有不同看法。甘肅省文物考古研究所編的《天水放馬灘秦簡》將竹簡分爲甲種《日書》、乙種《日書》及《志怪故事》三種。《志怪故事》有七支簡。[①] 孫占宇《天水放馬灘秦簡集釋》則首先從形制上將竹簡分爲甲、乙兩種。甲種簡七十三支，長二十七至二十七點五釐米，乙種簡三百八十八支，簡長二十三至二十三點五釐米。《志怪故事》七支簡被歸入乙種竹簡，並被命名爲《丹》。從内容性質上，孫占宇主張將全部天水放馬灘秦簡都歸入日書。[②] 發掘簡報把《志怪故事》稱爲《墓主記》,[③] 更多學者還是傾向於把《墓主記》看作小説。本敘録將之暫列入小説家。

著録

甘肅省文物考古研究所編《天水放馬灘秦簡》，中華書局，2009年8月第1版。

研究

1. 李學勤:《放馬灘簡中的志怪故事》,《文物》,1990年第4期。

2. 宋華强:《放馬灘秦簡〈邸丞謁御史書〉釋讀札記》,《出土文獻研究》(第十輯),中華書局，2011年7月第1版。

3. 李零:《秦簡的定名與分類》,《簡帛》(第六輯),上海古籍出版社，2011年11月第1版。

4. 孫占宇:《天水放馬灘秦簡集釋》，甘肅文化出版社，2013年3月第1版。

---

① 參見甘肅省文物考古研究所編《天水放馬灘秦簡》，内容提要。

② 參見孫占宇:《天水放馬灘秦簡集釋》，概述，第1頁。

③ 參見甘肅省文物考古研究所、天水市北道區文化館:《甘肅天水放馬灘戰國秦漢墓群的發掘》,《文物》1989年第2期。

三 北大秦牘《泰原有死者》

北大秦牘《泰原有死者》是 2010 年初北京大學入藏秦簡牘中的一種。《泰原有死者》書寫在一方木牘上，木牘長二十三釐米，寬四點七釐米，共八行，總計一百六十六字，整理者取篇首語命名爲《泰原有死者》。其内容與天水放馬灘秦簡《志怪故事》相類，是一篇非常特别的文獻，是否可以看作小説，值得探討。[①] 本敘録將之暫列入小説家。

著録

1. 北京大學出土文獻與古代文明研究所編《北京大學藏秦簡牘》(壹)，上海古籍出版社，2023 年 5 月第 1 版。

2. 朱鳳瀚、韓巍、陳侃理:《北京大學藏秦簡牘概述》,《文物》，2012 年第 6 期。

3. 李零:《北大秦牘〈泰原有死者〉簡介》,《文物》，2012 年第 6 期。

研究

1. 姜守誠:《北大秦牘〈泰原有死者〉考釋》,《中華文史論叢》，2014 年第 3 期。

2. 丁丁:《秦簡中的志怪故事與復生類志怪小説的淵源》,《戲劇之家》，2014 年第 7 期。

3. 黄傑:《放馬灘秦簡〈丹〉篇與北大秦牘〈泰原有死者〉研究》，簡帛網，2014 年 10 月 14 日。

四 北大漢簡《趙正書》

漢簡《趙正書》是北京大學藏西漢竹書中的一篇。本篇文獻現存竹簡五十二支，經綴合得到完整竹簡四十六支，殘簡四支。其中有兩支竹簡殘缺嚴重，其餘大多完好。完整竹簡長三十點二至三十點四釐米，寬零點八至一釐米。竹簡有三道編繩，編繩處有契口。完整竹簡書寫二十八至三十字，存字大約一千五百，書體爲成熟漢隸。全篇文獻大致完整，不分章，

① 參見李零:《北大秦牘〈泰原有死者〉簡介》,《文物》，2012 年第 6 期；北京大學出土文獻與古代文明研究所編《北京大學藏秦簡牘》(壹)，第 107 頁。

《趙正書》是原有篇題，書寫在第二支簡背面。[①]

北大漢簡《趙正書》全篇記述了趙正即秦始皇出巡天下返程途中病重、召見丞相李斯、李斯諫言立胡亥爲代後（王位繼承人）、秦始皇去世胡亥繼位後誅殺諸公子大臣以及秦亡國的過程。

關於北大漢簡《趙正書》的文獻性質，目前學界多認爲《趙正書》是史書類文獻。但是，《趙正書》文辭淺俗，叙事方式明顯有説講特徵，因此，我們認爲北大漢簡《趙正書》應該是一篇流傳於西漢時期的小説。

著録

北京大學出土文獻研究所編《北京大學藏西漢竹書》（叁），上海古籍出版社，2015年9月第1版。

研究

1. 趙化成:《北大藏西漢竹書〈趙正書〉簡説》,《文物》，2011年第6期。

2. 李鋭:《〈趙正書〉研究》,《史學集刊》，2020年第5期。

3. 郭晴:《北大漢簡〈趙正書〉與秦之歷史》,《簡帛研究》（二〇二一·春夏卷），廣西師範大學出版社，2021年6月第1版。

---

① 參見北京大學出土文獻研究所編《北京大學藏西漢竹書》（叁），第187頁。

集　部

辭賦類

一　上博楚簡《李頌》

《李頌》是上海博物館1994年5月從香港購回的一批竹簡中的一篇。本篇完整，有三支簡，完簡長約五十三釐米，全篇總計一百七十二字，三道編繩。簡端至第一契口之距約爲十點八釐米，第一契口至第二契口之距約爲十五點五釐米，第二契口至第三契口之距約爲十五點五釐米，第三契口至尾端約十點五釐米。[①] 本篇原無篇題，現篇題爲整理者所加。

本篇簡文内容歌頌李樹，與楚辭類作品相似。有學者提出應命名爲《桐頌》。本篇的發現對於楚辭研究具有重要意義。

著録

馬承源主編《上海博物館藏戰國楚竹書》(八)，上海古籍出版社，2011年5月第1版。

研究

1. 王寧:《上博八〈李頌〉閒詁》，簡帛網，2011年8月29日。

2. 萬德良、陳民鎮:《上博簡〈李頌〉與〈楚辭·橘頌〉比較研究》，《邯鄲學院學報》，2013年第3期。

3. 蔡靖泉:《上博楚簡〈桐頌〉與屈原〈橘頌〉》，《晉陽學刊》，2014年第4期。

---

① 參見馬承源主編《上海博物館藏戰國楚竹書》(八)，第229頁。

二　上博楚簡《蘭賦》

《蘭賦》是上海博物館1994年5月從香港購回的一批竹簡中的一篇。本篇存簡五支，完簡長約五十三釐米，全篇存字總計一百六十個，三道編繩。簡端至第一契口之距約爲十一釐米，第一契口至第二契口之距約爲十五點五釐米，第二契口至第三契口之距約爲十五點五釐米，第三契口至尾端約十點五釐米。[①]本篇原無篇題，現篇題爲整理者所加。

本篇簡文以蘭爲喻，託物言志，與屈原賦、宋玉賦相類，爲賦體文學研究又增添了新材料。

著録

馬承源主編《上海博物館藏戰國楚竹書》（八），上海古籍出版社，2011年5月第1版。

研究

1. 高佑仁:《上博八〈蘭賦〉二題》，簡帛網，2011年9月5日。

2. 陳民鎮:《上博簡〈蘭賦〉與〈楚辭〉所見"未沬（沫）"合證》，《職大學報》，2013年第2期。

3. 張彩華:《上博簡（八）楚辭類作品草木意象初探——以〈李頌〉〈蘭賦〉爲中心》，《邯鄲學院學報》，2013年第3期。

4. 鍾之順:《上博簡（八）楚辭類作品與屈原賦詞類比較研究》，《邯鄲學院學報》，2013年第3期。

5. 張世磊:《上博簡類楚辭作品與屈騷比較探析》，《船山學刊》，2014年第2期。

三　上博楚簡《有皇將起》

《有皇將起》是上海博物館1994年5月從香港購回的一批竹簡中的一篇。本篇存簡六支，完簡長約四十二釐米，全篇存字總計一百八十六個（含重文三），三道編繩。簡端至第一契口之距約爲一點三釐米，第一契口至第二契口之距約爲二十三釐米，第二契口至第三契口之距約爲十六釐

① 參見馬承源主編《上海博物館藏戰國楚竹書》（八），第249頁。

米。[①] 本篇原無篇題，現篇題爲整理者所加。

本篇簡文亦爲楚辭類作品。

著録

馬承源主編《上海博物館藏戰國楚竹書》(八)，上海古籍出版社，2011年5月第1版。

研究

1. 曹錦炎:《上海博物館藏戰國竹書〈楚辭〉》,《文物》，2010年第2期。

2. 復旦吉大古文字專業研究生聯合讀書會:《上博八〈有皇將起〉校讀》，復旦大學出土文獻與古文字研究中心網站，2011年7月17日。

3. 張世磊:《上博簡類楚辭作品與屈騷比較探析》,《船山學刊》，2014年第2期。

四　上博楚簡《鶹鷅》

《鶹鷅》是上海博物館1994年5月從香港購回的一批竹簡中的一篇。本篇存簡二支，全篇僅存四十五字(其中合文一)。第一簡由兩段殘簡綴合而成，綴合後長三十九點一釐米，下殘，簡端至第一契口之距爲一點二釐米，第一契口至第二契口之距爲二十三點四釐米，存三十七字。第二簡僅存十點三釐米，下端平齊，上殘，第三契口至尾端一點四釐米，存八字。[②] 本篇原無篇題，現篇題爲整理者所加。

本篇簡文亦爲楚辭類作品。

著録

馬承源主編《上海博物館藏戰國楚竹書》(八)，上海古籍出版社，2011年5月第1版。

研究

1. 復旦吉大古文字專業研究生聯合讀書會:《上博八〈鶹鷅〉校讀》，復旦大學出土文獻與古文字研究中心網站，2011年7月17日。

---

① 參見馬承源主編《上海博物館藏戰國楚竹書》(八)，第271頁。

② 參見馬承源主編《上海博物館藏戰國楚竹書》(八)，第287—291頁。

2. 吴洋:《〈上博（八）· 鶹鷅〉與〈詩經 · 邶風 · 旄丘〉》,《出土文獻研究》（第十一輯）, 中西書局, 2012 年 12 月第 1 版。

3. 張世磊:《上博簡類楚辭作品與屈騷比較探析》,《船山學刊》, 2014 年第 2 期。

五 睡虎地秦簡《成相篇》

秦簡《成相篇》, 1975 年 12 月出土於雲夢睡虎地十一號秦墓。同墓出土的還有《語書》《秦律十八種》《效律》《秦律雜抄》《法律答問》《封診式》及《日書》甲種、乙種等文獻。[①]

秦簡《成相篇》是《爲吏之道》篇中的部分内容。秦簡《爲吏之道》共有五十一支竹簡，編成簡册後，由上至下分五欄書寫文字，每欄從右向左書寫。在第五欄，第一支簡至第十五支簡抄寫了八首韻文，整理者稱爲“相”。[②] 睡虎地秦簡刊布後，學界有“成相篇”“成相雜辭”等稱謂。

《漢書 · 藝文志》詩賦略雜賦類著録《成相雜辭》十一篇，又《秦時雜賦》九篇。睡虎地秦簡《成相篇》的發現，對於研究賦體文學的源流發展，以及秦代文學文化具有重要意義。

著録

睡虎地秦墓竹簡整理小組編《睡虎地秦墓竹簡》, 文物出版社, 1990 年 9 月第 1 版。

研究

1. 姜書閣:《睡虎地秦墓竹簡中的一篇成相雜辭》,《中國韻文學刊》, 1990 年第 2 期。

2. 姚小鷗:《〈睡虎地秦簡成相篇〉研究》,《文學前沿》, 2000 年第 1 期。

3. 姚小鷗:《“成相”雜辭考》,《文藝研究》, 2000 年第 1 期。

4. 陳良武:《出土文獻與〈荀子 · 成相篇〉》,《長安大學學報》（社會科學版）, 2000 年第 3 期。

---

① 参見睡虎地秦墓竹簡整理小組編《睡虎地秦墓竹簡》（八開精裝本）, 出版説明, 第 1 頁。

② 参見睡虎地秦墓竹簡整理小組編《睡虎地秦墓竹簡》（八開精裝本）, 釋文第 167 頁。

5. 孫進、江林昌:《出土秦簡〈成相篇〉與楚民族的瞽史説唱傳統》,《民族藝術》,2006 年第 2 期。

六 北大秦簡《隱書》

北大秦簡《隱書》是 2010 年北京大學入藏的秦簡中的一篇。本篇文獻存九支木簡,完整簡長二十三釐米,寬零點八至一點二釐米,厚零點三釐米,兩道編繩,本篇文獻未發現篇題,現篇題爲整理者所擬加。[①]

本篇文獻記録三條隱語,多爲四言韻語。隱語又稱爲“廋辭”“謎語”,是一種特殊文體,《漢書·藝文志》詩賦略雜賦類著録《隱書》十八篇。

著録

北京大學出土文獻與古代文明研究所編《北京大學藏秦簡牘》(壹),上海古籍出版社,2023 年 5 月第 1 版。

研究

1. 李零:《隱書》,《簡帛》(第八輯),上海古籍出版社,2013 年 10 月第 1 版。

2. 何家興:《秦簡〈隱書〉的文本考察》,《湖南師範大學社會科學學報》,2021 年第 2 期。

七 北大秦簡《公子從軍》

北大秦簡《公子從軍》是 2010 年北京大學入藏的秦簡中的一篇。本篇文獻共有二十二支竹簡,完整簡長二十二點九至二十三點一釐米,寬零點七至零點九釐米,兩道編繩,本篇文獻未發現篇題,現篇題爲整理者所擬加。[②]

本篇文獻内容主體上是女主人公“牽”寫給從軍公子的一封信。[③]

著録

北京大學出土文獻與古代文明研究所編《北京大學藏秦簡牘》(壹),上海古籍出

① 參見北京大學出土文獻與古代文明研究所編《北京大學藏秦簡牘》(壹),第 125 頁。
② 參見北京大學出土文獻與古代文明研究所編《北京大學藏秦簡牘》(壹),第 87 頁。
③ 參見北京大學出土文獻與古代文明研究所編《北京大學藏秦簡牘》(壹),第 89—94 頁。

版社，2023年5月第1版。

研究

1. 朱鳳瀚:《北大秦簡〈公子從軍〉的編連與初讀》,《簡帛》(第八輯)，上海古籍出版社，2013年10月第1版。

2. 朱鳳瀚:《北大藏秦簡〈公子從軍〉再探》,《北京大學學報》(哲學社會科學版)，2017年第5期。

八　阜陽漢簡《屈原賦》

1977年在安徽阜陽雙古堆西漢汝陰侯夏侯竈墓出土《周易》《詩經》《蒼頡篇》《刑德》《屈原賦》等文獻。[①] 阜陽漢簡《屈原賦》僅存兩支殘簡。第一支殘簡縱裂，存右邊字的三分之二部分，長三點五釐米，寬處零點五釐米，上存“寅吾以降”四字，爲屈原《離騷》第四句“惟庚寅吾以降”中的四字。第二支殘簡長四點二釐米，寬處零點四釐米，存六字，是屈原《九章·涉江》“船容與而不進兮，淹回水而凝滯”兩句中的“不進旖奄回水”六字，“水”字僅存一殘筆，“不”字完整，其他四字存左邊的四分之三部分。[②]

著録

阜陽漢簡整理組:《阜陽漢簡〈楚辭〉》,《中國韻文學刊》(創刊號)，1987年。

研究

1. 戴偉華:《楚辭音樂性文體特徵及其相關問題——從阜陽出土楚辭漢簡説起》,《華南師範大學學報》(社會科學版)，2014年第5期。

2. 劉曉彤:《阜陽漢簡〈楚辭〉文學價值新探》,《湖北函授大學學報》，2014年第12期。

---

① 安徽省文物工作隊、阜陽地區博物館、阜陽縣文化局:《阜陽雙古堆西漢汝陰侯墓發掘簡報》,《文物》，1978年第8期。

② 參見阜陽漢簡整理組:《阜陽漢簡〈楚辭〉》,《中國韻文學刊》(創刊號)，第78頁。

九　銀雀山漢簡《唐勒》

銀雀山漢簡《唐勒》賦，1972 年 4 月出土於山東省銀雀山一號漢墓。[①] 本篇簡文用長簡抄寫，存完、殘簡十九支，篇題“唐勒”書寫在第一簡背面，整理號爲二一一三。

《漢書・藝文志》詩賦略著録唐勒賦四篇。本篇簡文是否就是唐勒賦，學界尚有不同意見。整理者認爲，此篇簡文中有“唐勒先稱”之語，懷疑不是唐勒所作，或許是宋玉或其他人擬作。[②]

著録

銀雀山漢墓竹簡整理小組編《銀雀山漢墓竹簡》(貳)，文物出版社，2010 年 1 月第 1 版。

研究

1. 銀雀山漢墓竹簡整理小組編《銀雀山漢墓竹簡》(貳)，文物出版社，2010 年 1 月第 1 版。

2. 譚家健:《〈唐勒〉賦殘篇考釋及其他》,《文學遺産》，1990 年第 2 期。

3. 李學勤:《〈唐勒〉〈小言賦〉和〈易傳〉》,《齊魯學刊》，1990 年第 4 期。

4. 湯漳平:《論唐勒賦殘簡》,《文物》，1990 年第 4 期。

5. 廖名春:《從唐勒賦的出土論宋玉散體賦的真僞》,《求索》，1991 年第 4 期。

6. 高華平:《屈宋賦文體性質辨析——兼論銀雀山漢簡〈唐勒賦〉》,《文學評論叢刊》，2011 年第 1 期。

7. 周建忠:《出土文獻・傳統文獻・學術史——論楚辭研究與楚文化研究的關係與出路》,《文學評論》，2006 年第 5 期。

十　北大漢簡《妄稽》

漢簡《妄稽》是北京大學藏西漢竹書中的一篇。本篇文獻現存竹

① 《銀雀山漢墓竹簡情況簡介》，銀雀山漢墓竹簡整理小組編《銀雀山漢墓竹簡》(壹)，第 5—6 頁。

② 銀雀山漢墓竹簡整理小組編《銀雀山漢墓竹簡》(貳)，第 250 頁。

簡八十七支，其中完簡七十三支（含綴合簡），殘簡十四支。完整簡長三十一點九至三十二點二釐米，寬零點八至零點九釐米。竹簡有上中下三道編繩，編繩處有契口。簡背有劃痕。滿簡書寫三十二至三十六字，全部竹簡大約存二千七百字。《妄稽》是本篇文獻原有篇題，書寫在第三支簡背面上端。①

北大漢簡《妄稽》全篇講述了一個名叫周春的士人，品貌出衆，却娶了一個名叫妄稽又醜又惡的妻子，周春討厭妄稽，於是向父母請求買妾，遭到妄稽反對。最終周春還是買了一個名叫虞士的美妾，虞士却遭到妄稽的妒恨與折磨。最後妄稽生了大病，臨死前對自己的妒行做了反省。

從文獻性質來看，北大漢簡《妄稽》應該是一篇漢代俗賦。全篇行文以四言爲主，間有五言、六言。全篇用韻，用韻疏密不定。

著録

北京大學出土文獻研究所編《北京大學藏西漢竹書》（肆），上海古籍出版社，2015年10月第1版。

研究

1. 朱鳳瀚、韓巍、陳侃理:《北京大學藏西漢竹書概説》,《文物》，2011年第6期。

2. 何晉:《北大漢簡〈妄稽〉簡述》,《文物》，2011年第6期。

3. 廖群:《“俗講”與西漢故事簡〈妄稽〉〈神烏賦〉的傳播》,《民俗研究》，2016年第6期。

4. 楊茜:《北大漢簡〈妄稽〉編聯調整》,《簡帛》（第十六輯），上海古籍出版社，2018年5月第1版。

十一　北大漢簡《反淫》

漢簡《反淫》是北京大學2009年入藏的西漢竹書中的一篇。本篇文獻現存簡五十九枚，其中完簡三十五支，殘簡二十四枚，綴合後得到竹簡五十一支。竹簡長三十點三至三十點四釐米，寬零點九至一釐米。滿

① 參見北京大學出土文獻研究所編《北京大學藏西漢竹書》（肆），第57頁。

簡書寫二十九字左右，共存約一千二百二十五字。抄寫書體爲漢隸。簡背有劃痕。據整理者推斷，在一支殘簡背面書寫的“反淫”應該是本篇文獻的篇題。[①]

從文獻性質來看，北大漢簡《反淫》應當是一篇漢賦，該作品以魂與魄的對話結構全篇，所講内容與漢代枚乘《七發》多有相合。枚乘《七發》鋪陳七事，故稱七發，而北大漢簡《反淫》所陳似多於七事，從所述之事的分類及詳略等方面來看，《反淫》應早於《七發》。

著録

北京大學出土文獻研究所編《北京大學藏西漢竹書》（肆），上海古籍出版社，2015年10月第1版。

研究

1. 傅剛、邵永海：《北大藏漢簡〈反淫〉簡説》，《文物》，2011年第6期。

2. 常昭：《北京大學藏漢簡〈反淫〉篇與七體》，《濟南大學學報》（社會科學版），2016年第5期。

十二　尹灣漢簡《神烏賦》

1993年2月底至4月底，在江蘇省連雲港市東海縣温泉鎮尹灣村M6號漢墓，出土二十三方木牘、一百三十三支竹簡。竹簡長二十二點五至二十三釐米，其中寬簡二十支，寬零點八至一釐米，窄簡一百一十三支，寬零點三至零點四釐米，另有一支無字簡，屬寬簡。在一百三十三支竹簡當中，整理者所編一一四至一三三號簡總計二十支簡，爲寬簡，一支書寫篇題《神烏賦》，十八支書寫賦的正文，還有一支，字迹漫漶不清，下部有雙行小字，所記疑爲此賦作者或傳寫者的官職及姓名。這篇賦採用擬人手法，通過雌烏被盜烏傷害，臨死時與雄烏訣别的故事，表現夫妻之間真摯感情。[②]《神烏賦》的發現，對於中國文學史特別是賦體文學的研究具有

① 參見北京大學出土文獻研究所編《北京大學藏西漢竹書》（肆），第119頁。

② 參見連雲港市博物館、東海縣博物館、中國社會科學院簡帛研究中心、中國文物研究所編《尹灣漢墓簡牘》，前言，第1、4頁。

重要意義。

著録

連雲港市博物館、東海縣博物館、中國社會科學院簡帛研究中心、中國文物研究所編《尹灣漢墓簡牘》，中華書局，1997 年 9 月第 1 版。

研究

1. 揚之水:《〈神烏賦〉試論》,《中國文化》，1996 年第 2 期。

2. 江蘇省連雲港市博物館等:《尹灣漢墓簡牘初探》,《文物》，1996 年第 10 期。

3. 裘錫圭:《〈神烏賦〉初探》,《文物》，1997 年第 1 期。

4. 伏俊連:《從新出土的〈神烏賦〉看民間故事賦的産生、特徵及在文學史上的意義》,《西北師大學報》(社會科學版)，1997 年第 6 期。

5. 譚家健:《〈神烏賦〉源流漫論》,《中國文學研究》，1998 年第 2 期。

十三　敦煌漢簡田章故事簡

1914 年斯坦因第三次中亞考古時在敦煌漢代長城烽燧遺址發現大批漢簡，其中有田章故事簡。

田章故事簡僅存一支簡，編號 2289，[①] 該簡完整，存“爲君子田章對曰臣聞之天之高萬萬九千里地之廣亦與之等風發谿谷雨起江海震”三十四字。[②] 有學者認爲田章就是《晏子春秋》中記載的弦章。

漢簡田章故事的發現，對於田章故事的流傳及漢代俗文學研究具有重要意義。

著録

甘肅省文物考古研究所編《敦煌漢簡》，中華書局，1991 年 6 月第 1 版。

研究

裘錫圭:《田章簡補釋》,《簡帛研究》(第三輯)，廣西教育出版社，1998 年 12 月

① 爲《敦煌漢簡》編號。參見甘肅省文物考古研究所編《敦煌漢簡》(上)，圖版壹柒壹，(下)，第 309 頁。

② 此處釋文依照裘錫圭先生的釋文，參見裘錫圭:《田章簡補釋》,《簡帛研究》(第三輯)，第 455 頁。

第 1 版。

十四　額濟納漢簡田章故事簡

2002 年在内蒙古額濟納旗漢代烽燧遺址出土的漢代簡牘中 2002ES CSF1:6 號簡爲田章故事殘簡。[①] 原簡現藏於内蒙古自治區文物考古研究所。

田章故事簡僅存一支簡，該簡下部殘，僅存十四字。田章故事見於敦煌漢簡，有學者認爲田章就是《晏子春秋》中記載的弦章。

漢簡田章故事的再次發現，對於田章故事的流傳及漢代俗文學研究具有重要意義。

著録

魏堅主編《額濟納漢簡》，廣西師範大學出版社，2005 年 3 月第 1 版。

研究

孫家洲主編《額濟納漢簡釋文校本》，文物出版社，2007 年 10 月第 1 版。

十五　敦煌漢簡韓朋故事簡

敦煌韓朋故事殘簡，1979 年在敦煌西北馬圈灣漢代烽燧遺址被發現。僅存一支簡，編號 496A。該簡兩端皆殘，存“書而召韓偂問之韓偂對曰臣取婦二日三夜去之樂游三年不歸婦”二十七字。[②]

裘錫圭先生考證這支殘簡的内容是韓朋故事，並指出與《韓朋賦》有密切關係。[③] 漢簡韓朋故事的發現，對於韓朋故事的流傳與漢代賦體文學及俗文學研究具有重要意義。

著録

1. 甘肅省文物考古研究所編《敦煌漢簡》，中華書局，1991 年 6 月第 1 版。
2. 張德芳:《敦煌馬圈灣漢簡集釋》，甘肅文化出版社，2013 年 12 月第 1 版。

---

① 參見魏堅主編《額濟納漢簡》，第 286 頁。

② 參見甘肅省文物考古研究所編《敦煌漢簡》(上)，圖版伍貳，(下)，第 238 頁；張德芳:《敦煌馬圈灣漢簡集釋》，第 81 頁。此處採用《敦煌馬圈灣漢簡集釋》的釋文。

③ 參見裘錫圭:《漢簡中所見韓朋故事的新資料》，《復旦學報》(社會科學版)，1999 年第 3 期，第 109 頁。

研究

1. 裘錫圭:《漢簡中所見韓朋故事的新資料》,《復旦學報》(社會科學版),1999年第3期。

2. 伏俊璉、楊愛軍:《韓朋故事考源》,《敦煌研究》,2007年第3期。

3. 廖群:《漢代俗賦與中國古代小説發生研究》,《理論學刊》,2009年第5期。

十六　懸泉漢簡夏育故事簡

1990年在懸泉置遺址出土的漢簡中編號I90DXT0209⑤:18簡爲一枚故事簡。

I90DXT0209⑤:18號簡,木質,長二十二點八釐米,寬一釐米,所記内容爲夏育故事。夏育爲周代勇士,《韓非子·守道》有零星記載,但其事迹後世不傳。[①]此簡的發現對於研究夏育故事及其流傳具有重要意義。

著録

甘肅簡牘博物館等編《懸泉漢簡》(貳),中西書局,2020年12月第1版。

研究

李迎春:《懸泉"夏育"簡與漢代西北邊塞尚勇之風》,《中國社會科學報》,2022年8月18日。

十七　額濟納漢簡晏子故事簡

1999年在内蒙古額濟納旗漢代烽燧遺址出土的漢代簡牘中99ES18SH1:1、99ES18SH1:2號簡爲晏子故事殘簡。[②]原簡現藏於内蒙古自治區文物考古研究所。

晏子故事簡僅存兩支簡,99ES18SH1:1號簡完整,存三十三字,99ES18SH1:2號簡上部殘,存十五字。

晏子故事簡的發現,對於晏子故事的流傳與漢代賦體文學及俗文學研究具有重要意義。

---

① 參見甘肅簡牘博物館等編《懸泉漢簡》(貳),第10頁。

② 參見魏堅主編《額濟納漢簡》,第134—135頁。

著録

魏堅主編《額濟納漢簡》，廣西師範大學出版社，2005年3月第1版。

研究

孫家洲主編《額濟納漢簡釋文校本》，文物出版社，2007年10月第1版。

十八 額濟納漢簡介子推故事簡

2000年在内蒙古額濟納旗漢代烽燧遺址出土的漢代簡牘中2000ES7SF1:2AB、2000ES7SH1:7號簡爲介子推故事殘簡。[①] 原簡現藏内蒙古自治區文物考古研究所。

介子推故事簡僅存兩支簡，2000ES7SF1:2號簡完整，存二十五字，2000ES7SH1:7號簡上下均殘，僅存十三字。介子推爲春秋時期晋國人，因“割股奉君”等事迹爲世人所追念，其故事在民間廣爲流傳。

額濟納漢簡介子推故事簡的發現，對於介子推故事在漢代的流傳及相關俗文學研究具有重要意義。

著録

魏堅主編《額濟納漢簡》，廣西師範大學出版社，2005年3月第1版。

研究

孫家洲主編《額濟納漢簡釋文校本》，文物出版社，2007年10月第1版。

歌詩類

一 北大秦牘《酒令》

北大秦牘《酒令》是2010年北京大學入藏的秦簡牘中的一種。北大秦牘酒令一共四首，分别抄寫在一件竹牘和兩件木牘上，還有一枚行酒令的木骰同時出土。這組酒令未發現篇題，現篇題爲整理者所擬加。[②]

① 參見魏堅主編《額濟納漢簡》，第138、199頁。

② 參見北京大學出土文獻與古代文明研究所編《北京大學藏秦簡牘》（壹），第145頁。

北大秦牘四首酒令三、四、七言雜用，句子參差不齊。

酒令竹牘，下部有竹節一道，經刮削處理，長二十三釐米，寬二點四釐米，屬標準的一尺之牘，兩道編繩，原來可能與其他竹牘編聯，這裏衹是其中的一枚。它的正背兩面都有文字。正面文字三行，除三個字殘泐，其餘都可辨認，全文爲韻文。背面文字漫漶不清，似分兩行，衹有“尚”字尚可辨認，其他看不清。

酒令木牘一，長二十三釐米，寬二點四釐米，屬標準的一尺之牘。正面文字兩行，爲韻文。背面無字。

酒令木牘二，長二十二點九釐米，寬二點一釐米，比上面兩件稍短，仍屬一尺之牘。正面有字，背面無字。正面文字三行，有章句號，分爲兩章。

木質令骰與一般的骰子不太一樣，不是作正方形六面體，或五角形十五面體，或六角形十八面體，而是作短棒形。短棒係木製，經刮削處理，有六個面，每個面上有兩個字，爲行令術語，分別是不歓、自歓、歓左、歓右、千秋、百嘗。它們分兩組，一正一反，分別寫在木骰的兩端。不歓：免罰飲酒。自歓：罰自己飲酒。歓左：罰左邊的人飲酒。歓右：罰右邊的人飲酒。千秋：古人以“萬歲千秋”爲吉語，這裏的“千秋”可能指以酒敬客祝長壽，與上面四個術語不一樣。百嘗：疑指舉杯共飲。①

《漢書・藝文志》詩賦略著録“歌詩”二十八家三百一十四篇。“歌詩”之名或能反映漢代詩歌的實際。本叙録於集部特設“歌詩”類。北大秦牘酒令當屬於歌詩範疇。

著録

北京大學出土文獻與古代文明研究所編《北京大學藏秦簡牘》(壹)，上海古籍出版社，2023年5月第1版。

研究

1. 李零:《北大藏秦簡〈酒令〉》,《北京大學學報》(哲學社會科學版)，2015年第2期。

---

① 參見北京大學出土文獻與古代文明研究所編《北京大學藏秦簡牘》(壹)，第145、149、150頁。

2. 何家興:《秦簡〈酒令〉的文學史意義》,《湖南師範大學社會科學學報》,2019年第5期。

二　敦煌漢簡四言詩

20世紀初斯坦因第三次中亞考古時在甘肅敦煌漢代烽燧遺址獲得一批漢簡，其中2301號[①]木簡裘錫圭先生做了重新釋讀，從裘錫圭先生釋文來看應該是一首四言詩。[②]

本簡四言詩的發現，對於研究四言詩在漢代的流傳與發展具有重要意義。

另外，敦煌漢簡中還有774、845、1111、2007等號簡也應該是一些詩篇的殘簡，因殘缺嚴重，不做單獨敘録。

著録

1. 甘肅省文物考古研究所編《敦煌漢簡》，中華書局，1991年6月第1版。

2. 吴礽驤等釋校《敦煌漢簡釋文》，甘肅人民出版社，1991年1月第1版。

3. 中國簡牘集成編輯委員會編《中國簡牘集成·甘肅省卷上》(第三册)，敦煌文藝出版社，2001年6月第1版。

研究

1. 裘錫圭:《談談英國國家圖書館所藏的敦煌漢簡》，汪濤、胡平生、吴芳思主編《英國國家圖書館藏斯坦因所獲未刊漢文簡牘》，上海辭書出版社，2007年12月第1版。

2. 白軍鵬:《"敦煌漢簡"整理與研究》，博士學位論文，吉林大學，2014年4月。

三　敦煌漢簡《風雨詩》

敦煌漢簡《風雨詩》是斯坦因1913—1915年第三次中亞考古時在

---

① 爲《敦煌漢簡》編號。參見甘肅省文物考古所編《敦煌漢簡》(上)，圖版壹柒貳，(下)，第310頁。

② 參見裘錫圭:《談談英國國家圖書館所藏的敦煌漢簡》，汪濤、胡平生、吴芳思主編《英國國家圖書館藏斯坦因所獲未刊漢文簡牘》，第60頁。

甘肅敦煌哈拉湖南岸漢代烽燧遺址所獲。該詩書寫在一支木簡上，編號2253，[①]該簡長二十四釐米，寬二點六釐米，這個規格的簡就是漢代所謂的“尺牘”。[②]該詩總計六十字，分兩行書寫，第二字“不”、第五字“兮”、第五十一字“之”漏書，以小字補書於相應位置側旁。該簡現藏英國倫敦大英圖書館。

關於該詩的命名學界有不同看法，現用初次著録之名。關於該詩的體裁形式，學界也有不同看法，目前有騷體詩、七言詩、漢代琴曲歌辭、漢賦等不同説法。關於該詩的内容學界的看法也不盡相同，有感慨仕途、途遇困險、洪水災害等等説法。

著録

1. 張鳳輯《漢晉西陲木簡彙編》，上海有正書局，1931 年。

2. 甘肅省文物考古研究所編《敦煌漢簡》，中華書局，1991 年 6 月第 1 版。

研究

1. 李零：《簡帛古書與學術源流》，三聯書店，2004 年 4 月第 1 版。

2. 董珊：《敦煌漢簡風雨詩新探》，《古代文明研究通訊》總第 36 期，2008 年 3 月；又載復旦大學出土文獻與古文字研究中心編《出土文獻與傳世典籍的詮釋》，上海古籍出版社，2010 年 10 月第 1 版。

3. 許雲和：《敦煌漢簡〈風雨詩〉考論》，簡帛網，2009 年 8 月 15 日。

4. 許雲和：《敦煌漢簡〈風雨詩〉試論》，《首都師範大學學報》（社會科學版），2011 年第 2 期。

5. 肖從禮：《敦煌漢簡〈風雨詩〉考》，見張德芳、孫家洲主編《居延敦煌漢簡出土遺址實地考察論文集》，上海古籍出版社，2012 年 12 月第 1 版。

6. 張志傑：《敦煌漢簡書籍類文獻整理研究》，蘭州大學，碩士學位論文，2014 年 5 月。

---

① 爲《敦煌漢簡》編號。參見甘肅省文物考古研究所編《敦煌漢簡》（上），圖板壹陸玖，（下），第 307 頁。

② 參見董珊：《敦煌漢簡風雨詩新探》，收入復旦大學出土文獻與古文字研究中心編《出土文獻與傳世典籍的詮釋》，第 417 頁。

參考文獻

一　古代文獻

（清）阮元校刻《十三經注疏》，中華書局，2009 年 10 月第 1 版。

（漢）鄭玄注，（唐）賈公彦疏《宋本周禮疏》，國家圖書館出版社，2019 年 4 月第 1 版。

（晉）杜預撰，（唐）陸德明音釋《宋本春秋經傳集解》，國家圖書館出版社，2017 年 12 月第 1 版。

（唐）陸德明:《經典釋文》，上海古籍出版社影北京圖書館藏宋刻宋元遞修本，1985 年 10 月第 1 版。

（清）皮錫瑞:《經學通論》，中華書局，1954 年 10 月第 1 版。

（宋）朱熹集注《宋本論語集注》，國家圖書館出版社，2016 年 4 月第 1 版。

《四部要籍注疏叢刊・論語》，中華書局，1998 年 12 月第 1 版。

（宋）朱熹集注《宋本孟子集注》，國家圖書館出版社，2013 年 8 月第 1 版。

（漢）司馬遷撰，（宋）裴駰集解，（唐）司馬貞索隱，（唐）張守節正義《史記》，中華書局，1982 年第 2 版。

（漢）班固撰，（唐）顏師古注《漢書》，中華書局，1962 年 6 月第 1 版。

（唐）魏徵等撰《隋書》，中華書局，1973 年 8 月第 1 版。

（西晉）孔晁注，（清）盧文弨校定《逸周書》，浙江大學出版社據清乾隆五十一年刻抱經堂叢書本影印，2021 年 6 月第 1 版。

（宋）鄭樵撰《通志二十略》，王樹民點校，中華書局，1995 年 11 月第 1 版。

（宋）馬端臨:《文獻通考》，中華書局，1986 年 9 月第 1 版。

（宋）王堯臣等編次《崇文總目》，《叢書集成初編》，中華書局，1985 年北京新一版。

（清）紀昀等:《欽定四庫全書總目》，四庫全書整理所整理，中華書局，1997 年 1 月第1版。

高尚舉等校注《孔子家語校注》，中華書局，2021年9月第1版。

（漢）桓譚撰，朱謙之校輯《新輯本桓譚新論》，中華書局，2009年9月第1版。

（漢）王符撰，（清）汪繼培箋，彭鐸校正《潛夫論箋校正》，中華書局，1985年9月第1版。

（漢）劉向撰，向宗魯校正《説苑校正》，中華書局，1987年7月第1版。

黎翔鳳撰、梁運華整理《管子校注》，中華書局，2004年6月第1版。

（清）王先慎集解《韓非子》，姜俊俊校點，上海古籍出版社，2015年12月第1版。

（隋）蕭吉撰，錢杭校定《五行大義》，中華書局，2022年9月第1版。

（清）馬國翰:《玉函山房輯佚書》，上海古籍出版社，1990年12月第1版。

二　發掘報告及簡帛著録文獻

A

安徽省文物工作隊、阜陽地區博物館、阜陽縣文化局:《阜陽雙古堆西漢汝陰侯墓發掘簡報》，《文物》，1978年第8期。

安徽大學漢字發展與應用研究中心編《安徽大學藏戰國竹簡》(一)，中西書局，2019年8月第1版。

安徽大學漢字發展與應用研究中心編《安徽大學藏戰國竹簡》(二)，中西書局，2022年4月第1版。

B

北京大學出土文獻研究所編《北京大學藏西漢竹書》(壹)，上海古籍出版社，2015年9月第1版。

北京大學出土文獻研究所編《北京大學藏西漢竹書》(貳)，上海古籍出版社，2012年12月第1版。

北京大學出土文獻研究所編《北京大學藏西漢竹書》(叁)，上海古籍出版社，2015年9月第1版。

北京大學出土文獻研究所編《北京大學藏西漢竹書》(肆)，上海古籍出版社，2015年10月第1版。

北京大學出土文獻研究所編《北京大學藏西漢竹書》(伍)，上海古籍出版社，2014年

12 月第 1 版。

北京大學出土文獻與古代文明研究所編《北京大學藏秦簡牘》(全五册)，上海古籍出版社，2023 年 5 月第 1 版。

C

陳松長編著《香港中文大學文物館藏簡牘》，香港中文大學文物館，2001 年初版。

陳偉主編《秦簡牘合集》(壹)、(貳)、(叁)、(肆)，武漢大學出版社，2014 年 12 月第 1 版。

陳松長主編《嶽麓書院藏秦簡（壹—叁）釋文修訂本》，上海辭書出版社，2018 年 6 月第 1 版。

長沙市文物考古研究所編《長沙尚德街東漢簡牘》，嶽麓書社，2016 年 12 月第 1 版。

陳松長主編《嶽麓書院藏秦簡》(肆)，上海辭書出版社，2015 年 12 月第 1 版。

陳松長主編《嶽麓書院藏秦簡》(伍)，上海辭書出版社，2017 年 12 月第 1 版。

陳松長主編《嶽麓書院藏秦簡》(陸)，上海辭書出版社，2020 年 3 月第 1 版。

陳松長主編《嶽麓書院藏秦簡》(柒)，上海辭書出版社，2022 年 1 月第 1 版。

曹錦炎等主編《烏程漢簡》，上海書畫出版社，2022 年 10 月第 1 版。

D

定縣漢墓竹簡整理組:《定縣 40 號漢墓出土竹簡簡介》,《文物》，1981 年第 8 期。

定州漢墓竹簡整理小組:《定州漢墓竹簡論語》，文物出版社，1997 年 7 月第 1 版。

敦煌市博物館:《敦煌清水溝漢代烽燧遺址出土文物調查及漢簡考釋》,《簡帛研究》(第二輯)，法律出版社，1996 年 9 月第 1 版。

F

阜陽漢簡整理組:《阜陽漢簡〈楚辭〉》,《中國韻文學刊》(創刊號)，1987 年。

傅舉有、陳松長編著《馬王堆漢墓文物》，湖南出版社，1992 年第 1 版。

G

甘肅省博物館:《甘肅武威磨咀子 6 號漢墓》,《考古》，1960 年第 5 期。

甘肅省博物館:《甘肅武威磨咀子漢墓發掘》,《考古》，1960 年第 9 期。

甘肅省博物館、武威縣文化館編《武威漢代醫簡》，文物出版社，1975 年 10 月第 1 版。

國家文物局古文獻研究室編《馬王堆漢墓帛書》(壹)，文物出版社，1980 年 3 月第 1 版。

甘肅省博物館漢簡整理組:《居延漢簡〈相劍刀〉册釋文》,《敦煌學輯刊》(第 3 期)，

1982 年。

甘肅省文物考古研究所、天水市北道區文化館:《甘肅天水放馬灘戰國秦漢墓群的發掘》,《文物》,1989 年第 2 期。

甘肅省文物考古研究所、甘肅省博物館、文化部古文獻研究室、中國社會科學院歷史研究所編《居延新簡——甲渠候官與第四燧》,文物出版社,1990 年 7 月第 1 版。

甘肅省文物考古所編《敦煌漢簡》,中華書局,1991 年 6 月第 1 版。

甘肅省文物考古研究所、甘肅省博物館、文化部古文獻研究室、中國社會科學院歷史研究所編《居延新簡——甲渠候官》,中華書局,1994 年 12 月第 1 版。

甘肅省博物館、中國科學院考古研究所編著《武威漢簡》,中華書局,2005 年版。

甘肅省文物考古研究所:《甘肅永昌水泉子漢墓發掘簡報》,《文物》,2009 年第 10 期。

甘肅省文物考古研究所編《天水放馬灘秦簡》,中華書局,2009 年 8 月第 1 版。

甘肅省文物考古研究所:《甘肅永昌縣水泉子漢墓群 2012 年發掘簡報》,《考古》,2017 年第 12 期。

甘肅簡牘保護研究中心等編《肩水金關漢簡》(壹),中西書局,2011 年 8 月第 1 版。

甘肅簡牘保護研究中心等編《肩水金關漢簡》(貳),中西書局,2012 年 12 月第 1 版。

甘肅簡牘博物館等編《肩水金關漢簡》(叁),中西書局,2013 年 12 月第 1 版。

甘肅簡牘博物館等編《肩水金關漢簡》(肆),中西書局,2015 年 11 月第 1 版。

甘肅簡牘博物館等編《肩水金關漢簡》(伍),中西書局,2016 年 8 月第 1 版。

甘肅簡牘博物館等編《地灣漢簡》,中西書局,2017 年 12 月第 1 版。

甘肅簡牘博物館等編《懸泉漢簡》(壹),中西書局,2019 年 11 月第 1 版。

甘肅簡牘博物館等編《懸泉漢簡》(貳),中西書局,2020 年 12 月第 1 版。

甘肅簡牘博物館等編《懸泉漢簡》(叁),中西書局,2023 年 5 月第 1 版。

H

湖南省博物館、中國科學院考古研究所:《長沙馬王堆二、三號漢墓發掘簡報》,《文物》,1974 年第 7 期。

河南省文物研究所編《信陽楚墓》,文物出版社,1986 年 3 月第 1 版。

湖北省荆沙鐵路考古隊編《包山楚墓》,文物出版社,1991 年 10 月第 1 版。

湖北省荆沙鐵路考古隊編《包山楚簡》,文物出版社,1991 年 10 月第 1 版。

胡平生:《阜陽漢簡〈年表〉整理札記》,《文物研究》(第七輯),黄山書社,1991 年 12

月第1版；又，《胡平生簡牘文物論集》，蘭臺出版社，2000年3月初版。

湖北省江陵縣文物局、荆州地區博物館:《江陵嶽山秦漢墓》,《考古學報》,2000年第4期。

韓自强、韓朝:《阜陽出土的〈莊子·雜篇〉漢簡》,《道家文化研究》(第十八輯)，三聯書店，2000年8月第1版。

湖北省文物考古研究所、北京大學中文系編《望山楚簡》，中華書局，1995年6月第1版。

湖北省文物考古研究所、北京大學中文系編《九店楚簡》，中華書局，2000年5月第1版。

湖北省荆州市周梁玉橋遺址博物館編《關沮秦漢墓簡牘》，中華書局，2001年8月第1版。

河南省文物考古研究所編《新蔡葛陵楚墓》，大象出版社，2003年10月第1版。

湖北省文物考古研究所、隨州市考古隊編《隨州孔家坡漢墓簡牘》，文物出版社，2006年6月第1版。

湖南省文物考古研究所編《里耶秦簡》(壹)，文物出版社，2012年1月第1版。

湖南省文物考古研究所編《里耶秦簡》(貳)，文物出版社，2017年12月第1版。

湖南省文物考古研究所編著《沅陵虎溪山一號漢墓》，文物出版社，2020年11月第1版。

黄德寬主編，清華大學出土文獻研究與保護中心編《清華大學藏戰國竹簡》(玖)，中西書局，2019年11月第1版。

黄德寬主編，清華大學出土文獻研究與保護中心編《清華大學藏戰國竹簡》(拾)，中西書局，2020年11月第1版。

黄德寬主編，清華大學出土文獻研究與保護中心編《清華大學藏戰國竹簡》(拾壹)，中西書局，2021年11月第1版。

黄德寬主編，清華大學出土文獻研究與保護中心編《清華大學藏戰國竹簡》(拾貳)，中西書局，2022年10月第1版。

黄德寬主編，清華大學出土文獻研究與保護中心編《清華大學藏戰國竹簡》(拾叁)，中西書局，2023年11月第1版。

湖北省文物考古研究院、武漢大學簡帛研究中心編《睡虎地西漢簡牘》(壹)，中西書局，2023年10月第1版。

湖南省文物考古研究院、益陽市文物考古研究所、中國人民大學歷史系編著《益陽兔子山七號井西漢簡牘》，上海古籍出版社，2023年12月第1版。

J

季勳:《雲夢睡虎地秦簡概述》,《文物》，1976年第5期。

荆州地區博物館:《江陵王家臺15號秦墓》,《文物》，1995年第1期。

荆門市博物館編《郭店楚墓竹簡》，文物出版社，1998年5月第1版。

簡牘整理小組編《居延漢簡》(壹)，臺北中研院歷史語言研究所，2014年12月初版。

簡牘整理小組編《居延漢簡》(貳)，臺北中研院歷史語言研究所，2015年12月初版。

簡牘整理小組編《居延漢簡》(叁)，臺北中研院歷史語言研究所，2016年10月初版。

簡牘整理小組編《居延漢簡》(肆)，臺北中研院歷史語言研究所，2017年11月初版。

荆州博物館編《張家山漢墓竹簡〔三三六號墓〕》，文物出版社，2022年11月第1版。

L

勞榦:《居延漢簡考釋(釋文之部)》，商務印書館，1949年11月初版。

勞榦:《居延漢簡(圖版之部)》，臺北中研院歷史語言研究所，1957年3月初版。

李零:《北大秦牘〈泰原有死者〉簡介》,《文物》，2012年第6期。

李均明、馮立升:《清華簡〈算表〉概述》,《文物》，2013年第8期。

李學勤主編，清華大學出土文獻研究與保護中心編《清華大學藏戰國竹簡》(壹)，中西書局，2010年12月第1版。

李學勤主編，清華大學出土文獻研究與保護中心編《清華大學藏戰國竹簡》(貳)，中西書局，2011年12月第1版。

李學勤主編，清華大學出土文獻研究與保護中心編《清華大學藏戰國竹簡》(叁)，中西書局，2012年12月第1版。

李學勤主編，清華大學出土文獻研究與保護中心編《清華大學藏戰國竹簡》(肆)，中西書局，2013年12月第1版。

李學勤主編，清華大學出土文獻研究與保護中心編《清華大學藏戰國竹簡》(伍)，中西書局，2015年4月第1版。

李學勤主編，清華大學出土文獻研究與保護中心編《清華大學藏戰國竹簡》(陸)，中西書局，2016年4月第1版。

李學勤主編，清華大學出土文獻研究與保護中心編《清華大學藏戰國竹簡》(柒)，中西書局，2017年4月第1版。

李學勤主編，清華大學出土文獻研究與保護中心編《清華大學藏戰國竹簡》(捌)，中西書局，2018年11月第1版。

羅福頤:《臨沂漢簡概述》,《文物》，1974年第2期。

羅振玉、王國維:《流沙墜簡》，中華書局，1993年9月第1版。

連雲港市博物館、東海縣博物館、中國社會科學院簡帛研究中心、中國文物研究所編《尹灣漢墓簡牘》，中華書局，1997年9月第1版。

M

馬王堆漢墓帛書整理小組編《馬王堆漢墓出土帛書〈春秋事語〉釋文》,《文物》，1977年第1期。

馬王堆漢墓帛書整理小組編《馬王堆漢墓帛書》(叁)，文物出版社，1983年10月第1版。

馬王堆漢墓帛書整理小組編《馬王堆漢墓帛書》(肆)，文物出版社，1985年3月第1版。

馬承源主編《上海博物館藏戰國楚竹書》(一)，上海古籍出版社，2001年11月第1版。

馬承源主編《上海博物館藏戰國楚竹書》(二)，上海古籍出版社，2002年12月第1版。

馬承源主編《上海博物館藏戰國楚竹書》(三)，上海古籍出版社，2003年12月第1版。

馬承源主編《上海博物館藏戰國楚竹書》(四)，上海古籍出版社，2004年12月第1版。

馬承源主編《上海博物館藏戰國楚竹書》(五)，上海古籍出版社，2005年12月第1版。

馬承源主編《上海博物館藏戰國楚竹書》(六)，上海古籍出版社，2007年7月第1版。

馬承源主編《上海博物館藏戰國楚竹書》(七)，上海古籍出版社，2008年12月第1版。

馬承源主編《上海博物館藏戰國楚竹書》(八)，上海古籍出版社，2011年5月第1版。

馬承源主編《上海博物館藏戰國楚竹書》(九)，上海古籍出版社，2012年12月第1版。

Q

裘錫圭主編《長沙馬王堆漢墓簡帛集成》(壹)，中華書局，2014年6月第1版。

裘錫圭主編《長沙馬王堆漢墓簡帛集成》(貳)，中華書局，2014年6月第1版。

裘錫圭主編《長沙馬王堆漢墓簡帛集成》(叁)，中華書局，2014年6月第1版。

裘錫圭主編《長沙馬王堆漢墓簡帛集成》(肆)，中華書局，2014年6月第1版。

裘錫圭主編《長沙馬王堆漢墓簡帛集成》(伍)，中華書局，2014年6月第1版。

裘錫圭主編《長沙馬王堆漢墓簡帛集成》(陸)，中華書局，2014年6月第1版。

裘錫圭主編《長沙馬王堆漢墓簡帛集成》(柒),中華書局,2014年6月第1版。

S

睡虎地秦墓竹簡整理小組編《睡虎地秦墓竹簡》,文物出版社,1990年9月第1版。

孫占宇:《天水放馬灘秦簡集釋》,甘肅文化出版社,2013年3月第1版。

山東博物館、中國文化遺産研究院編《銀雀山漢墓簡牘集成》(貳),文物出版社,2021年12月第1版。

山東博物館、中國文化遺産研究院編《銀雀山漢墓簡牘集成》(叁),文物出版社,2021年12月第1版。

T

田河:《武威漢簡集釋》,甘肅文化出版社,2020年8月第1版。

天回醫簡整理組編《天回醫簡》(上、下),文物出版社,2022年11月第1版。

W

文物局古文獻研究室、安徽省阜陽地區博物館阜陽漢簡整理組:《阜陽漢簡〈蒼頡篇〉》,《文物》,1983年第2期。

文化部古文獻研究室、安徽阜陽地區博物館阜陽漢簡整理組:《阜陽漢簡〈萬物〉》,《文物》,1988年第4期。

吴礽驤等釋校《敦煌漢簡釋文》,甘肅人民出版社,1991年1月第1版。

王明欽:《王家臺秦墓竹簡概述》,艾蘭、邢文編《新出簡帛研究:新出簡帛國際學術研討會文集》,文物出版社,2004年12月第1版。

汪濤、胡平生、吴芳思主編《英國國家圖書館藏斯坦因所獲未刊漢文簡牘》,上海辭書出版社,2007年12月第1版。

魏堅主編《額濟納漢簡》,廣西師範大學出版社,2005年3月第1版。

Y

于豪亮:《帛書〈周易〉》,《文物》,1984年第3期。

銀雀山漢墓竹簡整理小組編《銀雀山漢墓竹簡》(壹),文物出版社,1985年9月第1版。

銀雀山漢墓竹簡整理小組編《銀雀山漢墓竹簡》(貳),文物出版社,2010年1月第1版。

Z

中國科學院考古研究所、湖南省博物館寫作小組:《馬王堆二、三號漢墓發掘的主要收穫》,《考古》,1975年第1期。

中國社會科學院考古研究所編《居延漢簡（甲乙編）》，中華書局，1980 年 7 月第 1 版。

中國社會科學院考古研究所:《漢長安城未央宫 1980 — 1989 年考古發掘報告》，中國大百科全書出版社，1996 年 11 月第 1 版。

張家山二四七號漢墓竹簡整理小組編《張家山漢墓竹簡〔二四七號墓〕》，文物出版社，2001 年 11 月第 1 版。

中國簡牘集成編輯委員會編《中國簡牘集成》（第一輯），敦煌文藝出版社，2001 年 6 月第 1 版。

中國文物研究所、湖北省文物考古研究所編《龍崗秦簡》，中華書局，2001 年 8 月第 1 版。

張春龍、李均明、胡平生:《湖南張家界古人堤簡牘釋文與簡注》，《中國歷史文物》，2003 年第 2 期。

朱鳳瀚:《北大漢簡〈蒼頡篇〉概述》，《文物》，2011 年第 6 期。

朱鳳瀚、韓巍、陳侃理:《北京大學藏秦簡牘概述》，《文物》，2012 年第 6 期。

張德芳:《敦煌馬圈灣漢簡集釋》，甘肅文化出版社，2013 年 12 月第 1 版。

張德芳、石明秀主編《玉門關漢簡》，中西書局，2019 年 11 月第 1 版。

朱漢民、陳松長主編《嶽麓書院藏秦簡》（壹），上海辭書出版社，2010 年 12 月第 1 版。

朱漢民、陳松長主編《嶽麓書院藏秦簡》（貳），上海辭書出版社，2011 年 12 月第 1 版。

朱漢民、陳松長主編《嶽麓書院藏秦簡》（叁），上海辭書出版社，2013 年 6 月第 1 版。

張德芳主編《居延新簡集釋》（一、二、三、四、五、六、七），甘肅文化出版社，2016 年 6 月第 1 版。

三　近現代論著

B

白軍鵬:《“敦煌漢簡”整理與研究》，博士學位論文，吉林大學，2014 年 4 月。

C

曹學群:《馬王堆漢墓〈喪服圖〉簡論》，《湖南考古輯刊》（第六集），1994 年 4 月。

陳東:《關於定州漢墓竹簡〈論語〉的幾個問題》，《孔子研究》，2003 年第 2 期。

曹旅寧:《睡虎地秦簡〈編年記〉性質探測》，《史學月刊》，2010 年第 2 期。

陳侃理:《上博楚簡〈魯邦大旱〉的思想史坐標》，《中國歷史文物》，2010 年第 6 期。

陳劍:《〈上博（八）·王居〉復原》，復旦大學出土文獻與古文字研究中心網站，2011年7月20日。

曹峰:《〈保訓〉的“中”即“公平公正”之理念説——兼論“三降之德”》，《清華簡研究》（第一輯），中西書局，2012年12月第1版。

陳民鎮:《〈繫年〉“故志”説——清華簡〈繫年〉性質及撰作背景芻議》，《邯鄲學院學報》2012年第2期。

程浩:《清華簡〈金縢〉性質與成篇辨證》，《上海交通大學學報》（哲學社會科學版），2013年第4期。

曹建墩:《上博簡（九）〈陳公治兵〉初步研究》，《黄河文明與可持續發展》（第8輯），河南大學出版社，2014年3月第1版。

陳偉:《清華大學藏竹書〈繫年〉的文獻學考察》，《史林》，2013年第1期。

陳鵬宇:《清華簡〈芮良夫毖〉套語成分分析》，《深圳大學學報》（人文社會科學版），2014年第2期 。

程少軒:《〈肩水金關漢簡（壹）〉曆譜簡初探》，復旦大學出土文獻與古文字研究中心網站，2011年9月1日。

程少軒:《肩水金關漢簡“元始六年（居攝元年）曆日”復原》，李學勤主編《出土文獻》（第五輯），中西書局，2014年10月第1版。

程少軒:《肩水金關漢簡“元始六年（居攝元年）曆日”的最終復原》，復旦大學出土文獻與古文字研究中心網站，2016年8月27日。

陳侃理:《出土秦漢曆書綜論》，《簡帛研究》（二〇一六·秋冬卷），廣西師範大學出版社，2017年1月第1版。

D

董珊:《敦煌漢簡風雨詩新探》，復旦大學出土文獻與古文字研究中心編《出土文獻與傳世典籍的詮釋》，上海古籍出版社，2010年10月第1版。

杜勇:《從清華簡〈耆夜〉看古書的形成》，《中原文化研究》，2013年第6期。

杜勇:《從清華簡〈金縢〉看周公與〈鴟鴞〉的關係》，《理論與現代化》，2013年第3期。

F

復旦吉大古文字專業研究生聯合讀書會:《上博八〈子道餓〉校讀》，復旦大學出土文獻與古文字研究中心網站，2011 年 7 月 17 日。

馮時:《〈鄭子家喪〉與〈鐸氏微〉》,《考古》，2012 年第 2 期。

G

甘肅省博物館:《武威漢簡在學術上的貢獻》,《考古》，1960 年第 8 期。

工藤元男、薛夢瀟:《具注曆的淵源——“日書”·“視日”·“質日”》,《簡帛》(第九輯)，上海古籍出版社，2014 年 10 月第 1 版。

H

何直剛:《〈儒家者言〉略説》,《文物》，1981 年第 8 期。

胡平生、韓自强:《阜陽漢簡〈詩經〉簡論》,《文物》，1984 年第 8 期。

胡平生、韓自强:《阜陽漢簡詩經研究》，上海古籍出版社，1988 年 5 月第 1 版。

何雙全:《漢簡〈日書〉叢釋》,《簡牘學研究》(第二輯)，甘肅人民出版社，1998 年 10 月第 1 版。

韓自强:《阜陽漢簡〈周易〉研究》，上海古籍出版社，2004 年 7 月第 1 版。

黄懷信:《清華簡〈保訓〉篇的性質、時代及真僞》，中國歷史文獻研究會編《歷史文獻研究》(總第 29 輯)，華東師範大學出版社，2010 年 9 月第 1 版。

黄懷信:《清華簡〈金縢〉校讀》,《古籍整理研究學刊》，2011 年第 3 期。

黄懷信:《由清華簡〈尹誥〉看〈古文尚書〉》,《魯東大學學報》(哲學社會科學版)，2012 年第 6 期。

黄懷信:《清華簡〈祭公〉篇校釋》,《清華簡研究》(第一輯)，中西書局，2012 年 12 月第 1 版。

侯文學、李明麗:《清華簡〈繫年〉的叙事體例、核心與理念》,《華夏文化論壇》，2012 年第 2 期。

黄艷萍:《〈肩水金關漢簡(叁)〉紀年簡校考》,《敦煌研究》，2015 年第 2 期。

胡永鵬:《西北邊塞漢簡編年及相關問題研究》，博士學位論文，吉林大學，2016 年 6 月。

J

姜廣輝:《上博藏簡〈容成氏〉的思想史意義》,《中國社會科學院院報》，2003 年 1 月 23 日。

姜廣輝、付贊:《清華簡〈尹誥〉獻疑》,《湖南大學學報》(社會科學版)，2014 年第 5 期。

L

羅振玉、王國維:《流沙墜簡》，中華書局，1993 年 9 月第 1 版。

李學勤:《帛書〈春秋事語〉與〈左傳〉的傳流》,《古籍整理研究學刊》，1989 年第 4 期。

連劭名:《江陵王家臺秦簡與〈歸藏〉》,《江漢考古》，1996 年第 4 期。

劉操南:《〈元光元年曆譜〉考釋》,《古籍整理研究學刊》，1995 年 1、2 期合刊。

李家浩:《王家臺秦簡“易占”爲〈歸藏〉考》,《傳統文化與現代化》，1997 年第 1 期。

羅見今、關守義:《〈居延新簡——甲渠候官〉六年曆譜散簡年代考釋》,《文史》(第四十六輯)，中華書局，1998 年 12 月第 1 版。

羅見今:《敦煌漢簡中曆譜年代之再研究》,《敦煌研究》，1999 年第 3 期。

李學勤:《簡帛佚籍與學術史》，江西教育出版社，2001 年 9 月第 1 版。

廖名春:《王家臺秦簡〈歸藏〉管窺》,《周易研究》，2001 年第 2 期。

李學勤:《試釋楚簡〈鮑叔牙與隰朋之諫〉》,《文物》，2006 年第 9 期。

劉樂賢:《額濟納漢簡數術資料考》,《歷史研究》，2006 年第 2 期；又載孫家洲主編《額濟納漢簡釋文校本》，文物出版社，2007 年 10 月第 1 版。

勞榦:《漢簡研究文獻四種》，北京圖書館出版社，2007 年 12 月第 1 版。

羅見今:《敦煌馬圈灣漢簡年代考釋》,《敦煌研究》，2008 年第 1 期。

李學勤:《論清華簡〈保訓〉的幾個問題》,《文物》，2009 年第 6 期。

劉偉:《馬王堆帛書〈春秋事語〉性質論略》,《古代文明》，2010 年第 2 期。

廖名春:《清華簡〈尹誥〉研究》,《史學史研究》，2011 年第 2 期。

李學勤:《〈程寤〉〈保訓〉“日不足”等語的讀釋》,《清華大學學報》(哲學社會科學版)，2011 年第 2 期。

劉國忠:《從清華簡〈金縢〉看傳世本〈金縢〉的文本問題》,《清華大學學報》(哲學社會科學版)，2011 年第 4 期。

來國龍:《清華簡〈楚居〉所見楚國的公族與世系——兼論〈楚居〉文本的性質》，簡帛網，2011 年 12 月 3 日。

李學勤:《清華簡〈繫年〉及有關古史問題》,《文物》，2011 年第 3 期。

李學勤:《由清華簡〈繫年〉論〈紀年〉的體例》,《深圳大學學報》(人文社會科學版)，2012 年第 2 期。

李學勤:《論清華簡〈耆夜〉的〈蟋蟀〉詩》,《中國文化》，2011 年第 1 期。

李學勤:《論清華簡〈説命〉中的卜辭》,《華夏文化論壇》, 2012 年第 2 期。

羅見今、關守義:《〈額濟納漢簡〉年代考釋》,《敦煌研究》, 2012 年第 2 期。

羅見今、關守義:《〈肩水金關漢簡(壹)〉八枚曆譜散簡年代考釋》,《敦煌研究》, 2012 年第 5 期。

李忠林:《嶽麓書院藏秦簡〈質日〉曆朔檢討——兼論竹簡日志類記事簿册與曆譜之區别》,《歷史研究》, 2012 年第 1 期。

李學勤:《論清華簡〈周公之琴舞〉的結構》,《深圳大學學報》(人文社會科學版), 2013 年第 1 期。

劉全志:《論清華簡〈繫年〉的性質》,《中原文物》, 2013 年第 6 期。

李學勤:《重説〈保訓〉》,《深圳大學學報》(人文社會科學版), 2014 年第 1 期。

李均明、馮立升:《清華簡〈算表〉的形制特徵與運算方法》,《自然科學史研究》, 2014 年第 1 期。

連劭名:《定州八角廊漢簡〈文子〉新證》,《文物春秋》, 2014 年第 1 期。

羅見今、關守義:《〈肩水金關漢簡(貳)〉曆簡年代考釋》,《敦煌研究》, 2014 年第 2 期。

羅見今、關守義:《〈肩水金關漢簡(叁)〉曆簡年代考釋》,《敦煌研究》, 2015 年第 4 期。

龍仕平:《"質日"釋詁》,《簡帛研究》(二〇一八·春夏卷), 廣西師範大學出版社, 2018 年 6 月第 1 版。

P

彭裕商:《〈尚書·金縢〉新研》,《歷史研究》, 2012 年第 6 期。

Q

裘錫圭:《馬王堆〈老子〉甲乙本卷前後佚書與"道法家"——兼論〈心術上〉〈白心〉爲慎到田駢學派作品》, 原載《中國哲學》(第二輯), 三聯書店, 1980 年 3 月第 1 版; 又收入裘錫圭《中國出土古文獻十講》, 復旦大學出版社, 2004 年 12 月第 1 版。

裘錫圭:《漢簡中所見韓朋故事的新資料》,《復旦學報》(社會科學版), 1999 年第 3 期。

裘錫圭:《〈天子建州〉(甲本)小札》, 簡帛網, 2007 年 7 月 16 日。

裘錫圭:《〈上海博物館藏戰國楚竹書(四)·相邦之道〉釋文注釋》,《裘錫圭學術文集》, 復旦大學出版社, 2012 年 6 月第 1 版。

R

饒宗頤:《居延漢簡數術耳鳴目瞤解》,《選堂集林·史林》, 中華書局香港分局, 1982年1月初版, 又《大陸雜誌》第13卷第12期。

S

蘇俊林:《關於"質日"簡的名稱與性質》,《湖南大學學報》(社會科學版), 2010年第4期。

沈培:《〈上博(六)〉和〈上博(八)〉竹簡相互編聯之一例》, 復旦大學出土文獻與古文字研究中心網站, 2011年7月17日。

斯琴畢力格、羅見今:《嶽麓書院秦簡三年〈質日〉初探》,《内蒙古師範大學學報》(哲學社會科學版), 2012年第3期。

孫占宇、趙丹丹:《〈懸泉漢簡(壹)〉曆表類殘冊復原——兼談"曆日"與"質日"》,《敦煌研究》, 2021年第6期。

T

唐蘭:《馬王堆出土〈老子〉乙本卷前古佚書的研究 ——兼論其與漢初儒法鬥爭的關係》,《考古學報》, 1975年第1期。

W

王明欽:《試論〈歸藏〉的幾個問題》,《一劍集》, 中國婦女出版社, 1996年11月第1版。

王輝:《楚竹書〈吴命〉綴連編排新考》,《中原文化研究》, 2013年第2期。

王青:《"命"與"語": 上博簡〈吴命〉補釋——兼論"命"的文體問題》,《史學集刊》, 2013年第4期。

吴光:《探討性與天道——〈郭店儒簡〉的作者歸屬及其思想辨析》,《湖南大學學報》(社會科學版), 2013年第3期。

X

許兆昌、齊丹丹:《試論清華簡〈繫年〉的編纂特點》,《古代文明》, 2012年第2期。

許名瑲:《〈肩水金關漢簡(叁)〉73EJT26:6曆日簡年代考釋》, 簡帛網, 2015年1月29日。

許名瑲:《〈肩水金關漢簡(叁)〉探方T32曆日簡牘年代考釋三則》, 簡帛網, 2015年3月5日。

許名瑲:《〈肩水金關漢簡(叁)〉73EJT30:187曆日簡年代考釋》, 簡帛網, 2015年3月

10 日。

許名瑲:《〈肩水金關漢簡(叁)〉〈甘露二年曆日〉簡冊復原》,簡帛網,2015 年 4 月 27 日。

許名瑲:《〈肩水金關漢簡(肆)〉曆日校注》,簡帛網,2016 年 3 月 7 日。

許名瑲:《肩水金關漢簡〈元始六年(居攝元年)曆日〉簡冊再復原》,簡帛網,2016 年 8 月 29 日。

許名瑲:《〈肩水金關漢簡(肆)〉曆日綜考》,《簡帛》(第十四輯),上海古籍出版社,2017 年 5 月第 1 版。

許名瑲:《〈肩水金關漢簡(伍)〉曆日綜考》,《出土文獻與古文字研究》(第七輯),上海古籍出版社,2018 年 5 月第 1 版。

Y

于豪亮:《于豪亮著作二種·馬王堆帛書〈周易〉釋文校注》,上海古籍出版社,2013 年第 1 版。

于茀:《從〈詩論〉看〈關雎〉古義及分章》,《光明日報》,2004 年 2 月 25 日。

于茀:《金石簡帛詩經研究》,北京大學出版社,2004 年 10 月第 1 版。

于茀:《上海博物館藏戰國楚簡詩論與〈詩經〉古義》,《學習與探索》,2005 年第 2 期。

虞萬里:《由清華簡〈尹誥〉論〈古文尚書·咸有一德〉之性質》,《史林》,2012 年第 2 期。

楊振紅:《從清華簡〈金縢〉看〈尚書〉的傳流及周公歷史記載的演變》,《中國史研究》,2012 年第 3 期。

楊善群:《清華簡〈尹誥〉引發古文〈尚書〉真僞之争》,《學習與探索》,2012 年第 9 期。

姚小鷗:《〈清華大學藏戰國竹簡·芮良夫毖·小序〉研究》,《中州學刊》,2014 年第 5 期。

Z

《座談長沙馬王堆漢墓帛書》,《文物》,1974 年第 9 期。

張政烺:《春秋事語解題》,《文物》,1977 年第 1 期。

張政烺:《馬王堆帛書〈周易〉經傳校讀》,中華書局,2008 年 4 月第 1 版。

曾磊:《額濟納漢簡所見曆譜年代考釋》,孫家洲主編《額濟納漢簡釋文校本》,文物出版社,2007 年 10 月第 1 版。

張存良、吴葒:《水泉子漢簡初識》,《文物》, 2009 年第 10 期。

朱曉海:《〈尹至〉可能是百篇〈尚書〉中前所未見的一篇》, 復旦大學出土文獻與古文字研究中心網站, 2010 年 6 月 17 日。

趙争:《馬王堆帛書〈春秋事語〉性質再議——兼與劉偉先生商榷》,《古代文明》, 2011 年第 1 期。

朱鳳瀚:《讀清華楚簡〈皇門〉》,《清華簡研究》(第一輯), 中西書局, 2012 年 12 月第 1 版。

趙平安:《芮良夫初讀》,《文物》, 2012 年第 8 期。

張存良、王永安、馬洪連:《甘肅永昌縣水泉子漢簡"五鳳二年曆日"整理與研究》,《考古》, 2018 年第 3 期。

圖書在版編目（CIP）數據

簡帛書籍叙録 / 于茀著．-- 北京：社會科學文獻出版社，2024.6（2024.12 重印）
ISBN 978-7-5228-3654-6

Ⅰ．①簡…　Ⅱ．①于…　Ⅲ．①簡（考古）- 研究 - 中國 ②帛書 - 研究 - 中國　Ⅳ．① K877.54

中國國家版本館 CIP 數據核字（2024）第 099787 號

簡帛書籍叙録

著　者 / 于　茀

出 版 人 / 冀祥德
組稿編輯 / 宋月華
責任編輯 / 胡百濤
責任印製 / 王京美

出　版 / 社會科學文獻出版社 · 人文分社（010）59367215
地址：北京市北三環中路甲 29 號院華龍大厦　郵編：100029
網址：www.ssap.com.cn
發　行 / 社會科學文獻出版社（010）59367028
印　裝 / 北京聯興盛業印刷股份有限公司

規　格 / 開 本：787mm × 1092mm　1/16
印 張：34.25　字 數：524 千字
版　次 / 2024 年 6 月第 1 版　2024 年 12 月第 2 次印刷
書　號 / ISBN 978-7-5228-3654-6
定　價 / 168.00 圓

讀者服務電話：4008918866